JN418503

국제통상실무

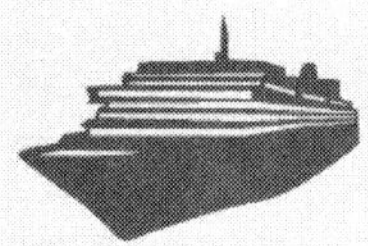

유 하 상 저

무역(trade)이란 경제주체들이 서로 재화(goods)나 용역(service)을 교환하거나 매매할 목적으로 행하는 거래를 말한다. 일반적으로 유체동산의 거래를 협의의 무역이라 하고, 여기에 지식재산권 등의 무형의 재화, 용역 그리고 자본, 노동 및 기술과 같은 생산요소의 거래를 포함하여 광의의 무역이라고 하는데, 무역실무론은 주로 협의의 무역을 중심으로 연구되어 왔다. 무역은 하나의 경제영역 내에서 거래가 행해지는 국내무역(home or domestic trade, 내국무역)과 서로 다른 경제영역 사이에 거래가 행해지는 외국무역(foreign trade)으로 나누어지며, 일반적으로 무역이라 함은 외국무역을 의미하는 것으로 이해되고 있다.

도서출판 두남

머리말

Preface

무역의존도 110%, 무역의존도 세계 1위! 이것은 OECD가 발표한 2012년 한국경제의 성적표이다. 이 수치는 무역에 의존하지 않고서는 절대로 경제성장을 기대할 수 없다는 한국경제의 현실을 단적으로 보여주는 분명한 지표이다.

실제로 우리나라는 그동안 무역에 의존하여 GDP 순위 15권의 경제 대국 대열에 합류할 수 있었다. 또한, 자원, 자본 및 기술과 같은 생산요소가 절대적으로 부족하고, 거기에 내수시장 규모까지 작은 우리나라로서는 앞으로도 무역의 확대가 우리 경제성장의 불가결한 요소라는 점은 논할 필요도 없다. 이러한 현실은 우리나라 기업이나 정부기관의 업무가 어떠한 형태로든지 무역과 직·간접적인 관련을 맺지 않을 수 없도록 하는 요인이 되었다. 이 말은 무역실무자가 아니더라도 우리나라 국민이라면 모두 무역에 대한 깊은 이해와 관심을 가져야 하며, 나아가 무역에 대한 전문적인 지식을 습득해 둘 필요도 있다는 것을 시사해주는 말이기도 하다.

이 책은 무역을 전공하는 자나 무역 관련 각종 자격증을 취득하고자 하는 자는 물론이고 무역실무에 처음으로 입문하는 자들에게 필요한 지식을 제공하는데 목표를 두고 있다.

본 저자는 지난 30여 년 동안 무역업체, 정부기관 및 대학에서 무역 실무능력과 이론적 지식을 쌓아오면서, 이를 토대로 하여 누구든지 쉽게 무역실무를 공부할 수 있는 교재를 만들고 싶은 꿈을 갖게 되었다. 그러나 이 작업은 방대한 자료의 수집과 정리 작업을 필요로 하며, 또한 그것들을 각 부분의 핵심 주제에 맞추어 그림이나 도표로 도식화해야 하는 작업도 필요하므로 몇 단계로 나누어 점진적으로 다듬어 나가기로 하였다. 이 책은 그 첫 단계로 기존 교재의 저술방식을 그대로 사용하여 무역실무자들이 알아야 할 내용을 망라하여 정리한 것이며, 이후 개정판을 거듭해 나가면서 저자가 의도하고 있는 새로운 형태의 교재로 개편해 나갈 생각이다.

이 책에서는 각 부분의 앞에서 중요한 개념을 먼저 정리해둔 다음에 뒷부분에서 상세한 설명을 기술해 나가는 두괄식 방식을 되도록 많이 활용하고자 하였으며, 필요한 부분에는 그림, 도표 또는 서식 그리고 각주를 삽입해 둠으로써 초심자들이 쉽게 이해하는 데 도움이 되도록 하였다. 또한, 최근에 개정된 국제규범이나 국내 법규, 각종 자격시험의 출제경향 그리고 저자가 실무 및 강의에서 쌓은 것들을 해당 부분에 반영하였다. 그렇다고 하여 이 책이 다른 저서들에 대해 특별한 차별성을 갖는 것은 아니지만, 무역실무 전반을 이해하는 데는 전혀 부족함이 없을 것으로 본다. 아무쪼록 이 책이 무역실무를 공부하고자 하는 모든 독자들에게 도움이 되기를 기원한다.

이 책의 저술 작업에는 여러 선각들의 자료들이 많이 인용되었다. 이점 심심한 감사의 말씀을 드린다. 일일이 각주를 붙이는 것이 당연하지만, 작업상에 어려움이 있었다. 따라서 부득이 이 서문에서의 감사의 인사말로 갈음함을 혜량해 주시길 바란다. 또한 이 책은 앞서 말한바와 같이 앞으로 많은 수정과 보완이 필요하며, 오류도 많이 있을 것으로 생각한다. 이는 앞으로 선각들의 조언을 들어가면서 개정판에서 바로잡아 나갈 것임을 약속드린다. 참고로 본 저자가 그동안 모아둔 방대한 량의 무역관련 자료 중 상당량을 본 저자가 운영하고 있는 카페(다움, "무역공부방", http://cafe.daum.net/hsu9690)에 탑재해 두었다. 이 책의 내용의 이해하는데 필요한 자료를 구하는 독자나 지도편달을 주시고자 하는 선각들의 많은 이용을 바란다.

끝으로 그 동안 십 수년에 걸쳐 본 저자에게 많은 배려를 해주셨으며, 이번에도 마감시간이 촉박함에도 불구하고 이 책이 출판될 수 있도록 해주신 도서출판 두남의 전두표 사장님과 이승구 상무님에게 깊은 감사의 말씀을 드린다. 그리고 본 저자가 이번 겨울방학 중에 저술작업에 전력을 다할 수 있도록 묵묵히 후원해 준 아내 정정님 여사에게도 감사의 말씀을 드리며, 작년 말에 새 인생을 출발한 나의 사랑하는 큰딸 혜련이와 엘칸, 그리고 둘째딸 혜진이의 앞날에 밝은 서광이 비치길 기원한다.

2014년 2월

저자 씀

차례

Chapter 1 무역실무의 기초

Chapter 2 무역관리제도

Chapter 4 무역계약의 일반조건

Chapter 5 무역계약의 정형거래조건

Chapter 6 무역서류

Chapter 7 대금결제

Chapter 8 신 용 장

Chapter 9 국제물품운송

Chapter 10 해 상 보 험

Chapter 11 수출지원제도

Chapter 12 무역클레임과 상사중재

Chapter 1

무역실무의 기초

Chapter 1

무역실무의 기초

제 1 절 무역실무의 이해

1. 무역의 의의

가. 무역의 정의

(1) 경제학적 정의

무역(trade)이란 경제주체들이 서로 재화(goods)나 용역(service)을 교환하거나 매매할 목적으로 행하는 거래를 말한다. “경제주체”란 자기의 의지와 판단에 따라 경제활동을 하는 주체를 말하며, 개인 · 기업 및 정부가 포함된다.

일반적으로 유체동산[1]의 거래를 협의의 무역이라 하고, 여기에 지식재산권 등의 무형의 재화 · 용역 그리고 자본 · 노동 및 기술과 같은 생산요소의 거래를 포함하여 광의의 무역이라고 하는데, 무역실무론은 주로 협의의 무역을 중심으로 연구되어 왔다.

무역은 하나의 경제영역 내에서 거래가 행해지는 국내무역(home or domestic trade, 내국무역)과 서로 다른 경제영역 사이에 거래가 행해지는 외국무역(foreign trade)[2]으로 나누어지며, 일반적으로 무역이라 하면 외국무역을 의미하는 것으로 이해되고 있다. 여기에서 “경제영역”이란 대체로 정치적 의미의 국가를 의미하지만 반드시 그러한 것은 아니다.[3] 예를 들어 홍콩은 국가는 아니지만 독립된 경제영역을

1) CISG에서 매매계약의 대상은 물품이며, 물품은 보통 유체물인 동산을 말한다. 따라서 부동산, 무체동산(주식, 증권, 환어음, 기술, 정보 등) 및 권리(채권, 지적재산권)는 CISG 적용대상이 아니다.

2) 바다로 둘러싸인 국가의 입장에서 그 바다너머에 있는 다른 국가와의 거래라는 의미에서 해외무역(overseas trade)이란 용어도 사용된다.

형성하고 있으므로 홍콩과의 거래는 무역에 속하며, 북한은 독립된 경제영역을 갖고 있지만 남북한 사이의 거래를 무역으로 보지 않는다.[4)]

외국무역 또는 대외무역(external trade)이란 어떤 특정국의 주관적 입장에서 외국과의 거래를 일컫는 말이며, 특히 특정 외국국가와의 거래를 대일무역(trade with Japan), 대중무역(trade with China)과 같이 부르기도 한다. 또한 국가들 사이의 무역현상을 객관적 입장에서 국제무역(international trade)이라 하며, 범세계적 관점에서 모든 국제무역 현상을 총칭하여 세계무역(world trade, global trade)이라고 한다.

오늘날 무역(trade)은 재화와 용역뿐만 아니라 생산요소(노동, 자본 등)의 국제적 이동까지를 포함하는 개념으로 확장되고 있으며, 정보통신기술의 발달에 따른 전자상거래(electronic commerce, EC)방식에 의한 전자무역(electronic trade)의 활성화로 이전의 전통적 무역개념을 변화시키고 있다.

(2) 무역관련법상의 정의

우리나라 대외무역법은 무역을 물품, 대통령령으로 정하는 용역(지식서비스)과 전자적 형태의 무체물의 수출과 수입으로 정의하여 대체로 광의의 무역개념을 채택하고 있다.

관세법에서는 “수출(export)이란 내국물품을 외국으로 반출하는 것을 말하며, 수입(import)이란 외국물품을 우리나라에 반입(보세구역을 경유하는 것은 보세구역으로부터 반입)하거나 우리나라에서 소비 또는 사용하는 것”이라고 정의하고 있다. 그리고 예외적으로 수입에는 우리나라의 운송수단 안에서의 소비 또는 사용[5)]을 포함하는 반면, 제239조의 수입으로 보지 아니하는 소비나 사용의 각호에 해당하는 소비 또는 사

---

3) 경제적 의미의 국가를 말함. 고전학파는 자본 · 노동 이동의 자유를 기준으로 하였지만, 절대적 기준이 아니다. 일국 내에서도 제한되는 경우도 있고, 국제간에도 자유롭게 이동되는 경우도 있기 때문이다. 현대학설은 동일한 화폐나 관세영역에서 구하고 있지만, 이 역시 절대적인 기준은 아니다. 따라서 정치적 국가개념에 자연적 · 사회적 · 경제적의 모든 조건을 종합하여 이들의 이질 또는 동질화 정도에 따라 구분할 수밖에 없다.

4) 헌법 제3조는 “대한민국 영토는 한반도와 그 부속도서로 한다.”고 하여 북한도 우리나라 영토임을 규정하고 있다. 남북관계는 “통일을 지향하는 과정에서 형성된 잠정적 특수관계”로 이해되고 있다. 그래서 수출입이라 하지 않고 반출입이라고 하며, 북한산 물품에는 관세가 부과되지 않는다. 다만 남북교역 촉진을 위해 수출입실적(외화획득실적)으로 인정해주고 있으며, 관세환급 특혜도 부여하고 있다.

5) 이 조항은 수입자의 신의성실의무에 기초에 둔 것이다. 예컨대 여행자가 수입신고 대상 물품을 항공기 내에서 소비 또는 사용하고, 수입신고를 할 때의 과세물건 확정시기를 결정하기 위해 규정해 둔 것이다. 그러나 이러한 자진 수입신고 사례는 그리 많지 않다.

용은 수입의 개념에서 제외한다고 규정하고 있다.

관세법상 수출과 수입의 정의는 이른바 관세선(customs or tariff line)을 기준으로 하고 있다. 관세선이란 관세에 관한 법률이 적용되는 영역을 구분하는 경계선을 말한다. 대개는 정치적 국경과 일치하지만, 예를 들어 자유항·자유지역 또는 경제특구와 같이 한 국가 영역 내에서도 관세에 관한 법률의 일부 또는 전부가 적용되지 않는 구역이 있으며, 관세동맹 등과 같이 관세영역이 확장되는 경우도 있으므로 정치적 국경과 반드시 일치하는 것은 아니다.

(3) 무역실무론의 연구범위

무역실무(practice for international trade)란 무역거래 과정을 실제로 수행하는 것을 말하며, 무역거래를 수행하는 과정에서 직면하게 되는 공적 또는 사적인 모든 절차, 규정 및 법규, 관습 및 관행 등을 포괄하는 개념이다.

무역실무론은 무역실무를 연구 대상으로 하는 실천적 과학(practical science)이다. 따라서 무역실무론의 연구 범위는 주로 무역거래의 과정에 관련된다. 무역의 거래과정은 크게 무역계약 이전단계, 무역계약의 체결단계, 무역계약 이행단계 그리고 무역계약 이행 후 단계로 나눌 수 있다.

무역계약 이전단계는 무역계약을 체결하기 위한 준비과정으로 여기에는 무역업의 창업, 무역 객체(item)의 선정, 거래처의 물색, 거래교섭 및 거래처에 대한 신용조회 등이 포함된다.

무역계약의 체결단계는 무역계약 내용의 협상, 무역계약서의 작성 및 서명 등이 포함된다. 일반적으로 무역계약은 일방의 청약과 그 청약에 대한 타방의 승낙으로 성립되는 것이 보통이지만 거래의 금액이 크거나 중요한 거래인 경우에는 별도의 계약서가 작성되기도 한다.

무역계약의 이행단계에는 수출물품의 확보, 수출통관, 선적이 포함되며, 무역계약 이행 후의 단계에는 수출대금의 회수, 사후관리 및 관세 환급, 분쟁[6]의 예방 및 해결 등의 과정이 포함된다.

무역실무론 연구의 궁극적인 목표는 국제거래에 필요한 전문적 지식을 습득함으로써 무역실무를 효율적으로 수행하게 하고, 분쟁 발생을 예방하거나 줄이기 위한 것이다.

---

6) 분쟁이란 무역거래에서 무역거래자 일방 또는 쌍방이 매매계약에 대한 위반함으로써 발생하는 불평이나 불만 또는 의견 차이를 말하며, 클레임(claim)이라고 한다.

오늘날 무역에 의존하지 않는 국가가 없으며, 무역의존도[7]가 높은 국가일수록 무역이 그 나라 경제에서 차지하는 위치는 더 중요해질 수밖에 없다. 최근 우리나라는 무역의존도가 100%가 넘고 있어 무역 없이는 지속적인 경제성장을 전혀 기대할 수 없는 나라이다. 이에 따라 무역실무에 대한 연구의 중요성은 앞으로도 더욱 더 높아지게 될 것이다.

나. 무역의 특성과 필요성

(1) 무역의 특성

무역은 토질, 기후 및 천연자원 부존의 차이와 같은 자연적 조건, 법・제도적 조건, 그리고 조직・관습・문화・인구 그리고 노동의 질・자본의 축적 정도・기술수준 등의 사회・경제・문화적 조건이 서로 다른 경제영역 사이의 거래이므로 국내거래와는 다른 특징을 갖고 있다.

(가) 경제적 특성

무역은 국내거래와 마찬가지로 이윤추구를 위한 사인(私人)들 간의 물품매매활동이라는 개별 경제적 특성을 가진다. 일반적으로 자유경제하에서의 사적 경제활동은 국가의 개입이 적을수록 더 잘 작동되는 것으로 보고 있다. 따라서 무역활동 역시 최대한의 자유가 보장되어야 한다는 것이 기본원칙이다.

이와 더불어 무역은 거래자 자신은 물론이고 국가경제 전체에 영향을 미치는 국민경제적 특성을 가진다. 특히 무역의존도가 높은 국가일수록 그 영향력은 커진다. 따라서 국가는 개인의 무역행위를 완전한 방관상태로 둘 수는 없으며, 그렇다고 하여 국가가 사인의 경제활동 영역에 전적으로 개입해서도 안 된다. 따라서 일정한 범위를 정하여 제한적으로 개입할 수밖에 없게 된다. 일반적으로 개도국일수록 보호무역주의를 지향하는 경향이 높으며, 선진국일수록 자유무역주의를 선호하는 경향을 보이고 있다.

또한 무역은 그 국가는 물론이고 상대국과 주변국의 경제에도 영향을 미치는 국제경제적 성격을 가진다. 따라서 한 나라가 자국의 무역정책을 수립할 때에는 상대국이나 주변국과의 이해관계를 고려하지 않을 수 없다.

---

7) 무역의존도(degree of dependence upon foreign trade)란 한 나라의 국민경제가 어느 정도 무역에 의존하고 있는가를 표시하는 지표로, 일반적으로 국민소득 또는 국민총생산(GDP)에 대한 수출입액의 비율로 계산된다.

(나) 산업연관성

무역은 국제간에 상품을 이동하는 행위를 통해 국제분업과 국내분업의 발달을 촉진하는 역할을 한다. 즉, 무역은 시장 범위를 국내시장에서 세계시장으로 확대시켜 규모의 경제를 가능하게 해주므로, 각 국가는 자국에 상대적으로 많이 부존하고 있는 생산요소(자원, 자본, 노동, 기술 등)를 특화함으로써 국민경제 발전을 도모하게 해준다. 또한 무역물품과 무역수행과정과 관련된 운송・보관・보험・금융 등의 각종 관련 산업의 발전을 촉진하는 역할을 한다.

(다) 무역위험(trade risk)의 존재

① 신용위험

신용위험(credit risk) 또는 상업위험(commercial risk)이란 무역거래자의 신용상태에 따라 상대 거래자가 노출될 수 있는 위험을 말한다. 예컨대 무역계약 체결 후에 거래 상대방의 재정상태가 악화되어 지급불능 상태가 되거나, 지급을 지연할 경우에 당면하게 되는 위험을 말한다.

또한 매수인이 고의 또는 사소한 하자를 이유로 물품의 인수를 지연 또는 거절한다든지 아니면 대금 인하요구나 지급을 거절할 위험(이른바 마켓클레임)도 있으며, 반대로 물품 대금을 선지급으로 수령한 매도인이 계약된 물품을 계약의 내용대로 선적하지 않을 수도 있다. 더 나아가 처음부터 사기할 목적으로 무역거래를 하는 부도덕한 무역거래자도 존재한다. 기업의 신용위험은 무역거래 전의 철저한 신용조사, 신용장방식의 이용, 그리고 수출보험과 같은 공적인 보험제도를 활용하여 완화시킬 수 있다.

② 환율 및 가격변동 위험

무역거래는 무역계약 후에 제조・가공하거나 취득한 물품을 인도하는 일종의 선물거래의 성격을 갖는 경우가 많다. 따라서 계약시점과 대금결제 시점과의 시차가 존재하며, 이 기간 동안의 시세변동에 따른 위험에 노출된다. 동시에 무역거래는 이종통화간의 거래이므로 동 기간 동안의 환율변동위험(foreign exchange risk)에도 노출되게 된다. 이 위험은 공적인 보험제도, 상품거래소나 금융상품거래소[8])의 연계매매(hedging)나 선물거래 등을 통해 완화시킬 수 있다.

---

8) 대표적인 국제 거래소로는 시카고의 곡물거래소, 뉴욕의 원유거래소, 런던의 금속거래소, 호주와 뉴질랜드의 모직 및 육류・과일 거래소가 있으며, 우리나라에는 한국거래소(KRX)가 있다.

③ **운송위험**

무역은 대체로 원거리 사이의 거래이므로 운송비용이 높으며, 운송기간이 길어 운송 중인 물품이 멸실 또는 손상을 입을 운송위험(transit risk)이 높다. 특히 무역운송은 해상의존도가 높으므로 그 위험성은 더욱 높아진다. 운송위험은 해상적하보험을 통해 보험업자에게 전가할 수 있다.

④ **비상위험**

비상위험(emergency risk) 또는 국가위험(country risk, political risk)이란 거래상대국의 전쟁, 내란, 환거래 제한 및 금지, 수출입제한 조치 등의 정치경제적 환경의 변화에 따라 거래나 대금회수가 불가능하게 될 수 있는 위험을 말한다. 특히 상대국이 무역장벽을 사용할 때에는 그 위험이 더욱 높아진다. 무역거래자는 상대국의 무역환경을 이해하려는 노력을 통해 불이익을 최소화할 필요가 있으며, 수출보험을 통해 위험을 완화시킬 수 있다.

⑤ **소비시장 환경의 차이**

무역거래는 서로 다른 언어, 문화, 종교, 경제발전단계, 유통구조, 국민소득 및 소비자 구매행동 패턴을 가진 시장을 상대로 하여 수행되므로 이러한 시장 환경의 차이를 정확하게 이해하지 못한다면 손실을 입을 위험이 있다. 따라서 무역거래자는 사전, 사후 마케팅 활동을 통해서 거래상대국의 시장 환경을 정확하게 이해하고 그에 대응하는 것이 중요하다.

(3) 무역의 필요성

(가) 일반적 필요성

경제영역마다 처해 있는 다음과 같은 여러 조건에 차이가 있음에 따라 불가결하게 무역이 필요하게 된다.

첫째, 자연조건의 차이이다. 각국마다 기후, 풍토, 부존자원과 같은 자연조건의 차이가 있다. 예를 들어 어떤 종류의 재화가 전혀 생산되지 않는 지역이 있다면 그 재화에 대한 수요를 충족하기 위해 부득이 수입하지 않을 수 없다.

둘째, 기술수준의 차이이다. 자국의 기술수준으로는 생산할 수 없는 재화는 수입에 의존할 수밖에 없다.

셋째, 생산비의 차이이다. 국가마다 특정 재화에 대한 생산비에 차이가 있다. 즉 어

떤 재화는 자국에서 생산할 수는 있으나 생산비가 높을 때에는 자국에서 직접 생산하기보다는 생산비가 저렴한 다른 국가에서 생산한 재화를 수입함으로써 국민후생을 높일 수 있다.

넷째, 무역이익을 얻기 위해서이다. 무역은 시장을 세계시장으로 확대시킨다. 따라서 규모의 경제 효과를 통해 무역이익을 최대화할 수 있는 기회를 가질 수 있게 한다.

(나) 무역과 국민경제의 관계

무역의존도가 높은 국가일수록 무역이 국민경제에 미치는 영향은 커진다. 이를 수출과 수입으로 구분하여 정리하면 다음과 같다.

수출은 경기의 선순환 구조를 가능하게 한다. 특정 국가의 수출증대는 관련 산업의 생산을 촉진시켜 고용을 창출하게 한다. 고용증대는 곧 소득의 증대로 이어지며, 소득의 증대는 소비를 증가시켜 다시 생산을 촉진시키는 경기의 선순환 구조를 가능하게 한다. 수출은 국민경제 발전을 위해 요구되는 재화나 용역의 수입에 필요한 외화조달의 원천이 되며, 대량생산을 통한 규모의 경제를 실현시켜 산업을 고도화하는 기능도 갖고 있다.

수입은 국제수지를 악화시키는 요인이 되지만 선진 자본재나 국내에서 생산할 수 없는 원자재의 수입은 국내투자를 증대시켜 경제발전을 촉진시키고 생산시설의 확대와 경제능력을 증대시키는 역할을 하기도 한다. 또한 저렴한 재화의 수입을 통해 소비자의 후생을 증대시킬 수 있으며, 선진국과의 경쟁을 통해 국내산업의 고도화와 경쟁력을 강화시키는데 기여한다.

2. 무역거래 절차

가. 일반무역의 거래절차

(1) 수출절차

(가) 수출거래 전 검토 사항

수출거래를 시작하기 전에 검토하여야 할 사항에는 다음과 같은 것이 있다.

① 대외무역법에 따른 무역업고유번호 부여 여부

② 수출상품이 수출입공고상의 수출금지 또는 제한품목인지 그리고 제한품목이라면 당해 제한요건 충족 가능 여부

③ 관계 법령에서 수출을 금지하거나 제한하고 있지 않은지와 관계 법령에서 요구하고 있는 요건 충족 가능 여부

④ 수입국의 수입 제한 또한 금지 여부

(나) 해외시장조사

해외시장조사(overseas market research)는 특정상품에 대한 판매 또는 구매가능성(selling or buying feasibility)을 조사하는 것을 말한다. 해외소비자의 구매행동, 해외소비자의 수요(needs), 판매가능성, 유통구조 그리고 판매대금의 회수 안정성 등을 조사한다.

(다) 거래처의 선정 및 신용조회

해외시장조사를 통하여 수출품목과 대상지역이 결정되면 그 지역 내의 무역거래자를 물색하여 자사에게 유리한 거래처를 선정하고 상대방에 대한 신용조회를 실시하여 실제로 거래를 개시할 거래처를 확정한다. 신용조회의 내용에는 지급능력(capital), 거래능력(capacity), 상도덕(character) 등이 있다.

(라) 수출계약 및 수출신용장의 수령

거래처가 선정되면 상대방에게 거래를 권유하는 서신(letters proposing business or circular letter)을 보내 거래개시를 교섭한다. 실무에서 거래교섭과 신용조회는 동시에 수행되는 것이 보통이다.

거래조회(inquiry)란 카탈로그(catalogue)나 가격표(price list), 견본(sample) 등을 이용한 상품 매매에 관한 문의로서 상품의 매매조건(품질, 가격, 선적, 결제조건 등)을 교섭하는 과정을 말한다. 거래조회가 완료되어 상호의 거래조건이 합의에 이르게 되면 청약(offer)과 승낙(acceptance)의 과정을 통해 매매계약을 체결하게 되며, 경우에 따라서는 별도의 매매계약서를 작성하기도 한다.

수출계약에서 대금결제조건을 신용장 방식으로 합의한 때에는 수입상이 자신의 거래은행에 신용장의 개설을 의뢰하고, 개설은행은 자신이 개설한 신용장을 수출자의 거래은행(통지은행)을 통하여 수출자에게 전달한다.

(마) 수출승인

수출승인이란 해당물품의 수출이 가능한지 여부와 거래형태 그리고 이에 따른 대금회수 방법이 현행법상 허용되는지 여부를 확인하는 것을 말한다. 우리나라는 1997년 수출입의 자유화원칙에 따라 수출입승인 대상의 관리체계를 Positive list system (원칙규제 · 예외허용)에서 Negative list system(원칙허용 · 예외규제)로 전환되었고, 대금결제 사항을 국가관리 대상에서 사적 자치 영역으로 이관하여 외환거래법에 일임함으로써, 수출입승인제도가 크게 완화되어 있다. 다만 수출입공고, 통합공고 및 전략물자 수출입공고 등에 따라 수출 승인대상 물품으로 지정된 물품은 그에 따른 수출 승인이나 확인을 받아야 한다.

(바) 수출물품의 확보

수출물품은 수출자가 원자재를 구매하여 직접 제조 · 생산하거나 완제품을 구매하여 확보한다. 원자재나 완제품은 외국으로부터 수입할 수도 있고, 내국신용장(local L/C)이나 현금구매승인서 등을 이용하여 국내에서 구매할 수도 있다.

(사) 수출검사

종전에는 수출물품의 대외성가(reputation) 유지 및 품질향상을 위하여 수출검사대상물품을 지정하여 수출검사기관의 수출검사를 받도록 의무화되어 있었다. 그러나 현재는 수출자가 자체적으로 검사하여 수출하고 있으며, 수출업자의 필요에 따른 신청이 있을 때에만 수출검사기관이 검사하고 있다.

(아) 해상운송 및 적하보험

수출물품이 확보되면 수출물품의 수송을 위한 운송계약을 체결해야 하며, 수출계약에서 매도인이 적하보험을 부보하도록 되어 있는 때(CIF 또는 CIP조건 등)에는 적하보험도 체결한다.

(차) 수출통관

수출 물품에 대하여 수출신고를 하면 세관장은 구비서류 및 기재사항의 누락여부, 수출승인조건과 수출신고내용의 일치여부, 수출신고서상의 물품과 실제물품과의 일치여부 등을 심사한 다음 수출신고를 수리하고 수출신고필증을 교부한다.

〈표 1-1〉 수출절차의 단계

해외시장조사	거래처 발굴(설정)	교섭	수출계약 체결
수출상 └,• 직접방문 • 유관기관을 통해 ➡	수출상 → 수입상 (신용조회) ➡	수출상 ↔ 수입상 ➡	수출상 → Offer 수입상 → Acceptance ➡
신용장 내도	**수출승인**	**소요량 발급**	**외화획득용 원료조달**
통지은행 → 수출상 ➡	승인대상품목의 승인기관 → 수출상 ➡	외국환은행 등 └, 수출상 ➡	외국환은행 └,• 내국신용장 • 구매승인서 • 외화획득용 원료 수입 ➡
무역금융 수혜	**제품 생산**	**운송계약 체결**	**보험계약체결**
외국환은행 └,• 원자재금융 • 생산자금 • 포괄금융 ➡	원자재확보 → 완제품 ➡	수출상 └,• 선박회사 • 항공화물 대리점 등 ➡	수출상 → 보험자 ➡
수출 통관	**선(기)적**	**운송서류 구비**	**수출대금 회수 (Nego)**
수출상 → 세관 ➡	• 선박회사 └, B/L발행 • 항공화물 └, Airwaybill 대리점 발행 ➡	신용장 등과 일치 ➡	수출상 → 외국환은행 ➡
관세환급 및 사후관리			
수출상 └,• 환급지정은행 및 세관 (환급신청) • 승인기관(사후관리)			

(카) 수출화물의 선적

수출업자는 운송계약을 체결한 선박회사 또는 항공회사에 수출화물을 선(기)적하고 운송회사로부터 선하증권이나 항공화물운송장(bill of lading or airway bill)을 교부받는다.

(타) 선적서류의 구비 및 수출대금의 회수

수출물품의 선적을 완료한 수출업자는 신용장에서 요구하는 서류(환어음과 선적서류 등)를 구비하여 외국환은행(매입은행)에게 이의 매입을 의뢰한다. 매입은행은 제시된 화환어음이 신용장조건과 일치하는지의 여부를 검토하여 수출대금을 수출자에게 지급하고, 매입한 화환어음을 개설은행에 송부하여 추심하게 된다.

(파) 사후관리

수출승인의 사후관리란 수출승인을 받은 대로 수출되었는지의 여부, 수출승인대상품목이 승인을 얻지 아니하고 수출되었는지의 여부, 그리고 특정거래형태의 수출인정을 받은 자가 인정받은 대로 수출하였는지의 여부를 확인하는 것을 말한다. 사후관리 대상물품을 수출한 수출자는 수출승인유효기간 내에 수출을 이행하고 이를 입증할 수 있는 서류(수출신고필증 등)를 수출승인기관에 제출하여야 한다.

(하) 관세 등의 환급

수출이 환급특례법에 의한 환급대상 수출일 때에는 수출자 등은 제조장의 소재지를 관할하는 관할세관장에게 관세 등의 환급을 신청하여 환급을 받을 수 있다.

(2) 수입절차

(가) 수입거래 전 검토 사항

수입자가 수입거래를 시작하기 전에 검토하여야 할 사항에는 다음과 같은 것이 있다.

① 대외무역법에 따른 무역업 고유번호 부여여부
② 수입상품이 수출입공고상의 수입제한승인품목인지의 여부 및 당해 제한요건의 충족 가능 여부
③ 관계법령에 따른 수입 금지 또는 제한 여부
④ 상대국 수출정책상의 수출 제한 또는 금지 여부

(나) 시장조사

물품을 수입하여 국내에서 판매하고자 할 때에는 수입 거래처를 선정하기 위한 해외시장조사(overseas market research)와 국내의 소비자에 대한 국내 시장조사를 병행하여 실시하게 된다.

(다) 거래처의 선정 및 신용조사

수입상은 해외시장조사를 통하여 수입할 품목과 수입국이 결정되면 물색된 거래처에 대한 신용조사를 통해 자사에게 유리한 수입 거래처를 선정한다.

(라) 수입계약의 체결

수입계약은 보통 국외의 수출자나 국내의 대리점이 발행한 오퍼에 대해 수입자가 승인하는 방법으로 체결된다. 수입국내의 무역대리점이 발행하는 오퍼(offer)를 국내발행 오퍼라고 하며, 국외의 수출자가 발행한 오퍼를 국외발행 오퍼라고 한다.

(마) 수입승인 등

수출입공고, 통합공고 및 전략물자수출입공고 등 관련 법령에서 수입을 제한하고 있는 물품을 수입하고자 할 때는 해당 법령에 따라 수입승인을 받거나 필요한 요건을 충족하여야 한다.

(바) 수입신용장의 발행 및 통지

수입승인을 받은 수입상은 수입승인서를 첨부하여 자신의 거래은행인 개설은행에 수입신용장 개설을 의뢰한다. 신용장개설신청서의 내용은 수입계약서(또는 offer)와 수입승인서의 조건과 일치되어야 한다. 개설된 신용장은 수출자의 통지은행을 통하여 수출자에게 통지된다.

(사) 선적서류의 내도

신용장을 받은 수출자는 신용장 조건대로 선적하고 선적서류를 구비하여 자신의 거래은행(매입은행)에 매입을 의뢰하며, 수출자로부터 서류를 매입한 매입은행은 개설은행에게 이를 송부하여 추심한다. 개설은행은 내도된 서류가 신용장조건과 일치하면 매입은행에 수입대금을 상환하고, 수입자에게 선적서류 도착통지를 발송한다.

(아) 수입대금의 결제 및 선적서류 입수

수입자는 개설은행이 제시한 환어음과의 상환으로 수입대금을 지급한 후 선적서류를 인도 받는다.

(자) 수입통관

수입자는 선하증권과의 상환으로 운송회사로부터 물품을 인수받아 동 물품에 대한 수입통관 절차를 마친 후 보세구역으로부터 화물을 인취한다.

(차) 사후관리

사후관리란 외화획득을 조건으로 수입승인을 받은 때는 그 조건대로 수출되었는지의 여부, 수입승인대상품목을 승인을 받지 않고 수입하였는지의 여부, 그리고 특정거래형태의 수입인정을 받은 자가 인정받은 대로 수입하였는지의 여부를 확인하는 것을 말한다. 수입자는 수입승인유효기간 내에 수입을 이행하고 이를 입증할 수 있는 서류(수입신고필증 등)를 수입승인기관에 제출하여야 한다. 또한 외화획득용 원재료를 수입한 경우에는 외화획득 이행 여부에 대한 사후관리를 하여야 한다.

〈표 1-2〉 수입절차의 단계

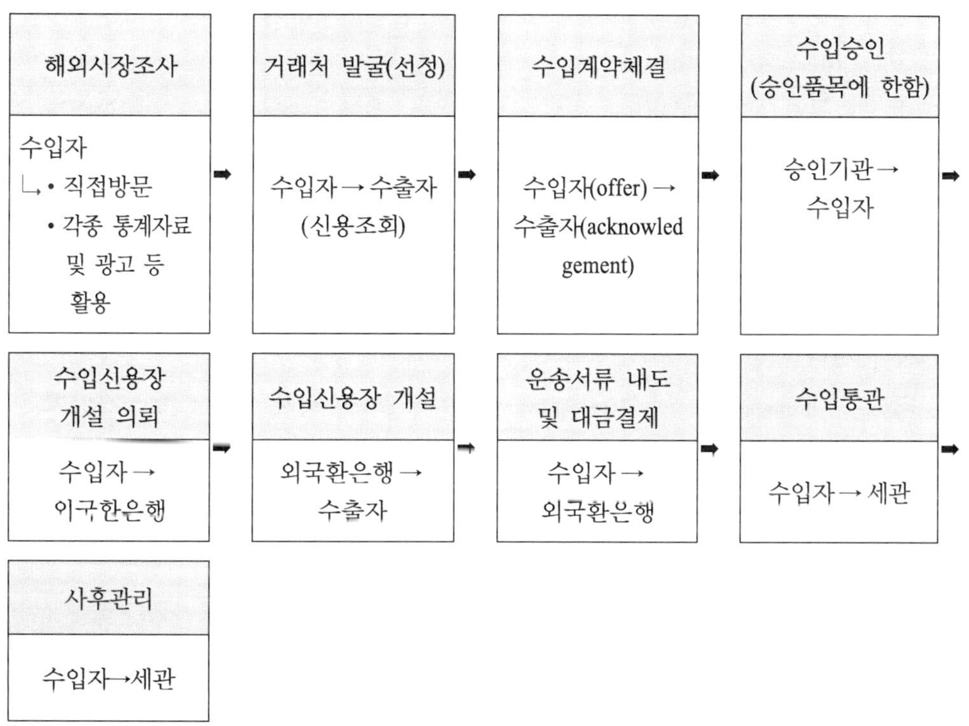

나. FTA무역의 거래절차

(1) FTA의 이해

(가) FTA의 기초개념

FTA(free trade agreement, 자유무역협정)란 체결국가 간에 상품, 서비스 교역에 대한 무역장벽을 철폐함으로써 배타적인 무역특혜를 서로 부여하는 협정을 말한다. FTA는 그 동안 EU(유럽연합)나 NAFTA(북미자유무역협정) 등과 같이 인접 국가나 일정한 지역을 중심으로 이루어졌기 때문에 흔히 지역무역협정(regional trade agreement, RTA)이라고도 하였다.

RTA는 체결국간 경제통합의 심화정도에 따라 크게 4단계로 구분할 수 있다. 자유무역협정(free trade agreement, FTA)은 무역자유화를 위해 관세를 포함한 각종 무역제한조치를 철폐하는 형태를 말하며, 관세동맹(customs union)은 역내무역 자유화 외에도 역외국에 대해 공동관세율을 적용하여 대외적인 관세에 공동보조를 취하는 형태를 말한다. 공동시장(common market)이란 여기에 더하여 회원국간 노동, 자본 등 생산요소의 자유로운 이동이 가능한 형태를 말하며, 종전의 EC(구주공동체)나 중앙아메리카 공동시장(CACM)을 예로 들 수 있다. 경제동맹(economic union)이란 회원국간, 금융, 재정정책, 사회복지 등 모든 경제정책을 상호 조정하여 공동의 정책을 수행하는 형태로 현재의 EU를 예로 들 수 있다. 완전경제통합(complete economic union)이란 회원국들이 독립된 경제정책을 철회하고, 단일경제체제하에서 모든 경제정책을 통합하여 운영하고, 회원국간에 단일 의회와 같은 초국가적 기구를 설치・운영하는 형태를 말한다.

FTA로 대표되는 지역주의(regionalism)는 세계화와 함께 국제경제를 특징짓는 뚜렷한 조류가 되고 있으며, WTO 출범 이후 오히려 확산 추세에 있다. 실제로 지난 47년간의 GATT 시대에 통보된 지역무역협정의 수가 124건이었던데 비해, WTO 출범 후 9년에 176개의 지역무역협정이 통보되었다. 이와 같은 지역무역협정이 확산되고 있는 이유는 다음과 같다.

① WTO 다자협정은 회원국수의 급증으로 합의 도출에 장시간이 소요되거나, 합의 도출 자체가 어렵다는데 대한 반작용

② FTA가 개방을 통해 경쟁을 심화시킴으로써 생산성 향상에 기여한다는 측면에서 무역부분의 중요한 개혁 조치수단으로 부상

③ 무역 및 외국인 직접 투자의 유입이 경제성장의 원동력이라는 인식 확산과

FTA 체결이 외국인 직접투자 유치에 큰 도움이 된 사례(NAFTA 이후의 멕시코)가 교훈으로 작용

④ 특정국가간의 배타적 호혜조치의 확산이 오히려 자유무역에 기여할 수 있다는 인식의 전환

⑤ 지역주의 확산에 따라 역외 국가로서 받는 반사적 피해에 대한 대응필요

(나) FTA의 유형 및 추진절차

전통적인 FTA와 개도국간 FTA는 주로 상품분야의 무역자유화 또는 관세인하에 중점을 두었으나, WTO체제 출범을 전후하여 상품에 대한 무역장벽 철폐 외에도 서비스, 투자자유화, 지적재산권, 정부조달, 무역구제제도 등 협정의 대상 범위가 점차 확대되고 있다. 자유무역협정은 FTA, CEPA, EPA, SECA 등 다양한 형태로 체결되고 있지만, 기본적으로는 자유무역협정(FTA)이라는 큰 틀에서 이해가 가능하다.

CEPA(comprehensive economic partnership agreement, 포괄적경제동반자협정)는 상품의 관세인하, 비관세장벽 제거 등의 요소를 포함하면서, 무역원활화 및 여타 협력분야 등에 중점을 두고 있는 협정, 무역과 투자자유화를 비롯해 금융, 정보, 커뮤니케이션기술, 과학기술, 인력개발, 관광, 에너지, 식량문제 등에 관한 협의를 포함한다.

EPA(economic partnership agreement, 경제연계협정)는 관세철폐 인하 외에 투자와 서비스, 지적재산, 인적자원 이동의 자유까지 포괄하는 협정(예컨대 일-멕시코 EPA)을 말한다.

SECA(strategic economic complementation agreement, 전략적경제보완협정)는 라틴아메리카 국가간 경제통합을 목적으로 1980년에 체결된 몬테비데오 조약에 근거한 지역협정인 ECA를 모델로 한 것으로 FTA의 느슨한 형태(준 FTA)를 말한다.

기타 무역촉진협정(TPA), 특혜무역협정(PTA), 제휴협정(AA), 서비스협정, 관세동맹, 개도국간 협정 등도 넓은 의미에서 지역무역협정에 포함된다.

(2) FTA 수출입 절차

(가) FTA 수출절차

FTA 체결 당사국 사이의 무역에는 관세특혜가 부여되고 있기 때문에 일반적인 수출입 절차에 더하여 추가적인 절차를 필요로 한다.

① 발효국 확인

FTA가 타결되더라도 정식으로 발효되어야 효력이 발행한다. 2014년 1월 현재 FTA 추진현황은 다음과 같다.

〈표 1-3〉 FTA 추진현황

(2014년 1월 현재)

구분	대상국가	발효일자
발효된 FTA	한-칠레 FTA	2004. 4. 1
	한-싱가포르 FTA	2006. 3. 2
	한-EFTA(4개국) FTA	2006. 9. 1
	한-ASEAN(10개국) FTA	상품(07.6.1.)/서비스(09.5.1.)/투자(09.9.1)
	한-인도 CEPA	2010. 1. 1
	한-EU(28개국) FTA	2011. 7. 1
	한-페루 FTA	2011. 8. 1
	한-미국 FTA	2012. 3. 15
	한-터키 FTA	2013. 5. 1
서명 및 협상타결	한-콜롬비아 FTA	2013. 2. 21 서명
	한-호주 FTA	2013.12.4. 실질타결
협상중	한-캐나다, 한-인도네시아, 한-중국, 한-베트남, 한-중-일, 한-RCEP(5개국), 한-뉴질랜드	
여건조성	한-일, 한-멕시코, 한-GCC(6개국)	
공동연구	한-Mercosur(4개국), 이스라엘, 한-중미(6개국), 한-말레이시아	

- EFTA : 스위스, 노르웨이, 아이슬란드, 리히텐슈타인
- ASEAN : 말레이시아, 싱가포르, 베트남, 미얀마, 인도네시아, 필리핀, 브루나이, 라오스, 캄보디아, 태국
- EU : 오스트리아, 벨기에, 영국, 체코, 키프로스, 덴마크, 에스토니아, 핀란드, 프랑스, 독일, 그리스, 헝가리, 아일랜드, 이탈리아, 라트비아, 리투아니아, 룩셈부르크, 몰타, 네덜란드, 폴란드, 포르투갈, 슬로바키아, 슬로베니아, 스페인, 스웨덴, 불가리아, 루마니아, 크로아티아
- RCEP : 중국, 일본, 호주, 뉴질랜드, 인도
- GCC : 사우디, 쿠웨이트, 아랍에미리트, 카타르, 오만, 바레인
- Mercosur : 브라질, 아르헨티나, 우루과이, 파라과이
- 중미 : 파나마, 코스타리카, 과테말라, 온두라스, 도미니카공화국, 엘살바도르

FTA의 특혜를 받으려면 수입자와 수출자 모두가 FTA 체결국에 소재해야 한다. FTA에서 말하는 수출자란 상품이 수출되는 당사국의 영역에 속하면서 그 상품을 수출하는 자를 말하며, 거래계약당사자, 수입신고서의 해외공급자와 같은 통상적인 수출자의 개념과는 다르다. 즉 원산지증명서 발급(또는 신청)의 주체로서 자료보관의무가 있고, 원산지 검증대상이 되는 자를 말하므로 제3국에 소재하는 자는 수출자가 될 수 없다.

② 품목번호 확인

FTA 관세혜택 여하는 품목번호(HS code)로 표시된다. 따라서 수출자는 자신이 수출하고자 하는 품목에 대한 HS code에 해당하는 관세혜택의 내용과 원산지 결정기준을 검토해야 한다. 품목번호는 수출 상대국 세관에서 확인하는 것이 가장 정확하고 안전하다.

③ 관세혜택 확인

수출자에게 가장 유리한 교역국을 선택하기 위해서는 수출 상대국의 해당 품목에 대한 관세 혜택 여부를 미리 확인할 필요가 있다. 만약에 협정세율과 실행세율의 차이가 없다면 일반수출과 동일하므로 원산지 결정 확인 등의 추가적인 절차를 진행할 필요도 없다.

④ 결정기준 확인

FTA는 협정 당사국을 원산지로 하는 상품에 대해서만 관세혜택이 부여된다. 원산지를 인정받으려면 협정에서 정한 원산지결정기준을 충족해야 한다. 원산지 결정기준은 크게 일반기준과 품목별기준으로 나누어진다. 일반기준은 여러 품목에 공통적으로 적용되는 총칙 성격의 규정이며, 품목별기준은 해당 품목에 한정하여 적용되는 이른바 각칙에 해당하는 규정이다.

〈표 1-4〉 원산지결정기준

구분		종류
일반기준	기본원칙	완전생산기준, 역내가공원칙, 충분가공원칙, 직접운송원칙
	특례	누적기준, 최소기준, 중간재, 대체가능물품, 간접재료, 세트물품, 부속품/예비부품/공구, 포장/용기
품목기준		세번 변경기준, 부가가치기준, 가공공정기준, 조합기준, 선택기준

⑤ **증명서 발급**

우리나라에서 유통되는 물품이라 하여 모두 한국산으로 인정되지는 않는다. 수출 상대국에서 FTA 협정세율을 적용받기 위해서는 반드시 협정에서 정한 원산지증명서를 구비해야 하는데 원산지증명 방식은 FTA 협정에 따라 다르다.

〈표 1-5〉 FTA별 원산지증명 방식

구분	발급방식	발급자(기관)	증명서서식	유효기간	사용언어
칠레	자율발급	수출자	양국간 통일서식	2년	영어사용 원칙
싱가포르	기관발급	세관/상공회의소, 자유무역관리원	국별 증명서식	1년	
EFTA	자율발급	수출자	송품장 신고방식	1년	
아세안	기관발급	세관/상공회의소, 수입자	통일서식(AK서식)	6월	
인도	기관발급	세관, 상공회의소	통일서식(KIN서식)	1년	
EU	자율발급	수출자	송품장 신고방식	1년	EU국어/한글
페루	기관(5년) 자율발급	수출자, 기관, 세관, 상공회의소	기관 : 통일증명서식 자율 : 권고서식제공	1년	영어
미국	자율발급	수출자, 생산자, 수입자	양식없음 한국 : 권고서식	4년	영어/한글 (번역본)
터키	자율발급	수출자	송품장 신고방식	1년	영어

⑥ **인증수출자**

인증수출자란 원산지증명 능력이 있다고 관세당국이 인증한 수출자를 말한다. 이 제도는 FTA 체결국가가 증가함에 따라 증가하는 원산지증명서 발급 시간과 비용을 절감할 수 있도록 지원하기 위한 것이다. 인증수출자는 모든 협정에 대해 당해 업체가 제조하는 모든 품목에 대해 인증혜택이 부여되는 업체별인증수출자와 업체가 신청한 협정과 품목에 대해서만 인증혜택이 부여되는 품목별인증수출자가 있다.

인증수출자로 인증받기 위해서는 최근 2년간 FTA 특례법령 및 관세법에 따른 처벌을 받은 사실이 없고, 최근 2년간 속임수 또는 부정한 방법으로 원산지증명서를 발급 신청산 사실이 없으며 최근 2년간 5회 이상 원산지증명서의 발급신청이 반려된

사실이 없어야 한다. 인증수출자에게는 원산지증명서 발급절차 또는 첨부서류 간소화 혜택을 부여하고 있다.

⑦ 관련서류 보관 및 발급주체

원산지증명서에 대한 정확성은 사후검증을 원칙으로 하고 있으므로, FTA 원산지 결정을 위해 필요한 관련서류는 5년 동안 보관하도록 수출자에게 의무를 부과하고 있다. 또한 원산지증명서는 권한이 있는 주체가 발급하여야 효력이 있으며,

(나) FTA 수입절차

① 발효국 확인

수출과 마찬가지로 수입자와 수출자 모두가 FTA 발효국에 소재해야 FTA를 이용할 수 있다. 또한 FTA 체결국을 원산지로 하는 물품이어야 하며, 원칙적으로 당해 물품이 수출국에서 수입국으로 직접 운송되어야 한다.

② 품목번호 확인

수출과 마찬가지로 수입하고자 하는 물품에 대한 HS code를 확인하여 FTA 특례 여부를 검토해야 한다.

③ 관세혜택 확인

수입자는 수입물품이 협정대상 품목에 해당하는지 그리고 협정세율은 몇 %인지를 확인해야 한다. 협정세율이 적용되지 않는다면 원산지증명과 관련된 추가적인 절차가 필요 없다. FTA 혜택의 정도는 일반세율과 FTA 협정세율의 차이에 따라 결정된다.

관세혜택 = (일반세율 − FTA 협정세율) × 수입금액(CIF)

④ 증빙서류의 준비

수입자는 수출자로부터 제공받은 원산지증빙서류가 FTA의 규정에 맞는지 여부를 확인하여야 한다.

⑤ 특혜신청

수입자가 특혜세율을 적용받으려면 원산지증명서를 근거로 한 협정관세 적용신청서를 세관에 제출하여야 한다. 원산지증명서는 원칙적으로 수입신고시에 제출하여야

하지만 수입신고 수리 후에도 1년 이내에 제출하면 특혜세율을 적용받을 수 있다. 예외적으로 원산지증명서가 없어도 특혜세율을 적용받을 수 있는 경우는 다음과 같다.

첫째, 원산지 사전심사제도를 통해 수입신고 이전에 관세평가분류원에 신청하여 사전심사를 받은 물품

둘째, 과세가격이 미화 1천 달러 이하의 소액물품(위장 분할수입은 제외)

셋째, 동종동질의 물품을 계속, 반복적으로 수입하는 경우로서 당해 물품의 생산공정 또는 수입거래의 특성상 원산지의 변동이 없는 물품 중 관세청장이 정하여 고시하는 물품, 현재 한-아세안 및 한-싱가포르 FTA에 관련하여 13개 품목이 고시되어 있다. 다만 고시된 물품이라 하더라도 비원산지 국가를 경유하여 운송되거나 비원산지 국가에서 선적되는 경우 또는 제3국 발행 송장 대상물품은 제외된다.

한편, 관세할당(tariff rate quota, RTQ) 품목은 관세할당 추천을 받은 경우에 한하여 FTA 협정 세율을 적용하고, 추천을 받지 못하면 적용받지 못한다. 따라서 수입자는 주무부장관 등의 추천서를 수입신고 수리 전까지 세관에 제출해야 한다.

⑥ 관련서류 보관

수입자도 수입관련 서류를 보관할 의무가 있으며, 이를 위반하면 이미 적용한 협정관세를 배제(추징)하고, 형사처벌을 받을 수도 있다.

제 2 절 무역의 형태

1. 일반적 무역형태

가. 무역주체 및 객체에 따른 유형

(1) 무역주체에 따른 분류

(가) 무역주체의 유형별 분류

민간무역(private trade, *私貿易*)이란 무역거래의 주체가 개인인 민간무역업자의 무역을 말하며 대부분의 무역이 이 형태로 이루어지고 있다. 영리적 목적으로 행해진다

는 점에서 공익성을 가진 공무역과는 차이가 있다.

공무역(public trade)이란 공공기관이 무역거래의 주체가 되거나 공공기관이 출자하거나 무역공사를 설립하여 직접 무역의 주체가 되는 무역을 말하며, 공공기관무역 또는 공공무역이라고도 한다. 공무역은 국영무역과 정부무역으로 나눌 수 있다.

국영무역(state trade)은 국가의 계획이나 협정에 의하여 국영기업 또는 국가로부터 일정한 독점권을 부여받은 기업이 행하는 무역을 말한다. 국영무역은 계획경제를 기본 근간으로 하고 있는 사회주의 국가나 개도국 등이 주로 이용하는 방식이다. 국영무역은 독점적 지위를 이용하여 시장메커니즘을 왜곡시킬 우려가 있으며, 사적기업의 무역행위를 제한함으로써 자유무역과 공정무역 원칙에 위배될 소지가 있다. 따라서 오늘날 대부분의 국가들은 농산물 교역 등 극히 예외적인 경우를 제외하고는 국영무역은 행하지 않고 있다.

정부무역(government trade)이란 무역거래의 주체가 국가 또는 정부기관이 되는 무역을 말하며, 실제로는 민간기업을 개입시켜 행하는 것이 보통이다.

(나) 제3자의 개입유무에 따른 분류

무역은 제3자의 개입 여부에 따라 직접무역과 간접무역으로 나눌 수 있다. 직접무역(direct trade)은 수출자와 수입자 사이에 제3자의 개입 없이 직접 수출이나 수입하는 형태를 말하며, 간접무역(indirect trade)은 무역거래에 제3자가 개입되어 있는 형태의 무역을 말한다. 간접무역에는 중개무역 · 중계무역 · 통과무역 · 스위치무역 등이 있다.

① 중개무역

수출자와 수입자 사이에 제3국의 업자가 개입하여 거래를 알선 또는 주선함으로써 무역거래가 이루어질 때, 이를 제3국의 입장에서 중개무역(仲介貿易, merchandising trade)이라고 한다. 이때 물품은 수출자가 수입자에게 직접 인도하지만, 대금결제는 두 가지 형태로 이루어진다. 무역거래자 상호 간에 직접 결제하고 중개상은 중개수수료를 받는 형태와 중개상이 수입자에게 결제를 받아 자신의 중개료를 차감한 잔액을 수출자에게 송금하는 방식이 있다. 중개무역은 대외무역법상의 무역거래가 아니므로 수출실적으로 인정되지 않는다.

② **중계무역**

중계무역(中繼貿易, intermediate trade)이란 수출할 것을 목적으로 물품 등을 수입하여 보세구역 또는 자유무역지역으로 반입하였다. 원상태 그대로 재수출하는 거래를 말한다.[9] 수입계약과 수출계약의 2개 계약이 별도로 존재하며, 물품의 집산지(collecting and distributing center)이면서 외화의 거래가 쉽고 관세가 부과되지 않는 자유항(free port)[10] 등이 유리하다.

중계상은 수수료가 아닌 수입액(CIF)과 수출액(FOB)의 차액을 수취한다는 점에서 중개무역과는 다르다. 또한 통과무역은 물품의 운송을 위해 다른 나라를 거칠 뿐 수출될 때 이미 특정한 수입상이 정해져 있지만, 중계무역은 물품이 중계무역국에 도착한 후에 수입자가 결정된다는 점에 차이가 있다. 중계무역은 일반수출보다 시간・인력 및 경비를 절감하면서 중계료(매매차익)를 획득할 수 있는 장점이 있는 반면, 수출국에 따라 차등 관세를 적용하고 있는 수입국으로서는 자국의 무역정책에 혼란을 가져오게 할 우려가 있다.

③ **통과무역과 우회무역**

통과무역(transit trade)이란 무역물품이 수출국에서 수입국으로 직송되지 않고 제3국을 경유할 때, 그 경유국의 입장에서 이러한 거래형태를 일컫는 말이다. 예컨대 독일과 이탈리아가 무역을 할 때 프랑스를 거쳐 상품의 이동된다면, 프랑스는 이 거래를 통해 운송비, 보험료, 창고료, 노임, 재포장료[11] 등의 수익을 얻게 된다. 통과무역은 중계무역과 형식상 유사하지만 통과국 업자의 당해 거래에 대한 자발적인 개입이 없다는 점에서 중계무역과는 다르다.

우회무역(round-about trade)이란 수입국의 외환 통제, 수입규제 또는 관세장벽을 회피할 목적으로 고의로 제3국을 경유시키는 무역형태를 말한다. 예컨대 어떤 수입국의 무역제한을 회피하거나 관세특혜를 받기 위하여 일단 다른 국가에 반입하였다가 거기에서 원산지를 그 국가로 변조하여 원래 목표로 했던 수입국으로 수출하는 방법을 사용하기도 한다. 수입국으로서는 자국의 무역정책 목적의 달성을 저해하는 거래이므로 이를 방지하기 위해 원산지증명서를 제출하게 하는 등의 조치를 취하기도 한다. 특히 FTA가 확산됨에 따라 비체결국의 우회수출을 방지하기 위해 각국은

9) 대외무역관리규정 제2조

10) 자유항에는 自由港市(free port town), 自由港區(free port area or quarter), 自由港地域(free port district)의 세 가지 유형이 있으며, 대표적인 자유항으로는 홍콩과 싱가포르 등을 들 수 있다.

11) 대부분의 국가는 통과무역을 자국에 유치하기 위하여 통과수수료를 징수하지 않고 있다.

원산지규정을 강화하고 있다.

④ **스위치무역**

스위치무역(switch trade)이란 수출자와 수입자 사이에 제3국의 중계무역상(switcher)이 개입하여 물품의 수출자와 그 물품을 수입하려는 자를 연결해주고 중간에서 일정의 차익(switcher commission)을 얻는 무역을 말한다.

일반적으로 스위치무역은 수출자와 수입자간에 직접 매매계약이 체결되며 물품도 수출국에서 수입국으로 직접 이동되는데, 대금결제는 제3국의 중계무역상을 통해 이행하거나 제3국의 통화나 계정을 이용하는 형태로 이루어진다. 즉, 수입자가 중계무역상에게 대금을 송금하고 중계무역상은 이 금액에서 자신의 차익을 차감한 금액을 수출자에게 송금함으로써 종료된다.

스위치 무역을 통해 중계무역상이 지속적인 차익을 얻으려면 실제 수입자와 수출자가 서로 알게 해서는 안 된다. 따라서 스위처는 양자 사이의 정보교류를 차단하기 위한 방법을 사용한다. 예컨대 양도신용장을 이용하여 수익자를 자신이 되도록 한다든지 수출자 명의의 Invoice나 선하증권 등을 중계무역상이 회수하고 그 대신에 자신의 명의로 재작성하여 대체(송장대체)하여 수입상에게 송부하는 방법이 사용된다.

스위치 무역은 어떤 수입국이 특정외화로 대금결제를 하여야 하는데 그 통화를 보유하고 있지 않고, 그 대신에 제3국에 대해서는 그 통화의 채권을 갖고 있을 때, 그 채권을 무역대금을 결제에 이용하고자 할 때도 이용된다. 예를 들어 프랑스의 수출상이 한국의 수입상에게 물품을 수출하였으나 한국의 수입상이 프랑스 Fr.을 보유하고 있지 않아 수입대금을 결제하기 어렵다고 하자. 그런데 마침 한국의 수입상이 제3국에 있는 청산계정에 프랑스 Fr.화 표시의 채권을 가지고 있다면, 이때 Switcher가 개입하여 한국의 수입상에게 프랑스 Fr.화 표시의 채권을 직접 지급하지 않고, 프랑스의 수출상에게 지급하도록 하여 무역대금이 결제되도록 함으로써 거래를 성사시킬 수 있다.

물품 이동이 수출자와 수입자 사이에 직접 이루어진다는 점에서는 중개무역과 유사하며, 대금지급이 제3자를 통해 이루어진다는 점에서 중계무역과 유사하다. 따라서 스위치무역은 중개무역과 중계무역의 절충형이라고 할 수 있다. 한편, 삼각무역(triangular trade)이란 3개국 간에 스위칭이 이루어지는 무역을 말하며, 다각무역(multilateral trade)이란 3개국 이상이 참여하여 스위칭되는 무역을 말한다.

(2) 무역객체에 따른 분류

(가) 거래객체에 따른 분류

기술수출(export of technical)이란 지적재산권, 제조기술 및 경영기술 등을 제공하는 거래를 말한다.

해외건설수출(construction exporting)이란 고속도로, 댐, 수로, 항만시설, 통신시설 등의 사회간접자본이나 공업시설 등의 건설을 위해 해외에 진출하는 토목공사 중심의 거래를 말한다.

관광무역(sightseeing trade, tourist trade)이란 관광객의 유입과 유출에 따라 발생하는 외화의 유출과 유입을 말한다.

개발수입(develop-and-import scheme)이란 주로 부존자원이 빈약한 수입국이 자원보유국에 진출하여 자본과 기술을 투입하여 개발한 자원을 수입하는 형태의 무역을 말한다. 수입국의 입장에서는 자원을 안정적으로 저렴하게 확보할 수 있으며, 자원보유국은 고용의 증가, 기술의 전수, 수출증가에 따른 이익을 가질 수 있다는 장점이 있다.

(나) 객체의 형태에 따른 분류

유형무역(visible trade)이란 눈으로 볼 수 있는 상품의 무역을 말하며, 상품무역(merchandise trade)이라고도 한다.

무형무역(invisible trade)이란 눈으로 보이지 않는 물품 즉, 생산요소(자본 · 노동), 용역 또는 지적재산권 등을 거래를 말한다. 세관의 통관절차를 거치지 않으며. 무역통계에는 나타나지 않으나 국제수지표 상에는 나타난다. 여기에는 각종 수수료, 해상운임, 보험료, 여행경비, 해외사무소경비, 특허기술사용료(royalty), 투자이익 등이 포함된다.

(다) 생산단계에 따른 분류

수직무역(vertical trade)이란 1차 산품과 공산품 간의 무역과 같이 서로 생산단계가 다른 물품 간에 이루어지는 무역으로 주로 선진국과 개도국 사이의 무역을 말하며 산업간무역(inter-industry trade) 또는 보완적 무역이라고도 한다. 예컨대 한국이 칠레에 공산품을 수출하고 칠레로부터 농산물을 수입하는 무역을 들 수 있다.

수평무역(horizontal trade)이란 1차산품 간 또는 공산품 간의 무역과 같이 생산단

계가 같은 국가끼리의 무역을 말하며, 산업내무역(intra-industry trade)이라고도 한다. 오늘날 생산단계와 기업의 다국적화에 따라 산업내무역은 선진공업국들 사이의 무역에 중요한 역할을 하고 있다.

산업내무역은 수평적 산업내무역과 수직적 산업내무역으로 나누어진다. 수평적 산업내무역(horizontal intra-industry trade)은 동일한 산업 내에서 품질은 유사하지만 제품의 속성(디자인, 기능 등)이 다른 물품 간에 이루어지는 무역을 말하며, 수직적 산업내무역(vertical intra-industry trade)은 품질과 속성 모두가 다른 물품 간에 이루어지는 무역을 말한다.

(라) 생산방식에 따른 분류

① 자사상표 부착여부에 따른 분류

자가상표부착수출(brand export)은 제조업자가 독자적으로 개발한 상품에 자사의 상표를 부착하여 수출하는 방식을 말한다.

OEM(original equipment manufacturing, 주문자상표부착) 방식이란 주문생산, 위탁생산 또는 하청생산의 일종으로서 외국 주문자의 상표를 부착하여 수출하는 방식을 말한다. 물품에 제조자의 상표 대신에 주문자의 상표가 부착되므로, 마치 주문자가 생산하여 판매하는 것처럼 보인다. 이 방식은 우수한 기술력이나 판매 노하우를 보유하고 있는 유명 상표의 업체가 개도국의 저렴한 생산비를 이용하고자 할 때 자주 이용된다. OEM 방식은 대체로 장기공급계약이 이루어지므로 생산자의 입장에서는 일정기간 동안 안정적인 생산량을 확보할 수 있으며, OEM을 보유한 국가의 수입규제를 받지 않고 수출할 수 있다는 장점을 갖고 있다. 단점으로는 주문자의 과도한 주도권 행사로 채산성을 맞추기 곤란하며, 독자적인 수출시장개척과 국제경쟁력의 확보가 어려워 장기적으로는 하청기업으로 전락할 우려가 있다는 점을 들 수 있다.

ODM(original design manufacturing)방식이란 제조업체가 보유하고 있는 기술력을 바탕으로 제품을 개발하여 유통업체에 공급하고 유통업체는 사사에 맞는 제품을 선택하면, 제조사가 유통업체의 상표를 부착하여 납품하는 형태의 거래를 말하며, 제조업자개발생산 또는 제조업자설계생산이라고 한다. 개발력 및 생산능력은 갖추고 있으나 브랜드력이 부족한 때에 자주 이용된다.

② **병행수입**

병행수입(paralleled import, gray import)이란 독점수입권자에 의해 적법하게 상표가 부착되어 유통되는 진정상품(genuine goods)[12]을 권리 없는 제3자가 독점수입권자[13]의 허락 없이 수입하는 행위를 말한다.

그런데 독점수입권이 없는 제3자도 어떤 물품을 다른 경로를 통하여 수입하였다면 비록 그것이 진정상품이라고 하더라도 상표권을 침해하는 것이 아니기 때문에 위법성이 없는 정당한 행위라고 볼 수 있으므로 병행수입업자가 상표권자의 상표가 부착된 상품을 판매하는 행위는 당연히 허용되어야 한다. 따라서 원칙적으로 상표의 고유기능인 출처표시와 품질보증 기능을 해치지 않는 범위 내에서는 모든 수입품에 대한 병행수입이 허용된다.

우리나라는 기존 수입업자들의 권리를 보호한다는 명분으로 병행수입을 금지해 오다가 1995년 11월부터 수입공산품의 가격인하를 유도하기 위해 허용하였다. 이에 따라 상표권이 적용되는 물품을 국내에서 생산하는 경우를 제외하고는 정식 완제품을 별도의 경로를 통해 수입할 수 있게 되었으며, 국내 독점판매권자나 수입상표의 전용사용권자는 단지 위조품에 대해서만 그 권리를 보호받을 수 있게 되었다.

한편, 병행수입을 통해 들어온 상품이 거래되는 시장을 회색시장(gray market)이라 하는데, 이는 병행수입에 의해 거래되는 상품이 모조품, 불법복제품, 밀수품과 같이 불법적인 상품으로 암시장(black market)에서 거래되는 상품이 아닌 적법한 상표를 부착한 진정상품이기 때문에 붙여진 명칭이다.

병행수입이 가능한 경우는 ① 외국의 상표권자와 국내의 상표권자(전용사용권을 설정한 경우에는 전용사용권자)가 동일인 관계[14]인 경우, ② 외국상표권자와 국내상품권자(전용사용권을 설정한 경우에는 전용사용권자)가 동일인은 아니지만 외국상표권자가 생산한 진정상품을 수입 · 판매 하는 경우에는 병행수입이 가능하다. 즉 수출입 사실 통보대상[15]이 아니다.

---

12) 진정상품이란 진정한 상표권자에 의해 적법하게 제조. 유통되는 상품적법하게 사용할 수 있는 권리가 있는 자에 의하여 상표가 부착되어 배포된 상품을 말한다. 위조상품의 반대개념

13) 독점수입업자란 ① 외국상표권자와 국내상표권자가 동일인이거나 계열회사관계(주식 또는 지분의 30% 이상을 소유하면서 최다출자자인 경우)이거나, 수입대리점관계에 있는 자, 또는 ② 외국상표권자와 ①의 관계에 있는 자로부터 전용사용권을 설정 받은 자를 말한다.

14) 동일인 관계란 국내외 상표권자가 동일인이거나 계열회사관계(주식의 30% 이상을 소유하면서 최다 출자자인 경우), 수입대리점 관계 등 동일인으로 볼 수 있는 관계를 말한다.

15) 상표권자가 손해배상청구나 제소 등의 조치를 취할 수 있도록 수출입 사실을 통보하는 것임

그러나 외국 상표권자와 국내 상표권자(전용사용권을 설정한 경우 전용사용권자)가 동일인 관계가 아니면서 제조만 하는 경우에는 세관에서 상표권 침해물품의 수출입 신고시 수출입 사실을 상표권자에게 통보한다. 다만 이 경우에도 국내상표권자 또는 전용사용권자가 권리 없는 제3자의 수입을 허락하거나 통관에 동의한 경우에는 병행수입 제한이 해제되어 병행수입이 허용되며, 이후 동일 지정상품의 수출입 사실은 통보하지 않는다.

병행수입은 모든 상포에 허용되는 것이 아니라 일정한 기준에 따라 제한적으로 허용되는 것이므로 병행수입 이전에 병행수입 허용 여부를 확인해야 한다. 병행수입 가능여부는 세관관서 또는 http://prtal.customs.go.kr에서 확인할 수 있다. 또한 병행수입이 허용되는 상표라 하더라도 상품의 진위여부가 의심스러운 경우에는 세관장 또는 상표권자의 요청에 따라 통관이 보류될 수도 있으니 유의할 필요가 있다.

(마) 물품 가공방식에 따른 분류

가공무역(improvement trade)는 위 · 수탁 여하에 따라서 위탁가공무역, 수탁가공무역 등으로 나눌 수 있으며, 유무환의 구분에 따라 유환가공무역, 무환가공무역 등으로 구분할 수 있다. 일반적으로 가공무역이라 하면 무환위 · 수탁가공무역을 말한다.

위탁가공무역(processing trade on consignment)[16]이란 가공임을 지급하는 조건으로 외국에서 가공(제조, 조립, 재생, 개조 등)할 원료의 전부 또는 일부를 수출 또는 외국에서 조달하여 외국의 임가공업자에게 인도하여 이를 제조 · 가공한 후 당해 물품을 수입하거나 외국으로 인도하는 수출입을 말한다.

위탁판매 수출이 완제품만을 대상으로 하고 있음에 대하여 위탁가공수출은 원료와 가공된 완제품을 그 대상으로 하고 있으며, 외화의 지급도 전자의 경우에는 판매수수료인데 반하여 후자는 가공임이 지급된다는 점에 차이가 있다. 위탁가공무역은 자국의 임금수준이 높아 자국 내에서 가공하는 것보다 가공임이 저렴한 국가에 가공을 위탁하는 것이 유리하거나 또는 자국의 기술수준이 낮아 기술이 발달된 국가에서 가공하고자 하는 때에 이용되는 거래이다.

수탁가공무역(processing trade on trust)이란 가득액[17]을 영수하기 위하여 원자재의 전부 또는 일부를 거래 상대방이 위탁에 의하여 수입하여 이를 가공 한 후 위탁자 또

16) 위탁(委託, deposit)이란 남에게 소유권을 양도하지 않은 상태에서 어떤 일이나 물품을 맡기는 것을 말하며, 수탁(trust, consignment)이란 다른 사람의 부탁으로 일이나 물품을 맡는 것을 말한다.

17) 가득액이란 수출가격에서 수입가격을 차감한 잔여금액을 말한다.

는 그가 지정하는 자에게 가공물품 등을 수출하는 수출입을 말한다.[18] 다만, 위탁자가 지정하는 자가 국내에 있어 보세공장 및 수출자유지역에서 가공한 물품 등을 외국으로 수출할 수 없는 경우, 관세법에 의한 수탁자의 수출·반출과 위탁자가 지정한 자의 수입·반입·사용은 이를 각각 대외무역법에 의한 수출·수입으로 본다.

보세가공무역(bonded improvement trade)이란 외국으로부터 원자재나 반제품을 수입하여, 관세가 유보된 상태(보세상태)로 이를 국내에서 가공하거나 제품화하여 다시 수출하는 무역방식을 말한다. 우리나라에도 보세가공무역을 지원하기 위해 보세공장 제도와 수출자유지역 제도를 두고 있다. 이 제도는 관세의 부담 없이 가공무역을 하도록 지원하기 위한 것이다. 보세공장은 관세법상 외국지역으로 간주하여 보세상태에서 제조할 수 있도록 세관장이 특허한 지역을 말하며, 수출자유지역은 외국인 투자를 유치하기 위해 수출자유지역설치법에 의해 설치된 지역을 말한다.

(바) 현지조립방식 무역

녹다운방식(knock down system) 수출이란 부품이나 반제품을 수출하여 현지에서 조립한 후 완성된 완제품을 판매하는 방식을 말하며, 현지조립방식이라고도 한다. 녹다운방식은 부품 전체를 수출하여 실수요지에서 조립하여 완제품을 만드는 완전현지조립방식(complete knock-down method, CKD)과 부분현지조립방식(semi knock-down method, SKD)으로 나눌 수 있다.

녹다운방식은 자동차, 가전제품, 기계류 등의 수출에 많이 이용된다. 또한 완제품 수입을 제한할 때, 완제품에 부과되는 고율의 관세를 회피하고자 할 때, 현지조립방식이 운송비나 인건비를 절감할 수 있을 때나 현지인을 고용함으로써 제품에 대한 호감도를 증대시키고자 할 때, 그리고 현지시장 침투 또는 확대 전략으로 이용하고자 할 때에 이용된다.

나. 실무적 관점에 따른 유형

(1) 물품의 흐름에 따른 분류

(가) 운송경로에 따른 분류

육상무역(overland trade)이란 트럭, 트레일러, 철도 등의 육상운송수단에 의하여 물품이 운송되는 무역을 말하며, 주로 유럽국가들과 같이 수출지점과 수입지점이 육상

---

18) 따라서 국내에서 원자재 전부가 조달되는 경우는 수탁가공무역이 아니다.

으로 연결되어 있는 국가들 사이에 이루어진다.

해상무역(ocean/maritime trade)이란 선박에 의하여 물품이 운송되는 무역을 말한다. 항공무역(air trade)이란 항공기로 물품이 운송되는 무역을 말한다.

하천무역(river trade)이란 강, 운하. 호수 사이에 두고 있는 국가들 사이에 선박으로 물품이 이동되는 무역을 말한다.

연안무역(coastal trade)이란 미국 본토와 하와이간의 무역과 같이 동일한 국가의 2 항구 사이의 해상무역을 말한다.

(나) 물품의 이동방향에 따른 분류

물품을 자국으로부터 국외로 반출하는 무역을 수출무역(export trade)이라 하며, 반대로 국외로부터 국내로 반입하는 것을 수입무역(import trade)이라 한다.

(다) 판매방식에 따른 분류

위탁·수탁판매 거래는 수출자인 본사가 수입국에 지사나 판매법인을 설치한 후 판매를 위탁할 때나 해외시장개척 단계에서 수입국내에 대리점을 두어 판매를 위탁할 때 자주 활용되는 거래형태이다.

위탁판매수출(consignment sale export trade)이란 물품 등을 무환으로 수출하여 당해 물품이 판매된 범위 안에서 대금을 결제하는 계약에 의한 수출을 말하며, 판매를 위탁받은 자는 미판매된 물품을 수출자에게 반품하게 된다.

수탁판매수입(indent sale export trade)이란 물품 등을 무환으로 수입하여 당해 물품이 판매된 범위 안에서 대금을 결제하는 계약에 의한 수입을 말한다.

(라) 임대수출과 임차수입

임대수출이란 임대(사용임대를 포함한다) 계약에 의하여 물품 등을 수출하여 일정 기간 후 다시 수입하거나 그 기간의 만료 전 또는 만료 후에 당해 물품의 소유권을 이전하는 수출을 말한다.

임차수입이란 임차(사용임차를 포함한다) 계약에 의하여 물품 등을 수입하여 일정 기간 후에 다시 수출하거나 그 기간의 만료 전 또는 만료 후에 당해 물품의 소유권을 이전 받는 수입을 말한다.

임대차수출입은 생산설비 등 거대자본이 소요되는 경우나 의료용구, 컴퓨터 등과 같이 단일물품이 가액이 크면서도 수명주기(life cycle)가 짧은 물품을 수입할 때, 자금압박을 완화하거나 신제품 개발에 따른 위험을 회피하는 수단으로 활용된다.

(마) 외국인수수입과 외국인도수출

외국인수수입이란 수입대금은 국내에서 지급되지만 수입물품 등은 외국에서 인수하는 수입거래형태를 말한다. 해외사업을 함에 있어 필요한 기자재를 외국에서 수입할 경우 동 물품을 국내에 반입하였다가 다시 현지로 수출하는 번거로운 절차에 따른 시간 및 경비의 절감을 위해 대금은 국내에서 지급하지만 물품은 해외에서 현지로 직접 운송할 수 있도록 하기 위한 것이다.

외국인도수출이란 수출대금은 국내에서 영수하지만 국내에서 통관되지 아니한 수출물품 등을 외국에서 외국으로 인도하는 수출을 말한다. 해외에 있는 내국물품을 국내에 반입하지 않고 수출한다든지, 우리나라 선박이 외국에서 체포한 수산물을 국내에 반입하지 않고 현지에서 제3국에 매도하거나 또는 항해중이거나 어로작업중인 선박을 현지에서 매도하는 거래를 예로 들 수 있다.

(2) 대금의 흐름에 따른 분류

(가) 대금결제 유무에 따른 분류

유상무역이란 대가를 수반하는 수출입을 말하며, 무상무역이란 대가를 수반하지 않은 수출입을 말한다.

(나) 환의 개입여부에 따른 분류

유환무역이란 외국환거래가 수반되는 무역을 말하며 대부분의 무역은 이에 속한다. 무환무역이란 외국환 거래가 수반되지 아니하는 수출입거래를 말한다. 무환수출입은 무상 무환수출입과 유상 무환수출입으로 구분된다.

유상무환수출입은 대금결제에 환(換)을 이용하지 않는 거래를 말하며, 박람회출품, 클레임의 처리를 위한 대체품의 수출, 대리점의 수수료를 물품으로 보내는 등 환에 의하지 않고 물품 제공의 형태로 대가를 지불하는 것 등이 이에 속한다. 또한 위·수탁가공계약에서 위탁자가 원재료를 대금의 결제 없이 수탁자에게 제공하고, 수탁자가 이를 제조·가공을 완료한 완제품을 대금의 결제 없이 위탁자에게 제공하고 임가공료를 받는 형태의 거래를 (유상)무환위·수탁가공무역이라고 한다. 이밖에도 임대차수출입나 무환상계결제(연계무역중 물물교환) 거래도 유상무환수출입에 해당한다.

무상무환수출입은 선물(gift), 원조. 무상 샘플 수출, 기증, 유증 등과 같이 대가를

받지 않는 거래를 의미한다.

(다) 수출과 수입의 연계에 따른 분류

연계무역(counter trade)이란 국가간 무역불균형을 해소할 목적으로 수출액에 해당하는 액수 또는 일정 비율만큼을 수입할 것을 조건으로 하는 등 수출과 수입을 연계시키는 방식의 무역을 말한다. 물물교환, 구상무역, 대응구매, 선구매, 상계무역, 제품환매 등의 형태가 있으며, 이를 조건부무역 또는 수출입링크제(export-import link system)라고도 한다.

연계무역은 수출과 수입을 상호 조건으로 하고 있어 자유무역주의의 원칙을 저해할 우려가 있다. 외화가 부족한 개발도상국에서 수출증대, 신시장개척, 무역마찰해소, 무역불균형시정 또는 무역외 분야에서의 국익추구나 산업협력의 목적 등으로 수출한 실적이 있는 자에 한하여 외국물품의 수입을 허가해 줌으로써 상품별 · 지역별 수출입을 균형화를 도모하고자 사용하는 형태이다.

① 물물교환(barter trade)

수출입대금을 외국환(신용장, 어음, 화폐 등)을 개입시키지 않고 서로 상응하는 물품을 교환하는 방식을 말하며, 일종의 무환구상무역을 말한다. 이 방식에는 선수출 · 후수입 또는 선수입 · 후수출방식이 있으며, 이란의 원유와 뉴질랜드의 양고기를 물물교환 하는 것을 그 예로 들 수 있다.

② 대응구매와 선구매

대응구매(counter purchase, C/P)는 수출하는 대가로 상대방의 상품을 구매하는 방식을 말하며, 국영무역(state trade)을 하는 동구권 국가들의 동서교역에서 많이 활용한 무역형태이다. 물물교환이나 구상무역은 거래금액이 동일해야 하므로 거래를 성립시키기 어렵다는 한계가 있다. 대응구매는 당사자간의 합의에 따라 수출하는 대가로 일정액 또는 일정비율의 수입의무를 지게 되며, 수출과 수입계약이 각각 별도로 체결되고 두 개의 일반신용장이 개설되어 형식상 완전히 두 개의 일반 무역거래 형태라는 점에 차이가 있다. 대응수입의무는 구상무역과 마찬가지로 제3국에 전가할 수 있다.

선구매(advance purchase)란 대응구매와는 반대로 수출자가 향후 수출을 전제로 먼저 수입하고, 수입자로 하여금 수출자로부터 일정기간 내에 구매해갈 것을 약속받는 거래방식을 말한다.

③ 구상무역(求償貿易, compensation trade)

두 나라 사이에 협정을 맺어 일정기간 동안 서로 수출은 균등하게 하여 무역차액을 영(zero)으로 만들어 결제자금이 필요 없도록 하는 무역을 한다. 물물교환의 형태와 동일하나 대금결제시 환거래가 발생하며 대응수출의 의무를 제3국에게 전가할 수 있다[19]는 점에서 차이가 있다. 수출입계약이 하나의 계약서로 동시에 체결되고, Back to back L/C, Escrow L/C, Tomas L/C 등 하나의 특수신용장으로 대금이 결제된다는 특징이 있다. 물물교환이 무환구상무역이라면 구상무역은 유환구상무역이라 할 수 있다.

④ 절충교역거래(off-set trade)

절충교역거래란 군장비, 항공기, 통신기기 등 고도의 기술제품이나 첨단장비를 수입하는 대신 그 부품 등을 수출하거나 생산기술, 노하우 등을 이전 받기로 하는 방식으로 상계무역이라고도 한다. 군장비 등의 거래는 통상 금액이 매우 크기 때문에 절충교역 비율이 높을수록 수입국은 기술이전과 자국산 부품 수출을 더 많이 할 수 있게 된다.

〈표 1-6〉 연계무역 유형별 비교

구 분	구상무역	물물교환	대응구매	제품환매
계약서	수출입단일계약	수출입단일계약	수출입별도계약	수출입별도계약
개념	연계무역과 같은 개념으로 사용	상품을 1:1로 동시에 교환	구상무역과 유사하나 다름	
환거래	발생	발생하지 않음	발생	발생
신용장	1개의 특수신용장발행	발행 안함	2개의 일반신용장발행	
대응수입 이행기간	통상 3년 이내	-	5년 이내	3-25년 지속적
대응수입 이행비율	100%	100%	합의로 결정 (10-100%)	합의로 결정 100%이상가능
수입의무 3국전가	가능	불가능	가능	가능
기타			동서무역에서 많이 발생	

19) 대응수출의무를 제3국에 전가시키는 형태를 삼각구상무역(triangular trade)라고 한다. 이는 양국간의 무역수지 균형화를 위한 것으로서 앞의 삼각무역의 경우를 참고하기 바란다.

특정 완제품을 수입하게 될 수입국은 자국에서 생산한 일부 부품을 수출국에게 송부하고 수출국은 송부 받은 그들 부품에 자국의 기술 및 부품을 결합하여 완제품을 생산하여 수출하는 형태이다. 수입국은 대금결제 시 자국에서 공급한 부품금액을 상계하고 차액만 결제한다. 우리나라 고속전철의 도입에서 이 방식의 거래가 이용된 사례가 있다.

⑤ **산업협력(industrial cooperation)**

산업협력(industrial cooperation)은 연계무역의 한 형태로 수출국과 수입국 사이에 산업설비 수출과 기술이전 등의 협력이 이루어지는 거래를 말한다. 산업협력은 제품환매방식(buy-back deal)과 합작투자방식(joint venture)으로 구분된다.

제품환매(buy back deal)란 플랜트 증 산업설비나 기술을 수출한 자가 수출대금은 그것으로부터 생산되는 제품(결과재, resultant products)의 일정량 또는 일정비율을 수입하는 방식으로 결제 받기로 하는 형태를 말한다.

합작투자(joint venture) 방식은 일방적인 자본재 수출이 아니라 자본참여, 판매밍 제공 등 수출자가 직접 수입자의 경영에 참여하는 형식을 말한다.

산업협력에 따른 대응수입은 별도 계약으로 이루어지며 물품뿐만 아니라 판매망의 제공 등으로도 상계될 수 있고 또한 제3국으로의 전가도 가능하다.

2. 기타의 무역형태

가. 거래국가별 유형

(1) 국가의 무역정책에 따른 분류

국가의 무역정책에 따라 무역은 자유무역과 보호무역 · 관리무역 · 협정무역으로 나누어진다. 자유무역(free trade)이란 국가가 무역에 관하여 간섭과 통제를 하지 않고 재화나 용역의 자유로운 이동을 보장하는 무역정책을 말한다.

보호무역(protective trade)이란 자국의 특정 산업이나 유치산업을 보호할 목적으로 국가가 무역에 직 · 간접적으로 간섭 · 통제하는 무역정책을 말한다.

오늘날 완전한 자유무역정책을 취하하거나 완전한 보호무역정책을 취하는 나라는 없다. 대부분의 국가는 무역의 일부 또는 전부에 대하여 그 총액이나 내용 · 품목 · 결제시기 및 방법 등을 규제하는 관리무역(controlled trade)의 형태를 취하고 있다.

협정무역(trade by agreement)이란 국가 간에 협정이나 조약을 체결하여 무역량이나 국제수지를 조정하는 무역이다. 협정의 방식은 수출입품의 수량이나 종류에 따라 협정하는 무역협정(trade agreement), 수출결제방식을 협정하는 지급협정(payment agreement), 거래하는 각국이 상호간에 관세율의 혜택을 주는 호혜통상협정(reciprocal trade agreement), 주요한 국제적인 상품의 공급과 수요국의 상호간의 관계를 보다 더 원활하게 하기 위한 상품협정(commodity agreement)등이 있다.

(2) 거래국의 경제발전단계에 따른 분류

남북무역(south-north trade)이란 선진국과 개도국 사이의 교역을 의미한다. 남북이란 적도를 기준으로 북반구 쪽에 미국, 유럽 등 선진국이 위치하고 있으며 남반구 쪽에 아프리카, 남미 등과 같은 후진국이 위치하고 있다는 데서 유래된 말이다.

동서무역(east-west trade)이란 사회주의 국가와 자본주의 국가 사이의 교역을 말한다. 동서의 개념은 종전의 냉전시대에 유럽을 기준으로 하여 동쪽에 동유럽, 소련, 중국 등 사회주의 국가가 위치해 있고, 서쪽에 주로 자본주의 국가가 위치해 있다는 데서 유래된 말이다.

남남무역(south-south trade)이란 개도국이 주로 적도를 기준으로 남반구에 위치하고 있다는데서 유래된 말로 개도국과 개도국 사이의 무역을 의미한다.

나. 기타의 유형

(1) 대외무역법에 따른 분류

(가) 일반거래형태의 무역

일반거래형태의 무역[20]이란 대외무역법상의 특정거래 형태의 수출입으로 분류되지 아니한 모든 형태의 거래를 말하며, 형태에 대한 대외무역법상의 제한이 없이 자유롭게 수출입 할 수 있는 무역을 말한다.

대외무역법상 특정거래형태의 무역이란 ① 수출입 제한을 면탈 또는 산업보호에 지장을 초래할 우려가 있거나, ② 외국인수도 수출입으로서 대금결제상황의 확인이 곤란한 거래 및 ③ 대금결제가 수반되지 않고 물품의 이동만 있는 거래에 해당하는 수출입거래형태로서 산업통상자원부장관이 정하여 고시하는 기준에 해당하는 거래

20) 대외무역법령에는 특정거래형태만을 규정하고 있을 뿐이다. 일반거래형태란 동법상의 특정거래형태가 아닌 거래형태를 정의하기 위한 구분에 불과하다.

를 말한다.

국제무역도 원칙적으로는 국내거래와 마찬가지로 자유매매계약의 원칙이 적용되지만, 외국과의 거래라는 특성상 그 거래 형태에 대해 최소한의 제한 내지 규제를 두고 있다. 대외무역법에서는 국제 상관습상 정형화되지 못한 거래형태를 11가지의 특정거래형태로 분류하여 일반거래형태와는 다른 수출입인정조건을 두어 별도로 관리하고 있다.

(나) 특정거래형태의 무역

대외무역법 제13조, 동법 시행령 제20조 및 대외무역관리규정 관리규정 제2조에 따른 특정거래형태의 수출입은 ① 위탁판매수출, ② 수탁판매수입, ③ 위탁가공무역, ④ 수탁가공무역, ⑤ 임대수출, ⑥ 임차수입, ⑦ 연계무역(물물교환, 구상무역, 대응구매, 제품환매), ⑧ 중계무역, ⑨ 외국인수수입, ⑩ 외국인도수출, ⑪ 무환수출입 등이 있다.

현행 대외무역법에서 위의 11가지의 특정거래 형태의 수출입을 모두 관리의 대상으로 하고 있는 것은 아니다. 이중에서 산업통상자원부장관의 인정을 얻어야 수출 또는 수입으로 인정되는 거래(수출승인대상이 아닌 물품 등을 포함)는 다음 두 가지 형태로 한정하여 관리하고 있다.

첫째로는 중계무역으로서 대금의 영수 및 지급을 같은 외국환은행을 통하여 행하지 아니하는 송금방식의 거래와 선적서류를 같은 외국환은행을 통하여 인수 및 송부하지 아니하는 거래이다. 이러한 형태의 거래는 외화도피 등의 행위가 발생할 우려가 있기 때문에 인정대상으로 지정하고 있는 것이다. 따라서 중계무역이더라도 수입대금 지급은행이 수출대금 영수은행을 지정하고 별지 6호의 서식에 의하여 수출대금 영수은행의 수출환어음 매입사실을 확인할 수 있는 경우에는 산업통상자원부장관의 인정을 받지 않아도 된다. 중계무역 거래자는 별지 제8호의 서식의 절취선 이하 부분을 수출대금 영수은행으로부터 확인받아 수입대금 지급은행에 제출하여야 한다.

둘째로는 무환수출로서 신고가격 기준 미화 5만불 상당액을 초과하는 무한수출, 다만 수출입승인면제대상물품, 외국인도수출과 결합된 무환수출, 위탁판매수출과 수탁판매수입, 위탁가공무역과 수탁가공무역, 임대수출과 임차수입, 연계무역을 위한 무환수출의 경우에는 5만 달러 이상의 무환수출이더라도 인정대상에 포함되지 않는다.

특정거래형태의 수출입인정을 받고자 하는 자는 특정거래인정신청서에 관계 서류를 첨부하여 산업통상자원부장관에게 신청하여야 한다. 특정거래 인정의 유효기간은 인정일로부터 1년이지만, 산업통상자원부장관은 인도조건 기타 거래상 특성에 따라 유효기간을 달리 정할 수 있다.

(2) 기타의 분류

(가) 적법성 여부에 따른 분류

공정무역(fair trade)이란 덤핑행위나 국가의 보조금 지급 등이 없이 동등한 위치에서 이루어지는 무역을 말하며, 이와는 반대로 자유무역의 이념을 저해하는 무역을 불공정무역(unfair trade)이라고 한다.

밀무역(smuggling trade)이란 적법한 통관절차에 의하지 아니하고 물품을 수출입하는 것을 말한다.

(나) 정보통신망의 이용여부에 따른 분류

전통무역(conventional trade)이란 새롭게 등장한 전자무역과 구별하기 위해 정보통신망을 이용하지 않는 형태의 무역을 말한다.

전자무역(electronic trade)이란 무역의 일부 또는 전체가 전자적 방식에 의해 수행되는 무역을 말한다. 유사한 개념으로 사이버무역(cyber trade), 인터넷무역(internet trade) 또는 EDI무역이 있다.

(다) 각서무역

각서무역(memorandum trade)은 국교가 정상화되지 않은 국가들 사이에서 무역이 이루어질 때 준정부차원에서 각서를 교환하여 상호 무역의 혜택을 받고자 하는 무역형태이다. 이는 1962년 중국과 일본이 교역을 시작하면서 상호 각서를 교환하여 연계무역을 시작한데서부터 유래되었다. 이때 중국의 Lio사와 일본의 Takasaki사 사이에 각서가 교환되었다 하여 LT무역[21)]으로 불리다가, 1968년 중일 각서교환으로 무역협정이 체결되면서 각서무역으로 개칭되었다.

---

21) 중국대표 Liaiochenching과 Takasaki Datsuo가 체결한 각서로부터 시작되었다는 의미에서 두 사람 이름의 두문자를 따서 LT무역이라고 하였음

(라) BWT무역

보세창고인도조건(bonded warehouse transaction, BWT)는 수출자가 자신의 위험과 비용으로 수출하고자 하는 지역의 보세창고에 물품을 입고시킨 후 현지 마케팅활동으로 수입자를 물색하여 매도하는 방식을 말한다.

수입자로서는 현품을 조사하여 품질을 확인한 후에 수입할 수 있으며, 수출자로서는 현지 수입자들의 경쟁을 유인하여 보다 유리한 조건으로 수출할 수 있다는 장점이 있다. 다만 물품이 판매되지 않을 때에는 창고료나 반송비용을 손해를 볼 위험이 있다는 단점을 가지고 있다.

BWT방식은 사전 매매계약 없이 물품을 수입국내의 보세창고에 입고한 후 현지에서 매매계약을 체결하여 판매하는 방식이라는 점에서 위탁판매무역과 유사한 개념이다. 그런데 실제 선적일자가 계약체결 날짜보다 훨씬 앞서기 때문에 "Stale B/L acceptable" 이라는 문구를 신용장에 기입하여 사용하기도 한다.

CTS(central terminal station) 방식이란 수출자가 교역 상대국의 인기를 받아 해외에 현지법인을 설립한 후, 그 법인 명의로 본국에서 물품을 수입하여 판매하는 방식으로 현지법인판매방식 수출이라고도 한다. 해외시장개척을 위해 주로 이용된다. 현재 우리나라는 파나마 지역에 보세창고를 설치하여 운영하고 있으며, 로테르담에 CTS를 설치하여 운영하고 있다.

Chapter 2

무역관리제도

Chapter 2

무역관리제도

제 1 절 무역주체 관리제도

1. 무역관리제도의 이해

가. 무역관리제도의 의의

무역관리(trade control)란 국가가 무역의 일부 또는 전부에 대하여 무역거래자, 무역거래의 금액, 내용, 상대국, 시기, 결제방법 및 거래형태 등을 특정기관으로 하여금 통제하게 함으로써 자유로운 거래를 부분적으로 제한하는 것을 말한다. 전통적인 무역관리의 수단으로는 관세부과, 수량제한, 수출입의 제한・승인, 무역업의 제한, 수출보조금 및 수출자율규제, 수출입링크제 등이 있으며, 무역거래 과정에 대한 국가의 인・허가, 면허, 승인, 인증 및 행정지도 등의 형태로 나타난다.

계약자유의 원칙(principles of liberty of contract)에 따라 무역계약(trade contract)은 계약당사자의 자유의지에 맡겨져야 하는 것이 원칙이다. 또한 고전적 무역이론인 비교생산비설에 따른 국제분업의 이익을 극대화하기 위해서도 자유롭게 국제거래가 되도록 하는 것이 바람직하며, 이는 GATT로부터 WTO로 이어지는 무역에 관한 국제협약에서 일관되게 주창해오는 바이다.

그러나 무역경영의 개별주체도 국가라고 하는 공동체 사회의 일원으로서 그들의 경제적 행위는 필연적으로 국가전체에 영향을 미치게 된다. 따라서 어떤 나라도 자유무역이나 보호무역의 이념을 완전하게 구현하고 있는 국가는 없으며, 어떠한 형태로든지 무역행위에 대한 부분적인 간섭과 통제를 행하고 있다. 예를 들어 특정 물품의 수입이 급증함에 따라 동종의 자국 산업이 심각한 위험에 처하거나 국제수지의 적자가 누적되어 국가가 외환수급에 위기를 맞이할 수도 있다. 또한 특정물품의 수입으로 자국 국민의 보건 · 위생 · 안보 또는 자연환경을 해칠 우려도 있다. 이러한 경우 수입을 규제하거나 특정 물품의 수출촉진정책을 필요로 하게 된다.

나. 국내외 무역관리 기구 및 규칙

(1) 국제무역관리기구 및 규칙

무역이란 국제간에 이루어지는 거래이므로 세계무역의 자유화와 효율성을 제고하고자 각국은 국제무역관리기구와 협조하고 있다. 주요한 국제무역관리기구로는 국제통화기금(IMF), 세계은행(World Bank, IBRD), 세계무역기구(WTO), 유엔무역개발기구(UNCTAD), 경제협력개발기구(OECD), 세계관세기구(World Customs Organization, WCO) 등이 있다.

무역관련 국제규칙으로는 관세 및 무역에 관한 일반협정(GATT), 신용장통일규칙(UCP), 무역조건의 해석에 관한 규칙(INCOTERMS), CIF계약에 관한 와르소 옥스포드 규칙(Warsaw-Oxford Rules for CIF Contract, 1972), 1941년 개정미국무역정의(Revised American Foreign Trade Definitions, 1941), 선하증권통일조약(International Convention for the Unification of Certain Rules relating to Bill of Lading), 추심에 관한 통일규칙(Uniform Rules for Collections, URC 1978), UN국제복합운송조약(UN Convention on International Multimodal Transport of Goods, 1980), UN 해상화물운송조약, (UN Convention on the Carriage of Goods by Sea, 1978), 국제물품매매계약에 관한 UN협약(UN Convention on Contracts for the International Sale of Goods, UNCISG 1980) 및 요크엔트워프규칙(York-Antwerp Rules, 1974) 등이 있다.

(2) 국내무역관리기구 및 규칙

우리나라의 무역관리기구로는 주무행정관청인 산업통상자원부를 비롯한 중앙행정관청, 무역위원회, 무역정책심의회, 시 · 도, 세관, 한국은행, 한국수출입은행, 외국환은행, 수출자유지역관리소, 대한무역진흥공사, 공업진흥청, 임업시험장, 한국무역협회, 한국무역대리점협회, 한국수출물품구매업자협회, 산업설비수출협회, 수출산업공단단지개발공사, 상사중재원, 그리고 각종 수출조합 및 수입조합 등이 있다.

우리나라는 대외무역법과 외국환관리법과 관세법의 3대 기본법을 근간으로 하여 무역을 관리하고 있다. 이밖에 수출보험법 중재법. 수출자유지역설치법, 외자도입법,

수출용원재료에 대한 관세 등 환급에 관한 특례법, 무역업무 자동화 촉진에 관한 법률, 농수산물 수출진흥법, 중재법, 해운업법, 한국은행의 총액한도 대출관련 무역금융취급세칙, 공업단지관리법, 군납추진에 관한 임시조치법에 관한 특별법, 디자인·포장진흥법 등, 약 50여개의 개별법에서 수출입을 제한하는 규정을 두고 있는데, 이러한 개별법에 의거하여 수출입이 제한되는 품목 등에 관하여는 통합공고에 통합되어 고시되고 있다.

다. HS상품분류체계

(1) 국제 상품분류체계

관세협력이사회(Customs Corporation Council, CCC)는 그동안 국제상품분류체계가 1938년 국제연맹(현 UN)에서 무역통계의 국제적 비교를 위해 제정한 표준국제무역분류방식(SITC)과 CCC가 관세행정의 통일을 기하기 위해 제정한 브뤼셀관세품목분류표(BTN)의 두 개로 이원화되어 사용됨에 따라 야기되었던 불편과 문제점을 해소하고자 10년간의 작업을 통하여 두 체제를 하나로 통합한 HS를 제정하여 1988년 1월 1일부터 시행하고 있다. BTN은 1977년 관세협력이사회상상품분류표, CCCN으로 개칭되었다. 우리나라는 최초로 SITC를 도입하였고, 이후 BTN(CCCN)로 변경하였다가 1988년 이후부터 HS 품목분류체제를 채택하여 사용하고 있다.[1]

〈표 2-1〉 SITC, CCCN 및 HS 비교표

구분	SITC	CCCN	HS
제정 기관	UN경제사회이사회 1950	관세협력이사회(CCC) 1950	관세협력이사회(CCC) 1988.1.1. 발효
목적	통계(비교 용이)	관세(관세율적용 용이)	관세/통계 목적 통합
기본 구조	국제공통 5단위	국제공통 4단위 개별국용 4단위	국제공통 6단위 개별국용 4단위
분류 원칙	가공단계별 구성재료별	구성재료별(83류이하) 용도기능별(84류이상)	CCCN원칙을 기초로 CCCN의 문제점 고려

1) SITC(Standard International Trade Classification), BTN(Brussels Tariff Nomenclature), CCCN (Customs Cooperation Council Nomenclature)

(2) HS 체제

(가) HS 체제의 구조

HS(Harmonized Commodity Description and Coding System, 국제통일상품명 및 코딩시스템 조화제계)란 무역상품이 수출국의 생산자로부터 수입국의 소비자에게 인도되기까지의 각 유통단계별 다목적 및 통일적인 상품 명칭과 전산처리 코드로 구성된 분류체계를 말한다. HS는 관세, 통계, 운송, 보험 등 다양한 분야에 사용할 수 있도록 여러 기준을 통합한 다목적 품목표이지만 기본적으로는 CCCN체계를 모체로 하여 품목과 번호체계(code)를 확대 개편한 것이므로 신CCCN이라고도 한다.

〈표 2-2〉 HS Code 분류체계

부 (Section)	→	류 (Chapter)	→	호 (Heading)	→	소호 (Sub-Heading)	→	세세호
번호없음	→	00	→	00	→	00	→	0000
		[국제공통 6단위(HS)]				[각국의 특성에 따라 분류(HSK)]		

▶1-2단위(류, chapter)
- 재질 · 기능 등에 따라 분류
- 예외 : 84류, 85류는 용도와 기능에 따라 분류
- 77류, 98류 및 99류는 유보

▶3-4단위(호, heading)
- 가공단계별로 분류하되 무역량 및 다른 상품 개발에 따른 호와의 균형 유지를 위함
  - 분할 : 무역량이 많거나 통계집계가 필요한 품목
  - 이전 : CCCN체제의 정비에 따른 동일 상품군의 형성
  - 삭제 : 무역량이 미미한 품목
  - 추가 : 각국의 특산물, 신개발품, 무역량이 많은 품목 등

▶5-6단위(소호m sub-heading)
- 상기 기준에 입각하면서 운송, 보험 등에도 적용하여 사용할 수 있도록 확대

▶7-10단위(세세호)(통계부호)
- 각국의 경제적 사정에 따라 자발적으로 분류할 수 있는 코드
- 분류원칙
  - 세율측면에서 별도세목 필요 품목
  - 무역통계상 필요한 품목
  - 수입정책상 수출입 실태파악이 필요한 품목

HS는 품목분류표 전체의 분류지침에 관한 통칙(General Rules for Interpretation of Nomenclature, GRI)을 포함하고 있으며, 모든 무역상품이 포함될 수 있도록, 농·공 산업별 생산품과 기술제품 순으로 상위차원(대분류) 수준에서 21개의 부(section)로 나누어 수평배열하고, 각부는 중위차원(중분류)으로 총 97개의 류(chapter, 77류 유보)로 분류하고 있으며, 류는 또한 하위차원(소분류)으로 1,244개의 호(heading, 4단위 호)로 그리고 호는 하위차원(세분류)으로 5,225개의 소호(sub-heading, 6단위 소호)의 4차원으로 구성되어 있고 각 부와 류 및 소호의 앞부분에 그 부, 류, 소호의 분류 방향, 타류와의 관계, 용어의 정의 등이 규정되어 있다.

우리나라의 HS 품목분류에서는 세계 공통의 6단위 분류에 국내의 제반사정을 감안한 자체분류 4단위를 추가하여 10단위[2]로 품목을 분류하고 있는데 이를 HSK(Harmonized System of Korea, 한국통일상품분류)라고 부르고 있다.

〈표 2-3〉 HS품목분류 속견표

Y \ X	0	1	2	3	4	5	6	7	8	9
0		산동물	육 과 식 용 설 육	어패류	낙농품 조란 천연꿀	기 타 동물성 생산품	산수목 꽃	채 소	과실 견과류	커피 차 향신료
10	곡 물	곡물의 분과 조분 밀가루 전분	채유용 종 자 인 삼	식물성 엑 스	기타 식물성 생산물	동식물 성유지	육 어 류 조제품	당류 설 탕 과 자	코코아	곡물, 곡분의 조제품 과 빵류
20	채 소 과실의 조제품	기타의 조제 식품류	음 료 주 류 식 초	조제사 료	담 배	토석류 소 금	광 슬 래 회	광물성 연 료 에너지	무 기 화합물	유 기 화합물
30	의 료 용 품	비 료	염 료 연 료 페인트 잉 크	향 료 화장품	비 누 계면 활성제 와 스	카세인 알부민 변성전 분효 소	화약류 성 냥	필 름 인화지 사진용 재 료	각 종 화학 공업 생산품	플라스 틱과그 제품
40	고무와 그 제품	원 피 가 죽	가 죽 제 품	모 피 모 피 제 품	목 재 목 탄	코르크 짚	조 물 재료의 제 품	펄 프	지와 판 지	서 적 신 문 인쇄물

2) EU와 중국은 8단위, 일본은 9자리까지 사용하고 있다.

50	견 견 사 견직물	양 모 수 모	면 면 사 면직물	마류의 사와 직 물	인조필 라멘트 섬유	인조스 테이플 섬유	워 딩 부직포	양탄자	특 수 직 물	침투 도포한 직물
60	편 물	의 류 (편물제)	의 류 (편물제 이 외)	기 타 섬유 제품 넝 마	신발류	모자류	우 산 지팡이	조세우 모인모 제품	석 시멘트 석면제 품	도 자 제 품
70	유 리	귀 석 반귀석 귀금속	철 강	철 강 제 품	동과 그 제품	니켈과 그 제품	알루미 늄과 그제품	(유보)	연과 그제품	아연과 그제품
80	주석과 그제품	기타의 비금속	비금속 제공구 스 푼 포 크	각 종 비금속 제 품	보일러 기계류	전기 기기 TV VTR	철 도 차 량	일 반 차 량	항공기	선 박
90	광학 의료. 측정 검사 정밀기	시 계	악 기	무 기	가구류 조명기 구	완 구 운동 용구	잡 품	예술품 골동품	(유보)	(유보)

* 사용방법: 좌표식
* HS 품목표상 [보일러. 기계류]는 X축 80과 Y축 4 만나는 지점에 있으므로 84류이다.

(나) HS 통칙

HS 협약은 법적 구속력이 있는 통칙(General Rules for the Interpretation of the harmonized system, GRI), 호 및 소호의 용어 그리고 부와 류 및 소호에 설정되어 있는 주(note)의 3대 요소로 구성되어 있다. 주(note)는 협약주, 국내주로 구성되어 있다. 호 및 소호의 용어(items of the heading)란 HS code 앞부분 4자리 또는 6자리 번호와 연결하여 설정된 구체적인 품목명을 말한다.

GRI는 국제무역상품분류에 있어 호의 용어나 주의 규정으로는 명확하게 품목분류를 할 수 없을 때, 이에 대한 해결방향을 제시해주는 역할을 한다. 통칙(GRI)은 6개의 원칙으로 구성되어 있다. 이중 제1호는 가장 우선적으로 적용해야 하는 최우선분류원칙이며, 제2호 내지 4호는 제1호에 따라 품목분류를 결정할 수 없을 때 적용되는 종속적 분류원칙 그리고 제5호 내지 6호는 1호 내지 4호을 원칙을 적용함에 있어 필요한 경우에만 적용되는 보충적 분류원칙이 규정되어 있다.

〈표 2-4〉 통칙의 구성 및 적용순위

<table>
<tr><th>순위</th><th colspan="2">내용</th></tr>
<tr><td>통칙1</td><td colspan="2">물품의 분류는 최우선적으로 호의 용어나 관련 부 또는 류의 주에 따라 결정해야 한다. 부·류·절의 표제는 법적 기속력이 없는 참조사항에 불과하다.(예컨대 흥행목적의 원숭이는 제1류 산동물이 아니라 9501로 분류)</td></tr>
<tr><td rowspan="3">통칙2</td><td colspan="2">호의 용어를 확대하여 분류하기 위한 규정</td></tr>
<tr><td>가</td><td>불완전 또는 미완성 물품(미조립 또는 분해된 물품)이 완전 또는 완성된 물품의 본질적 특성을 지닌 때는 완전 또는 완성된 물품으로 분류한다.</td></tr>
<tr><td>나</td><td>호에 게기된 어떤 재료나 물질에는 그 재료나 물질과 다른 재료나 물질과의 혼합물이나 복합물이 포함되는 것으로 보며, 특정한 재료 또는 물질로 구성된 물품에는 전부 또는 일부가 그 재료나 물질로 구성된 물품이 포함되는 것으로 봄. 다만 2종 이상의 재료나 물질로 구성된 물품은 통칙 3호 즉 2개 이상의 호에 분류될 수 있다면 이에 따라 분류해야 한다.</td></tr>
<tr><td rowspan="4">통칙3</td><td colspan="2">하나의 물품(복합물품 포함)이 두 개 이상의 호에 분류될 수 있는 때의 분류규정</td></tr>
<tr><td>가</td><td>가장 협의로 표현된 호에 우선하여 분류한다.</td></tr>
<tr><td>나</td><td>본질적 특성을 지닌 물품이 분류되는 호에 분류한다.</td></tr>
<tr><td>다</td><td>가호와 나호에 의해 분류할 수 없는 때에는 동일하게 분류가 가능한 호 중에서 최종 호에 분류한다.</td></tr>
<tr><td rowspan="2">통칙4</td><td colspan="2">가장 유사한 물품이 분류되는 호에 분류하기 위한 규정</td></tr>
<tr><td colspan="2">제1호 내지 제4호를 적용하여 결정할 수 없을 때에만 적용 한다.</td></tr>
<tr><td rowspan="3">통칙5</td><td colspan="2">케이스와 포장용기(재료)는 내용물이 분류되는 호에 분류하기 위한 규정</td></tr>
<tr><td>가</td><td>내구성이 있는 케이스 및 포장용기가 그들이 소용될 물품과 분리되어 제시되면 그들에게 적합한 호로 분류한다.</td></tr>
<tr><td>나</td><td>제5-가호를 적용할 수 없는 포장용기의 분류</td></tr>
<tr><td rowspan="2">통칙6</td><td colspan="2">관세율표에 규정되지 아니한 품목분류는 HS협약에 의한다. 즉 제1호 내지 5호에 따라 4단위의 호가 결정되었는데, 그 4단위가 둘 이상으로 6단위 소호로 구성되어 있어, 소호로 세분하여 분류하고자 할 때 적용되는 규칙이다.</td></tr>
<tr><td colspan="2">관세율표는 4단위로 세율을 정하고 있는데 HS는 6단위로 구성되어 있어 실제운영은 HS 6단위에 따라야 하므로 통칙 6의 적용이 필요하게 된다.</td></tr>
</table>

2. 무역 주체의 관리

가. 무역주체의 이해

(1) 무역주체의 개념

일반적으로 무역거래의 주체는 개인, 기업 및 국가 및 단체로 구분할 수 있으며, 대외무역법 제2조는 무역거래의 주체를 "무역거래자"로 통칭하고 이를 ① 수출 또는 수입을 하는 자, ② 외국의 수입자 또는 수출자로부터 위임을 받은 자 및 수출과 수입을 위임하는 자 등 물품 등의 수출행위와 수입행위의 전부 또는 일부를 위임하거나 ③ 행하는 자로 정의하고 있다.

여기에서 "수출 또는 수입을 하는 자"란 영리를 목적으로 직접 수출 또는 수입을 반복적으로 행하는 무역업자를 말하며[3], "수출행위와 수입행위의 전부 또는 일부를 위임하는 자"란 자신의 무역행위를 타인이 수행하도록 위임하는 대리점 위탁자 또는 대행위탁자(통상 실수요자 또는 제조업자)를 말한다.

그리고 "수출행위와 수입행위의 전부 또는 일부를 행하는 자"에는 대리업자와 무역대행업자가 있다. 대리업자는 수출자 또는 수입자로부터 위임을 받아 국내에서 수입물품의 판매계약이나 수출물품의 구매계약에 대해서 외국의 수출업자나 수입업자의 대리권을 행사하면서 수출입 거래를 중개하는 행위를 업으로 하는 자를 말한다. 물품매도확약서발행업자(offer agent, 오퍼상)이나 구매대리점(buying office) 또는 판매대리점(selling agent)이 이에 해당한다. 대리업자는 자기명의나 책임으로 소유권 이전을 전제로 한 수출이나 수입행위를 하지 않는다는 점에서 무역업자와는 구별된다. 따라서 대리점과의 거래는 "principal to agent"의 관계가 되며, 대리점계약(agency agreement)을 체결하게 된다.

그리고 무역대행업자란 대행위탁자와의 대행계약에 따라 일정한 수수료를 받고서 자기명의로 위탁받은 무역행위를 수행하는 자를 말한다. 무역대행업자는 자기명의로 거래한다는 점에서 무역대리업자와는 구별되며, 무역관계법이나 금융거래에 있어 무역업자로서의 책임을 부담하지만, 자신이 아니라 무역대행위탁자를 위해 무역행위를 한다는 점에서 무역업자와는 차이가 있다.

---

3) 업으로 영위한다는 것은 자기명의와 자기책임으로 영리를 목적으로 하는 행위를 계속적으로 반복하는 것을 의미한다.

(2) 대리점 또는 대리인

거래당사자에는 거래에 관한 모든 권한과 책임을 지는 본인(principal)과 자신은 책임을 부담하지 않고 오로지 본인의 지시에 따라 행동하는 대리인 또는 대리점(agent)이 있다. 즉 대리인이란 자신이 본인(principal)의 대리인이라는 것을 밝히고 본인을 대신하여 본인의 의사표시와 동일한 효력을 가지는 의사표시를 하는 자를 말한다. 대리인의 의사표시는 그 효과와 책임이 본인에게 귀속되며 대리인에게는 그 책임이 미치지 않는다. 따라서 대리인의 행위에 따라 손익이 발생하면 그 손익은 본인의 손익이 되며, 대리인은 수수료를 수입으로 한다.

대리점은 해외의 수입업자의 위임을 받아 그 수입업자의 명의와 계산으로 구매계약(대리점 소재국의 입장에서는 수출계약)을 체결한 후 대리점 소재국내에서 물품을 구매하는 구매대리점(buying agent)과 해외의 수출업자의 위임을 받아 그 수출업자의 명의와 계산으로 판매계약(대리점 소재국의 입장에서는 수입계약)을 체결하는 판매대리점(sales agent)로 나눌 수 있다.

특히 판매대리점 중에서 특정 지역이나 국가에 하나의 대리점만을 두어 전체 업무를 담당하게 한 판매대리점을 총대리점(sole agent), 독점판매대리점(sole sales agent) 또는 배타적 독점대리점(exclusive sales agent)라고 한다. 이때 매도인이 판매대리점의 신용상태를 확신할 수 없을 때에는 대금회수를 보장받기 위해 판매대리점에게 대금지급에 대한 보증을 요구하는 경우가 있다. 이러한 판매대리점을 지급보증대리점(del credere agent)라 하며, 지급보증 위험을 포함한 수수료를 지급보증수수료(del credere commission)이라고 한다.

특약판매점(distributor)은 대리점이 아니다. 이들은 독립적으로 자신의 의무와 책임으로 상행위를 하며 이를 통해 발생된 손익도 자신에게 귀속된다. 따라서 특약판매점과의 거래관계는 "principal to principal"이 되며, 매매계약이 아닌 특약판매점계약(distributorship agreement)가 된다. 특정 지역이나 국가에서의 모든 판매를 위탁하는 하나의 특약점을 둘 때, 이를 독점적 특약판매점(sole distributor) 또는 배타적 특약판매점(exclusive distributor)라고 한다.

〈표 2-5〉 대리점과 특약판매점의 비교

대리점(Agents)	특약판매점(Distributor)
매도인을 대리하여 재고를 유지하지 않는 것이 보통임	판매하는 것을 목적으로 매도인에게 물품을 구매하여 재고를 유지함
수입품을 매수인에게 인도하거나 매수인의 주문을 매도에게 연결해줌	물품을 직접 수입함
대리인을 대신하여 가격 및 판매조건을 협상	매수인과의 협상을 통해 가격 및 판매조건을 결정
매도인이 결정한 가격으로 판매하고 수수료를 수취함	자신이 결정한 가격으로 판매하고 차액을 수익함
전시할 목적 이외에는 재고 유지 안함	판매를 대비하여 재고를 유지함
매도인의 지시와 비용으로 제품홍보	자신의 비용으로 제품홍보
매도인의 지시와 비용으로 매수인관리	자신의 비용으로 매수인/고객 관리
매도인의 지시와 비용으로 A/S	자신의 비용으로 A/S
재판매가격 통제 권한 없음	자신이 재판매 가격 결정 및 통제가능

나. 고유번호 신청제도

우리나라의 무역거래 주체에 대한 관리는 그동안 무역업허가제, 무역업등록제, 무역업신고제로 이행되면서 점차 완화되어 오다가 2000년 1월부터는 고유번호신청제로 전환됨에 따라 완전히 자유화되었다.

(1) 무역주체 관리제도 변천과정

우리나라는 무역법(1957)과 무역거래법(1967)이 시행된 이래 1993년 6월까지 무역업 허가제를 유지해왔다. 허가제도하에서는 법률에 따른 특별한 예외를 제외하고는 신용장요건, 자본금요건, 자격유지요건 등 일정한 요건과 자격을 갖춘 자로서 무역업의 허가를 받은 자에 한하여 무역업을 영위할 수 있었다.

무역자유화의 진전에 따라 무역허가제도 폐지의 필요성이 대두되었다. 다만 대외신용과 수출입 질서를 유지하고 부실한 무역업자의 난립을 방지하면서 무역거래자를 효율적으로 관리하기 위해 1993년 3월부터 무역업 등록제도로 개선하여 시행하였다.

등록제도는 법률로 등록기준을 정해 두고 이 기준에 해당하는 자로서 무역업을 하려는 자는 누구든지 무역업 등록을 허용하여 무역업을 할 수 있도록 하는 제도이다.

무역자유화가 더욱 진전되면서 무역등록제는 다시 1997년부터 무역업신고제로 전환되었다. 이에 따라 등록제도 하에서의 무역업 등록 요건이 모두 폐지되어, 세무서에 사업자등록을 한 자라면 누구든지 무역업신고만 하고 제한 없이 무역업을 할 수 있게 되었다.

(2) 고유번호 신청제도

2000년 1월부터는 무역업신고제마저 폐지되어 무역거래 주체에 대한 관리가 완전히 자유화되었다. 다만 무역업 신고번호를 기초로 작성해온 기존 통계와의 연속성 유지, 쿼터관리나 수출실적확인 등과 같은 통계관리 및 서비스 제공 그리고 산업피해조사나 통상마찰 대응 등의 산업정책 수립을 위한 업종별 및 산업별 무역통계 작성 등의 통계적 목적을 위해서 무역업자로 하여금 한국무역협회장으로부터 무역업고유번호(trad business ode)를 부여받도록 하고 있다.

무역업고유번호 신청은 의무사항이 아니므로 무역업고유번호를 부여받지 않더라도 무역업을 할 수 있다. 다만 무역금융 조달이나 수출입신고를 할 때 신고서에 무역업고유번호를 기재하도록 되어 있으므로 무역업고유번호를 부여받아 두는 것이 유리하다.

무역업고유번호는 한국무역협회장이 관리하고 있다. 무역업고유번호를 부여받으려면 신청서에 사업자등록증 사본 1부를 첨부하여 우편・팩시밀리・전자메일・전자문서교환체제(EDI) 등의 방법으로 무역협회장에게 신청하여야 하며, 무역협회장은 접수 즉시 신청자에게 고유번호를 부여해야 한다.

이로써 대외무역법에 의한 무역업은 완전 자유화되어 누구든지 무역업을 자유롭게 할 수 있게 되었다. 다만, 약사법 등의 개별법(약 50여개)의 소관 품목에 대한 무역업을 하고자 할 때에는 해당 법률에 따른 자격요건을 갖추도록 하고 있다. 예컨대 의약품, 마약, 향정신성의약품, 대마, 동물약품, 농약, 종묘, 담배, 석유제품 및 도굴물 등을 취급하려면 무역업자와 위탁자(실수요자) 모두가 해당 요건을 갖추어야 수출입을 할 수 있으며, 외국영화, 식품 및 주류 등의 품목은 위탁자만 요건을 갖추면 된다.

[예시 2-1] 무역업고유번호부여신청서

[별지 제1-1호 서식]

무역업고유번호신청서

APPLICATION FOR TRADE BUSINESS CODE

처리기간 (Handling Time)
즉시(Immediate)

① 상 호 (Name of Firm)			② 무 역 업 고 유 번 호 (Trade Business Code)	
③ 주 소 (Address)			④ 업 종 (Business Type)	
⑤	전 화 번 호 (Phone Number)		⑥ 이 메 일 주 소 (Email Address)	
	팩 스 번 호 (Fax Number)		⑦ 사 업 자 등 록 번 호 (Business Restry Number)	
⑧ 대 표 자 성 명 (Name of Rep.)				

대외무역법 시행령 제21조 제1항 및 대외무역관리규정 제24조에 따라 무역업고유번호를 위와 같이 신청합니다.

We hereby apply for the above-mentioned trade business code in accordance with Article 24 of the Foreign Trade Management Regulation.

신청일 : 년 월 일
Date of Application year Month Day

신청인 : (서명)
Applicant Signature

사단법인 **한국무역협회장**
Chairman of Korea International Trade Association

유의사항 : 상호 대표자, 주소, 전화번호 등 변동사항이 발생하는 경우 변동일 부터 20일 이내에 통보하거나 무역업데이터베이스에 수정입력 하여야 함.

제2절 무역 객체 관리제도

1. 무역객체 관리제도의 개념

무역거래의 객체란 수출이나 수입 행위의 대상이 되는 것을 말하여, 물품(동산), 용역 및 전자적 형태의 무체물을 포함하는 개념이다.[4] 무역객체의 관리란 국가가 무역객체의 수출입에 개입하는 것을 말하며, “물품 등의 수출입 제한”, “무역거래 지역의 제한” 그리고 “무역거래 형태의 제한”으로 구분된다.

초기 우리나라 대외무역법은 특정품목에 대해서만 자유로운 무역을 허용하고 나머지 모든 품목은 허가나 승인을 얻어야 수출입할 수 있도록 하는 Positive list system을 채택하였다. 그러나 개방화 · 세계화 추세에 따라 1967년 7월부터는 국가의 허가나 승인을 받아야 하는 특정품목을 미리 정해서 공표하고, 그 이외의 모든 품목은 자유로운 수출입을 보장하는 Negative list system으로 전환하여 무역객체 관리의 선진화를 추구하였다.

〈표 2-6〉 대외무역법상 무역객체 관리 관련 규정

법령규정	내 용	관리대상
법 제5조	무역에 관한 제한 등 특별조치	무역거래 지역
법 제11조	수출입의 제한(수출입공고)	물품 등
법 제12조	통합공고	물품 등
법 제13조	특정거래형태의 인정	무역거래의 형태
법 제19조	전략물자의 고시 및 수출허가	물품 등
법 제4절	플랜트수출	물품 등
법 제3장의 2	원산지의 표시 등	물품 등
법 제4장	수입수량 제한조치(safeguard measures)	물품 등
법 제41조	특정국물품에 대한 특별 수입수량 제한조치	무역거래 지역

4) 대외무역법 제2조

대외무역법 제3조(자유롭고 공정한 무역의 원칙 등) 및 제10조(수출입의 원칙)에서 무역거래 객체의 자유로운 수출입을 보장하는 것을 원칙으로 하고, 필요한 경우에 한하여 예외적으로 최소한의 범위 내에서 무역을 제한할 수 있다고 규정하고 있다.

2. 무역객체 관리제도의 유형

가. 물품의 수출입 제한

(1) 수출입공고

대외무역법 제11조는 헌법에 따라 체결·공포된 조약이나 일반적으로 승인된 국제법규에 따른 의무의 이행, 생물자원의 보호 등을 위하여 필요하다고 인정되는 물품 등의 수출입을 제한 또는 금지할 수 있다고 규정하고 있다. 수출입을 제한 또는 금지할 수 있는 물품은 다음과 같다.

① 헌법에 따라 체결·공포된 조약이나 일반적으로 승인된 국제법규에 따른 의무를 이행하기 위하여 산업통상자원부장관이 지정·고시하는 물품 등

② 생물자원을 보호하기 위하여 산업통상자원부장관이 지정·고시하는 물품 등

③ 교역상대국과의 경제협력을 증진하기 위하여 산업통상자원부장관이 지정·고시하는 물품 등

④ 방위산업용 원료·기재, 항공기 및 그 부분품, 그 밖에 원활한 물자 수급과 과학기술의 발전 및 통상·산업정책상 필요하다고 인정하여 산업통상자원부장관이 해당 품목을 관장하는 관계 행정기관의 장과 협의를 거쳐 지정·고시하는 물품 등

수출입승인물품이란 수출하거나 수입하려면 산업통상자원부장관의 승인을 받아야 하는 물품을 말한다. 수출인승인물품은 대외무역법 시행령 제16조에 의한 물품으로서 산업통상산업자원부장관이 수출 또는 수입승인 대상으로 지정·고시한 물품을 말하며, 이를 근거로 하여 수출입승인물품을 정하여 공표한 고시를 수출입공고라고 한다. 수출입공고는 대외무역법에 따른 물품 등의 수출 또는 수입의 제한·금지, 승인, 신고, 한정 및 그 절차 등에 관한 사항을 규정한 것을 말한다. 다만 긴급물품이나 수입절차 간소화물품은 수출입승인대상물품이더라도 수출입승인 없이 수출입할 수 있

도록 제외하고 있다.

수출입공고는 수출금지품목(별표1)과 수출제한품목(별표2) 및 수입제한품목(별표3)으로 구분되어 있다. 동 공고는 HS 품목분류 체계에 따라 Negative list system 방식으로 수출입이 제한되는 품목(외국인수수입 물품, 외국인도수출 물품 및 선용품은 제외)과 그 제한품목의 수출입 요령을 공고하고 있다.

여기에서 무역실무자들이 유의해야 할 점은 첫째로 외화획득용 원료 및 외화획득용 제품수입의 경우에는 동 고시에 의해 수입이 제한된 물품이라 할지라도 별도의 승인없이 수입할 수 있다는 점과, 둘째로는 수출입공고에 따른 수출 또는 수입승인을 받았더라도 대외무역법 제12조의 규정에 따른 통합공고상에 수출 및 수입하고자 하는 물품의 수출・수입 요령을 정한 것이 있는 경우에는 동 요령의 요건도 동시에 충족해야 한다는 점이다.

(가) 수출금지품목(export banned items)

현행 수출입공고에서 수입을 금지하고 있는 품목은 없으며, 수출의 경우에도 고래고기, 자연석 그리고 개의 모피 및 모피제품의 3가지 품고만 수출을 금지하고 있다.

〈표 2-7〉 수출금지품목 예시(수출입공고 별표1)

HS	품 목	수출요령
0210 92	고래, 돌고래류 및 바다소	다음의 것은 수출할 수 없음 ① 고래고기
4301	생모피	
80	기타의 모피	다음의 것은 수출할 수 없음
90	머리부분, 꼬리부분… 으로서 모피제품으로 사용에 적합한 것	① 개의 생모피

(나) 수출제한승인품목(export restricted items)

수출제한 승인품목이란 수출입공고 별표2에 게기되어 있는 품목을 말하며 이들 품목은 각 품목에 따른 수출요령의 조건을 충족하여 수출승인을 받아야 수출입을 할 수가 있다.

〈표 2-8〉 수출제한승인품목 예시(수출입공고 별표2)

HS	품 목	수출요령
0808 10	사과, 배(신선한 것에 한한다. 사과	다음의 것은 한국 농림식품수출입조합의 승인을 받아 수출할 수 있음 ① 대만지역으로 수출되는 것

수입제한승인품목(import restricted items)이란 수출입공고 별표3에 게기되어 있는 품목을 말한다. 이들 품목 역시 수입요령에서 정한 조건을 충족하여 수입승인을 받아야 수입을 할 수가 있다. 다만 이 경우에도 외화획득용 원자재에 대하여는 수입승인이 없이 수입할 수 있다.

〈표 2-9〉 수입제한승인품목 예시(수출입공고 별표3)

H S	품목	수입요령
3920.99. 1000	플라스틱제의 기타 판, 쉬트, 필름, 박 또는 스트립(셀룰라가 아닌 것으로서 기타 재료로 보강, 적층, 지지 또는 이와 유사하게 결합되지 아니한 것) 중 항공기용의 것	한국항공우주산업진흥협회의 승인을 받아 수입할 수 있음
4011.30. 0000	고무제의 공기타이어(신품)중 항공기용의 것	
8407.10. 0000	불꽃점화식의 왕복식 또는 로터리식의 피스톤식 내연기관 중 항공기용의 것	

(다) 수출입자동승인품목(export or import automatic approval items)

수출입 공고의 별표에 게기되어 있지 않는 모든 품목을 말하며 이들 품목은 다른 법령에서 별도의 수출입요령이 정해져 있지 않으면 수출입의 승인이 없이 자유롭게 수출입할 수 있다.

글 2-1 수출입 금지품목

1. 대외무역법에서 수출금지로 정하고 있는 품목
2. 수출입공고, 통합공고 등에서 정한 요건을 충족하지 못한 경우
3. 관세법 제234조에 의한 수출입금지 품목
   ① 국헌을 문란하게 하거나 공공의 안녕질서 또는 풍속을 해치는 서적 · 간행물 · 도화 · 영화 · 음반 · 조각물 또는 이에 준하는 물품
   ② 정부의 기밀을 누설하거나 첩보에 공하는 물품
   ③ 화폐 · 지폐 · 은행권 · 채권 기타 유가증권의 위조품 · 변조품 또는 모조품
4. 보호문화재 : 문화재보호법 제2조에서 규정한 문화재
5. 검역물품 : 검역법 제24조에 따른 전염병을 매개할 우려가 있는 것

(2) 통합공고

대외무역법에는 대외무역법 이외의 개별 법령에서 무역을 제한하는 품목을 통합하여 공고하기 위한 규정을 두고 있다. 이에 해당하는 품목을 대외무역법에 의한 「수출승인품목」과 용어상으로 구분하여 「요건확인품목」이라고 한다.

통합공고는 수출입공고와 같이 경제정책목표 달성을 위한 규제가 아니라 경제외적 목적을 달성하기 위한 공고라는 점에 차이가 있다. 즉 공중도덕보호, 국민보건 및 안전보호, 사회질서유지, 문화재보호, 환경보호 등을 위하여 해당품목을 관장하는 개별법에서 수출입을 제한하고 있는 경우에는 동 개별법상의 제한요건을 수출입 통관시까지 충족해야만 수출입을 할 수 있도록 하고 있다.

무역조치에 관한 규정을 갖고 있는 법률의 수는 약 50여 가지에 이르므로 무역 거래자가 자신이 무역하고자 하는 품목이 요건확인 품목에 해당하는지를 확인하려면 이들 법령 모두를 일일이 검토해야 하는 어려움이 발생하게 된다. 이러한 불편을 해소하기 위하여 산업통상자원부장관은 다른 법령에서 무역제한을 규정하고 있는 물품의 수출입 요건 및 절차에 관한 사항을 관계부처의 장과 사전에 조정 · 통합하여 고시하고 있는데 이를 통합공고라고 한다.(대외무역법 제12조)

통합공고 지정 물품을 수출입하고자 할 경우에는 동 공고에서 정하는 수출입요령에 의해 해당 수출입허가기관(요건확인기관)의 확인을 받아야 한다.

〈표 2-10〉 통합공고 예시

HS No.	품목	수출입요령	관련법령
0102 21 1000	소(번식용 소)	1. 다음의 것은 한국종축개량협회장에게 신고를 필한 후 수출할 수 있음 ① 한우	축산법
0106 20	파충류 (뱀과 거북 포함)	통합공고 별표 9에 게기된 국외반출승인대상 생물자원은 환경청장의 승인을 받아 수출할 수 있음	야생동식물 보호법
0302 35	참다랑어	다음의 것은 국립수산품질검사원장의 확인을 받아 수출할 수 있음 ① ICCAT회원국(일본, 미국 등)으로 수출하는 것 ② 협력국(가이아나 등)으로 수출하는 것 ③ 어업실체(대만)으로 수출하는 것	ICCAT협약
0102 10 1000	젖소(축우, 식용의 것)	농림축산검역본부장에게 신고하거 검역을 받아야 한다.(가축전염병예방법에 의한 수입금지지역에서 생산/발송/경우한 지정검역물은 수입할 수 없음)	가축전염병 예방법
8704 21 1010	신차	자동차배출가스 및 소음에 대한 국립환경과학원장의 인증을 받아 자동차관리법 규정에 의한 자기인증을 필한 후 수입할 수 있음	자동차관리법, 대기환경보전법, 소음진동규제법

주: ICCAT(대서양참치보존위원회)

(3) 전략물자 수출입공고

일반적으로 전략물자란 정부가 자국의 국가안보, 외교정책, 국내 수급관리를 목적으로 수출입과 공급, 소비 등을 통제하기 위하여 특별히 정한 품목 및 기술을 말한다. 대외무역법에서는 국제평화 및 안전의 유지와 국가안보를 위하여 수출허가 등의 제한이 필요한 물품(기술 포함)을 전략물자라고 규정하고 있다.

다자간 국제수출통제체제에는 「바세나르체제(WA)」, 「핵공급국그룹(NSG)」, 「미사일기술통제체제(MTCR)」, 「오스트레일리아그룹(AG)」, 「화학무기의 개발・생산・비축 금지 및 폐기에 관한협약(CWC)」, 「세균무기(생물무기) 및 독소무기의 개발・생산・비축 금지 및 폐기에 관한 협약(BWC)」와 같은 국제협약에 있다.

각 협약에서는 각각 수출입 통제 품목을 별도로 규정하고 있으며, 「전략물자수출

입공고」에서는 이들에 관한 수출통제 지침과 관련품목을 별표로서 규정하고 있다. 따라서 이 고시에 의한 전략물자에 해당하는 품목에 대한 수출입을 하고자 할 때에는 동 고시의 내용을 미리 면밀히 검토할 필요가 있다. 그러나 전략물자 수출입 관리에 대한 검토는 상당한 전문성을 요하므로 우리나라는 전략물자관리원5)을 설치하여 전략물자 수출입을 지원하게 하고 있다.

그런데 전략물자는 방위산업 물자 이외에도 모든 업종의 첨단물자가 포함되어 있으며, 첨단물품 및 기술일수록 민간용과 군사용으로 활용 가능한 2중 용도 품목이 될 가능성이 높다. 이러한 특성을 이용하여 선진국들은 다자간 국제수출통제체제를 국제평화와 안전의 유지 목적뿐만 아니라 개발도상국의 군수 및 일반산업의 첨단화 개발을 통제할 목적으로도 활용하고 있다.

전략물자에 관한 이상의 국제협약은 본래의 목적인 국제적 평화와 안전을 도모한다는 긍정적인 효과를 기대할 수가 있는 반면, 기술수준이 낮은 국가에게는 부정적인 효과도 있다. 왜냐하면 이들 전략물자에 해당하는 물질, 시설 및 장비 등은 대부분 첨단기술을 요하는 것이며, 그중 일부기술은 이미 일반산업기술로 전용되어 있는데도 이러한 첨단기술의 이전이 제한 받게 됨에 따라 산업발전에 저해요인이 될 수 있기 때문이다.

(4) 플랜트 수출

플랜트(plant)란 제품을 생산할 수 있는 기계, 장치, 공작물 등의 산업설비와 이들 산업설비의 설치작업과 운용기술 등을 복합화한 것을 말한다. 일반적으로 플랜트 수출(plant export)이란 상품을 제조·가공하는데 필요한 기계·장치 등의 하드웨어와 그 설치 및 운전에 필요한 엔지니어링, 노하우, 건설시공 등의 소프트웨어가 결합된 생산단위체의 종합수출을 말한다.

플랜트 수출은 원래 산업발전단계가 낮은 국가에 대한 화학, 석유정제, 제련, 자동차 등의 생산설비의 도입시에 기술이전까지를 요구함에 따라 나타난 무역형태이다. 그러나 오늘날은 철도, 항만, 도로 건설 등의 사회간접자본 그리고 병원, 주택 및 도시건설 등의 사회개발 플랜트 수출까지 포함하는 용어로 그 개념이 확대되었다.

플랜트수출은 경제협력의 수단으로 이용될 수 있다는 특징을 갖고 있다. 반면에 거래금액이 거액이고, 계약에서 대금회수까지 장기간이 소요되며, 주로 연지급방식이

5) http://www.kosti.or.kr

이용됨에 따라 대금회수의 위험이 매우 높은 거래이다. 따라서 대외무역법에서는 플랜트 수출에 대한 별도의 규정을 두어 관리하고 있다.

플랜트 수출의 대표적인 형태로 턴키방식이 있다. 턴키방식(turn-key system)이란 말 그대로 수입상이 열쇠를 돌리기만 하면 공장설비 등을 운전할 수 있는 상태로까지 완성하여 인도하는 "설비일괄청부계약"을 말한다. 턴키방식에서는 일괄시공업자가 건설공사에 대한 재원조달, 토지구매, 설계와 시공, 운전 등의 모든 서비스를 발주자를 위해 제공한다. 최근에는 턴키계약이라는 용어 대신에 EPC(engineering, procurement, construction)계약이라는 용어가 사용되기도 하고, 여기에 건설관리(management)를 포함하여 EPCM계약이라고도 한다.

대외무역법에서는 다음 각 호의 1에 해당하는 수출을 플랜트수출로 정의하고 있다. ① 농업, 임업, 어업. 광업, 제조업, 전기, 가스, 수도사업, 운송・창고업 및 방송・통신업을 영위하기 위하여 설치하는 기재・장치 및 대통령령이 정하는 설비중 산업통상자원부장관이 정하는 일정규모(FOB가격으로 미화 50만 달러) 이상의 산업설비의 수출 ② 산업설비, 기술용역 및 시공을 포괄적으로 행하는 수출(일괄수주방식에 의한 수출)을 말한다.(대외무역법 제32조)

산업통상자원부장관이 플랜트 수출에 대한 승인 또는 변경승인을 하기 위해 필요하면 플랜트 수출의 타당성에 관하여 관계 행정기관의 장의 의견을 들어야 한다. 특히 산업통상자원부장관이 일괄수주방식에 의한 수출에 대하여 승인 또는 변경을 하려는 때에는 미리 국토교통부장관의 동의를 받아야 한다.

(5) 수입수량제한조치

수입수량제한조치(safeguard measures)란 특정 물품의 수입증가로 인하여 국내산업이 심각한 피해를 입거나 입을 우려가 있는 경우에 필요한 범위 내에서 해당 물품의 수입수량을 제한하는 조치를 시행하는 것을 말한다.

수입수량제한조치는 불공정한 무역행위를 제한하기 위한 덤핑방지관세나 상계관세 부과제도와는 달리 공정한 무역행위임에도 수입국의 사정에 의해 취해지는 제한조치라는 점에서 근본적인 차이가 있다. 따라서 이 조치는 덤핑방지관세나 상계관세의 부과제도에 비해 그 적용 요건이 까다롭다. WTO세이프가드협정에서는 세이프가드는 심각한 피해를 방지하거나 치유하고 구조조정을 용이하게 하는데 필요한 정도로만 취해져야 하며, 수입국은 세이프가드조치를 취할 경우 원산지에 관계없이 해당 물품의 수출국에게 협의할 기회를 제공하고 적절한 보상을 해줄 것을 권고하고 있다.

그리고 협의결과가 만족스럽지 못할 경우 당해 물품의 수출국이 수입국에 대해 보복조치를 취할 수 있도록 허용하고 있다.

대외무역법 제39조 제1항에서 세이프가드의 기본적인 발동요건 및 범위를 규정하고 있고, 제2항에서는 여러 여건을 고려하여 시행여부를 결정하도록 하여 시행에 신중을 기하도록 하고 있으며, 제3항에서는 해당 이해 당사국과의 무역보상에 관한 협의를 규정하고 있다. 또한 수량제한조치를 시행하더라도 그 제한 수량은 최근의 대표적인 3년 동안의 수입량을 연평균수입량으로 환산한 수량(기준수량) 이상으로 하도록 하고 있다.

나. 무역거래 지역 및 형태의 제한

(1) 무역거래 지역의 제한

무역거래자는 원칙적으로 세계 어느 지역과도 수출입 거래를 할 수 있다. 다만 대외무역법에서는 제5조 및 제41조에서 무역거래 지역을 제한할 수 있는 예외를 규정하고 있다. 먼저 대외무역법 제5조는 다음의 경우에 대하여는 수출입의 제한 또는 금지에 관한 특별조치(special measures)를 할 수 있도록 하고 있다.

① 우리나라 또는 교역상대국에 전쟁 · 사변 또는 천재지변이 있을 경우

② 교역상대국이 조약과 일반적으로 승인된 국제법규에서 정한 우리나라의 권익을 인정하지 않을 경우

③ 교역상대국이 우리나라의 무역에 대하여 부당하거나 차별적인 부담 또는 제한을 가할 경우

④ 헌법에 의하여 체결 · 공포된 무역에 관한 조약과 일반적으로 승인된 국제법규에서 정한 국제평화와 안전유지 등의 의무의 이행을 위하여 필요할 경우

⑤ 인간의 생명 · 건강 및 안전, 동물 · 식물의 생명 및 건강 · 환경보전 또는 국내자원 보전을 위하여 필요할 경우

위의 ②③ 및 ⑤와 관련된 특별제한조치는 이해관계자의 신청에 따라 산업통상자원부장관이 사실관계 조사, 교역상대국 및 관계기관과의 협의를 통해 1년 이내에 조치 여부를 결정하게 된다. "무역에 관한 제한 등 특별조치"는 대외무역법 제11조의 "수출입 제한"과는 다음과 같은 점에 차이가 있다.

첫째, 특별조치는 무역 그 자체를 제한하거나 금지하는 조치인 데 비해 다른 무역

조치는 수출입승인이나 요건확인 등 일정한 조건이 충족되면 수출입이 가능하다.

둘째, 특별조치에서는 다양한 무역조치[6]를 사용할 수 있는데 반해 후자는 주로 비관세적 무역정책 수단의 하나인 수출입절차를 제한하는 수단을 사용한다는 점이다.

셋째, 특별조치의 무역조치는 위에 열거된 사항이 발생하였을 때 발동되는 수시적 무역조치임에 반하여 후자는 규제의 내용을 공고 등을 통하여 사전에 공표하고 있다는 점이다.

대외무역법 제41조(특정국 물품에 대한 수입수량 제한조치)에 의한 특별수입수량 제한조치란 중국(홍콩과 마카오 제외)을 원산지로 하는 물품의 수입 증가로 인한 산업피해를 구제하기 위해 해당 물품의 수입수량을 제한하는 조치를 말한다. 특별수입수량제한조치를 취할 수 있는 경우는 다음과 같다.

첫째, 그 물품의 수입 증가로 인하여 같은 종류의 물품 또는 직접적인 경쟁관계에 있는 물품의 국내 시장이 교란되거나 교란될 우려가 있는 경우

둘째, 세계무역기구 회원국이 해당 물품의 수입 증가에 대하여 자국의 시장 교란을 구제하거나 방지하기 위하여 취한 조치로 인하여 중대한 무역전환이 발생하여 그 물품이 우리나라로 수입되거나 수입될 우려가 있는 경우

셋째, 해당 물품이 「섬유 및 의류에 관한 협정」의 대상이 되는 품목인 경우에는 그 물품의 수입이 국내 시장을 교란하여 같은 품목의 교역 발전을 해치거나 해칠 우려가 있는 경우

(2) 수출입거래형태의 제한

원칙적으로 당해 물품이 수출입의 제한 대상이 아니라면 그 거래의 형태와 관계없이 자유롭게 거래할 수 있으며, 이에 따른 외환의 반출입도 자유롭게 허용되고 있다. 그러나 수출 또는 수입의 제한을 회피하거나 산업보호에 지정을 초래할 우려가 있는 거래, 외국에서 외국으로 물품 등의 이동이 있고 그 대금의 지급이나 영수가 국내에서 이루어지는 거래로서 대금결제 상황의 확인이 곤란하다고 인정되는 거래 그리고 대금 결제 없이 물품 등의 이동만 이루어지는 거래에 대해서는 특정거래형태로 지정하여 관리하고 있다(시행령 제20조). 특정거래 형태는 산업통상자원부장관이 인정해야만 거래에 수반한 외환의 반출입이 허용되며 수출입실적도 인정된다. 특정거래에

---

6) 우리나라 대외무역법에서는 특별조치로 사용할 정책수단에 관한 구체적인 규정을 두지 않고 있다. 따라서 관세적, 비관세적 무역정책수단을 포괄적으로 사용할 수 있기 때문에 다양한 무역제한 수단을 선택할 수 있으며, 두 가지 이상의 무역제한 수단을 병행하여 사용할 수도 있다.

대한 구체적인 형태와 인정절차에 대해서는 대외무역관리규정 제4절에서 규정하고 있다.[7)]

다. 수출입질서 및 전자무역의 관리

(1) 수출입 질서 관리

(가) 불공정무역행위의 금지

불공정무역행위 조사 및 산업피해구제에 관한 법률은 누구든지 지적재산권침해물품 등을 수입・판매하거나 또는 수출을 목적으로 국내에서 제조하는 행위, 원산지표시와 관련된 규정을 위반한 물품을 수출하는 행위, 기타 수출입질서를 저해할 우려가 있는 행위 등의 불공정무역행위를 금지하고 있으며, 위반할 때에는 3년 이하의 징역 또는 3천만 원 이하의 벌금에 처한다고 규정하고 있다.

(나) 수출입물품 등의 가격조작 금지

대외무역법 제43조 및 제53조는 무역거래자는 외화도피의 목적으로 물품 등의 수출 또는 수입 가격을 조작하여서는 아니 된다고 규정하고 있으며, 위반할 때에는 5년 이하의 징역 또는 수출・수입하는 물품 등의 가격의 3배에 해당하는 금액 이하의 벌금에 처한다고 규정하고 있다.

(다) 무역분쟁해결의 지연금지

대외무역법 제44조 및 제59조는 무역거래자는 그 상호 간이나 교역상대국의 무역거래자와 물품 등의 수출・수입과 관련하여 분쟁이 발행한 경우에는 정당한 사유 없이 그 분쟁의 해결을 지연시켜서는 아니 되며, 산업통상자원부장관은 물품 등의 수출・수입과 관련하여 분쟁이 발행한 때에는 무역거래자에게 분쟁의 해결에 관한 의견을 진술하게 하거나 그 분쟁에 관련된 서류의 제출을 요구할 수 있도록 하고 있으며, 이를 위반할 때에는 2천만 원 이하여 과태료에 처하도록 규정하고 있다.

---

7) 본서 p.49를 참조할 것.

(2) 전자무역의 관리

(가) 무역자동화의 관리

1990년대 이후부터 종이 없는(paperless) 무역거래가 확산되어감에 따라 무역자동화를 촉진하기 위한 규정을 마련하게 되었다. 1991년 「무역업무자동화촉진에 관한 법률」이 제정되었다가 2005년 「전자무역 촉진에 관한 법률」로 명칭을 변경되었다. 이 법은 전자무역의 기반을 조성하고 그 활용을 촉진하여 무역절차의 간소화와 무역정보의 신속한 유통을 실현하고 무역업무의 처리시간 및 비용을 절감함으로써 산업의 국제경쟁력을 높이고 국민경제의 발전에 이바지하는 것을 목적으로 하고 있다.

EDI(Electronic Data Interchange, 전자문서교환)란 무역 거래자 일방이 상대방에게 전달할 각종 종이서류를 당사자 사이에 서로 합의한 표준화된 전자문서(Electronic documents)를 데이터 통신망을 통해 컴퓨터와 컴퓨터간에 교환하여 데이터의 재입력 과정 없이 즉시 업무를 처리할 수 있는 정보처리 기술을 의미한다. 즉 무역업무를 컴퓨터 등 정보처리 능력을 가진 장치(컴퓨터) 간에 전기통신설비를 이용하여 전자적으로 문서를 전송, 처리 또는 보관하는 방식을 말한다.

EDI 시스템은 크게 EDI 표준(EDI standard), 거래약정(interchange agreement, IA), EDI 사용자시스템(EDI user system) 및 EDI 서비스 제공업자(EDI server) 등으로 구성된다.

① EDI 표준(EDI service)

EDI 시스템을 도입한 거래당사자 간의 컴퓨터 공통언어로서 EDI 사용자간에 교환되는 전자문서의 내용과 구조, 통신방법, 거래방법 등에 관한 일체의 규칙과 지침을 말한다. 즉 EDI 사용자가 동의하고 따라야 하는 EDI통신에 있어서 표준이 되는 양식(format)과 구문(syntax)을 정의한 규칙을 말한다.

② 거래약정(interchange agreement, IA)

거래당사자가 EDI로 업무를 처리하기 위하여 필요한 제반사항에 대하여 사전에 체결하는 약정으로 전자문서 및 표준에 관한 합의, 사용자 · 수신자 및 발신자의 확정, EDI 서비스 제공업자 및 데이터 통신망에 대한 합의, 서비스 이용수수료와 비용분담 및 송수신시간에 대한 합의, 분쟁 및 사고 발생 시 해결해야 할 최종결정권자 등의 합의가 포함된다.

③ EDI 사용자시스템(EDI user system)

거래당사자 간에 데이터 통신망을 통해 전자문서를 송수신하기 위하여 사용자가 갖추어야 할 PC, Host computer 등의 Hardware와 응용 S/W, 변환 S/W, 통신 S/W 등의 Software 및 Modem 등의 통신장비를 말한다.

④ EDI 서비스 제공업자(EDI server)

무역과 관련한 당사자들이 전자문서를 송수신하는 통신방법, 통신시간, 통신속도 등이 다르므로 이를 통합·관리하여 중간에서 중계해주고, 분쟁이 발생할 경우 이를 해결하는 Third party, 즉 무역자동화지정사업자(VAN, value added network)를 의미한다. 현재 무역자동화지정사업자로 지정 받은 업체는 ㈜한국무역정보통신(KTNET)과 ㈜데이콤이다.

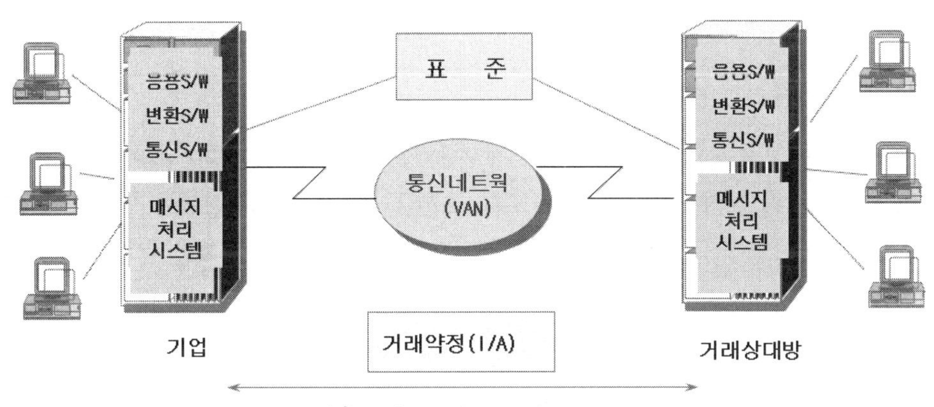

[그림 2-1] EDI 4대 구성요소

(나) 전자무역의 관리

① 전자무역기반사업자

2006년 전자무역을 촉진하기 위해 대외무역법에 두고 있었던 규정이 「전자무역촉진에 관한 법률」으로 통합되어 이관되었다.

전자무역기반사업자란 「전기통신사업법」에 따른 전기통신사업자로서 자본금, 인력, 기술력 등을 갖춘 자로서 산업통상자원부장관이 지정된 사업자를 말하며, 다음과 같은 사업을 수행할 수 있다.[8]

① 전자무역기반시설의 운영업무
② 전자무역기반시설과 외국의 전자무역망간의 연계업무
③ 무역관련 업무의 전자무역기반시설을 통한 중계, 보관 및 증명 등의 업무
④ 전자무역문서의 중계사업
⑤ 외국의 전자무역망간의 연계를 활용한 사업
⑥ 전자무역기반시설을 활용한 전자무역서비스 관련 사업
⑦ 전자무역문서의 표준화에 관한 연구사업
⑧ 전자무역문서 및 무역화물유통정보 등 무역관련정보를 체계적으로 처리・보관하여 검색 등에 활용할 수 있는 집합체(데이터베이스)의 제작・보급과 이를 활용한 사업
⑨ 무역업자 및 무역유관기관에 대한 전자무역문서 중계 등에 관련된 기술의 보급 및 보급한 기술에 대한 사후관리사업
⑩ 기타 전자무역의 촉진을 위한 교육・홍보 등 대통령령이 정하는 사업

(3) 전자무역전문서비스업

전자무역전문서비스업자는 무역업자의 전자무역을 효율적으로 지원하고 이를 확산시키기 위하여 다음 각 호의 사업을 하는 자로서, 자본금・인력 등 대통령령이 정하는 등록요건을 갖추어 산업통상자원부장관에게 전자무역전문서비스업자로 등록한 자를 말한다.[9)]

① 정보통신망을 통한 무역거래의 알선 및 대행사업
② 정보통신망을 통한 무역업자의 해외마케팅 지원사업
③ 전자무역문서의 중계사업
④ 전자무역기반시설과 외국의 전자무역망간의 연계를 활용한 사업
⑤ 전자무역기반시설을 활용한 전자무역서비스 관련 사업
⑥ 전자무역문서과 무역정보의 데이터베이스 제작・보급과 이를 활용한 사업
⑦ 기타 전자무역 촉진을 위한 사업으로서 대통령령이 정하는 사업

---

8) 전자무역촉진에 관한 법률 제6조, 및 동법 시행령 제7조에 따라 2007년 1월 ㈜한국무역정보통신(KTNET)이 지정되었다.

9) 전자무역촉진에 관한 법률 제22조

〈표 2-11〉 전자무역과 관련된 국제무역규칙

규칙	내용
UNCID (1987)	The Uniform Rules of Conduct for Interchange of Trade Data by Teletransmission (전송에 의한 무역자료교환의 취급통일규칙, ICC 1987 제정) : EDI에 의하여 행해지는 거래를 용이하게 하기 위한 행위규범으로서, EDIFACT, 기타 EDI 시스템을 이용해서 취급을 행하는 당사자에게 공통의 가반을 제공함
eB/L에 관한 CMI통일 규칙	CMI Uniform Rules for Electronic Bill of Lading(CMI 1990제정) : 정보정송의 신속화를 행하기 위해 종이선화증권을 발행하는 대신 선화증권의 정보를 전자데이터통신수단에 의해 전송하는 경우의 당사자의 권리와 의무를 규정함
전자상거래모델법	UNITRAL, Model Law on Electronic Commerce(전자상거래에 관한 UNCITRAL 모델법, UNCITRAL 1996 제정) : EDI, 전자우편 등에 의하여 발생하는 전자문서의 경우 일정한 조건이 충족되면 법률적으로 종이문서와 동일하게 취급되어야 함을 규정한 것으로서, 전자상거래에 따른 법적 장애와 불명확성성을 제거한다는 취지하에서 제정됨
Incoterms 2010	International Rules for the Interpretation of Trade Terms(정형거래조건의 해석에 관한 국제규칙), ICC 1936 제정 : 당사자가 전자적으로 통신할 것에 합의하고 있는 경우 종이에 의한 서류가 전자적 메시지로 대체될 수 있음을 규정함
UCP 600	Uniform Customs and Practice for Documentary Credit(화환신용장에 관한 통일규칙 및 관례, ICC 제정) : 종이서류의 송부없이 거래하는 EDI 방식의 신용장에도 적용될 수 있도록 합의함으로써 EDI 또는 SWIFT방식으로 신용장거래를 행할 경우 전신약어로 신용장통일규칙 준거문언을 삽입한다면 동규칙을 적용할 수 있도록 규정함
eUCP 1.1	Supplement to the Uniform Customs and Practice for Documentary Credit for Electronic Presentation(전자제시를 위한 화환신용장에 관한 통일규칙 및 관례의 보충판 ICC 2007제정) : 신용장거래에서 전자기록의 제시를 수용하기 위하여 전자기록만이 제시되거나 전자기록과 종이서류가 혼합되어 제시되는 경우 동규칙이 적용될 수 있음을 규정함
Bolero 서비스	Bill of Lading Electronic Registry Organization(선화증권 전자등록기구, Bolero International Ltd. 1999년 상용서비스 개시) : 전자선화증권이 모든 관련당사자에게 종이선화증권을 사용하여 거래한 경우와 같은 권리와 의무를 부과하는 것을 목적으로 시작하여 현재는 모든 선적서류의 전자화를 추진하고 있음

[예시 2-2] 수출승인신청서

수출승인(신청)서
Export License(Application)

처리기간 : 1일
Handling Time : 1 Day

① 수출자 무역업고유번호 (Exporter (Trade Business Code) 상호,주소,성명 (Name of Firm, Address, Name of Rep.) (서명 또는 인) (Signature)	④ 구매자 또는 계약당사자 (Buyer or Principal of Contract) ⑤ 신용장 또는 계약서 번호(L/C or Contract No.)
② 위탁자 사업자등록번호 (Requester) (Business No.) 상호,주소,성명 (Name of Firm, Address, Name of Rep.) (서명 또는 인) (Signature)	⑥ 금액(Total Amount) ⑦ 결제기간(Period of Payment) ⑧ 가격조건(Terms of Payment)
③ 원산지(Origin)	⑨ 도착항 (Port of Dispatch)

⑩ HS 부호	⑪ 품명 및 규격	⑫ 단위 및 수량	⑬ 단 가	⑭ 금 액
(HS Code)	(Description/Size)	(Unit / Quantity)	(Unit Price)	(Amount)

⑮ 승인기관 기재란(Remarks to be filled out by an Approval Agency)
⑯ 유효기간(Period of Approval)
⑰승인번호(Approval No.)
⑱ 승인기관 관리번호(No. of an Approval Agency)
⑲ 위의 신청사항을「대외무역법」제11조제2항 및 동법 시행령 제18조제1항에 따라 승인합니다. (The undersigned hereby approves the above-mentioned goods in accordance with Article 11(2) of the Foreign Trade Act and Article 18(1) of the Enforcement Decree of the said Act.) 년 월 일 승인권자 (인)
※승인기관이 둘 이상인 경우 ⑮ - ⑱의 기재사항은 이면에 기재하도록 합니다. ※이 서식에 의한 승인과는 별도로 대금결제에 관한 사항에 대하여는 외국환거래법령이 정하는바에 따라야 합니다.

2812-281-01611민
'98.1.12. 승인

210㎜ × 297㎜
일반용지 60g/㎡

[예시 2-3] 수입승인(신청)서

수입승인(신청)서
Import License(Application)

처리기간 : 1일 Handling Time : 1 Day

① 수입자 무역업고유번호 (Importer) (Trade Business Code) 상호,주소,성명 (Name of Firm, Address, Name of Rep.) (서명 또는 인) (Signature)	⑤ 송하인(Consignor) 상호,주소,성명 (Name of Firm, Address, Name of Rep.)
② 위탁자 사업자등록번호 (Requester) (Business No.) 상호,주소,성명 (Name of Firm, Address, Name of Rep.) (서명 또는 인) (Signature)	⑥ 금액(Total Amount) ⑦ 결제기간(Period of Payment) ⑧ 가격조건(Terms of Payment)
③ 원산지(Origin)	④ 선적항(Port of Loading)

⑨ HS부호 (HS Code)	⑩ 품명 및 규격 (Description/Size)	⑪ 단위 및 수량 (Unit/Quantity)	⑫ 단 가 (Unit Price)	⑬ 금 액 (Amount)

⑭ 승인기관 기재란(Remarks to be filled out by an Approval Agency)
⑮ 유효기간(Period of Approval)
⑯ 승인번호(Approval No.)
⑰ 승인기관 관리번호(No. of an Approval Agency)
⑱ 위의 신청사항을 「대외무역법」 제11조제2항 및 동법 시행령 제18조제1항에 따라 승인합니다. (The undersigned hereby approves the above-mentioned goods in accordance with Article 11(2) of the Foreign Trade Act and Article 18(1) of the Enforcement Decree of the said Act.) 년 월 일 승인권자 (인)
※승인기관이 둘 이상인 경우 ⑭ ~ ⑰의 기재사항은 이면에 기재하도록 합니다. ※이 서식에 의한 승인과는 별도로 대금결제에 관한 사항에 대하여는 외국환거래법령이 정하는 바에 따라야 합니다.

2812-281-01711민
'98.1.12. 승인

210㎜ × 297㎜
일반용지 60g/㎡

[예시 2-4] 수출입승인(신청)서

수출입승인(신청)서
Export-Import License(Application)

처리기간 : 1일 Handling Time : 1 Day

① 수출입자 무역업고유번호 (Ex-Importer) (Trade Business Code) 상호,주소,성명 (Name of Firm, Address, Name of Rep.) (서명 또는 인) (Signature)		⑥ 신용장 또는 계약서번호 (L/C or Contract No.)	
② 위탁자 사업자등록번호 (Requester) (Business No.) 상호,주소,성명 (Name of Firm, Address, Name of Rep.) (서명 또는 인) (Signature)		수 출 (Export)	⑦ 금 액 (Total Amount)
			⑧ 결제기간 (Period of Payment)

	수 출 (Export)	수 입 (Import)		
			수 출 (Export)	⑨ 가격조건 (Terms of Payment)
③ 원산지 (Origin)			수 입 (Import)	⑩ 금 액 (Total Amount)
④ 선적항 (Port of Loading)			수 입 (Import)	⑪ 결제기간 (Period of Payment)
⑤ 도착항 (Port of Dispatch)			수 입 (Import)	⑫ 가격조건 (Terms of Payment)

수출물품의 명세

⑬ HS부호 (HS Code)	⑭ 품명 및 규격 (Description/Size)	⑮ 단위 및 수량 (Unit/Quantity)	⑯ 단 가 (Unit Price)	⑰ 금 액 (Amount)

수입물품의 명세

⑱ HS부호 (HS Code)	⑲ 품명 및 규격 (Description/Size)	⑳ 단위 및 수량 (Unit/Quantity)	㉑ 단 가 (Unit Price)	㉒ 금 액 (Amount)

㉓ 승인기관 기재란(Remarks to be filled out by an Approval Agency)

㉔ 유효기간(Period of Approval)

㉕ 승인번호(Approval No.)

㉖ 승인기관 관리번호(No. of an Approval Agency)

㉗ 위의 신청사항을 「대외무역법」 제11조제2항 및 동법 시행령 제18조제1항에 따라 승인합니다.
(The undersigned hereby approves the above-mentioned goods in accordance with Article 11(2) of the Foreign Trade Act and Article 18(1) of the Enforcement Decree of the said Act.)

년 월 일

승인권자 (인)

※승인기관이 둘 이상인 경우 ㉓ - ㉖의 기재사항은 이면에 기재하도록 합니다.
※이 서식에 의한 승인과는 별도로 대금결제에 관한 사항에 대하여는 외국환거래법령이 정하는바에 따라야 합니다.

2812-281-01811민 210㎜ × 297㎜
'98.1.12. 승인 일반용지 60g/㎡

[예시 2-5] 특정거래인정(신청)서

특정거래인정신고서

처리기간
1일

① 신고인(상호, 주소, 전화번호) 무역업고유번호 사업자등록번호 (서명 또는 인)	② 신용장 또는 계약서번호 ③ 특정거래인정 유효기간 : 신고수리(인정)일로부터 1년

수출명세

④ 수 출 물 품			⑤ 결 제 내 용		⑥ 물 품 이 동	
품 명	HS No		결제금액		원 산 지	
	규 격		결제기간		선 적 항	
	단 위		가격조건		도 착 항	
	수 량		결제방법		송수하인	

수입명세

⑦ 수 입 물 품			⑧ 결 제 내 용		⑨ 물 품 이 동	
품 명	HS No		결제금액		원 산 지	
	규 격		결제기간		선 적 항	
	단 위		가격조건		도 착 항	
	수 량		결제방법		송수하인	

대외무역관리규정 제22조에 따라 위와 같이 특정거래인정 사항을 신고합니다. 년 월 일 신고인 (서명 또는 인)	위의 사항을 신고수리(인정)합니다. 년 월 일 산업통상자원부장관 (인)

3. 원산지 제도

가. 원산지제도의 개요

(1) 원산지의 개념

원산지(place of origin)란 물품의 생산 등[10])을 수행한 지역, 즉 물품의 국적을 의미한다. 원산지는 물품의 생산지를 의미하므로 단순한 조립국, 경유국, 적출국, 자본투자국, 브랜드 소유국, 기술제공국과는 다르다. 일반적으로 원산지는 정치적 실체를 가진 국가를 의미하지만 반드시 일치하는 것은 아니다. 왜냐하면 식민지, 속령 또는 보호령과 홍콩과 같은 지역도 원산지가 될 수 있으며, 반면 EU나 NAFTA와 같은 경제연합은 원산지로 표시될 수 없기 때문이다.

원산지규정(rules of origins)이란 물품의 원산지를 판단하는 기준이나 확인방법, 절차 등을 규정한 제반 법규정이나 행정적 절차를 말한다. 원산지규정은 적용목적에 따라 특혜원산지규정(preferential rule of origin)과 비특혜원산지규정(non-preferential rule of origin)으로 나누어지며, 그 내용에 따라 판정기준, 표시방법 등의 실체적 규정과 원산지증명서류의 작성, 제출 및 세관당국의 확인 과정 등의 절차적 규정으로 나눌 수 있다.

국가가 무역 관리에 있어 물품 원산지를 구별해야 하는 이유는 다음과 같다.

첫째, 소비자의 권리를 보호하기 위해서이다. 어떤 상품은 원산지에 따라 그 성가(聲價, reputation)가 달라진다. 따라서 소비자에게 자신이 소비하는 물품의 원산지에 대한 정확한 정보를 제공할 필요가 있다.

둘째, 관세결정을 위해서이다. 국제무역에 있어 최혜국대우를 하는 것이 일반적인 원칙이지만 GSP, GSTP 또는 FTA에 따라 국가간에 차별적인 혜택을 부여할 필요가 있기 때문이다.

셋째, 수입국별 수입쿼터를 시행하는 경우 쿼터의 물량관리를 위해서 수입되는 물품을 원산지별로 구분하여 파악할 필요가 있다.

넷째, 덤핑이나 보조금지원에 대한 판정을 위해서이다. 정상가격보다 수입가격이 낮은지의 여부나 보조금의 지급여부를 판단하기 위해서는 물품 산출국에서의 생산과정이나 거래관계를 파악할 필요가 있다.

---

10) 원산지제도에서 사용되는 "생산"이란 용어는 대체로 성장, 재배, 번식, 수확, 채취, 채굴, 어로. 수렵, 생산, 제조 및 가공을 포함하는 개념으로 이해된다.

다섯째, 국가 간의 통상관계, 무역정책의 수립, 무역행정관리 등을 위한 정보를 수집하기 위해서 원산지별 수입통계를 파악할 필요가 있다.

여섯째, 저가 수입물품에 대한 덤핑관세 부과, 긴급수입 제한조치, 수입수량 할당과 같은 수입규제를 회피하기 위한 우회수입을 방지하기 위해서이다.

일곱째, 병충해 등으로부터 국민의 보건·위생 보호 그리고 멸종위기 동식물의 수출입 방지와 같은 환경보호를 위해서이다.

(2) 우리나라 원산지규정 체계

우리나라의 원산지규정은 국제법과 국내법으로 나눌 수 있다. 국제법에는 WTO 원산지규정, WCO 원산지규정, FTA 원산지규정 등이 있으며, 국내법으로는 관세법, 자유무역협정 이행에 관한 특례법령, 남북교류협력에 관한 법령, 대외무역법, 농수산물의 원산지표시에 관한 법, 수산물품질관리법, 식품위생법, 표시광고의 공정화에 관한 법 등이 있다.

〈표 2-12〉 원산지 관련 법령체계

구분		국제법	국내법
특혜분야	FTA 특혜	한-칠레, 한-싱가포르, 한-EFTA, 한-아세안, 한-인도, 한-EU, 한-미, 한-페루, 한-터키 등	FTA 관세특례법
	일반 특혜	아시아태평양무역협정(APTA) WTO 원산지규정에 관한 협정, UN 개도국간협정(GSTP) 등	관세법, 최빈개도국에 대한 특례관세 공여규정
비특혜분야		WTO 원산지규정에 관한 협정	대외무역법, 관세법, 남북교류협력법, 농산물·수산물품질관리법, 표시광고의 공정화법
특혜/비특혜		WCO 교토협약(부속서 K)	대외무역법, 관세법

나. 대외무역법상의 원산지제도

(1) 원산지결정기준

(가) 완전생산기준

완전생산기준에 따라 원산지가 인정되는 물품은 다음과 같다.(대외무역관리규정 제85조)

① 해당국 영역에서 생산한 광산물, 농산물 및 식물성 생산물
② 해당국 영역에서 번식 또는 사육한 산동물과 이들로부터 채취한 물품
③ 해당국 영역에서 수렵, 어로로 채포한 물품
④ 해당국 선박에 의하여 해당국 이외 국가의 영해나 배타적 경제수역이 아닌 곳(공해)에서 체포한 어획물이나 기타의 물품(광산물 등)
⑤ 해당국에서 제조 · 가공의 공정 중에 발생한 잔여물(scrap)
⑥ 해당국 또는 해당국 선박에서 제1호부터 제5호까지의 물품을 원재료로 하여 제조 · 가공한 물품

(나) 실질적 변형기준

실질적 변형기준(substantial transformation criteria)이란 2개국 이상에 걸쳐 생산된 물품인 경우에 당해 물품에 실질적인 변형과정을 거쳐 새로운 특성을 최종적으로 부여한 국가를 당해 물품의 원산지로 인정하는 기준을 말한다. 여기에는 세번 변경기준, 부가가치기준 및 주요공정기준이 있다.

우리나라 대외무역관리규정 제85조(수입물품의 원산지판정기준) 제2조는 실질적 변형이란 해당국에서의 제조 · 가공과정을 통하여 원재료의 세번과 상이한 세번(HS6 단위기준)의 제품을 생산하는 것을 말한다고 규정하여 세번 변경기준을 원칙으로 하고 있다.

주요부품 및 주요공정기준을 보완적으로 채택하고 있다. 주요부품 또는 주요공정기준(manufacturing or processing operation criteria) 물품의 생산과정에서 가장 중요하고 핵심적인 부품을 사용하거나 공정을 수행한 국가를 원산지로 하는 기준을 말한다. 해당 주요 부품의 원료 및 구성품의 부가가치 생산에 최대로 기여한 국가가 해당 완제품의 부가가치비율 기준 상위 2개국 중 어느 하나에 해당하는 경우에는 그 해당 국가를 원산지로 하며, 상위 2개국 중 어느 하나에 해당하지 아니하는 경우에는 해당 완제품을 최종적으로 제조한 국가를 원산지로 한다.(대외무역관리규정 제85조 제6항)

〈표 2-13〉 특정수입물품의 원산지

품 목 명 / 원산지판정기준	
HS 9006.51 렌즈를 통하여 볼 수 있는 파인더(싱글렌즈레플렉스)를 갖춘 것 (폭이 35밀리미터 이하의 롤필름용인것에 한하며 특수용도사진기 또는 일회용 사진기는 제외) **HS 9006.53** 기타(폭이 35밀리미터의 롤필름용인 것에 한하며 특수 사진기 또는 일회용 사진기는 제외)	다음 각 호의 기준을 순차적으로 적용한다. 1. 해당 물품에 사용된 원료 및 부품의 부가가치가 완제품 부가가치의 35%이상인 경우 해당 원료 및 부품을 생산 또는 최초로 공급한 국가 2. 제1호의 국가가 없거나 2개국 이상인 경우는 주요부품(셔터, 렌즈, 줌경통, 파인더)이 차지하는 부가가치의 비율이 높은 국가
HS 0102 소	출생국을 원산지로 한다. 다만, 출생국과 사육국이 다른 경우에는 다음 기준에 따른다. 해당 국가에서 6개월 이상 사육된 경우에는 당해 사육국을 원산지로 하고, 6개월 미만 사육된 경우에는 출생국을 원산지로 한다.
HS 0103 돼지	출생국을 원산지로 한다. 다만, 출생국과 사육국이 다른 경우에는 다음 기준에 따른다. 해당 국가에서 2개월 이상 사육된 경우에는 해당 사육국을 원산지로 하고, 2개월 미만 사육된 경우에는 출생국을 원산지로 한다.
소와 돼지 이외의 그 밖의 가축으로서 **HS 01류의 것**	출생국을 원산지로 한다. 다만, 출생국과 사육국이 다른 경우에는 다음 기준에 따른다. 해당 국가에서 1개월 이상 사육된 경우에는 해당 사육국을 원산지로 하고, 1개월 미만 사육된 경우에는 출생국을 원산지로 한다.

HS 6101-6117(편직된 의류 및 그 부속품)	
1) 제품형태로 편물된 물품(부품과 부속품을 포함);6101-6117의 것	편직공정 수행국
2) 부품형태로 편물된 부품을 봉제하여 생산되는 물품 ; 6101-6115의 것	봉제공정 수행국
3) 재단된 부품을 봉제하여 생산되는 물품 ; 6101-6115의 것	봉제공정 수행국
4) 자수된 편평제품 (손수건, 쇼울, 스카프, 머플러, 만틸라, 베일 및 이와 유사한 물품) ; 6117.10. 6117.80의 것	편직공정 수행국. 단, 기포원단의 공장도 가격의 50%를 초과하는 자수공정을 수행할 경우 자수공정 수행국
5) 그 밖의 편평제품 (손수건, 쇼울, 스카, 머플러, 만틸라, 베일 및 이와 유사한 물품) ; 6117.10.6117.80의 것	편직공정 수행국
6) 부품형태로 편물된 부품을 봉제하여 생산되는 부속품(넥타이류, 장갑류 및 이와 유사 물품) ; 6116, 6117.20, 6117.80의 것	부품 편직공정 수행국(형태를 갖게 knit된 곳)
7) 재단된 부품을 봉제하여 생산되는 부속품(넥타이류, 장갑류 및 이와 유사한 물품) ; 6116, 6117.20, 6117.80의 것	봉제공정 수행국
8) 부품형태로 편물된 부품 봉제하여 생산된 부품;6117.90의 것	부품편직공정 수행국
9) 재단된 부품을 봉제하여 생산되는 부품 ; 6117.90의 것	재단공정 수행국
10) 자수되었으나 봉제되지 아니한 부품 ; 6101-6117의 것	편직공정 수행국. 단, 기포원단의 공장도 가격의 50%를 초과하는 자수공정을 수행할 경우 자수공정 수행국
11) 그 밖에 봉제되지 아니한 부품 ; 6101-6107의 것	편직공정 수행국

HS 6201-6217(편직을 제외한 의류 및 그 부속품)	
1) 부품을 봉제하여 생산되는 물품(6209의 기저귀 제)외 ; 6201-6212	봉제공정 수행국
2) 기저귀 ; 6209의 것	제직공정 수행국
3) 자수된 편평제품(손수건, 쇼울, 스카프, 머플러, 만틸라, 베일 및 이와 유사한 물품) ; 6213, 6214, 6217.10의 것	제직공정 수행국. 단, 기포원단의 공장도 가격의 50%를 초과하는 자수공정을 수행할 경우 자수공정 수행국
4) 그 밖의 편평제품(손수건, 쇼울, 스카프, 머플러, 만틸라, 베일 및 이와 유사한 물품) ; 6213, 6214, 6217.10의 것	제직공정 수행국
5) 부품을 봉제하여 생산된 부속품(넥타이류, 장갑류 및 이와 유사한 물품) ; 6215, 6216, 6217.10의 것	봉제공정 수행국
6) 봉제된 부품 ; 6217.90의 것	재단공정 수행국
7) 자수된 부품 ; 6201-6217의 것	제직공정 수행국. 단 기포원단의 공장도 가격의 50%를 초과하는 자수공정을 수행할 경우 자수공정 수행국
8) 그 밖의 부품 ; 6201-6217의 것	제직공정 수행국
HS 6301-6308(제품으로 된 방직용 섬유제품)	
1) 부품을 봉제하여 생산되는 물품 ; 6303, 6304, 6306, 6307.20	제단공정 수행국
2) 자수된 물품 ; 6301-6308의 것(6301.10 제외)	제직(또는 편직)공정 수행국. 단 기포원단의 공장도 가격의 50%를 초과하는 자수공정을 수행할 경우 자수공정 수행국
3) 부분품으로 구성된 물품 ; 6308의 것	Set의 본질적 특성을 구성하는 물품 제조국
4) 그 밖의 제품 ; 6301, 6302, 6305, 6307.10, 6307.90 (6301.10 제외)	제직(또는 편직)공정 수행국

(다) 단순가공원칙

단순가공활동이란 판매목적의 물품포장 활동, 상품성 유지를 위한 단순한 작업활동 등 물품의 본질적 특성을 부여하기에 부족한 가공활동을 말한다. 단순한 가공활동을 수행하는 국가에는 원산지를 부여하지 않는다. 단순가공이란 다음에 해당하는 가공활동을 말한다.(시행령 제44조, 대외무역관리규정 제85조)

① 운송 또는 보관 목적으로 물품을 양호한 상태로 보존하기 위해 행하는 가공활동
② 선적 또는 운송을 용이하게 하기 위한 가공활동
③ 판매목적으로 물품의 포장 등과 관련된 활동
④ 제조・가공결과 HS 6단위가 변경되는 경우라도 다음에 해당하는 가공은 단순가공 활동으로 간주되어 원산지가 부여되지 않는다.

- 통풍

- 건조 또는 단순가열(볶거나 굽는 것 포함)
- 냉동, 냉장
- 손상부위의 제거, 이물질 제거, 세척
- 기름, 녹방지 또는 보호를 위한 도색, 도장
- 거르기 또는 선별
- 정리, 분류 또는 등급선정
- 시험 또는 측정
- 표시나 라벨의 수정 또는 선명화
- 가수, 희석, 흡습, 가염, 가당, 전리(ionzing)
- 각피(jusking), 탈각, 씨제거 및 신선 또는 냉장육류의 냉동, 단순절단 및 단순 혼합
- 가축을 수입하여 도축하는 경우 품목별 사육기간 미만의 기간 동안 해당국에서 사육한 가축의 도축(소 : 6개월 미만, 돼지 : 2개월, 기타의 가축 : 1개월)
- 펴기, 압착

(라) 수입원료를 사용한 국내생산물품 등의 원산지 판정기준

수입원료를 사용한 국내생산물품 등은 다음의 경우 원산지를 인정한다.

첫째, 우리나라에서 제조・가공과정을 통해 수입원료의 세번과 상이한 세번(HS 6단위 기준)의 물품을 생산하거나 세번 HS 4단위에 해당하는 물품의 세번이 6단위에서 전혀 분류되지 않은 물품으로, 해당물품의 총 제조원가 중 수입원료의 수입가격(CIF기준)을 공제한 금액이 총 제조원가의 51% 이상인 경우

둘째, 단순가공활동이 아닌 제조・가공과정을 거쳤으나 세번 변경이 안 된 물품을 최종 생산한 경우 해당 물품의 총 제조원가 중 수입원료의 수입가격(CIF가격 기준)을 공제한 금액이 총 제조원가의 85% 이상인 경우, 단 천일염은 외국산 원재료가 사용되지 않고 제조되어야 우리나라를 원산지로 인정

(마) 원산지 판정기준의 특례

기계・기구・장차 또는 차량에 사용되는 부속품・예비부분품 및 공구로서 기계 등과 함께 수입되어 동시에 판매되고 그 종류 및 수량으로 보아 정상적인 부속품, 예비부분품 및 공구라고 인정되는 물품의 원산지는 해당 기계・기구・장치 또는 차량의 원산지와 동일한 것으로 본다.

포장용품의 원산지는 해당 포장된 내용품의 원산지와 동일한 것으로 본다. 다만 포장용품과 내용품을 각각 별개로 구분하여 수입신고하도록 규정된 경우에는 포장용품의 원산지는 내용품의 원산지와 구분하여 결정한다. 다만 촬영된 영화용 필름은 그 영화제작자가 속하는 나라를 원산지로 한다.

(바) 원산지 확인제도

원산지를 확인하여야 할 물품을 수입하는 자는 수입신고 전까지 원산지증명서 등 관계 자료를 제출하고 확인을 받아야 한다. 수입 시 원산지증명서를 제출하여야 하는 경우는 다음과 같다.

① 통합공고에 의하여 특정지역으로부터 수입이 제한되는 물품
② 원산지 허위표시, 오인・혼동표시 등을 확인하기 위하여 세관장이 필요하다고 인정하는 물품
③ 기타 법령에 따라 원산지 확인이 필요한 물품

다만 다음과 같은 경우에는 원산지증명서 등의 제출 대상물품이더라도 이의 제출을 면제한다.

① 과세가격이 15만 원 이하인 물품
② 우편물
③ 개인에게 무상 송부된 탁송품, 별송품 또는 여행자의 휴대품
④ 재수출조건부 면세 대상 물품 등 일시 수입물품
⑤ 보세운송, 환적 등에 의해 우리나라를 단순히 경유하는 통과화물
⑥ 물품의 종류, 성질, 형상 또는 그 상표, 생산국명, 제조자 등에 의하여 원산지가 인정되는 물품
⑦ 관세청장이 산업통상자원부장관과 협의하여 인정하는 물품, 즉 수입된 물품의 하자보수용(유상수리를 제외) 물품, 개인이 자가소비용(영업용물품 제외)으로 수입하는 물품, 그리고 국내제조회사에서 반복적으로 수입하는 물품으로서 이미 원산지가 확인되어 원산지증명서 제출이 필요없다고 세관장이 인정하는 물품[11] 등이 이에 해당한다.

11) 원산지제도 운영에 관한 고시 제2-6조(원산지증명서 등의 제출면제)

(사) 직접운송의 원칙

수입 물품의 원산지는 그 물품이 원산지 국가 이외의 국가(비원산국)를 경유하지 않고 원산지 국가로부터 직접 우리나라로 운송되어 반입된 물품에만 원산지를 인정한다. 다만 다음 물품이 비원산국의 보세구역 등에서 세관 감시 하에 환적 또는 일시장치 등이 이루어지고, 이들 이외의 다른 행위가 없었음이 인정되는 경우에는 이를 우리나라로 직접 운송된 물품으로 본다.

① 지리적 또는 운송 상의 이유로 비원산국에서 환적 또는 일시장치가 이루어진 물품

② 박람회, 전시회 그 밖에 이에 준하는 행사에 전시하기 위하여 비원산국으로 수출하였던 물품으로서 해당 물품의 전시목적에 사용 후 우리나라로 수출한 물품

(2) 원산지 표시제도

원산지 표시제도란 수출입 물품의 원산지를 수출입물품의 일정한 곳에 표시하도록 하는 의무를 부여하는 제도를 말한다. 여기에서 원산지표시 대상물품이란 대외무역법령[12]에서 물품에 원산지를 표시하여야 하는 수입물품으로 게기한 물품을 말한다. 원산지표시 대상물품은 해당 물품에 원산지를 표시하여야 한다. 다만 다음에 해당하는 경우에는 해당 물품에 원산지를 표시하지 않고 해당 물품의 최소포장이나 용기 등에 원산지를 표시할 수 있다.

① 해당 물품에 원산지를 표시하는 것이 불가능한 경우

② 원산지 표시로 인하여 해당 물품이 크게 훼손되는 경우(당구공, 콘텍즈렌즈, 포장하지 않은 집적회로 등)

③ 원산지 표시로 인하여 해당 물품의 가치가 실질적으로 저하되는 경우

④ 원산지 표시의 비용이 해당 물품의 수입을 막을 정도로 과도한 경우(예컨대 물품가격보다 표시비용이 더 많이 드는 경우 등)

⑤ 상거래 관행상 최종구매자에게 포장, 용기에 봉인되어 판매되는 물품 또는 봉인되지는 않았으나 포장, 용기를 뜯지 않고 판매되는 물품(비누, 칫솔, 비디오테이프 등)

⑥ 실질적 변형을 일으키는 제조공정이 투입되는 부품 및 원재료를 수입한 후 실수요자에게 직접 공급하는 경우

12) 대외무역법 제33조 제1항, 시행령 제55조 및 대외무역관리규정 제75조 제1항

⑦ 물품의 외관상 원산지의 오인 가능성이 적은 경우(두리안, 오렌지, 바나나와 같은 과일이나 채소 등)

⑧ 관세청장이 산업통상자원부장관과 협의하여 인정하는 물품

〈표 2-14〉 원산지표시방법

목 적	수입물품에 대한 원산지 관리
표시방법	• 최종 구매자가 판독하기 용이한 형태와 방법으로 식별하기 용이한 위치에 각인, 특수인쇄 등 영구적으로 보존될 수 있는 방법으로 표시(쉽게 제거할 수 있는 스티커, 라벨 등은 원칙적으로는 인정되지 않음) • 한글, 영문, 한문 한정
원 산 지	• 국명 또는 국명산으로 표시
표시단위	• 원칙 : 최소 포장단위로 당해 수입물품의 현품에 표시 • 예외 : 당해 물품에 원산지를 표시하는 것이 불가능한 물품(밀가루 등)이나, 원산지표시로 당해 물품이 크게 훼손되는 물품(IC 등), 기타 상거래 관행상 최종구매자에게 포장된 상태 또는 용기에 담아 봉인된 상태로 진열 또는 판매된 물품으로서 세관장이 타당하다고 인정하는 물품(비누 등)은 포장, 용기 등에 원산지를 표시
표시요령	• 원칙 : 물품의 제조과정 중 주형조각, 주물활자 또는 식각 및 금속철판, 특수인쇄 등으로 표시 • 타물품과 결합하여 유통되는 경우 : 당해 수입물품만이 해당원산지의 것임을 명백하게 표시

(가) 수입 물품 원산지 표시의 일반원칙

수입 물품의 원산지는 다음에 해당하는 방식으로 한글, 한자 또는 영문으로 표시할 수 있다.

① "원산지 : 국명" 또는 "국명 산(産)"

② "Made in 국명" 또는 "Product of 국명"

③ "Made by 물품 제조자의 회사명, 주소, 국명"

④ 수입 물품의 크기가 작은 경우에는 국명만을 표시할 수 있음

⑤ "Brewed in 국명" 또는 "Distilled in 국명" 등 그 밖에 최종 구매자가 원산지를 오인할 우려가 없거나 "Assembled in 국명" 등에서의 국명이 원산지 판정기준

에 적합한 경우

⑥ 물품의 주요 부분품의 원산지가 다른 경우에는 부분품별로 원산지를 표시할 수 있다. 수입물품의 원산지는 최종구매자가 해당 물품의 원산지를 용이하게 판독할 수 있는 크기의 활자체로 표시하여야 하며, 정상적인 물품구매과정에서 원산지표시를 발견할 수 있도록 식별하기 용이한 곳에 표시하여야 한다. 또한 표시된 원산지는 쉽게 지워지지 않으며 물품(또는 포장・용기)에서 쉽게 떨어지지 않아야 한다.

수입물품의 원산지는 제조단계에서 인쇄, 등사, 낙인, 주조, 식각, 박음질 또는 이와 유사한 방식으로 표시하는 것을 원칙으로 한다. 다만, 물품의 특성상 위와 같은 방식으로 표시하는 것이 부적합 또는 곤란하거나 물품을 훼손할 우려가 있는 경우에는 날인(stamping), 라벨, 스티커, 꼬리표를 사용하여 표시할 수 있다.

최종구매자가 수입 물품의 원산지를 오인할 우려가 없는 경우에는 다음과 같이 통상적으로 널리 사용되고 있는 국가명이나 지역명 등을 사용하여 원산지를 표시할 수 있다.

① United States of America를 USA로
② Switzerland를 Swiss로
③ Netherlands를 Holland로
④ United Kingdom을 UK 또는 GB로
⑤ UK의 England, Scotland, Wales, Northern Ireland
⑥ 관세청장이 산업통상자원부장관이 협의하여 인정하는 국가나 지역명
⑦ 품질경영 및 공산품안전관리법, 식품위생법 등 다른 법령에서 원산지표시방법 등을 정하고 있는 경우에는 이를 적용할 수 있다.

(나) 원산지 오인 우려 수입 물품의 원산지 표시

원산지오인 우려 표시물품이란 원산지표시대상물품 중 다음에 해당하는 물품을 말한다.

물품 또는 포장・용기에 현저하게 표시되어 있는 상호・상표・지역・국가 또는 언어명이 수입 물품의 원산지와 상이하여 최종 구매자가 해당 물품의 원산지를 오인할 우려가 있는 물품을 말한다.

주문자 상표부착(OEM)방식에 의해 생산된 수입 물품의 원산지와 주문자가 위치한

국명이 상이하여 최종구매자가 해당 물품의 원산지를 오인할 우려가 있는 물품을 말한다. 이에 해당되는 경우 수입 물품 또는 포장·용기의 전면에 원산지를 표시하여야 하며, 물품의 특성상 전후면의 구별이 어렵거나 전면에 표시하기 어려운 때에는 원산지 오인을 초래하는 표시와 가까운 곳이 표시하여야 한다. 다만 최종판매단계에서 진열된 물품 등을 통하여 최종구매자가 원산지 확인이 가능하며, 국제 상거래 관행상 통용되는 방법으로 원산지를 표시하는 경우 세관장은 산업통상자원부장관과 협의하여 포장·용기에 표시된 원산지가 원산지 오인을 초래하는 표시와 가깝지 않은 곳에 있어도 원산지 오인이 없는 것으로 볼 수 있다. 또한 이러한 물품을 판매하는 자는 판매 또는 진열시 소비자가 알아볼 수 있도록 상품에 표시된 원산지와는 별도로 스티커, 푯말 등을 이용하여 원산지를 표시하여야 한다.

(다) 수입 후 단순한 가공활동을 수행한 물품 등의 원산지 표시

단순한 가공 물품의 원산지 표시는 다음의 방법으로 원산지를 표시하여야 한다. 수입된 후 최종구매자가 구매하기 이전에 국내에서 단순 제조·가공 처리되어 수입 물품의 원산지가 은폐·제거되거나 은폐·제거될 우려가 있는 물품의 경우에는 제조·가공업자(수입업자가 제조업자인 경우를 포함)는 완성 가공품에 수입 물품의 원산지가 분명하게 나타나도록 원산지를 표시하여야 한다.

대형 포장 형태로 수입된 후에 최종구매자가 구매하기 이전에 국내에서 소매단위로 재포장되어 판매되는 물품인 경우에는 재포장 판매업자는 재포장 용기에 수입 물품의 원산지가 분명하게 나타나도록 원산지를 표시하여야 한다. 재포장되지 않고 낱개 또는 산물로 판매되는 경우에도 물품 또는 판매용기·판매장소에 스티커 부착, 푯말부착 등의 방법으로 수입품의 원산지를 표시하여야 한다.

수입된 후에 최종구매자가 구매하기 이전에 다른 물품과 결합되어 판매되는 경우에는 제조·가공업자는 수입된 해당 물품의 원산지가 분명하게 나타나도록 "(해당 물품명)의 원산지 : 국명"의 형태로 원산지를 표시하여야 한다.

단순가공물품에 대해 원산지를 표시하여야 하는 경우에는 세관장이 수입 통관 후 법령에 따른 원산지 표시를 준수하도록 명할 수 있다. 또한 이러한 물품을 수입하는 자가 같은 물품을 제3자(중간구매업자 또는 판매자 등)에게 양도하는 경우에는 양수인에게 서명으로 법령에 따른 원산지 표시의무를 준수하여야 함을 알려야 한다.

(라) 수입 세트물품의 원산지 표시

대외무역규정에서 정한 수입 세트물품의 경우 해당 세트물품을 구성하는 개별 물품들의 원산지가 동일하고 최종 구매자에게 세트물품으로 판매되는 경우에는 개별 물품에 원산지를 표기하지 아니하고 그 물품의 포장·용기에 원산지를 표시할 수 있다. 세트물품을 구성하는 개별 물품들의 원산지가 2개국 이상인 경우에는 개별 물품에 각각의 원산지를 표시하고, 세트물품의 포장·용기에는 개별 물품들의 원산지를 모두 나열·표시하여야 한다.(예 Made in China, Taiwan…)

(마) 수입용기의 원산지 표시

관세율표에 따라 용기로 별도 분류되어 수입되는 물품의 경우에는 용기에 "(용기명)의 원산지 : (국명)"에 상응하는 표시를 하여야 한다.(예 "Bottle made in 국명") 다만 1회 사용으로 폐기되는 용기의 경우에는 최소 판매단위의 포장에 용기의 원산지를 표시하지 않아도 무방하다.

(바) 수입 물품 원산지 표시의 면제

다음에 해당하는 경우에는 원산지를 표시하지 아니할 수도 있다.13)

① 외화획득용 원료 및 시설기재로 수입되는 물품

② 개인에게 무상 송부된 탁송품, 별송품 또는 여행자 휴대품

③ 수입 후 실질적 변형을 일으키는 제조공장에 투입되는 부품 및 원재료로서 실수요자가 직접 수입하는 경우

④ 판매 또는 임대목적이 아닌 물품의 제조에 사용될 목적으로 수입되는 제조용 시설 및 기자재(부분품 및 예비용 부품을 포함)로서 실수요자 직접 수입하는 경우(실수요자를 위하여 수입을 대행하는 경우를 포함)

⑤ 연구개발용품으로서 실수요자가 수입하는 경우

⑥ 견본품(진열·판매용이 아닌 것에 한함) 및 수입된 물품의 하자보수용 물품

⑦ 보세운송, 환적 등에 의하여 우리나라를 단순히 경유하는 통과화물

⑧ 재수출조건부 면세 대상 물품 등 일시 수입 물품

⑨ 우리나라에서 수출된 후 재수입되는 물품

⑩ 외교관 면세 대상물품

⑪ 개인이 자가소비용으로 수입하는 물품으로서 세관장이 인정하는 물품

13) 대외무역관리규정 제82조(수입물품원산지표시의 면제)

⑫ 관세청장이 산업통상자원부장관과 협의하여 타당하다고 인정하는 물품, 즉 판매목적이 아닌 자선목적의 기부물품, 우리나라로 수입되기 20년 이전에 생산된 물품, 보세구역에서 국내로 반입되지 않고 외국으로 발송(중계무역 또는 환적 포함)되는 물품[14], 개인이 자가소비용으로 수입하는 물품(영업용 또는 선물용으로 사용할 물품 제외, 수입자의 상호와 상표 등이 인쇄되어 전시용으로만 사용하는 물품 그리고 기계류 등의 본 제품과 같이 세트로 포장되어 수입되는 부분품, 부속품 및 공구류가 이에 해당한다.

(사) 수입원료를 사용한 국내생산물의 원산지 표시제도

수입원료를 사용한 국내생산물품 등의 원산지를 우리나라로 볼 수 있는 경우에는 대외무역관리규정 제76조(수입물품 원산지 표시의 일반원칙)[15]에 따라 표시할 수 있으며, 이 규정을 충족하지 아니한 물품의 원산지 표시는 다음의 방법으로 표시할 수 있다.

우리나라를 "가공국" 또는 "조립국" 등으로 표시하되 원료 또는 부품의 원산지를 동일한 크기와 방법으로 병행하여 표시, 이때 원료나 부품이 1개국의 생산품인 경우에는 "원료(또는 부품)의 원산지 : 국명"을 표시하며, 2개국 이상(우리나라 포함)에서 생산된 경우에는 완성품의 재료비에서 차지하는 구성비율이 높은 순으로 2개 이상의 원산지를 각각의 구성비율과 함께 표시한다. 예컨대 "원료(또는 부품)의 원산지 : 국명(○%), 국명(○%)"와 같이 표시한다.

원산지표시 대상물품을 수입하려는 자는 해당 물품의 통관 시 원산지 표시 여부에 대하여 세관장의 확인을 받아야 한다. 세관장은 원산지 표시규정이 위반된 것으로 인정될 경우 원산지의 표시·정정·말소 등의 조치를 지시할 수 있다. 관계 행정기관의 장, 시·도지사는 수입신고 후 통관된 물품이 원산지규정에 위반된 것으로 인정될 경우는 원산지의 표시·정정·말소 등의 조치를 지시할 수 있다.

(3) 원산지 확인제도

원산지 확인제도(confirmation of origin system)란 원산지 규정의 실효성 확보를 위하여 수입통관시 각종 원산지 관련 증명서의 제출을 의무화하거나 관련서류에 대한 조회를 통하여 원산지를 확인하는 제도를 말한다.[16]

---

14) 원산지제도 운영에 관한 고시 제3-5조(원산지표시의 면제)

15) 본 p.94를 참조할 것.

16) 근거규정 : 관세법 제43조 15, 관세법시행령 제53조의 4, 대외무역관리규정 제6-3-5조 및 6-3-3조의 2

원산지 증명(확인)절차는 원산지 결정기준 및 원산지 증명서류에 의해 수입자가 통관당국에 대해 원산지를 입증하고 당국이 이를 확인하는 절차를 말한다. 절차적 규정으로서 원산지 증명대상물품의 범위, 입증서류, 사후 검증절차 등을 포함한다.

원칙적 증명대상은 특혜관세대우를 적용받기 위한 수입품으로서 우리나라의 경우 최빈개도국산 제품, GSTP 적용품목, 방콕협정 적용품목, WTO 개도국간 양허관세 적용품목, 북한산 제품, FTA 적용품목 등이 있나. 세관이 필요하다고 인정하는 경우, 덤핑방지관세 등 회피 혐의 물품, 원산지 허위표시 혐의 물품, 수입지역 제한품 등도 예외적으로 증명대상이 될 수 있다. 상기 대상물품에 해당된다고 하더라도 소액의 비상업용 물품이나 여행자 휴대품, 우편물, 통과화물 등 원산지 확인의 실익이 없는 경우엔 원산지 증명서류 제출을 면제한다.

통관당국이 원산지 증명서류를 확인하는 과정에서 그 진위 여부 등에 대해 추가적인 확인이 필요한 경우, 수입국세관이 수출국 수출업자를 찾아가 직접 검증하는 직접검증제와 수출국세관이나 수출자에게 서면질의서를 보내 수출국에서 검증하게 하는 간접검증제가 있다.

우리나라는 현재 간접검증제를 택하고 있으나, 실질적으로 수출세관으로부터 서면질의에 대한 회신을 받는 경우가 거의 없는 실정이며, 한-칠레 FTA와 한-싱 FTA에서는 이런 문제를 해결하기 위해 직접검증제를 택하고 있다. 예컨대 EU, EFTA, 일본은 간접검증제를 택하고 있으며, AFTA, 일-멕시코 FTA의 경우에는 원칙적으로는 간접검증제를 택하면서 예외적으로 수출국과 수입국 세관이 합동으로 직접 검증하는 절충형을 택하고 있다.

〈표 2-15〉 원산지 확인물품 및 확인대상

원산지 확인물품	우리나라 무역정책이 인한으로 품목별로 수입금지 또는 수입제한지역을 정하고 있는 품목을 대상으로 한다. • 수출입공고, 통합공고, 별도공고 등에서 수입지역이 제한되는 품목 • 원산지 정밀확인 대상품목 등
원산지 확인대상	• 수입신고서상의 원산지와 현품에 표시된 원산지가 상이한 물품, • 국내 또는 해외 유명상표 제품, • 원산지를 오인할 가능성이 큰 물품(OEM방식 생산품 등)중 정밀심사 할 필요성이 있는 물품 • 원산지 허위표시에 대한 정보입수 등 우범성이 있다고 인정되는 물품 등

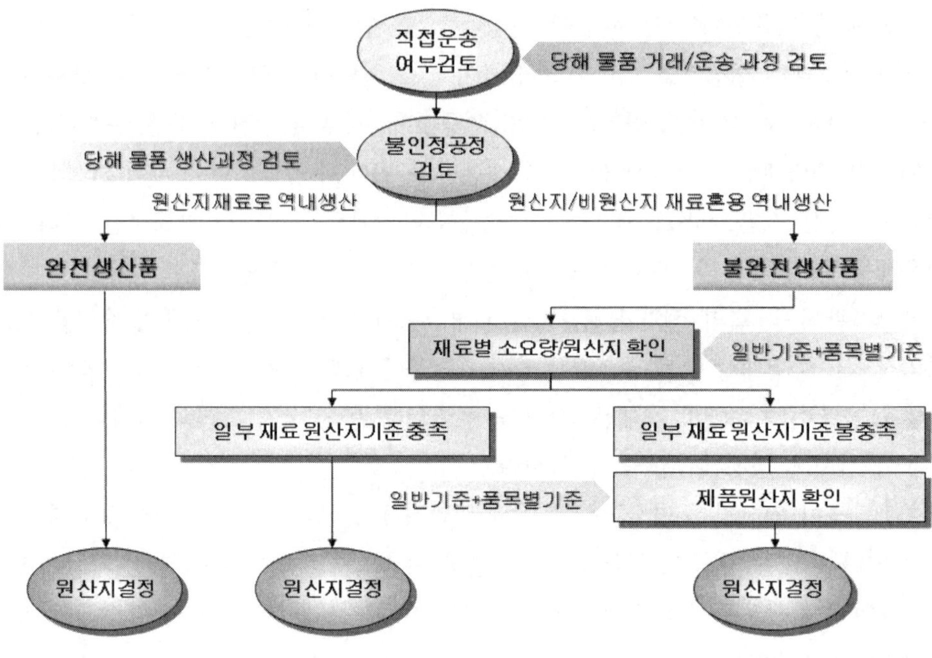

[그림 2-2] 원산지확인 절차도

다. FTA 원산지제도

FTA 원산지 제도는 FTA 협정에 따라 결정되므로 통일적인 기준이 있는 것이 아니며, 그동안 통상적으로 적용되어 오던 관세법 및 대외무역법에서의 원산지 기준과 반드시 일치하지 않는다는 점을 유의해야 한다.

〈표 2-16〉 원산지규정의 구성

구분	종류	
일반 기준	기본원칙	완전생산품, 불완전생산품(세번 변경, 부가가치, 역내가공+충분가공원칙), 원산지재료생산품, 직접운송원칙
	분야별 특례	누적기준, 최소허용기준, 중간재, 대체가능물품, 간접재료, 부속품·예비품, 포장·용기, 세트물품, 재수입물품, 전시용품
품목별 기준	공통기준	일반 주, 부·류·호의 주
	개별기준	세번 변경기준, 가공공정기준, 부가가치기준, 조합기준, 선택기준

FTA 협정에서 원산지판정기준은 일반기준과 품목별기준으로 구분되며, 양자를 모두 충족하여야 원산지 물품으로 인정된다. 일반기준이란 여러 품목에 공통적으로 적용되는 총칙 규정으로서 협정체계상 원산지규정의 총칙으로서 "본문"으로 규정되며, 품목별기준은 해당품목에 한정되어 적용되는 각칙으로서 통상 "별표"로 규정된다.

(1) FTA 특혜관세 적용 요건

FTA 특혜관세를 적용하려면 아래의 5가지 요건을 모두 갖추어야 한다.

(가) 거래당사자 요건

수출자, 수입자 모두 협정 당사국내 영역에 소재하고 있어야 한다. 즉 역내 거주자끼리 당해 물품을 수출 또는 발송하고 수입하여야 한다. 칠레, 아세안, 인도, 페루와의 FTA에서는 비체약국에서 송품장을 발급한 때에는 원산지증명서에 송품장을 발급한 제3자의 정보를 기재하여야 특혜적용이 가능하다.

〈표 2-17〉 일반적인 FTA 거래당사자

수출자/수입자	상품이 수출/수입되는 당사국 영역에 소재하면서 그 상품을 수출/수입하는 자연인 또는 기업
생산자	상품을 재배, 채굴, 수확, 어로, 덫사냥, 수렵, 제조, 가공 조립하는 자연인 또는 기업
한-EU 당사자	대한민국과 유럽공동체 설립조약에서의 유럽공동체 및 그 회원국

(나) 운송요건(직접운송요건)

FTA협정세율 적용을 위해서는 물품이 수출당사국을 출발하여 중간에 제3국을 거치지 않고 수입당사국으로 직접 운송되어야 한다. 다만 경유국 세관의 감시 하에 협정에서 규정하고 있는 운송에 필요한 작업(하역 및 재선적 등) 이외의 다른 행위가 없는 환적(경유)이 행해지거나 일시 보관 등은 일정한 조건하에 특혜가 부여된다. 이는 원산지 이외의 국가에서 어떠한 가공도 없었다는 것을 입증하기 위한 요건이다.

(다) 품목요건

FTA 특혜는 협정에서 정한 특정품목에 한하여 적용된다. 품목 및 적용세율은 협정별, 국가별 및 연도별로 다르다. 예컨대 면 티셔츠(HS 6109. 12-1000, 기본세율

13%)의 연차별 관세율 인하 계획은 표와 같다.

〈표 2-18〉 FTA 협정별 세율 인하 계획(면티셔츠의 예)

구분	2012	2013	2014	2015	2016	비고
싱가포르	4.7%	305%	2.4%	1.2%	0%	단계적 철폐
페루	7.8%	5.2%	2.6%	0%	0%	단계적 철폐
미국	0%	0%	0%	0%	0%	즉시 철폐

(라) 원산지상품 요건

FTA 특혜를 받기 위해서는 체약국 영역 내에서 생산되고 협정에서 규정하고 있는 원산지규정을 충족하는 원산지상품이어야 한다. 원산지상품이란 원산지규정의 일반규정과 품목별규정 모두를 충족하는 상품을 의미한다. 즉 협정대상이 되는 상품의 원산지가 협정당사국이어야 한다는 것을 의미한다.

(마) 절차요건

협정세율 적용을 위해서는 수입신고시 또는 수입신고 수리 후에 협정세율 적용신청을 하여야 하며, 이때에 수출물품의 협정에서 정한 절차에 따라 원산지 규정을 충족하였음을 입증하는 서류(원산지증명서 또는 원산지 문언이 기재된 상업서류 등)를 제출하여야 한다.

〈표 2-19〉 원산지증명서의 유형

종류	적용국가
원산지증명서(Certificate of Origin)	칠레, 싱가포르, 아세안, 미국, 인도, 페루, APTA 및 일반특혜 협정국
원산지신고서(Origin Declaration) 송품장신고서(Invoice Declaration)	EFTA, EU, 페루, 터키
연결원산지증명서 (Back to Back Certificate of Origin)	아세안

원산지증명서류는 협정 및 국내법에 의해 발행권한이 주어진 기관 또는 수출자가 발급하여야 한다.

원산지 증명서는 국가 또는 그 지정기관이 발급하는 기관발급과 수출자가 발급하는 자율발급으로 구분된다.

〈표 2-20〉 협정별 원산지증명 방식

체결국	발급주체	서식	유효기간	제출면제
칠레	자율발급	통일증명서식	서명일부터 2년	$1,000이하
싱가폴	기관발급	각자 증명서식	발급일부터 1년	$1,000이하
EFTA. 터키	자율발급	상업서류에 원산지 문언기재	서명일부터 1년	개인소포 : 한$1,000/EU€500이하 여행자수화물: 한$1,000/EU€1,200이하
아세안	기관발급	통일증명서식	발급일부터 6월	FOB $200이하
인도	기관발급	통일증명서식	발급일부터 1년	개인소포, 여행자 수화물(국내법 적용)
EU	자율발급	상업서류에 원산지 문언기재	발급일부터 1년	한-EFTA와 같음
미국	자율발급	규정양식 없음	발급일부터 4년	$1,000이하
페루	기관발급 자율발급	통일증명서식/ 상업서류에 원산지문언기재	발급일부터 1년	$1,000이하

※ 한-터키FTA의 경우는 인증수출자제도를 채택하지 않고 수출자가 원산지신고서를 작성하면 협정 적용이 가능함

(2) 원산지 결정의 일반원칙

FTA 원산지 기준에는 일반기준과 품목별기준으로 나누어진다. 일반기준(general rules)이란 기본적으로 모든 물품에 공통적으로 적용되는 총칙규범으로 협정 체제상 "원산지규정"의 본문으로 규정된다. 품목별기준(product specific rules)은 당해 품목으로 한정하여 적용되는 각칙으로서 "별표"로 규정된다. 이 두 기준은 원산지 결정시에 우선순위 없이 동시에 충족되어야 한다.

〈표 2-21〉 FTA 원산지 기준

<table>
<tr><th>구분</th><th colspan="3">종류</th></tr>
<tr><td rowspan="13">일반기준
(협정문 본문)</td><td rowspan="5">기본원칙</td><td colspan="2">완전생산</td></tr>
<tr><td rowspan="2">불완전생산</td><td>역내가공</td></tr>
<tr><td>충분가공</td></tr>
<tr><td colspan="2">원산지재료 생산품</td></tr>
<tr><td colspan="2">직접운송</td></tr>
<tr><td rowspan="8">분야별
특례</td><td colspan="2">누적기준</td></tr>
<tr><td colspan="2">최소허용기준(미소기준)</td></tr>
<tr><td colspan="2">중간재</td></tr>
<tr><td colspan="2">대체가능물품</td></tr>
<tr><td colspan="2">간접재료</td></tr>
<tr><td colspan="2">부속품 및 예비부품</td></tr>
<tr><td colspan="2">포장 및 용기</td></tr>
<tr><td colspan="2">세트물품</td></tr>
<tr><td rowspan="3">품목별기준
(협정문 부속서)</td><td>공통기준</td><td colspan="2">일반 주, 부・류・호의 주</td></tr>
<tr><td rowspan="2">개별기준</td><td colspan="2">단일기준(세번 변경, 부가가치 및 가공공정 기준)</td></tr>
<tr><td colspan="2">조합기준, 선택기준</td></tr>
</table>

(가) 기본원칙

① 완전생산

완전생산품이란 다른 국가의 재료가 전혀 사용되지 않고 그 물품의 모든 생산과정이 한 국가 내에서 수행된 물품을 말한다. 완전생산품을 생산한 국가를 원산지로 인정하는 원산지 결정기준을 완전생산기준(wholly produced criteria)이라고 한다. 농산물의 경우는 종자부터 원산지 물품이어야 하며, 공산품은 부품 또는 그 부품의 원재료까지 다른 나라의 재료가 사용되지 않아야 함을 의미한다. 완전생산품의 유형은 1개 당사국 내에서 완전생산된 1국 완전생산품, 2개 이상의 체약당사국 영역의 범위 내에서 완전 생산된 역내 완전생산품 그리고 역외에서 생산되거나 역외산 재료 또는 원산지 불명 재료를 사용하였더라도 예외적으로 완전생산품으로 인정하는 완전생산 간주물품으로 나눌 수 있다.

② **불완전생산**

불완전생산품이란 당해 물품이 2개국 이상에 걸쳐 생산 등이 수행된 물품을 말하며, 이때 당해 물품의 본질적 특성을 부여하기에 충분한 정도의 실질적 변형이 최종적으로 수행된 나라를 원산지로 인정하는 원산지 결정기준이 적용되는데. 이를 실질적변형기준(substantially transformation criteria)이라고 한다. 대부분의 가공생산품은 이 기준이 적용된다. 또한 불완전생산품이 해당 국가의 원산지로 인정받기 위해서는 기본적으로 역내가공(생산)원칙과 충분가공(생산)원칙을 충족해야 한다.

역내가공(생산)원칙이란 영역원칙 또는 역외생산금지원칙이라고도 한다. 원산지를 인정받기 위해서는 그 물품의 생산 공정이 모두 체약국 역내에서 수행되어야 하며, 일부라도 역외에서 이루어지면 원산지물품으로 인정하지 않는 원산지제도상의 기본원칙을 말한다. 따라서 국산재료를 사용했다 하더라도 일단 역외로 수출된 후 재수입된 물품은 원산지가 불인정된다는 것을 기본으로 한다.

역내생산원칙은 물품의 역내 생산 활동을 촉진하여 생산업체의 해외이전을 줄이고, 역내투자를 유인하여 역내산업을 발전시키는데 그 목적을 두고 있다. 그러나 이미 일반화되어 있는 국제가공산업의 위축시켜 체결 당사국의 이익을 저해할 우려가 있다. 따라서 협정에 따라서는 일정한 조건을 충족하는 것을 전제로 하여 역외가공(outward processing)[17]을 제한적으로 허용하고 있다. 대표적으로 싱가포르와 같이 산업입지의 확보가 어려운 도시국가나 우리나라의 개성공단과 같은 특수지역의 특성을 활용을 위해서 허용하고 있으며, 이밖에 EFTA, 인도 및 페루와의 FTA에서도 역외가공 조항을 두고 있다.

역외가공은 특정지역이나 특정품목으로 한정되어 있으며, 역외가공비율 역시 특정비율 이내일 것을 조건으로 하고 있다. 즉, 대부분의 FTA에서는 개성공단을 역외가공지역으로 한정하고 있으며, 역외가공비율을 10% 또는 40% 이하일 것을 조건으로 하고 있다. 예컨대 EFTA와의 FTA에서는 원산국 여하를 불문하고 당사국에서 선적되어 수출되는 일정상품에 대해 역내산으로 인정하는 ISI(integrated sourcing initiatives) 방식을 채택하고 있지만, 허용대상 품목이나 역외가공비율을 두고 있다.

17) 역외가공이란 예컨대 2개국이 FTA를 체결한 경우 체결당사국 내에서 생산한 반제품을 제3국에서 가공하여 역내로 재반입한 후에 상대 체결국에 수출하는 것을 말한다.

〈표 2-22〉 협정별 역외가공 허용조건

구분	허용 여부	허용조건			근거규정
		지역	품목	가공비율	
싱가포르	○	개성공단	4,625품목	한국수출	제43조, 부속서 4B
		제한 없음	134품목	40% 이하	제44조, 부속서 4C
EFTA	○	제한 없음	제한 없음	10% 이하	부속서1제13조, 부록4제1조 외
		제한 없음	267품목	40% 이하	부속서1제13조, 부록4제2조 외
아세안	○	개성공단	100품목	40% 이하	부속서3 제6조, 양해각서
인도	○	개성공단	108품목	40% 이하	제2.14조, 부속서3나
페루	○	개성공단	100품목	40% 이하	제3.15조 및 부속서4
EU 페루	○	세부내용은 추후 위원회에서 결정			제12조 제3항, 부속서4
칠레	×				
미국	×	역외가공위원회 설립 후 논의(미)			부속서22나(미)

충분가공(생산)원칙은 대부분의 협정에서 채택하고 있는 세번 변경 기준의 한계점을 보완하기 위한 원칙이다. 충분가공원칙이란 역외국가의 재료를 사용한 불완전 생산품이라 하더라도 그것이 역내의 생산과정에서 만들어진 새로운 상품이라 할 수 있을 만큼 충분한 정도의 공정이나 가공(실질적 변형)을 거쳤다면 원산지물품으로 인정하는 원칙을 말한다.

오늘날 산업의 글로벌화에 따라 국내산 재료만으로 물품을 생산하는 것은 매우 곤란하다. 따라서 완전생산품만을 원산지물품으로 인정한다면 FTA의 실효성을 거둘 수 없기 때문에 충분한 정도의 가공을 거친 물품을 원산지로 인정하는 제도를 두고 있다. 여기에서 충분한 정도의 가공이란 각 협정에서 정한 품목별기준과 일반기준을 충족하는 경우를 말한다.

한편, 각 협정은 품목별기준이나 일반기준을 충족하더라도 그것이 단순한 공정의 수행 결과라면 원산지물품으로 인정할 수 없도록 하고 있는데, 이러한 공정을 최소공정(minimal operation), 불인정공정(non-qualifying operation), 불충분공정(insufficient working or processing) 또는 단순가공이라고 한다. 최소가공은 다음과 같은 공정을 말한다.

첫째, 운송 또는 보관 중에 물품 보존을 위해 필요한 작업

둘째, 포장개선 또는 물품의 상품성 개선을 위한 작업 또는 하역, 분류, 포장, 재포장 등 선적 준비작업

셋째, 단순조립작업

넷째, 최초의 물품 특성이 변하지 않는 범위 내에서 원산지가 상이한 물품의 혼합

③ **원산지재료 생산품**

원산지재료 생산품이란 원산지 재료만으로 일방 또는 양 당사국 역내에서 전적으로 생산한 물품을 말한다. 원산지재료란 협정 규정에 따라 원산지자격을 부여받은 재료를 의미한다. 따라서 역외산 원료로 제품을 생산하였더라도 동 재료가 협정에서 정한 원산지 기준을 충족하여 원산지 자격을 부여받았다면 생산된 제품을 역내산으로 인정된다.

④ **직접운송원칙**

직접운송원칙이란 해당물품이 수출당사국을 출발하여 중간에 다른 나라를 거치지 않고 곧바로 수입당사국으로 운송되는 경우에 한하여 FTA 특혜를 제공하는 원칙을 말한다. 다만 비당사국을 거치더라도 그 나라에서 환적 등 운송에 필요한 작업 이외의 다른 행위가 없으면 일정조건 하에서 특례를 인정하는 예외가 인정된다.

이 원칙은 역내 운송업의 이용을 촉진하고 원산지의 왜곡을 방지하기 위한 것이다. 이 운송요건이 없다면 비체약국산 물품을 체약국에 반입한 후 원산지증명서를 허위로 발급받아 원산지를 왜곡하는 것을 예방하거나 사후 원산지 검증이 어렵다. 이러한 점에서 충분가공원칙 등 다른 원산지 결정기준이 부분적 원산지 왜곡 방지규정이라고 한다면, 운송요건은 완전 왜곡 방지규정이라고도 할 수 있다.

(나) 원산지결정의 특례(보충)기준

① **누적기준**

누적(accumulation)기준이란 일방을 원산지로 하는 재료 등이 상대국의 물품에 포함되거나 결합되는 경우 그 물품 등은 상대국이 원산지인 것으로 인정하는 것을 말한다. 즉 우리나라를 원산지로 하는 재료 등이 체약 상대국에서 생산되는 물품에 포함되는 때에는 그 재료 등의 원산지를 체약 상대국으로 인정하며, 반대로 체약상대국을 원산지로 하는 재료 등이 우리나라에서 생산하는 물품에 포함되는 때에는 그 재료 등의 원산지를 우리나라로 간주하는 것을 말한다. 이 제도는 역내산 부품이나 재료의 사용을 촉진하며, FTA에 의한 시장통합의 시너지 효과를 창출하고 역내간 교역과 투자를 촉진하기 위한 것이다.

누적기준(Cumulation, Accumulation)이란 국내산은 아니지만 체약상대국의 원부자재를 사용하여 제품을 생산한 경우 그 원부자재의 원산지를 역내산으로 인정하는 기준을 말한다. 예를 들어 말레이지아산 TV 부품을 수입하여 국내에서 TV 완제품을 조립하고 동 TV 완제품을 말레이시아로 수출할 경우 말레이지아산 TV 부품의 원산지를 국내산으로 취급하여 국내에서 발생한 부가가치에 누적시키는 방식이다. 누적기준에는 다음 3가지 형태가 있다.

첫째, 일반적인 누적규정은 특혜를 받고자 하는 국가의 원산지를 갖고 있지 않지만 당해 지역무역협정 당사국 중 하나에 원산지를 갖고 있는 재료에 대해 통상적으로 적용된다. 따라서 양자간 FTA 당사국들간에는 양자간(bilateral) 누적이 적용되며, 이 경우 FTA 당사국 중 하나에 의해 공급된 재료는 역내산으로 인정된다.

둘째, 완전누적(full cumulation)규정은 FTA에 의해 창설된 전체 특혜지역은 하나의 단일 영토로 간주되고, 따라서 당해 지역 내에서 이루어진 여하한 작업 또는 가공공정은 원산지결정을 부여받게 된다. 최근 EU와 EEA협정 등에서는 완전누적기준을 인정하여 역내 참가국 중에서 어느 한 국가로부터 원산지를 부여받은 부품은 역내 모든 국가가 특혜적 지위를 가지고 사용할 수 있도록 하고 있다.

셋째, 유사누적(diagonal cumulation)은 당해 지역무역협정의 당사국이 아닌 일정 국가들에 의해 공급된 재료가 일정한 조건하에서 역내산으로 간주되는 것을 허용한다. 허용 조건은 지역무역협정의 당사국들간의 별도 협정에서 규정하게 된다.

〈표 2-23〉 FTA 협정별 누적기준 적용여부

구분	칠레	싱가폴	아세안	인도	EFTA	EU	페루	미국	터키
재료누적	○	○	○	○	○	○	○	○	○
공정누적	○	○	×	×	×	×	○	○	×

PANEURO형 FTA에서는 양자간누적, 완전누적, 유사누적 모두를 수용하고 있으며, 호주-뉴질랜드 FTA에서는 양자간 및 완전누적을 규정하고 있다. 반면, NAFTA, 일본-싱가포르 FTA, 멕시코-칠레 FTA, 캐나다-칠레 FTA 등에서는 오직 양자간 누적에 관한 규정만을 두고 있다. 누적규정은 역내 생산자들로 하여금 완제품 생산에 사용한 비원산지 재료 중 역내에서 부가된 가치부분 만큼은 완제품의 역내가치포함

(RVC) 계산에서 반영될 수 있도록 하여 주는 점에서 그만큼 특혜원산지를 부여받을 수 있는 가능성을 높여준다

② 최소허용기준

최소 허용기준(tolerance rules)이란 어떤 물품의 생산과정에 사용된 비원산지 재료가 당해물품에서 차지하는 비중(가격 또는 중량)이 아주 미미한 경우에는 협정에서 규정한 품목별 세번 변경기준을 충족하지 못하더라도 예외적으로 원산지물품으로 인정하는 제도를 말한다. 미소기준(De minimis)이라고도 하며, 주로 섬유·의류제품이 이에 해당한다. 이 기준이 없다만 단 0.1%의 비원산지재료를 사용하였음에도 불구하고 제품 제조과정에서 일정 단위의 세번이 변경되지 않으면 원산지로 인정받지 못하는 어려운이 발생하게 된다

기준은 주로 세번 변경기준을 획일적으로 적용할 때에 발생하는 모순과 불합리성을 보충하는 기준이다. 따라서 부가가치기준이나 가공공정기준 적용품목에는 적용되지 않는다. FTA 협정별 미소기준 범위는 표와 같다.

〈표 2-24〉 FTA 협정별 미소기준

구분		칠레	싱가포르	아세안	인도	EFTA	EU	페루	미국	터키
가격	일반물품	8%	10%	10%	10%	10%	10%	10%	10%	10%
	농수산물	적용제외원칙	적용제외원칙	10%	적용제외원칙	적용제외원칙	10%	적용제외원칙	적용제외원칙	10%
중량	섬유	8%	8%	10%	7%	10%	10%	10%	7%	10%

예 수입산 밍크칼라(HS430310)과 국산 밍크반제품(HS430310)으로 밍크코트(HS430310)를 만든 경우, 밍크 코트가격에서 수입산 밍크칼라가 차지하는 비중이 x % 이하이면 국내산으로 인정

③ 중간재

중간재(intermediate meterials)란 다음 단계의 제품 생산에 투입하기 위하여 원산지

재료와 비원산지재료를 사용하여 제품 생산자가 직접 생산한 재료를 말한다.

FTA 협정에서 중간재 규정이란 최종 제품의 역내 부가가치비율 계산시 원산지 재료와 비원산지 재료를 사용하여 생산한 중간재가 원산지 기준을 충족하면 해당 중간재 가격 전체를 원산지재료비에 계산하는 것을 말하며, 이를 롤업원칙(roll-up principle)[18] 또는 흡수원칙(absorption principle)이라고도 한다.

중간재규정은 원산지재료비 계산기준을 완화하여 특혜대상물품 인정범위를 확대함으로써 중간재를 생산하는 자가생산자를 외부조달자보다 불리하지 않게 대우하기 위해서이다. 만약에 중간재규정이 없다면 역내 다른 업체에서 생산된 물품을 구입(원산지기준 충족)하면 비원산지재료 가격이 동 물품의 가격에 포함되어 역내부가가치에 포함될 수 있으나, 자체 생산하면 비원산지가격이 역외부가가치로 계상되어 불리한 결과가 되기 때문이다. FTA 협정별 중간재 규정의 적용 여부는 표와 같다.

〈표 2-25〉 FTA 협정별 중간재 규정 적용

구분	칠레	싱가폴	아세안	인도	EFTA	EU	페루	미국	터키
중간재 인정여부	○	○	×	×	○	○	○	○	○
대상물품	자가생산품		×	×	역내생산품			자가 생산품	역내 생산품

④ **대체가능물품**

대체가능물품(fungible goods materials)이란 물품의 특성이 본질적으로 동일하여 원산지가 서로 다르더라도 상업적으로 대체하여 사용할 수 있는 물품을 말한다. 곡물, 과일, 원유, 가스, 볼트, 너트, 베어링, 타이어 등이 이에 속한다.

대체가능물품은 원산지물품과 비원산지물품은 물리적・회계적으로 구분 관리하는 것이 원칙이나, 물리적으로 구분하여 보관하는 데 기술적 어려움이 있거나 상당한 비용이 소요되는 경우에는 재고관리기법(개별법, 선입선출법, 후입선출법, 평균법)에 따라 원산지를 결정하는 예외가 인정된다.

• **개별법** : 해당 물품의 원산지재료와 비원산지재료를 구분하여 각 재료의 원산지

18) Roll-down 이란 역외산 재료를 수입하여 역내에서 가공하여 새부품을 추가하고 중간부품을 만든 경우 해당 중간부품이 역내산으로 인정받지 못하면 투입된 역내산 부품까지 모두 다 역내산으로 인정받지 못하는 것을 말함.

에 따라 해당 물품의 원산지를 결정

- **선입선출법** : 먼저 입고한 재료가 먼저 출고된 것으로 보고 먼저 입고된 재료의 원산지 등을 기준으로 해당 물품 원산지를 결정
- **후입선출법** : 가장 최근에 입고한 재료가 먼저 출고된 것으로 보고 최근 입고된 재료의 원산지를 기준으로 해당 물품의 원산지를 결정
- **평균법** : 해당 물품 생산 당시 보관중인 원산지 재료 및 비원산지 재료의 취득가격을 계산(보관중인 재료 취득가격의 총합을 총수량으로 나눈 평균단가를 기준으로 계산)하여 취득가격이 많은 것을 기준으로 해당 물품 원산지를 결정

⑤ 간접재료

간접재료(indirect materials)란 제품의 생산 및 검사 과정에 사용되지만 그 제품에 물리적으로 결합되지 않은 재료나 설비 또는 설비나 건물을 유지하기 위한 물품[19]을 말하며, 중립재(neutral materials)라고도 한다. 연료, 에너지, 도구, 형판, 공구, 주형, 예비부품, 재료, 윤활제, 촉매제, 용해제, 필름, 건전지 등이 이에 속한다.

간접재는 상품을 직접 구성하지 않고 그 사용량도 미미하므로 아예 원산지 결정 재료로 보지 않거나, 원산지여부를 불문하고 원산지 물품으로 인정함으로서 원산지 관리 비용을 최소화하기 위한 기준이다.

간접재료는 세번 변경기준을 적용할 때에는 무시하고 결정하며, 세번 변경요건을 충족할 필요가 없고 부가가치기준 적용시에도 재료비에 포함하지 않고 제조경비로 처리한다. 다만 한-칠레 FTA에서는 원산지를 불문하고 원산지 재료로 간주한다.

〈표 2-26〉 FTA 협정별 간접 규정 적용

구분	칠레	싱가폴	아세안	인도	EFTA	EU	페루	미국	터키
간접재의 지위	원산지재료로 간주	재료로 보지 않음							

⑥ 부속품, 예비부분품, 공구

기계, 기구, 장치 또는 차량 등과 함께 수입되는 부속품, 예비부분품 및 공구가 본체인 기계 등과 별도로 송품장이 발행되지 않고, 그 가격 및 수량이 통상적인 서래관행 수준의 범위 내로 인정되는 경우에는 그러한 부속품 등의 원산지는 본체의 원산

19) 촉매, 연료, 공구, 검사용 설비 및 소모품, 건물유지보수용품 등이 있다.

지로 인정한다. 그러나 부속품 등이 별도로 수입하거나 통상 인정되는 수량보다 많을 경우에는 별도로 원산지를 결정한다.

〈표 2-27〉 FTA 협정별 부속품 등에 적용되는 기준

<table>
<tr><th>구분</th><th>칠레</th><th>싱가폴</th><th>아세안</th><th>인도</th><th>EFTA</th><th>EU</th><th>페루</th><th>미국</th><th>터키</th></tr>
<tr><td>세번 변경 기준 적용시</td><td colspan="4">무시</td><td colspan="2">세번변경요건 충족필요</td><td colspan="3">무시</td></tr>
<tr><td>부가가치 기준 적용시</td><td colspan="2">원산지별 구분계상</td><td>무시</td><td colspan="6">원산지별 구분계상</td></tr>
</table>

⑦ **소매용 포장, 용기**

상품의 원산지를 결정함에 있어 그 상품을 구성하는 모든 재료에 대하여 각각의 원산지를 확인하여 결정하는 것이 원칙이지만, 신변장식용품, 악기, 쌍안경(망원경), 사진기, 전기면도기 또는 총의 케이스와 같은 소매용 포장・용기는 제외하고 원산지를 판정한다. 다만 관세율표상 포장용품과 내용물을 별개의 품목번호로 분류하고 있는 때에는 이를 적용하지 않으며, 부가가치기준 품목의 경우에는 예외를 인정하지 않으므로 소매용 포장・용기도 각각의 원산지를 확인하여 내용물의 원산지를 결정하여야 한다. 또한 수송(운송)용 포장재료 및 용기는 모든 FTA에서 내용물의 원산지결정기준의 종류를 불문하고 내용품의 원산지 결정에서 고려되지 않는다.

〈표 2-28〉 FTA 협정별 포장용기 규정

<table>
<tr><th>구분</th><th>칠레/싱가포르/아세안/인도</th><th>EFTA/EU</th><th>페루</th><th colspan="2">미국</th><th>터키</th></tr>
<tr><td rowspan="2">비원산지상품허용한도</td><td rowspan="2">규정 없음</td><td rowspan="2">EXW 15%</td><td rowspan="2">규정 없음</td><td>일반 상품</td><td>섬유류</td><td rowspan="2">EXW 15%</td></tr>
<tr><td>FOB 15%</td><td>FOB 10%</td></tr>
</table>

⑧ **세트물품**

세트물품이란 HS 통칙 제3호에서 규정한 서로 다른 성질의 물품을 특정 목적을 위해 하나로 조합한 것을 말하며, 이발세트(8510)나 피자세트(1901) 등을 들 수 있다.

세트물품의 원산지 결정은 세트를 구성하는 각각의 물품별로 원산지를 결정하는

것이 원칙이나, 일부 협정에서는 세트 구성품 중 비원산지물품이 차지하는 가치비율이 일정수준 이하일 경우 그 세트 구성품 전체를 원산지물품으로 간주하는 예외가 인정된다.

⑨ **재수입물품 및 전시용품**

재수입물품이란 비당사국으로 수출되었다가 원상태로 제수입된 물품을 말하며, 한-칠레, 한-미, 한-싱가포르 FTA를 제외한 다른 FTA에서는 재수입물품에 대해서는 재수입국을 그대로 원산지로 인정하는 특례조항을 두고 있다.

한-아세안, 한-터키 FTA에서는 직접운송원칙에도 불구하고 제3국에서 전시할 목적으로 수출당사국의 영역에서 발송되고, 발송된 물품이 전시기간 또는 전시기간 후에 일방 당사국으로의 수입을 위해 판매된 경우, 그 물품이 협정의 원산지규정을 충족한다면 협정적용이 가능하도록 하는 예외 규정을 두고 있다.

(2) 원산지 결정의 품목별기준

품목별기준(product specific rules, PSR)이란 불완전생산품에 대하여 품목별로 원산지를 결정하는 원산지기준을 말한다. 품목별기준은 공통기준과 개별기준으로 나누어진다.

(가) 공통기준

공통기준이란 특정품목군에 한정하여 공통적으로 적용하는 원산지결정기준을 말한다. 공통기준은 다음 세 가지 유형으로 구분된다.

첫째, 원산지규정의 별표인 품목별기준표에서 부(section), 류(chapter) 및 호의 주(note)로 규정하는 것으로 대부분 이 형태를 취하고 있다. 예컨대 "다른 류에 해당하는 물품(0105로 닭을 제외한다)에서 제0201호 내지 0210호에 해당하는 세품으로 변경된 것"과 같이 규정된다. 이는 02류가 아닌 제품에서 0201 내지 0210호로 변경된 것은 원산지로 인정된다는 것, 즉 HS 2단위가 변경되어야 원산지로 인정된다는 것을 의미한다.

둘째, 일부품목은 개별기준으로 정하고 나머지는 모두 공통기준을 적용하도록 하는 경우로 한-아세안(CTH or RCV 40%) FTA, 한-인도 FTA(CTSH+RVC 35%)[20]가 채택

---

20) CC(change of tariff chapter)란 2단위 세번 변경기준, CTH(change of tariff heading)란 4단위 세번 변경기준, CTSH(change of tariff sub-heading)란 6단위 세번 변경기준을 말하며, RVC(역내부가가치)란 국내에서 생산활동 등을 통해 창출된 부가가치를 말함

셋째, 개별기준을 세번 변경기준으로 하되 완제품과 재료의 세번이 같은 경우에는 부가가치기준을 적용하도록 하는 경우로 한-칠레 FTA에서 채택하고 있다.

(나) 개별기준

개별기준은 개별품목마다 서로 다르게 적용하는 원산지결정기준을 말하며, 원산지 규정 별표에서 각 품목번호별로 정해진다. 개별기준으로는 세번 변경기준, 부가가치기준 및 가공공정기준이 있으며, 이들 기준을 기초로 한 선택기준과 조합기준이 있다.

개별기준은 개별품목에 한정하여 적용되는 것으로 원산지규정 별표에 각 품목번호별로 정해진다. 물품의 본질적 특성의 변화(실질적 변화)에 기반한 세번 변경기준, 부가가치기준 및 가공공정기준이 주를 이룬다. 이중 2개 이상을 제시하고 모두 충족하도록 하는 조합기준과 수출자가 유리한 쪽을 선택하도록 하는 선택기준이 있다,.

품목별기준은 기본적으로 불완전생산품에 대한 규정이나 특정품목에 대한 산업보호의 필요성이 크거나, 원산지조작 가능성이 큰 민감품목은 제품 또는 거기에 투입된 특정 핵심재료의 원산지 인정요건으로 완전생산요건을 두는 경우도 있다. 예컨대 한-아세안 FTA는 과실쥬스(2009-41)에 사용되는 과실이 완전생상품일 것을 요건으로 하고 있다. 불완전생산품은 세번 변경기준과 부가가치기준을 주요 원칙으로 하고 주요공정기준을 보완적으로 사용하여 원산지가 결정되지만 물품의 특성별로 어느 한 기준을 선택하거나 두 가지 이상의 기준을 조합하여 결정할 때도 있다.

① 세번 변경기준

세번 변경기준(change in tariff classification criteria)은 불완전생산품에 대해 생산과정에 투입된 재료와 이로부터 생산된 물품 간에 관세분류상의 분류가 서로 다른 항목으로 되었을 때 그렇게 세번이 변경되도록 하는 생산과정을 수행한 국가를 원산지로 하는 기준을 말한다.

세번 변경기준에서는 세번이 어느 정도 변경되어야 원산지로 인정되는지가 중요하다. HS 단위를 기초로 하여 2단위 변경기준, 4단위 변경기준, 6단위 변경기준 등으로 세분된다. 단위수가 커질수록 기준을 쉽게 충족할 수 있기 때문에 각국은 자국의 경쟁력이 강한 품목일수록 낮은 단위의 기준을 채택하려는 경향이 있다.

또한 세번 변경기준을 적용함에 있어 개별기준과 공통기준을 함께 검토하여 원산지물품으로 인정되지 않더라도 특례규정(누적, 최소허용기준, 간접재료, 부속품, 포장용품 규정 등)을 적용하여 기준을 충족시킬 수도 있다는 점을 간과해서는 안 된다.

원재료와 제품의 HS Code 변경 여부를 기초로 원산지를 결정하므로 원산지 결정이 신속·정확하고 객관적이어서 가장 보편적으로 사용되고 있다. 그러나 HS 체계상 협정에서 정한 세번변경 적용 기준을 충족하였다고 하더라도 실질이 변하지 않거나, 세번이 변경되지 않아도 실질이 변경되는 경우가 있어 세번 변경이 원산지결정기준으로 부적합한 경우가 있다는 한계가 있다.

〈표 2-29〉 세번 변경 기준 예시

세번변경기준	사례	원산지 인정여부
2단위 변경기준	미삼(HS 12류)→(추출 및 혼합)→인삼엑기스(HS 13류)	인정
	무브먼트+케이스+밴드(9108-9114)→(조립)→시계(9101—9107)	불인정
4단위 변경기준	설탕(1701)+딸기향료/색소(3302/3203)→(혼합/제조)→사탕(1704)	인정
	열연강판(7208)→(냉연압연)→냉연강판(7209)	인정
6단위 변경기준	볶지 않은 커피(0901.11)→(볶기)→볶은 커피(0901.21	인정
	부탄((2910.10)→(탈수소)→브틸렌(2901.23)	인정

② **부가가치기준**

부가가치기준(value added criteria)은 불완전생산품의 생산과정에서 가장 많은 부가가치가 발생한 국가를 원산지로 하는 기준을 말하며, 부가가치의 비율은 해당 물품의 제조·생산에 사용된 원료 및 구성품의 원산지별 가격누계가 해당 물품의 수입가격(FOB 가격 기준)에서 점하는 비율로 한다.[21)]

이 기준은 부가가치 비율을 정할 때는 "특정국가에서 발생한 부가가치가 일정비율 이상일 것"과 같이 규정하는 RVC 방식(Regional Value Contents methods)과 "특정국가 이외의 국가에서 생산된 원재료의 가치가 일정비율 이하일 것"으로 규정하는 MC 방식(iMport Contents method)이 대표적으로 사용된다.

역내부가가치 계산방법(RVC)으로 통상적으로 사용되는 것은 공제법, 집적법 및 순원가법이 있다.

직접법(build-up method, BU)은 생산자가 상품의 생산에 사용한 원산지재료비가

21) 대외무역관리규정 제85조 제5항

상품의 가격에서 차지하는 비율을 역내가치로 보는 방식이다. 따라서 원산지 재료비의 비중이 높은 경우에 적용하면 쉽게 부가가치비율을 산출할 수 있다.

$$부가가치비율(RVC) = \frac{비원산지재료(VOM)}{상품가격(AV)} \times 100$$

RVC(regional value content) : %로 표시된 역내부가가치비율
AV(add value) : FOB가격으로 조성된 상품의 거래가격
VOM(value of originating materials) : 생산자가 그 제품 생산을 위하여 사용한 원산지재료의 가격

공제법(build-down method, BD)은 상품가격에서 비원산지재료의 가격을 제외한 나머지 부분을 역내가치로 보는 방식이다. 따라서 원산지재료비 비율이 낮고 가공비 비율이 높은 경우에 적용하면 유리하다.

$$부가가치비율(RVC) = \frac{상품가격 - 비원산지재료비(VNM)}{상품가격(AV)} \times 100$$

VNM(value of non-originating materials) : 생산자가 그 제품 생산을 위하여 사용한 비원산지재료의 가격

순원가법(net cost method, NC)은 공제법의 일종이다. 공제법은 상품의 가격은 수출국에서 출발할 때의 가격을 기준으로 하는데 비하여, 순원가법은 그 가격에서 판매비용 등 일정비용을 제외한 순원가로 한다는 점이 다를 뿐이다. 순원가법은 한·미 FTA에서만 채택하고 있다. 자동차류(자동차 및 그 부분품)의 원산지 결정은 수출자, 생산자, 수입자가 공제법, 집적법, 순원가법 중 하나를 선택하여 적용할 수 있다.

$$부가가치비율(RVC) = \frac{순원가(NC) - 비원산지재료비(VNM)}{순원가(NC)} \times 100$$

NC : 순원가는 총비용에서 판촉, 마케팅, A/S, 로열티, 운송, 포장 관련비용 및 허용범위를 벗어난 이자비용을 뺀 가격

역외산재료최대허용법(iMport Contents method, MC 법)은 "비원산지재료비가 상품가격의 일정비율 이하일 것"으로 정하는 방식을 말한다. EFTA, EU, 터키와의 FTA에서 채택하고 있다. 아시아태평양무역협정(APTA), GATT개도국간 특혜협정(TNDC), 최빈국에 대한 특혜규정에서도 MC법을 채택하고 있는데 상품가격을 FOB로 하고 있다는 점에서만 차이가 있다.

$$\text{부가가치비율}(MC) = \frac{\text{비원산지재료}(VNM)}{\text{공장도가격}(EXW)} \times 100$$

MC : %로 표시된 비원산지재료비 비율

EXW : 제품의 공장도 가격에서 환급되는 모든 내국세를 공제한 가격

협정별로 적용되는 부가가치기준은 다음과 같다.

〈표 2-30〉 협정별 부가가치기준 비교

구분	부가가치 요건	산출공식	상품가격계상기준
싱가포르	RC(45-55%)	공제법	관세가격
인도	RC(25-40%)	공제법	FOB
칠레	RC(45-80%)	공제법/직접법	조정가격
ASEAN	RC(35-60%)	공제법/직접법	FOB
미국	RC(35-60%)	공제법/직접법/순원가법	조정가치
EFTA	MC(30-60%)	MC	EXW
EU/터키	MC(20-50%)	MC	EXW
페루	RC(20-50%)	공제법/직접법	FOB

그리고 계산된 비율로 원산지를 결정하는 비율로 원산지를 결정하는 기준으로는 DC와 VP 기준이 있다. DC(domestic contents)란 원산지를 부여하는 데 요구되는 국내부가가치의 최소 포함비율을 정해두는 방식을 말하며, VP(value of parts, 부품가액)란 원산지를 부여하는 데 요구되는 역내산 재료의 최소 포함비율 또는 역외산 재료의 상한비율을 정해두는 방식을 말한다. 세계 주요국의 FTA 부가가치 기준을 보면

대체로 MC나 VP 방식을 채택하고 있다.

부가가치기준은 적용이 간단하여 협상하기도 용이하고 규정하기도 쉽다. 그러나 제품 및 원재료의 가격 등락에 따라 원산지가 수시로 변할 수 있고, 계산이 복잡하며, 원가조작의 가능성이 있다는 점의 문제가 있다.

③ 가공공정기준

가공공정기준(processijg operation criterion)은 제품의 제조공정 중 각 제품에 대해 가장 중요하다고 인정되거나 당해 제품의 주요한 특성을 발생시키는 기술적 제조·가공작업을 열거하여 두고 그 지정된 공정이 수행된 지역을 원산지로 인정하는 것을 말하며, 주요공정기준 또는 특정공정기준이라고도 한다.

주요공정기준은 특정 공정 수행이 있는지의 여부에 따라 원산지를 결정하므로 객관성은 확보되지만 생산공정을 왜곡시키거나 새로운 기술의 개발과 도입을 저해하는 부정적 효과를 발생시킬 수 있다는 단점이 있다

가공공정기준은 세번 변경기준이나 부가가치기준에 비하여 적용되는 품목의 범위가 좁은 편이다. 어류, 식물성생산품, 석유제품, 화학제품, 플라스틱, 섬유제품 등에 채택하고 있으며 세번 변경기준 등과 병용하거나 선택적으로 사용된다. 또한 가공공정기준은 공통기준으로 규정되는 경우가 많은 특징을 가지고 있다.

④ 선택기준

선택기준은 세번 변경기준과 부가가치기준(또는 가공공정기준)을 동시에 제시하고 그 중에서 하나를 수출자가 자율적으로 선택하여 적용할 수 있도록 하는 것을 말한다. 대부분의 FTA에서는 세번 변경기준과 부가가치기준 중에서 하나를 선택하도록 규정하고 있지만, 세번 변경기준, 부가기치기준 또는 특정공정기준 중에서 선택할 수 있도록 하는 경우도 있다.

⑤ 조합기준

조합기준은 단일기준의 두 가지 이상의 기준을 모두 충족하도록 하는 기준을 말한다. 여기에는 세번 변경기준과 부가가치기준을 충족해야 하는 경우와 세번 변경기준과 특정공정기준을 충족해야 하는 경우가 있다.

(3) 원산지 검증

원산지 검증(심사)이란 협정 또는 국내법에서 정한 원산지요건(원산지 결정기준,

원산지 증명서류 등)의 충족 여부를 확인하여 잘못된 것을 바로잡거나 위반자에 대해 제재조치를 취하는 일련의 사후적 행정절차를 말한다. 이 제도는 함으로써, 불공정무역행위의 방지, 제3국 물품의 우회수출입 방지를 통한 국내산업 보호, 관세탈루 방지를 통한 세수증대, 역내간 교역과 투자촉진, 상대국의 검증 요청 수행을 통한 FTA 이행관리 등을 목적으로 하고 있다. 다만 통관절차의 편의를 기하기 위해 특혜관세적용 신청 시에는 원산지 내용에 대한 심사를 하지 않고 사후에 심사하는 것을 원칙으로 하고 있다.

원산지 검증은 검증의 주체에 따라 직접검증방식과 간접검증방식으로 나누어 진다. 칠레, 싱가포르, 미국과의 FTA는 수입국 세관이 직접 조사하는 직접검증방식을 그리고 EU, EFTA는 수출국의 세관이 조사하는 간접검증방식을 채택하고 있으며, 인도와 아세안과의 FTA에서는 우선적으로 간접검증방식을 사용하고 이에 만족스럽지 못할 때 직접검증방식을 적용하도록 하고 있다.

〈표 2-31〉 검증 유형

FTA	칠레	싱가포르	미국	페루	아세안	인도	EFTA	EU
검증방식	직접검증		직접 (섬유 · 간접)	직접+간접	혼합방식		간접	
검증주체	수입국세관			수입+수출국 세관	수출국세관 (예외:수입국)		수출국세관 (수입국 참관가능)	

원산지 검증의 원칙으로는 수입신고수리 후 조사 원칙, 수입자조사 우선원칙 그리고 서면조사 우선의 원칙이 있다. 수입신고수리 후 조사 원칙이란 수입품의 협정관세 적용가능 여부는 수입신고수리 후에 심사하는 것을 말하며, 수입자조사 우선 원칙이란 원산지검증을 위해 관세당국은 수입사, 수출자 또는 생산자, 원산지증명서류 발급기관 또는 유통업자 등을 대상으로 조사가 가능하다는 것을 말하며, 서면조사 우선의 원칙이란 서면조사를 우선으로 하고 서면조사가 곤란한 경우에 한하여 현지조사를 병행하는 것을 말한다. 원산지 검증의 주요 내용은 다음과 같다.

① 원산지증명서의 형식적 조건(발급주체, 유효기간, 서식 등) 충족 여부

② 거래당사자 요건(체결국 소재 당사자 여부) 충족 여부

③ 협정세율 적용 대상품목 및 세율의 적정성 여부

④ 각 적용대상 협정별 원산지 결정기준 충족 여부
⑤ 제3국산 물품의 협정당사국 우회수입 여부(비당사국 경유 운송시 입증서류 구비여부)
⑥ 운송요건 충족 여부
⑦ 자료보관 의무

〈표 2-32〉 당사자별 원산지자료 보관의무

당사자별	보관서류
수입자	원산지증명서 사본, 수입거래계약서, 수입물품 운송서류
수출자	원산지증명서 사본, 원산지 통보서, 원산지 증명서 발급신청서류 사본, 수출품 출납서류
생산자	원산지 통보서 사본, 수출물품/재료 생산·구매·출납서류, 공정명세서, 원가계산서, 수출품 공급계약서

〈표 2-33〉 원산지 검증 결과에 따른 제제조치

제재조치	위반내용
협정관세 적용배제	• 조사결과 원산지 불인정, 요구기간 내 자료 미제출, 증빙자료 미보관, 특별한 사유 없이 검증이 불복시 • 최근 5년간 2회 이상 원산지증명서를 허위 또는 부정으로 작성한 경우 동종·동질 수입물품에 대해 5년간 특혜관세 적용 배제
과태료	• 요구자료 미제출, 조사거부나 방해한 자는 1천만원 이하의 과태료 • FTA 특혜세율 사후관리 위반, 오류된 원산지증빙서류의 정정·보정·수정·경정 요구 불이행자, 무단 저세율 용도 사용자는 500만 원 이하의 과태료
형벌	• 원산지증빙서류 허위 또는 부정 신청·발급·작성·교부자, 증빙서류 미보관자, 허위자료 제출자, 고의적 자료 미제출자, 특정물품 용도외 사용자 등은 2천만 원 이하의 벌금 • 원산지증빙서류를 사실과 다르게 신청·발급·작성·교부한 자는 300만 원 이하의 벌금
가산세	• 사후 검증 결과 허위로 협정관세 적용 신청하였음이 발견될 때에는 과징금과 관세 가산세를 함께 추징

Chapter 3

무역계약의 기초

Chapter 3

무역계약의 기초

제 1 절 무역계약의 의의와 이행

1. 무역계약의 의의와 성격

가. 무역계약의 의의

무역계약이란 서로 다른 국가에 있는 매매당사자 사이에 매도인이 물품의 소유권(property in goods)을 양도하여 물품을 인도할 것을 약속하고, 매수인은 그 물품의 수령과 물품대금 지급을 약정하는 국제물품매매계약을 말하며, 수출자의 입장에서는 수출계약, 수입자는 수입계약이라고 한다.

일반적으로 무역계약은 매도자가 제시한 국제매매거래조건(offer)을 매수자가 승낙(accep)하거나 매도자의 주문(order)을 매수자가 수락(acknowledge)하는 방식으로 성립된다. 전자무역계약(electronic trade contract)이란 매도인과 매수인의 이러한 의사표시가 전자적 방식으로 행해지는 것을 의미한다.

무역계약에 따라 국제간의 수출입거래를 원활하게 수행하기 위해서는 무역계약 이외에도 여러 형태의 종속적 계약을 하게 되는데, 광의의 무역계약이란 이들 종속계약을 포함하여 일컫는 말이다. 종속계약에는 용역제공계약, 국제합작투자계약, 대리점계약, 판매점 계약, 국제라이센스계약 및 플랜트수출계약 등이 포함된다.

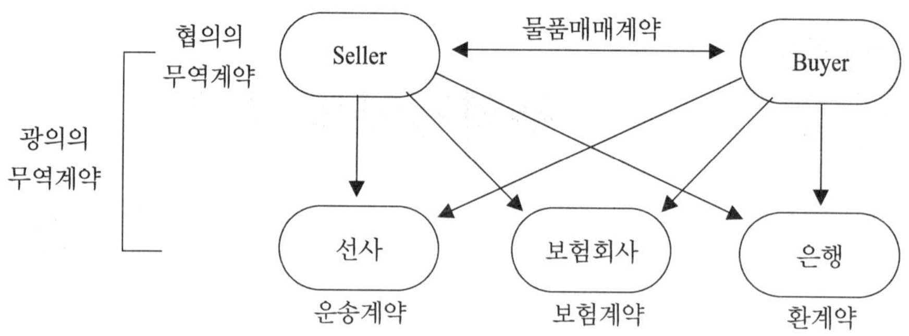

[그림 3-1] 무역계약의 유형

CISG는 무역계약의 대상은 주로 동산인 물품(goods)이며, 토지나 건물 등의 부동산이나 주식 · 어음 등의 유가증권은 제외하고 있다. 다만 선하증권 등의 양도증권에 의해 거래가 이루어지는 경우는 무역계약의 대상에 포함시키고 있다. 또한 다음의 매매에는 CISG가 적용되지 않는다.

① 개인용 · 가족용 또는 가정용으로 구입된 물품의 매매
② 경매에 의한 매매
③ 강제집행 그 밖의 법령에 의한 매매
④ 주식 지분, 투자증권, 유통증권 또는 통화의 매매
⑤ 선박, 소선(小船), 부선(艀船) 또는 항공기의 매매
⑥ 전기의 매매

나. 무역계약의 성격 및 종료

(1) 무역계약의 성격

(가) 합의 · 낙성계약(consensual contract)

일반적으로 무역계약은 일정한 조건에 따라서 상품을 매도하겠다는 수출자의 의사표시(offer)에 대하여 이를 승낙하겠다는 수입자의 의사표시(acceptance)로써 계약이 성립되는 낙성 또는 합의계약이다. 즉, 무역계약은 계약당사자의 합의만 있으면 성립되기 때문에 현상광고와 같이 현실적인 물품의 점유이전이나 기타의 급부가 완료되어야 성립되는 요물계약(要物契約)과는 다르다.

(나) 쌍무계약(bilateral obligation contract)

쌍무계약이란 서로 대가적 채무[1]를 부담하는 재산성의 출연(물품, 대금 또는 차임 등)을 하는 계약을 말한다. 무역계약은 매도인인 수출자는 합의된 매매조건에 따라 상품을 인도할 의무가 발생하는 동시에 매수인인 수입자는 이에 대한 대가로 대금을 지급할 의무가 발생하는 쌍무계약이다. 따라서 매도인은 매수인으로부터 대금을 지급 받을 권리가 발생하는 동시에 매수인은 매도인으로부터 상품을 인도 받을 권리가 발생한다.

(다) 유상계약(remunerative contract, onerous contract)

무역계약은 물품의 급부에 대한 반대급부가 이루어짐으로써 계약의무가 이행되는 유상계약이다. 모든 쌍무계약은 유상계약에 속하지만 모든 유상계약이 쌍무계약이라고 할 수는 없다. 예컨대 소비대차와 같은 편무계약도 유상계약이라 할 수 있기 때문이다.

(라) 불요식계약(informal contract)

무역계약은 부동산 매매에서와 같이 특정 양식에 의해 표시됨으로써 효력을 발휘하는 요식계약(formal contract)과는 달리 요식을 반드시 필요로 하지 않는 불요식계약이다. 즉, 무역계약은 서면은 물론 구두 또는 관행이나 관습에 의한 묵시계약에 의해서도 성립된다. 비엔나협약에서도 매매계약은 서면으로 체결을 입증할 필요는 없으며, 서면으로 체결되더라도 특정한 양식을 요하지 않는다고 규정하고 있다.

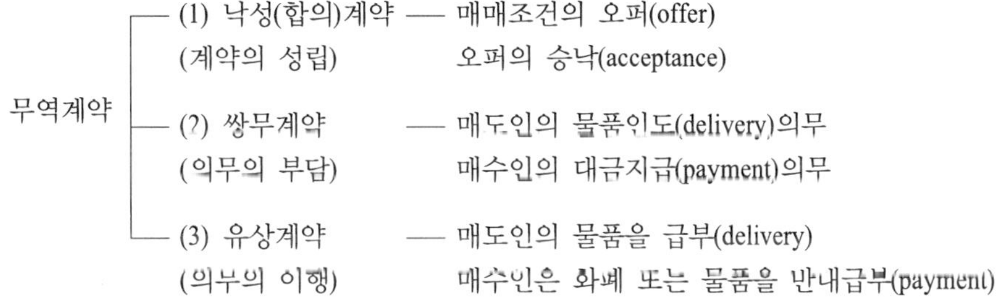

[그림 3-2] 무역계약의 성격

---

1) 대가는 반드시 객관적인 등가이어야 함을 의미하지 않으며 당사자의 주관적 판단에 의하여 서로 상당하는 것이면 충분하다.

(2) 무역계약의 종료

무역계약의 종료란 매매당사자간에 성립되었던 계약의 효력이 소멸함으로서 당사자들의 권리와 의무가 계약체결 이전의 상태로 되돌아감을 의미한다.

(가) 합의에 의한 소멸

계약이 당사자 간의 합의에 의하여 성립된 것과 마찬가지로 합의에 의하여 소멸될 수도 있는데, 그 형태는 다음과 같이 구분할 수 있다.

① 상호합의에 근거한 계약소멸

양 당사자가 미이행된 채무에 대하여 서로 자신의 권리를 서명・날인에 의해 포기함으로써 계약을 소멸시키는 것을 말한다. 이러한 계약소멸은 계약이 완전히 미이행된 경우는 물론, 일부는 이행되고 나머지가 이행되지 않을 경우 또는 기존의 계약을 새로운 계약으로 대체시키는 변경의 경우에도 상호의 서명・날인에 의해 기존의 미행된 계약을 소멸시킬 수 있다.

② 대물변제에 의한 소멸

당사자 일방의 계약상 의무이행 대신에 대체적 약인[2]을 제공함으로써 해당 당사자의 채무를 소멸시키는 것을 말한다.

③ 계약의 소멸규정에 의한 소멸

계약 자체에 계약소멸에 관한 규정이 있고, 당해 규정이 적용되는 상황이 발생한 경우에는 그 계약은 소멸된다. 예컨대 신용장발행기간을 계약서에 규정하고 있을 경우 그 기간이 도래할 때까지 신용장을 발행하지 않았을 경우 계약을 해제 할 수 있는 것이다.

(나) 이행의 종료에 의한 소멸

계약당사자들이 계약서에 명시된 의무를 완전히 이행하면 해당 계약은 자동으로 소멸된다. 그런데 만약에 계약이 완전히 정확하게 이행되지는 않았지만 실질적으로 이행이 된 것과 다름이 없는 경우, 타방 당사자는 계약위반자의 불완전 이행을 이유로 자신이 입은 손해에 대하여 클레임을 제기할 수는 있지만 계약자체를 소멸시키지

---

2) 약인이란 약속자의 특정 약속의 대가로서 수약자가 제공하는 행위나 협약을 말한다. 즉, 수약자가 약속자에게 경제적 가치가 있는 물품을 제공하거나 이로운 행위를 하는 것 등을 의미한다.

는 못한다. 즉, 사소한 계약위반을 이유로 계약을 본질적으로 소멸시킬 수는 없다는 것으로서 이를 계약의 「실질적 이행의 원리」라고 한다.

(다) 계약위반에 의한 소멸

일방이 자신의 의무를 이행하지 않았거나 중대한 의무를 위반한 경우, 타방 당사자는 계약을 해제시킬 수 있으며, 계약위반으로 인하여 발생된 손해를 배상하도록 청구할 수 있다. 계약위반의 유형에 대하여 우리나라 민법에서는 다음과 같이 이행지체, 이행불능 및 불완전이행으로 분류하고 있다.

첫째, 이행지체란 일방 당사자가 채무 이행이 가능함에도 불구하고 이행기간이 도래하여도 정당한 이행을 하지 않는 것을 말한다. 선적지연, 선적불이행, 대금지급지연 등을 들 수 있으며, 이때 상대방은 계약해제나 손해배상을 청구할 수 있다.

둘째, 불완전이행이란 계약은 이행되었으나 그것에 하자가 있는 경우로써, 예를 들어 품질불량, 수량과부족, 대금의 일부지급 등을 들 수 있다.

셋째, 이행불능(frustration)이란 어느 한 당사자의 귀책사유로 인하여 이행이 불가능해진 경우와 양당사자 모두에게 귀책사유가 없음에도 이행이 불가능 한 경우를 말하는 데, 이중 계약위반으로 간주되는 것은 전자의 경우이며, 후자의 경우에는 면책되는 것이 일반적이다.

(라) 계약의 Frustration성립에 의한 소멸

Frustration이란 계약체결 후 예기하지 못한 우발적인 사유가 발생하여 계약상 필요한 묵시적 조건들을 합리적으로 판단해 볼 때 계약의 기초가 상실됨으로써, 만일 계약이 유효하더라도 원래 의도하였던 계약의 목적과는 근본적으로 다른 새로운 변경되는 결과를 초래하게 된 경우 해당 계약이 자동으로 소멸하는 것을 의미한다.

2. 계약불이행과 면책 사유

가. 계약불이행의 의의

계약체결시 예기하지 못하였을 뿐만 아니라 당사자가 합리적으로 지배할 수 없는 특별한 사태가 발생하여 계약상의 의무이행이 일시적 또는 영구적으로 불가능하게 되는 경우가 있다.[3] 이렇게 양당사자의 귀책사유에 속하지 않는 사정에 의하여 이행이 불가능하게 되었음에도 불이행에 대한 손해배상을 상대방에게 전가시키는 것은 너무 가혹하다는 관점에서 일정한 제한아래 불이행에 대한 면책을 인정하고 있다. 그러나 불가항력과 면책의 범위와 개념은 주로 법원의 판례에 의하여 정형화되어 오고 있기 때문에 상관습, 법률 등에 따라 많을 차이를 보이고 있어 일률적으로 파악하기는 곤란하다.

나. 계약불이행의 면책사유

(1) Force majeure

국제계약에서 불가항력의 의미로 사용되고 있는데 이는 뒤에 설명하는 Act of God의 개념을 포괄하는 광의의 개념이다. 미국의 통일법전에 의하면 "계약에서 특정된 상품에 재해가 발생하고, 그 손상이 당사자의 책임으로 돌릴 수 없는 경우에는 계약을 해소시킬 수 있다"고 규정하고 있으며, 미시시피주의 법전에는 그 정의를 다음과 같이 하고 있다. "계약당사자의 일방이 Act of God, 전쟁, 폭동, 화재, 폭발, 홍수, 스트라이크, 공장폐쇄, 유지명령, 연료・원료・노동력 또는 운송수단의 조달불능, 재해, 기기・설비의 파손, 국가적인 방위목적의 조달, 기타 자기 자신이 지배할 수 없는 사유에 의하여 약정물품 또는 당해물품의 제조에 필요한 재료의 제조・선적・수령 또는 소비가 방해된 경우에는 인도의 이행을 정지할 수 있다"고 규정하고 있다.

(2) Act of God

이 용어는 원래 운송인의 면책을 논하는 경우에 많이 사용되었다. 즉, 운송인이 사기 또는 공모에 의하여 책임을 면하는 것을 방지하기 위하여 법원은 운송품의 멸실・훼손이 운송인이 지배할 수 없는 사유에 의하여 발생하였다는 사실에 대한 입증뿐만 아니라 그 사고가 인간의 힘이 개재하지 않고서 발생하였다는 사실에 대한 입증을 요구한데서 유래하였다.

미국 판례에서 나타난 Act of God 의 정의를 살펴보면, ① 인간의 힘으로 저항할 수 없는 자연의 폭력으로 비정상적・돌발적인 특수한 사태, ② 저항할 수 없는 물리적 원인에 의하여 생긴 재난, ③ 인간의 힘이 개재되지 않은 물리적 원인만에 의하여 발생한 자연적 필연 등이다.

이와 같이 Act of God는 주로 자연현상에 한정된다는 점에서 Force majeure 보다

3) 예를 들면 석유파동, 중동전쟁, 수입국의 정부규제 등

는 좁은 개념에 속하며, 법원은 이에 해당하는 사유가 발생된 때는 계약상의 의무이행에 대한 면책을 인정하고 있다.

(3) Impossibility of performance(이행불능)

영국과 미국의 법원에서 형성된 계약상 의무이행의 면책사유이다. 초기에는 계약은 어떠한 경우에도 반드시 이행되어야 한다는 계약의 「엄격이행의 원칙」이 적용되었으나, 이 원칙이 점차 완화되어 판례에 의하여 이행불능에 의한 면책범위가 확대되어 오면서 이행불능의 개념은 "실제성의 결여 또는 실제상의 실행불가능(impracticability)"이라는 개념으로 대체되었다.

(4) Frustration(좌절)

계약불이행에 대한 면책의 범위가 확대되어 오다가 계약상의 의무이행이 형식상으로는 가능하더라도 어떠한 우발적인 사유가 발생함으로 인하여 당사자의 계약의 기본적 목적이 좌절되어 실질적으로 무의미하게 된 경우에도 의무이행의 면책을 인정하게 되었으며 이를 Doctrine of frustration이라 한다.

(5) Impracticability(실제성의 결여)

이 용어는 미국통일법전에 명시된 개념이다. 즉, ① 계약의 기본전제로서 발생하지 않을 것으로 생각되었던 우발적인 사유가 발생하였을 것, ② 계약 또는 상관습에서 그와 같은 사유가 발생한 경우의 위험의 배분에 대한 규정이 없을 것, ③ 그 사유의 발생에 의하여 계약상의 의무를 이행하는 것이 실제적이 아니게 되었을 것의 3가지 요건을 갖추었을 때에 이행의 면책을 인정하는 것을 말한다.

제 2 절 무역계약의 성립절차

1. 무역계약 체결 이전단계

가. 해외시장조사

(1) 해외시장조사의 의의

해외시장조사(overseas market research)란 해외시장의 개척과 해외시장에서 마케팅 활동을 효율적으로 수행하는데 필요한 정보를 획득하는 과업을 말한다. 다시 말해 거래 가능한 시장의 물색, 특정시장에서의 특정 상품 판매가능성 또는 구매가능성을 조사하는 과정이다.

해외시장의 실태를 조사하는 항목으로는 지리적 조건, 인구, 소득, 교육수준, 종교·정치·문화·경제적 조건을 들 수가 있으며, 그밖에도 그 국가의 수출입통계, 외환정책, 국제수지, 무역금융기관의 상태, 통신 및 교통시설, 은행조직 등에 대해서도 조사되어야 한다. 해외시장의 조사는 무역자료에 의한 조사, 무역관련기관에 의한 조사, 현지출장에 의한 조사의 형태로 이루어진다.

(2) 해외시장조사방법

(가) 무역통계자료를 이용한 조사

거래대상 물품의 수요를 예측하기 위해 문헌에 의한 간접적인 방법으로 각종 수출입 통계자료를 이용하여 수출입동향을 조사하는 것을 말한다. UN 무역통계연보(Yearbook of International Statistics), IMF 발간연보(International Financial Statistics), 관세청의 무역통계연보 등의 국별 수출입통계자료, OECD, WB 등의 일반경제통계자료 등이 있다. 이러한 자료는 대한무역투자진흥공사(KOTRA), 한국무역협회(KITA), 대한상공회의소 등에서 구할 수 있다.

(나) 무역유관기관을 통한 조사

대한무역투자진흥공사의 해외무역관이나 전문조사기관에 의뢰하여 조사하는 방법이다. 시장조사에 필요한 기초자료는 대한무역투자진흥광사나 한국무역협회의 자료

실에 비치된 무역통계, 지역별 시장동향자료, 국별 수출입업자 총람 등을 이용하여 얻을 수 있다.

(다) 주한외국공관을 이용한 조사

한국에 주재하고 있는 외국공관의 상무관실 또는 자료실에 비치된 자료를 통하거나 상무관과의 직접 면담을 통해 목적시장에 대한 정보를 수집할 수 있다.

(라) 자체시장조사

직접 현지를 방문하여 세부적인 시장정보를 입수하는 방법이다. 비용이 많이 들지만 주관적이고 감각적인 시장정보를 얻을 수 있다는 장점이 있다.

(마) 인터넷을 이용한 조사

각국의 정부기관 사이트나 기업의 웹사이트 등을 통하여 자료를 입수하는 방법이나. 이 외에도 검색엔진이나 무역거래 알선사이트를 이용할 수도 있다. 대표적인 국내의 무역사이트로서는 한국무역협회(KITA)의 EC21, 대한무역투자진흥공사(KOTRA)의 KOBO, 한국무역정보통신(KTNET)의 ECKOREA 등이 있으며, 해외의 무역사이트로는 미국의 Digilead, IEBB, 유럽의 Swissinfo, 중국의 Alibaba 등의 Yellowpage[4] 사이트가 있다.

나. 거래처 발굴

(1) 거래처 발굴의 의의

새로이 목적시장이 선정되면, 그 시장 내에서 신뢰할 수 있는 거래처를 물색하여, 그 거래처와 거래관계를 맺는 단계로 들어간다. 무역거래에 있어서는 좋은 거래처를 얻는 것이 무엇보다도 중요하다. 다음과 같은 방법으로 거래상품을 취급하는 다수의 거래후보를 물색하여 그 중에서 가장 적합한 상대를 선정하게 된다.

4) 미국의 경우 전화번호부를 얇은 노란색 종이로 만든다는 데서 유래함, 전화번호부, 주소록, 목록집 등의 의미로 사용된다.

(2) 거래처 발굴방법

(가) 무역업자 자신이 직접 시찰하는 방법

무역업자 자신이 직접 목적시장에 출장하여 여러 수입상이나 관계기관과 접촉 · 교섭하여 정보를 입수하여 물색한다. 또한 자사의 대리점이나 거래처가 목적시장에 있는 경우 그 대리점이나 거래처를 이용하여 거래처를 물색할 수도 있다.

(나) 민간무역사절단의 일원으로 참가하는 방법

무역유관 기관에서 주관하거나 주선하는 무역사절단, 박람회 및 전시회, 경제협력 사절단에 참가하여 거래선을 발굴하는 방법이다. 취급상품의 견본(sample), 목록(catalog) 및 가격표(price list) 등을 휴대하고 참가하여 현지에서 예상거래처와의 상담을 통해 거래처를 확보한다.

(다) 광고매체를 이용하는 방법

카탈로그나 전단(leaflet)을 국내외광고매체에 게재함으로써 거래처를 유인하는 방법이다. 광고매체로는 전문 광고회사(방송, 신문, 잡지 등)를 이용하거나 동종업계의 협회나 조합의 간행물을 이용할 수 있다.

(라) 무역업자 명부를 이용하는 방법

상공인명부(trade directory)나 동업자조합 등에서 발행하는 각종 간행물 등을 통해 입수한 업체 명단 중에서 선정된 업체에게 거래권유장이나 카탈로그 등을 발송하여 거래를 유인하는 방법이다. 주요한 상공인명부로는 영국의 Kelly사가 편찬한 Kelly's Directory 등이 있다.

- Kelly's Directory of Merchants, Manufacturers and Shippers of the World(London)
- British Standard Exporters(London)
- Lloyd's Directory(Birmingham)
- Bottin Mondial(Paris)
- Thomas' Register of American Manufacturers(New York)
- Canadian Trade Index(New York and Toronto)
- Register of Merchants, manufacturers and Shippers(Tokyo)
- KOMPASS Register, ABC Europe production(Germany)
- Korean Trade Directory(Seoul)

(마) 공공기관을 이용하는 방법

각국의 상업회의소, WTCA(World Trade Center Association, 세계무역센터협회) 및 그 네트워크, 기타 무역유관기관 등에 거래 알선 의뢰서한을 발송함으로써 거래처를 물색하는 방법이다. 예컨대 한국무역협회의 거래알선서비스, 대한무역투자진흥공사, 대한상공회의소, 재외공관 등이 있다.

(바) 인터넷을 이용하는 방법

인터넷의 홈페이지를 이용하여 거래처를 물색하는 방법이다.

- EC21(www.ec21.com),
- KOBO(www.kobo.org)
- 월드비드닷컴(www.worldbid.com
- 글로벌소시즈(www.globalsources.com)
- T 페이지(www.Tpage.com)
- e트레이더(www.etradeorder.com)

다. 권유와 조회

(1) 권유장

(가) 거래관계 권유의 의의

목적시장의 거래처가 선정되면 거래관계의 설립을 희망하는 내용의 거래제의장 또는 권유장(circular letter)을 보내게 된다. Circular letter는 일반통지와 상품안내장으로 나눌 수 있다

일반통지(general announcement)는 회사의 신설 또는 해산, 지점, 대리점 등의 설치 및 폐지, 조직변경, 합병, 중요한 인사이동, 기타 영업상으로 상대방에 주지시킬 필요가 있는 사항을 통지하는 것을 말한다. 상품안내장(trade circular)은 거래상대방으로 하여금 구매의욕을 자극하는 서신을 말한다. 여기에는 상대방을 알게 된 경로, 거래개시의 희망, 거래상품의 명세, 업계에서의 자기 상사의 지위, 신용조회처 거래조건, 전산암어의 지정, 주문에 응할 수 있는 양 등이 기재된다. 상품안내장의 발송 시에 취급상품의 목록, 가격표 또는 견본을 첨부함으로써 효과를 증대시키기도 한다.

법률적으로 구속되는 청약(offer)이 아니므로 후일의 오해나 분쟁을 방지하기 위해서

"Advice price are subject to market fluctuation(시세에 따라 가격이 변경됨)", "Subject to change without notice(통지 없이 가격이 변경됨)", "Subject to confirmation(당사의 확인을 조건으로 함)" 또는 "For your information(귀사의 정보를 위해서)" 등의 문구를 기재해 넣기도 한다.

(나) 거래제의서 작성방법

국내외의 상공회의소나 유관조합 또는 수출입업자로부터 거래선을 소개받게 되면, 수출업자는 그들에게 거래를 제의하는 서신을 보내게 되며, 이를 거래제의서(letter of proposing business)라고 한다.

거래제의서는 상대방에게 처음으로 보내는 서신인 만큼 예의를 갖추어 작성(예컨대 You attitude의 사용)하여야 하며[5], 거래제의서에는 대체로 아래와 같은 내용들이 포함된다.

① 서두는 상투적인 내용이지만 모든 무역서신에 반드시 기재된다.
② 상대방의 주소나 상호를 알게 된 경위나 거래개시를 희망한다는 내용
③ 자사의 업종, 취급품목, 영업상태, 신용상태 및 거래국가를 소개하는 내용 그리고 자국 내에서의 자사의 지위, 경험, 생산규모 또는 거래방식 등이 기재된다. 너무 장황한 설명이나 과장된 내용보다는 간결한 표현이 좋다
④ 거래제의를 하는 이유를 기재한다. 예컨대 신시장의 개발 또는 거래처의 확장을 위해 상대방과 거래를 하고 싶다는 등의 내용이 기재된다.
⑤ 지급조건, 인도조건, 품질조건, 수량조건, 가격조건 등의 거래조건 등을 기재한다.
⑥ 자사의 신용을 보증해 줄 수 있는 신용조회처의 주소, 상호 등을 기재한다. 주로 자사가 거래하는 은행, 동업자 및 상공회의소 등의 관계기관이 신용거래처로 제공되는 경우가 많다.
⑦ 결문은 서두와 마찬가지로 특별한 의미를 가진 문구는 아니나 반드시 기재된다.

(2) 신용조회 및 일반조회

(가) 신용조회(credit inquiries)

무역거래에는 앞에서 살펴보았던 무역위험이 상존하고 있다. 무역위험 중에서 매수인의 파산, 부정, 불법행위 등에 따른 지급불능이나 매도인의 물품인도의무 불이행

5) 그렇다고 지나친 예의는 오히려 상대방의 오해를 살 염려가 있다. 무역서신에 사용되는 상투적 격식어가 많이 있으니 이들을 이용하여 작성하면 될 것이다.

과 관련된 신용위험을 최소화하기 위해서는 사전에 거래 상대방에 대한 신용조회를 해 보는 것은 매우 중요하다. 이를 위해 무역거래를 교섭하는 과정에서 자신의 신용조회처(credit reference)를 상대방에게 제공하는 것은 상관례로 되어 있는데, 제공된 조회처가 상인일 경우에는 Trade reference, 은행일 경우에는 Bank reference라고 한다.

신용조회의 방법으로는 ① 상대방이 제시한 조회처에 조회하거나, ② 자신이 물색한 조회처에 조회하는 방법, ③ 동업자 조합이나 협회 또는 현지의 상공회의소에 의뢰하는 방법 그리고 ④ 상업흥신소(Mercantile credit agency, credit inquiry agency)와 같은 전문신용조사 기관에게 의뢰하는 방법이 있다. 일반적으로 거래상대방의 거래은행이 신용조회처로 많이 이용되고 있는데 대한무역투자진흥공사(KOTRA), 한국무역보험공사, 한국신용보증기금 등의 기관을 이용하기도 하며, 인터넷 상의 유료 웹사이트가 이용되기도 한다. 신용조회의 주요 내용을 정리하면 다음과 같다.

① 거래상대방 기업의 설립 년도와 연혁, 취급품목과 같은 일반적인 내용

② 거래상대방의 성격 : 거래상대방의 성격(character)을 파악하는 요소로는 해당 기업(중소기업의 경우에는 특히 대표자)의 개성(personality), 성실성(integrity), 평판(reputation), 영업태도(attitude toward business) 및 의무이행 열의(willingness to meet obligation) 등이 있다.

③ 거래상대방의 자본상황 : 거래상대방의 자본상황을 파악하는 요소로는 해당 기업의 재무상태(financial status), 수권자본(authorized capital)과 납입자본(paid-up capital) 비율, 자기자본과 타인자본 비율, 기타 자산상태 등 지불능력과 관련된 내용이 포함된다.

④ 거래상대방의 거래능력 : 거래상대방의 거래능력(capacity)을 파악하는 요소로는 당해 업체의 연간매출액(turn-over), 영업이익(operating profit) 및 이익률(profitability ratio), 업체의 형태(개인 또는 법인), 업종, 연역(historical background), 경력(career), 영업권(goodwill) 등이 있다.

⑤ 기타의 요소 : 이밖에도 거래통화(currency), 거래국가(country), 기업환경(condition, 업종의 성장성, 경제상황 등의 객관적인 조건들), 담보능력(collateral) 등이 포함되기도 한다.

신용조회와 관련하여 실무자들이 유의해야할 사항은 신용조회처는 자신이 제공한 정보에 대하여 일체의 책임을 지지 않는 것이 상관행이므로 신용조회의 회신 내용을 너무 과신해서는 안 된다는 점이다.

(나) 일반조회

일반조회(general inquiries) 또는 거래조회(business or trade inquiry)는 거래제의를 받은 상대방이 물품의 가격, 품질, 수량, 선적 등과 관련된 거래조건에 대하여 문의하는 것을 말한다. 거래조회는 계약체결전의 예비적인 거래교섭의 과정(course of dealing)으로 물품수입과 관련된 수입상의 최초 의사표시이다. 여기에는 정가표나 견본의 송부를 요청하거나 청약을 제시하도록 요구하는 내용이 기재된다. 거래조회서의 주요내용은 다음과 같다.

① 상대방을 알게 된 경로(알선기관, 소개자 등)
② 자기소개(거래상품, 업종)
③ 거래조건을 제시해줄 것을 요청하거나 카탈로그, 견본, 가격표 등을 송부해 줄 것을 요청
④ 신용조회처(거래은행 또는 거래동업자)

거래조회에 대한 회신을 작성할 때에는 다음과 같은 점에 유의해야 한다.

① 거래조회에 대한 감사의 표시하며, 이때 상대방의 주의를 환기하기 위해 조회한 내용을 간략히 요약해주는 것도 좋다.
② 자사 상품의 소개(특징 등)를 간결학소 명료하게 표현하여야 하며, 지나친 과장은 삼가야 한다.
③ 카탈로그, 가격표 또는 견본 등을 보낼 경우에는 필요한 사항을 첨가함으로써 상대방의 구매 욕구를 촉진하는 것이 좋다. 이때 시황을 들어 조속한 구매가 유리함을 권하기도 한다.
④ 상대방의 조회서에 애매한 내용이 있을 때에는 회신 전에 재확인하는 절차를 거쳐 상대방의 진의를 정확하게 판단할 필요가 있다.
⑤ 조속한 주문을 촉구한다.

2. 무역계약의 체결

가. 오퍼와 승낙서

(1) 오퍼 및 승낙서의 의의

청약(offer)이란 매매거래의 일방 당사자 즉, 청약자(offerer)가 특정물품을 일정한 조건으로 매매하겠다고 하는 의사표시이며, 승낙(acceptance)이란 상대방 당사자 즉, 피청약자(offeree)가 청약자의 청약에 동의하여 청약의 조건대로 매매거래를 하겠다고 하는 의사표시를 말한다. 일반적으로 청약은 도달주의 그리고 승낙은 발신주의가 적용된다.(CISG)

무역계약은 불요식계약이므로 체결방법에 제한은 없다. 다만 후일의 분쟁을 대비하여 대부분의 무역계약은 시면으로 이루어지고 있는데, 무역계약을 체결히기 위한 청약과 승낙의 의사표시를 문서화한 것을 청약서(offer sheet)와 승낙서(acceptance)라고 한다.

글 3-1 **청약으로 볼 수 없는 청약서**

다음의 경우에는 법률적으로 구속력을 가지는 청약서의 범주에 속하지 않는다.

첫째, 광고와 같이 청약자가 불특정인에 대하여 단순한 의사표시를 하는 경우

둘째, 청약에 피청약자의 승낙이 있더라도 청약자의 최종확인(final confirmation)을 조건으로 하는 청약. 예컨대 “We have the pleasure of offering you the undermentioned goods subject to our final confirmation.”으로 되어 있을 경우에는 청약자가 언제든지 청약을 취소할 수가 있으므로 일종의 “청약의 유인”에 지나지 않으며 이를 불확정청약(free offer)라고 한다.

셋째, 조건부청약, 즉 “subject to change without prior notice”, “subject to being unsold”, “subject to prior sale”, “subject to market fluctuation”과 같은 문언이 삽입된 청약 역시 진정한 의미에서 청약으로 볼 수 없다.

[offer에 대한 침묵과 계약의 성립]

무역거래상 침묵을 승낙으로 간주되지 않는다. 반드시 회신을 독촉하여 상대방의 의사를 확실히 받아두어야 한다. 영·미법에서도 침묵은 동의가 아니라고 해석하고 있다.

청약서와 승낙서는 그 내용이 법적인 구속력을 갖는다는 점에서 앞의 거래제의서나 조회서와는 다르다. 즉, 일방이 청약서를 보내고 상대방이 이에 대한 승낙서를 보내면 별도의 계약서 없이도 계약이 완성된 것으로 되어 무역당사자 모두를 구속하게 되는 것이다. 따라서 당사자 간의 합의사항이 빠짐없이 정확하게 기재되어야 한다.

청약서는 2부가 작성되어 일방이 서명을 한 후에 이들을 상대방에게 송부하게 되며, 이들 청약서를 접수한 측에서는 이 서류에 서명한 후 1부는 자신이 보관하고 나머지 1부는 청약자에게 송부함으로써 계약이 성립된다.

청약(offer)은 계약체결의 제안으로서 이것이 유효한 청약이 되기 위해서는 상대방이 특정한 자라야 하며, 그 내용이 충분히 확정적이고, 승낙기간을 정하거나 취소불능임을 나타내어 승낙이 있을 경우 구속되겠다는 의사표시가 있어야 한다.

청약은 상대방에게 도달한 때에 효력을 발생한다. 따라서 취소불능청약이더라도 청약이 피청약자에게 도달하기 이전에 또는 도달과 동시에 피청약자에게 회수(withdraw)통지가 도달한 경우엔 회수된다. 청약은 다음과 같은 경우에 그 효력이 소멸된다.

① 청약자의 청약 회수(withdraw) 또는 철회(revoked)가 있을 때[6)]

② 승낙기간이 경과한 때

③ 피청약자가 거절이 있을 때(승낙기간 경과 여부 불문)

④ 청약자가 사망하거나 행위능력을 상실한 때

⑤ 청약의 내용이 후발적인 위법이 되어 이행이 불능하게 된 때 등이다.

(2) 오퍼의 종류

오퍼에는 Selling offer(매도청약)[7)]와 Buying offer(매수청약)로 나눌 수 있으며, 실무에서 보통 오퍼라고 하면 Selling offer를 지칭하는 것이다.

---

6) CISG에서는 의사표시의 회수(withdraw)와 철회(revocation)를 구분하고 있다. 회수는 의사표시가 효력을 발생하기 전에 그 의사표시를 거두어 가는 것을 의미하며, 철회는 의사표시가 이미 효력을 발생한 후에 거두어가는 의사표시를 말한다. 회수란 청약이 피청약자에게 도달하기 전에 청약을 거두어들이는 것을 말하며(CISG 제15조), 철회란 청약이 도달하였으나 피청약자가 승낙의 의사표시가 청약자에게 발송하기 전에 청약을 거두어 가는 것을 의미한다.(CISG 제16조)

7) 우리나라 대외무역법에서는 이를 물품매도확약서라고 부르고 있다.

〈표 3-1〉 OFFER의 종류

구 분	offer의 종류
청약주체에 따른 분류	매도청약(Selling offer) 매수청약(Buying offer)
청약발행지에 따른 분류	국내발행청약 국외발행청약
청약의 확정력 기준에 따른 분류	확정청약(firm offer) 불확정청약(free offer) 반대청약(counter offer) 조건부청약(conditional offer)

(가) 확정오퍼(firm offer)

확정오퍼[8]란 청약자가 거래조건과 유효기간을 명시하여 그 기간 내에 피청약자가 승낙하면 계약이 성립되는 것을 조건으로 하거나 확정적(firm) 또는 취소불능(irrevocable)이라는 문구를 명시한 오퍼를 말한다. 만약에 청약서에 확정적 또는 취소불능이라는 표시가 있다면 승낙기간을 명시하지 않고 있더라도 합리적인 기간(a reasonable time)[9]동안 청약자를 구속하여 일방적으로 오퍼를 철회하거나 변경할 수 없으며,[10] 피청약자의 승낙의 의사표시가 있으면 청약의 내용대로 계약을 성립시킨다. 아래는 청약 문구의 예시이다.

① This offer is valid until the end of May.(이 청약은 5월말까지 유효하다.)

② We offer you firm subject to your acceptance reaching us(here) by May 12, 20×× as follow.(당사는 20××년 5월 20일까지 귀사의 승낙서가 당사에 도착하는 것을 조건으로 아래와 같이 귀사에게 청약하는 바입니다.)

---

8) 국제물품매매계약에 관한 UN협약 1980, (UNCCIS 일명 비엔나협약) 제16조에서는 이를 취소불능청약(irrevocable offer)라고 하고 있다.

9) 합리적 기간은 승낙의 통지를 할 때까지의 기간과 상품의 성질상 가격이 변동이 심한지의 여부, 거래의 성과 등 여러 가지 요소를 고려하여 결정되는 것인데, 어떠한 경우에도 3개월은 초과하지 못한다.(미국통일상법전) 예컨대 원면, 원맥 등 1차상품은 국제시세의 변동이 심하므로 대개 1주일 이내의 유효기간이 주어지고 있다.

10) 그러나 [국제물품매매에 관한 UN협약]에서는 피청약자가 승낙을 발신하기 전에는 청약을 철회할 수 있다는 원칙을 채택하고 있다. 따라서 피청약자가 계약을 성립시키고자 결정한 때에는 유효기간이 남아 있더라도 빨리 승낙의 의사표시를 할 필요가 있다.

③ We offer you firm the following items subject to your reply reaching here by 5. p.m. May 20, our time.(당사는 여기 시간으로 5월 20일 오후 5시까지 귀사의 회신이 도착하는 것을 조건으로 아래의 품목에 대해 귀사에게 확정적으로 청약하는 바입니다.)

(나) 자유오퍼(free offer)

유효기간이 지정되어 있지 않거나 확정적(firm)임을 표시하지 아니한 오퍼를 말하며, 불확정오퍼라고도 한다. 자유오퍼는 피청약자가 승낙의 통지를 발송하기 전까지는 일방적으로 청약을 회수(withdraw)하거나 청약의 내용을 변경할 수 있다. 다만 청약이 회수되기 전에 피청약자의 승낙이 있으면 청약은 철회(revoke)되지 않는다.

(다) 조건부오퍼(conditional offer)

① 선착순매도조건부오퍼(offer subject to prior sale)

매수인의 승낙이 도착했을 때 해당 물품의 재고가 있어야만 계약이 성립되는 것을 조건으로 하는 오퍼로서 재고잔류조건부오퍼(offer subject to being unsold)라고도 한다. 한정된 수량의 재고를 신속히 처분하기 위해서 여러 거래처에 동시에 오퍼할 때 이용된다. 먼저 승낙의 통지를 낸 자에게 매도할 것을 조건으로 하고 있어 결국 그 상품의 매진과 동시에 효력이 소멸하는 오퍼이다.

① We offer subject to being unsold.

② This offer is made subject to the goods being available when the order is received.

② 승인조건부오퍼(offer on approval)

오퍼와 함께 현품을 보내서 상대방이 점검해보아 구매의사가 있으면 대금을 지급하고 그렇지 않을 때는 일정기간 내에 반품할 수 있도록 허용하는 오퍼를 말하며, 점검매매조건부오퍼라고도 한다. 이와 유사한 형태로서 반품허용조건부오퍼(offer on sale or return)가 있다. 이는 물품을 일정기간 동안 판매한 후 판매잔량을 반품할 것을 조건으로 하는 오퍼를 말한다.

③ 확인조건부오퍼(offer subject to confirmation)

피청약자의 승낙이 있다고 하여 즉시 계약이 성립되는 것이 아니라 그러한 승낙에 대한 청약자의 최종적인 확인이 있어야만 계약이 성립한다는 조건을 붙인 오퍼를 말

한다. 이 오퍼는 시장상황, 환율변동이나 비용증가의 가능성이 있는 경우에 이용된다. 이 형태의 오퍼는 청약자에 대한 구속력이 없기 때문에 엄밀한 의미에서는 오퍼가 아니라 청약의 유인(invitation to offer)에 속한다. "Subject to our final confirmation", "Offer without engagement" 또는 "Offer subject to change without notice"와 같이 표시된다.

④ 무확약오퍼(offer without engagement)

무확약청약은 가격불확정청약(offer subject to market fluctuation) 또는 무통지변경조건부청약(Offer subject to change without notice)이라고 하며, 시황변동이 있으면 사전통지 없이 제시한 가격을 언제든지 변경될 수 있다는 조건의 청약을 말한다. 곡물류와 같이 가격변동이 심한 품목의 거래에 자주 이용된다. The prices we have offered are quoted subject to market fluctuation과 같은 문언으로 표현된다.

(라) 반대오퍼(counter offer)

매매계약은 오퍼의 모든 거래조건에 대해 매매당사자 쌍방이 완전하고도 무조건적으로 동의하여야 성립된다. 반대오퍼란 청약자의 청약 조건에 대하여 피청약자가 일부 조건의 변경 또는 삭제 요구하거나, 새로운 조건의 추가를 요구하면서 이를 청약자가 승인한다면 계약을 체결하겠다는 확정적인 의사표시를 말한다.

승낙의 의사표시로는 단지 "Accepted"라는 표현만으로 족하다.[11] 예를 들어 "We accepted but shipment Dec"(12월 선적조건으로 승낙함), "We accept however partial shipment unallowed"(분할선적금지조건으로 승낙함) 또는 "Accepted subject to following alterations"(다음의 제조건을 변경하는 조건으로 승낙함)와 같이 확정오퍼의 조건의 일부를 변경하는 문언이 추가되어 있을 때에는 비록 "Accepted"라는 단어의 사용하여 승낙의 의사표시를 하였더라도 이는 승낙이 아니며 Counter offer가 되는 것이다.

반대오퍼는 원청약서를 거절하고 청약자에 대한 새로운 청약을 제의하는 법률적 효력을 가지고 있다. 따라서 반대오퍼 발행자는 새로운 청약자가 되고 원청약자는 피청약자의 지위로 바뀌게 되므로 원 청약자가 이 반대오퍼를 승낙해야 계약이 성립되는 것이다.

11) 승낙은 상대방이 제시한 조건에 대한 무조건적인 수락이 아니면 인정되지 않는다.

(마) 교차청약(cross offer)

교차청약이란 청약자와 피청약자가 서로 동일한 내용의 청약을 동시에 하는 것을 말한다. 우리나라의 민법 제533조에서는 "당사자 간에 동일한 내용의 청약이 상호 교차되는 경우에는 양 청약이 상대방에 도달한 때에 계약이 성립한다."고 규정하고 있지만, 영미법에서는 어느 쪽의 청약도 상대방에 의해 승낙되지 않았으므로 교차청약만으로는 계약이 성립되지 않는다고 규정하고 있다.

(3) 승낙(acceptance)

승낙(Acceptance)이란 피청약자가 계약을 설립시킬 의도를 갖고 청약자의 청약에 동의하는 의사표시를 말한다. 승낙의 의사표시는 구두, 서면 또는 행위에 의해 행해질 수 있다.

무역 계약은 Offer에 대하여 상대방의 승낙함으로써 성립된다. 승낙의 의사표시가 계약을 성립시키기 위해서는 다음의 요건을 모두 충족해야 한다.

① 완전승낙(complete acceptance)이어야 한다. 승낙은 청약서 상의 모든 조건을 전부 수락하는 것이어야 하며, 부분승낙은 승낙으로 간주되지 않는다.

② 무조건적 승낙(unconditional acceptance)이어야 한다. 만약에 승낙을 의도하는 문구를 포함하고 있는 승낙이라고 하더라도 원청약 조건의 전부 또는 일부의 삭제나 변경, 또는 새로운 조건을 추가하는 것을 조건으로 하고 있다면 승낙으로 간주되지 않는다.

③ 승낙은 청약의 유효기간 이내에 행해져야 한다. 지연승낙(delayed acceptance)는 피청약자에 의해 지연되는 때와 우편사고로 지연되는 때로 나눌 수 있다. 지연승낙은 후일에 분쟁이 발생할 수 있으므로 청약자는 상대방의 지연승낙을 수락한다든지 아니면 수락하지 않는다든지 하는 취지의 통지를 해주는 것이 바람직하다.

④ 승낙은 구두, 서면 또는 행위에 의해 행해진다. 만약에 청약서에 승낙의 방법이 지정되어 있는 경우에는 그 방법에 따라 청약자에게 승낙의 의사표시가 통지되어야 한다.

⑤ 특정인에게 청약이 행해진 때에는 그 특정인만이 승낙의 의사표시를 할 수 있다.

⑥ 확정적 승낙이어야 한다. 승낙을 의미하는 의사표시 방법으로는 "We accepted",

"We accept", "Booked Engaged", "Ordered"(selling offer에 대한 매수인의 승낙), "Agreed", "Approved", "Confirmed", "We confirm"와 같이 다양하다. 그러나 만약에 "Accepting" 또는 "Confirming"과 같이 진행형(-ing) 문구를 사용하게 되면 그것이 확정적 승낙의 의사표시인지 미래에 승낙할 의향이 있다는 것인지가 불분명한 애매한 승낙(equivocal acceptance)이 되어 계약의 성립을 보장할 수 없다.

승낙이 이상의 요건을 하나라도 충족하지 못하게 되면 승낙이 되지 않으며, 이는 원청약에 대한 거절이면서 동시에 새로운 청약인 반대청약(counter offer)으로 간주된다. 따라서 이러한 승낙서에 의한 계약의 성립여부는 전적으로 원청약자의 임의에 달려있다.

전통적으로 승낙의 의사표시에 의한 계약성립시기에 대해서는 그 의사표시가 청약자에게 도달할 때로 보는 도달주의를 원칙으로 하고 있다. 그러나 승낙 동지의 방법에 따라 발신주의를 채택하는 경우가 있다.

승낙의 효력발생 시점에 대한 각국의 법률적 견해를 보면 표와 같다. 그러나 승낙의 효력발생 시점과 관련된 후일의 분쟁을 예방하기 위해서는 미리 약정해 두는 것이 바람직하다. 예컨대 계약서 등에 미리 승낙의 효력의 발생시점을 약정해 두거나, 청약서에 승낙이 청약자에 도달할 때에 유효하다는 문구를 삽입해 두는 것이다.

〈표 3-2〉 승낙의 의사표시에 대한 효력발생시기

통신수단 / 준거법			한국 · 일본 · 영국법	미국법	비엔나협약
의사표시에 대한 일반원칙			도달주의	도달주의	도달주의
승낙의 의사표시	대화자간	대면	도달주의	도달주의	도달주의
		전화	도달주의	발신주의	도달주의
		텔렉스	도달주의	발신주의	도달주의
		EDI	도달주의	도달주의	도달주의
	격지자간	우편 · 전보	발신주의	발신주의	도달주의

한편, 청약에 대한 침묵이나 무행위(silence or inactivity)는 승낙으로 간주되지 않는다. 예컨대 "If we do not receive your rejection of this offer within 15 days, we

shall consider our offer accepted."라는 조건이 붙여져 있다고 하더라도 피청약자의 침묵이나 무행위는 계약을 성립시키지 않는다. 왜냐하면 자신의 의사에 반하여 다른 사람의 질문에 대한 답변을 강요받지 않는 것은 인간으로서의 당연한 기본권이기 때문이다. 다만 종래의 거래관계에서 관행적으로 침묵이 승낙으로 인정되어 계약을 성립시켜왔다든지 침묵을 승낙으로 간주한다는 특약이 있는 경우에는 침묵이나 무행위가 승낙으로 간주되어 계약을 성립시킨다. 실제로 실무에서 오랜 단골고객과의 거래에서는 사전에 거래 당사자 사이에 협의를 통해 거래조건에 대한 합의를 마친 후에 요식 행위로서 청약서를 발행하는 경우가 많으며, 이때는 피청약자의 승낙 없이 다음 단계를 진행하는 것이 보통이다.

나. 오퍼와 일반거래협정서

(1) 오퍼와 계약서 작성

(가) 오퍼의 작성

① 품명(commodity)

일반상품에는 큰 문제가 없으나 비슷한 종류가 많을 경우에는 혼돈하지 않도록 분명하게 표기하여야 한다.(Pen → Fountain pen)

② 규격(grade or specification)

동일한 품목이라도 품질이나 규격에 따라서 가격차이가 많이 날수가 있다.(금 14K와 24K)

③ 원산지(origin)

상품의 원산지도 가격에 커다란 영향을 미친다. 예컨대 Wine의 경우 스페인산과 프랑스산이 다르며 심지어는 동일국내에서도 지역에 따라 차이가 있다.

④ 유효기간(validity, expiry date, E/D)

Offer에는 종류에 관계없이 유효기간을 명시하고 있으나, 특히 Firm offer의 경우에는 더욱 유의해야 한다. 왜냐하면 Firm offer는 상대방이 이 기간 내에 언제든지 승낙(accept)하면 계약이 완료되는 것이며, 일단 발행되면 동 유효기간 내에는 불가항력이나 상대방의 동의가 없이는 임의로 철회되지 않기 때문이다.

⑤ **선적일(shipping date, delivery date, S/D)**

Offer에는 반드시 계약상품을 언제까지 선적해 줄 수 있다는 Delivery date가 표시되어야 한다. 그런데 실제로는 실무에서 불의의 사태로 인하여 이 날짜를 엄수하지 못하게 되는 경우가 자주 있는데, 이는 실무자들을 참으로 당혹스럽게 하는 일 중의 하나이다. 이러한 일이 없도록 S/D를 결정함에 있어 신중을 기해야 하겠으며, 또한 일단 S/D가 정해졌으면 기일이 엄수되도록 착실히 생산공정을 점검해 나가는 것이 중요하다.

⑥ **포장방법(packing method)**

포장이란 운송도중 상품이 손상을 입지 않도록 하는 목적과 또한 상품의 성가를 높이기 위하여 행하여진다.

⑦ **수량(quantity)**

상품에 따라 상관행적으로 표현되는 수량단위를 사용하여 표시하여야 한다. 단위에는 개수(piece), 무게(weight), 길이(length), 용적(measurement) 등이 있다.

⑧ **단가(unit price)**

상대국에 따라 사용되는 화폐의 단위가 다르며 또한 화폐의 가치(즉, 환율)도 다르다. 따라서 단가를 결정할 때는 이러한 점을 충분히 감안되어야 한다.

⑨ **대금결제조건(payment condition)**

대금결제조건에는 결제시기와 결제방법으로 나누어지며 이에 대하여는 이미 살펴본 바가 있다. 일반적으로 가장 많이 이용되는 대표적인 대금결제조건은 신용장방식에 의한 일람불결제(at sight)와 연불결제(usance)가 있고, 무신용장방식으로 결제가 이루어지는 D/A 또는 D/P방식이 있다.

[예시 3-1] Offer sheet

KOREA TRADING CO.

439, Donam-dong, Sungbuk-ku, Seoul, Korea 136-060,
Tel. 82-2-875-9403, Fax 82-2-875-4498

Our Ref.
Aug. 10, 20××

Messrs.

OFFER SHEET

We are pleased to offer the under-mentioned article(s) as per conditions and details described as follows:

Item No.	Commodity & Description	Unit	Quantity	Unit price	Amount

Origin : Republic of Korea
Packing : Export standard carton packing
Shipment : Within 1 month after receipt of L/C
Shipping Port : Busan, Korea
Inspection : Our factory inspection to be final
Destination : European main seaports
Payment : By irrevocable L/C in our favor
Validity : Until end of September, 2012
Remarks : Minimum Quantity
Item 1) 1,000M/Color, 10,000M/Order
Item 2) 3,000M/Color, 10,000M/Order

Looking forward to your valued order for the above offer, we are.

Yours faithfully,
K. K. Park
K. K. Park
President
Korea Trading Co.

(나) 무역계약서의 작성

무역계약은 불요식계약이므로 형식을 필요로 하지 않는다. 매매당사자 사이의 청약과 승낙의 과정을 통한 합치된 의사표시만으로도 계약이 성립된다. 그러나 후일의 분쟁을 예방하고 당사자 사이의 권리와 의무관계를 명확하게 하며, 분쟁발생시의 신속한 해결을 위해서 구체적인 거래조건을 명시한 서면의 매매계약서를 작성할 수도 있다.

무역거래에서 주로 사용되는 매매계약서에는 물품매도확약서, 매도계약서(賣約書), 구매계약서(買約書) 등이 있다. 물품매도확약서(firm offer sheet)에 의한 방법은 청약자가 서명한 2통의 물품매도확약서를 피청약자에게 발송하고, 피청약자가 이중 1통에 승낙의 의사표시를 서명하여 회송함으로써 계약을 성립시키는 방법이다. 실제로 단골고객과의 연속적 거래나 소액거래에서는 대개 이 방법에 의해 매매계약을 성립시키는 것이 보통이다.

매도계약서(sales note, sales contract)란 매도인이 특정물품을 특정한 조건으로 판매하겠다는 의사표시를 말한다. 매도계약서는 매도인의 판매청약에 대한 매수인의 승낙의 의사표시(즉, 주문)에 대해 매도인이 이를 다시 확인하는 형태로 매수인에게 발행하는 것이므로 주문확인서(confirmation of order)라고도 한다. 매도인이 2통의 매도계약서를 매수인에게 발송하고 매수인이 이중 1통에 서명하여 회송함으로써 매매계약을 성립시킨다.

구매계약서(purchase contract, purchase note, order sheet)란 매수인이 특정물품을 일정의 조건으로 구매하겠다는 주문서를 말하며, 구매주문서(purchase order)라고도 한다. 매수인이 2통의 구매계약서를 발송하고 매도인이 이중 1통에 서명하여 매수인에게 회송함으로써 매매계약을 성립시킨다.

한편, 서식의 전쟁(battle of the form) 또는 약관의 충돌이란 계약 당사자들이 자신에게 유리한 조건을 이면에 인쇄한 계약서를 각각 상대방에게 송부하고, 서로 상대방의 서식이 아닌 자신의 서식을 사용하겠다고 주장하면서 상대방에게 서명을 요구하는 것을 말한다. 이 경우 당사자들은 타협과 양보로 서로 다른 이면약관을 조정한 후 계약을 체결하는 것이 바람직하다.

만약에 승낙자가 청약의 내용과 다른 약관을 제시하는 경우에 그것이 비본질적인 변경으로 인정된다면 청약자의 지체 없는 이의제기가 없는 한 승낙자의 변경된 승낙의 내용으로 계약이 성립된다. 그러나 그 변경이 본질적인 것이라면 변경된 승낙은 청약에 대한 거절이 되며 동시에 새로운 청약이 된다. 만약에 이에 대해 청약자가 계약을 이행하게 되면 승낙자의 약관내용대로 계약이 성립되게 된다. 결국 CISG 에서는 논리적으로 제일 나중에 제시된 약관의 내용대로 계약이 성립한다고 하는 이른바 수위 최후약관우선의 원칙(last shot principle)이 인정된다고 볼 수 있다. 그러니 그 결과가 부당하다는 이유로 서로 일치하는 내용만 계약의 내용으로 인정하자는 견해(이른바 Knock-out doctrine)도 있다.

글 3-2 기간/수량을 나타내는 표현들

• **선적기일 계산**

※ 밑줄 친 전치사는 기간 계산시 언급된 일자를 제외함

① first half of May(5월 상반기) → 5/1-15
② second half of May(5월 하반기) → 5/16-말일
③ beginning of May(5월 상순) → 5/1-10
④ middle of May(5월 중순) → 5/11-20
⑤ end of May(5월 하순) → 5/21-말일
⑥ from the 5th to(till, untill) the 15th day of May → 5/5-5/15(11일간)
⑦ between the 10th and the 20th day of May → 5/10-20(11일간)
⑧ on or about 15th of May → 5.15-5/20(11일간)
⑨ before 15th of May → 무한정…..5/14
⑩ after 15th of May → 5/16…..무한정
⑪ 10 days after the 15th day of May → 5/16-5/25(10일간)
⑫ within 10 days after May 15 → 5/15-5/25(11일간)
⑬ not later than 2 days after May 15 → 무한정… 5/17
⑭ at least 2 days before May 15.→ 무한정… 5/13
⑮ within 5 days of May 15 → 5/10-5/20(11일간)
⑯ by May 15 → 무한정… 5/15

• **환어음 만기일 계산**

⑰ 30 days after the May 1(5/2부터 계산하여 30일 후, 즉 5/31일이 만기)
⑱ 30 days from the May 1(5/2부터 계산하여 30일 즉 5/31일이 만기)

• **기타**

* inst.(instance) : 금월의, of the present month, the 15th inst. : 금월 15일,
* ult.(ultimo) : 지난달의, of the past month,
* prox.(proximo) : 다음 달의 of the next month,3

• **수량을 표시하는 전치사**

* about(approximately) 100pcs → 90-110pcs(±10%)

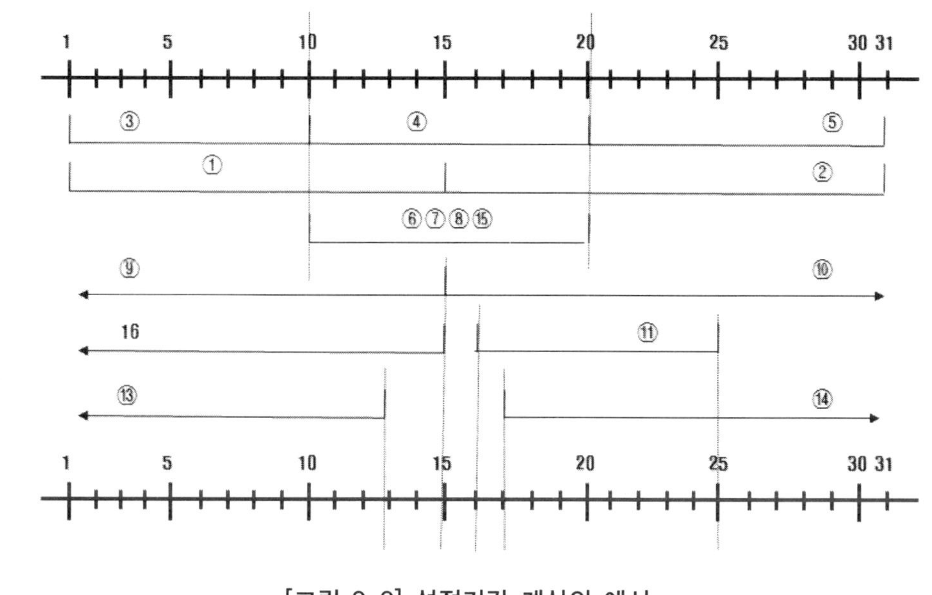

[그림 3-3] 선적기간 계산의 예시

(2) 일반거래조건협정의 의의

일반거래조건협정서(agreement on general terms and conditions of business)란 포괄 또는 기본계약으로 동일한 매매당사자 사이에 반복적인 거래가 상기간에 이루어질 것으로 예측되는 경우에 매 거래마다 공통적으로 적용될 수 있는 기본적인 일반적 거래조건을 개별적인 거래계약을 체결하기에 앞서 미리 양당사자 간에 합의·결정하고 문서화하여 약정해두는 협정서를 말하며, MOA(memorandum of agree)이라고도 한다.

이 협정서는 매 계약마다 공통적으로 적용될 수 있는 거래의 기본조건, 상품에 관한 기초조건, 매매계약에 관한 조건, 무역분쟁의 해결에 관한 조건 등을 주된 내용으로 한다. 상품명 · 단가 · 수량 · 금액 등과 관련된 구체적인 거래사항들은 매거래시마다 당사자 사이의 협의에 따라 매도확약서(sales note)나 구매확약서(purchase note) 등의 개별계약서에 명시하여 매매계약을 체결한다.

단기간 또는 몇 차례의 거래로 상호간의 거래가 종결될 것으로 예상되는 거래에 있어서는 단순히 청약과 승낙행위만으로 매매계약을 체결하고 그 조건을 이행하면 그만이다. 그러나 중대한 거래이거나 또는 향후 장기적인 거래가 예상되는 경우에는 본격적인 매매계약에 앞서 앞으로 발생할지도 모르는 분쟁을 회피하고 또한 매 거래시마다 동일한 거래조건을 반복적으로 기재하는 번거로움을 줄이기 위하여 미리 기본적인 거래조건을 협정해 두는 것이 좋은데 이를 일반거래조건의 협정이라고 하며 이를 문서로 작성한 것을 일반거래조건협정서 또는 각서(Agreement or memorandum on general terms and conditions of business)라고 한다.

따라서 향후에 체결될 개별적인 매매계약에서 구체적으로 규정하고 있는 않은 조건은 이 일반거래조건에 따르게 되는데, 일반거래조건의 협정서도 모든 것을 전부 규정해 둘 수는 없으므로 “본 협정에 정하여져 있지 않은 경우에는 INCOTERMS등 국제협약을 따르기로 한다.”와 같은 약정을 해 두는 것이 보통이다. 일반거래조건 협약을 체결하지 않은 경우는 무역거래에 적용되는 매매계약의 조건은 개별 매매계약상의 조건과 국제협정상의 조건의 두 가지가 되겠지만, 이를 체결하고 있다면 조건이 추가되어 세 가지 조건이 적용되는 것이다.

그런데 만약에 이들 조건들이 충돌할 때는 어떤 조건이 우선하는지가 문제가 될 수가 있다. 한마디로 우선순위는 개별계약 · 일반거래조건협정 · 국제협약의 순서이다. 이는 마치 법률에 있어 특별법 우선적용 원칙과도 유사한 것이라고 이해하면 될 것이다. 다시 말해 개별계약이 가장 우선적으로 효력을 발휘하는 것이며, 이에 규정되어 있지 않는 조건에 대하여만 순차적으로 일반거래조건협정 그리고 국제협약의 순으로 적용되는 것이다. 한편, Incoterms와 UNCISG가 서로 충돌할 때도 있다. 이때는 Incoterms가 우선 적용된다는 점도 알아둘 필요가 있다.

(3) 일반거래조건협정서의 구조

(가) 표제

표제(title of contract)란 서류의 종류를 나타내는 문언으로 계약서의 맨 윗 부분에

표시된다. 표제는 계약 내용을 한 눈으로 알아보기 쉽도록 하기 위한 것일 뿐, 그 자체가 특별한 법적 효과를 갖거나 계약 내용에 영향을 미치는 것은 아니며 반드시 필요한 것도 아니다. 표제는 계약 내용에 맞게 붙이는 것이 일반적이며, 대문자로 표시하는 것이 통례이다.

(나) 두서

두서(heading)는 본문에 들어가기 전의 서론 부분에 해당하는 것으로 계약서의 실체를 확인하는 문구이다. 보통 "THIS AGREEMENT(CONTRACT)"로 시작하며, 여기에는 대개 계약의 체결 일자, 체결지 및 당사자가 표시된다.

특히 계약당사자는 단순히 당사자의 동일성을 확인하는데 그치는 것이 아니라 그 당사자의 궁극적 실체, 법적 권한 그리고 책임의 한계 등까지 효력이 미치므로 계약당사자의 상호(trade name), 회사의 종류(주식회사, 유한회사 등) 주소 등을 상세하게 기재해야 하며, 계약당사자가 법인일 때는 설립준거법을 명시한다.

또한 당사사의 주소는 재판관할권의 결정 기준이나 통지 · 송달 장소, 순거법 결정의 기초가 될 수 있으므로 반드시 기재해야 하지만 본문이나 계약서 마지막 부분의 회사 표기 난에 기재할 수도 있다.

(다) 전문(non operative part. premise)

① 설명조항

설명조항(whereas clause, recital, backgrounds clause)은 계약 체결에 이른 경위나 목적, 즉 계약 내용의 주된 개요를 기재한다. 설명조항은 계약서 본문에 대한 이해에 도움을 주지만 법적 효력이나 계약내용에 대한 영향력이 없으므로 필수적 요소는 아니다. 그러나 다음과 같은 경우에는 법적 효력을 가질 수도 있으므로 불필요한 내용은 언급하지 않도록 주의해야 한다.

첫째, 계약본문에 명백한 흠결이 있어 계약내용이 명료하지 못한 때 계약당사자의 진의(眞意, true meaning) 파악을 위한 중요한 기초가 된다.

둘째, 표시에 의한 금반언(estoppel by representation) 이론에 의하여 설명조항에 어떤 사실을 기재한 당사자는 그 사실에 반하는 주장을 소송에서 할 수 없는 때도 있다. 즉, 어떤 당사자가 설명조항을 신뢰하여 계약을 체결하였으나 그 후에 상대방이 그에 반하는 주장을 함으로써 손해를 입었을 때, 설명 조항을 믿고 계약을 체결한 당사자로 하여금 상대방에 대하여 손해배상의 청구나 계약해제권을 가지도록 함으로써 설명조항을 신뢰한 계약당사자를 보호할 수 있다.

설명조항 앞에 사용된 "WITNESSETH"라는 문구는 영어의 고어체로서 "이 계약은 증거가 됨"이라는 뜻이다.

② 약인

약인조항(consideration clause)이란 계약상 채무의 대가로 제공받는 작위·부작위, 법률관계의 설정, 변경, 소멸 또는 약속을 말한다. 물품 매매계약에서 물품인도 약속에 대한 대금지급, 또는 대금지급 약속에 대한 물품의 인도와 같이 계약상의 약속에 대한 대가로 제공되는 어떤 것을 의미한다. 영미법에서는 증여와 같이 어떤 대가가 없는 거래는 강제집행을 구할 수 없는데, 이러한 거래와 구분하기 위해서 매매계약서에 약인 조항을 두도록 인정해왔다. 그러나 최근에는 계약서 본문 내용에로 약인이 있는지 여부에 따라 계약의 효력이 정해지며, 단순히 약인 문구 여부는 계약의 성립 여부와는 상관이 없게 되었다.

(라) 본문(operative part)

① 정의조항

정의조항(definition clause) 은 계약서에 반복되어 사용되거나, 긴 설명을 필요로 하는 용어에 대한 개념을 정의해 두거나 간단한 약호를 미리 정해 둠으로써 번잡성을 피하고 읽기 쉬운 계약서가 되도록 하는데 목적이 있다.

② 계약의 존속기간 및 종료(duration and termination)

계약의 존속기간(duration)이란 계약의 효력이 발생되는 시점(始期)으로부터 그 효력이 소멸되는 종료시점(終期)까지를 말한다. "계약기간은 계약 체결일로부터 1년으로 한다."와 같이 확정기간으로 하는 방법과 "일방당사자가 상대방에게 해제통지를 할 때까지 존속한다."와 같이 불확정 방식으로 하는 방법이 있다. 또한 행정관청의 허가 등 절차를 요하는 경우에는 그 허가를 얻은 일자나 추후에 별도로 지정된 일자로부터 계약이 효력을 발생하도록 정하는 경우도 있다.

계약이 원만하게 종료되었을 때는 그 날짜를 계약의 만료일(date of expiration)이라 하고, 어떤 사유로 인하여 계약기간 중도에 계약이 종료되는 날짜를 계약의 종료일(date of termination)이라고 한다.

계약종료(termination)의 원인으로는 ① 일방의 계약위반으로 더 이상 계약의 존속이 불가능할 때, ② 계약위반은 없었지만 계약 체결 시 예상하지 못한 상황(즉, 불가

항력적인 사유)이 발생하여 더 이상 계약을 존속시키는 것이 불가능하거나 부적절하다고 판단되는 때, ③ 계약당사자의 신용악화, ④ 계약서에서 당사자에게 계약해제권(사정변경으로 인한 해제권)을 부여하고 있고, 그 당사자가 그 해제권를 행사할 때를 들 수 있다.

계약이 중도에서 종료할 경우 계약당사자 사이의 이해관계에 큰 영향을 미칠 수 있기 때문에 미리 명시적으로 이 조항을 규정해 둠으로써 향후 이와 관련된 분쟁이 발생하지 않도록 해야 한다. 특히 사소한 계약위반이 있을 때, 이를 이유로 계약을 해지할 것인지 아니면 상대방에게 유예기간을 주어 시정(是正, correct)의 기회를 부여할 것인지에 대해서도 명시해두는 것이 바람직하다.

③ 계약위반으로 인한 해제를 대비한 조항

㉮ 이행보증조항

이행보증조항(performance guarantees clause)이란 국제계약의 이행을 사전에 확보하여 계약 체결을 원활히 하기 위해 사용되며. 이행보증의 수단으로는 은행 등 금융기관이 발행한 보증서(letter of guarantee), 보증신용장(stand-by letter of credit), 계약이행 보증금(performance bond, 계약이행보증금) 등이 사용된다.

㉯ 손해배상액예정조항

손해배상액예정조항(liquidated damages clause, penalty clause)이란 계약 불이행이나 지연으로 발생할 손해액을 미리 예정하여 약정하는 조항을 말한다. 계약불이행이나 지연 사실만 증명하면 손해발생 원인이나 손해액의 범위의 입증 없이 손해 예정액을 청구할 수 있도록 하는 약정이다. 상대방의 계약위반 사실을 입증하거나 손해액을 산정하는 것은 그리 쉬운 일이 아니므로 이와 관련된 조항을 미리 약정해 두는 것이 바람직하다.

㉰ 분리가능 조항

분리가능조항(severability clause)이란 계약내용의 일부가 어떠한 사유로 실효 또는 무효화 하더라도 그 계약 전체가 실효 또는 무효로 되는 것은 아니라, 다른 조항은 계속적으로 유효하다고 규정하는 조항을 말한다. 예컨대 법원의 판결이나 상행규정에 의하여 계약내용의 일부가 실효 또는 무효로 되더라도 계약 전체가 실효 · 무효화 하는 것을 방지하기 위하여 설정해 둔다. 다만, 이 조항이 있더라도 계약조항의 중요한 부분이 실효가 되는 때에는 계약전부가 실효 되는 경우가 있음을 유의할 필요가 있다.

④ **계약양도조항**

계약양도조항(assignment clause)이란 제3자에 대한 계약의 양도제한을 설정하는 조항이다. 영미계약법에서는 계약상의 권리 또는 의무는 당사자의 의사 또는 법률의 규정에 의하여 일정한 조건하에 제3자에게 양도할 수도 있다. 따라서 당사자가 계약양도에 대해 별다른 규정을 하지 않은 경우에는 계약양도가 가능하게 되므로 계약양도를 금지하려고 하는 때에는 그 뜻을 계약상에 명기해 두어야 한다. 계약양도에 대하여 조건을 붙이거나 일정한 절차를 요할 경우에는 그 조건이나 구체적 절차에 대하여 계약서에 명확히 규정하여 둘 필요가 있다.

⑤ **면책을 위한 조항**

㉮ 불가항력 조항(forcemajeure clause)

불가항력(不可抗力, force majeure)이란 인력으로는 통제가 불가능한 힘을 말한다. 불가항력조항이란 합의된 범위 내에서 불가항력적인 사유에 따른 계약불이행 당사자의 면책을 규정하는 조항을 말하며, 불가항력의 정의 및 예시 그리고 면책받기 위하여 그 당사자가 해야 하는 조치 등을 내용으로 하고 있다. 해당국의 상업회의소나 자국 주재 상대국 영사관으로부터 불가항력과 관련된 증명을 받음으로써 의무이행을 유예 받거나 면제받을 수 있다.

불가항력 사유로는 낙뢰(lightning strike), 폭풍우(tempest), 태풍(typhoon) 홍수(flood), 해일(tidal wave), 가뭄(drought) 및 지진(earthquake)과 같은 천재지변(Act of God)과 전쟁(war), 전쟁행위(war-like operation), 적대행위(hostility), 봉쇄(blockade), 선박의 징발(requisition of vessel), 폭동(riot), 화재(fire), 동맹파업(strike), 공장폐쇄(lockout), 수출금지(embargo), 내란(insurrection), 소요(civil commotion), 정부의 간섭(governmental interference) 등과 계약당사자가 통제할 수 없는 기타의 모든 사유(any causes beyond the control of the parties)가 포함될 수 있다. 불가항력의 사유에 대해서 정형화된 것은 없다. 따라서 대한상사중재원은 불가항력에 대한 사유는 구체적으로 상세히 명시할 것을 권고하고 있다.

불가항력과 관련하여 유의해야 할 사항은 불가항력적 사유가 발생하였다고 하여 영향을 받은 당사자의 책임이 전적으로 면제되는 것이 아니라는 점이다. 따라서 당해 당사자는 발생된 불가항력적 사항을 즉시 상대방에게 통지해야 하고, 당해 사실에 대한 증빙을 공적기관을 통해 취득하여야 하며, 또한 불가항력의 원인이 제거되는 즉시 계약의 이행을 위한 최선의 노력을 다해야 한다는 내용이 계약서에 반영될 수 있도

록 해야 한다.

㉯ 지연이행 조항(delayed performance clause)

불가항력조항과 밀접한 관계에 있는 조항으로 불가항력으로 계약이행이 이루어 지지 못한 때에는 그 이행기를 며칠간 연장한다는 것, 그렇게 연장된 기간 내에도 불가항력의 지속이나 그 후속사태의 여파로 여전히 계약이행이 불가능할 때의 처리문제, 그리고 그로 인해 계약기간이 경과한 후에 계약내용을 이행하였을 때 이를 수용할 것인가의 여부 등에 관한 사항을 약정하는 조항을 말한다.

㉰ 사정변경 조항(hardship clause) 또는 이행가혹조항

사정변경조항(hardship clause)이란 계약의 전제가 되는 객관적 상황(정치·경제적 상황)이 체결 당시에는 전혀 예기하지 못했던 이유로 계약체결 후에 변경됨으로써 당초의 계약대로의 이행이 불가능해졌거나 또는 심히 곤란해졌음에도 불구하고 이행을 강요한다면 심히 불공평한 결과를 초래하게 되어 계약의 본질적 변경이 불가피해진 때에는 상대방에게 변경이 불가피해진 계약의 본질적 변경을 요구할 수 있고 그 때에는 상대방은 반드시 이에 응해야 한다는 조항을 말하며 이행가혹조항이라고도 한다.

만약 이러한 면책을 인정하지 않는다면 계약당사자는 계약체결 후의 불확실한 사정변경에 따른 위험을 우려하여 계약의 체결을 주저하게 될 것이다. 따라서 미래의 사정변경에 따르는 위험을 고려하면서 현시점에서의 원활한 거래성립을 도모하기 위한 방법으로 생겨난 조항이다. 주로 산업설비나 대형선박 등 그 제작기간이 장기간이거나 유가폭등. 환율의 극심한 변화, 원자재 가격의 급등 등이 예견될 때 사용된다.

㉱ 보상조항(indemnification clause)

어느 일방의 계약불이행이나 제3자에 대한 의무불이행으로 인한 손해에 대하여 배상할 것을 규정하는 조항이다. 경우에 따라서는 계약불이행에 따른 직접적인 피해뿐만 아니라 그 불이행에 따른 기대이익의 상실 등 간접피해까지 배상하도록 규정하는 때도 있다.

㉲ Waiver 비포기조항(non-waiver clause)

권리불포기조항(non-waiver clause)이란 어느 일방이 일시적으로 어느 계약조건의 이행 청구를 하지 않더라도 이로 인하여 그 후의 동 조항 또는 조건의 이행 청구권을 포기한 것으로 간주하거나, 그러한 청구권을 박탈할 수 없다는 것을 규정한 조항이다. 따라서 어느 일방이 타방 당사자의 계약조건 위반에 대해 이의를 제기하지 않았다는 것이 곧 이의제기를 포기하는 것 등으로 해석되어 그 위반과 관련되어 갖게 되

는 권리가 박탈되지 않는다.

예를 들어 상대방의 계약위반 시 타방 당사자가 그에 대해 계약을 종료하거나 손해배상을 청구하는 행위를 하지 않는다고 해서, 그 권리를 포기한 것이 아니다. 따라서 나중에라도 그런 것들을 청구할 수 있으니, 그 권리를 포기한 것으로 간주하지 말라는 내용을 담고 있다.

㉥ 면책승인 조항(releases clause)

면책승인조항(releases clause)이란 계약만료 후 향후 어떤 법적 소송도 제기하지 않겠다는 약속으로 서구기업 사이에 일반화되어 있는 조항이다. 계약서와는 별도로 계약 해지시에 상대방으로부터 면책승인서를 받아 두는 것도 안전을 도모할 수 있는 방법이다.

㉦ 신축 조항(escalation clause)

신축조항이란 Plant(산업설비)나 선박, 대형 기계류처럼 공정에 장기간이 소요되는 물품의 경우 각종 원부자재의 가격상승에 대응할 수 있도록 가격의 변경(조정)을 허용하기 위한 조항을 말하며, 가격변동조항이라고도 한다.

㉧ 주권면제특권 포기조항(waiver of sovereign immunity clause)

무역계약의 당사자가 국가인 경우 국가를 피고로 하여 소송을 제기한다 해도 상대방국가는 주권국가라는 것을 이유로 하여 자국 이외의 어떠한 타국의 재판에도 응소하지 않을 수 있다. 이 원칙을 국가의 재판(관할)권 면제 또는 주권면제특권이라고 부른다.

주권면제특권포기조항이란 국가 또는 정부기관과 무역계약을 체결하는 경우에 일방 당사자인 국가가 이러한 주권면제특권을 포기하고 사인(私人)과 완전히 동일한 지위에서 채무 및 책임을 부담하고 소송당사자가 되겠다는 것을 약정하는 조항을 말한다.

⑥ 완전합의 조항

완전합의조항(entire agreement clause, entire clause, merger clause)이란 계약체결의 이전단계에서 그 계약과 관련되어 이루어졌던 의견교환이나 합의 또는 약속 등은 정식으로 체결된 계약의 내용에 완전히 흡수 통합되어 소멸되는 것이므로 그것들이 계약내용이 상치되더라도 과거의 것을 주장할 수 없고 오직 정식으로 체결된 계약내용만이 유효하다는 것을 명시하는 조항을 말한다.

⑦ 지급 및 세금 조항(payment and tax clause)

물품 대금의 지급조건과 당해 물품의 국경통과 절차에서 부과되는 관세 등 각종 조세를 어떤 당사자가 부담할 것인지를 규정하는 조항이다.

⑧ 분쟁해결조항(settlement of disputes clause)

㉮ Claim clause

클레임의 제기절차와 방법 등을 정하는 조항을 말한다.

㉯ 준거법조항

준거법조항(governing law, applicable law, proper law clause)이란 계약의 성립 · 이행 · 해석을 어느 나라 법에 따를 것인지를 정하는 조항을 말한다. 준거법은 당사자들의 합의에 따라 자유로 선택할 수 있으며 계약과 아무런 관련이 없는 나라의 법률을 준거법으로 지정할 수도 있다.

㉰ 재판관할조항

재판관할조항(jurisdiction clause)이란 계약서에 중재조항이 없거나 중재조항이 있더라도 중재에 붙일 범위 이외의 사항은 재판에 의해 해결하게 된다. 이 경우 어느 법원에서 소송을 진행할 것인지에 관한 조항이다. 막연히 한국재판소, 미국재판소라고 한 경우, 한국 또는 미국의 어느 재판소라는 뜻인가에 대한 문제가 생길 우려가 있으므로 구체적으로 지정하는 것이 바람직하다.

㉱ 중재조항

중재조항(arbitration clause)이란 계약상의 분쟁을 재판소의 재판에 의하지 않고, 중재판정에 의하여 해결하기로 하는 당사자 간의 합의를 기재한 조항을 말한다. 중재에 회부될 사항, 중재의 장소, 중재기관, 중재절차 등을 명기하여 둘 필요가 있다.

⑨ 특별 의무부여 조항

㉮ 권리침해 조항

권리침해조항(infringement clause)이란 제3자의 권리침해에 대한 책임소재를 명시한 조항을 말한다. 예컨대 매수인이 제공한 규격이나 사양에 따라 매도인이 물품을 생산하여 매수인에게 인도하였으나 그로 인하여 제3자의 권리(특허권 등)를 침해하게 된 경우에 그로 인한 모든 책임은 매수인이 부담하며 매도인에게는 아무런 피해를 주어서는 안 된다는 조항을 둘 수 있다. 반대로 매도인이 일방적으로 인도한 물품이 상표도용과 같은 지적소유권의 침해가 발생되거나 모조품인 경우에 매도인이 그 책임을 지도록 명확히 약정해 두는 경우도 있다.

㉯ 제조물배상책임조항

제조물배상책임조항(product liability clause, P/L clause)이란 제조되고 판매된 물품이 소비자나 기타의 제3자의 신체 또는 재산에 상해 또는 손해를 발생시킨 경우에는 이러한 책임을 매도인과 매수인 중에 누가 부담할 것인가를 약정하는 조항을 말한다.

㉰ 보증조항

보증조항(warranty clause)이란 계약과 일치하는 물품의 인도의무와 하자있는 물품을 인도하였을 경우의 조치에 대한 내용을 규정하는 조항이다.

㉱ 비밀유지조항

비밀유지조항(secrecy clause, confidentiality clause, non-disclosure clause)이란 무역거래나 기술도입(제휴)의 과정에서 알게 된 비밀정보는 철저히 보호되어야 하며 따라서 상대방의 비밀정보를 누설하거나 도용해서는 안 된다는 조항을 말한다. 비밀정보에는 기술적 지식, Know-how, 자료, 영업비빌, 재무관리, 제조공정, 원부자재, 제품의 규격과 디자인, 유통관련정보 등이 있다.

㉲ 담보책임배제조항

담보책임배제(disclaimer of express warranty)는 명시적 담보의 배제와 묵시적 담보의 배제로 나눌 수 있다. 명시적 담보의 배제란 계약에 guarantee나 warranty라는 문구가 없으면 품질을 담보책임을 지지 않는다."고 하는 명시하는 것을 말한다.

묵시적 담보의 배제란 상품성과 특정 목적 적합에 관한 묵시적 담보를 부정하기 위해 사용되는 조항이다. 계약서 내의 품질 조항에 "현상 그대로(as is)" 또는 "모든 하자와 함께(with all faults)"를 포함시키거나 매수인에게 계약체결 전에 검사할 기회를 줌으로써 추후 매도된 물품의 하자에 대한 어떠한 책임도 매도인이 부담하지 않도록 미리 봉쇄하는 것을 말한다.

그러나 이러한 배제조항이 있다고 하더라도 그 제품으로 인하여 인체나 신체에 물리적인 침해가 발생한 경우의 제조물배상책임(PL)은 면하지는 못하며, 불공정거래법이나 소비자보호법에 의해 매수인이 소비자인 경우에는 그 조항이 부정될 수도 있다는 점을 유의해야 한다.

㉳ 거래조건 조항

일반적으로 지급조건은 대부분 Incoterms의 거래조건이 사용되고 있다.

- All trade terms provided in the contract shall be interpreted in accordance with the latest Incoterms 2010 of ICC.
- 계약에서 규정하고 있는 모든 거래조건은 국제상업회의소의 인코텀즈 2010에 따라 해석하여야 한다.

㉳ 검사조항

검사조항(inspection clause)이란 물품의 검사방법, 검사시기, 검사기준, 검사기관, 검사비용 부담 등을 결정하는 조항을 말한다. 수입자 측의 검사를 조건으로 규정할 경우 수출자는 매우 어려운 처지를 당할 우려가 있으므로 유념할 필요가 있다. 검사는 물품을 선적하기 전에 실시할 수도 있고 물품을 양륙한 후 또는 최종목적지에 도착하였을 때 검사하도록 규정할 수도 있다.

⑩ 기타의 조항

㉮ 통지조항(notice clause)

당사자간의 의사표시, 보고, 협조요구 등을 당사자의 의무로 규정하거나 그 밖에 계약당사자간에 실시할 통신 연락의 장소, 방법, 효력발생시기에 관하여 명시해두는 조항을 말한다.

㉯ 송달대리인(process agent clause)

당해 거래와 관련하여 압류나 가압류의 신청 또는 소(訴)의 제기 등 법적절차가 개시되는 경우 그와 관련된 통지를 당사자를 대신하여 수령하는 자를 정하는 조항을 말하며, 송달대리인은 관할법원 소재지에 거주하는 자연인이나 회사 중에서 선정된다.

㉰ 계약의 수정・변경조항 (amendment・change clause)

원칙적으로 계약서의 수정・변경은 구두・서면 모두에 의해서도 가능하다. 그러나 추후 분쟁을 예방하기 위해 서면에 의해서만 가능하다는 것을 규정해두는 조항을 말힌다.

(마) 최종부(operative part)

① 발미분언(terminal wording)

말미문언(terminal wording)은 서약문언(testimonial clause)이라고도 한다. 본문에 관한 기술이 끝난 다음 계약성립을 확인한다는 내용과 계약서의 실질적 효력범위를 확정한다는 의미에서 중요하다. 정당한 권한이 있는 대표자로 하여금 이 계약의 체결을 위하여 작성 · 서명하게 하였음을 표시하는 것이 일반적이다.

② 서명(signature)

서명(signature)이란 계약 당사자 또는 계약당사자로부터 정당한 권리를 부여받은 대리인이 당해 계약이 체결되었음을 확인하는 행위를 말한다.

- IN WITNESS WHEREOF, the parties hereto have caused this Agreement to be executed by their respective duly authorized representative as of the day and year first above written.
- 이에 증거로서 양당사자는 앞에 언급된 날짜에 각자 정당한 권한을 부여한 대리인으로 하여금 이 계약을 체결토록 하였음.

Seller : KOREAN TRADING CO., LTD.	Buyer : AMERICAN DREAMS CO.
Kisung Yang	M. Amstrong
(signed)	(signed)
president	Sales manager

[예시 3-2] 계약서의 구조

(1) 표 제(Title of contract)
(2) 두서(Heading)
 - 계약체결 일자(date)
 - 계약의 당사자(parties)
 - 계약 체결지(palce)
(3) 전문(Non operative Part, premises)
 - 설명조항(recitals, whereas clause)
 - 약인 문구(considering wording)
(4) 본 문(Operative Part, body)
 - 정의조항(definition)
 - 주된 계약내용/계약당사자의 권리 의무
 - 계약자체의 관리(housekeeping clause)
  * 계약기간/계약의 효력발생(period of agreement, duration, term)
 - 계약의 종료(termination)
 - 계약의 양도/수정/변경
 - 불가항력(force majeure)
 - 중 재(arbitration)
 - 준거법(applicable law, governing law
 - 재판관할(jurisdiction)
 - 통지(notice) 방법
 - 다른 계약과의 관계(integration) 즉, 완전조항(entire agreement)
 - 기타 조항
(5) 종결부
 - 말미문언(termination clauses)
 - 서명/날인(signature, seal, attest)
 - 첨부문서(annex, appendix, attachment, exhibit)

Chapter 4

무역계약의 일반조건

Chapter 4

무역계약의 일반조건

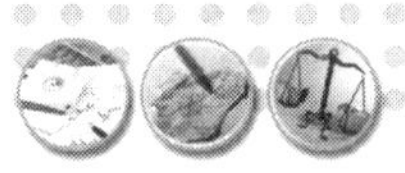

제 1 절 상품에 관한 조건

1. 무역계약 일반조건의 의의

무역계약이란 국제간 매매계약을 말한다. 국내 매매계약과 마찬가지로 계약이 체결되면 계약당사자를 구속하게 된다. 즉, 계약이 성립되면 거래당사자들은 각각 계약내용을 충실히 이행해야 할 의무와 동시에 거래상대방에게 계약의 이행을 요구할 권리가 발생된다는 점에서 동일하다. 다만 격지자간의 거래계약이며 국제 상관습이 적용되고 당사국의 무역관리 정책에 따른 제약이 가해진다는 점에 차이가 있다.

또한 무역계약은 그 계약의 이행과정에 있어 다양한 파생적 계약의 성립을 수반하게 된다. 예컨대 신용장 거래를 위한 은행과의 환거래계약, 계약물품의 운송 및 안전을 위한 운송계약 및 보험계약, 매도자가 계약물품을 확보하기 위한 납품계약 그리고 매수자가 동 물품을 판매하기 위한 전매계약 등을 들 수가 있다. 따라서 무역계약은 매매당사자 뿐만 아니라 다양한 파생적 당사자들과도 관련되어 있다. 또한 무역계약은 상관습·법령 및 문화 등이 다른 이국간의 매매계약이므로 국내에서의 매매계약과는 여러 가지 점에서 차이가 있다.

따라서 이미 체결된 계약내용의 변경과 취소가 일반적인 매매계약보다 복잡하고 곤란하므로 후일의 오해와 분쟁을 방지하기 위해서는 무역계약을 체결할 때 매매계약의 기초가 되는 계약조건에 대하여 충분히 검토하고 이를 잘 이해할 필요가 있다.

매매계약에 포함되는 조건은 계약물품의 상품 그 자체에 대한 조건, 운송 및 보험조건, 대금결제조건, 포장조건 및 분쟁해결조건을 들 수가 있다. 상품조건은 품질조건, 수량조건 및 인도조건으로 나눌 수 있다.

2. 상품조건

가. 품질조건

(1) 품질조건의 의의

품질조건(terms of quality)이란 거래대상물품의 품질을 약정하는 조건을 말한다. 품질(quality)이란 소비자 또는 사용자의 욕구를 충족시키는 물품 자체가 갖고 있는 고유의 성질, 성능 또는 상태를 말하며, 소비자나 사용자의 욕구충족을 평가하는 기준이 된다. 대부분의 무역거래는 매수자가 계약물품을 직접 확인하지 못한 상태에서 대금을 지급하는 경우가 많으므로 계약상의 품질조건과 현실적으로 매수자에게 인도된 물품과의 품질차이에 관한 분쟁이 야기될 가능성이 높다. 실제로 무역 클레임 중에서 가장 많은 비중을 차지하고 있는 조건의 하나가 품질조건이다. 구체적인 품질조건의 내용으로는 품질결정방법, 품질결정시기 및 품질증명 방법 등이 있다.

(2) 품질결정방법

(가) 견본매매

견본매매(sales by sample)란 매매의 한쪽 당사자가 제시한 견본(sample)과 같은 품질의 물품을 인도・인수할 것을 제의하고 다른 쪽 당사자가 이를 승낙하는 방식으로 약정하는 방법을 말한다.

(나) 명세서매매

명세서매매(sales by specification)란 물품의 재료와 구조, 성능, 규격 등을 상세히 알려주는 설명서(description), 명세서(specification), 도해목록(illustration catalogue) 또는 설계도(design)나 청사진(blue copy) 등에 의해 품질수준을 결정하는 방법이다. 선박, 철도, 차량 등 거대한 기계류나 정교한 의료기구 등과 같이 견본을 이용할 수 없는 거래에서 사용되는 방법으로 설명서매매(sales by description)이라고도 한다.

(다) 상표매매

상표매매(sales by trade mark or brand)란 거래상품의 품질기준을 특정의 등록상표(trade mark) 또는 상표(brand)로 하는 조건을 말한다. 상표란 동종 또는 유사한 상품과 구별하기 위하여, 당해 제품이 동일한 제조자 또는 회사의 제품이라는 것을 나타내기 위하여 상품에 부여한 특정한 이름을 말한다. 등록상표란 특정 상품의 제조자 또는 판매자가 독점적으로 사용할 수 있는 법률적 권리를 가진, 당해 상품의 출처나 소유권을 암시하는 도안 또는 문자 등을 말한다.

Coca Cola, Parker 만년필, Cannon 카메라 등과 같이 특정 상표나 브랜드의 품질이 세계 시장에 널리 알려져 당해 등록상표나 상표만으로도 품질이나 등급 등을 분간할 수 있을 경우에 이용된다.

(라) 표준품매매

표준품내매(sales by standard)란 일정한 규격이나 상표 또는 견본매매가 불가능한 물품 예컨대 수확예정 농수산물 또는 생산예정품과 같은 경우에 당해 상품의 표준품을 기준으로 하여 "인도하게 될 상품의 품질이 대개 이 표준품과 같은 정도의 것"이라고 표시하고 계약을 성립시키는 방법을 말한다.

흔히 표준품도 견본이라고 부르는 경우가 있으나 양자 사이에는 차이가 있다. 견본은 공산품과 같이 품질이 대체로 균일한 물품인 경우 실제로 생산된 제품의 일부를 품질결정의 기준으로 제시되는 것을 말하며, 표준품이란 동류 또는 유사한 물품을 품질기준으로 제시하여 거래대상물의 중요한 성질만을 나타내는 것을 말한다. 예컨대 규격화시키기 어려운 미곡이나 면화 등의 농산물이나 광산물 등에서 계절이나 전년도의 표준품 가격을 기초로 하여 매매계약을 체결하기도 하며, 품종이 너무 많아 견본을 선정하기 어려운 경우에는 유사품에 의해 메매계약을 체결하기도 한다. 따라서 실제로 인도된 상품이 이와 다를 경우에는 그 품질에 따라서 추후 협상을 통해 가격을 조정하는 것이 관행이다. 표준품 매매 방법에는 다음과 같은 것들이 있다.

① 평균중등품질조건

평균중등품질조건(fair average quality, FAQ)은 거래물품의 품질을 평균적인 중등품질로 하는 품질조건이다. 선적지에서 당해 연도 당해 지역 해당 계절 출하물품의 평균적이고 중등의 품질을 표준으로 하여 품질을 결정하는 방법이다. 곡물, 면화, 차, 천연과일 등의 농산물거래에서 자주 이용된다. 이때 선적지 또는 양육지의 권위 있는 기관이 거래산품의 품질을 대표할 수 있는 물품을 당해산품 중에서 적당히 혼합하여 추출하여 결정한 표준품을 봉인하여 보관함으로써 사후 분쟁에 대비하는 것이 보통이다.

② 판매적격품질조건

판매적격품질조건(good merchantable quality, GMQ)이란 인도상품의 품질이 상품시장에서 일반적으로 인정하는 정도의 상품으로서 상거래상 판매적격성품임을 판매자가 보증하는 조건을 말한다.

냉동어류, 목재 또는 광석류 등과 같이 내부 부패나 잠재하자(latent/hidden defect)가 있어도 외관상 판별하기 어려운 상품거래에 많이 사용되는 조건이다. 수입지의 상관습에 비추어 판매가 가능한 상태일 것을 조건으로 하고 있으므로, 시장성이 없는 품질임이 판명되면 배상을 요구할 수 있다.

③ 보통품질조건

보통품질조건(usual standard quality, USQ)은 공인검사기관 또는 공인표준기준에 의하여 정해진 보통품질을 표준품의 품질수준으로 결정하는 조건이다. 이 조건은 미국의 면화판매에서 시작되었다. 우리나라에서 수출하고 있는 인삼, 해태 및 오징어 등은 수출조합이나 정부가 지정한 공공기관에서 그 품질에 따라 1등품 또는 2등품, A급 또는 B급, A1 또는 B2 등으로 구분하고 있다.

(마) 규격(등급)매매

규격(등급)매매(sales by type or grade)란 거래상품의 규격이나 품질수준을 국제기구, 당해 국가 또는 공인기관이 설정한 규격이나 등급으로 물품의 품질을 표준화하여 거래하는 조건을 말한다. 전기제품이나 전자제품 또는 각종 기기나 도구 등의 매매에 주로 사용된다. 국제적으로 많이 사용되는 표준으로는 ISO(International Standard Organization), BSS(British Standard Specification), KS(Korean Standard), JIS(Japan Industrial Standard) 등이 있다.

(바) 점검매매

점검매매(sales by inspection)는 구매자가 현품을 직접 점검한 후에 매매계약을 체결하는 방법이다. 구매자가 직접 현품을 확인한 후 계약하는 것이므로 사후에 품질에 관한 클레임을 제기할 수 없다.

국내거래에서는 적절하게 사용할 수 있으나 무역거래에서는 사용하기 어렵다. 그러나 새로운 시장이나 고객의 확보하기 위하여 이용되는 BWT(bonded warehouse transaction)거래나 COD(cash on delivery)거래 그리고 Sale on approval(점검 후 매매), On sale or return(반품허용조건 매매)와 같은 거래가 점검판매의 일종이라고 할 수 있다. 서적과 사무용품 등의 거래나 판로확장 및 신규제품의 시장개척에 활용할 수 있다.

〈표 4-1〉 견본의 종류 및 내용

구 분	종 류	내 용
제시자	매도인견본	매도인이 매수인에게 보여주기 위해 제시하는 견본
	매수인견본	매수인이 매도인에게 보여주기 위해 제시하는 견본
	반대견본	상대방의 견본을 수정하여 제시하는 견본
용도	품질견본	품질 결정을 위해 송부하는 견본
	색채견본	매매상품의 색상을 결정하기 위한 견본
	도안견본	의장이나 도안을 검토하기 위하여 제시하는 견본
	선적견본	선적 상품의 품질을 미리 알려주기 항공편으로 보내는 견본
	표본	품질 및 규격이 일정한 상품 중에서 표본으로 제시하는 샘플
	대표견본	대표적인 품질 또는 규격을 나타내는 견본
	유사견본	현물견본을 제시할 수 없을 경우 제시하는 유사한 상품
결제 여부	유상견본	대금(전액 또는 일부)을 받고 송부하는 견본
	무상견본	무상으로 송부하는 견본
이용자	시험견본	최초로 시험 삼아 만들어 제조자가 참고하기 위한 견본
	원견본	원견본 제시자가 자기회사에 예비로 보관해 두는 견본

(3) 품질의 결정시기

무역계약 체결 후 거래물품이 매수인에게 인도되기까지는 상당한 시일이 소요된다. 더구나 무역상품은 대부분 장거리의 해상운송을 거치기 때문에 상품에 따라서는 운송도중에 품질에 변화가 생기는 때도 있다. 따라서 어느 시점을 품질 결정시기로 할 것인지를 미리 합의해 두는 것은 매우 중요하다.

(가) 일반적 품질결정 조건

① 선적품질조건

선적품질조건(shipped quality terms)은 품질의 결정시기를 선적완료시점으로 하는 조건이다. 따라서 매도인은 운송 중에 변질되거나 해수에 의한 손실에 대하여는 책임을 지지 않는다. 운송과정에서 품별변화가 적은 공산품 거래에서 많이 사용된다.

② 양륙품질조건

양륙품질조건(landed quality terms)은 상품의 품질을 양륙시의 품질에 의하여 결정하는 조건이다. 운송도중에 변질되기 쉬운 농・수산물이나 분석을 해 보아야 정확한 품질을 알게 되는 광산물거래 등에 많이 이용되고 있다. 이 조건은 매도인이 운송도중의 상품변질에 대해서 모든 책임을 지고 배상하여야 한다.

일반적으로 Incoterms의 E group, F group, C group 및 FAQ 조건과 곡물 거래에서 이용되는 TQ(Tale quale)가 선적품질조건에 해당하며, D group과 곡물거래에서의 RT(rye terms) 그리고 GMQ 조건이 양륙품질조건에 해당한다.

(나) 특수품질조건

곡물류의 거래에 있어서의 도착조건으로 매매한 때 선적시와 양륙시의 품질의 상이에 대하여 매매당사자 중 어느 쪽이 그 책임을 질 것인가에 대하여 런던곡물시장을 중심으로 정립된 다음의 세 가지 특수조건이 많이 사용되고 있다.

① Rye Terms(R/T)

Russia산의 호밀(Rye)거래가 이 조건으로 이루어진 데서 명명된 조건이다. 이 조건은 화물의 목적지・도착시점의 품질을 매도자가 보증하는 양륙품질조건을 말한다.

이 조건은 인도된 물품이 운송도중에 손상을 입었을 경우에 매수인이 가격인하를 제기할 수 있는 조건이지만 계약자체를 취소할 수 있다는 것을 의미하지는 않는다. 이 조건에서 품질결정은 거래당사자의 대리인이 입회한 가운데 양육된 물품의 품질을 검사한 결과에 의하며 이에 따라 매수인의 클레임제기 여부가 결정된다.

R/T 조건에는 계약상품이 양육되어 운송수단에 인도되는 시점의 수량을 기준으로 하는 RTFO(R/T full out)조건과 매도인이 지정하는 장소까지의 운송이 완료된 시점에서의 수량을 기준으로 하는 RTSD(R/T sound delivery)조건이 있는데 곡물거래에 있어서는 주로 RTSD조건이 많이 이용된다.

② Tale Quale

Tale Quale(T/Q, tel quel)은 "있는 그대로" 즉, "Such as it is", "As they are", "Just as it comes" 또는 "Just as they come"의 뜻을 지닌 프랑스어이다. R/T조건과는 반대로 선적품질조건을 의미한다. 매도자가 계약자 선적 시 계약조건에 부합하는 물품을 선적하였다는 것을 입증하기만 하면 운송도중의 손실에 대한 책임이 면책되는 조건이다.

③ Sea Damaged(S/D)

Sea Damaged(S/D) 조건도 T/Q 조건과 마찬가지로 선적품질조건의 일종이다. 다만 해상운송 도중에 발생한 해수 · 민물 · 빗물 · 증기에 젖어서 입는 침수(wet by sea water/fresh water/rain water/vapour), 또한 이로 인한 부패 · 곰팡이 발생 · 발효 기타 품질손상을 매도자가 책임지는 조건으로서 R/T조건과 T/Q조건의 절충형적인 성격의 조건이다.

(4) 품질의 증명 및 클레임

(가) 품질의 증명

품질의 증명시점은 품질 결정시점과 관련된다. 즉 선적품질조건에서는 품질 입증책임이 매도인에게 있으므로 매도인이 공인 검사기관으로부터 품질증명서(certificate of quality) 또는 검사증명서(inspection certificate)를 발급 받아 매수인에게 제공한다. 양륙품질조건에서는 품질의 입증책임이 매수인에게 있으므로 매수인이 공인 감정인(surveyor)의 감정보고서(surveyor report)를 근거로 하여 배상을 청구하게 된다.

세계적으로 권위 있는 검사기관 내지 검정인으로는 Lloyd's Surveyor, Lloyd's Agent, SGS' Surveyor, Del-Corporation 등이 있다. 그밖에 국내의 공인검사기관, 관계조합이나 협회의 검사증 또는 매도인 소재지의 수출국영사 또는 상업회의소에서 사증(visa)을 받아 이를 검사보고서로 이용할 때도 있으며, 경우에 따라서는 Seller나 Buyer가 지정하는 검사인에 의한 검사증명을 조건으로 하는 때도 있다.

(나) 클레임의 제기

① **클레임의 제기 기한**

국제상관습상 거래상품에 품질이 계약내용과 불일치하여 클레임을 제기하려면 가급적 빠른 시일 내에 하도록 되어있다. 그러나 구체적인 클레임 제기기한이계약서에 명시되어 있지 않을 경우에는 분쟁의 발생 시 논란의 소지가 될 수 있다. 따라서 계약체결시에 당해물품의 성질, 거래형태 등을 감안하여 클레임 제기시한을 결정하여 둘 필요가 있다.

② **불량품의 처리**

매수인에게 인도된 상품이 품질불량품으로 판명되었을 경우 매도인으로서는 당해 물품의 가격을 인하해 주거나 손해배상을 해줌으로써 해결 할 수 있을 것이다. 그러나 매수인이 당해상품의 인수를 거절하고 대체품의 선적을 요구하거나 계약의 취소를 요구할 경우에는 당해 불량품에 대한 처리가 문제가 된다. 불량품의 처리방법은 개별 사안에 따라서 각각 달라지므로 계약서에 일률적으로 어떤 조건을 부여하기는 어렵지만 동 물품에 대한 매수인의 선량한 관리 · 보관 또는 반송조치에 대한 협조 등 일반적인 사항 정도는 상호 협의에 따라 계약서에 명시할 수도 있을 것이다.

(5) 품질조건 표시방법에 관한 유의사항

무역거래에서 품질과 관련된 클레임이 가장 빈번하다. 따라서 무역계약 체결에 있어 품질과 관련된 조항에 신중을 기할 필요가 있다. 무역계약에서 품질조건에 관해 유의해야할 사항으로는 다음을 들 수 있다.

첫째, 견본매매의 경우 매도인은 견본과 동종, 동질, 동형의 상품을 인도할 의무가 있으며, 현실적으로 인도된 상품의 품질이 견본과 다를 때에는 매수인은 가격 인하를 요구하거나 또는 물품인수를 거절할 수 있다. 그런데 대부분의 경우 견본품과 완전하게 일치하는 물품을 생산하는 것은 매우 어려운 일이다.

따라서 Market claim을 예방하기 위해서도 신변장식용품의 모조품(imitation)이나 뱃지와 같이 금형(mould)으로 동일한 규격의 물품을 찍어낼 수 있는 경우 이외에는 “Same as the sample”, “Up to the sample”, “Fully equal to the sample”, 또는 “Exactly equal to the sample”과 같은 표현을 사용하지 않는 것이 좋다. 왜냐하면 이러한 표현은 “Strictly same as sample.”을 의미하고 있기 때문이다.

그 대신에 “As per the sample”, “Similar the sample”, “About equal to the sample”, “Almost equal to the sample”, “Quality to be similar to the sample.” 또는 “Quality to be about equal to the sample.”과 같은 완곡한 표현을 사용하는 것이 바람직하다.

둘째, 품질이 불량한 물품이 인도된 때에는 매수인으로 하여금 세계적으로 권위

있는 공인 검사기관의 검사를 받도록 하여 매수인이 매도인에게 일방적으로 불리하거나 무리한 배상요구를 하는 것을 저지할 필요가 있다.

셋째, 불량품에 대한 처분방법을 미리 강구해둘 필요가 있다. 예컨대 반송비용이 과다하게 소요되는 때에는 가격을 인하해 주거나 현지처분하는 것이 유리할 때도 있다.

3. 수량 및 가격조건

가. 수량조건

(1) 수량단위 및 결정시기

(가) 수량단위

상품의 특성과 상관습에 따라 사용되는 수량단위가 각각 달라지므로 계약서에 명확하게 약정해 두어야 한다. 일반적으로 상품의 수량을 결정할 때 사용되는 단위에는 중량, 길이 용적, 개수 등이 있으며, 두 가지 이상의 수량단위가 동시에 사용될 때도 있다.

① **중량(weight)**

중량단위로 매매되는 상품으로는 농산물, 천연산물, 철강제품, 양모, 화학제품 등이 있다. 중량의 단위로는 Lb, Oz, Kg, Ton 등이 자주 사용되며, 측정방법에 따라서 총중량, 순중량 및 법적중량 그리고 정미중량 등으로 구분된다.

총중량(gross weight)이란 외포장(outer packing), 내포장(inner packing), 내부충전물 및 물품의 순수한 자중(自重)까지를 모두 합한 채로 측정한 중량을 말한다. 순중량(net weight)이란 외부포장을 제외하고, 법적으로 상품자제의 중량으로 인정되는 포장중량까지를 포함한 중량을 말하며, 법적중량(legal weight)이라고도 한다. 비누, 치약 또는 화장품과 같이 포장된 채로 소메로 거래되는 제품에 사용되는 단위이다. 정미중량(自重, net net weight)이란 외포장, 내포장 및 충전물을 모두 제외한 순수한 물품 내용물만의 중량을 말한다. 무역거래에서 광범위하게 사용되고 있는 톤(Ton)에는 다음과 같은 종류가 있다.

① Long ton(English ton, Gross ton)=20240lbs, 1,016kgs

② Short Ton(American Ton ; Net Ton)=2000lbs, 907.2kgs

③ Metric Ton[1](French Ton ; Kilo Ton)=2,204lbs, 1,000kgs

② 길이(length)

직물류, 전선, 강관 등은 길이로 매매되는데, 단위로는 Meter, Yard, Foot, Inch, 척(尺, 자) 등이 자주 사용된다.

③ 용적(measurement)

목재나 액체 등의 매매는 용적을 단위로 하여 거래된다. 목재는 Cubic meter(cbm), Cubic foot(cft), Super foot(s.f.) 등의 단위가 자주 사용된다. Super foot는 1 Square foot×1 inch이다. 용적의 단위로는 Liter, Gallon, Barrel, Pint와 같은 단위가 사용되는데 국가에 따라 의미하는 용적의 크기가 다르다.

④ 개수(number)

잡화류, 기계류 등의 매매에 자주 사용되며 개수를 나타내는 단위로는 Piece, Set, Dozen, Gross 등이 있다.

① 1 dozen = 12pieces

② 1 gross = 12dozens(12×12pieces) = 144pieces

③ 1 small gross = 10dozens(12×10pieces) = 120pieces

④ 1 great gross = 12gross(12×12×12pieces) = 1,728pieces(144dozens)

⑤ 포장단위

원면(cotton), 양모(wool), 시멘트, 비료, 통조림, 유류 등 포장단위로 판매되는 물품에는 Bale, Bag, Case, Can, Drum이 사용되며, 용기가 없이 거래되는 상품에는 Bundle, Coil 등의 단위가 사용된다. 그리고 컨테이너 내장화물은 TEU(twenty equivalent unit), FET(forty equivalent unit) 등의 단위가 사용된다.

---

1) 대부분 약자로 M/T로 표기되어 사용되는데, 용적톤(Measurement ton)의 약자도 M/T로 표시되므로 혼동하지 말아야 할 것이다.

〈표 4-2〉 주요한 수량단위

구분		
중량	kg, lb(pound, 453.6gr, 16oz), oz(ounce, 1/16 pound. 28.35gr), ct(carat, karat, car, 200mg)	
	영국톤(English ton)	long ton(L/T), gross ton= 2,240lbs = 1,061kgs
	미국톤(American ton)	short ton(S/T), net ton= 2,000lbs = 907kgs
	프랑스톤(French ton)	Metric ton(M/T), kilo ton= 2,204lbs = 1,000kgs
	hundred weight(CWT)	long cwt =112lbs, 50.8kgs
		short cwt=100lbs, 45.36kgs
용적	목재	• Cubic meter(CBM)=1,000 kilos • Cubic feet(cft)=1 square feet • Super feet(sf)=1 square feet×1 inch
	액체	• liter, cubic meter(CBM), cubic tool(CFT, 0.0929m2), super foot(S/F)=1 square foot × 1 inch • Barrel=31.5갤런(미), 36 갤런(영국) (석유) 42 갤런(미)[2]=158.9리터, 35갤런(영) (맥주) 36 영국 갤런=163.7 리터 (과일) 미국 1 배럭=115.6 리터 (일반 액체) 31.5 미국 갤런=119.2리터 • Gallon(gal)=American gallon(wine gallon)=3,785 리터=231inch3, English gallon(imperial gallon)=4.546 리터=277 리터, 1inch3 • Quarts(qt)=1/4 gallon=2 pints=0.95 리터(미), 1.14 리터(영) • Pint=0.47 리터(미), 0.57 리터(영)
	곡물	Bushel=8 gallons=35 리터(미), 36 리터(영) • 소맥 대두 : 60 lbs(미, 27.2kg), 62 lbs(영, 28.1kg) • 옥수수 : 58 lbs(25.4kg)
	선박	• Measurement ton(M/T)= 1CBM(m3)=40 cft, 480 sf
개수	• piece, set, dozen(12 pieces)	
	• gross(12×12=144 pieces) -small gross(12×10=120 pieces) • great gross(12×12×12=1,728 pieces)	
포장	• TEU(twenty feet equivalent unit) 20ft×8ft×8.5ft(39m^3)	
	• FEU(forty feet equivalent unit) 40ft×8ft×8.5ft(77m^3)=2 TEU	
	• Keg(나무통), bag(포대), case(나무상자), bale(곤포), carton(종이상자), bundle(다발), drum(느럼통), can(함석통), carboy(채롱에 든 대유리병)	
길이	• meter(100cm), yard(91.438cm, 3feet, 36inches), foot(30.48cm, 12inches), inch(2.54cm)	
	• super foot(목재에 사용되는 단위) : 1S/F=1 Square foot×1 inch, 1 M/T=480 S/F	
면적	• square foot(SF, SFT, 0.092903m^2), square meter(SM)	

2) 석유의 수량단위로서의 1배럴은 42갤런이다. 미국에서 석유가 발견된 후 목제통(barrel)에 담아서 수송하면서부터 용기단위로 취급되었다. 처음에는 40갤런씩 담았으나, 운송도중 누출되는 양을 감안하여 5%를 더 담아 수송하게 되어 현재의 42갤런으로 정착되었다.

(나) 수량 확정시기

어느 시점의 수량을 인도수량으로 할 것인지에 관해서는 품질조건에서와 마찬가지로 선적수량조건과 양륙수량조건이 있다. 일반적으로 계약서에 특약이 없는 한 E, F, C 그룹의 조건은 선적수량조건이며, D 그룹의 조건은 양륙품질조건으로 간주된다.

① 선적수량조건

선적수량조건(shipped quantity terms)이란 매도인이 선적항에서 선적할 때의 수량이 계약조건에 일치할 경우에는 운송도중 발생한 증감에 대하여 책임을 지지 않는 조건을 말한다. 운송 도중에 수량의 변화가 거의 없는 공산품 등의 거래에 주로 이용된다.

② 양륙수량조건

양륙수량조건(landed quantity terms)이란 수입국의 특정지점에 도착한 수량을 기준으로 하여 계약수량과의 일치여부를 확인하는 조건을 말한다. 운송도중에 수량이 변동되기 쉬운 산화물(bulk cargo)에 주로 이용된다. 이 조건의 경우 매도인으로서는 수량부족 사실에 대한 매수인의 통지가 너무 지연되지 않도록 계약서에 검량기간을 명시해 두는 것이 좋다. 예컨대 "Weighting is to be made within 14 days after delivery at destination(검량은 목적지에서 인도된 후 14일 이내에 하여야 한다)"와 같은 조항을 계약서에 삽입해둘 필요가 있다.

(2) 수량 증명방법 및 과부족 용인

(가) 수량의 증명방법

선적시 계약수량과 일치하여 선적되었음을 증명하는 방법은 당사자 간에 합의한 선적지 또는 양육지의 사증기관(surveyor), 공인검증기관 또는 공인검량업자(public weigher)가 발행하는 중량용적증명서(certificate of weight/ measurement)를 입수하여 매수인에게 송부하는 방법이 있다. 또한 매수인이 수입국 세관검사를 활용하여 수량을 증명하거나 선하증권 면에 기재된 수량 또는 매수인이 작성한 중량표(weight list)를 근거자료로 활용하는 방법도 있다.

(나) 수량의 과부족용인조항

과부족용인조항(more or lees clause, M/L or MOL clause)이란 운송 도중에 감량이

예상되거나 정확한 수량을 선적하기 곤란한 화물 예컨대 곡물이나 광물과 같이 비포장상태로 대량으로 거래되는 산화물(bulk cargo)의 경우에 다소의 과부족을 용인해주는 조항을 말한다. UCP는 산화물(bulk cargo)인 경우에는 과부족 용인 조항이 없다고 하더라도 5% 이하의 과부족은 허용하고 있다(UCP 제30조). M/L clause를 예시하면 다음과 같다.

- 7% more or less at seller's option.(7%의 과부족은 매도인에게 선택권이 있음)
- Quantity shall be subject to a variation of 3% more or less at seller's option.
- Seller has the option of delivering 6% more or less on the contract quantity.
- Seller ha a option of shipping 5% more or less on the contract quantity, such as surplus or deficiency.

개산수량조건(approximate quantity terms)이란 정확한 과부족 범위를 설정하지 않고 계약물품의 수량을 표시하는 숫자 앞에 “about”, “approximate” 같이 “약”을 의미하는 표현을 추가하여 수량을 결정하는 것을 말한다. UCP에 따르면 이러한 표현이 산화물의 중량을 표시할 때 사용될 경우에는 언급된 금액과 수량의 10%의 과부족을 용인하는 것으로 해석된다. 다만 무신용장거래인 경우에는 이러한 표현에 해석과 관련하여 분쟁이 야기될 수 있으므로, 과부족허용 범위를 명확하기 명시해 두는 것이 바람직하다.

정산가격기준이란 수량의 과부족이 허용되는 경우에 그 과부족분에 대하여 단가(unit price)를 결정하는 기준이 되는 가격을 말한다. 정산기준가격에는 계약가격과 선적일가격 그리고 도착일가격이 있으므로, 계약시에 과부족이 예상될 때에는 어떤 정산가격기준을 적용할 것인지를 명확히 해둘 필요가 있다. 만약에 당사자 간의 합의가 없을 때는 계약가격으로 정산하는 것이 보통이다.

일반적으로 과부족의 선택권은 매도인에게 있지만(seller's option), 용선계약에서는 “10% more or less at owner's(선주) option” 또는 “10% more or less at ship's(본선) option.”과 같이 선주나 본선에 선택권을 부여하는 경우도 있으므로 과부족 선택권이 누구에게 있는지 명확하게 약정해 두어야 한다.

(다) 계약가능 수량의 한정

거래수량은 물품의 가격결정이나 매도자 생산공정 스케줄에 직접적인 영향을 미친다. 매도자의 공급능력을 지나치게 초과하는 수량의 주문이나 또는 그 반대의 경우에는 매도자로 하여금 계약이행에 어려움을 초래하게 되는 것이다. 따라서 청약(offer) 또는 계약 시에 이러한 과대·과소수량의 주문을 거절한다는 내용을 명시할 필요가 있는 때도 있다.

최대인수 가능수량(maximum quantity acceptable)조건이란 계약체결 시에 수량을 명확하게 약정하지 않고 1회당 인수 가능한 최대한의 수량 한도로 약정하는 방법을 말한다. 대량생산이 불가능한 수공예품이나 공장의 생산능력에 한계가 있을 때에 이용되는 조건이다. 최소인수 가능수량(minimum quantity acceptable)조건이란 계약체결 시에 소량을 명확하게 약정하지 않고 1회당 인수 가능한 최소한의 수량 한도로 약정하는 방법을 말한다. 이는 계약수량이 최소생산단위를 충족시키지 못함에 따른 생산비나 운임 등의 제비용의 상승에 따른 손실을 입지 않기 위해 이용된다.

나. 가격조건

(1) 가격의 구성요소

무역계약에 있어 무엇보다도 큰 매매당사자들의 관심사는 거래가격이 될 것이다. 대체로 가격은 매도자가 매매상품 확보를 위해 지급한 원가와 비용에 적정이윤을 부가하여 책정되고 매수자가 이를 승낙하는 형식으로 결정되는 것이지만 거래당사자간에 한 번의 협상으로 합의를 이루기보다는 수차례에 걸친 협상을 통하여 결정되는 것이 보통이다.

가격을 구성하는 요소로는 생산원가, 포장비, 희망이익(expected profit), 각종 검사 및 증명료와 인허가비용, 수출국 내에서의 내륙운송비(inland freight), 창고비(godown rent) 또는 보관비(storage), 터미널화물처리비(terminal handling charge), 혼적 또는 분류작업비(CFS charge), 통관비(clearance cost), 관세(customs duties), 선적비용(shipping charges 및 stowing charges), 해상운임(ocean freight), 보험료(insurance premium), 적하·양하비용(loading/unloading charges), 항구세(port dues), 부두사용료(wharfage charges), 수입국 내에서의 내륙운송비, 창고료와 보관료, 각종 행정처리비용, 이자(interest), 외환비용, 수출입수수료, Cable charge를 포함한 영업비용 및 잡비(petties) 등이 있다. 매 거래 시마다 이들 비용 중 어느 범위까지를 포함할 것인지를 일일이 협의한다는 것은 매우 번거로운 일이다. 실무에서는 ICC에서 제정한 Incoterms 정형거래조건을 이용함으로써 이 문제를 간이하게 처리하는 것이 보통이다. Incoterms 정형거래조건에 대해서는 뒤에서 따로 설명하도록 한다.

(나) 가격표시 통화

가격표시통화의 종류를 결정하는 것도 중요하다. 왜냐하면 가격은 수출국 통화, 수입국 통화 또는 제3국의 통화로 표시할 수 있는데, 표시통화에 따라 교환되는 환율에 차이가 있으며, 또한 환율의 안정성도 각기 다르기 때문이다.

일반적으로 달러(dollar)라고 하면 미국달러를 먼저 생각하게 되지만 이외에도 Canadian Dollar, Hongkong Dollar, Singapore Dollar, Fiji Dollar가 있으며, 프랑화도 France Franc, Belgium Franc, Swiss Franc, Luxemburg Franc 등이 있다. 마찬가지로 파운드화도 English Pound[3], Cyprus Pound, Egypt Pound, Sudan Pound, Malta Pound 등이 있다. 따라서 거래통화를 표시할 때는 USD 10,000또는 US$ 10,000과 같이 해당 통화국명을 같이 표기해 주어야 한다.

제 2 절 계약이행조건

1. 선적 및 보험조건

가. 선적조건

(1) 선적조건의 이해

(가) 선적조건의 개념

선적조건(terms of shipment)이란 매도인이 계약상의 물품 인도 의무를 이행하기 위해 물품을 매도인이 직접 지정선적항의 지정선박에 적재하거나 지정운송인 등에게 인도하는 장소, 방법 및 시기와 관련된 조건을 말한다.

무역거래에서 물품의 인도방법은 다시 계약물품을 실제로 상대방에게 인도하는 현실적 인도(actual delivery) 방식과 상품을 증권화하여 그 서류를 교부하는 것으로 인도하는 상징적 인도(symbolic delivery) 방식이 있다. 일반적으로 인도방법은 Incoterms

---

3) 다른 파운드와 구분하기 위하여 영국 파운드를 Sterling pound라고 부르기도 하는데 이는 주화의 주변에 별 문양이 있다는 데서 유래된 것이다.

의 규칙을 선택함으로써 자동으로 결정된다. 예컨대 FOB 조건은 현실적 인도 그리고 CFR과 CIF는 상징적 인도를 의미한다.

실무에서 인도와 선적이란 용어가 혼용되어 사용되는 경향이 있는데 양자에는 본질적인 차이가 있다. 영미법에 따르면 인도(delivery)는 특정물품의 소유권을 타인에게 자발적으로 이전하는 것(voluntary transfer of possession)을 의미한다. 이에 비해 선적(shipment)이란 단순히 운송수단에 물품을 적재하는 것만을 의미하는데 여기에서의 운송수단은 해상운송에서의 선박뿐만 아니라 육상운송, 복합운송, 우편 및 특송업자에 의한 운송에서 사용되는 모든 운송수단을 포괄하는 광범위한 개념으로 이해되고 있다.

한편, CISG 제31조는 무역계약에 운송을 포함하고 있지 않는 경우에는 일정한 장소에서 물품을 매수인의 처분에 맡기는 것(the goods at the buyer's disposal at that place)으로 인도가 이루어지며, 운송을 포함하고 있는 경우에는 매수인에게 인도하기 위해(for transmission to the buyer) 최초의 운송인에게 물품을 넘겨줌으로써 (goods over the first carrier) 인도가 이루어진다고 규정하고 있다.

이에 따르면 대부분의 무역계약은 운송을 포함하고 있기 때문에 결국은 대부분의 무역거래는 최초 운송인에게 물품을 인도함으로써 매도인의 인도의무가 완성된다는 말이 된다. 그런데 매도인이 최초 운송인에게 물품을 인도하게 되면, 그 이후부터는 물품은 매도인의 통제를 벗어나 전적으로 최초운송인의 통제 하에 선적이 이루어진다. 따라서 매도인으로서는 인도하는 행위와 선적하는 행위를 동일한 시계열적 연장선으로 연결되어 있는 동일한 행위라고 간주할 수도 있을 것이다.

이러한 점에서 인도와 선적이라는 용어가 그 의미에 있어 본질적인 차이가 있기는 하지만 특별히 엄격하게 구분하여 사용해야할 필요가 있는 경우를 제외하고는 실무에서 이들 용어를 혼용하고 있다고 하여 이를 큰 문제로 생각할 필요는 없다고 보인다.

(나) 선적시기의 결정방법

① 특정선적조건

특정선적조건이란 선적시기를 특정기간 또는 일자로 약정하는 방법을 말하며 다음과 같이 구분된다.

특정월선적조건(specified month sipping terms)이란 선적시기를 특정월로 하는 조건을 말하며 단월선적조건이라고도 한다. 예컨대 6월 선적(June shipment or shipment

during June)이라고 정하면, 6월 1일부터 6월 30일에 선적하는 조건임을 의미한다. 물량이 많거나 본선의 배선 및 횟수가 적을 때 주로 이용된다,

연월선적조건이란 선적시기를 어떤 특정월부터 다른 특정월까지로 약정하는 조건을 말한다. 예컨대 5~7월 선적(May~July shipment or shipment during May, June and July)은 5월 1일부터 7월 31일까지 선적하면 되는 조건이다.

특정기간선적조건이란 선적시기를 특정일부터 특정일자로 하거나 특정월의 상반기(first half), 하반기(second half), 상순(beginning), 중순(middle), 하순(end) 또는 ~경(on or about) 등으로 약정하는 방법이다. 예컨대 "Shipment shall be made on or about May 10."은 5월 10일을 기준으로 전후 5일 이내 즉, 5월 5일부터 5월 15일까지의 11일간의 기간 동안 안에 선적하는 것을 의미한다.

특정일선적조건이란 선적시기를 특정일로 약정하는 방법으로 지정일자에 선적하도록 하는 조건이다. "Shipment must be made on May 10."과 같이 표기된다.

특정일후선적조건이란 선적시기를 특정일 이후 일징 기간이 경과된 날짜로 하는 조건을 말한다. 예컨대 "Shipment should be made(effected) after seller's receipt of credit.(매도자가 신용장을 수취한 날 이후)"와 같이 기재된다.

최종일선적조건이란 선적시기를 최종선적일(last shipping date)로 약정하는 방법이다. 가장 많이 사용되는 방법으로 매도자는 지정된 최종선적일까지만 선적하면 된다. "Shipment must be made not later than May 10."과 같이 표기된다.

조건부선적조건이란 선적시기를 특정조건이 이행되는 시점을 기준으로 하여 약정하는 방법이다. 즉 특정일을 기준으로 기간을 한정하는 방법이다. "Shipment within 90 days from this contract.", "Shipment subject to ship's space being available." "Shipment : Within two months after receipt of L/C." 또는 "Shipment during June, subject to seller's receipt of L/C by May 10.(신용장 수령을 조건으로 6개월 동안 선적)" 등과 같이 표기된다.

② 즉시선적조건

선적시기를 특정일자로 명시하지 아니하고 즉시 선적을 뜻하는 "immediately", "as soon as possible", "without delay", "soonest", "quickly", "at once", "as early as possible" 등과 같은 용어를 사용하는 조건을 말한다.

그런데 신용장통일규칙 제3조에 의하면 선적시기와 관련하여 이러한 애매모호한 표현이 사용될 경우 은행은 이를 무시(disregard)하라고 규정하고 있다. 따라서 이러한 용어는 사용하지 않는 것이 바람직하다.

(다) 선적지연

선적지연(delayed shipment)이란 선적기일 내에 선적을 이행하지 못하게 되는 것을 말한다. 선적지연은 대체로 매도인측의 과실 또는 고의에 기인할 때와 불가항력적 사정에 기인할 때가 있다.

매도인의 과실 또는 고의에 의한 선적지연은 매도인이 당연히 책임을 져야 하나 불가항력에 의한 선적지연이 발생하였을 때는 선적을 일시 연기하거나 선적의무를 전적으로 면제받을 수도 있다. 불가항력적 사정이 있었음을 입증하기 위해서는 수출국 주재의 수입국 영사 또는 상공회의소 등의 증명서가 이용된다.

무역거래에서 선적기일이 관한 분쟁이 발생할 경우 선적일자가 문제가 되는 경우가 많다. 운송서류 종류에 따른 선적일자 인정기준은 UCP에 규정되어 있다.

〈표 4-3〉 운송서류별 선적일자 인정기준

운송서류 종류	선적일자 인정기준	UCP
Ocean B/L Seaway Bill Charter B/L	본선 적재일(date of loading), 선적일(date of shipment) 또는 B/L 발급일, 수취선화증권에 부기된 본선적재일	제20조 제21조 제22조
Combined Transport Documents	적송일(date of dispatch), 수탁일(date of taking in charge), 본선적재일, 다만 사전에 이러한 내용을 운송서류상에 인쇄하였을 경우에는 운송서류의 발급일자, 운송서류에 스탬프 등으로 적송일, 수탁일 본선적재일이 스탬프 등으로 표시된 경우에는 그 날짜	제19조
항공운송서류	신용장이 실제의 적송일을 요구한 경우에는 적송일, 기타의 모든 항공운송장은 발행일자	제23조
도로·철도·내수로 운송 서류	인수인 찍힌 운송서류은 인수인의 날짜(date of the reception stamp) 인수인이 찍히지 않았을 경우에는 발행일	제24조
특급배달수령증 우편수취증	수령일(date of pick-up) 적송지에서 날인(stamped) 또는 기타의 방법으로 인증한 날짜	제25조

신용장통일규칙에는 은행이 선적 후에 발급된 선하증권만을 인정하도록 되어 있으나, 수취선하증권(received B/L)도 후일 선적 후 선적일자를 부기(on board notation)가 되어 있다면 은행이 수리하도록 규정하고 있다. 선적일자에 대한 분쟁을 사전에 예방하기 위해서는 신용장에 다음과 같은 문언을 삽입해 두는 것이 바람직할 것이다.

"The date of Bill of Lading shall be taken as conclusive proof of the day of shipment and the date of issuance of transport document determined in accordance with UCP(2007) shall be taken to be the date of shipment."

(2) 분할선적과 할부선적

(가) 분할선적과 할부선적의 개념

① 분할선적과 할부선적의 개념

분할선적(partial shipment)과 할부선적(instalment shipment) 모두 특정기간 동안에 계약물품을 2회 이상으로 나누어 선석하는 것을 의미한다는 점에서는 동일하다. 그러나 매도인과 매수인 중 누구에게 선택권(option)이 있는가 하는 점에 본질적인 차이가 있다. 할부선적은 수입상이 자신의 필요에 따라 선적량과 선적시기를 결정하여 신용장에 지시하고 있는 조건이며, 분할선적은 그러한 지시를 신용장에 명시하지 않고 "Partial shipment allowed"와 같은 문언을 삽입함으로써 수출상의 편의에 따라 분할하여 선적할 수 있도록 허용하고 있는 조건이다.

일반적으로 계약물품의 수량이나 금액이 많아 한꺼번에 선적하기 어려운 경우, 수출상은 물품이 생산 또는 집하되는 수량만큼씩 선적하고 그때마다 대금을 회수하는 것이 유익할 것이다. 또한 수입상도 약정품 전량을 한꺼번에 입수할 필요가 없을 때는 오히려 분할하여 입수하는 것이 자금 부담을 완화할 수 있을 것이다.

그러나 수입상이 분할선적을 금지해야 할 필요가 있을 때도 있다. 예를 들어 당해 물품을 전매선(轉賣先)에게 일괄납품하기로 약정하고 있는데 화물이 불규칙하게 분할되어 선적되면 자신의 판매 및 창고수급 계획 등에 지장을 가져올 것이다. 또한 기계류 등을 부분품으로 분해(knock down)하여 수입할 때 분할 선적된다면 최종선적분이 도착되기까지는 완성품으로 조립하지 못하게 된다.

UCP는 원칙적으로 분할어음의 발행 또는 분할선적을 허용하고 있다.[4] 따라서 신

4) UCP 600 제31조(분할어음발행 및 선적) a는 Partial drawing or shipments are allowed라고 규정되어 있지만, 종전의 UCP 500에서는 제40조에 Partial drawing and/or shipment are allowed,

용장에서 특별히 분할선적을 금지하지 않는 한 분할선적을 허용하는 것으로 해석된다. 다만 후일의 분쟁 여지를 없애기 위해서는 신용장에 분할선적 가능 여부를 명시해 두는 것이 바람직하다. 예컨대 분할선적을 금지하는 때는 "Partial shipments are prohibited(not allowed, not permitted)"로 표시하며, 분할선적을 허용하는 때는 "Partial shipments are allowed(permitted)"와 같이 표시한다.

② 복수의 운송서류와 분할선적

신용장이 분할선적을 금지하는데 복수의 선화증권이 제시될 때가 있다. 이러한 일은 신용장에 특정항구가 아니라 어느 지역 범위 내에서의 선적을 허용하고 있는데, 실제로 선적된 항구가 그 지역 내의 여러 곳일 때에 발생할 수 있다. 이때 각각의 운송서류에 동일한 운송방법(mode of transport) 내의 동일한 운송수단(means of conveyance)[5]에 동일한 운송을 위해 선적되었고, 동일한 목적지를 표시하고 있다면, 이들 서류가 서로 다른 선적일이나 적재항(수탁지, 발송지)를 표시하고 있더라도 분할선적으로 보지 않는다.

예를 들어 선적해야 할 물품이 100 C/Ts 인데, 어떤 선박이 인천에서 출항하여 부산을 거쳐 목적항구로 항해하는 항해일정으로 예정되어 있다고 하자. 수출상이 수출물량의 일부를 미처 확보하지 못해 우선 확보된 물량 80 C/Ts만을 5월 10일에 인천항에서 선적하고, 나머지 물량 20 C/Ts를 5월 15일 부산항에 도착한 동일 선박에 선적하였다면 비록 2조의 선화증권이 발행되었다고 하더라도 분할선적으로 간주되지 않는다.[6] 그러나 복수의 운송수단(예컨대 A, B 두 개의 선박)에 나누어 적재하였다면, 비록 각각의 운송수단들이 같은 날 같은 목적지로 출발하였더라도 분할선적으로 간주된다.[7]

제시된 복수의 운송서류에 표시된 선적일자가 각각 다르다면, 가장 늦은 선적 일자를 선적일자로 간주한다. 선적일자는 신용장에 명시된 최종선적일자, 최종발송일자 또는 최종수탁일자 또는 그 이전이어야 한다.[8]

---

unless the Credit stipulates otherwise.라고 규정하고 있어 신용장이 환적을 금지하고 있지 않으면 환적이 허용됨을 보다 정확하게 명시하고 있었다.

5) "mode of transport"란 선박운송, 항공운송 등과 같은 운송형태를 의미하고, "means of conveyance"는 선박편, 항공편 등과 같은 개별적인 운송수단을 의미한다.

6) 계약물품을 서울의 공장과 부산의 공장에서 분담하여 생산 · 선적할 경우도 있을 것이다.

7) ISBP 81, 105, 125, 147, 164

8) UCP 600 제31조(분할어음발행 및 선적) b ISBP 80, 105, 125, 146

한편, 2조 이상의 특송화물수령증, 우편수령증 또는 우송증명서가 제시되더라도, 동일한 장소 및 일자 그리고 동일한 목적지를 표시하고 있고, 동일한 특송업자 또는 우편서비스에 의해 스탬프 또는 서명되었다면 분할선적으로 보지 않는다.

③ 할부선적

할부선적(instalment shipment)은 계약물품의 분할회수, 수량, 각 분할분의 선적시기 등을 구체적으로 약정하고 이에 따라 선적하는 것을 말한다. "Partial shipments are allowed. Shipment to be proportionately split into three equal lots, for shipment during November, December 20×× and January, 20××."과 같이 표기된다.

신용장에서 할부선적이 지시되어 있다면 매도자는 반드시 이를 엄수하여야 한다. 만약에 정해진 할부부분의 어음발행이나 선적이 이행되지 않으면 당해 할부분은 물론이고 그 이후의 모든 할부분에 대한 신용장의 효력도 상실된다.[9]

수입상이 할부선적을 지시하는 이유는 다음과 같다. 수입물품이 계절적 상품이거나 수입상의 자금사정, 창고사정, 판매계획 등으로 일시에 전량을 수입할 수는 없지만, 동일물품에 여러 건의 신용장을 발행하는 불편을 제거하기 위하여 한 건의 신용장으로 발행할 때이다. 따라서 이러한 수입상의 권익은 보호되어야 하므로 UCP에서는 할부선적 의무 중 어느 한회차분만 위반하여도, 당해 선적분은 물론 그 이후의 선적분에 대하여도 신용장의 효력이 상실되도록 규정한 것이다.

그러나 어느 회차의 할부선적분이 선적기간을 위반하였는데도 발행은행이 대금지급을 하였다면, 그 할부분의 하자사항을 해제(release)한 것으로 보아야 하므로, 이를 이유로 다음 회차의 정당하게 제시된 운송서류에 대한 지급을 거절할 수 없다.

(3) 환적

(가) 환적의 개념

환적이란 적재항(수취장소)으로부터 양륙항(최종 목적지)까지의 운송과정에서 한 운송수단으로부터 양화하여 다른 운송수단으로 재적재하는 것을 말한다. UPC는 운송서류의 종류에 따라 다음과 같이 환적(transshipment)에 대한 정의를 하고 있다.

첫째, 신용장에서 복합운송증권을 요구하는 경우, 환적이란 신용장에 명시된 발송, 수탁 또는 선적지로부터 최종목적지까지의 운송과정 중에 한 운송수단(means of conveyance)에서 양화하여(unloading) 다른 운송수단으로 재적재(reloading)하는 것을

9) UCP 600 제32조(할부어음발행 및 선적)

말한다.[10]

둘째, 신용장에서 해상선화증권과 비유통성 선화증권을 요구하는 경우, 환적이란 신용장에 명시된 적재항으로부터 양륙항까지의 운송과정 중에 한 선박으로부터 양화하여 다른 선박으로 재적재하는 것을 말한다. 그리고 신용장에서 항공운송서류[11]를 요구하는 경우, 환적이란 신용장에 명시된 출발공항으로부터 목적공항까지의 운송과정 중에 한 항공기로부터 양화되어 다른 항공기로 재적재 되는 것을 말한다.[12]

셋째, 신용장에서 도로, 철도 또는 내륙수로 운송서류를 요구하는 경우, 환적이란 신용장에 명시된 선적, 발송 또는 운송지로부터 목적지까지의 운송과정 중에 동일한 운송방식(mode of transport) 내에서, 한 운송수단(means of transport)에서 양화되어 다른 운송수단으로 재적재[13]하는 것을 말한다.

한편, UCP는 신용장에서 용선선화증권이나 특송화물수령증, 우편수령증 또는 우송증명서의 제시를 지시하고 있는 경우에 대해서는 환적관련 규정 자체를 두지 않고 있다. 그 이유는 용선계약은 특정 선박을 이용하여 특정구간까지 운송하는 조건으로 계약하는 것이므로 다른 선박을 이용할 수 없어 현실적으로 환적이 일어날 수가 없다는 특징을 갖고 있기 때문이다. 또한 특송이나 우편 등은 출발지에서 목적지까지 운송업자의 책임 하에 운송되는 것으로 운송형태의 선택은 전적으로 운송인의 임의사항이므로 환적 여부를 운송서류에 표시할 수 없다는 점이 고려된 것으로 보인다.

UCP는 신용장에 환적의 허용 여부가 표시되지 않았을 때 어떻게 해석해야 하는지에 대한 명문 규정을 두고 있지 않다. 이에 대해 환적을 허용하는 것으로 해석해야 한다는 견해와 환적을 금지하는 것으로 해석해야 한다는 견해가 엇갈린다.

전자는 분할선적의 경우 허용여부가 표시되지 않으면 허용하는 것으로 간주하고 있으므로, 이러한 취지에 따라 허용하는 것으로 보자는 견해이다. 그러나 후자는 이렇게 해석될 경우 수입상의 입장에서는 매우 불리한 입장에 처하게 되므로 수입상을 보호하는 측면에서 환적을 불허하는 것으로 해석되어야 한다는 입장이다. 그 이유를 열거하면 다음과 같다.

① 환적과정에서 물품이 손상을 입을 수도 있고 또한 분실되는 경우도 있는데 실제로 이러한 손해는 주로 환적과정에서 자주 발행한다.

---

10) UCP 600 제19조(복합운송서류) b

11) UCP 600 제23조(항공운송서류) b

12) UCP 600 제20조(해상선화증권) b, UCP 600 제21조(비유통해상화물운송장) b

13) UCP 600 제24조(도로, 철도 또는 내륙수로운송서류) d

② ICC(A)조건으로 부보되지 않는 한 이러한 손실은 보험으로도 보상되지 않는다.

③ 분할선적은 수입상에게는 선적의 지연에 따른 손실에 불과하지만, 환적은 물품 자체의 훼손이나 분실과 관련된 중대한 사항이다. UCP에서도 운송중인 화물의 불안전성이 크게 제거되는 운송용구 예컨대 컨테이너나 LASH에 내적된 화물의 환적에 대해서는 특례를 두어 신용장이 환적을 금지하더라도 환적을 허용한다는 규정을 두고 있다는 것으로 볼 때, 그 외의 경우는 환적을 금지하고 있는 것으로 보아야 한다는 것이다.

실무의 입장에서는 후일의 논란을 제거하기 위해서 신용장 상에 환적가능 여부를 명시해 두는 것이 바람직하다. 표시방법은 분할선적의 허용여부를 표시하는 방법과 유사하다. 즉, 환적 금지 표시로는 "Transshipment is prohibited(not allowed, not permitted)", 그리고 환적 허용 표시로는 "Transshipment is allowed(permitted)"이 있다.

한편, 어떠한 상황에서도 환적을 금지하고 싶을 때는 단순히 신용장에 환적금지를 명시하는 것만으로는 부족하다. 왜냐하면 각각의 운송서류를 규정하고 있는 UCP 조항마다 신용장에서 환적을 금지하더라도 환적을 허용하는 조문을 포함하고 있기 때문이다. 따라서 이러한 경우 환적을 허용하고 있는 특정 UCP 조항 자체의 적용을 배제한다고 명시해두어야 한다. 특히 특정 지점에서의 환적을 금지하고 싶다면 신용장에 "Transshipment is not allowed at Hongkong."과 같이 특정 지점에서의 환적금지 문언을 삽입해 두면 그 지점에서의 환적을 금지시킬 수 있다.

(나) 환적의 판단기준

① 신용장이 환적을 금지하지 않을 때

은행이 운송서류에 관하여 환적과 관련된 내용을 심사할 때는 신용장이 환적을 금지하지 않고 있을 때와 금지하고 있을 때의 두 가지 기준에 의해야 한다.

신용장에서 환적을 금지하지 않고 있을 때에는 하나 또는 동일한 운송서류가 전체 운송(entire carriage)을 망라(cover)하고 있다면 물품이 환적될 것이라거나 환적될 수 있다고 표시될 수 있다.[14] 즉, 환적이 허용된다.

14) An transport document may indicate that the goods will or may be transhipped, provide that the entire carriage is covered by one and same transport document. : UCP 제19조 c, 제20조 c, 제21조 c, 제23조 c, 제24조 e

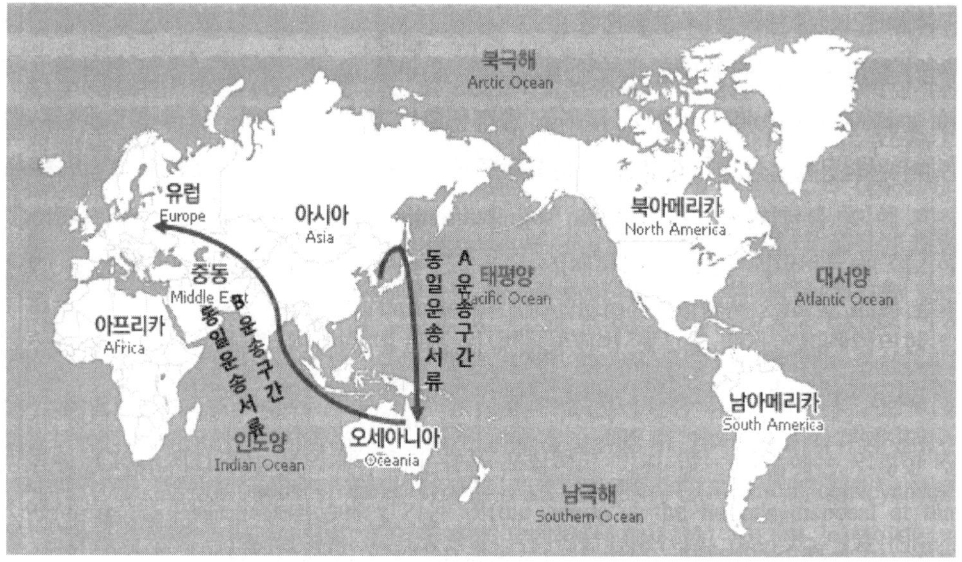

[그림 4-1] 하나의 운송서류가 전체 운송구간을 커버하는 경우

② 신용장이 환적을 금지하고 있을 때

신용장이 환적을 금지하고 있을 때는 원칙적으로 환적이 금지된다. 다만 다음과 같은 때는 운송서류에 환적될 것이라거나 환적될 수 있다고 표시될 수 있다.

㉮ 복합운송증권과 환적

신용장에서 복합운송서류를 수락하고 있다면 신용장의 다른 조항에서 환적을 금지하는 문언이 있더라도 환적이 허용된다.[15] 왜냐하면 복합운송은 필연적으로 환적을 수반하게 되므로 신용장에서 복합운송서류의 제시를 허용하였다면 자동으로 환적도 허용한 것이 되는데, 신용장에서 다시 환적을 금지하는 것은 결국 복합운송을 하지 말라는 것과 같이 되어 모순이 되기 때문이다. 따라서 은행은 신용장의 다른 조항에 "환적금지" 문언이 있더라도 이를 무시하게 된다.

㉯ 안전한 운송용구의 이용

신용장이 해상선화증권이나 비유통성 선화증권을 요구하고 있고, 물품이 컨테이너, 트레일러, 래쉬선(LASH barge)[16]에 선적된 때에는 환적이 허용된다.[17] 신용장 발행

15) UCP 600 제19조 c(ii)

16) Lighter Aboard Ship의 약자. 화물을 적재한 채로 본선에 적재되어 목적지까지 운송되는 바닥이 평형한 거룻배를 말함. 이는 대양을 항해할 능력은 없으나, 근거리 운항은 가능하다. 내륙운하가 발달된 유럽이나 큰 하천을 가진 국가에서 주로 이용된다.

의뢰인이 환적을 금지시키는 이유는 환적과정에서 물품에 발생할 수 있는 하자에 대한 불안감 때문이다. 그런데 최근 들어 컨테이너의 이용 등 안전한 운송도구들이 개발되어 이른바 "Door to door service"가 확산됨에 따라 다른 운송수단으로의 이적(移積)과 환적의 필요성이 증대되고 있다. 따라서 UCP는 이러한 운송환경의 변화에 맞추어 컨테이너 등에 의해 내적된 화물에 대한 환적을 허용하고 있는 것이다.

㉰ 운송인의 환적유보권 조항과 환적

신용장이 해상선화증권이나 비유통성 선화증권을 요구하고 있는데, 이들 운송서류에 운송인이 환적할 권리를 유보한다고 명기하고 있더라도 무방하다.[18] 대부분 운송서류의 운송약관에는 운송인이 예상하지 못하는 경우를 당하여 어쩔 수 없이 환적이 필요한 때를 대비하여 운송인의 판단으로 환적 할 수도 있다는 조항을 인쇄해 두고 있다. 신용장에서 환적을 금지하고 있는데 이러한 일반약관이 운송서류에 기재되어 있더라도 은행은 그러한 운송서류를 수리한다. 이는 선박회사의 책임 하에서 이루어진다는 점에서 개별적 환적과는 다르며, 또한 운송약관에 의하여 부여되는 운송인의 환적권한을 신용장통일규칙으로 제한하지 않겠다는 의미이다. 그러나 신용장이 환적을 금지하고 있는데, 운송서류의 앞면에도 환적을 금지한다는 명시(특별약관)가 있으면 수리되지 않는다.

㉱ 항공운송장과 환적

신용장이 항공운송장의 제시를 요구하고 있다면 신용장에서 환적을 금지하고 있더라도 신용장에 명시된 전체 운송구간을 하나 또는 동일한 운송서류에 의해 수행된다면 환적이 될 것이라고 표시되어 있어도 하자가 아니다. 이것은 항공운송에서는 직항노선이 많지 않으며, 하나의 항공기가 여러 공항을 경유하면서 운항하는 것도 어려워 기본적으로 환적을 전제로 하고 있으므로 환적을 금지하는 것이 비현실적이기 때문이다. 그럼에도 불구하고 환적을 금지시키고자 할 경우에는 신용장상에 UCP 600 제23조 C항의 적용을 배제시키는 조항을 삽입하여야만 가능하다.

항공운송서류에는 일반인들이 이해하기 어려운 영문 약자가 표시되어 있는데, 이는 모두 IATA(국제민간항공운송협회)가 공항과 항공사에 부여하고 있는 Code번호이다. IATA Coding은 IATA 홈페이지(http://www.iata.org)에 접속하면 확인할 수 있다. 위의 내용을 보면 캐나다 Vancouver(IATA code,YVR)에서 AC(Air Canada) 항공기에 탑재되어 캐나다 Toronto(IATA code, YYZ) 공항까지 운송되고, 그 공항에서 다

---

17) UCP 600 제20조 c ii, 제21조 c ii

18) UCP 600 제20조 d, 제21조 d

시 CA(Air China Limit.) 항공기에 환적되어 최종 목적공항인 독일의 Frankfurt/Main(IATA code, FRA)공항까지 운송될 것이라는 것을 나타내고 있다. 그리고 운항번호와 운항일자 역시 AC580/9 APR과 CA872/10 APR와 같이 두 개씩 표시하고 있다.

<table>
<tr><td colspan="5">Airport of Departure and request routing Vancouver to Frankfurt/Main Germany</td></tr>
<tr><td>To
YYZ</td><td colspan="2">By first Carrier AC   Routing and Destination
YVR/YYZ/FRA</td><td>To
FRA</td><td>By
CA</td></tr>
<tr><td>Airport of Destination
Frankfrut/Main Airport</td><td colspan="2">Flight Date
AC580/9 APR</td><td colspan="2">Flight Date
CA872/ 10 APR</td></tr>
</table>

※ 도시명 코드 : YYZ/토론토, YVR/뱅쿠버, FRA/프랑크푸르트
※ 약자 : AC/Airline Canada, CA/China Airline

[그림 4-2] 항공운송서류의 환적표시

㉮ 내륙운송서류와 환적

신용장이 도로・철도 또는 내륙수로 운송서류를 요구하고 있다고 하더라도 하나 또는 동일한 운송서류가 전체 운송구간을 망라하고 있다면 환적이 허용된다.[19] 그 이유는 이들 운송방법도 복합운송과 마찬가지로 환적을 전제로 하고 있기 때문이다. 다만 이때의 환적은 복합운송과는 달리 동일한 운송수단 내의(within the same mode of transport) 환적 즉, 차량에서 차량으로, 기차에서 기차로, 내륙수로 선박에서 내륙수로 선박으로의 환적을 의미한다는 것을 유의해야 한다. 따라서 만약에 신용장이 철도화물수탁증(railway consignment note)를 요구하고 있는데, 그 운송서류에 철도나 내륙수로 선박으로 환적되었음이 기재되면 수리되지 않는다.

③ 운송구간 밖에서의 환적

환적과 관련하여 혼돈하기 쉬운 문제가 있다. 신용장에서 해상선화증권이나 해상화물운송장 또한 항공화물운송서류를 요구하면서 환적을 금지하고 있는데, 운송서류에는 물품의 수취장소, 선적항, 도착항, 인도장소가 모두 표시되는 때가 있다.

그런데 어떤 운송형태든 물품이 육상의 특정 장소에서 육상운송 수단에 적재되어 선적항으로 운송되었다가 선박에 선적되고, 마찬가지로 도착항에서 다시 다른 운송수단을 이용하여 최종 목적지까지 운송되기 마련이다. 다시 말해 어떤 운송형태든 환

19) UCP 600 제24조 c

적은 불가피하게 발생하는 것이다. 따라서 운송서류에 선적항과 도착항 이외에도 수취장소와 최종목적지가 표시될 수도 있는 것이다. <표 4-4>는 운송서류에 인천항에서 수취한 물품이 부산항에서 선적되었고, 상하이항에 도착한 물품이 중국 내륙의 구이강시(市)의 최종 목적지까지 운송되었다는 것을 의미한다. 이러한 때 환적금지 조항을 위배한 것이 아닐까하는 의문을 가질 수 있다.

〈표 4-4〉 신용장 조건

43T : Transhipment **PROHIBITED**
44A : Place of taking in charge from … / Place of Receipt
44E : Port of Loading/Airport of departure **BUSAN PORT**
44F : Port of Discharge/Airport of Destination **SANGHAI, CHINA**
44B : Place of Final Destination/For transportation to …/Place of Delivery

〈표 4-5〉 운송서류 상 표시

Place or Receipt **INCHON PORT, KOREA**	Pre-Carriage By **HYUNDAI, JAKARTA**
Vessel Voy. No,. **ISLET ACE 325E**	Port or Loading **BUSAN PORT, KOREA**
Port of Discharge **SHANGHAI, CHINA**	Place of Delivery **GUIGANG, CHINA**

이와 같은 의문을 갖는 이유는 UCP 제19조 내지 제25조에서의 환적이란 신용장에서 명시된 운송구간 사이에서 하나의 운송수단으로부터 화물을 하역하여 다른 운송수단으로 옮겨 다시 적재하는 것을 의미하고 있으며, 또한 해상선화증권, 해상화물운송장, 항공운송서류가 본질적으로 Port-to-port or Airport-to-airport의 운송구간을 전제로 하여 발행되는 운송서류라는 점을 간과했기 때문이다.

다시 말해 신용장에서 명시하고 있는 운송구간 이외의 운송구간에서 하역하여 재적재하는 것은 환적으로 간주되지 않는 것이다. 신용장에서 명시하고 있는 운송구간이란 복합운송에서는 발송, 수탁 또는 선적지로부터 최종목적지까지를 의미하며, 해상선화증권이나 비유통성 해상화물운송장에서는 적재항에서 양륙항까지, 항공운송서류에서는 출발공항에서 목적공항까지 그리고 도로 · 철도 또는 내륙수로운송서류에서는 선적, 발송 또는 출발지로부터 목적지까지의 구간을 말한다.

따라서 예의 경우에는 선적항인 BUSAN PORT와 목적항인 SHANGHAI, CHINA만 이들 운송서류에 표시되었다면 운송서류가 갖추어야 할 요건을 모두 갖춘 것이 되므로, 물품 선적이전의 물품 수취장소나 목적항에서의 물품하역 이후의 최종목적지가 표시되었다고 하더라도 환적으로 간주되지 않는 것이다.

나. 보험조건

(1) 해상보험의 이해

대부분의 무역상품은 선박에 의한 해상운송방식으로 운송된다. 그런데 일반적으로 해상운송은 다른 운송수단에 비해 높은 위험성에 노출되어 있기 때문에 무역당사자로서는 적송화물에 대한 불안감을 갖게 된다. 이에 따라 운송 중의 손해에 대한 해상보험 부보의 필요성이 대두되며, 이때 보험가입 의무를 누가 부담할 것인지가 문제가 된다. 일반적으로 부보의무는 선택된 인코텀즈의 무역거래조건에 따라 결정되는데 예컨대 CIF나 CIP 조건에서는 매도인이 부보 책임을 진다.

해상보험계약은 해상운송 중에 발생할 수 있는 우발적 사고에 대하여 보험자가 손해의 전보를 약속하고 피보험자는 그 대가로 보험료를 지급할 것을 약속하는 낙성계약을 말한다.

해상보험에는 화주들의 이용하는 적하보험(cargo insurance), 해운업자(선주)들이 이용하는 선박보험(hull insurance), 운송업자(선주 또는 용선업자)들이 이용하는 운임보험(freight insurance) 등이 있다. 구체적인 해상보험제도에 대해서는 뒤에서 장을 바꾸어 설명하도록 한다.

(2) 담보위험과 전보손해

(가) 담보위험의 종류

담보위험(peril insured against)이란 발생한 손해를 보험자가 피보험자에게 보상해 주는 위험을 말한다. 피보험위험이라고도 하며 보험자가 보상할 책임이 있다는 점에서 보험사고라고도 한다. 담보위험은 보통담보위험과 특약에 의한 담보위험으로 나누어진다.

보통담보위험이란 손해발생시 당연히 보상해 주는 위험을 말하며, 그 위험의 범위

는 보험증권의 약관에 열거되어 있다. 특약담보위험이란 보통담보위험에서 제외되어 담보되지 않은 위험으로 손해를 전보[20] 받기 위해서는 추가보험료를 지불하고 특약하여 증권 면에 표시한 위험을 말한다.

(나) 전보손해의 종류

보험회사가 담보하는 손해보상의 범위를 결정하는 종래의 보험조건으로서 TLO, FPA, WA, A/R 등이 있는데, 이들 구보험조건은 보험자의 담보범위에 대한 각종 면책위험의 불명확성과 각 보험조건간의 담보위험에 있어서 그 한계가 불분명하였기 때문에 피보험자들이 보험조건으로 선택하는 데 어려움이 많았다. 따라서 1982년 1월 1일부터 개정되어 시행되는 협회적하약관(Institute Cargo Clauses, ICC)에서는 보험조건을 다음과 같은 세 가지, 즉 institute(A), institute(B), institute(C)로 구분하고 있는데, 이들을 각각 A약관, B약관, C약관이라고 부른다.

① 종래의 보험조건

전손담보(total loss only, TLO)란 화물이 전부 멸실 되었을 때에 한해서 전보되는 조건을 말하며, 분손부담보(free from particular average, FPA)란 전손, 공동해손은 물론 선박 또는 부선의 좌초, 침몰, 소실에 기인한 경우의 단독해손인 분손만을 보험자가 전보하며 기타의 단독해손인 분손은 전보하지 않는 조건이다. 분손담보(with average, WA)란 전손, 공동해손은 물론 모든 단독해손인 분손, 손해방지비용, 구조비도 전보하는 조건을 말하며, 전위험담보(all risks, A/R)란 선박의 불감항 또는 항해의 지연 및 화물 고유의 하자에 근인해서 발생한 손해 및 통상전 손해 이외에는 모두 전보되는 조건을 말한다.

② 개정된 보험조건

ICC(A)는 종래의 A/R과 유사한 조건으로 이름만 변경되었을 뿐이고 실질적인 내용에 차이점은 없다. ICC(B)는 종래의 WA의 담보위험이 명확하지 않았던 점을 보안하여 보험자가 보상하여야 할 담보위험을 구체적으로 열거하였다. ICC(C)는 종래의 FPA와 담보위험이 유사하다.

---

20) 전보(轉補, transferance)란 보험회사에서 손해를 갚아주는 것을 말한다. 다시 말해 피보험자의 손해를 보험자의 손해로 바꾸는 것을 의미한다.

2. 대금결제 및 기타조건

가. 대금결제조건

대금결제조건(terms of payment)이란 거래대상 물품의 대금지급과 관련된 사항을 약정하는 조건을 말한다. 무역에 있어 대금결제 방식은 크게 신용장 방식과 무신용장 방식으로 구분된다. 신용장 방식에 관하여는 뒤에서 장을 바꾸어 자세히 설명하기로 하며 여기에서는 무신용장 결제방식에 관하여만 살펴보기로 한다.

〈표 4-6〉 대금지급방법 및 지급시기의 비교

대금결제방법		대금결제시기			
		선지급	동시지급	후지급	혼합지급
현금결제		CWO	COD/CAD		
물품	물품교환				
환어음	신용장	선대신용장	일람출급 신용장	기한부 신용장	할부지급 신용장
	추심방식		D/P	D/A	
송금환	전신환(T/T) 우편환(M/T) 송금수표(D/D)	사전 송금방식	COD CAD	사후 송금방식	
기타				외상판매 위탁판매 청산계정	일부선지급 분할지급 (누진지급
특수 절차	팩토링, 포페이팅, 인카소(INKASO), 유네스코쿠폰(UNESCO Coupon), 에스크로(escrow), 국제금융리스(international financing lease)				
전자 결제	전자수표, 무역카드, 전자신용장, 전자자금이체, 신용카드(credit card), 직불카드(debit card), 전자화폐(electronic money)				

(1) 결제시기에 따른 분류

(가) 선지급

선지급(payment in advance, advanced payment)은 물품의 선적 또는 인도전에 대금을 지급하는 조건을 말하며, CWO 방식, 단순송금 방식(remittance base) 및 전대신용

장 방식이 이에 속한다.

CWO(cash with order)란 주문과 동시에 송금하는 방식을 말한다. 물품선적에 대한 결제가 보장되지 않으므로 본 · 지사 관계이거나 수출자의 신용이 두텁고 거래관계가 빈번하여 신뢰할만할 경우 또는 소액거래나 전자상거래로 물품을 구매할 때 제한적으로 이용되고 있다.

단순송금 방식(remittance base)은 CWO와 크게 다르지는 않지만, 주문과 동시에 대금을 송금하는 개념이 아니라 계약체결 시점을 기준으로 실제 물품을 수입상이 인도 받기 전에 대금을 송금하는 방식을 일컫는 말이다. 가장 대표적으로는 전신환송금(telegraphic transfer)이 있다. 선지급 방식을 나타내는 문언에는 다음과 같은 것이 있다.

- By T/T in advance within 10days after the date of Sales Contract.
- By T/T remittance before shipment in favor of supplier.

전대신용장(red clause or packing L/C)이란 수출상이 수출물품을 선적하기 전에 자금을 전대할 수 있도록 수권되어 있는 신용장을 말한다. 자주 사용되는 방식은 아니며, 양당사자가 본 · 지사간이거나, 수출상이 물품을 제조하거나 수집할 비용이 부족한 거래처와의 거래에 사용되기도 한다.

(나) 동시결제방식

동시결제방식(concurrent payment)이란 물품을 선적 또는 인도하거나 운송서류의 교부와 동시에 대금결제가 이루어지는 방식을 말하며, CAD, COD, D/P 및 일람불신용장 방식이 있다.

① 선적서류상환도 방식

선적서류상환도(cash against document, CAD) 방식은 수출업자가 선하증권 등의 운송서류를 수입상 또는 그 대리인(주로 수출지에 소재한 수입업자의 대리점이나 거래은행에 제시하고 수출대금을 상환(相換, against)하는 방식으로 선적불(cash on shipment)이라고도 한다. 이 방식은 물품을 이미 선적한 상태이므로 수입상이 서류의 인수를 거절할 때는 수출상이 어려움을 당할 수 있다.

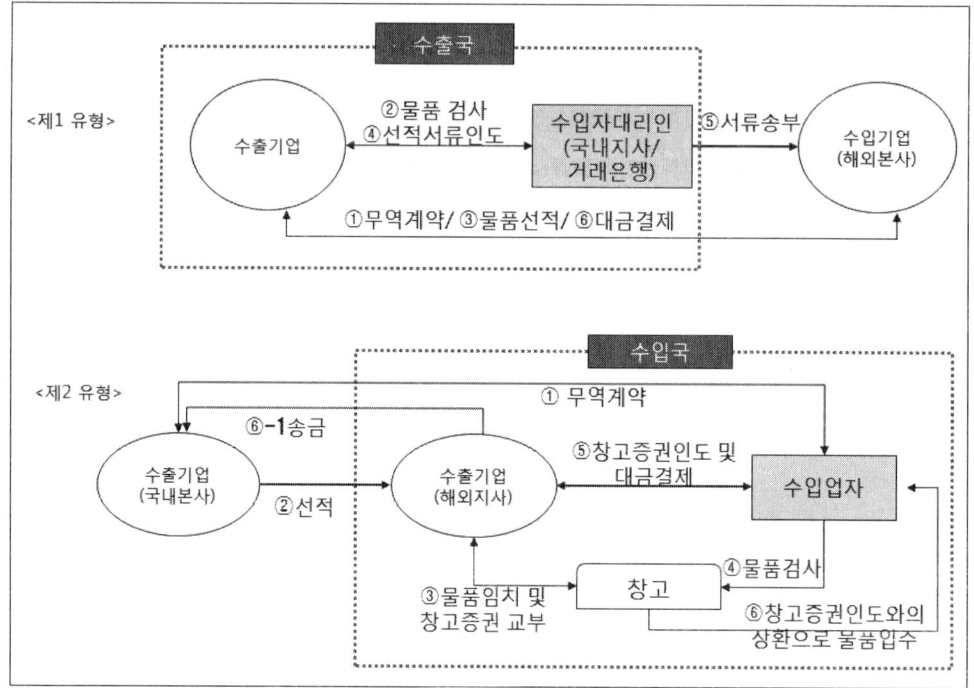

[그림 4-3] CAD방식의 절차도

② 대금상환도 방식

대금상환도(cash on delivery, COD) 방식은 수입상이 물품을 검사한 후에 물품을 인수하고 대금을 결제하도록 하는 방식이다. 이 방식은 수출상이 직접 물품을 목적지까지 운송하여 판매하거나 거래상대국에 자신의 대리점이 있어 그에게 물품을 송부하여 판매 업무를 대행하도록 할 때 이용된다. 전자의 경우 물품대금은 수출상이 직접 대금을 수령하게 되며, 후자의 경우에는 수입상이 수출상에게 송금하는 형태로 대금결제가 이루어진다.

수입상의 검사 후에 대금을 결제하는 방식이기 때문에 수출상의 입장에서는 대금회수 기간이 길며, 품질 등에 관한 클레임이 제기되면 대금회수가 어려워진다는 단점이 있으며, 수입상으로서는 대금을 지급하기 전에 물품을 검사할 수 있는 기회를 가질 수 있다는 장점이 있다. 국제무역보다는 국내에서의 거래에서 더 많이 이용된다.

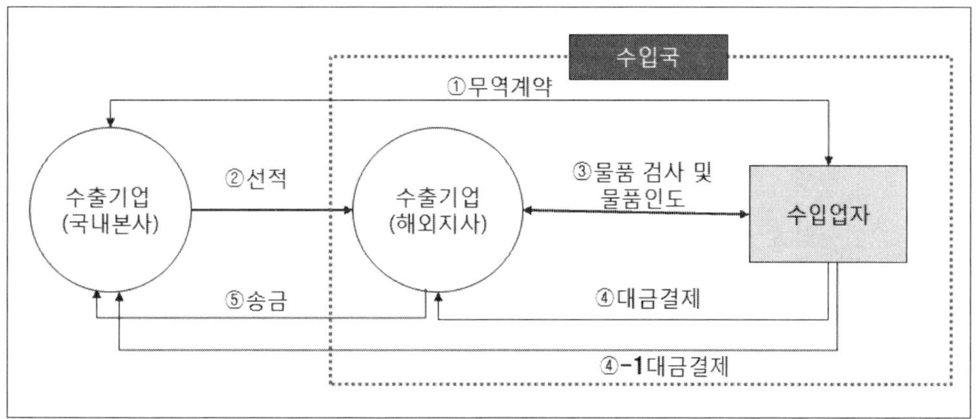

[그림 4-4] COD방식의 절차도

③ 일람불신용장 및 D/P

일람불신용장이나 D/P방식 모두 수출상이 물품 선적 후 선적서류와 일람불환어음과의 상환으로 대금이 지급된다는 점에서 동시지급방식으로 간주된다.

④ 후지급 방식

후지급(deferred payment) 방식이란 물품이나 선적서류가 인도한 후 일정기간이 경과한 뒤에 대금을 결제하는 방식을 말한다. 외상판매(sales on credit), 청산계정방식, 위탁판매방식 그리고 인수신용장(기한부신용장), 연지급신용장, 기한부매입신용장 방식이나 D/A 방식이 이에 속한다.

청산결제(open account)는 수출입대금을 매회 마다 직접 수수하지 않고 장부에 대차관계의 내용을 거래시마다 기장해 두었다가 일정기말에 이를 마감하여 대차의 차액만으로 청산하는 것을 말한다. 이는 후급의 일종으로 외화가 부족한 국가와의 거래시 주로 이용된다.

또한 혼합지급(mixed payment)이란 선지급, 동시지급 및 후지급방식을 혼합한 지급방식을 말하며, 형태로 누진불(instalment payment, rate payment) 방식과 분할지급신용장 방식이 있다. 예컨대 계약시에는 계약금으로 계약금액의 3분의 1을 T/T로 지급하고, 나머지 잔액은 선적 후에 지급하는 신용장방식으로 분할하여 지급하는 방식이다. 특히 기계설비, 플랜트, 선박 등과 같이 발주 후 선적시까지 수년이 걸리는 거래를 할 때에 대금을 분할하여 지급하는 방식을 중장기연불방식이라고 한다.

(2) 결제방식에 따른 분류

대금결제는 대금지급수단에 따라 현금 또는 물품에 의한 결제방식, 환어음에 의한 결제방식 그리고 전자결제방식으로 나눌 수 있다. 현급지급(cash payment)은 거래대금을 어음의 발행 없이 현금으로 지급하는 방식을 말하며, 현금선지급(cash in advance, CIA), 주문불현금지급(cash with order, CWO, 현품인도지급(cash on delivery, COD), 서류상환지급(cash against document, CAD), 수취증상환지급방식(payment on receipt L/C) 등이 있다. 물품 지급조건이란 거래대금을 다른 물품으로 지급하는 것을 말하며, 물물교환(barter trade)가 이에 속한다. 환어음에 의한 결제방식을 환어음을 이용하여 대금을 결제하는 것으로 추심결제방식과 신용장 방식이 이에 속한다. 전자결제방식(electronic payment)이란 전자적 수단을 이용하여 결제하는 것을 말한다. 전자수표(electronic check), 전자자금이체(electronic fund transfer), 무역카드(trade card) 및 전자신용장(electronic L/C)가 이에 속한다.

한편, 결제방식은 신용장의 이용 유무에 따라 신용장방식과 무신용장방식으로 나눌 수 있다. 신용장 방식에 대해서는 뒤에서 장을 바꾸어 설명하기로 하며, 여기에서는 무신용장 방식에 대해서만 살펴보기로 한다. 무신용장 방식은 대금결제수단으로 현금을 이용하는 송금방식과 환어음을 이용하는 추심방식으로 나눌 수 있다.

(가) 송금방식

매도인이 물품을 인도하기 전이나 동시 또는 그 이후에 매수인에 매도인에게 물품대금을 송금해 주는 방식을 말하며, 이용되는 송금수단에 따라 수표우송방식, 우편송금방식 그리고 전신송금방식으로 나눌 수 있다.

수표우송방식이란 송금인이 수표를 본인의 책임하에 수령인에게 보내는 방식을 말한다. 이용되는 수표로서는 개인수표와 은행수표가 있으며, 특히 은행수표를 우송하는 방식을 D/D(demand draft)라고 한다.

우편송금방식이란 송금인이 은행에 대금을 납부하고 그 은행으로부터 발급받은 우편송금환을 발급받아 우편을 이용하여 외국의 지정은행으로 송달하는 방식을 말한다. 우편송금환(mail transfer, M/T)이란 송금을 위탁받은 은행이 자신의 지정은행으로 하여금 특정인에게 그 금액을 지급하여 줄 것을 위탁하는 지급지시서(payment order)를 말한다. 시급하지 않은 송금이나 소액의 경우에 이용되며, 우송도중에 지급지시서를 분실하여도 부본(duplicate)으로 지급할 수 있어 수표우송방식 보다 안전한 방법이다.

전신송금방식(telegraphic transfer; T/T)은 송금인이 송금을 의뢰하면 은행 책임하에 지급은행에 전신으로 지급지시서를 보내는 방법으로 안전하고 신속한 방법으로 가장 널리 사용되는 방법이다. 거액의 송금이나 시급을 요하는 송금에 많이 이용되고 있으며 이때 적용되는 환율을 전신환율(T/T rate)라고 한다.

(나) 추심결제방식

① 추심결제방식의 의의

추심(collection)이란 은행이 접수된 지시에 따라 지급인도 또는 인수인도할 목적으로 서류(documents)를 취급하는 것을 말한다. 서류란 금융서류와 상업서류를 의미하며, 금융서류(financial documents)란 환어음, 약속어음, 수표 또는 금전의 지급을 위해 사용되는 증서 등을 말하며, 상업서류(commercial documents)란 송품장, 운송서류, 권리증권과 기타 금융서류가 아닌 모든 서류를 의미한다.

추심에는 무담보추심과 화환추심으로 나누어지며, 무담보추심(clean collection)이란 상업서류가 첨부되지 않은 금융서류의 추심을 말하며, 화환추심(documentary collection)이란 상업서류가 첨부된 금융서류의 추심은 물론 금융서류가 첨부되지 않은 상업서류만의 추심을 포함한다.

추심결제(collection)는 수출상이 상품을 선적한 후 서류를 추심의뢰은행 및 제시은행을 거쳐 수입상으로부터 대금을 지급을 받거나 인수한 후 추후에 결제 받는 방식을 말한다.

추심거래에서 은행(추심의뢰은행, 추심은행, 제시은행)은 당사자를 대신해 수출대금을 추심하거나 송금해주는 역할을 할 뿐 대금지급에 대한 보증을 하는 것은 아니다. 따라서 본지사간이나 신용이 두터운 거래처 사이에 주로 사용된다. 추심결제 방식에는 D/P, D/A 두 가지 방식이 있다.

D/P 방식(document against payment, 지급인도조건)은 추심 과정에서 수입지 은행이 수입자로부터 수출대금을 추심한 후 수출자로부터 송부되어온 류를 교부하는 방식이며, D/A 방식(document against acceptance, 인수인도조건)은 수입상이 인수행위[21]를 하면 일단 서류를 수입자에게 교부하고, 일정기간(D/A 기간) 후에 수입상에게 대금을 추심 하는 방식을 말한다.

21) 인수행위란 수입상이 어음에 대한 지급을 약속하는 의미로 어음 면에 "accepted(인수)"라는 문언을 기재하고 서명 날인하는 행위를 말한다.

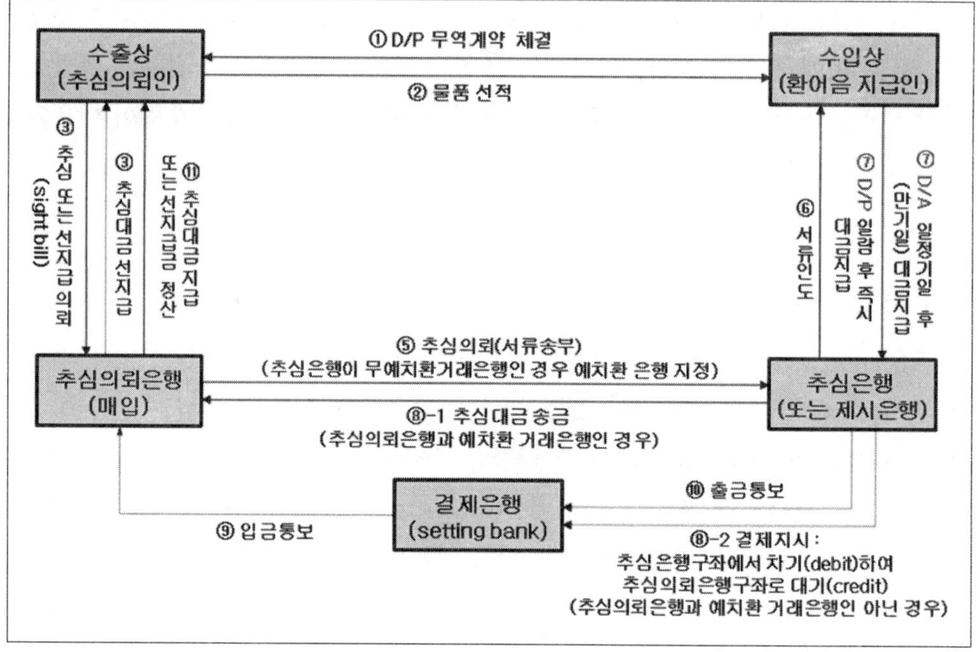

[그림 4-5] D/P 및 D/A 거래절차도

글 4-1

D/A방식과 Usance방식의 차이

실무현장에서 간혹 신용장에 의한 D/A거래를 한다는 말을 하는 경우가 있다. 또한 어떤 참고서적에는 D/A, D/P방식에서도 신용장방식이 있다고 되어 있는 경우도 본적이 있다. 그러나 이것은 잘못이다. 결론지어 말하자면 D/A나 D/P방식은 무신용장방식을 지칭하는 것이라고 이해하여 주기를 바란다.

실무자들이 혼돈을 겪고 있는 부분은 아마도 Usance와 D/A방식이 아닌가 생각된다. 두 가지 모두다 연불방식으로 거래된다는 점은 같다. 그러나 Usance는 신용장을 근거로 한 연불방식이며, D/A방식은 무신용장방식에 의한 연불조건이라는 점에서 근본적인 차이가 있는 것이다.

무신용장 추심방식과 신용장부 추심방식과는 다음과 같은 차이점이 있다.

첫째, 수출자는 이상과 같은 추심 과정이 완결되기 전에는 대금을 회수할 수 없으므로 대금의 결제가 지연된다. 다만 실무에 있어서는 이 경우에 수출지의 은행은 향후 수입지의 은행으로부터 수출대금이 지급될 것을 전제로 하여 추심 기간에 해당하는 이자를 공제하고 먼저 수출자에게 대금을 지급하는 경우도 있다.

둘째, 신용장개설은행이 없으므로 수입상이 악의 또는 불가피한 사정으로 대금지급을 회피하거나 지연할 경우 대금회수불능에 빠질 위험이 있다.

② **추심거래의 당사자**

추심거래의 당사자로는 추심의뢰인(principal), 추심의뢰은행(remitting bank), 추심은행(collecting bank) 및 제시은행(presenting bank)이 있다. 추심의뢰인을 거래은행에 추심업무를 의뢰하는 고객을 말하며, 일반적으로 수출상이다. 추심의뢰은행은 추심의뢰인인 수출상으로부터 추심업무를 의뢰받은 은행을 말하며, 일반적으로 수출상의 주거래 은행이 담당한다. 추심은행이란 추심과정에 참여하는 추심의뢰은행 이외의 다른 은행을 말한다. 따라서 제시은행은 추심은행에 속한다. 제시은행은 수입상의 지급 또는 인수와의 상환으로 추심서류를 제시하는 추심은행을 말하며 일반적으로 수입상의 거래은행이 지정된다. 그리고 지급인(drawee)이란 추심지시서에 따라 제시를 받아야 할 자를 말하며, 추심방식에서의 지급인은 수입상이 된다.

(3) 추심거래의 장단점

추심거래는 신용장 거래처럼 신용장 발행 절차가 필요 없으며, 은행의 서류심사 절차도 없다. 따라서 신용장 발행수수료를 절감할 수 있고 절차가 간편하다는 장점을 가지고 있다. 다만 은행의 지급보증이 없으므로 거래 당사자의 신용에만 의지해야 한다는 단점을 가지고 있다.

(가) 수출상의 장점

① **수출상의 신용도에 따라 대금 조기회수 가능**

수출상의 신용도가 높거나, 수출상이 D/P, D/A어음의 매입시 은행에 담보를 제공한다면 추심의뢰은행의 신용공여를 통한 환어음의 할인이 가능하다.

② **무역금융 활용가능**

추심결제방식으로 수출해도 수출실적으로 인정받는 것은 당연하며, 신용장 방식처럼 동일한 무역금융 혜택을 받을 수 있다. 예를 들어 구매확인서라는 서류를 발급해서 협력업체에서 물품을 조달한 뒤 추후 수입상으로부터 대금회수 후 지급할 수 있다.

③ **수출보험을 통한 위험 회피**

추심거래의 가장 단점은 대금지급에 대한 보증이 없는 점이지만 우리나라는 수출보험에 대한 부보를 통해 자신의 귀책사유가 없는 경우를 제외하고는 환어음의 지급

거절로 인한 대금회수 불능위험을 회피할 수 있다.

(나) 추심거래시 수입상의 장점

① 자금부담의 경감

추심방식은 수출상의 신용공여로 인해 물품이 수입국에 도착한 때에 대금결제를 하거나 (D/P), 물품을 인수 후 그 판매대금으로 결제(D/A)할 수 있다.

② 상업위험의 회피

추심방식으로 거래하는 경우에는 서류를 먼저 은행을 통해 받으므로 계약물품을 입수하지 못할 위험은 거의 없다고 볼 수 있다.

〈표 4-7〉 신용장방식과의 비교

구분	신용장방식	추심방식
거래근거	신용장	D/A, D/P 계약서
매도인 제공서류	금융서류, 상업서류	금융서류, 상업서류
대금지급보증	개설은행이 지급보증	은행의 지급보증 없음
대금지급시기	일람불, 기한부	일람불, 기한부
대금회수	확실함	불확실함
수출상의 자금회전	용이함	담보능력에 따라 차이가 있음
수출대금 회수	환어음 매입	환어음 추심 또는 매입
수입상의 자금부담	가중	없음
수입상의 비용부담	가중	없음
대금지급	은행	수입상
부족자금 융통	수출용원자재는 무역금융	수출용원자재는 무역금융

(4) 팩토링

(가) 팩토링의 의의

최근 소비자의 기호가 다양해짐에 따라 무역환경도 Buyer's market으로 변화되어 다품종, 소량, 소액의 거래가 증가하고 있다. 수시적이고 다발적으로 발생하는 소

량 · 소액의 거래를 모두 신용장 방식으로 거래해야 한다면 많은 비용 및 업무적 손실을 부담해야 할 것이므로 신용을 바탕으로 한 외상거래가 늘어나는 추세에 있다. 그러나 그동안 외상거래에서 흔히 사용해온 D/P · D/A 방식은 수출자로서는 대금회수에 대한 불안감을 안고 거래해야 하는 결제방식이었다.

국제팩토링(international factoring)은 이러한 불안감을 완화시켜주고 신용장 거래에 따른 손실을 회피하는 수단으로 개발된 새로운 대금결제방식이다. 팩토링이란 상환청구권이 없는 할인을 말한다. 팩토링을 제공하는 금융기관을 팩토(factor)라고 하는데, 팩토는 기업간 거래에서 발생하는 매도인의 외상매출채권을 이자와 수수료를 공제한 가격으로 매입하고, 이를 근거로 하여 매수인에게 외상매출 채권금액을 상환받음으로써 채권매입대금을 회수하는 것을 업으로 하는 금융회사를 말한다. 많은 팩토링회사를 회원으로 두고 운영하고 국제팩토링 기구에는 FCI(factors chain international)와 IFG(international factors group), 그리고 Heller Group 등이 있다.

(나) 국제팩토링에 의한 결제방법

국제팩토링을 통한 대금결제 과정을 수출자의 입장에서 살펴보면 다음과 같다.

① 수입업자로부터 상품주문이 내도하면
② 수출자는 수입자와 대금결제를 국제팩토링 방식에 의하도록 협의한 후, 수출팩터에게 수입자의 신용조사를 의뢰하는 신용승인신청서(credit approval request, CAR)를 제출한다.
③ 수출팩터는 수출자와 팩토링 계약을 체결하고, 수입팩터에게 수입자에 대한 신용조사와 수입팩터가 지급보증할 수 있는 신용한도를 설정해 주도록 의뢰한다.
④ 수입팩터는 수입자에 대한 신용을 조사한 후, 수입자에게 제공할 신용승인한도 및 거래조건을 협의하여 수입자와 수입팩토링 계약을 체결한다.
⑤ 수입팩터는 신용조사결과와 신용승인 금액, 대금결제기간 등에 관한 신용승인의 내용을 기재한 신용승인통지서(answer of CAR)를 수출팩터에서 송부한다. 만약에 수입업자의 신용상태가 불량한 경우에도 그러한 내용을 통지하게 된다.
⑥ 수출팩터는 수입팩터로부터 접수된 수입팩터의 신용승인 내용을 수출업자에게 통지하며, 팩토링 방식으로 수출 할 수 있도록 지원해준다.
⑦ 수출자는 신용승인통지서의 내용을 검토한 후 수출대금 회수에 문제가 없다고 판단되면, 수입자와 무역계약을 체결하여 상품을 선적하고 운송서류를 입수한다.

⑧ 수출자는 입수된 운송서류와 송품장 등을 첨부한 수출매출을 수출팩터에게 양도한다.

⑨ 이 때 수출자가 자금이 필요할 경우에는 동 대금결제서류를 수출팩터가 매입해 주도록 요청하는 때도 있는데, 이 경우에 수출팩터는 송품장 금액의 한도 내에서 이자와 팩토링 수수료를 공제하고 전도자금을 융자해 주기도 한다.

⑩ 수출팩터는 송품장의 원본 및 사본에 수입팩터로부터 우송되어 온 양도문언을 부착하여 수입팩터에게 우송하는 형태를 통하여 자신이 양도받은 수출채권을 다시 수출팩터에게 양도하게 된다.

⑪ 수입팩터는 먼저 운송서류를 수입업자에게 인도하며, 지급만기일에 수입자부터 수입대금을 회수한다. 이 때 수입자는 송품장상의 가격만을 지급하면 되기 때문에 팩토링 거래에 따른 일체의 비용은 수출자의 부담이 된다.

⑫ 수입팩터는 수입자로부터 지급받은 대금을 즉시 수출팩터에게 송금한다.

⑬ 수출팩터는 수입팩터로부터 송금된 대금을 수출자에게 지급하게 되는데, 만약에 ⑨와 같이 미리 전도자금을 제공한 경우에는 이를 상계하여 정산한다.

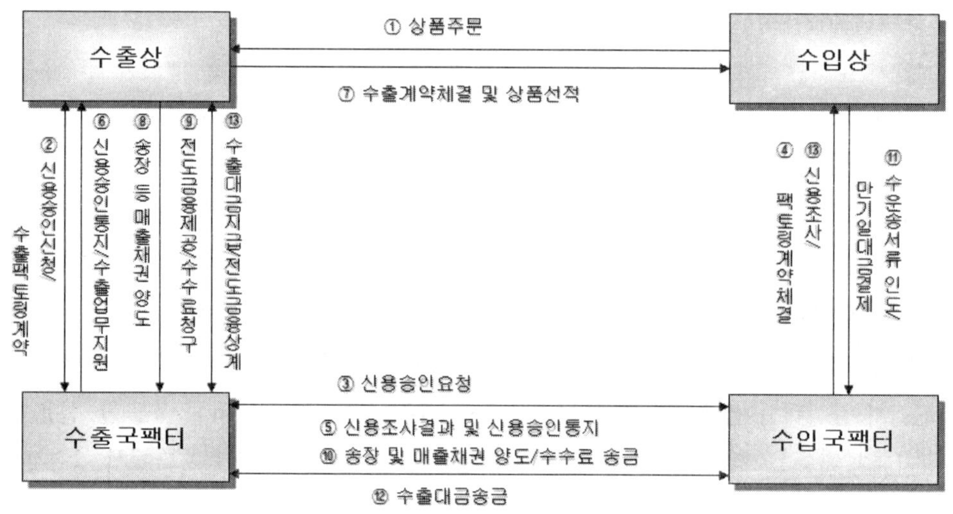

[그림 4-6] 국제팩토링의 결제방법

이처럼 국제팩토링 거래를 통하여 수출자는 외상매출이면서도 현금수출과 유사한 효과를 얻을 수 있으며, 수입자는 세계 어느 국가로부터도 신용을 이용하여 상품을 구입할 수 있어 자금을 효율적으로 이용할 수 있게 된다.

(5) 포피팅

(가) 포피팅의 의의

포피팅(forfaiting)이란 극단적인 신용위험이 존재하는 경우에 사용되는 전문적인 팩토링 기법으로서, 현금을 대가로 하여 특정 채권을 포기 또는 양도한다는 뜻으로 국제자본시장에서는 무역거래에 따른 환어음이나 약속어음을 포피터가 어음수혜자에 대한 소구권이 없이 고정이자율로 할인・매입하는 것을 말한다.

포피팅에는 수출업자와 수입업자 이외에도 포피터와 보증은행이 개입하는데, 포피터란 수출업자가 발행한 연불어음을 할인・매입하는 은행을 말하며, 보증은행이란 수입업자를 위해 환어음의 지급을 보증하거나 지급보증서를 발급하는 은행을 말한다.

포피팅을 이용하면 수입업자는 보증은행의 지급보증으로 거액의 물품을 연불조건으로 수입할 수 있고, 수출업자는 비록 연불조건의 외상수출이라 하더라도 포피터로부터 수출대금을 일람조건의 수출과 같이 즉시 받을 수 있으며, 특히 수출업자는 신용장 매입은행의 여신한도가 부족하여 환어음의 매입이 거절된 경우에도 포피팅을 통해 매입방법을 강구할 수 있다. 이러한 포피팅은 다음과 같은 특징을 가지고 있다.

① 포피팅은 주로 수출업자의 환어음이나 약속어음과 같은 채권을 대상으로 한다.
② 포피팅은 주로 소액이며 단기간결제(180일 이내)를 대상으로 하는 팩토링과는 달리 규모가 크고 3년에서 5년의 중장기 연불조건에 이용된다.
③ 포피터는 수출업자에 대한 소구권이 없으므로, 수출자는 안전하게 수출대금을 회수할 수 있다.
④ 포피터는 주로 고정금리로 환어음을 매입하므로 수출업자는 사전에 어음의 할인금리를 알 수 있어 원가에 반영할 수 있다.
⑤ 포피터는 수출업자에 대한 소구권도 없고, 수입업자의 신용상태도 파악할 수 없기 때문에 수입업자 거래은행의 지급보증만을 담보로 수출업자에게 금융을 제공하게 된다.

(나) 포피팅에 의한 결제방법

포피팅에 의한 결제는 다음과 같은 방법으로 이루어진다.

① 수출업자와 수입업자는 포피팅을 결제방법으로 하는 무역계약을 체결한다.
② 수출업자는 포피터와 포피팅계약을 체결한다.
③ 수입업자는 보증은행에 환어음을 제출하여 지급보증을 신청한다.

④ 보증은행은 별도의 지급보증서를 발급하거나 환어음에 "Aval[22]"이란 문언을 추가함으로써 환어음을 보증해준다.

⑤ 보증이 첨부된 환어음을 수입업자 또는 보증은행이 수출자에게 송부한다.

⑥ 수출업자는 계약의 내용대로 선적기일 내에 물품을 선적한다.

⑦ 수출업자는 약정된 포피팅계약에 따라 보증이 첨부된 환어음을 포피터에게 매입의뢰한다.

⑧ 포피터는 포피팅대금을 즉시 지급한다.

⑨ 포피터는 어음의 만기일에 보증은행에 환어음을 제시하여 지급을 요청한다.

⑩ 보증은행은 지급보증에 따라 포피터에게 대금을 지급한다.

⑪ 보증은행은 포피터가 제시한 어음을 수입업자에게 제시한다.

⑫ 수입자는 포피터에게 대금을 지급한다.

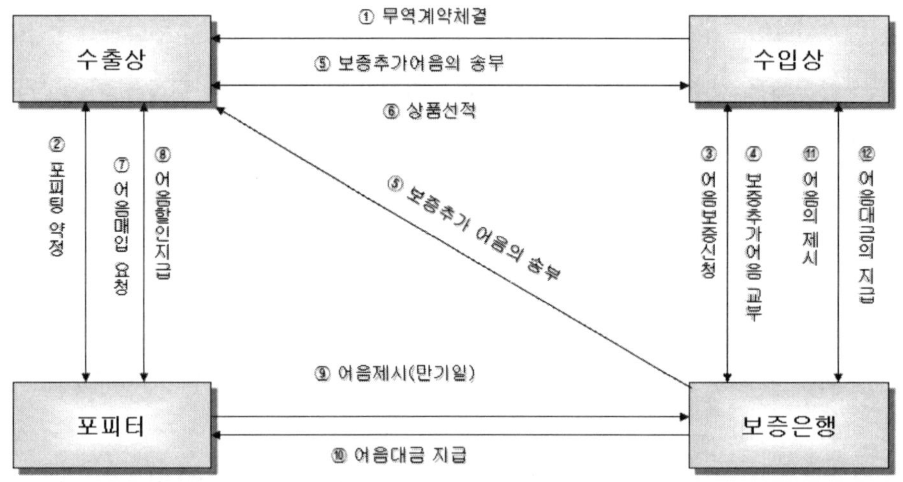

[그림 4-7] 포피팅에 의한 결제방법

22) 어음에 보증의 기명날인을 함으로써 어떤 특정한 채무자와 동일한 내용의 어음책임을 부담하겠다는 부속적인 어음행위를 말한다. 별도의 보증서 없이 간단한 문구만 추가함으로써 보증서와 동일한 법적 효력이 보장된다. 다만 미국과 이란 등 일부국가에서는 법적효력이 인정되지 않는다. 약속어음의 경우에는 "per aval"이라고 기입하고 그 아래에 보증은행명과 서명이 기재되며, 환어음의 경우에는 "per aval(drawee)"라고 기입하고 밑에 보증은행명과 서명이 기재된다.

나. 기타 조건

(1) 포장조건

포장(packing)은 물품의 수송, 보관, 거래, 사용 및 판매에 있어서 물품의 가치 및 상태를 보호하거나 높이기 위하여 적합한 재료나 용기 등으로 덮어 싸는 방법 및 상태를 말한다. 일반적으로 국제무역에서 포장이라고 하면 계약서나 신용장에서 특별히 요구하지 않는 한 수송, 보관을 위한 외장(outer packing)을 의미하며, 상품의 가치를 높이거나 소비나 사용상의 효율을 높이기 위한 포장의 개념은 포함되지 않는 것으로 이해된다.

예컨대 "Packing to be export standard packing and a compliance to this effect must accompany the original documents(포장은 수출표준포장으로 되어야 하며, 이러한 취지의 일치증명은 원본서류를 첨부하여야 한다.)"와 같이 표기된다. 수출표준포장에 대한 통일된 개념이나 기준은 없지만, 대체로 다음과 같은 것을 의미하는 것으로 해석된다. 즉 수출표준포장이란 국제무역 수행에 따른 상거리의 운송 및 장시간의 보관, 수차례의 하역에 견딜 수 있는 정도의 안정성과 취급의 편의성이 고려된 합리적이고 경제적으로 적정한 포장을 의미한다.

(가) 포장의 종류

포장의 종류로는 개장, 내장, 외장으로 나눌 수 있다. 개장(unitary packing)이란 물품의 최소 소매(retail)의 단위가 되는 최소의 묶음을 개별적으로 하나씩 포장하는 것을 말한다.

내장(interior packing, inner protection)이란 개장된 물품을 수송 또는 취급하기에 편리하도록 일정한 양의 개장물품을 묶어 다시 포장하는 것을 말한다. 내용물이 수분, 증기, 충격에 의해 손상되지 않도록 하기 위해 외장의 내부에 판지, 목모(excelsior, wood wool, 대패밥)나 목분(wood flour, 톱밥), 솜, 플라스틱 등을 채우거나 칸막이를 하는 것을 말한다.

외장(outer packing)이란 수송중인 화물의 변질, 파손, 도난, 유실 등을 방지하고 하역에 편리하도록 몇 개의 내장을 모아 다시 포장하는 것을 말한다. 나무상자(wood case), 판지상자(carton), 부대(bag), 드럼(drum), 철상자, 방수재, 충격방지재 등이 사용된다.

(나) 화인

화인(cargo mark, shipping mark)이란 포장화물의 타화물과의 식별을 용이하게 하기 위하여 외장에 표시하는 여러 가지 도형이나 문자를 말한다.

화인은 목적항, 포장번호, 수입업자 상호 등으로 구성된 주요부분(main marks)과 기타 임의사항으로 구성된다. 화인은 선하증권, 송장 등에도 기재되어 화물과의 대조를 용이하게 해준다. 기호와 번호가 표시되어 있지 않거나 불완전하게 표시된 포장(무인화물, no mark cargo, NM cargo)으로 말미암아 일어나는 사고는 매도인이 책임을 져야 한다. 특히 신용장에 화인의 표시방법이 명기되어 있다면 반드시 그에 따라야 한다.

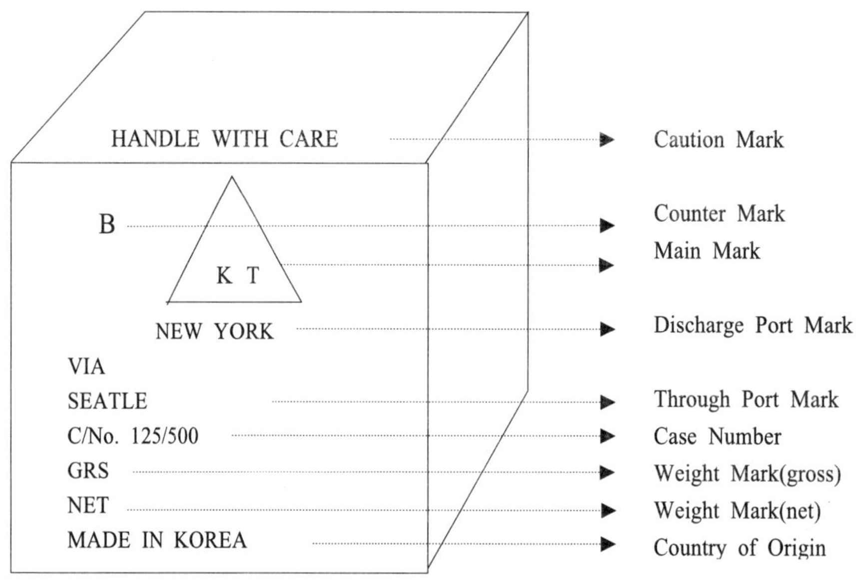

[그림 4-8] 화인의 표시

Main mark(주화인)는 다른 상품과의 식별을 쉽게 하기 위해 표시한 기호(symbol)이다. 보통 삼각형, 정방형, 다이아몬드형 등의 도형 안에 상호의 약자 등을 써넣는다.

Counter mark(부화인)란 주화인의 보조화인으로 타 화물과 식별을 용이하게 하기 위한 화인이다. 생산자나 공급자의 약자를 표시하는 것이 보통이다.

Quality mark(품질표시)에는 내용물의 품질 또는 등급이 표시된다. 수출검사를 받았을 때에는 검사합격의 표시를 하기도 한다.

Port mark(목적항 표시)에는 화물의 도착항 또는 목적지를 표시한다. 경유지가 2개소 이상일 때, 예컨대 양륙항이 샌프란시스코이고 목적지가 시카고라면 "Chicago via San Francisco"와 같이 표시되며, 해로와 육로를 경유할 때는 "Chicago overland via San Francisco"라고 표시하기도 한다. 또한 도착항에서 다른 지역으로 운송될 때는 "San Francisco in transit"와 같이 표시된다.

Country of origin(원산지표시)는 상품의 원산지 국명을 표시한다. 대체로 화인의 맨 아래 부분에 위치한다.

Caution mark(주의표시)는 화물취급상 주의할 점을 표시한 것인데, 보통 포장의 측면에 표시하기 때문에 Side marks라고도 한다. 주의표시에는 HANDLE WITH CARE, KEEP DRY, FRAGILE, THIS SIDE UP, OPEN HERE 등이 있다.

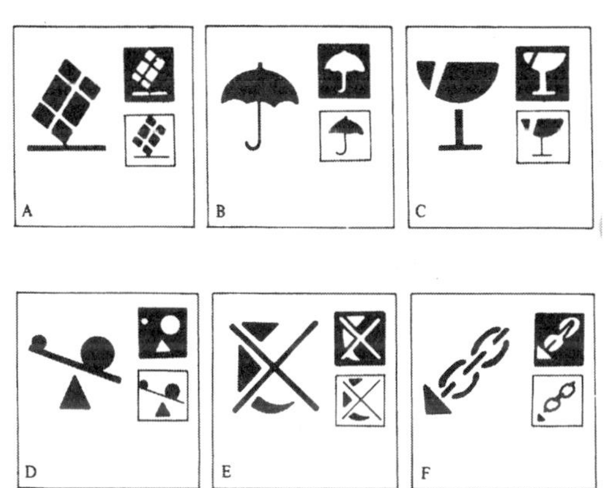

A : 넘어지기 쉬움(반듯하게 세울 것)
B : 물기를 피할 것
C : 부서지기 쉬운 것임(낙하나 충격을 피하도록 할 것)
D : 무거운 쪽의 표시
E : 갈고리 사용금지
F : 줄을 걸치는 곳의 표시

[그림 4-9] 그림으로 된 Care Mark의 예①

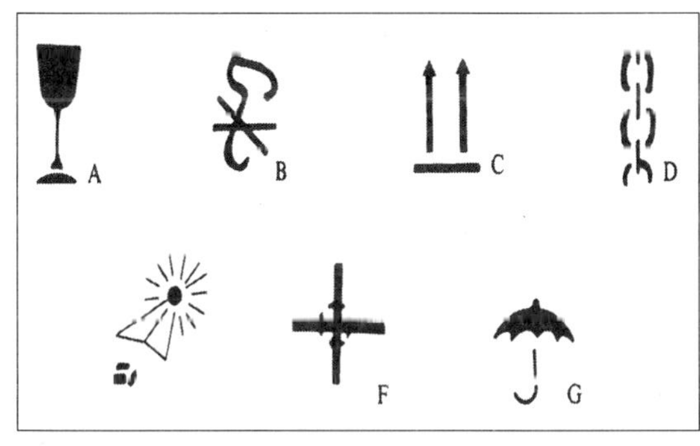

A : 깨어짐(handle with care)
B : 갈고리 사용금지(use no hooks)
C : 위쪽(this way up)
D : 걸어 올림(sling here)
E : 열에서 격리(keep away from heat)
F : 무게중심(center of gravity)
G : 적시지 말 것(keep dry)

[그림 4-10] 그림으로 된 Care Mark의 예②

글 4-2 **문자로 된 Care Mark의 예**

- WITH CARE; HANDLE WITH CARE : 취급주의
- FRAGILE HANDLE WITH CARE : 파손주의
- KEEP OUT OF SUN : 직사 일광 피할 것
- OPEN IN DARK PLACE : 암실에서 열 것
- NOT TO BESTOWED BELOW OTHER CARGO : 하적금(다른 화물 밑에 싣지 말 것)
- KEEP UP RIGHT : 바로 세워 들것
- DO NOT DROP: 떨어뜨리지 말 것
- PERISHABLE GOODS : 부패하기 쉬움
- KEEP FLAT; STOW LEVEL : 평가하게 싸둘 것
- KEEP DRY; GUARD AGAINST WET : 습기를 피할 것
- USE NO HOOK; NO HOOK : 갈고리 사용 금함
- THIS SIDE UP; THIS END UP : 이쪽을 위로 둠
- TOP : 위쪽 표시
- DO NOT STORE IN A DROP PLACE : 습기 있는 곳에 두지 말 것
- STOW AWAY FROM BOILER : 보일러 가까이 두지 말 것
- POISON : 유독성물
- EXPLOSIVE : 폭발위험물
- REMOVE TOP FIRST CUT TRAPS : 모서리의 쇠붙이를 뗀 다음에 뚜껑을 열 것
- CENTER OF BALANCE : 중심
- INFLAMMABLE : 가연성물
- KEEP COOL; STOW COOL : 찬 곳에 둘 것
- SLING HERE : 줄을 걸치는 곳

(2) 분쟁해결 조건

(가) 중재조항

분쟁해결조건(terms of distribution settlement)이란 거래당사자의 사기행위 또는 품질, 인도시기, 수량, 포장 등 계약조건의 위반 또는 불이행으로 인하여 야기되는 분쟁의 해결방법을 약정하는 것을 말한다. 중재조항, 재한관할조항 및 준거법 조항이 이에 해당한다.

분쟁해결방법으로 가장 바람직한 방법은 사전에 분쟁발생을 예방하는 것이며, 부득이하게 분쟁이 발생하였다면 당사자 상호간의 이해와 양보를 기초로 하는 타협으로 해결하는 것이 그 다음의 최선책이다. 왜냐하면 분쟁의 해결과정에서 상호간의 감정이 악화되어 미래의 지속적인 고객관계가 불가능하게 되어 버리는 일이 발생할 수도 있기 때문이다. 타협의 방법으로는 화해, 알선 그리고 조정이 있다.

타협의 방법에 의해 분쟁이 해결되지 못할 때에는 제3자의 강제적인 결정에 따라서 해결할 수밖에 없게 된다. 강제적 분쟁해결방법에는 중재와 소송이 있다. 그러나 소송에 의한 방법은 많은 시간과 비용을 필요로 하기 때문에 마지막 해결방법으로만 이용되어야 한다.

이에 비해 중재는 단심제이므로 분쟁을 조속히 종결시킬 수 있으며, 비용이 적게 들어 경제적이다. 또한 무역전문가인 중재인에 의해 판정되므로 소송보다는 현실적이고 합리적인 해결을 기대할 수 있다. 뿐만 아니라 뉴욕협약(New York Convention, 1958)에 의해 중재판정 결과의 강제집행이 국제적으로 보장된다는 장점도 가지고 있다.

중재를 통해 무역분쟁을 해결하려면 계약서에 중재조항(arbitration clause)을 미리 설정해 두어야 한다. 중재조항은 중재기관, 중재장소 및 준거법 등의 내용으로 구성되어 있는데, 대한상사중재원에서는 표준중재조항(standard arbitration clause)을 제정하여 이를 사용할 것을 권고하고 있다.

- Arbitration : All disputes, controversies, or differences which may arise between the parties, out of or in relation to or in connection with the contract, or for the breach thereof, shall be finally settled by arbitration in Seoul, Korea in accordance with the Commercial Arbitration Rules of the Korean Commercial Arbitration Board and under the Laws of Korea. The award rendered by the arbitrator(s) shall be final and binding upon both parties concerned.
- 이 계약으로부터, 이 계약과 관련하여 또한 이 계약의 불이행으로부터 당사자 사이에 발행할 수 있는 모든 분쟁, 논쟁 또는 의견차이는 대한민국 서울에서 대한상사중재원의 상사중재규칙 및 대한민국 법에 따른 중재에 의해 최종적으로 해결한다. 중재인(들)에 의해 내려지는 판정은 최종적인 것으로 하며, 당사자 쌍방에 대해 구속력을 가진다.

(나) 재판관할조항

재판관할조항(jurisdiction clause)이란 어느 법원에 재판관할권이 있는지를 명시한 계약서상의 조항을 말한다. 재판관할권이란 분쟁이 발생하였을 때 그 사안에 대하여 재판을 진행할 수 있는 권한을 말한다. 재판관할권을 가진 법원만이 재판의 진행과 판결 그리고 집행할 수 있는 권한을 갖는다.

무역계약에서 분쟁해결을 중재에 의하기로 약정하지 않았거나 뉴욕협약에 가입되어 있지 않은 국가와의 거래인 경우 또한 기타의 사유로 중재합의가 이루어지지 못한 때에는 재판에 의해 분쟁이 해결된다. 이때 당사자 사이에 어느 법원에 재판을 진행하고 그 판결에 따를 것인지와 관련한 재판관할권의 문제가 발행할 수 있다. 따라서 매매계약시 어느 국가의 관할법원에서 소송절차를 진행할 것인지를 합의해 둘 필요가 있다. 그렇지 않으면 당사자들이 서로 자신에게 유리한 법원을 주장하게 되어 또 다른 분쟁의 원인이 될 수도 있으며, 이중제소에 따라 각국 법원에서 독자적으로 재판을 진행하여 하나의 사안에 대해 서로 다른 판결이 내려지는 상황이 발생할 수도 있기 때문이다.

(다) 준거법조항

준거법(governing law, applicable law, proper law)이란 어떤 사안에 대한 법률관계에 적용될 법률을 말한다. 준거법조항이란 준거가 되는 법을 정해둔 계약서상의 계약조항을 말한다. 무역거래는 법률제도를 달리하는 당사자 사이의 거래이므로 거래당사자들은 어느 나라의 법률에 따라 해석할 것인가를 미리 합의하여 계약서상에 명시해둘 필요가 있다. 이때 만약에 준거법과 재판관할지가 다르다면 준거법 적용의 효력이 제대로 발휘될 수 없을 것이므로, 양자를 일치시켜 약정하여야 한다.

- Governing law : This agreement(contract) shall be governed by and construed and preformed by the Laws of Korea.(준거법 : 이 계약은 한국법에 따라 해석되고 실행된다.)
- Trade terms : The trade terms used under this contract shall be governed and interpreted by the provisions of INCOTERMS 2010.(거래조건 : 이 계약 조건은 인코텀즈 2010 규정에 따라 적용되고 해석된다.)
- In the event of conflict between the laws a Korea and INCOTERMS 2010, INCOTERMS 2010 shall prevail and govern.(한국법과 인코텀즈가 충돌할 때는 인코텀즈를 우선한다.)
- The formation, validity, construction and performance of this Agreement shall be governed by the laws of Korea.(이 계약의 성립, 효력, 구성 및 실행에는 한국법이 적용된다.)

Chapter 5

무역계약의 정형거래조건

Chapter 5

무역계약의 정형거래조건

제 1 절 무역거래조건의 정형화

1. 정형거래조건의 이해

가. 정형거래조건의 의의

무역거래에 있어 물품의 가격, 포장, 품질, 인도장소를 어떻게 결정할 것인지 그리고 물품운송에 따른 위험이나 비용 등을 매도인과 매수인이 어떻게 분담하는지는 매매당사자의 합의에 따라 매매계약 조건으로 포함되는 것이 보통이다. 그러나 매매당사자 사이의 이러한 다양한 의무를 매매계약시마다 일일이 합의를 통해 결정한다는 것은 실무적으로 매우 복잡하고 번거로운 일이다. 또한 거래 물품이나 지역에 따라 서로 다른 다양한 상거래 조건들이 산발적으로 형성되어 사용되어 왔으며, 서로 다른 상관습과 법령에 따라 달리 해석됨으로써 많은 무역 분쟁의 원인이 되어왔다.

1936년 국제상업회의소(International Chamber of Commerce, ICC)는 이러한 문제를 해소할 목적으로 그동안 일반화되어 오랜 기간 동안 널리 사용되고 있는 정형거래조건[1])을 선정하고, 이를 표준화하여 그에 대한 통일된 해석을 제정하였다. 이를 "무역조건의 해석에 관한 국제규칙(International Rules for the Interpretation of Trade Terms)"이라하며, 약칭하여 International Commercial Terms 또는 "Incoterms"라고 부른다.

1) 정형거래조건(trade terms)이란 원래 무역거래에서 오랜 기간 동안 사용되어 오면서 국제적으로 정형화된 물품매매조건을 말한다.

나. 정형거래조건의 발전과정

1936년에 제정된 Incoterms 규칙은 이 후에 국제무역 관습 및 국제무역 환경의 변화에 따라 여러 차례의 개정을 거듭하여 왔고, 현재는 2011년 개정된 Incoterms 2010이 시행되고 있다.

Incoterms 1936년은 11가지의 정형거래조건에 대한 매도인과 매수인의 의무를 규정하였으나, 1953년 개정에서는 '기명선적항 반입 인도조건(Free)'과 '기명목적지 반입 인도조건'(Free or Free Delivered)이 삭제되어 9종류로 축소되었다. 1967년에는 '국경지 인도장소 인도조건'과, '관세지급필 반입 인도조건'이 추가되어 다시 11종류로 늘어났으며, 1976년에 '출발공항지 인도조건'이 추가되어 12종류가 되었다.

이후 국제운송에 컨테이너라는 운송용구의 사용으로 이른바 '문전에서 문전까지(door to door)'의 서비스가 가능한 복합운송이 크게 증가함에 따라 1980년 개정에서는 복합운송에 적합한 'Free Carrier' 조건과 'Freight/Carriage and Insurance Paid to' 조건을 신설하고, 그동안 내륙운송에서만 사용되던 'Freight/Carriage Paid to'을 복합운송에서도 적용할 수 있도록 함에 따라 모두 14 종류로 확대되었다.

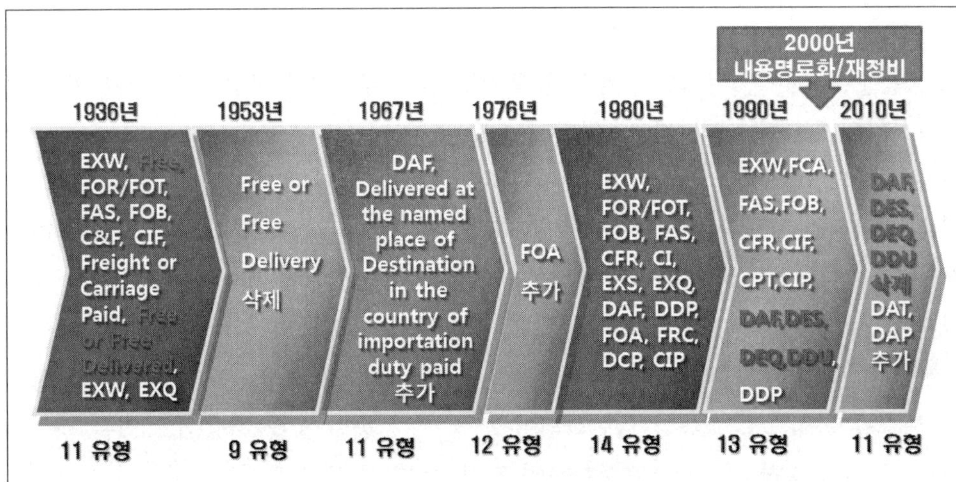

EXW(Ex Works), Free(Free ...named port of shipment), FOR/FOT(Free on Rail/Truck ...named departure point), FAS(Free Alongside Ship ...named port of shipment), FOB(Free on Board ...named port of shipment), C&F(Cost and Freight ...named port of destination), CIF(Cost, Insurance and Freight ...named port of destination), Freight or Carriage Paid to ...named place of destination, Free of Free Delivered ...named point of destination, EXS(Ex Ship ..named port), EXQ(Ex Quay ...named port), DAF(Delivered at Frontier ...named place of delivery at frontier), FOA(FOB Airport ...named airport of departure), 4) CFR(Cost and Freight), DDP(Delivered Duty Paid), FRC(Free Carrier), DCP(Freight or Carriage Paid to), CIP(Freight or Carriage and Insurance Paid

[그림 5-1] Incoterms 조건의 변천과정

1990년 EDI(electronic data interchange)의 사용증대와 복합운송의 발전에 대응하고, FOR/FOT(철도/트럭 인도조건)의 분쟁증대를 방지하기 위해 Incoterms 1990으로 개정되었다.

Incoterms 2000은 Incoterms 1990의 골격은 그대로 유지한 상태로 그 내용을 보다 명료하게 하는 수준으로 개정되었기 때문에 Incoterms 1990의 13종류의 거래조건은 Incoterms 2010에서 11개의 종류로 개정되기에 이르기까지 약 20년 동안 국제무역 거래에서 사용되어 왔다.

〈표 5-1〉 인코텀즈 정형거래 조건의 변천과정

Incoterms	trade terms
1936[1](11유형)	• EXW(공장인도조건) • Free(기명선적항 반입 인도조건) • FOR/FOT(철도/트럭 인도조건) • FAS(선측 인도조건) • FOB(본선 인도조건) • C&F(운임포함조건) • CIF(운임 및 보험료 포함조건) • Freight or Carriage Paid to(운임지급필 조건) • Free or Free Delivered(기명목적지 반입 인도조건) • EXS(착선 인도조건) • EXQ(기명항 부두 인도조건)
1953(9유형)	• Free(삭제) • Free or Free Delivered(삭제)
1967[2](11유형)	• DAF(국경지 인도장소 인도조건) • Delivered at named place of destination in the country of importation duty paid(관세지급필 반입 인도조건)의 두 조건을 부록으로 수록
1976(12유형)	• FOA(출발공항지 인도조건) (Incoterms 1976의 부록으로 수록)
1980(14유형)	• EXW, FOR/FOT, FOB, FAS, CFR, CI, EXS. EXQ, DAF, DDP. FOA, FRC, DCP, CIP
1990(13유형)	• EXW, FCA, FAS, FOB, CFR, CIF, CPT, CIP, DAF, DES, DEQ, DDU, DDP
2000(13유형)	• Incoterms 1990의 기본 골격 유지 • 내용의 명료화 및 재정비
2010(11유형)	• EXW, FCA, CPT, CIP, DAT, DAP, DDP, FAS, FOB, CFR, CIF

2. INCOTERMS 2010

가. INCOTERMS 2010의 개정배경

Incoterms는 앞에서와 같이 여러 차례 개정하여 변화되는 무역관행을 반영해왔다. Incoterms 2010의 개정 배경을 요약하면 다음과 같다. ① D그룹 조건들의 이용률 저조, ② 해상매매계약에서 위험 및 비용의 분기점으로 Ship`s rail을 기준으로 한 점에 대한 비판과 ③ 화물터미널에서의 화물취급 비용 부담자에 대한 논란이 지속되어 왔으며. ④ 전자무역의 발전에 따른 대응의 필요성 증가, 그리고 ⑤ 9・11테러 등으로 인한 수출입화물의 안전에 대한 관심이 높아졌다는 점을 들 수 있다.

Incoterms 2010의 주된 개정 내용은 다음 절에서 살펴볼 Incoterms 2010의 "서문(Introduction)"에서 설명하고 있는데, 그 내용을 요약하면 <표 5-2>와 같다.

〈표 5-2〉 Incoterms 2010 규칙의 주요 개정내용

구분	Incoterms 2000	Incoterms 2010
규칙의 공식명칭 변경	정형거래조건에 관한 국제해석규칙(International Rules for the Interpretation of Trade Terms)	정형거래조건의 해석에 관한 ICC 공식규칙(ICC official Rules for the Interpretation of Trade Terms)
총 규칙의 수	13 종류	11종류
D그룹의 변화	DAF, DES, DEQ, DDU, DDP	DDP, DAT, DAP
그룹 구분	E, F, C 및 D의 4그룹	운송방법에 따라 2그룹의 구분
사용범위	국제물품 매매	국제물품 매매/국내물품 매매
위험분기점	선측난간(ship's rail)	선복 적재(vessel on board)
사용지침	없음	각 규칙의 앞에 삽입
보안조치	없음	신설
전자적 메시지	제한적 허용	대폭적 허용
연속판매 개념	없음	신설
THC 등의 분담	불명확	명확화

나. INCOTERMS 2010의 서문

Incoterms 2010 서문은 "Incoterms 2010의 사용방법"과 "Incoterms 2010의 주요 특징"의 두 부분으로 구성되어 있다.

(1) Incoterms 2010의 사용방법

(가) Incoterms 2010 규칙을 매매계약에 포함시킬 것

Incoterms는 임의규정이다. 따라서 당해 계약에 Incoterms 2010을 적용시키고자 한다면 그러한 취지의 문언, 예컨대 "선택된 기명 장소를 포함하고 있는 Incoterms 규칙은 Incoterms 2010에 따름(the chosen, Incoterms rule including the named place, followed by Incoterms 2010)"과 같은 문언을 계약에 명시하여야 한다.

예를 들어 "FOB Busan"과 같이 적용할 Incoterms 규칙과 장소를 표시하고 있어야 하며, 또한 "by Incoterms 2010"와 같은 문구를 덧붙임으로써 "FOB Busan"이라는 규칙이 Incoterms 2010에 따라 해석된다는 취지를 계약서에 명시하여야 Incoterms 2010을 적용할 수 있다.

> "Unless specially stated, the trade terms under this contract shall be governed and interpreted by Incoterms 2010."

(나) 적절한 인코텀즈 규칙을 선택할 것

선택된 Incoterms 규칙은 당해 물품과 그 운송방법에 적절해야 한다. 특히 당사자들이 운송계약이나 보험계약의 체결과 같은 추가적 의무를 매도인 또는 매수인 중에서 누가 부담하도록 의도하는지에 적합하여야 한다. 각 Incoterms 규칙의 사용지침(guidance note)에는 이러한 선택을 하는데 유용한 정보를 포함하고 있다. 그러나 당사자들은 어떠한 Incoterms 규칙을 선택하든지 그들 계약의 해석이 실제로 이용되는 항구나 장소의 특유한 관습에 영향을 받는 일이 많다는 것을 유념해야 한다.

(다) 당해 장소나 항구를 가능한 한 정확하게 명시할 것

선택된 Incoterms 규칙은 당사자들이 장소나 항구를 기명할 때만 효력을 발휘할 수 있다. 따라서 당사자들은 가능한 한 그 장소와 항구를 상세하게 명시할 때 최상의 효력을 발휘할 것이다. 다음은 ICC 본부의 주소를 예로 한 표기방법 예시이다.

“FCA 38 Cours Albert 1er, Paris[2], France Incoterms 2010”

지금까지는 거래조건을 표기할 때, “FCA Seoul”과 같이 선택된 Incoterms 규칙 뒤에 도시 또는 항구명 까지만 표시하는 것이 보통이었다. 하지만 예시와 같이 ‘번지수(38 Cours …)’까지 상세하게 명시하고, 그 뒤에 Incoterms 2010을 준수한다는 취지로 “Incoterms 2010"의 문언까지 부기하게 되면,[3] 선택된 Incoterms 규칙이 더 잘 작동된다는 의미이다.

특히 Incoterms 규칙 뒤에 표기되는 장소는 물품의 인도장소나 운임지급 장소를 의미하므로 이와 관련된 의문이나 분쟁을 예방하려면, 그 지명은 물론 그 지역 내의 특정 지점까지 보다 상세하게 기술할수록 보다 유용하게 작동할 수 있다. 예를 들어, EXW, FCA, DAT, DAP, DDP, FAS, FOB와 같은 Incoterms 규칙에 기명된 지명은 물품의 인도와 위험이 매수인에서 매도인에게 이전하는 장소를 의미한다. 이에 비해 CPT, CIP, CFR, CIF와 같은 Incoterms 규칙에 기명된 지명은 물품의 인도장소가 아니라 운임이 지급되는 도착 장소를 말한다.

(라) 인코텀즈 규칙이 매매계약을 완벽하게 해주는 것은 아님을 유념할 것

Incoterms 규칙은 매매계약의 어떤 당사자에게 운송계약이나 보험계약을 체결할 의무가 있는지, 어느 시점에서 매도인이 매수인에게 물품을 인도한 것으로 되는지, 그리고 각 당사자가 어떻게 비용을 분담하는지를 규정한다. 그러나 Incoterms 규칙은 지급되어야 할 대금이나 지급방법에 대해서는 침묵한다. 또한 물품의 소유권 이전이나 계약위반의 영향에 대해서도 다루지 않는다. 이러한 사항들은 보통 매매계약이나 그 계약의 준거법에 명시된 조건에 따라 다루어진다.

Incoterms 규칙은 물품의 인도와 관련된 의무와 이러한 의무의 이행에 따른 비용과 위험의 이전에 관한 CISG의 구체적인 이행규정이라 할 수 있다. 그러나 대급지급이나 물품의 소유권 이전, 계약위반 등에 대해서는 규정하고 있지 않다. 따라서 이러한 사항들은 계약서에 명시된 규정이 있으면 그에 따라 처리되며, 없다면 준거법에 따라 처리

---

2) 프랑스 파리시 Albert 1가 38번지, ICC 본부 주소임.

3) 예컨대 FCA Seller's premises at 344-2 Sinyong-Dong, Iksan-City, Jeonrabuk-Do, Korea Incoterms 2010.

된다. 한편, 당해 매매계약에 적용되는 개별국의 강행규정이 있다면 최우선적으로 적용될 수 있다. 따라서 계약내용의 해석 기준은 강행규정-매매계약-준거법(개별계약서-일반거래조건협정서)-Incoterms-CISG의 순서로 적용된다.

(2) Incoterms 2010의 주요 특징

(가) Incoterms 2000 규칙인 DAF, DES, DEQ 및 DDU를 대체하고 있는 2개의 새로운 규칙- DAT와 DAP

운송방식에 관계없이 사용될 수 있는 DAT와 DAP가 신설되어, Incoterms 2000에서의 DAF, DES, DEQ 및 DDU 규칙을 대체함으로써 Incoterms 규칙의 수가 13개에서 11개로 줄어들었다.

신설된 2개의 규칙 하에서의 인도는 기명된 도착지에서 일어난다. DAT에서는 종전의 DEQ와 마찬가지로 도착된 운송수단에서 양하되어 매수인의 임의처분 하에 놓일 때, 그리고 DAP는 종전의 DAF, DES, DDU와 마찬가지로 물품이 매수인의 임의처분 하에 놓일 때이며, 도착된 운송수단 상에서 양하할 준비가 된 때, 즉, 양하되지 않은 상태에서 인도가 일어난다.

신설된 2개의 규칙은 Incoterms 2000 규칙의 DES와 DEQ을 불필요하게 만들었다. DAT에 기명된 화물 터미널은 ICD[4]와 같이 내륙에 있는 경우도 있지만, 항구에 있을 가능성이 높다. 따라서 DAT는 Incoterms 2000에서 DEQ가 사용되었던 때에 안전하게 사용될 수 있다. 마찬가지로 DAP 조건에서 도착한 운송수단은 기타의 운송수단일 수도 있지만 선박일 가능성이 높다. 따라서 DAP는 Incoterms 2000규칙에서 DES가 사용되었던 경우에 안전하게 사용될 수 있다. 또한 도착지로 기명된 장소가 항구나 내륙지의 특정지점 또는 국경지역일 수도 있기 때문에 종전의 DES, DAF 또는 DDU 조건이 활용된 경우에도 사용될 수 있다.

이들 새로운 규칙(DAP, DAT)들은 종전의 DEQ, DES, DAF, DDU와 마찬가지로 매도자가 도착지까지 상품을 가져가는데 수반되는 모든 비용(적용 가능한 경우, 수입통관과 관련된 비용 이외의)과 위험을 부담하는 인도 조건이다.

4) ICD(inland container depot)는 부두가 아닌 내륙지역에 있는 ODCY(off dock container yard)로서 단순 컨테이너 집하장 기능을 하는 ODCY에 통관기능까지 추가된 지역이라는 점에 차이가 있다.

(나) 인코텀즈 2010 11개 규칙의 분류

Incoterms 2010의 11개 규칙은 2부류로 되어 있다. 첫 번째 부류는 선택된 운송방식과 관계없이, 그리고 채용된 운송방식이 하나인지 그 이상인지 여부에 관계없이 사용할 수 있는 7개의 Incoterms 규칙을 포함한다. EXW, FCA, CPT, CIP, DAT, DAP 및 DAP가 이 부류에 속한다. 이 조건들은 해상운송이 전혀 포함되지 않거나 운송의 일부에 선박이 이용되는 모든 때에 사용될 수 있다.

〈표 5-3〉 INCOTERMS 2010의 정형거래조건

GROUP	정형거래조건(Trade Terms)	
모든 운송수단 및 방법에 사용될 수 있는 조건(7종류)	EXW	Ex Works(named place of delivery) 공장인도
	FCA	Free Carrier(named place of delivery) 운송인인도
	CPT	Carriage Paid To(named place of destination) 운송비지급인도
	CIP	Carriage and Insurance Paid to(named place of destination) 운송비 · 보험료 지급인도
	DAT	Delivered at Terminal(named terminal at port or place of destination) 도착지 터미널 인도
	DAP	Delivered at Place(named place of destination) 도착지 인도
	DDP	Delivered Duty Paid(named place of destination) 관세지급인도
해상(내수로)운송에 사용할 수 있는 조건 (4종류)	FAS	Free Alongside Ship(named port of shipment) 선측인도
	FOB	Free On Board(named port of shipment) 본선인도
	CFR	Cost and Freight(named port of destination) 운임포함인도
	CIF	Cost, Insurance and Freigh(named port of destination) 운임 · 보험료포함인도

Incoterms 2010의 두 번째 부류에서는 인도지점과 물품이 매수인에게 운송되는 장소가 모두 항구이다. 그런 이유로 "해상 및 내수로" 규칙이라고 명명된다. FAS, FOB, CFR 및 CIF가 이 부류에 속한다. 이중 FOB, CFR, CIF는 Incoterms 2000 규칙하에서 인도지점의 기준으로 사용되었던 "ship rail(선측 난간)"이라는 모든 문구가 삭제되고, 그 대신에 물품이 "on board(본선 적재)"된 때 인도되는 것으로 대체되었다. 이것은 현대의 상업적 현실을 더 근접하게 반영하는 것이며, 가상의 수직선 위를 이리 저리 흔들거리며 오락가락하는 위험분기점에 대한 구시대적 개념에서 벗어나려는 것이다.

(다) 국내거래와 국제거래에 사용가능한 규칙

Incoterms 규칙은 전통적으로 물품이 국경을 통과하는 국제매매계약에서 사용되어 왔다. 그러나 세계의 여러 지역에서 유럽연합(EU)과 같은 자유무역지대(trade block)가 등장함으로써 국가 사이의 국경절차(통관절차)의 중요성을 감소시켰다. 이에 따라 Incoterms 2010 규칙이 이러한 자유무역 지대 내에서도 사용할 수 있도록 부제(subtitle)에서 이 규칙이 국제 및 국내 매매계약 모두에 적용될 수 있다는 점을 공식적으로 인정하였다. 결과적으로 Incoterms 2010 규칙은 여러 곳에서 "적용 가능한 경우(where applicable)"에만 수출입 통관 의무가 있다는 것을 명백하게 명시하고 있다.

ICC의 이상과 같은 방향 선회는 다음 두 가지의 진전에 따른 것이다. 첫째로는 상인들이 순수한 국내 매매계약에서 Incoterms 2010 규칙을 통상적으로 사용하고 있다는 점. 둘째는 미국에서 국내거래에 기존의 통일상법전(Uniform Commercial Code)의 선적 및 인도조건 보다는 Incoterms 규칙을 사용하려는 의지가 확대[5]되있다는 점이다.

(라) 사용지침

각 Incoterms 2010 규칙마다 앞부분에 사용지침(guidance note)을 두고 있다. 사용지침은 각 Incoterms 규칙마다의 근간을 설명하고 있다. 즉 언제 사용되어야 하는지, 위험은 언제 이전되는지 그리고 어떻게 비용이 매도자와 매수자 사이에서 배분되는지 등이다. 사용지침이 현행 Incoterms 2010 규칙의 실질적인 부분을 구성하는 것은 아니지만, 사용자들이 개별적인 거래에 적절한 Incoterms 규칙을 정확하고 효율적으로 사용하는데 도움이 되도록 인도하는 것을 목적으로 하고 있다.

(마) 전자적 통신

Incoterms 2000 규칙은 EDI 메시지에 의해 대체가 가능한 서류[6]를 구체적으로 명시하고 있었다. 그러나 Incoterms 2010규칙 A1/B1 조는 당사자들이 동의하거나 관습이 있는 범위에서는 전자적 통신수단에 종이에 의한 통신과 동일한 효력을 부여함으로써 어떠한 종이서류도 당사자의 합의나 관습이 있을 때에는 전자적 통신으로 대체

---

5) 2004년 화물보안을 강화하기 위해 미통일상법전(UCC)이 개정되었는데, 이때 선적 및 인도조건을 삭제함에 따라 종전의 UCC에 있었던 선적 및 인도조건 보다는 Incoterms를 국내거래에 사용하고자 하는 경향이 활발해졌다.

6) 즉 Incoterms 2000(A8)에서 EDI 서류로 대체할 수 있는 서류는 인도의 증거 또는 운송서류 뿐이었다.

할 수 있게 되었다. 이러한 ICC의 공식화는 Incoterms 2010 규칙의 전 시행기간을 망라하여 새로운 전자적 절차의 진화를 촉진할 것이다. 또한 이로써 CISG 제13조와 CUECIC(유엔 국제전자계약협약) 제8조와 제9조에서의 전자통신의 종이서류와의 기능적 동질성을 Incoterms에서도 인정한 것이며, 또한 이는 이미 국제거래에 전자적 메시지의 이용이 관행화 되어 있다는 것을 반영하는 것이기도 하다.

(바) 부보

incoterms 2010 규칙은 협회적하약관(institute cargo clause, ICC)이 개정된 이후 첫 번째 버전(version)으로 약관의 변동사항을 반영하였다. Incoterms 2010 규칙은 운송계약과 보험계약을 다루는 A3/B3 조항에 보험과 관련된 정보제공 의무를 두었다. 이들 조항은 Incoterms 2000의 A10/B10 조항에 매우 일반적인 조항으로만 있었던 것을 이동시킨 것이다. 이러한 점에서 보험과 관련된 A3/B3 조항의 문구들은 당사자들의 의무를 명확하게 할 목적으로 개정되었다. Incoterms 2010에서는 매도자의 최소부보 의무를 ICC(C)로 명시하여 규정하였다. 또한 정보 제공의무를 언급함으로써 보험에 관련된 당사자들의 의무를 보다 분명하게 하고 있다.

(사) 보안관련 통관과 그러한 통관에 필요한 정보

9.11 사태[7] 이후 물품 이동에서의 보안에 대한 관심이 증대하여 상품 고유의 성질(inherent nature) 이외의 사유로 생명이나 재산에 대한 위협을 야기하지 않는 물품이라는 확인이 요구되고 있다. 따라서 Incoterms 2010에서 통관관련 정보 예컨대 "관리의 연속성(chain-of-custody)[8]" 정보를 획득하거나 획득하도록 협조해야 하는 매도자와 매수자 사이의 의무를 여러 규칙의 A2/B2 및 A10/B10 조항에 배치하였다.

(아) 터미널 화물취급 수수료(terminal handling charges, THC)

Incoterms의 CPT, CIP, CFR, CIF, DAT, DAP, DDP 규칙에서 매도인은 합의된 목적지까지 물품을 운송하기 위한 계약을 체결하여야 한다. 그 운임은 매도인이 지불하

7) 2001년 9월 11일 발생한 미국 뉴욕의 110층 세계무역센터(WTC) 일명 쌍둥이 빌딩과 국방부 건물에 대한 항공기 자살테러 사건을 말함

8) "관리의 연속성" 또는 "증거 보관의 연속성"이란 증거법에서 어떤 사건에서 압수한 증거물을 제출하는 측은 압수에서 증거제출까지 그 증거물을 보관해 둘 책임이 있음을 뜻하는 용어이다. 여기에서는 어떤 물품이 보안상의 문제가 없다는 증거를 지속적으로 유지 관리해야 한다는 것을 의미한다.

지만, 그러한 운송비는 통상 매도인의 총 매매가격에 산입되어 있기 때문에 실제로는 매수인이 지불한 셈이 된다. 그런데 운송비에는 가끔 항구나 컨테이너 터미널 시설 내에서의 물품 취급 및 이동비용이 포함되기도 하는데, 운송인이나 터미널 운영자가 그러한 비용을 또다시 물품을 수령하는 매수인에게 청구하는 사례가 많았다. 이러한 상황에서 매수인으로서는 동일한 서비스에 이중으로 지급되는 것, 즉 한 번은 총 매매가격의 일부로 매도자에게 지급하고, 또다시 운송인이나 터미널 운영자에게 별도로 지급하게 되는 것을 기피하고자 할 것이다. Incoterms 2010 규칙은 관련 규칙 A6/B6조에서 그러한 비용을 당사자들 사이에 명백하게 할당함으로써 해결책을 모색하였다.

그러나 Handling charge의 범위가 운송회사마다 매우 다양하기 때문에 어떠한 비용이 누구에게 분담되어야 하는지에 대한 논란의 여지는 여전히 남아있다. 따라서 이에 대한 분쟁을 줄이기 위해서는 매매계약에 보다 이러한 비용분담에 대한 조항을 좀 더 상세하게 규정해둘 필요가 있을 것이다.

(자) 연속 매매

제조물(manufactured goods) 매매와는 달리 1차 산품(commodities) 매매에서는 자주 운송 도중에 수차례씩 전매되는 일, 즉 “연속매매(string sales)”가 될 때가 많다. 이러한 일이 발생할 때에 연속거래의 중간에 있는 매도자는 물품을 선적하지 않는다. 왜냐하면 그 물품은 이미 연속 거래의 최초의 매도자에 의해 선적되어 있는 상태이기 때문이다. 따라서 연속거래의 중간에 있는 매도자는 물품의 선적이 아니라 이미 선적되어 있는 물품을 “조달(procure)”함으로써 매수인에 대한 자신의 의무를 수행하게 된다. 이를 명확하게 설명 할 목적으로 Incoterms 2010은 관련된 규칙에서 “물품 선적의무(ship)” 대신에 “선적된 물품의 조달 의무(procure goods shipped)”를 신설하였다.

(3) 기타

(가) Incoterms 규칙의 변경

가끔 당사자들은 Incoterms 규칙을 변형하여 사용하고자 할 때가 있다. Incoterms 2010 규칙은 그러한 변형 사용을 금지하고 있지는 않지만, 그렇게 하는 데에는 위험이 따른다. 원하지 않는 의외의 결과를 피하기 위해서 당사자들은 그러한 변경으로

의도하는 효과를 자신들의 계약서 내에 매우 명확하게 해둘 필요가 있다. 예를 들어 만약에 Incoterms 2010의 비용분담 규칙을 변경하고자 한다면, 당사자들은 위험이 매도자에서 매수자에게 이전되는 시점도 변경하고자 의도하고 있는지의 여부까지도 명확하게[9] 명시해야 한다.

(나) 서문의 지위

서문은 Incoterms 2010 규칙의 사용과 해석에 관한 일반적인 정보를 제공하는 것일 뿐, 이 규칙의 일부를 구성하는 것은 아니다. 즉, 서문은 안내문 같은 것이다.

(다) 인코텀즈 2010 규칙에서 사용된 용어의 설명

인코텀즈 2010 규칙의 본문은 더 이상 설명이 필요 없도록 되어 있다. 그러나 사용자들을 돕기 위해서 문서의 전반에 걸쳐 사용되고 있는 용어들의 의미에 대한 지침을 설명하고 있다.

- 운송인(carrier) : Incoterms 2010 규칙의 목적을 위하여, 운송인은 운송계약을 체결한 당사자이다.
- 세관절차(customs formalities) : 이들은 적용할 수 있는 세관규정을 준수하기 위해 충족해야 하는 요건이며, 서류, 보안, 또는 물리적 검사 의무가 포함될 수도 있다.
- 인도(delivery) : 이 개념은 무역법과 관습에서 여러 의미를 가지고 있다. 그러나 Incoterms 2010 규칙에서 이 용어는 상품의 멸실 및 손실에 대한 위험이 매도자에게서 매수자에게 이전되는 지점을 나타내기 위해 사용된다.
- 인도서류(delivery document) : 이 문구는 현행 제A8조의 표제로 사용되고 있다. 인도서류란 인도가 이루어졌음을 증명하기 위해 사용되는 서류를 의미한다. Incoterms 2010 규칙의 많은 규칙에서 인도서류는 운송서류 또는 그에 상응하는 전자기록을 말한다. 그러나 EXW, FCA, FAS, FOB에서의 인도서류는 단순한 영수증일 수 있다. 인도서류는 또한 다른 기능, 예컨대 지급 과정(mechanism)의 일부로서의 기능을 갖고 있기도 한다.
- 전자기록 또는 절차(electronic record or procedure) : 정보 단위(집합)는 한 개

---

9) 2000년 버전에서는 "expressly to describe …"라고 하였으나, 2010 버전에서는 "extremely clear …"로 표현하여 인코텀즈 조건을 변형하여 사용하고자 할 때에는 그에 따른 책임 소재를 명백히 하기 위해서 변형하고자 하는 취지를 "극도로 명백하게" 표현하여야 한다는 점을 강조하고 있다.

또는 그 이상의 전자메시지로 이루어지는데, 적용 가능한 경우에는 종이서류에 상응하는 동등한 기능을 가진다.

• 포장(packing) : 이 용어는 다양한 목적으로 사용된다.
  1. 매매계약에서의 요구하는 조건을 준수하기 위하여 물품을 포장하는 것
  2. 운송에 적합하도록 하기 위해 물품을 포장하는 것
  3. 컨테이너 또는 다른 운송수단에 포장된 물품을 적입하는 것

Incoterms 2010 규칙에서 포장이란 위의 1번과 2번 두 개를 의미한다. Incoterms 2010 규칙은 컨테이너에 적입하는 당사자의 의무는 다루지 않는다. 그러므로 당해 문제와 관련이 있는 경우, 당사자들은 이러한 의무는 매매계약에서 다루어야 한다.

제 2 절 정형거래조건의 내용

1. 정형거래 조건의 사용지침

가. 모든 운송방식에 사용할 수 있는 규칙

Incoterms 규칙 중에서 선택된 운송방식에 관계없이 사용될 수 있으며, 하나 또는 그 이상의 운송방식이 채용된 경우에도 사용할 수 다. EXW, FCA, CPT, CIP, DAT, DAP, DDP 등 모두 7가지이다.

(1) EXW

EXW(공장인도조건, ex works)는 매매대상물이 현재 있는 장소에서 수출통관을 하지 않은 상태로 물품을 매수인에게 인도하는 조건을 말하며, 별도의 합의가 없는 한

매도인은 도착된 운송수단에 물품에 적재할 의무가 없다. EXW는 Incoterms 2010 규칙의 11가지 정형거래조건 중에서 매도인에 대하여는 최소한의 의무, 매수인에 대하여는 최대한의 의무가 부여되는 조건이다.

INCOTERMS 1990에서는 EXW는 인도장소를 매도인의 영업장 구내(premise, 작업장, 공장, 창고 등)로 한정하고 있었지만, INCOTERMS 2000부터는 매도인의 영업장구내 또는 기타의 장소를 인도장소로 기명할 수 있도록 그 범위가 확장되었다. 이 조건에서는 통상 물품의 인도 장소가 매도인의 영업장 구내가 될 가능성이 높다. 그러나 기타의 장소가 될 수도 있으므로 당사자들은 지정된 인도장소 내의 지점까지 가능한 한 명확하게 명시하는 것이 바람직하다. 그 지점까지의 비용과 위험을 매도인이 부담하며, 매수인은 그 지점 이후부터 물품의 수령에 수반되는 모든 비용과 위험을 부담하기 때문이다.

이 조건은 국제거래에서도 사용될 수 있지만, 국내거래에 더 적합하며, 국제거래에는 FCA가 더 적절하다. 왜냐하면 이 조건은 매도인의 입장에서는 수출포장과 제품점검비용을 비롯한 기타 부대비용을 부담하는 것을 제외하면 국내매매와 동일하다고 볼 수 있기 때문이다. 이러한 의미에서 영국에서는 일명 "Loco(현지인도)" 또는 "On spot(현장인도)"라고도 부르며, 미국에서는 "Ex … point of origin(지정원산지인도)" 또는 "FOB factory(공장 본선인도)" 등으로 부르기도 한다. 이 조건은 외국무역에 익숙하지 못한 국내의 생산업자가 직접 수출에 참여하거나 수출국 내에 수입상의 대리인 등이 있어 수입상이 수출지의 사정을 잘 알고 있을 때에 주로 사용된다.

Incoterms 2000년에서는 EXW 조건에서 적재의무를 매도인에게 부담시키고자 할 때는 그러한 취지를 계약서에 명시하도록 하고 있었다. 이에 비해 Incoterms 2010에서는 EXW 규칙의 변형 사용 가능성을 배제함으로써 매도인의 최소 의무를 수정하지 못하게 하고 있다. 즉, EXW와 인도장소가 같더라도 매도인에게 물품을 운송수단에 적재하는 의무나 수출통관 의무를 부여하고자 할 때에는 EXW보다는 FCA를 사용하도록 추천하고 있다. 따라서 실제에 있어 매도인이 물품을 적재하는 것이 더 유리한 입장에 있을지라도 매도인은 도착된 운송수단에 물품을 적재해 줄 의무가 없다. 만약에 매도인이 물품을 적재한다면, 그것은 매수인의 위험과 부담으로 그렇게 하는 것이다. 따라서 매도인이 물품을 적재하는데 더 유리한 입장에 있는 경우는 매도인이 자신의 위험과 비용으로 적재도록 의무가 부과되는 FCA조건의 사용이 더 적절하다.

매도인은 매수인이 수출하기 위해 필요한 협조를 제공할 한정된 의무[10]만 있을 뿐

10) 예컨대 매도인은 과세(taxation)나 보고의 목적으로 이러한 정보가 필요할 수도 있다.

이며 직접 수출통관을 주도해줄 의무는 없다. 그러므로 매수인이 직·간접적으로 수출통관을 수행할 수 없는 때에는 EXW조건을 사용하지 않는 것이 바람직하다.

(2) FCA

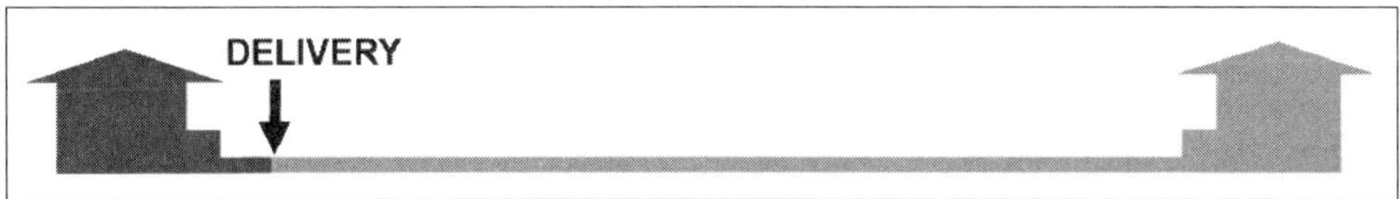

"FCA(운송인 인도조건, free carrier)"는 매도인이 수출통관된 물품을 매도인의 영업장 구내 또는 기타의 지정된 장소(named place)에서 매수인 또는 매수인이 지명한 제3자(the another person nominated, 통상 최초 운송인)에게 물품을 인도하는 거래조건을 말한다.

매수인은 기명된 인도장소 내의 지점을 가급적 명확하게 명시하는 것이 바람직하며, 매수인이 이를 지정하지 아니한 때나 인도할 장소가 여러 곳인 때에는 매도인은 지정된 장소 내에 자신의 목적에 가장 적합한 인도지점을 선택할 수 있다. 만약에 매도인의 영업장 구내에서 물품을 인도하고자 할 때는 그 영업장 구내 주소를 명시해야 한다. 다른 어떤 장소에서 물품을 인도하고자 할 때는 당사자들은 그 다른 특정 인도장소를 명시하여야 한다.

지정장소에 도착된 운송수단에 물품을 적재 및 양하할 의무의 분담은 인도 장소에 따라 달라진다. 매도인의 영업장소에서 물품을 인도할 때에는 매수인이 제공한 운송수단에 물품을 적재하여 인도하여야 하지만, 매도인의 영업장소가 아닌 기타의 장소에 있는 물품을 인도할 때에는 적재 의무 없이 매수인 또는 매수인이 지명한 운송인의 임의처분 상태로 물품을 인도할 수 있다. 또한 매도인의 영업장 구내에 있는 물품을 다른 장소로 운송하여 인도할 때는 목적지에 도착한 운송수단에서 하역을 준비한 상태로 물품을 인도할 수 있다. 즉, 하역의무는 매수인이 부담한다.

원칙적으로 FCA 규칙에서는 매수인이 운송계약을 체결하지만 매수인의 요청이 있거나 상관습이 있고 또한 매수인이 적기에 반대의 지시를 하지 않은 때는 매도인이 매수인의 위험과 비용 부담으로 통상적인 조건의 운송계약을 체결할 수 있다.[11)]

11) 이는 매도인의 명시적 요청이나 상관습에 따라 매도인이 반드시 운송계약을 체결해야 한다는 의미가 아니다. 매도인은 이러한 운송계약의 체결을 거절할 수도 있는데, 이때에는 그러한 취지를 신속하게 매수인에게 통지해 주어야 한다. "The seller may contract of carriage and, if it does,

FCA 조건은 적용 가능한 경우, 수출을 위한 물품 통관을 매도인이 할 것을 요구하고 있다. 그러나 매도인은 수입을 위해 수입통관절차를 수행하거나 수입관세를 부담할 의무는 없으며, 매수인이 자신의 비용으로 스스로 수행해야 한다.

(3) CPT

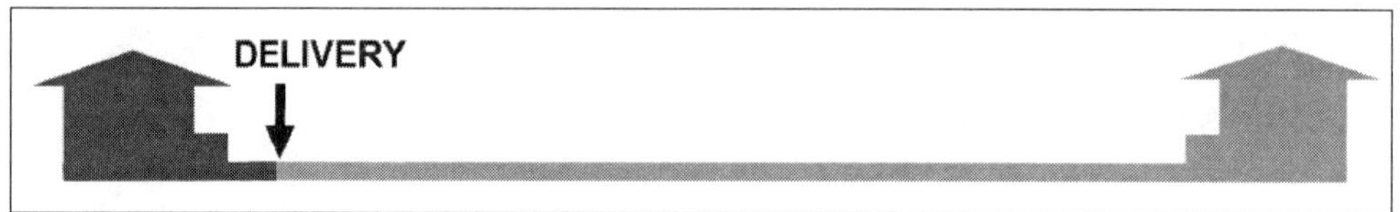

"CPT(운임지급 인도조건, carriage paid to)"는 합의된 지정목적지까지 물품을 운송하기 위한 통상의 운송경로와 관습적인 방법에 의한 운송계약을 매도인이 체결하고 운송비를 부담하는 조건을 말한다. CPT는 적용 가능한 경우 매도인에게 수출을 위한 물품 통관을 요구한다. 그러나 매도자는 수입을 위한 물품통관, 수입관세의 지급 또는 통관절차를 수행해야 할 의무는 없다.

매도인은 자신이 지정한 운송인 또는 제3자에게 수출통관된 물품을 인도하고, 매수인은 물품이 운송인에게 인도된 이후의 모든 위험을 부담하며, 지정목적지까지의 운송비를 제외한 모든 비용 예컨대 수입통관비용이나 수입관세를 부담하여야 한다.

"Carriage paid to"에서 "Carriage"는 다른 조건에서 사용한 "Freight"란 용어와 동일한 의미이다. 그럼에도 "Carriage"를 사용한 것은 CPT나 CIP를 Incoterms 1990 규칙에서부터의 분류방식에 따라 C 그룹에 포함하고자 하는 단순한 이유에서였다.

CPT 조건은 매도인이 목적지까지 운송계약을 체결하고 운임을 부담한다는 점은 CFR과 같지만 물품을 선박이 아닌 운송인에게 인도하다는 점에 차이가 있다. 또한 CFR이나 CIF 조건이 운송서류의 교부에 의한 추상적(상징적) 인도 조건임에 비해 CPT나 CIP 조건은 물품을 운송인에게 인도하는 때에 인도의무를 완수하는 현실적(현물) 인도 조건이라는 점에서도 차이가 있다.

이 규칙은 위험의 이전과 비용부담에 대한 두 가지 분기점을 갖는다. 따라서 위험이 매수인에게 이전되는 인도장소와 매도인이 체결해야 하는 운송계약의 목적지의 지정장소 모두를 계약서에 가급적 정확하게 구분하는 것이 바람직하다. 만약에 합의된 목적지까지 운송하는데 여러 운송인이 이용되고, 당사자들이 특정한 인도지점에 관하여 합의하지 않는 경우에는 전적으로 매도인에 의하여 선택되고 매수인이 아무

---

shall promptly notify the buyer."

런 통제를 할 수 없는 지점에서 최초운송인에게 물품이 인도되는 때에 그 위험이 이전(pass)된다는 것이 기본적인 입장(default position)이다. 당사자들이 다음 단계(예컨대 항구나 공항)에서 위험이 이전되기를 원하는 경우에는 매매계약에 이를 명시하여야 한다.

위험 이전을 "pass"라고 표현한 것은 위험이 물리적으로 이전된다는 것을 의미하기 위함이며, "기본적 입장(default position)"이라는 의미는 Incoterms가 모법이 성격을 가진 CISG 에 근거하고 있다는 것을 의미한다. 참고로 CISG 제31조 (a)항은 "물품의 인도"와 관련된 조항이며, 제 67조는 "위험의 이전"과 관련된 조항이다.

CISG 제31조 : 매도인이 물품을 다른 특정한 장소에서 인도할 의무가 없는 경우에, 매도인의 인도의무는 다음과 같다.
a) 매매계약에 물품의 운송이 포함된 경우에는 매수인에게 전달하기 위하여 물품을 제1운송인에게 교부하는 것
CISG 제67조 : "매매계약에 물품의 운송이 포함되어 있고, 매도인이 특정한 장소에서 이를 교부할 의무가 없는 경우에 위험은 매매계약에 따라 매수인에게 전달하기 위하여 물품이 제1운송인에게 교부된 때에 매수인에게 이전한다. …… 매도인이 물품의 처분을 지배하는 서류를 보유할 권한이 있다는 사실은 위험의 이전에 영향을 미치지 아니한다."

당사자들은 합의된 목적지 내의 지점을 가급적 정확하게 특정 하는 것이 바람직하다. 그러한 지점까지의 비용은 매도인이 부담하기 때문이다. 매도인은 이러한 선택을 정확하게 충족하도록 운송계약을 체결하는 것이 바람직하다. 만약에 운송 계약서에 따라 기명된 목적지에서의 양륙과 관련된 비용을 매도인이 지출했다고 하더라도, 달리 당사자 사이에 합의가 없었다면 그 비용을 매수인에게 상환 받을 수 있는 권리가 매수인에게 주어지지 않는다.

(4) CIP

"CIP(운송비, 보험료지급, carriage and insurance paid to)"은 합의된 장소에서 매도인 자신이 지정한 운송인 또는 제3자에게 수출통관된 물품을 인도하는 것을 의미한다. 또한 매도인은 기명된 도착지까지 물품을 이동시키는데 필요한 운송계약과 보험

계약을 체결하고 운임 및 보험료를 지급하여야 한다. 다만 CIP에서 매도인은 단지 최소조건, 즉 ICC(C) 조건으로 부보하도록 요구될 뿐이다. 따라서 만약에 매수인이 보다 넓은 보험의 보호를 원한다면 매도인과 보다 확실하게 합의하든지 아니면 매수인 자신이 추가보험 계약을 체결하여야 한다.

이 규칙 역시 위험의 이전과 비용 부담의 두 가지 분기점을 갖는다. 따라서 당사자들은 매수자에게 위험이 이전되는 장소인 인도장소와 매도인이 체결하는 운송계약의 목적지인 기명된 장소 모두를 가능한 한 정확하게 계약서에 밝히는 것이 바람직하다. 만약에 여러 운송인들이 합의된 도착지까지의 운송에 이용되고, 당사자들이 특정 인도지점을 합의하지 않은 때에는 전적으로 매도인에 의하여 선택되며 매수인으로서는 아무런 통제도 할 수 없는 지점에서 물품이 최초운송인에게 인도되는 때에 위험이 이전된다는 것이 기본적인 입장이다. 당사자들이 다음 단계(예컨대 항구 또는 공항)에서 위험이 이전되기를 원하는 때에는 매매계약에 이를 명시하여야 한다.

또한 당사자들은 합의된 목적지 내의 지점을 가급적 정확하게 밝히는 것이 바람직하다. 그러한 지점까지의 비용을 매도인이 부담하기 때문이다. 매도인은 이러한 선택을 정확하게 충족하는 운송계약을 체결하는 것이 바람직하다. 만약에 매도인이 운송계약에 따라 기명된 도착지에서의 양륙 비용을 매도인이 지출하였더라도 당사자 간에 달리 합의되지 않았다면 그러한 비용을 매수인에게 상환 받을 권리가 매도인에게 부여되지 않는다.

CIP 조건은 적용 가능한 경우에 매도인이 물품의 수출통관을 하도록 요구한다. 그러나 매도인은 물품의 수입통관을 하고 수입관세를 지급하거나 수입통관 절차를 이행할 의무는 없다.

CPT, CIP, CFR 또는 CIF가 사용될 때, 지정된 목적지까지의 운임 또는 보험료는 매도인이 부담하는 것이지만, 매도자의 물품 인도의무가 물품이 도착지 장소에 도착한 때까지 연장되는 것은 아니며. 운송인의 수중에 물품을 인도한 때 충족된다.

(5) DAT

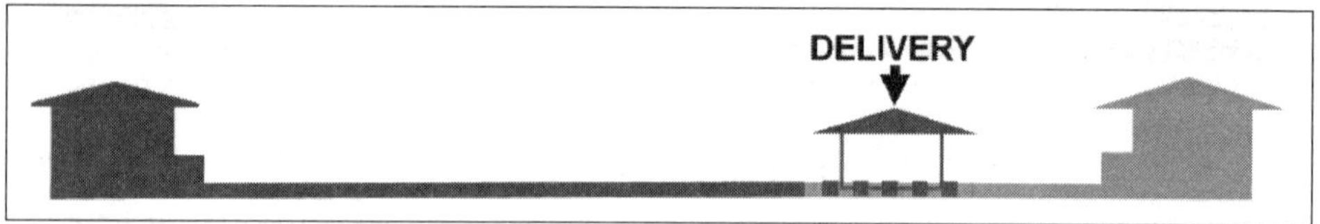

"DAT(도착지 터미널 인도, delivered at terminal)"은 물품을 도착 운송수단으로부

터 양하하여 도착지의 기명된 항구나 터미널에서 수입 통관을 하지 않고 매수인의 임의처분 상태로 인도하는 조건을 말한다.

"터미널(terminal)"은 지붕의 유무를 불문하며, 부두, 창고, 컨테이너 장치장(CY), 또는 도로, 철도 또는 항공화물 터미널과 같은 일체의 장소를 포함한다. 매도인은 목적지의 지정된 항구 또는 장소에 있는 터미널까지 물품을 이동하고 그들을 하역하는 것을 포함한 모든 위험을 부담한다.

당사자들은 가능한 한 터미널을 명확하게 하여야 하며, 가능하다면 도착지의 합의된 항구 또는 장소에 있는 터미널내의 특정 지점까지 명시하는 것이 바람직하다. 왜냐하면 그러한 지점까지의 위험은 매도인이 부담하기 때문이다. 매도인은 이러한 선택을 정확하게 충족하는 운송계약을 체결하는 것이 바람직하다. 만약에 당사자들이 터미널에서 다른 장소까지 물품을 운송하고 취급하는데 수반하는 위험과 비용을 매도인이 부담하도록 의도하는 때에는 DAP 또는 DDP가 사용되어야 한다.

DAT(도착지 터미널 인도) 조건에서 매도인은 적용 가능한 경우에는 물품의 수출통관을 하여야 한다. 그러나 매도인은 물품을 수입 통관하거나 수입관세를 부담하거나 수입통관절차를 수행할 의무가 없다.

한편, DAT조건에서는 도착지 터미널에 물품을 양하 한 후 매수인의 임의처분 상태가 원칙이며, DAP 조건에서는 도착지에 도달한 화물을 운송수단에서 양하하지 않은 상태로 인도하는 것이 원칙이다. 그렇지만 모든 물품은 일단 수입지의 터미널에 도착하게 된다는 의미에서 터미널 인도조건과 기타 장소(place) 인도조건의 두 가지로 이원화하여, 종전의 DEQ는 DDT로 변경시키고, DAF, DES, DDU 조건은 DAP에 흡수시켰다.

원래 이론적으로나 현실적으로 볼 때, DAT는 DAP에 포함시킬 수도 있었다. 따라서 개정 논의 초기에는 DAT도 DAP에 포함시켰으나, 후에 복합운송을 위한 기명된 도착지 육상인도를 전제한 포괄적 의미의 도착지의 기명된 인도장소를 규정하는 DAP와 해상운송을 위한 도착지의 부두라는 의미의 터미널을 전제한 DAT로 분리하여 규정하기로 결정된 것이다.

(6) DAP

DAP(도착지 인도, delivered at place)란 매도인이 수입 통관되지 아니한 물품을 기명된 도착지에 도착된 운송수단에서 양하할 준비가 된 상태(양하하지 않은 상태)로 매수인의 임의처분 상태로 인도하는 조건을 말한다. 매도인은 기명된 장소까지의 운송을 위한 운송계약을 체결하고 운임과 위험을 부담한다. 만약에 특정한 인도지점이 합의되지 않았거나 관습에 의해 결정되고 있지 않은 때는 매도인은 지정목적지에서 자신의 목적에 가장 적합한 지점을 선택할 수 있다.

당사자들은 합의된 목적지 내의 지점을 가급적 정확하게 만족하는 내용으로 운송계약을 체결하는 것이 바람직하다. 그러한 지점까지의 위험은 매도인이 부담하기 때문이다. 매도인은 이러한 선택에 정확하게 일치하는 운송계약을 체결하는 것이 바람직하다. 만약에 매도인이 운송계약에 따라 도착지에서 양하와 관련된 비용을 부담하였더라도 당사자 사이의 별도의 합의가 없다면 매도인은 그러한 비용을 매도인에게 배상 받을 권리가 없다.

DAP(도착지 인도) 조건에서 적용 가능한 경우 매도인이 수출 통관을 할 것이 요구된다. 그러나 물품의 수입통관 의무, 수입관세 지급의무 또는 수입통관 절차를 수행할 의무가 없다. 만약에 당사자들이 매도인이 물품의 수입통관, 수입관세의 지급 또는 수입통관 절차의 수행하기를 원한다면 DDP 조건을 사용해야 한다.

DAP와 DAT 조건은 인도조건에서도 차이가 있다. DAP 조건에서는 지정장소에서 도착된 운송수단으로부터 양하되지 아니한 상태로 매수인의 임의처분 상태로 물품을 인도하면 되며, 그 지정장소는 항구가 될 수도 있으며, 운송수단도 선박이 될 수도 있다. 이에 비해 DAT 조건은 인도장소가 반드시 지정 터미널이 되며, 또한 물품이 선박이나 기타 운송수단으로부터 양하된 후 매수인의 임의처분 상태로 인도된다는 점에 차이가 있다.

(7) DDP

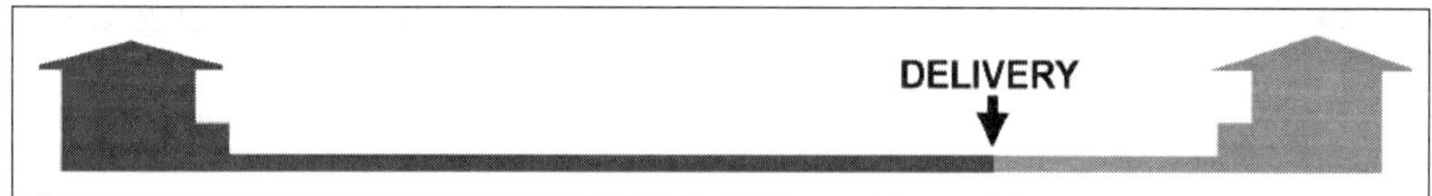

"DDP(관세지급 인도, delivered duty paid)"는 수입 통관된 물품을 기명된 도착지에 도달한 운송수단으로부터 양하하지 않은 상태(양하가 준비된 상태)로 매도인의 임의처분 상태로 인도하는 조건을 말한다. 매도인은 목적지의 그 장소까지 물품을 운송

하는데 수반하는 모든 비용과 위험을 부담한다. 또한 매도인은 모든 통관절차를 수행해야 하며, 수출・입 관세는 물론이고 매매계약에 명시적으로 달리 합의하지 아니한 때에는 수입 시에 지불해야 하는 부가가치세나 기타 세금도 매도인이 부담한다. DDP 조건은 EXW조건과는 반대로 매도인은 최대의무, 매수인은 최소의무를 부담하는 조건이다.

당사자들은 목적지 내의 합의된 지점을 가급적 명확하게 명시하는 것이 바람직하다. 그 지점까지의 비용과 위험을 매도인이 부담하기 때문이다. 매도인은 이러한 선택을 정확하게 만족하는 내용으로 운송계약을 체결하는 것이 좋다. 만약에 매도인이 그 운송계약에 따라 목적지에서 양하에 관한 비용을 지출하였더라도 당사자 간에 달리 합의되지 않았다면 매도인은 이를 매수인에게 보상받을 권리는 없다.

당사자들은 만약에 매도인이 직접 또는 간접으로 수입통관을 수행할 수 없는 경우에는 DDP 조건을 사용하지 않는 것이 바람직하다. 만약 당사자들이 수입통관에 관한 모든 비용과 위험을 매수인이 부담하기를 원하는 때에는 DAP 규칙이 사용되어야 한다.

나. 해상(내수로) 운송에 사용할 수 있는 규칙

Incoterms 규칙의 11가지 조건 중에서 해상 또는 내수로 운송방식이 채용된 경우에만 사용할 수 있는 조건은 FAS, FOB, CFR, CIF 등 모두 4가지이다. FAS, FCA 또는 FOB에서의 "F", 즉 "Free"는 원래 "Free from all charge and responsibility"란 뜻으로 매도인은 물품을 인도한 후에 발생된 모든 위험과 비용에 대하여 어떠한 책임도 지지 않는다는 뜻을 가지고 있다.

(1) FAS

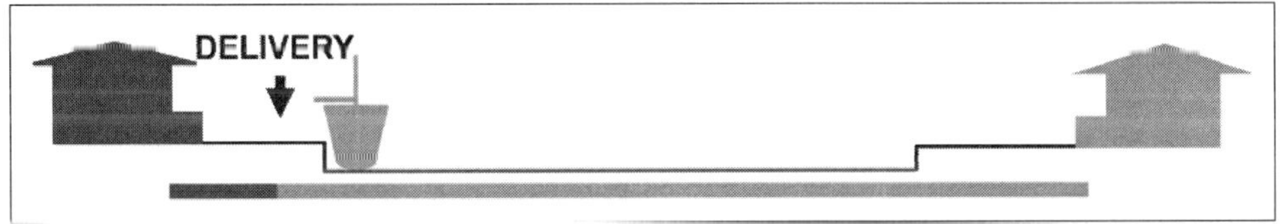

"FAB(free alongside ship, 선측인도)[12]" 조건은 수출통관한 물품을 기명된 선적항

12) Incoterms 2010에서 "ship"과 "vessel"이라는 두 가지 용어가 동의어로 사용되고 있다. "ship"이란 용어는 FAS(Free Alongside Ship)에서만 사용되고 있으며, 나머지 규칙에서는 모두 "vessel"이란

에서 매수인이 지명한 본선의 선측[13](예컨대, 부두 혹은 바지선)에서 인도하는 조건을 말한다. 물품에 대한 멸실 또는 손상의 위험은 물품이 선측에 놓인 때에 이전되며, 매수인은 그 시점 이후의 모든 비용을 부담한다. 매수인이 특정 선적지점을 통지하지 않았을 때는 매도인은 지정된 선적항에서 자신의 목적에 적합한 지점을 선택할 수 있다.

당사자들은 기명된 선적항 내의 적재지점을 가급적 명확하게 명시하는 것이 바람직하다. 그 지점까지의 비용과 위험을 매도인이 부담하는 것이며, 또한 그러한 비용 및 관련 화물취급비용이 그 항구의 관습에 따라 다양하기 때문이다.

매도인은 선측에서 물품을 인도하거나 선적을 위해 이미 그렇게 인도된 물품을 조달(procure)하여야 한다. 여기서 "조달(procure)"이라고 언급한 것은 1차산품 거래(commodity trade)에서 보편적인 복수의 연속매매(string sales)에 대응하기 위함이다.

물품이 컨테이너에 적입되는 경우, 매도인은 물품을 본선의 선측이 아니라 터미널에서 운송인에게 교부하는 것이 전형적이다. 이러한 때는 FAS조건은 부적절하며, FCA(선측인도) 조건이 사용되어야 한다.

FAS 조건에서 매도자는 물품의 수출통관을 요구한다. 그러나 매도인이 물품의 수입통관, 수입관세 지불 또는 수입통관절차를 수행할 의무는 없다.

이 조건은 주로 본선에 양륙하는 데 비용이 많이 드는 물품(bulky cargo) 즉, 원목 · 원면 · 원맥 등의 거래에 많이 이용되고 있다.

(2) FOB

용어가 사용되고 있다.

13) 여기에서 "본선의 선측"(alongside the ship)이라 함은 본선이 부두에 접안하고 있든 외항에 정박하고 있든 상관없이 본선에 장착되어 있는 양하기(winch), 양하구(tackle) 또는 기타의 선적용구가 도달할 수 있는 지점을 의미한다. 따라서 본선이 부두에 접안하지 못하고 외해에 정박하고 있을 때에는 매도인은 본선이 있는 곳까지의 부선료(lighterage)를 부담하여야 한다.

(가) FOB의 사용지침

"FOB(free on board, 본선인도)" 조건은 매도인이 수출통관한 물품을 기명된 선적항에서 매수인이 지명한 본선에 적재하여 인도하거나 이미 그렇게 인도된 물품을 조달하는 조건을 말한다. 물품의 멸실 또는 손상의 위험은 물품이 본선에 적재된 때에 이전하며, 매수인은 그 시점 이후의 모든 비용을 부담한다.

매도인은 물품을 본선에 적재하여 인도하거나 선적을 위하여 이미 그렇게 인도된 물품을 조달하여야 한다. 따라서 FOB 조건은 예컨대 전형적으로 터미널에서 컨테이너에 내장된 화물이 인도되는 것과 같이 물품이 본선 갑판에 적재되기 이전에 운송인에게 인도되는 때, 예컨대 터미널에서 인도되는 컨테이너 화물에는 적절하지 않을 수 있다. 이러한 때에는 FCA 규칙이 사용되어야 한다.

FOB조건은 매도인이 물품을 수출을 위해 통관하도록 요청된다. 그러나 그 물품의 수입 통관 절차를 수행하거나 수입관세를 지불할 의무는 없다.

FOB 조건에서는 매수인이 운송계약을 체결하고 운송인을 지명할 수 있는 선택권(option)을 가지고 있으므로, 매도인은 매수인의 지시에 따라 계약물품을 그 지명된 운송인에게 인도하여야 한다. 한편, 매수인은 물품의 인도지점을 정확히 지정하여 매도인에게 통지하여야 하는데, 만약에 매수인이 이를 이행하지 아니한 경우에는, 매도인은 지정된 장소 내에서 자신의 목적에 가장 적합한 지점을 선택할 권리가 있다.

FOB 조건은 매도인이 선적항에서 물품을 본선 상에서 인도하는 것이기 때문에, 다음과 같은 세 가지 특징을 지니고 있다.

첫째, 물품의 선적 또는 조달 시점이 물품에 대한 위험과 비용부담의 분기점이 되고, 선적지에서 물품의 인도가 이루어지며, 또한 물품의 소유권도 이전되기 때문에 선적지매매계약에 속한다. 따라서 매수인은 선적지에서 물품의 인도를 수령하여야 하지만, 현실적으로 매수인이 선적지에서 물품을 인도 수령하는 것은 거의 불가능하다. 따라서 운송계약의 체결에 따라 지명되는 운송인이 매수인의 수탁자 내지는 이행보조자로서 선적지에서 물품의 인도를 대신 수령하게 된다.

둘째, 해상운송만을 전제하기 때문에 해상매매계약에 속하며, 특히 매도인이 선적항에서 매수인이 지명한 본선의 갑판상에 물품을 적재하여 인도하기 때문에 본선인도계약이기도 하다. FOB 조건에서 인도는 매도인이 선적항에서 지정된 본선 상에 물품을 적재하거나, 이미 선적된 물품을 재판할 때에는 그 물품을 조달함으로써 완성된다.

셋째, 매도인의 인도대상이 서류가 아닌 물품의 현실적인 인도(actual delivery)이므로 현물인도매매계약에 속한다. 즉, 매도인이 매수인이나 그 대리인인 운송인에게 물품의 물리적인 점유를 이전하였을 때에 계약상의 인도의무가 완성된다. 또한 물품의 인도와 대금의 지급이 동시에 이루어지는 동시이행조건(concurrent condition)이지만, 매도인과 매수인이 멀리 떨어져 있기 때문에 동시이행조건의 실행이 거의 불가능하다는 모순을 가지고 있는 조건이기도 하다. 따라서 실무에서는 CIF 조건에서와 같이 매도인은 신용장에 의해 선적서류와의 상환으로 대금을 회수하는 소위 "화환 특약부 FOB" 조건을 택하는 것이 일반화되어 있다. 그러나 매수인의 대금지급의 의무는 물품의 인도 수령 시에 발생하므로, 선화증권이 적법하게 배서되어 매수인에게 송달되었다 하더라도 물품의 현실적인 인도가 완성될 때까지는 물품에 대한 권리가 이전되지 아니한다.

(나) FOB 거래조건의 실무상의 모순점

첫째, 선복의 수배는 매수인의 의무이지만 실무에서는 매도인이 매수인을 대신하여 매수인의 위험과 비용으로 운송계약을 체결하는 것이 일반화 되어 있다.

둘째, 매도인은 본선인도를 증명하는 본선수취증(M/R)을 입수하여 이를 제공해 주면 자신의 의무를 완료하는 것이지만, 실무적으로는 매도인이 운임후불조건의 선하증권을 제공해 주고 있다.

셋째, 원칙적으로 물품의 인도와 동시에 대금지급이 이행되어야 하지만, 실무적으로는 선적지에서의 M/R(mate receipt)이나 D/R(dock receipt)로는 환어음의 담보가 될 수 없으며 선하증권(B/L) 등의 선적서류를 첨부해야만 대금지급을 받을 수 있다.

이러한 모순을 해결하기 위하여 매수인의 대리인 자격으로 매도인은 다음과 같은 업무를 추가적으로 이행하고 있다. 즉, ① 선복수배 및 운임의 대납, ② 해상보험 체결 및 보험료의 대납업무가 이에 속하며, 최종적인 책임은 매수인이 부담한다.

(3) CFR

"CFR(cost and freight, 비용 · 운임 포함)" 조건은 매도인이 수출통관된 물품을 본선에 적재하여 인도하거나 또는 이미 그렇게 인도된 물품을 조달하는 조건을 말한다. 물품의 멸실 또는 손상의 위험은 물품이 본선에 적재되는 때에 이전된다. 매도인은 물품을 기명된 목적항까지 운송하는데 필요한 계약을 체결하고 그에 따른 비용과 운임을 부담하여야 한다.

이 규칙은 위험과 비용이 두 개의 상이한 장소에서 이전된다. 통상적으로 계약에서는 항상 도착항을 명시하면서도 매수인에게 위험이 이전되는 선적항에 대하여 명시되지 않는 것이 보통이다. 따라서 선적항이 매수인에게 특별한 이해관계를 가질 때에는 당사자는 이를 가급적 명확하게 계약에 명시하는 것이 바람직하다.

당사자들은 합의된 도착항 내의 지점을 가급적 정확하게 명시하는 것이 바람직하다. 그러한 지점까지의 비용은 매도인이 부담하기 때문이다. 매도자는 이 선택에 정확하게 일치하는 운송계약을 체결하는 것이 바람직하다. 만약에 매도자가 운송계약에 따라 도착 항구의 특정지점에서 하역과 관련된 비용을 지급하더라노, 당사자 사이에 별도의 합의가 없는 한, 그러한 비용을 보상받을 권리가 매도인에게 주어지지 않는다.

매도인은 물품을 본선에 적재하여 인도하거나 도착지까지의 선적을 위하여 이미 그렇게 인도된 물품을 조달하여야 한다.

CFR(비용 · 운임포함) 조건은 예컨대 전형적으로 터미널에서 인도되는 컨테이너 화물과 같이 물품이 본선에 적재되기 전에 운송인에게 교부되는 때에는 적절하지 않다. 이러한 때에는 CPT조건이 사용되어야 한다.

CFR 조건에서 매도인은 물품의 수출통관을 해야 한다. 그러나 물품의 수입통관을 하거나 수입관세를 부담하거나 수입통관절차를 수행할 의무는 없다.

CFR조건은 외형상 FOB 조건에 운임이 추가된 조건과 유사해 보이지만 근본적인 차이가 있다. 즉, FOB 조건은 계약물품 자체를 인도하는 현물인도 조건인데 비해 CFR나 CIF 조건은 계약물품을 대표하는 서류를 인도하는 조건, 다시 말해 물품 그 자체의 매매가 아니라 물품에 대한 서류의 매매(추상적 인도)이라는 점이다. 따라서 물품이 실제로 본선에 선적되었다고 하여, 즉시 매수인의 대금지급 의무가 발생되는 것이 아니므로 매도인은 운송서류와 상환으로만 대금을 지급받게 되는 것이며, 마찬가지로 선적한 후에 화물이 멸실 되었다고 하더라도 매도인은 운송서류만으로도 대금결제를 요구할 수 있는 것이다. 즉, 선적서류가 매수인에게 이전되어야 비로소 당해 물품의 소유권도 이전되는 것이므로, 매수인이 이를 입수하기 전이라면 운송 중인 화물에 대한 소유권은 아직 매도인에게 유보되어 있는 것이다. 매수인이 선적서류를 입수해야만 소유권이 매수인으로 이전되어 물품에 대한 임의처분권을 갖게 되므로 비용 · 위험 및 소유권 이전의 분기점이 각각 다르다는 특징을 가지고 있다.

CFR조건은 CIF조건에서 보험료 요소를 뺀 것과 동일하다. 이처럼 보험요소를 빼는 것은 매수인이 특정 보험회사를 더 신용하고 있거나 특별한 관계를 가지고 있을 때에 이를 활용하기 위해서이다.

한편, CFR은 물품의 인도장소가 본선의 갑판 위(on board of vessel)가 되지만, CPT는 인도 지점이 본선은 물론 내륙지의 특정 지점도 될 수 있다는 점에 차이가 있다. 또한 CFR에서 매도인의 인도 의무 완료시점이 물품을 해상의 본선에 인도하는 때인데 반해 최초의 운송인에게 인도한 때라는 점에서도 다르다. 그리고 CFR조건은 해상운송에서만 사용되지만 CPT 조건은 운송형태에 관계없이 모든 경우에 채용될 수 있어 복합운송 방식에 적합하다는 점도 다른 점이다.

(4) CIF

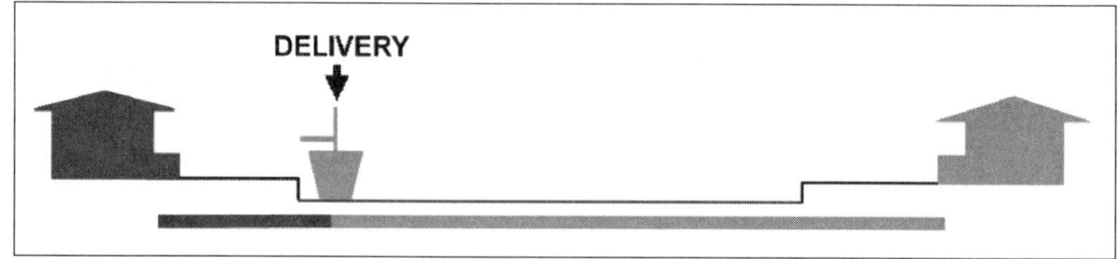

(가) CIF의 사용지침

"CIF(cost, insurance and freight, 비용 · 운임 · 보험료 포함)" 조건은 매도인이 수출통관된 물품을 본선에 적재하여 인도하거나 이미 그렇게 인도된 물품을 조달하는 조건을 말한다. 물품의 멸실 또는 손상의 위험은 물품이 본선에 적재된 때에 이전한다. 매도인은 물품을 기명된 목적항까지 운송하는데 필요한 운송계약과 보험계약을 체결하고 그에 따른 운임과 보험료 및 비용을 부담하여야 한다. 여기에서 매도인은 단지 최소 조건으로 부보하도록 요구될 뿐이라는 점을 매수인은 유의해야 한다. 따라서 보다 넓은 보험의 보호를 원한다면 매도인과 명시적으로 그렇게 합의하든지 아니면 매수인 스스로 추가보험을 들어야 한다.

이 규칙은 위험과 비용이 두 개의 상이한 장소에서 이전된다. 통상적으로 계약에서는 항상 도착항을 명시하면서도 매수인에게 위험이 이전되는 선적항에 대하여 명

시되지 않는 것이 보통이다. 따라서 선적항이 매수인에게 특별한 이해관계를 가질 때에는 당사자는 이를 가급적 명확하게 계약에 명시하는 것이 바람직하다.

당사자들은 합의된 도착항 내의 지점을 가급적 정확하게 명시하는 것이 바람직하다. 그러한 지점까지의 비용은 매도인이 부담하기 때문이다. 매도자는 이 선택에 정확하게 일치하는 운송계약을 체결하는 것이 바람직하다. 만약에 매도자가 운송계약에 따라 도착 항구의 특정지점에서 하역과 관련된 비용을 지급하더라도, 당사자 사이에 별도의 합의가 없는 한, 그러한 비용을 구상할 권리가 매도인에게 주어지지 않는다.

매도자는 본선에 적재된 물품을 인도하거나 그렇게 목적지로 선적하기 위해 인도된 물품을 조달할 것이 요구된다. 부가하여 말하자면, 매도자는 운송계약을 체결하고 그 계약을 수행할 것이 요구된다.

CIF(비용 · 운임 · 보험료 포함) 조건은 예컨대 전형적으로 터미널에서 인도되는 컨테이너 화물과 같이 물품이 본선에 적재되기 전에 운송인에게 교부되는 때에는 적절하지 않다. 이러한 때에는 CIP 조건이 사용되어야 한다.

CIF조건에서 매도인은 적용 가능한 경우에 물품의 수출통관을 해야 한다. 그러나 매도인은 수입을 위한 물품 통관, 어떠한 수입관세의 지급 또는 어떠한 수입통과절차를 수행할 의무가 없다.

(나) CIF 조건의 특징

CIF 조건은 매도인이 목적지까지 운송계약 및 보험계약을 체결하고 이에 따른 운송비와 보험료를 지급한다는 점은 CIP 조건과 같다. 다만 CIF조건은 해상운송에 사용되고 본선상에서 물품을 인도하지만, CIP조건은 어떠한 방식의 운송에도 사용될 수 있고 최초 운송인에게 물품을 인도한다는 점에서 차이가 있다.

매수인의 입장에서 FOB 조건으로 거래하는 것은 운임 · 보험료 및 각종 비용을 일일이 조사하어야 하는 불편이 있으며, 수출국내의 사정을 정확히게 파악히기도 어렵다. 예를 들어 운임계산의 기초가 되는 화물의 중량이나 부피는 매도인이라야 정확하게 파악할 수 있는 것이다. 이럴 때 매수자로서는 수입항까지 도착한 가격(CIF 가격)으로 구매하는 것이 유리한 때가 많다.

한편, 선적서류 인도조건(추상적 인도조건)인 CIF 조건과 현물 인도조건인 FOB 조건은 본질적인 차이가 있음에도 불구하고 실무에 있어서는 유사한 것처럼 보이는 것은 FOB의 거래에서도 물품인도의 증빙을 선적서류로 대신하고 있기 때문이다.

CIF 조건은 다음과 같은 특징을 갖고 있다.

첫째, CIF 조건은 FOB 나 CFR 조건과 같이 해상운송만을 전제하기 때문에 해상 매매계약에 속한다. 즉, 이 조건하에서 매도인은 합의된 시기에 선적항에서 본선에 물품을 선적하고 해상운송에 관한 선화증권(marine bill of lading), 매수인을 위한 보험증권(marine cargo insurance policy) 등을 제공함으로써 그 의무를 다하게 된다.

둘째, CIF 조건하에서 매도인은 목적항까지의 운임과 보험료를 지급하지만, 그 이외에 발생하는 물품에 대한 위험과 추가적인 비용부담은 선적항에서 인도가 완성된 때에 매수인에게 이전된다. 또한 CIF는 후 목적항까지의 도착을 목적으로 하는 것이 아니기 때문에 선적지 매매계약에 속한다. 따라서 매도인은 선적 후 물품이 멸실되어 목적항에 도착하지 아니하였더라도, 선적항에서 계약에 일치한 물품의 선적을 입증하는 선적서류를 제공하는 한 매도인은 대금을 지급받을 수 있다.

셋째, CIF 조건하에서 대금청구를 위한 매도인의 인도방식은 물품의 현실적인 인도(actual delivery)가 아닌 서류에 의한 상징적인 인도(symbolic delivery)의 방식을 취한다는 특징을 지니고 있다. 즉, CIF 조건하에서 매도인의 위험부담은 FOB 조건과 마찬가지로 선적 시에 끝나지만, 물품에 대한 권리는 그 물품을 상징하는 서류를 제공함으로써 매수인에게 이전되며 이때부터 매수인은 대금지급의 의무를 진다. 따라서 물품이 정상적으로 인도되었더라도 계약에 불일치한 선적서류를 제공하게 되면, 매수인으로부터 대금을 지급받을 수 없다.

넷째, CIF 조건은 매도인의 비용구간인 선적시까지의 물품가격에 매수인의 비용구간인 목적항까지의 운임과 보험료가 합산되어 있는 복합가격으로 구성된 매매조건이다. 따라서 CIF 조건은 DDP 등의 도착지인도조건에서 매도인의 과중한 가격부담과 EXW 등의 출하지 인도조건에서 매수인의 과중한 가격부담을 균등하게 조화시킨 조건이라고 할 수 있다. 결과적으로 CIF 조건을 사용할 경우 매도인은 다음과 같은 이점을 누릴 수 있다.

첫째, 매도인은 선적항에서의 선적과 동시에 약정품에 대한 모든 위험으로부터 면제된다.

둘째, 매도인은 목적항에 물품이 도착하기 전에 선적서류와 상환으로 물품대금을 회수하여 현금화할 수 있다.

셋째, 국내에 경쟁력 있는 선박회사나 보험회사가 있다면 유리한 비용조건으로 운송계약과 보험계약을 체결할 수 있다.

넷째, 수출국의 차원에서도 FOB 조건에 비하여 운임과 보험료만큼 외화수입을 가

져올 수 있다. 다만 매도인은 해상운임과 보험료를 과학적으로 정확히 계산하여야 하고, 당초 예상치 못한 요소비용을 감당하여야 하며, 또 선복의 수배와 부보의 복잡한 절차를 직접 이행하여야 하는 어려움이 있다.

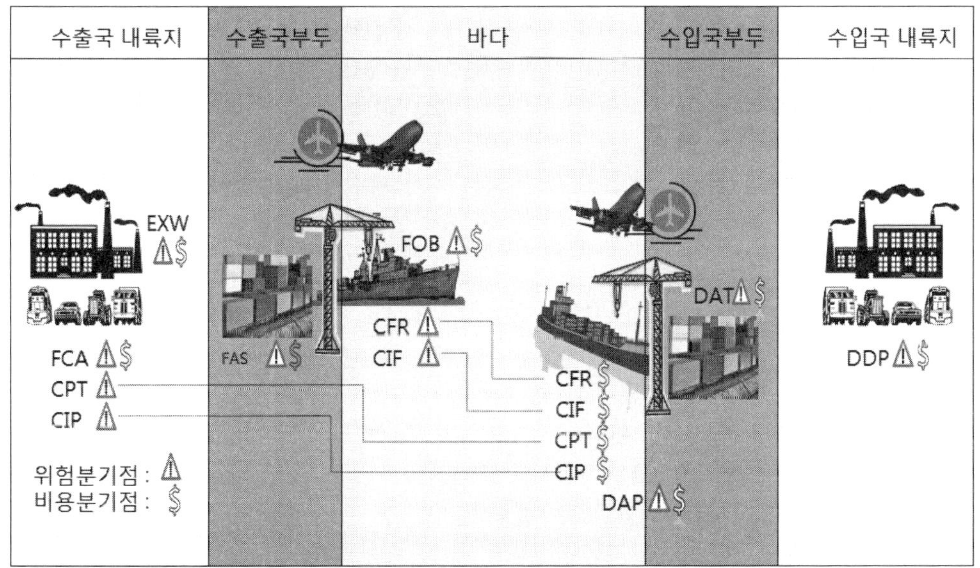

[그림 5-2] Incoterms 조건별 위험 및 비용분기점

2. 매매당사자의 의무

가. 매매당사자 의무의 구분

Incoterms 2000 규칙과 마찬가지로 매도자와 매수자의 의무는 거울형(in mirror fashion, 즉 대칭형)으로 배열되어 있는데, A단은 매도인의 의무 그리고 B단은 매수인의 의무를 열거하고 있다. 이들 의무는 매도자 또는 매수자가 직접 수행하거나, 또한 가끔은 계약상의 조건 또는 적용 가능한 준거법에 따라 운송인, 운송주선인 또는 특별한 목적을 위해 매도자 또는 매수자가 지정한 제3자와 같은 중간행위자를 통해 수행될 수도 있다.

〈표 5-4〉 Incoterms 2010 규칙상 매도인과 매수인의 의무

매도인의 의무(seller's obligations)	매수인의 의무(buyer's obligations)
A1. 매도인의 일반적 의무	B1. 매수인의 일반적 의무
A2. 허가, 인가, 보안통관, 기타 절차	B2. 허가, 인가, 보안통관, 기타 절차
A3. 운송계약과 보험계약	B3. 운송계약과 보험계약
A4. 물품의 인도	B4. 물품의 인수
A5. 위험의 이전	B5. 위험의 이전
A6. 비용의 분담	B6. 비용의 분담
A7. 매수인에 대한 통지	B7. 매도인에 대한 통지
A8. 인도서류	B8. 인수의 증명
A9. 검사, 포장, 화인	B9. 물품검사
A10. 정보제공 및 관련비용의 부담	B10. 정보제공 및 관련비용의 부담

나. 매매당사자 의무의 내용

(1) A1/B1 매매당사자의 일반적 의무

매도인은 계약에 일치하는 물품 또는 서류 즉, 상업송장 그리고 계약에서 요구하고 있는 경우에는 물품이 계약에 일치하고 있다는 증명서를 제공해야 한다. 이에 대해 매도자는 계약에 약정된 바에 따라 물품 대금을 지급하여야 한다. 그리고 당사자 사이에 합의가 있거나 관습이 있는 경우에는 Incoterms 규칙에 규정된 어떤 서류라도 그에 상응하는 전자기록이나 절차로 대체될 수 있다.

(2) A2/B2 허가, 공적인가, 보안통관 및 기타 절차

국제거래에서 필연적으로 수반되는 수출입에 관한 국경절차에 필요한 허가를 획득해야 하는 당사자, 수출입 통관절차를 수행해야 하는 당사자를 규정하고 있다. 일반적으로 수출통관은 매도인 그리고 수입통관은 매수인 측이 수행하는 것이 유리하다. Incoterms 2010 규칙도 이러한 일반원칙에 따르고 있다. 다만 EXW 조건에서 수출통관 의무를 매수인에게 그리고 DDP 조건에서 수입통관 의무를 매도인에게 부담시키는 예외를 두고 있다. 이는 EXW 조건을 매도인의 최소의무를 부담하는 조건으로 그리고 DDP 조건을 매도인의 최대의무를 부담하는 조건으로 하기 위함이다.

(3) A3/B3 운송계약과 보험계약

Incoterms에서 매도인에게 운송계약 체결의무를 부담시키고 있는 조건에는 CPT, CIP, DAT, DAP, DDP, CFR, CIF이 있다. 그리고 나머지 FCA, FAS와 FOB의 3가지 조건에서도 매수인의 요청있을 때나 상관습이 있고 적시에 매수인이 이와 상반된 지시를 하지 않았을 때는 매수인의 위험과 비용 부담으로 매도인이 운송계약을 체결할 수도 있다.

Incoterms 규칙에서 매도인에게 보험계약 체결의무가 있는 조건으로는 CIP와 CIF가 있다. 나머지 9가지 조건에서는 원칙적으로 매도인에게 보험계약 체결 의무가 없지만 매수인의 요청이 있는 때에는 매수인이 보험계약 체결에 필요한 정보를 제공해 주어야 할 의무가 매도인에게 있다.

매수인은 어떤 조건에서도 보험계약 체결의무가 없다. 다만 CPT, CIP, DAT, DAP, DDP, CFR 및 CIF 조건에서 매도인의 요청이 있는 때, 매도인이 보험계약 체결에 필요한 정보를 제공해야 하는 의무가 매수인에게 부여되어 있다.

한편, 각 조건에서 "의무 없음(no obligation)"의 의미는 상대 당사자에 대해 의무가 없다는 것을 의미하는 것이지, 운송계약이나 보험계약을 체결하지 않아야 한다는 것을 의미하는 것은 아니다. 예를 들어 EXW 조건인 경우에 매도인으로부터 인도받은 상품을 어떻게 목적지로 가져갈 것인지는 전적으로 매수인의 자유의지에 따라 결정될 것이다. 즉, 물품을 직접 소지하여 가져갈 수도 있고, 운송인에게 운송을 의뢰할 수도 있을 것이다. 또한 당해 물품에 대해 보험을 들 것인지 말 것인지의 여부도 전적으로 매수인의 의지에 달려 있다. 만약에 보험에 부보한다면 그것은 매수인 자신을 위해 부보하는 것이지 의무에 따른 것이 아니다.

(4) A4/B4 물품의 인도와 인도의 수령

매매당사자의 기본적 의무(A1/B1)의 의무를 구체화한 조항이다. 매도인의 물품 인도 의무는 계약에서 정해진 장소에서 물품을 매수인의 임의 처분에 맡기거나, 또는 운송인 등에게 물품을 인도함으로써 이행된다. 그리고 매수인은 그렇게 인도되어진 물품을 지정된 장소에서 직접 또는 운송인으로부터 수령하여야 한다. 각 조건별 물품 인도와 그 수령에 관한 당사자의 의무는 <표 5-5>와 같다.

〈표 5-5〉 물품인도와 그 수령에 관한 당사자의 의무

<table>
<tr><th>조건</th><th>매도인의 의무(A4)</th><th>매수인의 의무(B4)</th></tr>
<tr><td>EXW</td><td>지정 인도 장소에서 매수인의 임의처분하에 두는 상태로 인도</td><td>인도의 수령</td></tr>
<tr><td>FCA</td><td>매수인이 지명한 운송인 또는 제3자에게 인도(인도장소가 매도인의 영업소인 경우 매수인의 수거차량에 적재한 상태로, 기타의 장소인 경우에는 매도인의 운송수단에서 양하하지 않은 상태로 인도)</td><td>인도의 수령</td></tr>
<tr><td>CPT</td><td rowspan="2">운송인에게 인도</td><td rowspan="2">인도의 수리/지정 목적지에서 운송인으로부터 수령</td></tr>
<tr><td>CIP</td></tr>
<tr><td>DAT</td><td>목적항 또는 목적지의 지정 터미널에 도착한 운송수단에서 양하하여 매수인의 임의처분하에 두는 상태로 인도</td><td rowspan="5">인도의 수령</td></tr>
<tr><td>DAP</td><td rowspan="2">지정 목적지의 합의된 지점에서 도착한 운송수단에서 양하하지 않은 상태로 매수인의 임의처분하에 두는 상태로 인도</td></tr>
<tr><td>DDP</td></tr>
<tr><td>FAS</td><td>지정선적항에서 매수인이 지명한 본선의 선측에 인도하거나 그렇게 인도된 물품의 조달</td></tr>
<tr><td>FOB</td><td>지정선적항에서 매수인이 지명한 본선상에 인도하거나 그렇게 인도된 물품의 조달</td></tr>
<tr><td>CFR</td><td rowspan="2">본선상에서 인도하거나 그렇게 인도된 물품을 조달</td><td rowspan="2">인도의 수리/지정 목적항에서 운송인으로부터 수령</td></tr>
<tr><td>CIF</td></tr>
</table>

자료 : 이시환, 김광수, 「Incoterms 2010」, 두남, 2010, p.71

(5) A5/B5 위험의 이전

"위험 이전(transfer of risk)"이란 물품의 멸실 또는 손상의 위험이 매도인에서 매수인으로 이전되는 것을 말한다. Incoterms에서 위험의 이전 시기는 A4/B4에 따라 매도인이 물품을 인도하고, 매수인이 그 인도를 수령한 때에 이전된다. 이때 인도 되는 물품은 계약물품으로 명백하게 특정되어 제공되어야 한다. 왜냐하면 계약물품으로 특정되어 있지 않으면 위험이 이전될 수 없기 때문이다.

다만, 계약에 일치하여 인도된 물품을 매수인이 수령하지 않거나, 또는 매수인이 인도지점, 인도일자, 운송수단(선박 등), 인도의 수령을 할 운송인 또는 제3자 등을 지명하여 매도인에게 통지할 수 있는 권리(option)를 가지고 있음에도 매수인이 이를

행하지 않거나, 지명된 운송인 또는 제3자가 물품을 적시에 수령하지 않음으로써 인도하기로 합의한 기간이 경과한 경우에는 그 합의기간이 경과한 날로부터 당해 물품에 발생할 수 있는 위험은 매수인이 부담해야 한다.

(6) A6/B6 비용의 분담

Incoterms 2010의 비용 분담에 관한 일반적인 규칙은 A6/B6에서 규정하고 있다. 그러나 이 밖에도 CIF와 CIP 조건에서의 매도인의 의무 A3 b)에 보험료에 대한 규칙을 두고 있으며, 또한 A2/B2에는 국경통과를 위한 각종 허가의 취득 및 통관 절차의 이행에 따른 비용의 분담, 그리고 A10/B10에는 정보 협조와 관련된 비용의 분담을 규정하고 있다.

일반적으로 매도인은 자신의 인도 의무를 완료할 때까지의 모든 비용을 부담하며, 매수인은 매도인으로부터 물품을 수령한 이후의 모든 비용을 부담하는 것이 보통이다. Incoterms 규칙 역시 대체로 이러한 일반적 원칙을 배제하고 있지 않다. 여기에 각 조건의 규정에 따라 부여되어 있는 의무, 예컨대 운송계약이나 보험계약의 체결의무라든지, 국경통과를 위한 각종 허가 등의 취득이나 통관 절차의 이행의무가 있다면 그러한 의무를 수행하기 위한 비용을 부담해야 할 것이다. 그리고 상대 당사자가 자신을 위해 행한 협조비용이나, 아니라 각 조건에서 규정하고 있는 자신의 의무를 수행하지 않음에 따라 발생한 비용 역시 추가적으로 부담해야 할 것이다.

(7) A7/B7 매매당사자의 통지

매매계약이 원활하게 이행되려면 반드시 당사자 사이에 긴밀한 협조가 있어야 하며, 이를 위해서는 상호간의 연락(communication)이 필요하게 된다. Incoterms 규칙에서도 각 거래조건의 A7/B7에서 각 당사자의 통지의무를 규정하고 있다.

매도인이 매수인에 통지하여야 할 주요한 내용으로는 매수인이 물품의 인도를 수령하는데 필요한 내용, 즉, 물품을 운송인 또는 지명된 제3자에게 인도하였거나, 인도하지 못하게 된 사실, 물품을 수령하는데 요구되는 절차를 취하는데 필요한 내용 등이 있다. 이에 대해 매수인은 만약에 자신에게 인도 수령의 시기, 지점, 물품의 인도수령을 할 운송인 또는 지명된 제3자, 운송에 사용될 운송수단(선박명 등)을 결정할 권한이 주어진 때에는 이에 관해 매도인에게 충분한 통지를 하여야 한다.

(8) A8/A8 인도서류와 인도증명

Incoterms 규칙은 EXW를 제외한 나머지 모든 조건에서 매도인의 서류인도 의무를 규정하고 있다. 그 대표적인 서류로는 매도인이 운송인에게 물품을 인도하였음을 증명하는 운송서류 예를 들어 선하증권(B/L), 본선수취증(mate receipt) 또는 부두수취증(dock receipt), 화물인도지시서(delivery order) 등)나 기타 계약에서 요구하는 각종 증거서류, 예컨대 원산지 증명서, 검사증명서, 검역증명서 등을 매도인에게 인도해야 한다. 그리고 매수인은 인도수령을 증거하는 서류를 매도인에게 제공하도록 규정하고 있다.

(9) A9/B9 점검, 포장 및 화인

매도인은 물물을 매수인에게 인도하기 위해 필요한 점검(품질, 용적, 수량 등) 업무에 관한 비용, 수출국 당국이 강제적으로 실시하는 선 적전 검사비용, 포장비용을 부담하여야 하며, 포장에는 적절한 화인을 하여야 한다. 이에 대해 매수인은 수출국 당국에 의해 강제적으로 실시하는 검사 이외의 선적 전 검사비용을 부담하여야 한다.

(10) A10/B10 정보협조와 관련 비용

매도인은 시의적절한 방법으로 매수인의 요청, 위험 그리고 비용으로 매수인이 물품을 최종 목적지까지 가져가는데 필요한 모든 서류와 정보(보안관련 정보 포함)을 제공하거나 매수인이 그들을 획득하는데 협조하여야 한다. 특히 최근에 들어 물품이 고유의 성질 이외의 이유로 생명이나 재산에 위협을 가하지 않는다는 취지의 증명을 요구하는 경우가 증가하고 있다. 이에 따라 Incoterms 2010에서는 이러한 보안에 관련된 정보제공에 대하여 매매당사자 사이에 상호 협력할 의무를 명시하고 있다. 매수인은 시의적절한 방법으로 매도인이 A10에 의한 정보 협조의무를 이행하는데 필요한 모든 보안정보를 매도인에게 통지하여야 한다.

Chapter 6

무역서류

Chapter 6

무역서류

제 1 절 무역서류의 기초

1. 무역서류의 이해

가. 무역서류의 의의

(1) 무역서류의 정의

무역서류란 매도자가 매매계약을 이행(수출물품의 선적 등)하고 대금을 결제받기 위하여 매수인 또는 그 대리인(예컨대 대리점, 은행 등)에게 제공하여야 하는 모든 서류를 총칭하는 말이며, 실무에서 선적서류(shipping documents) 또는 운송서류(transport documents)라는 용어와 함께 혼용되고 있다.

신용장통일규칙(UCP)은 무역서류에 대한 정의를 하고 있지는 않지만, 대금결제를 위해 은행에 제시되어야 하는 서류를 총칭하여 "documents"로 그리고 운송과 관련된 서류는 "운송서류(transportation documents)"라는 용어를 사용하고 그 종류별 요건을 규정하고 있다.

추심에 관한 통일규칙(URC)을 보면 제2조(추심의 정의)에서 "서류(documents)"란 금융서류와 상업서류를 의미한다고 정의하고, 금융서류(financial documents)란 환어음, 약속어음, 수표, 지급영수증 또는 대금을 취득하기 위해 이용되는 이와 유사한 기타 서류를 의미하며, 상업서류(commercial documents)란 운송서류(transport documents), 권리증권(document of title)이나 기타 이와 유사한 서류 또는 금융서류가 아닌 기타 서류를 의미한다고 정의하고 있다.

한편 실무계에서 널리 사용되고 있는 "선적서류(shipping documents)"라는 용어에 대하여 ICC 간행물 270호는 "Documents evidencing shipment or dispatch or taking in charge." 즉, 선적서류란 선적 또는 발송 또는 수취를 증명하는 서류라고 정의하여 UCP의 운송서류(transport documents)와 동일한 개념으로 해석하고 있다. 또한 ISBP 681의 제21항에 따르면, "선적서류(shipping documents)"라는 용어는 UCP에 정의되지 않은 표현이므로 사용하지 말 것을 권고하고 있고, 만약에 사용한다면 그 의미가 분명하도록 해야 한다. 그렇지 않으면 "shipping documents"는 환어음을 제외한 신용장에서 요구하는 모든 서류(운송서류 포함)를 의미하는 것으로 간주한다고 하고 있다.

글 6-1 **UCP에 정의되지 않은 표현**

"제3자 서류 수리가능(third party documents acceptable)" 및 "수출국(exporting country)"과 같은 표현은 UCP에서 정의하지 않고 있으므로 사용되지 않아야 한다. 신용장에서 이러한 표현들이 사용되는 경우, 그 의미가 분명하도록 해야 한다. 그렇지 않으면 이러한 표현들은 ISBP에서 다음과 같은 의미가 있다.[1)]

- "third party documents acceptable" - 환어음을 제외하고 송장을 포함한 모든 서류는 수익자 이외의 자에 의하여 발행될 수 있다. 발행은행의 의도가 운송서류에 수익자가 아닌 송화인을 표시할 수 있다는 것은 이미 UCP 제14조 (k)항에 의하여 허용되고 있으므로 별도로 그러한 문구가 기재될 필요가 없다.
- "exporting country" - 수익자가 거주하고 있는 국가 및/또는 물품의 원산지 국가 및/또는 운송인이 물품을 수취한 국가 및/또는 선적이나 발송한 국가를 의미한다.

(2) 신용장거래와 서류거래

일반적으로 상품의 매매에는 현실적인 상품의 인도·인수가 이루어졌을 때 매도인의 물품인도의무가 완수되며, 물품에 관한 위험부담과 소유권도 이전된다. 그러나 국제거래는 이러한 현실적 인도(actual delivery)에 의한 매매계약의 이행이 곤란하다. 따라서 실무에서는 물품을 유가증권화한 서류(예컨대 B/L이나 창고증권 등)의 인수도에 의한 추정적·상징적 인도(symbolic/constructive delivery)를 현물의 인도로 간

1) ISBP 21

주하는 무역관행이 확립되어왔다.

유엔물품매매계약에 관한 협약(UNCISG) 제30조에서는 매도인의 의무를 “매도인은 계약 및 이 협약에서 요구하는 바에 따라 물품을 인도하고, 그와 관련된 서류를 교부하며, 물품의 소유권을 이전하여야 한다.”고 규정하고 있다. 실제로 어떤 서류가 교부되어야 하는지는 계약서나 신용장에 의해 결정될 것이다.

UCP 600 제5조는 은행은 서류를 취급(deal with)하는 것이며 그 서류와 관련되어 있는 물품, 용역 또는 이행을 취급하는 것이 아니라고 규정함으로써 신용장 거래는 서류 거래임을 명시하고 있다. 이는 원래 신용장제도가 서류상환지급(documentary against payment)을 조건으로 한 CIF 거래에 근거를 두고 있는 화환어음 거래에 도입된 화환신용장으로부터 출발한 것이기 때문이기도 하며, 신용장거래에서 중요한 지위에 있는 은행으로서는 상품거래의 당사자가 아니므로 서류만을 대상으로 하여 거래될 수밖에 없기 때문이기도 하다.

나. 무역서류의 분류

무역에 관련된 서류에 대해 무역서류, 선적서류 및 운송서류 등의 용어가 혼용되고 있음은 설명한 바가 있다. 여기에서는 UCP, URC, ISBP 등의 국제규범에 기초하여 다음과 같이 무역서류를 분류하고자 한다. 먼저 UNCISG에 따라 무역서류를 매도인의 물품인도와 관련된 서류(documents relating to deliver the goods) 또는 UCP에서 대금결제를 받기 위해 은행에 제시해야 하는 서류(documents)로 정의한다. 그리고 URC에 따라 무역서류는 다시 금융서류와 상업서류로 구분하고, 금융서류는 환어음, 수표, 약속어음과 같이 대금결제의 수단이 되는 서류를 포함시켰다. 그리고 상업서류는 다시 대부분의 무역거래에서 필요로

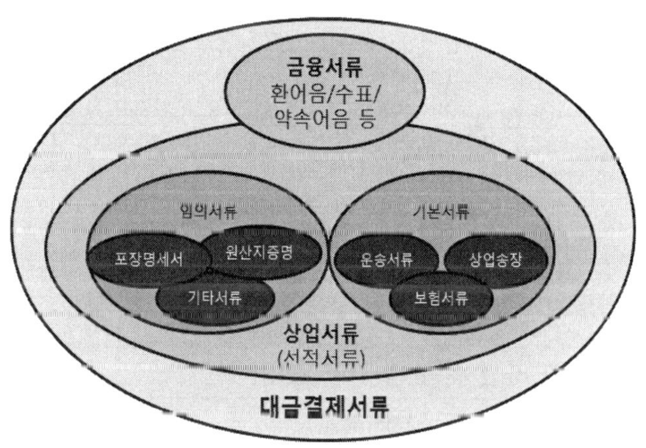

[그림 6-1] 무역서류의 분류

한다는 의미의 기본서류와 필요에 따라 마련되어야 한다는 의미의 임의서류로 구분하였다. 그리고 기본서류는 상업송장 · 운송서류 · 보험서류를 포함하는 개념으로, 그리고 임의서류는 기본서류를 제외한 나머지 상업서류를 포함하는 것으로 분류하였다. 그리고 운송서류는 운송방법에 따라 다시 육상 · 해상 · 항공운송서류 및 기타 운송서류로 세분하였다. 다시 말해 운송서류는 상업서류 일부로 그리고 다시 상업서류는 무역서류의 일부에 포함되는 개념으로 분류한 것이다.

〈표 6-1〉 대금결제서류의 종류

<table>
<tr><td colspan="4">Ⅰ. 금융서류(환어음 등)</td></tr>
<tr><td colspan="4">Ⅱ. 선적서류(상업서류)</td></tr>
<tr><td rowspan="14">기본서류</td><td colspan="3">상업송장(commercial invoice)</td></tr>
<tr><td rowspan="12">운송서류</td><td rowspan="3">해상운송서류</td><td>해상선화증권(marine, ocean bill of exchange</td></tr>
<tr><td>선계약부선화증권(charter party bill of lading)</td></tr>
<tr><td>해상화물운송장(sea waybill)</td></tr>
<tr><td rowspan="2">항공운송서류</td><td>항공화물운송장(air waybill)</td></tr>
<tr><td>항공화물수탁증(air consignment note)</td></tr>
<tr><td rowspan="3">육상운송서류</td><td>도로화물수탁증(road consignment note)</td></tr>
<tr><td>철도화물수탁증(railway consignment note)</td></tr>
<tr><td>내수로운송서류(inland waterway transport document)</td></tr>
<tr><td rowspan="2">복합운송서류</td><td>복합운송증권(multimodal/combined transport document)</td></tr>
<tr><td>복합운송선화증권(multimodal/combined transport B/L)</td></tr>
<tr><td rowspan="2">기타운송서류</td><td>우편수령증(postal receipt)</td></tr>
<tr><td>특사수령증(courier receipt)</td></tr>
<tr><td>보험서류</td><td colspan="2">보험증권(insurance policy), 보험증명서(insurance certificate)
보험확정통지서(insurance declaration)</td></tr>
<tr><td rowspan="6">임의서류</td><td colspan="2">포장명세서(packing list)</td><td>검사증명서(inspection certificate)</td></tr>
<tr><td colspan="2">원산지증명서(certificate of origin)</td><td>위생증명서(health certificate)</td></tr>
<tr><td colspan="2">GSP 원산지증명서</td><td>검역증명서(quarantine certificate)</td></tr>
<tr><td colspan="2">영사송장(consular invoice)</td><td>세관송장(customs invoice)</td></tr>
<tr><td colspan="3">중량/용적증명서(certificate of weight /measurement)</td></tr>
<tr><td colspan="2">차변표(debit note)</td><td>대변표(credit note)</td></tr>
</table>

제 2 절 운송서류

1. 선하증권과 복합운송증권

가. 선하증권

(1) 선하증권의 의의 및 성질

(가) 선하증권의 의의

선하증권(船荷證券, bill of lading, B/L)이란 운송계약에 따라 선박회사가 화물을 수취 또는 선적하였음을 증명하고 목적지에서 이 증권과의 상환으로 물품을 인도할 것을 확약하기 위해 선박회사가 작성 · 교부한 유가증권을 말하며, 선화증권(船貨證券)이라고도 한다. B/L은 운송물품을 대표하는 대표증권이며, 배서나 교부에 의해 양도가 가능한 유통증권이다. 또한 선하증권의 인도가 곧 화물에 대한 권리의 이전을 의미하므로, 발행은행은 선하증권을 양도담보로 확보하게 된다.

일반적으로 선하증권은 운송 중 사고나 분실에 대비하여 일반적으로 원본 3통을 1조(set)로 하여 발행된다. 이 3통(original, duplicate, triplicate)은 각각이 모두 정식의 선하증권으로서의 독립적인 효력을 가지므로 그 중 1통이 사용되면 나머지 2통은 자동으로 무효가 된다.

(나) 선하증권의 법률적 성질

선하증권과 관련된 법률로서는 미국의 하터법, 헤이그규칙(Hague Rules, CMI, 1924)[2], 헤이그-비스비규칙(Hague-Visby Rules, CMI, 1968)[3], 함부르크규칙(Hamburg Rules, UNCITRAL 1978)[4], 로테르담규칙(Rotterdam Rules, UNCITRAL 2008)[5] 등이

---

2) 선하증권에 관한 특정규칙의 통일을 위한 조약(International Convention for the Unification of Certain Rules to Bill of Lading), 일명 선하증권통일조약, 헤이그규칙은 선하증권상의 운송인 면책약관의 제한을 중심으로 해상운송계약법의 주요한 점을 거의 모두 규정하고 있는 규칙이다. 운송인의 최소한의 의무, 최대한의 면책 및 책임한도를 명확하게 하고 있다.

3) 헤이그규칙의 개정하는 의정서(Protocol to amend the International Convention for the Unification of Certain Rules to the Bill of Lading signed Burussels on 25th August, 1924), 헤이그 규칙 채택 이래의 경제상황 변화(인플레이션, 환평가절하 등), 컨테이너의 출현 등 운송방법의 변화 등을 적합하게 반영한 것이다.

있으며, 다음과 같은 법률적 성질을 가지고 있다.

① **요인증권**

선하증권은 해상운송계약에 의해 화물의 선적 또는 수탁을 전제로 하여 발행되는 것이므로 법률상 요인증권이다. 이러한 요인이 없이 선하증권을 발행하는 것은 위법 행위가 된다.

② **요식증권**

선하증권은 상법에서 규정된 법정 기재사항의 기재를 필요로 하는 요식증권이다. 선하증권은 유통을 전제로 발행되므로 적어도 이것을 양도받은 제3자가 운송계약의 주요 내용을 알 수 있을 정도로 일정 사항이 기재되어야 한다.

③ **채권 · 처분증권**

선하증권의 소지인은 선박회사에 화물의 인도를 청구할 수 있기 때문에 선하증권은 채권효력을 갖는 채권증권이다. 그리고 운송하물을 처분하기 위해서는 반드시 선하증권을 사용해야 하므로 선하증권은 처분증권의 성질도 갖는다.

④ **유가 · 유통증권**

선하증권은 화물을 대표하는 유가증권으로서 배서 또는 인도에 의해 소유권이 이전되는 유통증권이다.

⑤ **문언증권**

해상운송계약에 따른 선주와 화주의 의무는 선하증권상에 기재된 문언에 따라 이행되어야 한다. 운송인은 선하증권의 선의의 소지인에 대하여 증권의 기재 문언에 관하여 책임을 지고 소지인은 기재 문언에 따라 권리를 주장할 수 있다.

---

4) UN해상물품운송에 관한 조약(UN Convention on the Carriage of Goods by Sea), 운송물품에 대한 해상운송인의 강행법적인 책임을 가중 강화한 것. 헤이그규칙의 원칙을 근본적으로 바꾸어 새로운 질서를 수립하기 위한 조약이다.

5) 전부 또는 일부가 해상운송인 국제물품운송계약에 관한 UN조약(UN Convention on Contracts for the International Carriage of Goods Wholly or Partly by Sea), 국제해상구간(International sea leg)을 포함하는 door to door 운송을 위한 계약에 따른 송화인, 운송인 및 수화인의 권리와 의무를 규율하는 통일된 현대의 법제도, 국제해상운송물품에 대한 앞의 모든 국제규범에 대한 현대적 대안을 제시하고 있다.

(2) 주요 선하증권의 종류

(가) 선적선하증권과 수취선하증권

선적선하증권(shipped B/L)이란 선박회사가 화주로부터 수령한 화물이 본선에 적재되었음을 확인한 선하증권을 말하며, 본선적재선하증권(on borad B/L)이라고도 한다. 선적의 완료 사실은 선하증권면에 "Shipped in apparent good order and condition on board the vessel …" 또는 "Loaded in apparent good order and condition on board vessel …"와 같이 문언으로서 표시된다.

수취(수령)선하증권(received B/L)이란 선박회사가 일단 화물을 수령하였으나 아직 화물을 선적할 선박이 화물을 적재하기 위하여 항내에 정박 중이거나 아직 입항하지 않아 본선에 적재하지 못한 상태에서 발행된 선하증권을 말한다. 일종의 부두수취증(dock receipt)나 창고수취증(warehous receipt)의 성격을 갖는다. 증권면에 "Received in apparent good order and condition… for shipment on board th vessel."이라는 문언이 기재된다.

CFS 또는 CY에서 선박회사에 물품이 인도된 경우에 발행되는 컨테이너 선하증권이나 미국에서 원면을 수출할 때 사용되는 Custody B/L(보관선하증권)이나 Port B/L(항만선하증권)도 수취선하증권의 일종이다. Custody B/L은 선적될 물품이 운송인에게 인도되었지만 선박이 입항하기 전에 발행되며, 선박이 입항한 후에는 Port B/L이 발행된다.

또한 선하증권면에 확정적인 운송선박명, 적재항구명 또는 양륙항구명이 기재되지 않고 "intended"라는 불확정적인 문구가 기재되어 발행된 예정조항선하증권(intended clause B/L) 역시 수취선하증권이다.

수취선화증권은 나중에 선박회사가 물품을 본선에 적재한 후 선적일을 기입하고 서명하게 되는데, 이러한 선하증권을 배서부선하증권(on board notation B/L)이라하며 선적선하증권과 동일한 효력을 갖는다. 대부분의 컨테이너 선적은 이러한 형태를 취한다.

(나) 무사고선하증권과 사고선하증권

무사고선하증권(clean B/L)이란 본선에 화물을 선적할 때 화물의 포장상태나 수량 등에 아무런 결함 또는 이상이 없어, 선하증권의 비고란(remarks)란에 아무런 하자 문구가 기재되어 있지 않은 상태로 발행되는 선하증권을 말하며, 무유보(무고장, 무고장, 완전)선하증권이라고도 한다. 무사고선하증권면에는 “Shipped on board in apparent good order and condition”이라고 표시된다.

신용장통일규칙에서는 무사고선적선하증권(on board clean B/L)만 수리가 가능하도록 규정하고 있으므로 신용장의 수익자는 Clean B/L을 은행에 제시하여야만 화환어음을 매도할 수가 있다.

반대로 선적 당시에 화물의 포장상태나 수량 등에 어떤 결함 또는 이상이 있을 때는 이러한 사실이 선하증권의 비고란에 “5 bags/cases torn/broken” 또는 “1bag short in dispute”와 같은 문언이 기재되는데 이를 사고(고장)선하증권(foul B/L, dirty B/L) 또는 불완전선하증권이라고 한다. 신용장통일규칙은 신용장에 수리될 수 있는 조항이나 단서가 명시되지 않는 한 은행은 이러한 조항이나 단서가 있는 운송서류를 거절한다고 규정하고 있다.

이때 수출자는 고장사항을 치유한 후에 선적해야 한다. 다만 시간적인 여유가 없어 그렇게 하지 못할 때에는 은행을 연대보증인으로 한 파손화물보상장(letter of indemnity, L/I)를 제출하고 무고장선하증권으로 발급받아 은행에 제시하기도 한다.

(다) 기명식선하증권과 지시식선화증권

기명식선하증권이란 선화증권의 수하인(consignee)란에 물품의 수취인으로서 은행이나 수입업자 등 특정인의 상호나 성명이 기재된 선하증권을 말한다. 선하증권에 기명된 특정인만이 물품을 인수할 수 있기 때문에 원칙적으로는 운송 중에 있는 물품의 전매나 유통이 제한되는 비유통 선하증권이며 배서 양도할 수 없다.

그러나 우리나라 상법 제820조 및 제130조에서는 기명식 선하증권도 배서금지의 문구가 없는 한 배서에 의해 양도할 수 있도록 규정하고 있다. 또한 미국연방화물증권법에는 기명식선하증권에는 “non-negotiable” 또는 “not negotiable”이라고 기재되어야 하며, 기명식선하증권은 유통할 수 없지만 배서에 의해 양도할 때에는 그 취지를 운송인에게 통지하여야 한다고 하고 있다.

기명식선하증권은 물품대금이 선불된 경우나 이사화물과 같은 개인물품의 운송에 주로 이용되며, 선박회사는 선하증권의 제시 없이도 선하증권에 기명된 수화인임만 확인되면 물품을 인도하게 된다.

지시식선하증권은 유통을 목적으로 선하증권의 수화인란에 특정인이 기재되지 않고 “to order”, “to order of shipper” 또는 “to order of ××bank”라고 기재되어 있는 선하증권을 말한다. 지시식선하증권은 화환취결시 이면에 백지배서(blank endorsement)

를 함으로써 그 증권에 기재되어 있는 물품의 지배권을 이전할 수 있다.

지참식선하증권(bearer B/L)이란 선하증권의 수화인란에 "bearer" 또는 "to bearer"라고 기재하거나 공란으로 하여 발행된 선하증권을 말하며, 소지인식 또는 무기명식 선하증권이라고도 한다. 선하증권을 소지한 사람이 수화인이 되며, 선하증권 자체를 인도하는 것만으로 양도가 이루어진다.

(라) 유통선하증권과 유통불능선하증권

유통선하증권(negotiable B/L)이란 배서나 교부에 의해 유통될 수 있는 선하증권을 말한다. 선하증권과 관련된 권리가 선하증권의 소지인이나 선하증권면에 지정되어 있는 자의 배서 또는 교부로 자유롭게 양도될 수 있다는 취지의 문구가 선하증권에 기재되어 있다.

운송인은 통상 3통의 원본과 사본을 발행한다. 이중에서 수출상이 대금을 회수하거나 목적지에 도달한 화물을 상환 받을 때 이용되는 선하증권은 원본 선하증권이며, 이를 유통선하증권이라고 한다. 이에 대해 사본을 유통불능선하증권(not-negotiable B/L)이라고 하는데 발급될, 때 이미 "Non-negotiable"이란 문구가 기재되어 발행함으로써 부도덕한 자들의 사기행위를 미연에 방지하고 있다. 유통선하증권은 통상 지시식 선하증권(order B/L)으로 발행되며, 유통불능선하증권은 기명식 선하증권(straight B/L)으로 발행된다.

(3) 기타의 선하증권

(가) 해양선하증권과 내국선하증권

해양선하증권(ocean B/L)이란 국외의 해상운송에서 발행되는 선하증권을 말한다. 내국선하증권(local B/L)이란 통운송의 경우에 제2의 운송인이 자신의 운송구간에 대해 발행하거나, 국제해상운송에 접속하는 국내의 해상운송에서 발행되는 선하증권을 말하며, 구간선하증권이라고 한다.

(나) 정식선하증권, 약식선하증권 및 적색선하증권

정식선하증권(long form B/L)이란 증권의 표면약관과 선박회사의 면책약관을 기재한 이면약관이 모두 기재되어 있는 선하증권을 말한다.

약식선하증권(short form B/L)이란 앞면에 필수기재사항만 기재하고 이면약관은 생략한 선하증권을 말하며, 정식선하증권과 동일한 법적효력이 있다. 앞면에는 분쟁

발생시 원래의 정식선하증권상의 모든 약관을 따른 다는 문언이 기재되어 있다.

적색선하증권(red B/L)은 선하증권과 보험증권을 결합시킨 것으로서 이 증권에 기재된 화물이 항해 중에 사고가 발생하면 이 사고에 대하여 선박회사가 보상해 주는 선하증권을 말하며, 부보내용이 선하증궘면에 적색으로 기재된다. 선박회사는 모든 red B/L 발생분을 일괄 부보하게 되므로 모든 손해부담은 보험회사가 진다. 그러나 운임에 보험료가 추가되므로 결과적으로 보험료는 송화인이 부담하는 것이다.

(다) 목적지선하증권과 반납선하증권

목적지선하증권(destination B/L)이란 운송인이 송화인의 요구에 따라 선적지에서 발행하는 대신에 목적지 또는 송화인이 희망하는 장소(송화인의 대리인 측 또는 거래은행)에게 발행하여 물품을 인수하는데 편의를 제공하는 선하증권을 말한다.

반납선하증권(surrender B/L)이란 B/L에 “Surrendered”라는 문구가 삽입되어 있는 B/L을 말한다. “Surrendered”란 물품에 대한 소유권을 양도한다는 의미이다. 따라서 선하증권의 종류를 의미하는 Surrender B/L이란 표현 보다는 “B/L을 Surrender한다.”는 표현이 적절하다.

송화인은 선하증권 발행과 동시에 배서하여 선적항의 선박회사에 반납함으로써 물품의 소유권이 수입상에게 양도한다. 또한 수출상은 사본(비유통성 선하증권)에 자신의 서명을 하여 수출상에게 Fax로 송부하며, 수입상은 이를 제시하고 화물을 인도받는다.

운송거리가 짧아 물품이 서류보다 먼저 도착되는 거래에서 수입상이 원본 선하증권 없이 물품을 인도받을 수 있도록 편의를 제공하고자 할 때나 본지사간의 거래에서 복잡한 대금결제 절차를 생략하기 위해서 이용된다. L/G 거래와 유사하지만 Surrender B/L은 신용장 거래에서는 사용되지 않으며, 주로 T/T거래에서 사용된다는 점에 차이가 있다.

(라) 기한경과선하증권과 부서부선하증권(counter-sign B/L)

기한경과선하증권(stale B/L)이란 선하증권의 어떤 종류를 의미하는 것이 아니며, 수출업자가 제시하는 운송서류와 환어음에 대해서 지급 · 인수 또는 매입하는 은행과 이들 서류를 인수받는 개설은행간에 통상적으로 소요되는 우편일수와 선적항과 도착항 사이에 통상적으로 소요되는 항해일수를 감안하여, 선적화물이 목적항에 도착하기 전에 관계서류를 개설은행을 통해서 개설의뢰인이 수입업자에게 전달할 수 없을

정도로 지연되어 매입은행에 제시되는 선하증권을 말한다.

신용장통일규칙에 의하면 서류제시를 위한 유효기일의 명시에 추가하여 운송서류를 요구하는 모든 신용장은 선적일 이후에 신용장에 제 조건과 일치하는 서류를 제시하여야 할 특정한 기간을 규정하여야 한다고 규정하고 있다.

이러한 제시기간이 신용장상에 명시되어 있지 않은 경우 선하증권 또는 기타의 운송서류가 발행일자 후 21일이 경과한 후에 은행에 제시되면 은행은 신용장상에 'stale B/L acceptable'이란 조항이 있는 경우를 제외하고는 수리를 거절한다. 따라서 어떤 경우에도 운송서류는 신용장의 유효기간 이내에 제시되어야 한다.

도착지 지불운임 조건 운송이나 화물에 그 외 다른 채무가 부수되어 있을 때, 물품을 인수하는 자는 채무에 대한 대금을 선박회사에 지불하고 화물을 수취하게 되는데, 이때 선박회사는 결제를 끝낸 것을 증명하기 위하여 선하증권에 배서한다. 이러한 부서가 있는 선하증권을 부서부선하증권(counter-sign B/L)이라고 한다.

글 6-2 **고의적 Stale B/L**

무역실무에서는 수입업자의 신용장개설에 따른 자금 부담을 경감시켜 주기 위해 매매당사자간의 합의에 따라 고의적으로 B/L을 stale되게 하는 경우도 있다.

예컨대 원면수입에서 자주 이용되고 있다. 원면은 보통 1회에 수백만 달러의 거액으로 거래된다. 미국의 Gulf해안에서 부산까지의 항해일수가 보통 40일이 소요된다. 따라서 선적 전에 신용장이 개설되면 부산에 도착할 때는 이미 상당한 이자가 발생한 상태가 된다.

이때 수입자가 원면이 부산에 도착할 즈음에 가서 신용장을 개설하면서 "Stale B/L Acceptable" 조건을 삽입하게 되면, 수입자는 40일간의 이자부담을 하지 않아도 되며 수출사는 B/L이 Stale되어도 은행에서 대금결제가 가능하게 된다.

물론 이 경우 당해물품 가격에 해당기간의 이자가 포함되겠지만, 이는 미국의 금리가 우리나라보다 월등히 낮기 때문에 Stale B/L 조건거래를 이용하게 되는 것이다.

(마) 통선하증권과 복합운송선하증권

통선하증권(through B/L)이란 복합운송에서 최초의 운송인인 선주가 다른 선박회사의 선박을 이용하거나 해운과 육운을 교대로 이용할 경우 최초의 운송인이 전구간의 운송에 대하여 책임을 지고 발행하는 운송증권을 말한다. 주로 컨테이너선 운송에서 이용되는데 운송인의 책임에 따라서 다음과 같이 나눌 수 있다.

① 순해상 통선하증권(pure ocean through B/L)

여러 구간의 해상운송에서 각각 다른 선박을 이용하게 될 경우에 최초의 해상운송인이 전체구간에 대하여 운송책임을 지고 발행하는 선하증권을 말한다.

② 해상 통선하증권(ocean through B/L)

독립된 해상운송인이 구간분할책임주의에 따라서 해상운송의 구간별로 분할하여 운송책임을 지는 것을 말하며, 이 선하증권을 발행한 해상운송인은 직접 화물을 점유, 운송하지 않고 대리인으로서만 행위를 한다.

③ 복합운송 선하증권(combined or multimodal transport B/L)

육상, 해상, 항공의 운송수단 중에 적어도 두 가지의 운송수단을 이용할 경우에 발행되며, 이 선하증권을 발행한 운송인은 단일책임주의에 따라서 전체구간에 대하여 운송책임을 지게 되며, 주로 컨테이너 화물에 사용된다. 복합운송증권과는 달리 반드시 해상운송이 포함되어야 한다.

(바) 용선계약선하증권과 집단선하증권 및 혼재화물선하증권

용선계약선하증권(charter party B/L)이란 용선계약서에 따라 발행되는 선하증권을 말한다.

집단선하증권(groupabe B/L)이란 혼재화물에 대해 선박회사가 운송주선인 등에 발행하는 선하증권을 말하며, Master B/L이라고도 한다. 운송할 화물이 한 컨테이너 분량이 안되는 소량화물(LCL cargo)일 때, 운송주선인(freight forwarder) 또는 NVOCC (non-vessel operating common carrier)가 동일한 목적지로 가는 화물을 모아서 하나의 컨테이너에 혼재(consolidation)하여 하나의 Group으로 만들어 선적하게 된다. 이때 선박회사는 포워더 등에게 혼재화물 전체에 대해 1건의 선하증권을 발행하게 된다. 포워더 등은 Master B/L에 근거하여 독자적으로 LCL 화물마다의 화주들에게 B/L을 발행하게 되는데 이를 혼재 또는 운송주선인 선하증권(house or forwarders's B/L)이라고 한다.

특히 운송주선인들의 이익을 옹호할 목적으로 설립된 국제복합운송주선인협회(International Federation of Forwarding Agent's Association, FIATA)에 가입한 운송주선인들이 FIATA에서 제정하고 ICC에서 승인한 서식으로 발행된 선하증권을

FIATA B/L(FBL)이라고 하는데, 주로 복합운송에서 이용된다.

(사) 컨테이너 선하증권(container B/L)과 전자식선하증권(electronic B/L)

컨테이너 선하증권(container B/L)이란 컨테이너 적재 설비를 갖추고 있는 선박에 선적한 경우에 발행되는 선하증권을 말한다. Container에 의한 운송일 때 화주는 Container yard(CY)까지 자기 책임으로 운송하여 선박회사에 인도하고 발급받은 부두수취증(dock receipt)과의 상환으로 발급된다. 선박회사는 인수받은 화물이 하주가 적입하고 봉인한 것이기 때문에 그 내용을 알 수 없다는 뜻으로 "Shipper's Load and Count" 또는 "Said by Shipper to Contain"이라는 문언을 Container B/L에 기재한다.

전자식선하증권은 기존의 종이 선하증권을 발행하지 않고 선하증권의 내용을 구성하는 정보를 전자적 방법에 의해 운송인의 컴퓨터에 보관하고 운송인이 부여한 개인키(private key, 비밀번호)를 사용함으로써 물품에 대한 지배권 및 처분권을 그 권리자의 지시에 따라 수하인에게 그 정보를 전송하는 형식의 선하증권을 말한다.

(아) 제3자선하증권과 Switch B/L

제3자선하증권(third party or neutral B/L)이란 신용장의 송화인란에 신용장의 수익자가 아닌 제3자가 기재된 선하증권을 말한다. 중계무역에서 주로 이용된다. 예컨대 한국이 중국에서 물품을 수입하여 일본에 수출하는 형태이지만 물품은 중국에서 일본으로 직접 운송되는 중계무역의 경우, 신용장의 수익자는 한국의 수출자이지만 선하증권상의 송화인은 중국에 있는 제3자가 될 것이다.

스위치선하증권(switch B/L)이란 "switch"라는 문언이 기재되어 있는 선하증권을 말하며, 중개무역(intermediary trade)에서 자주 사용된다. 예를 들어 한국의 중개업자(middleman)가 중국에서 미국으로 운송되는 물품의 관련서류를 한국에서 중재하는 경우, 중국의 수출업자가 발급받은 B/L은 한국의 중개업자가 회수하고 이를 한국에서 교환하여 재발급 받아 미국에 있는 수입상에게 송부하게 되는데 이때 중국의 수출업자가 받은 B/L에는 "This B/L is to be switched to a fresh B/L in Korea." 등의 취지를 가진 문구가 표시된다. 선적항의 선적회사와 중개무역국의 선박회사가 신뢰관계에 있는 경우에 가능하다.

원래 Switch B/L은 미국의 수입상이 중국의 실질적인 수출상인 제조업체가 누구인지 알지 못하게 할 필요가 있을 때 사용하였는데, 최근에는 중개무역에서 많이 이용된다.

(자) 기타의 선하증권

선선하증권(back dated or back daing B/L)이란 물품이 실제로 본선에 적재되기 이전의 일자로 발행된 선하증권을 말한다.

양륙항선택선하증권(optional B/L)이란 양륙항선택화물(optional cargo)인 경우에 선적할 때 복수의 양륙항을 기재하고 어느 곳에 양륙할지는 화주가 나중에 선택하는 것을 조건으로 하여 발행되는 선하증권을 말한다.

갑판적재선하증권(on deck B/L)이란 특약에 의해 물품이 본선의 갑판에 적재되었다는 문언이 기재된 선하증권을 말한다. 범선적재선하증권(B/L covering shipment by sailing vessel)이란 물품이 돛단배에 적재되었음을 나타내는 선하증권을 말한다.

직접선하증권(direct B/L)이란 운송도중에 다른 항구에 기항하지 않고 관습적 항로(customary route)를 따라 목적지로 직항하는 직항선(direct vessel)에 선적하고 발행하는 선하증권을 말하며, 환적이 허용되지 않는다.

환적선하증권(transshipment B/L)이란 물품을 목적지까지 운송도중 중간항에서 다른 선박에 환적하여 최종목적지까지 운송할 때 발행되는 선하증권을 말하며, 선화증권에 환적항이 기재된다.

글 6-3 신용장에서 요구하는 선하증권 요건

신용장에서 선화증권의 제시를 요구하는 문언의 예를 들면, 다음과 같다.

- FULL SET OF CLEAN ON BOARD BILL(S) OF LADING MADE OUT TO ORDER OF THE SHIPPER, BLANK ENDORSED, MARKED FREIGHT COLLECT/PREPAID NOTIFY ACCOUNT.
- FULL SET OF CLEAN ON BOARD OCEAN BILL(S) OF LADING MADE OUT TO THE ORDER OF (………) BANK, MARKED FREIGHT PREPAID/COLLECT NOTIFY ACCOUNT.

① Full set, 3/3

개설은행은 개설의뢰인이 환어음을 결제할 때까지 선하증권상의 화물에 대한 소유권을 보유하고자 선하증권의 제시를 요구한다. 선하증권은 우송 중의 위험분산을 위해서 통상 3부가 발행되는데 모두 원본이므로 이중 어느 한 통만으로도 선박회사로부터 화물을 인도 받을 수 있다. 따라서 이중 한 통이라도 개설의뢰인이 입수한다면, 개설은행에 환어음을 결제하지 않고 선박회사로부터 화물을 인취해갈 우려가 있으므로

은행은 선하증권 전통의 제시를 요구하는 것이다.

② Clean

포장상태나 수량에 하자가 없는 물품을 선적하였음을 의미하는 말이다. 그런데 선박회사는 포장이 완료된 상태로 화물을 인수하는 것 되므로 포장 안의 화물 상태까지는 알 수 없으므로 여기에서 하자가 없다는 말은 포장의 외형상에 하자가 없었다는 것을 의미한다. 그리고 선박회사는 Clean B/L을 발급할 때에 "Shipper's Load and Count"라는 부지약관(unknown clause)을 표시하여 발급하게 된다.

한편, 외관상 하자가 있음이 기재되어 있는 선하증권을 고장부선하증권(dirty B/L, foul B/L)이라 하는데, 이러한 신용장은 은행에서 수리를 거절한다. 이때는 파손화물보상장(letter of indemnity, L/I)이라는 서류를 운송회사에 제출하고 Dirty B/L대신에 Clean B/L로 발급받아 제출하기도 한다.

③ On board

화물이 선적된 후에 발행된 선하증권임을 표시하는 말이다. 그런데 선박회사가 수출자의 요구에 따라 내륙지에서 화물을 인수한 상태에서 선적 전에 선하증권을 발급할 때도 있다. 이를 수취선하증권(received B/L)이라고 하며, 이는 은행에서 수리되지 않는다. 수취선하증권은 추후에 선적되었음을 입증하는 운송회사의 "본선적재부기(on board notation)"가 표시되어 On board B/L(본선적재 선하증권)로 변경되어야 수리될 수 있다.

④ Ocean or Marine

해상운송을 이용한 외항선하증권임을 뜻하며, 철도나 내수로를 이용하는 내국신용장(local B/L)과 구분된다. 미국에서는 육상운송장이나 해상운송장을 모두 B/L이라고 부르고 있다. 따라서 이를 구분하기 위하여 Ocean 또는 Marine이란 단어를 사용한 것이다.

⑤ to order of ~

특정의 수화인명 대신에 지시인(oder)만 기재함으로써 유통이 가능하도록 한 지시식 선하증권(order B/L)임을 의미한다. 통상 발행은행은 수입상으로부터 대금상환을 받은 후에 자행의 배서에 의해 선하증권상의 물품에 대한 권리를 수입상에게 양도할 수 있도록 선하증권의 수하인(consignee)란에 화주의 상호 대신에 자행을 지시인으로 하여 발행하도록 하고 있다.

⑥ Blank endorsed

유통될 수 있는 백지배서(무기명배서) 선하증권임을 의미한다. 백지배서란 배서를 하지 않는다는 의미가 아리나 피배서인을 명시하지 않고 빈 칸으로 둔 상태에서 배서인이 배서하는 것을 말한다. 예컨대 “to order of” 또는 “to order of shipper”로 기재되어 있는 때에는 선적자(수출자)가 권리자이므로 수출자가 선하증권 뒷면에 최초의 배서를 하고 이때 피배서인을 기재하지 않는다. 후일 수출자의 배서 밑에 매입은행, 개설은행 및 수입자의 순서로 배서함으로써 소유권이 이전된다. “to order of ××(negotiating/issuing bank)”로 기재된 때에는 수출자는 배서할 필요가 없으며 매입은행 또는 개설은행부터 배서가 시작된다.

이에 비해 기명배서란 피배서인란에 특정인이 기재되어 배서인이 서명하는 것을 말한다. 예컨대 수출자가 첫 배서를 하면서 수입자를 피배서인을 지정하였다면, 매입은행이나 발행은행의 배서 없이 수입자만 배서하면 배서절차가 종료된다.

피배서인 (blank)
배서인 ABC Co.. Ltd.
서 명 ____________________
(President(or Manager)

(3) 선하증권의 기재사항

① shipper : 송하인의 성명, 상호 또는 주소
② consignee : 수화인, 기명식과 지시식이 있음
③ notify party : 착화통지처, 물품 도착 사실을 통지해 줄 연락처
④ pre-carriage By : 화물인수지점에서 선적항까지 운송을 담당한 운송인,
⑤ place of receipt : 운송인이 송화인으로부터 화물을 수취한 장소, CY/CFS
⑥ ocean vessel : 본선 선박명 기재/ voyage No, : 항해번호
⑦ port or loading : 선적항 및 국명
⑧ port of discharge : 양륙항 및 국명
⑨ place of delivery : 화물을 수하인에게 인도하여 주는 장소
⑩ B/L No. : 선화증권 번호
⑪ final destination(for the merchants reference) : 화물의 최종목적지
⑫ container No. : 화물이 적입된 컨테이너 번호
⑬ seal No. : 컨테이너 봉인번호/ Marks & Nos. : 포장마크, 화인, 개수
⑭ No. of container P’kgs. : 포장된 화물의 수량, 컨테이너 화물인 경우에는 컨테

이너 종류도 기재(1×40' CNTR)

⑮ description of goods : 상품명세 기재, 통상 선하증권 번호도 기재

⑯ gross weight : 총중량/ measurement : 용적톤

⑰ total number of containers' of package(in words) : 상품의 수량 또는 컨테이너 개수, "in words"란 운송인이 물품을 직접 확인하지 못하였음을 의미

⑱ freight & charges : 운임 및 제반 비용

⑲ revenue tons : 운임톤

⑳ rate : 운임톤당 운임 또는 비용 단가

㉑ per : 운임톤의 단위(중량톤, 용적톤 또는 컨테이너 개수)

㉒ prepaid : 선불된 운임 또는 비용 기재

㉓ collect : 후불된 운임 또는 비용 기재

㉔ freight prepaid at : 선불운임이 지불되는 장소, 부산항에서 선적되었더라도 운임이 서울에서 지급되면 "Seoul, Korea"로 기재, CIF인 경우

㉕ freight payable at : 후불운임이 지불될 장소, 운임이 지급되어야 D/O발급`

㉖ place of issue : 선하증권의 발행장소

㉗ Total prepaid in : 선적지 통화 기준 선불운임 및 제비용 합계

㉘ No. of original B/L : 선하증권 원본의 발행통수

㉙ date of issue : 선하증권 발행일자

㉚ on board date : 선적일자, 선적일자 하단에 B/L발행자가 서명함

㉛ carrier name/by : 선사 또는 Agent의 상호, 서명

[예시 6-1] 선하증권

BILL OF LADING

① **Shipper** DAEHAN CO., LTD C.P.O. BOX 999 SEOUL, KOREA	
② **Consignee** TO THE ORDER OF BANK OF AMERICA	
③ **Notify Party** AMERICAN DRAGON INC. 500FIFTY AVENUE NEW YORK, N.Y. 10118 U. S. A.	

K.S. LINE

Korea Shipping Corporation

COMBINED TRANSPORT BILL OF LADING

RECEIVED in good apparent good order and condition except as otherwise noted the number of Containers or other package or units enumerated below for transportation from the place of delivery subject to the terms hereof. One of the original Bills of Lading must be surrendered duly endorsed in exchange for the Goods of delivery Order. On Presentation of this document (duly endorsed) to the Carrier by or on behalf of the Holder, the rights and liabilities arising in accordance with the terms hereof shall (without prejudice to any rule of common law or statute rendering them binding on the Merchant) become binding in all respects between the Carrier and the Holders as though the contract evidenced hereby had been made between them.

IN WITNESS whereof the number of origin Bills of Lading stated below have been signed, one of which being accomplished, he other(s) to be void.

④ **Pre-Carriage by**	⑤ **Place of Receipt** Busan CY	
⑥ **Ocean Vessel Voy. No.** OCEAN PEACE, E365	⑦ **Port of Loading** Busan, KOREA	⑩ **B/L No.** BUNY1305153362
⑧ **Port of Discharge** NEW YORK, USA	⑨ **Place of Delivery** NEW YORK CFS	⑪ **Final destination(for the Merchants reference)**

⑫ **Container No.**	⑬ **Seal No : Marks & Nos.**	⑭ **No. of Container P'kgs.**	⑮ **Description of Goods**	⑯ **Gross Weight**	**Measurement**
KACU2115018/30167	KSSU16933/59876 DEDA NEWYORK C/T. 1-20 MADE IN KOREA	40 CTS SAID TO CONTAIN : 5,760PCS(480DOZ) OF HAT L/C NO: KB13092561 FREIGHT COLLECT SAY : FORTY (40) CARTONS ONLY		780.00kgs	14.085CBM

⑰ **Total Number of Containers or Package (in words)**

⑱ **Freight & Charges**	⑲ **Revenue Tons**	⑳ **Rate**	㉑ **Per**	㉒ **Prepaid**	㉓ **Collect**
O/ FREIGHT	14.085	24.75	CBM		USD 348.60
C.A.F.	29.60	348.60	%		USD 103.18
C.F.S.	14.085	4,500	CBM	WON 63,382	
C.F.S.	14.085	38.00	CBM		USD 535.23
C.H.C.	14.085	3,500	CBM	WON 49,297	USD 84.51
C.H.C.	14.085	6.00	CBM		
TOTAL				112,679	107,152

㉔ **Freight Prepaid at**	㉕ **Freight Payable at**	㉖ **Place of Issue**
㉗ **Total Prepaid at**	㉘ **No. of Original B/L**	㉙ **Date of Issue**

㉚ **Laden on Board the Vessel** Date By	㉛ ***KOREA SHIPPING CORPORATION*** By as Agents for the Master

나. 복합운송증권

(1) 복합운송증권의 의의

복합운송서류(multimodal transport document, MTD)란 선박, 철도, 항공기, 자동차 등 종류가 다른 두 가지 이상의 조합에 의해 이루어지는 협동일관운송(internodal transportation)에 대해 복합운송인이 발행하는 운송증권을 말한다. MTD는 Combined transport document(CTD), Multimodal transport bill of lading(MT B/L), Combined transport bill of lading(CT B/L) 등으로 불린다. MTD는 다음과 같은 특징을 갖고 있다.

① 물품의 멸실, 손상에 대한 전 운송구간을 커버하는 일관책임을 부담한다.
② B/L과는 달리 운송주선인(forwarder)에 의해서도 발행될 수 있다.
③ 선적 전에 복합운송인이 화물을 수탁 또는 수취한 상태에서 발행된다.

〈표 6-2〉 복합운송증권과 통선하증권의 비교

구분	복합운송증권	통선하증권
운송수단조합	이종운송수단 조합만 가능	동종/이종수단과의 조합 가능
운송계약형태	복합운송계약(하청형태)	형태불문, 최종목적지까지의 일괄운송만으로 가능
책임형태	전구간 단일책임	각 운송인 분할책임
1차/2차 운송인의 관계	1차운송인 : 원청운송인 2차운송인 : 하청운송인	2차 운송인에 대한 1차 운송인의 지위는 화주의 단순 운송대리인에 불과
증권의 발행인	운송인/선장 및 그 대리인 (FIATA B/L에 한함)	운송인, 선장 및 그들의 대리인
증권의 형식	B/L 이외 형식도 존재	B/L형식
On board notation	Taking in charge로서 물품을 수탁하였음을 증명	Shipped B/L로서 특정 선박에의 선재하였음을 증명
준거법	UNCTAD/ICC 규칙	Hague-Visby/Hamburg Rules

MTD는 선하증권과 마찬가지로 운송인이 운송품의 수령을 증명하고 운송계약의 증거가 되며, 동시에 운송품에 대한 권리증권(documents of title)이며, 양도될 수 있는 유통증권이다. 다만 유통증권으로서의 기능을 하려면 지시식 또는 무기명식으로 발행되어야 하며, 지시식으로 된 때에는 배서에 의해 양도가 가능하다. 복합운송증권

의 앞면에는 "Negotiable combined transport document issued subject to Uniform Rules for Combined Transport Document(ICC Brochure No. 481)"이라는 머리글이 인쇄되어 있다.

(2) 복합운송증권의 수리 적격성

복합운송서류는 UCP 규정에 따라 다음과 같은 사항의 적격성 여부를 심사하여 수리여부를 결정하게 된다.

① 운송인이나 선장 또는 이들을 대행하는 자가 그 성명과 누구를 대리하여 서명하는지를 기재하고 서명하여야 한다.

② 상품의 발송, 수탁 또는 본선적재 내용을 명기해야 한다. 복합운송서류는 복합운송인이 화물을 수탁한 시점에서 발급될 수 있으므로 신용장에서 명문으로 요구하지 않는 한 On board notation을 받지 않아도 수리된다.

③ 신용장에 명시된 발송, 수탁 또는 선적지 및 최종목적지 이외에 추가로 운송서류에 다른 발송, 수탁 또는 선적지 및 최종목적지기 표시되어 있더라도 그리고 운송서류에 선박, 적재항 또는 양륙항에 대해 "예정된(intended)"라는 표시를 포함하고 있더라도, 신용장에 명시된 발송, 수탁 또는 선적지 및 최종목적지가 운송서류에 기재되어 있다면 수리된다. 다만, 신용장에서 "intended" 표시를 금지하거나, 신용장에 선박명, 선적항, 양륙항을 명시하고 있다면 추후에 On board notation을 받지 않으면 수리되지 않는다.

④ 발급된 운송서류 전통이 모두 제시되어야 수리된다.

⑤ 약식운송서류도 수리할 수 있다.

⑥ 용선계약에 따른다는 어떠한 표시도 있어서는 안 된다.

⑦ 신용장에 환적금지조항이 있더라도 동일한 단일 운송서류가 전체 운송을 커버(cover)하고 있다면 수리가 가능하다.

(3) FIATA B/L(FBL)의 표준약관

1970년대 이후 컨테이너 이용의 급증으로 복합운송이 크게 발전하였으나 복합운송증권에 관한 국제적통일법규가 없었다. FIATA(국제운송주선인협회연합)는 UNCTAD/ICC 규칙 (UNCTAD/ICC Rules for Multimodal Transport Documents, 1992)"의 원칙에 기초하여 FIATA복합운송선하증권표준약관(Standard Conditionals, 1992) governing FIATA Multimodal Transport Bill of Lading)을 제정하여 1994년 3월부터 시행하고 있다.

동 조약의 법체계는 화주 중심으로 되어 있어 복합운송인에 대하여 엄격한 책임원칙을 기초로 하고 있다. 현재 실무에서는 FIATA가 제정한 FIATA B/L이 많이 사용되고 있다. 우리나라는 다음의 내용을 제외하고는 FIATA 복합운송선하증권표준약관의 내용을 거의 그대로 번역하여 사용하고 있다. FIATA가 제정한 운송주선인운송증명서(forwarder's certificate of transport, FCT)나 운송주선인수취증명서(forwarder's certificate of receipt, FCR)는 별도의 명시가 없는 한 원칙적으로 UCP가 적용되는 운송서류가 아니라는 점에 유의해야 한다. FBL 표준약관은 정의조항과 19개의 조항으로 구성되어 있다.

[예시 6-2] FIATA 복합운송증권(FBL) 전면(영문판)

Consignor	**FBL** **NEGOTIABLE FIATA MULTIMODAL TRANSPORT BILL OF LADING** ICC Issued subject to UNCTAD?ICC Rules for Multimodal Transport Documents (ICC Publication 481)
Consigned to order of	
Notify address	
Place of receipt	
Ocean vessel / Port of loading	
Port of discharge / Place of delivery	

Marks and numbers | Number and kind of packages | Description of goods | Gross weight | Measurement

according to the declaration of the consignor

Declaration of interest of the consignor (clause 6.2) | Declared value fir ad valorem rate according to the declaration of the consignor(Clause 7 and 8) | in timely delivery

The goods and instructions are accepted and dealt with subject to the Standard Conditions printed overleaf

Taken in charge in apparent good order and condition, unless otherwise noted herein, at the place of receipt for transport and delivery as mentioned above

One of three multimodal Transport Bills of Lading must be surrendered duly endorsed in exchange for the goods. In Whereof the original Multimodal Transport Bills of Lading all of the tenor and date have been signed in the number stated below, one of which being accomplished the other(s) to be void.

Freight amount	Freight payable at	Place and date of issue
Cargo insurance through the undersigned ( ) not covered ( ) Covered according to attached Policy	Number of Original FBL's	Stamp and signature As Carrier
For delivery if goods please apply to :		

[예시 6-3] FIATA 복합운송증권(FBL) 전면(한글판)

송하인	**유통가능복합운송선하증권** 이 표준약관은 Standard Conditions(1992) governing the FIATA MULTIMODAL TRANSPORT BILL OF LADING을 모델로 하여 작성한 것임.
의 지시에 따라 교부됨	
통지처	
수령지	
선박 　　　 선적지	
양륙항 　　　 인도지	

기호 및 수량 　 포장의 수량 및 종류 　 운송물의 명세 　 총톤수 　 검량

송하인의 신고에 따름

적시 인도에 대한 송하인의 신고된 중요성에 관한 신고(제6조 제2항)

송하인의 신고에 따른 종량가(제7조 및 제8조)

물건과 지시는 뒷면에 인쇄된 표준약관에 따라서 수락하고 처리한다.

이 증권에 별도의 기재가 없으면 위에 언급한 바와 같이 운송 및 인도를 위하여 수령장소에서 외관상 양호한 상태로 인수한 것으로 본다.

물건과 상환을 위하여 정당하게 배서된 1통의 복합운송선하증권이 제시되어야 하며 이 계약의 증거로 모두 이러한 취지와 날짜가 기재된 아래에 기술한 통수의 원본 복합운송선하증권이 서명되었고 이중 1통이 제시되면 나머지는 효력이 없다.

유위액	운임지급장소	발행상소 및 발행일
보험자를 통한 운송물에 대한 적하보험의 가입여부 ( ) 가입하지 않음 ( ) 첨부한 바와 같이 가입됨	원본증권의 통수	날인 및 서명
물건의 인도를 위하여 제시할 장소		운송인으로서

2. 기타의 운송서류

가. 항공화물운송장

(1) 항공운송장의 개요

(가) 항공화물운송장의 의의

항공운송장이란 물품을 항공으로 운송할 때 발행하는 화물수취증을 말하며, 미국에서는 항공화물운송장(air waybill, AWB), 유럽에서는 항공화물수탁서(air consignment note)라고 한다. 항공운송장은 송화인이 작성하는 것이 원칙이지만 실제로는 항공회사로부터 권한을 위임받은 항공화물대리점이나 혼재업자에 의해 발행되고 있다.

국제항공운송협회(International Air Transport Association, IATA)의 표준양식과 발행방식에 따라 전세계 항공사가 동일한 운송장을 사용하도록 하고 있다. AWB는 유통이 금지된 비유통증권만으로 발행되며, 발행자에 따라 항공회사가 혼재업자 또는 화주에게 발행하는 Master AWB와 혼재업자가 개별 송화인에게 발행하는 House air waybill(House waybill)이 있는데 동일한 효력을 가진다.

(나) 항공운송장의 기능

항공운송장의 기능은 다음과 같다.

첫째, 송화인과 항공운송인 또는 복합운송주선인 사이의 항공운송계약의 성립을 증거하는 증거서류이다. AWB는 여러 통(최대 12통)으로 구성되어 있으며, 이중 원본 1(항공사용)과 원본 3(송하인용)만이 운송계약서에 해당된다. AWB는 항공화물운송을 보장하는 서류로서 이에 따라 운송거리, 운송에 참여하는 항공사의 수에 관계없이 출발지에서 도착지까지의 운송이 보장된다.

둘째, 항공운송인이 송하인으로부터 화물을 수취(접수)한 것을 증명하는 화물수령증의 성격을 갖고 있다.

셋째, 선불운임 요금의 송화인에 대한 청구서 자료(원본 3) 및 후불 운임요금의 수하인에 대한 청구서 자료(원본 2)로 사용된다.

넷째, 세관에 대한 수출입 신고자료로 사용된다. 과세가격이 되는 CIF 가격 중의 항공운임, 보험료의 증명자료로 수입신고서에 첨부된다.

다섯째, 송화인이 보험금액 및 보험가액을 기재한 화주보험을 부보한 때에는 원본 3이 보험가입 증명서의 기능을 한다.6)

여섯째, 화물의 운송, 취급, 인도에 관한 지침서로 활용된다. AWB는 화물과 함께 보내져 화물의 출발지, 경유지, 목적지 등의 각 지점에서 화물이 원활하게 취급, 인도, 정산되도록 필요한 모든 사항이 기재되어 있다.

(다) 항공화물운송장과 선하증권의 차이

항공화물운송장과 선하증권은 다음과 같은 차이가 있다.

첫째, B/L은 유통성 유가증권이지만 AWB는 "Non-negotiable"이라고 표시하여 비유통성으로만 발행된다. AWB에 유통성을 부여하지 않는 것은 항공화물은 신속하게 수송되므로 우송되어 오는 서류로 화물을 수취할 실질적인 이유가 없기 때문이다.

둘째, 선화증권이 통상 선적식인데 반하여 AWB는 수취식이다. 다시 말해 선하증권은 선적이 완료된 후에 발행되지만, 운송장은 항공사의 창고에 물품이 도착하면 바로 발급된다.

셋째, 대부분의 선화증권은 지시식으로 되어 있어 정당한 배서(endorsement)에 의하여 유통되는 데 비하여, AWB는 Consignee 란에 "Consigned to the ×× bank" 또는 "Clean Air Waybill consigned to ×× bank,"와 같이 기재되는 기명식으로 발급되는 것이 보통이다. 그러나 최근 AWB의 경우에도 지시식으로 발행함으로써 은행이 담보권을 확보하고자 하는 경우가 많다.

넷째, 신용장에 표시된 출발공항과 도착공항이 운송장에 기재되는 것으로 족하며, 출발항과 다른 화물의 수탁지나 도착항 또는 최종목적지가 기재되어도 상관없다.

다섯째, 신용장에서 원본 전통의 제시를 요구하더라도 송하인용 항공화물운송장 1부만 제시할 수 있다. AWB의 원본은 3부이지만 각 원본마다 용도표시가 되어 있으며, 송하인에게는 송하인용 1부만 교부되기 때문에 Full set의 제시가 실질적으로 불가능하기 때문이다. AWB는 원본 3장과 부본 6장을 발급하는 것을 원칙으로 하고 항공사에 따라 5장까지 추가할 수 있다. 원본중 수화인용은 화물도착지에 보내져서 항공사가 수화인에게 교부하는 것으로 유통목적은 아니며 그리고 송화인용은 송화인의 화물처분권에만 효력이 미친다.

여섯째, 신용장에서 환적금지를 요구하고 있을 경우, 운송장에 환적예정표시가 되어 있더라도 단일 서류로 전 항로를 일관하고 있다면 수리가 가능하다. 항공운송에는 직항로가 많지 않으므로 환적이 불가피한 경우가 많기 때문이다.

---

6) 송화인이 적하보험에 가입한 때에는 AWB에 보험금액과 보험료가 기재되어 보험가입증명서를 겸하기도 한다. 한편 B/L도 선하증권과 보험증권을 겸하는 형태의 Red B/L이 사용될 때도 있다.

〈표 6-3〉 AWB와 B/L의 차이점

AWB	B/L
유가증권이 아닌 단순한 화물수취증	화물수취증인 동시에 유가증권
기명식으로 발행되므로 배서나 교부에 의해 수화인의 권리가 양도될 수 없음(비유통성, non-negotiable)	지시식과 소지인식으로 발행하므로 수화인의 권리가 배서나 교부에 의해 양도될 수 있음(유통성, negotiable)
수하인만 확인되면 AWB의 상환을 요구하지 않고 화물을 인도함	B/L과의 상환으로 화물이 인도되는 상환증권임
창고에 반입되면 발행되는 수취식	화물이 본선에 적재된 발행하는 선적식
원칙적으로 송하인이 작성	선박회사(운송회사)가 작성

(2) 항공화물운송장의 주요내용

① Shipper's Name and Address : 송하인명과 주소 및 연락처를 기재한다.

② Shipper's Account Number : 발권항공사 사용란, 송화인의 분류를 위해 항공화물운송장을 발행하는 항공사가 임의로 필요한 사항을 기재한다.

③ Consignee's Name and Address : 수화인의 성명과 주소 기재한다. 은행이나 대리점이 실수화인을 대리하여 수하인이 되는 경우에는 이 난에 그 대리인이 기재되고, 실수하인은 Handling Information 란에 기재한다. 이때 인도항공사는 은행이나 대리점을 유일한 수하인으로 간주하여 이 난에 명시된 수하인으로부터의 지시가 없이는 타인에게 인도하지 않는다. 신용장거래에서 Consignee를 신용장개설은행으로 기재하도록 한 때에는 개설은행은 AWB Original 2(for Consignee)에 배서하고 화물인도승락서를 발급하여 신용장 개설의뢰인(수입상)에게 화물의 수취를 위임하게 된다. 또한 만약에 송화인이 특정인에게 착화통지를 해줄 것을 요청하였다면 그 주소를 Handling Information란에 기재('also notify'라는 문구로 기재)한다. AWB는 비양도성이므로 원칙적으로 "to order" 또는 "to order of shipper" 라고 표시되면 안 된다. 수화인이 편의상 호텔이나 항공회사 등 임시거처를 주소지로 한 때에는 수하인 또는 연락이 가능한 다른 연락처를 Handling Information란에 "인도불가시의 연락처(In case inability to delivery to consignee contract)"라는 문구와 함께 표시해야 한다.

④ Consignee's Account Number : 발권항공사 사용란, 고객분류를 위해 항공사가 임의로 필요한 사항을 기재한다.

⑤ Issuing Carrier's Agent, Name and City : 항공화물운송장을 발행한 대리점의 상호 및 도시명을 기재한다.

⑥ Agent's IATA Code : 대리점의 IATA 코드를 기재한다.

⑦ Issuing Carrier's Agent, Account Number : 발행항공사 사용란, AWB 발행 대리점의 분류를 위해 항공사의 임의로 필요한 사항을 기재한다.

⑧ Airport of Departure(address of first carrier) and Requested Routing : "PARIS VIA TOKYO"와 같이 출발지 공항명과 운송구간을 기재, 대체로 3 Letter City Code를 사용하여 기재한다.

⑨ Accounting Information : 회계처리에 관한 내용(운송료 지불방법 등)을 기재한다.

⑩ Routing and Destination : 예약에 의한 첫 운송구간의 도착지와 운송 항공사명을 Full name으로 기재하며, 최종 목적지까지 2개 이상의 항공사가 이용되는 때에는 각 경유지와 해당구간을 수송하는 운송항공사명을 IATA code로 기재한다. 한 도시에 2개 이상의 공항이 있을 때는 도착지 공항의 3 Letter code를 기재한다.

- to : 목적지 또는 첫 번째 연결지점 공항의 3단위 City Code
- By First Carrier : 운송에 참여하는 첫 번째 항공사명 또는 2단위 IATA Code
- to : 목적지 또는 두 번째 연결지점 공항의 3단위 City Code
- by : 운송에 참여하는 두 번째 항공사의 2단위 IATA Code
- to : 목적지 또는 세번째 연결지점 공항의 3단위 City Code
- by 운송에 참여하는 세번째 항공사의 2단위 IATA Code

⑪ Currency : 항공화물운송장 발행국가의 3단위 화폐 Code를 기재하며, Collect Charges in Destination Currency란에 표시되는 금액을 제외한 AWB 상의 다른 모든 금액도 이란에 표시된 화폐단위와 일치해야 한다. 자국 통화 대신에 UKL 또는 USD를 표시하기도 한다.

⑫ Charges Code : 항공사 임의로 필요한 사항을 기재한다. AWB Data가 전송되는 경우에 한하여 다음 코드 중 하나를 기재한다.

- CA Partial Collect Credit-Partial Prepaid Cash
- CB Partial Collect Credit-Partial Prepaid Credit
- CC All Charges Collect

- CG All Charges Collect by GBL
- CP Destination Collect Cash
- CX Destination Collect Credit
- NC Service Rate No Charge
- PC Partial Prepaid
- PD Partial Prepaid Credit-Partial Collect Cash
- PG All Charges Prepaid by GBL
- PP All Charges Prepaid by Cash
- PX All Charges Prepaid by Credit

⑬ Weight/Valuation Charge-Prepaid/Collect : 화물운임의 지불방법에 따라 선불(PPD) 또는 착지불(COLL)란에 "X"로 표시한다. 화물운임과 종가운임은 둘 다 모두 선불이던지 아니면 착지불이어야 한다. 예컨대 화물운임은 선불, 종가요금은 착지불 등의 형태는 불가능하다.

⑭ Other Charges at Origin-Prepaid/Collect : 화물운임과 종가요금을 제외한 출발지에서 발생된 요금을 지불방식에 따라 선불 또는 착지불란에 "X"자로 표시한다.

⑮ Declared Value for Carriage : 송하인의 운송 신고가격을 기재한다. 이란에 금액이 표기되는 경우에는 종가요금이 지불되어야 하며, 사고시에는 본 금액을 기준으로 배상액을 결정한다. 가격신고 방법은 화주가 특정 금액을 신고하는 방법과 무가격신고(No value Declared, NVD) 방법이 있다.

⑯ Declared Value for Customs : 세관통관을 위한 송화인의 세관신고가격을 기재한다. NCV(no customs value)로 신고할 수도 있다.

⑰ Airport of Destination : 최종 목적지의 공항이나 도시명을 Full name으로 기재한다.

⑱ Flight/Date : 항공사 사용란이다. 항공사 임의로 기재되며, 이란에 기재된 Flight가 확정된 것임을 의미하는 것은 아니다.

⑲ Amount of Insurance : 화주가 보험에 부보할 때는 보험금액을 기재하고, 부보하지 않을 때에는 공란으로 둔다. 부보가격은 대체로 운송신고가격과 동일하다. 이란에 금액이 기재되는 경우에는 SII(Shipper's Interest Insurance)에 가입된 것으로 인정한다.

⑳ Handling Information : AWB의 다른 란에 표시할 수 없는 각종 사항을 기재한

다. 여백이 부족할 때에는 별도의 용지를 사용할 수도 있다. 대체로 화물의 포장방법, 포장표면에 나타난 식별부호, 번호, 수하인 이외의 착화통지처, 첨부서류명, Non-delivery 화물 발생에 대비하기 위한 최초의 AWB번호, 기타 화물운송과 관련된 제반지시 및 참고사항 등이 기재된다. 위험품인 경우에는 "DANGEROUS GOODS AS PER ATTACHED SHIPPER'S DECLARATION", "CARGO AIRCRAFT ONLY" 또는 "SHIPPER'S DECLARATION NOT REQUIRED" 등을 기재한다.

㉑ Consignment Details and Rating : 화물의 수량, 요율결합지점, 실중량, 중량단위, 화물요율별 해당 코드, 품목번호, 요금중량표시, Kg당 또는 Lb당 적용요율, 화물품목 등 요금과 관련된 세부사항을 기재한다.

- Number of Pieces RCP : 특정 요율이 적용되는 화물의 개수를 기재하며, 구간요율이 결합되는 지점을 표시할 필요가 있을 때에는 다음 줄에 3단위 IATA 도시 코드를 기재하고 RCP(Rate Combination Point)라고 표시한다. 적용되는 요율이 2개 이상인 때에는 각 요율이 적용되는 화물 개수의 합을 기재한다.
- Gross Weight : 화물의 실제무게를 소수점 첫째 자리까지 기재한다. ULD Tare Weight는 별도 줄의 Rate Class란에 "X"라고 기재하며, 2개 이상의 중량이 기재될 때에는 화물 총중량의 합을 기재한다.
- kg/lb : 중량의 단위를 최초 적용된 요율을 기재한 줄에만 표시하되 kg인 때에는 "K", 파운드(lb)인 때에는 "L"을 표시한다.
- Rate Class : 화물요율에 따라 아래의 Code를 기재 한다.

M	Minimum Charge(최저요금)
N	Normal under 45kg(100lb) rate(기본요율)
Q	Quantity over 45kg(100lb) rate(중량할인요율)
C	Specific Commodity Rate(특정품목할인요율)
R	Class Rate(less than normal rate), reduction
S	Class Rage(more than normal rate), surcharge
U	Pivot weight and applicable pivot weight charge, ULD기본요금 또는 요율
E	Weight in excess of pivot weight and applicable rate, ULD over pivot 요율
X	Unit Load Device as an additional line entry with one of the above, ULD information
P	Small Package Service
Y	Unit Load Device Discount, ULD 할인

• Commodity Item Number : SCR이 적용될 때는 품목번호, CCR은 %, BUC는 ULD의 Rating Type를 표시한다.

적용요율	기재사항
Specific Commodity Rate	품목번호(TACT Rate 2절 참조)
Commodity Classification Rate	Surcharge Reduction의 Percentage
BUC(Bulk Utilization Charge)	ULD rating Type를 기재
기타	공란으로 남겨 둠

• Chargeable Weight : 화물의 실제중량과 부피 중량 중 높은 쪽을 기재한다. 높은 중량 단계에서 낮은 운임이 산출된 때에는 높은 중량을 기재한다. 최저운임(Minimum Charge)이 적용될 때는 기재할 필요 없으며, BUC를 적용했을 때에는 해당 ULD의 운임적용 최저중량을 기재한다.

• Rate/Charge : kg당 또는 lb당 적용요율을 기입하며, 최저운임 적용시는 최저운임, BUC는 ULD의 최저적용운임(Pivot charges), 하주소유 ULD는 ULD할인금액, Over Pivot Rate를 기재한다.

• Total : 운임적용중량 × 요율 금액을 기재한다. 서로 다른 요율이 적용되는 품목이 둘 이상인 때의 총합계 금액은 아랫부분의 빈칸에 기재한다.

• Nature and Quantity of Goods(Include Dimensions or Volume) : 화물의 품목을 기재한다. 필요시에는 원산지를 기재하기도 한다. 부피 중량이 적용되는 때에는 최대 가로 × 최대 세루×최대 높이의 순서로 표시하고, BUC 적용시에는 사용된 ULD의 IATA Code를 기재하며, 혼재화물인 때에는 "CONSOLIDATION AS PER ATTACHED"라고 기재한다. 본란의 여백이 부족할 때에는 Extension List를 사용할 수 있다.

㉒ Weight Charge(Prepaid/Collect) : 중량/부피 요금을 기재한다. 중량/부피 요금 또는 종가요금 및 세금은 모두 Prepaid(선불)이거나 Collect(착지불) 이어야 한다.

㉓ Valuation Charge(Prepaid/Collect) : 화주의 가격신고에 따라 부과되는 종가금액을 지불방법에 따라 선불 또는 착지불란에 종가운임을 기재한다. 화물운임과 종가요금은 양자 모두가 선불이거나 또는 착지불이어야 한다.

㉔ Other Charges : 화물운임, 종가요금을 제외한 기타 비용의 명세와 금액을 기재한다. 명세를 표시하기 위해서는 아래의 Code를 금액 앞에 표시해야 하며, 상기 제 비용들의 귀속여부를 확실히 하기 위해 항공사의 몫일 때는 C(Due Carrier),

대리점 몫일 때는 A(Due Agent) 코드를 첨부한다. 이때

AC	Animal Container	MO	Miscellaneous-Due issuing carrier
AS	Assembly Service Fee	PK	Packing
AW	Air Waybill Fee	PU	Pick Up
BL	Blacklist Certificate	RA	Dangerous goods fee
BR	Bank Release	RC	Referral of charge
CH	Clearance and Handling	RF	Remit following collection fee
DB	Disbursement Fee	SD	Surface charge destination
DF	Disbursement Service Fee	SI	Stop in transit
FC	Charges Collect Fee	SO	Storage origin
GT	Government Tax	SP	Separate early release
HR	Human Remains	SR	Storage destination
IN	Insurance Premium	SS	Signature service
LA	Live Animals	ST	State sales tax
MA	Miscellaneous-Due agent	SU	Surface Charge
MB	Miscellaneous-unassigned	TR	Transit
MC	Miscellaneous-Due carrier	TX	Taxes
MD	Miscellaneous-Due last carrier	UH	ULD Handing

- "A"나 "C" 등의 표시는 "PU 'C' : 35.00"와 같이 비용 Code와 금액 사이에 기재한다.
- Tax Charges-Prepaid/Collect : 선불 또는 착지불란에 세금을 기재한다.

㉕ Total Other Charges

- Due Agent(Prepaid/Collect) : 기타 요금 중 대리점 몫의 합계를 선불 또는 후불란에 기재한다.
- Due Carrier(Prepaid/Collect) : 기타 요금 중 항공사 몫의 합계를 선불 또는 후불란에 기재한다.

㉖ Total Prepaid : 운임, 종가운임, 기타 요금 등 제비용 중 선불란에 표시된 금액의 합계를 기재한다.

㉗ Total Collect : 운임, 종가운임, 기타 요금 등 제비용 중 후불란에 표시된 금액의 합계를 기재한다.

㉘ Shipper's Certification Box : 송화인 또는 그 대리인의 서명(인쇄, 서명 또는

Stamp)이 표시된다.

㉙ Carrier Execution Box : AWB의 발행일자 및 장소, 항공사 또는 그 대리인의 서명이 표시되며, 월의 표시는 영어로 Full Spelling 또는 약자를 사용할 수 있으나 숫자로 표시하는 것은 허용되지 않는다.

- Executed Date : AWB 발행일자, 일 · 월 · 년의 순서로 표기하며, 월은 알파벳의 약자 또는 정자로 표기한다. 예컨대 01SEP20XX 또는 01SEPTEMBER20XX과 같이 표기한다.
- At(place) : AWB 발행 장소를 표시한다.

㉚ Signature of Issuing Carrier or its Agent

- Currency Conversion Rate : 도착지의 통화코드와 환율을 기재한다.
- CC Charge in Dest. Currency : Total Collect란의 금액을 도착지 통화로 환산한 금액을 기재한다.
- Charges at Destination : 인도 항공사 몫으로 도착지에서 부과된 제반요금을 도착지 통화로 표시한다.
- Total Collect Charges : 합계금액을 표시한다.

㉛ Airwaybill Number : AWB의 번호는 상단 좌우 또는 하단 우측에 기재한다. IATA Carrier 3 Digital Code와 7단위의 일련번호 그리고 7진법에 의한 Check Digit 등 11단위로 표시된다.

180 - 1234567 5		
IATA Carrier 3 Digit Code	일련번호	Check Digit 7진법 사용

[예시 6-4] 항공화물운송장

180 | SEL | 9949 0505 **180** SEL 9949 0505

① Shipper's Name and Address HANKUK INDUSTRY CO., LTD. BUSAN, KOREA	② shipper's Account Number	Not negotiable **Air Waybill** (Air Consignment note) Issued by KOREAN AIR LINES CO..	**KOREAN AIR** CABLE "ADDRESS: "KOREAN AIR LINES" CPO BOS 864 41-3 SOSOMOON-DONG, CHUNG-GU, SEOUL, KOREA
		Copies 1, 2 and 3 of this Air Waybill are originals and the same validity	
③Consignee's Name and Address BANK OF CITY BANK, NEWYOK, N.Y. USA	④consignee' s Account Number	**It is agreed that the goods described herein are accepted in apparent good other and condition{expect as noted) for carriage. SUBJECT TO THE CONDITION OF CONTRA ON THE REVERSE HEREOF. THE SHIPPER'S ATTENTION IS DROWN TO THE NOTICE CONCERNING CARRIERS' LIMITATION OF LIABILITY. Shipper may increase such limitation of liability by declaring a higher value for carriage and paying a supplemental charge if request**	
⑤Issuing Carrier's Agent Name and City KOREA EXPRESS CO.., LTD. SEOUL		⑨Accounting Information	
⑥Agent's IATA Code 17-3 49869	⑦Account No		
⑧Airport of Departure(Addr. of First Carrier) and Request Routing KIMPO, KOREA			

To	⑩By first Carrier	Routing and Destination	to	by	to	by	⑪Currency	⑫ CHGS Code	⑬WT/VAL PPD	⑬WT/VAL COL L	⑭Other PPI	⑭Other COLL	⑮Declared value for Charge	⑯Declared Value for Customs
NY	KE009						USD		X		X		NVD	FOB10,000.00

⑰Airport of Destination	⑱ Fight/ Date	For Carrier use only	Fight/ Date	⑲Amount of insurance	INSURANCE.. If Carrier others insurance and such insurance in accordance with conditions on reverse hereof, indicate amount to be insured in figures in bos marked amount of insurance
N.Y. AIRPORT					

⑳Handing information
ATTACHES, INVOICE, P/LIST
(For USA only) These commodities licensed by U.S. for ultimate destination......Diversion Country to U.S. law is prohibited.

㉑ No.of Pieces RCP	Gross Weight	Kg No		Rate Class / Commodity item NO.	Chargeable Weight	Rate / Charge	Total	Nature and Quantity of Goods (incl. Dimension or Volume)
100	200KGS ABC N. Y. CTNO.1 MADE IN KOREA				200KGS	@$2.00	USD400.00	`20PCS OF LEATHER MEN'S GARMENTS INV. NO. 567 L/C NO. 094867 "FREIGHT PREPAID"

Prepaid — Weight Charge — Collect	Other Charges
US$400.00	
Valuation Charge	
Tax	
Total Other Charge Due Agent US&	**Shipper certifies that the particular on the face hereof are correct and that insofar as any part of the consignment condition dangerous goods, such part is property described name and is in proper condition for carriages by air according to the applicable Dangerous Goods Regulations.**
Total Other Charge Duu Carrier $10.00	
	HANKUK CO., LTD. Signature of Shipper or its Agent
Total Prepaid — Total Collect	
Currency convention Currency — CC Charges in Dest Currency	AS AGENT JUNE 20, 2012 SEOUL, KOREA EXPRESS CP., LTD Executed on (Date) at (Place) Signature of issuing Carrier of its Agents
For Carrier's Use Only at Destination — Charges at Destination	Total Correct Charges

180-12345675

나. 기타의 운송서류

(1) 비유통성 해상화물운송장

해상화물운송장(seaway bill)이란 운송인이 해상운송화물을 수취했다는 증거로 발행되는 운송서류를 말하며 해상화물수취증이라고 한다. 선하증권처럼 운송계약의 증거가 되지만 유가증권이 아닌 비유통성증권이라는 점에 차이가 있으며, 이러한 점에서는 항공화물운송장(airway bill)과 유사하다. 선하증권과 해상화물운송장은 양자택일이다. 선하증권이 발행되면 해상화물운송장은 발행되지 않는다.

오늘날 운송기술의 발달로 물품이 운송서류보다 먼저 도착하는 경우가 빈번하게 발생하고 있다. 이러한 경우에 상관습에서는 B/L 대신에 L/G를 이용하고 있으나, L/G 보증에 따른 까다로운 절차와 비용 그리고 L/G의 위조 등으로 L/G 사용에 많은 문제가 발생하고 있다. 이러한 문제를 해결하기 위해 물품의 신속한 인도를 목적으로 도착지에서 서류의 제시가 필요 없는 해상화물운송장의 사용이 증가하고 있다. SWB을 이용하게 되면 수하인의 신분만 입증되면 화물을 인도받을 수 있어 인도의 지연이 없이 신속하게 물품을 인도받을 수 있으며, 이에 따라 보관료나 이자의 절감이 가능하고 분실에 대한 위험이 없다는 장점이 있다.

AWB은 유가증권이 아니라는 점 이외에는 그 성질이 해상선하증권과 같다. 따라서 UCP에서 규정하고 있는 수리 또는 거절 요건도 해상선하증권에서의 경우와 같다. 그러나 AWB는 신용장에서 요구하지 않으면 제시될 수 없으며, 이때에도 수화인(consignee)를 지시식이 아닌 기명식으로 요구하게 된다. 즉 증권의 수하인 난에 수입자의 성명과 상호가 명기되도록 하여 배서나 교부에 의해 수화인의 권리가 양도될 수 없는 형태로 발행된다.

(2) 도로, 철도, 내수로 운송서류

도로, 철도, 내수로 운송서류(road, rail or inland waterway transport documents)란 도로, 철도 또는 내수로를 이용하여 운송하는 운송인이 화물을 수취하였음을 증명하는 서류를 말한다.

철도화물수취증(railway consignment note, 철도화물탁송장, 철도화물상환증, 철도화물수탁서) 육상운송에 탁송한 화물의 청구권을 표시한 유가증권을 말한다. 이는 화물을 육상운송 중에서도 주로 철도로 운송했을 때에 운송인 또는 대리인이 송화인의 청구에 의하여 그 탁송을 위임 받은 화물에 대하여 발행한다. 한편, 도로운송에 의한

화물의 탁송일 경우에는 도로화물 수탁서(road consignment note, 도로화물상환증, 도로화물수탁서)가 발행된다.

이들 서류는 운송인이 송화인과 운송계약에 의해 탁송화물수령을 증명하고 목적지에서 이것과 상환으로 화물인도의무를 진다는 취지가 표시되어 있으며, 매매나 금융에 이용될 뿐만 아니라 운송의 중지, 운송화물의 반환 및 기타의 처분을 청구할 수 있으며, 법률적 성질이나 경제적 기능도 선하증권과 동일하다.

신용장통일규칙(UCP)에서는 신용장에 별도규정이 없는 한 동 운송서류를 요구하면 은행은 이를 수리하도록 규정하고 있다. 이들 운송서류가 수리되기 위해서는 다음과 같은 요건을 갖추어야 한다.

첫째, 운송인의 명칭을 표시하고 운송인 또는 그 지정대리인이 서명하거나 서명, 스탬프 또는 표기에 의해 물품의 수령을 표시하고 있어야 한다.

둘째, 선적일 또는 물품이 선적, 발송, 운송을 위해 수령된 일자를 표시하고 있을 것

셋째, 신용장에 명시된 선적지 및 목적지를 표시하고 있을 것

넷째, 원본표시의 유무에 관계없이 원본으로 수리되며 운송서류상에 발행부수에 관한 언급이 없으면 제시된 통수를 전통을 간주한다.

(3) 특사배달 수취증, 우편수취증 또는 우송증명서

특사배달 수취증, 우편수취증 도는 우송증명서(courier receipt, post receipt or certificate of posting)란 수출자가 해당 배송기관에게 물품을 수입자에게 송부하도록 위탁하고 그들로부터 발급받은 영수증을 말한다.

특송화물수취증(courier receipt)은 특송업자가 송화인으로부터 물품을 수령하고 발행한 수령증을 말하며, 소형경량물품의 항공기를 이용한 문전간(door to door) 운송이 많이 이용된다

우편수령증(post receipt)은 우체국이 송화인으로부터 소화물을 수령하여 외국에 물품을 발송하고 발행하는 수령증을 말한다. 항공화물운송장과 동일한 성격을 갖고 있으며 우송증명서(certificate of posting), 소포수령증(parcel receipt)이라고도 한다.

우편수취증이 신용장 거래에서 이용될 때에는 신용장의 특별지시(Special Instructions)란에 “Receipt for air(sea) parcel received to ××bank(issuing bank) instead of AWB(B/L) is acceptable.”과 같은 문언을 명시해야 한다. 이때 발행은행을 수화인으로 지정하는 것이 바람직하다. 은행에 제시되는 운송서류는 다음과 같은 요건을 갖추어야 한다.

첫째, 특송업자의 명칭을 표시하고 신용장에 선적지로 표시된 장소의 특송업자에 의해 스탬프 또는 서명된 것이어야 한다.

둘째, 접수일이나 수령일 또는 이러한 취지의 문언을 표시한 것이어야 한다. 이 일자를 선적일자로 본다.

셋째, 특송요금의 지급 또는 선지급되어야 한다는 요건은 "특송요금을 수화인에게 받지 않는다(Courier charges are for the account of a party other than the consignee)"는 표시가 있는 것만으로 충족된다.

제 3 절 기타 무역서류

1. 보험서류

가. 보험서류의 이해

(1) 보험서류의 의의

무역거래의 조건이 FOB나 FAS인 때에는 매도인에게 보험 부보의 의무가 없기 때문에 보험관련서류의 제시가 필요하지 않다. 그러나 CIF나 CIP 조건에서는 운송서류와 마찬가지로 보험서류도 필수적으로 제시되어야 하는 기본서류가 된다. 이때 제시되어야 하는 보험서류의 종류와 담보위험은 매매당사자의 합의에 따라 신용장에 명시된다. 신용장에서 요구하는 일반적인 보험관련 요구조건은 다음과 같다.

- Insurance policy or certificate in duplicate endorsed in blank for 110% of Invoice value.
- Insurance policy or certificates must expressly stipulate tha claims are payable in the currency of draft and must also indicate a claim setting agent in Korea.
- Insurance must include institute cargo clause(A/R), Institute war clause and institute SRCC clause.

(2) 보험서류의 종류

무역운송화물과 관련된 보험증권(insurance policy)은 확정보험증권와 포괄예정보험증권로 나눌 수 있다.

확정보험증권(definite insurance policy, provisional insurance policy)은 화물에 대한 보험계약의 존재 및 내용을 표시한 증권으로서 개별적 거래에 대한 보험내용이 확정된 경우에 발행되며 무역거래에서 통용되고 있는 전형적인 보험서류의 일종이다.

포괄예정보험증권(open insurance policy)은 포괄예정보험에서 발행되는 보험증권을 말한다. 포괄예정보험이란 수출시마다 보험계약을 체결하는 번거로움을 피하고 보험비용도 절감하기 위하여 일정기간동안(예컨대 6개월 또는 1년)의 보험가입 예상물동량을 예측하여 일정한 항로, 화물의 종류, 보험조건의 개요, 개산예정액을 보험금액으로 하여 보험계약을 체결하고 화물을 선적할 때마다 당해 명세를 보험회사에 통지하여 예정보험금액에 달할 때까지 포괄적으로 보상되는 보험이다.7)

포괄예정보험이 체결되어 있는 경우에는 개개의 선적화물에 대해 포괄보험에 부보되어 있음을 증명하는 보험증명서(certificate of insurance)나 보험확정통지서(insuranc declaration)가 발행된다. 보험증명서나 통지서는 보험증권과 동일한 효력을 가지고 있지만 보험증권의 기재내용을 간략하게 기재하는 서식이 사용된다.

UCP에 따라 은행에서 수리하는 보험서류는 확정보험증권이지만, 신용장에서 별도로 정함이 없다면 포괄예정보험에 따른 보험증명서나 확정통지서도 수리된다. 일반적으로 신용장이 보험증권과 보험증명서 또는 보험확정통지서 중 어느 하나를 요구하고 있는 경우에는 이중 어느 하나나 보험증권을 제출하여도 되지만, 보험증권을 요구하고 있을 때 보험증명서나 보험확정통지서의 제출만으로는 수리되지 않는다. 또한 보험증명서와 보험확정통지서 역시 서로 간에 대체되어 제시될 수 없으며, 보험승낙서(cover note)는 신용장에서 특별히 허용하지 않는 한 수리되지 않는다.

7) 확정보험(definite insurance)이란 보험증권에 기재한 보험계약의 요건의 일부, 예컨대 화물을 직재할 선박, 적화의 종류, 선장 등 계약내용의 전부가 보험계약체결 당시에 확정되어 있거나 당사자에게 알려져 있는 것을 말한다, 예정보험(open policy)이란 일부 계약내용이 미확정된 상태로 일단 보험계약을 체결해두고 나중에 미확정된 계약내용이 확정될 때마다 보험계약자가 이를 보험사에게 통지하게 되면 그 통지에 의하여 계약내용이 확정되는 것을 의미한다. 예정보험은 이처럼 미확정상태에서 계약을 성립시킨 후 나중에 미확정 내용을 보완하는 형태라는 점에서 아직은 보험계약을 체결하지 못하지만 후일에 이들 계약내용이 확정되면 보험계약을 체결하기로 미리 약정하는 보험계약의 예약과는 다르다.

(가) 보험증권

보험가입자의 신청을 보험자가 승낙하면 보험계약은 성립되며 보험자는 보험계약 성립의 증거로서 보험증권(insurance policy, I/P)을 발행한다. 보험증권은 유가증권은 아니며 단지 증거증권에 불과하지만 배서나 인도에 의해서 양도될 수 있다.

해상보험증권은 Lloyd's SG 보험증권과 ILU(Institute of London Underwriter, 런던 보험업자협회)의 회사용 보험증권이 사용되어 오다가 1982년부터 신양식의 보험증권이 제정되어 사용되고 있다. 로이즈 선박 · 화물증권서식(Lloyd's Ship and Goods Policy Form, 약칭 SG Form)은 1779년에 영국의 해상보험단체인 Lloyd's가 제정한 것으로 그 전신을 포함한다면 무려 400년에 걸쳐 사용되어온 것이다. 이 증권의 이면에는 ILU가 제정한 협회화물약관인 전위험담보약관(all risk), 분손담보약관(with average, WA), 분손부담보약관(free from particular average, FPA) 등이 인쇄되어 있다.

1982년 로이즈 보험업자 및 ILU의 합동화물위원회(Joint Cargo Committee)가 신해상보험증권(new marine policy form, MAR form)을 제정하였다. MAR form에는 로이즈보험시장에서 사용되는 New ILU Policy Form과 회사형태의 보험시장에서 사용되는 New Lloyd's Marine Policy Form이 있는데, 약간의 차이를 제외하고는 본질적으로 동일하다.

영국에서는 1983년 3월 Lloyd's SG 보험증권의 사용을 전면 중지하고 동년 4월부터 신양식을 사용하고 있다. 우리나라는 1983년 3월부터 Lloyd's SG 보험증권과 신양식을 병행하여 사용하기 시작하였다. 현재 사용되고 있는 표준보험약관은 ILU가 제정하고 2009년에 ILU와 IUA(International Underwriting Association of London, 국제보험인수협회)가 개정한 협회화물약관(협회적화약관)이다. 참고로 2009년에 개정한 협회화물약관에는 Institute Cargo Clauses(A), (B), (C)와 Institute Cargo Clause(Air), Institute War Clause Cargo(Air Cargo, sending by post), Institute Strikes Cargo(Air Cargo), Termination of Transit Clause(Terrorism) 등이 있다.

(나) 보험증명서 및 확정통지서

보험증명서는 보험회사 또는 그 대리인이 원보험증권(original insurance policy)에 의거하여 그 보험계약의 존재 및 피보험물에 보험이 부보되어 있다는 사실을 증명하는 보험증권의 대용서류를 의미한다.

포괄예정보험(open cover)을 체결한 경우, 선적시마다 개개의 화물이 포괄보험에 부보되어 있음을 증명하는 보험증명서를 발행하게 된다. 보험증명서의 가장 중요한

특성은 보험증명서의 근본인 보험증권에 의거하여 계약물품이 부보되어 있음을 증명하는 데 있으며, 매도인이 이러한 사실을 보증하여야 한다. 그러므로 보험증권상의 모든 보험조건들을 보험증명서에 기재하지 않음으로써 매수인이 보험증권에 의하여 자신이 취득할 수 있는 권리를 알 수 없는 보험증명서를 제공하는 것은 정당한 것으로 볼 수 없으며, 약정에 의하여 보험증권상의 모든 권리를 이양 받은 보험증명서를 제공하여야 할 것이다.

보험확정통지서(insurance declaration)란 포괄예정보험을 체결하고 있는 경우 수출자가 실제로 선적한 내용이 기재된 통지서(declaration)을 보험자의 수출지의 대리점에 보내고, 여기에 보험자가 포괄예정보험에 부보되었다는 취지의 부기(counter signature)를 추가한 서류를 말한다. 보험확인서, 보험신고서라고도 한다.

(다) 보험승낙서

보험승낙서(cover note)는 특정화물에 대해 보험부보를 하고 보험료를 수취하였다는 사실을 증명하고 이후 보험자와 보험계약을 체결하겠다는 각서로서 보험중개업자(insurance broker)가 자신의 명의로 발행하는 일종의 영수증 성격을 가진 서류이다. 부보각서, 보험인수확인서 또는 보험계약승낙서라고도 한다.

보험승낙서는 보험계약자와 보험중개인 사이에 보험계약의 약정이 있었음을 증명하는 서류에 불과하며 보험계약이 확실히 체결되었다는 것을 증명하는 것은 아니다. 따라서 보험승낙서가 발급되었더라도 보험중개인이 보험회사로부터 아직 보험증권을 발급받기 이전에 보험사고가 발생한다면 보험자는 책임을지지 않는다. 또한 보험승낙서는 보험증권과 같이 배서나 인도에 의해 양도되지 않으며, 소지인이 보험자에 대한 직접 청구권이 없어 중개인을 경유하여 보험자에게 청구해야 하므로 소지인에게 불리하다. 따라서 은행은 중신용장이 별도로 허용하지 않는한 개업자가 발행한 보험승낙서는 수리하지 않는 것이다..

나. 보험서류의 요건 및 주요내용

(1) 보험서류의 요건

보험회사, 보험업자 또는 이들의 대리인 또는 이들 대리업자에 의해 발행되고 서명된 것으로 보여야 하며, 또한 보험서류가 2통 이상의 원본으로 발행되었다고 표시하고 있을 때에는 모든 원본이 제시되어야 한다.

보험서류에 담보가 선적일보다 늦지 않고 유효하다고 명시되어 있지 않는 한, 보험서류의 일자는 선적일보다 늦어서는 안된다. 이는 물품의 본선적재, 수탁 또는 발송일과 부보일 사이의 위험부담의 시간적 공백을 없애기 위함이다.

(가) 부보금액 및 부보통화

부보금액(insured amount)이란 보험계약 체결시 보험에 가입한 보험목적물의 보험가입금액(보험금), 즉 보험회사가 보상해 주는 최고책임한도액을 의미하는데, 신용장에 부보해야 할 금액이 명시되지 않은 때에는 부보금액(보험담보 금액)은 적어도 물품의 CIF 또는 CIP 가격의 110% 이어야 한다, 만약에 CIF 또는 CIP 가격이 서류로부터 결정될 수 없는 때에는 결제(honor) 또는 매입(nego)이 요청되는 금액 또는 송장금액 중에서 큰 금액을 기초로 하여 산정된다. 여기에서 부보금액을 물품금액에 10%의 금액을 추가하도록 하는 것은 희망이익(expected profit)을 10%로 추정하고, 보험자가 이 희망이익까지 보전해 준다는 것을 의미한다.

은행은 보험서류상의 통화는 신용장이나 환어음에 표시된 통화와 동일한 통화이어야 한다. 왜냐하면 통화가 서로 다르다면 피보험자가 CIF나 CIP 가액의 110%를 보상을 받더라도 환용변동에 따라 신용장금액과 차이가 발생할 수 있는 환율변동위험을 감수해야 하기 때문이다.

(나) 담보범위

보험서류는 적어도 신용장에 명시된 수탁 또는 선적지로부터 양륙 또는 최종목적지까지 담보되었음이 표시되어 있어야 한다. 다만 피보험자가 보험기간 연장을 위하여 “warehouse to warehouse” 조건으로 부부한 경우에는 도착지의 본선으로부터 양륙된 후 최장 60일까지의 손해를 보상받을 수 있다.

또한 보험서류는 신용장에 명시된 보험의 종류가 명기되어야 하고 만일 부보되어야 할 부가위험이 있다면 이것도 명기되어야 한다. 만약에 신용장이 부보되어야할 위험을 “통상적 위험(usual risks)” 또는 “관습적 위험(customary risks)” 등과 같이 불명확 한 용어(imprecise terms)를 사용한 경우에는 담보되지 아니한 위험에 대해 아무런 책임없이 보험서류가 제시된 대로 이를 수리한다. 다만 이 경우에도 INCOTERMS 2010에 따르면 최소한의 담보범위인 ICC(C) 이상일 것을 요구하고 있다.

신용장이 부보되어야 할 위험에 구체적인 명시 없이 “전위험(all risks)”에 대한 보험을 요구하고 있다면, 은행은 보험서류에 실제로 어떠한 위험이 부보되어 있다고 기

재되어 있는지에 관계없이 "전위험(all risk)"라는 문언이나 조항만 포함되어 있다면 수리하게 된다.

보험서류에는 모든 면책조항(exclusion clause)에 대한 참조를 포함할 수 있으며, 소손해면책율(franchise) 또는 초과(공제)(excess, deductible) 면책율을 조건으로 한다는 것도 표시할 수 있다.

(다) 백지배서와 보험금 청구의 양도

보험서류는 원칙적으로 양도가능한 유통증권으로 발행된다. 왜냐하면 CIF나 CIP 조건인 경우 매도인이 보험계약을 체결하고 발급받은 보험서류로 매수인이 보험금을 청구할 수 있도록 해야 하기 때문이다. 따라서 신용장에서 보험서류에 양도인의 서명만 기재되는 백지배서(endorsed in blank)를 하도록 명시하고 있는 것이 보통이다. 백지배서 조건으로 보험서류가 발행된 경우는 수출지에 본선적재 이전에 사고가 발행하게 되면 수출상이 보험청구권을 행사할 수 있고, 본선적재 이후에 발생한 사고에 대해서는 수입상이 대금결제를 완료하지 않았을 때에는 발행은행이 그리고 대금결제가 완료된 후에는 수입상이 보험청구권을 행사하게 된다.

(라) 보험금 지급지 표시

일반적으로 대부분의 보험금 청구권자는 수입국에 소재하는 발행은행이나 수입상이 된다. 따라서 사고 발생시 보험금 청구의 편의를 위해 신용장에는 "claim to be payable in (수입국명) in currency"과 같이 표시하여 지급통화와 보험금 지급지를 수입국으로 하는 것이 보통이다.

(2) 보험증권의 주요내용

① Certificate No.(보험증권 번호) : 보험자가 피보험자에게 보험증권을 교부할 때 붙이는 일련번호이다.

② Assured(s), etc(피보험자 또는 보험계약자 명) : 수출입 상사명을 기재하는데 C.I.F계약의 수출인 경우 피보험자에 대하여 별도의 약정이나 지시가 없으면 수출업자 자신을 피보험자로 하여 수출환어음 매입시에 백지배서(blank endorsement)에 의해 양도하면 된다. 지시식인 경우에는 "TO THE ORDER OF BANK"와 같이 기재된다.

③ Ref. No.(참조번호) : 보험자가 업무상 참조하기 위한 번호로써 통상 수출의 경

우에는 신용장 또는 수출허가서의 번호를, 수입의 경우에는 상업송장 또는 수입허가서의 번호를 기재한다.

④ Amount insured(보험금액) : 보험계약자가 부보한 금액으로써, 보험사고가 발생하였을 때 보험자가 손해보전액 즉 보험금(Loss or Claim Paid)으로써 지불하는 최고 한도액이다. 보험금액은 당사자의 합의에 의하여 정해지지만 보험금액은 보험가액과 동액 또는 그 이하가 되지 않으면 안된다. 보험금액과 보험가액이 동액인 경우를 전부보험, 보험금액이 보험가액의 일부인 경우를 일부보험이라고 하는데 대부분의 해상보험은 전부보험이다. 보험금액이 보험가액을 상회하면 초과보험이 되는데 초과분은 무효가 된다. 보험금액은 보통 물품의 C.I.F 가격에 10%를 가산한 금액이 된다(신용장 통일규칙 37조 b항). 즉 보험금액 = {원가(C, 즉 F.O.B가격) + 보험료(I) + 운임(F)}×1.1이 된다. 그런데 FOB가격과 운임은 알고 있어도 보험료를 알고 있지 않는 한 C.I.F 가격이나 보험금액을 산출할 수 없는 데 이때의 보험금액 및 보험료를 산출하는 공식은 다음과 같다. 즉 보험율을 R이라고 하면,

RM 보험금액 = {1.1(C+F)} OVER {1-1.1R} ~~~~~보험료
= 보험금액 R = {1.1R(C+F)} OVER {1-1.1R}

그리고 표시통화는 신용장상에 별다른 명시가 없는 한, 신용장과 동일한 통화로 표시되어야 한다.

⑤ Conditions (보험조건) : 어떠한 보험조건을 선택하느냐 하는 문제는 보통 수출입 계약을 체결할 때에 매매당사간의 합의에 의해 결정된다. 그리고 그 내용은 매매계약서나 신용장에 기재된다. 그런데 이 보험조건은 화물의 종류, 포장, 운송방법, 예상 항해기간등을 감안하여 이상적인 조건으로 결정하도록 하여야 한다. 즉 구체적으로 어떠한 기본조건을 선택하고 또 화물과 수송의 특수사항을 고려하여 어떠한 부가위험을 추가할 것인지 전쟁위험과 동맹파업 위험 등은 어떻게 할 것인가를 결정하지 않으면 안 된다.

⑥ Claim, if any, payable at(보험금 지급장소) : 일반적으로 수출의 경우에는 화물의 최종 목적항이 기재되고 수입의 경우에는 당해 보험자명이 기재된다.

⑦ Survey should be approved by (손해사고 통지서) : 피보험화물에 손해가 발생하였을 때 지체없이 통지하여야 할 곳인데 수출의 경우에는 최종 목적항에 있는 보험자의 대리점의 상호 및 주소가 명시되고, 수입의 경우에는 보험자명이

기재된다.

⑧ Local Vessel or Conveyance(국내운송용구),⑨ From(interior port or place of loading(출하항 또는 출하지) : 화물의 출하지와 선적지가 다른 경우에 출하지로부터 선적지까지의 운송화물에 대한 부보시 기재하게 된다.

⑩ Ship or Vessel called the(선박명) : 화물을 적재하는 선박명이 기재된다.

⑪ Sailing on or about(출항일) : 적재선박이 선적항을 출항하는 년월일 또는 예정 년월일을 기재한다. 특히 수출의 경우에는 선하증권상의 내용과 일치하도록 하여야 한다.

⑫ at and from(선적항) ⑬ transshipped at(환적항) : 환적이 있는 경우 환적항 ⑭ arrived at(양륙항) 양륙항을 기재한다.

⑮ thence to(최종 목적지와 운송용구) : 최종 목적지가 내륙지방에 있어 양륙항에 목적지가 상이한 경우, 운송약관에 따라 양륙항에서 최종목적지까지의 운송화물에 대하여 부보할 때 최종목적지와 운송용구를 기재한다. 예를들어 양륙항이 New York이고 최종목적지가 Chicago인데 철도화차를 이용하여 운송한다면, thence to Chicago by rail과 같이 기재하고 운송용구가 불명할 때에는 land conveyance 또는 any conveyance라고 기입한다.

⑯ Goods and Merchandise(피해보험 화물의 명세) : 화물의 품명, 수량, 화인 등을 신용장이나 선하 증권사의 기재내용 대로 기입한다.

⑰ Place and Date signed in(보험증권 발행지 및 발행일) : 선하증권 발행일보다 이전이 되지 않으면 안 된다.

⑱ 보험증권의 발행매수 : 보통 2통이 발행되는데 보험자가 1통에 대하여 변제하면 나머지 1통은 무효가 된다.

⑲ 보험자의 서명 : 해상보험증권은 보험자 또는 보험자의 대리인에 의하여 서명되어야 한다. 다만 보험자가 법인인 경우에는 법인의 인장으로 충분하다. 우리나라에서는 보험회사의 해상보험 부문의 책임사가 서명하는 것이 보통이다.

⑳ 본문 약관 : 개정된 보험증권의 신양식 본문약관은 종전양식이 본문약관보나 아주 간결하게 되어 있다. 그 내용은 준거법 약관, 타보험 약관, 약인약관, 선서관으로 되어 있다.

㉑ 참고사항 : 난외약관, 종전양식에 있던 이태릭시체 약관과 대치된 것으로써 Important Clause(중요사항약관)라 하는데 클레임 발생시에 피보험사가 취해야 할 각종 조치 및 절차 등을 일괄 규정하고 있다.

[예시 6-5] 보험증권

LG Insurance Co., Ltd.
CERTIFICATE OF MARINE CARGO INSURANCE

<table>
<tr><td colspan="3">Assured(s), etc ② THE SAMWON CORPORATION</td></tr>
<tr><td colspan="2">Certificate No.
① 002599A65334</td><td>Ref. No.③ Invoice No. DS-990228
L/C No. IOMP20748</td></tr>
<tr><td colspan="2">Claim, if any, payable at : ⑥
GELLATLY HANKEY MARINE SERVICE
842 Seventh Avenue New York 10018
Tel(201)881-9412
Claims are payable in</td><td>Amount insured ④
USD 65,120.-
(USD59,200 XC 110%</td></tr>
<tr><td colspan="2">Survey should be approved by ⑦
THE SAME AS ABOVE</td><td rowspan="5">Conditions ⑤
* INSTITUTE CARGO CLAUSE(A) 1982
* CLAIMS ARE PAYABLE IN AMERICA IN TH E CURRENCY OF THE DRAFT.
Subject to the following Clauses as per back hereof ins titute Cargo Clauses Institute War Clauses(Cargo) Instit ute War Cancellation Clauses(Cargo)
Institute Strikes Riots and Civil Commotions Clauses
Institute Air Cargo Clauses(All Risks)
Institute Classification Clauses
Special Replacement Clause(applying to machinery)
Institute Radioactive Contamination Exclusion Clauses
Co-Inssurance Clause Marks and Numbers as</td></tr>
<tr><td>⑧ Local Vessel or Conveya nce</td><td>⑨From(interior port or place of loading)</td></tr>
<tr><td>Ship or Vessel called the
⑩ KAJA-HO V-27</td><td>Sailing on or about
⑪ MARCH 3, 1999</td></tr>
<tr><td>at and from
⑫ PUSAN, KOREA</td><td>⑬ transshipped at</td></tr>
<tr><td>arrived at
⑭NEW YORK</td><td>⑮ thence to</td></tr>
<tr><td colspan="2">⑯ Goods and Merchandise
16,000YDS OF PATCHWORK COWHIDE LEATHER</td><td></td></tr>
<tr><td colspan="3">Place and Date signed in SEOUL, KOREA MARCH 2, 20×× No. of Certificates issued. ⑱ TW O
⑳ This Certificate represents and takes the place of the Policy and conveys all rights of the original policyholder (for the purpose of collecting any loss or claim) as fully as if the property was cov ered by a Open Policy direct to the holder of this Certificate.
This Company agrees lossed, if any, shall be payable to the order of Assured on surrender of this Certificate.
Settlement under one copy shall render all others null and void.
Contrary to the wording of this form, this insurance is governed by the standard from of English Marine Insurance Policy.
In the event of loss or damage arising under this insurance, no claims will be admitted unless a sur vey has been held with the approval of this Company's office or Agents specified in this Certificat e.

SEE IMPORTANT INSTRUCTIONS ON REVERSE
⑲ LG Insurance Co., Ltd.
AUTHORIZED SIGNATORY
This Certificate is not valid unless the Declaration be signed by an authorized representative of the Assured.</td></tr>
</table>

[예시 6-6] 보험증명서

THE NISSAN FIRE & MARINE INSURANCE CO., LTD
Head Office : Tokyo, Japan

CERTIFICATION OF INSURANCE

This is to Certify this Company has accepted the insurance mentioned as follow :

<table>
<tr><td rowspan="5">IBM CODE

No.________________

Provisional No. ________________

Approval Insured ________________

Claim, if any, payable at Tokyo

by this Company's Head Office</td><td>Assured Name %</td></tr>
<tr><td>Form</td></tr>
<tr><td>Vessels & Sailing Date</td></tr>
<tr><td>To</td></tr>
<tr><td>Interest

NOT VALID FOR PURPOSES OF CLAIM</td></tr>
<tr><td>Conditions

Subject to be following Clauses
Institute Cargo Clause
N.B. Institute Air Cargo Clause
(All Risk) Shall be applied property carried by air(excluding sending by post.)
N.B. Either of the next clauses shall be applied to property carried by air &/or Post but not concurrently with each other
1. Institute War Clauses(Air)
(Excluding sending by post)
2. Institute War Clauses for the insurance of sending by post.
Institute Strikes Riots Civil Commotions Clauses
Institute Dangerous Drugs Clause
Institute Replacement Clauses(applying to machinery)
Open-Yard Storages Clauses
On-Deck Clause (excepting F.T.A. cargo only)
Duty Clause(applicable in case of duty amount separately declared)
F. O. B. Attachment Clause</td><td>For THE NISSAN FIRE & MARINE INSURANCE CO., LTD.

Signed
____
Examined Per Pro. President</td></tr>
</table>

2. 송품장

가. 송품장의 의의

송품장(invoice)은 수출상(shipper, consignor, exporter)이 매매계약의 조건을 정당하게 이행했음을 증명하기 위해 직접 발행하는 서류이다. 송품장은 선하증권이나 보험증권과 같이 구체적인 권리를 나타내는 것은 아니지만 선적물품의 품명, 수량, 단가, 금액 및 계산내역 등의 물품 명세를 나타내는 물품의 출하 안내서이자 물품 대금에 대한 계산서 및 청구서의 기능을 갖고 있어 무역거래에서 중요한 역할을 하는 서류이다.

송품장에는 선하증권이나 보험증권 등의 다른 서류에는 기재되지 않는 상세한 물품명세가 기재되어 있어 운송 중 물품이 멸실 또는 손상된 때, 손해화물에 대한 검정신청 또는 선박회사에 대한 손해배상청구, 보험회사에 대한 손해전보금청구의 절차를 밟을 때에 제공하여야 할 서류이며, 수입신고 시 과세가격을 증명하는 자료로 세관에 제출되기도 한다.

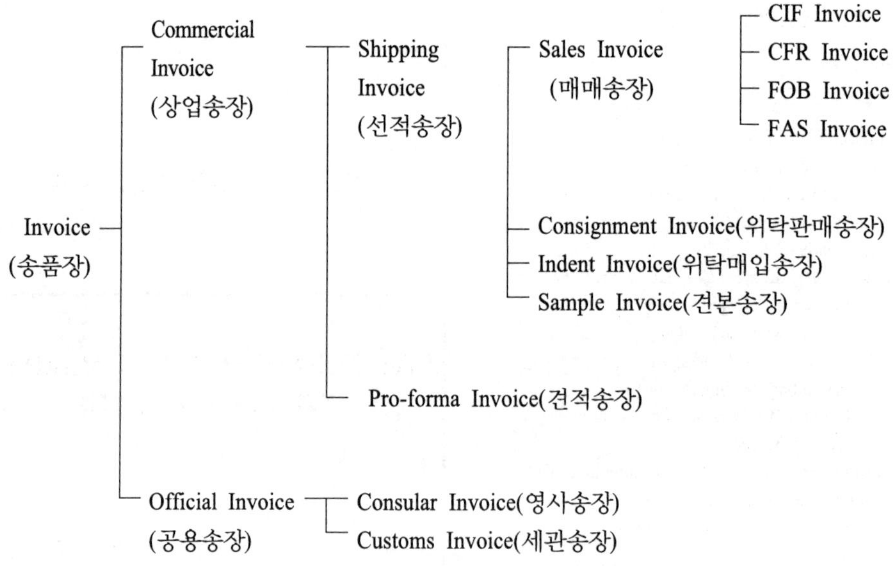

[그림 6-2] 송품장의 종류

나. 송품장의 종류

송품장은 상거래용으로 작성되는 상업송장과 세관이나 주재국 영사관에서 발행하는 공용송장으로 구분되며, 상업송장은 다시 견적송장과 선적송장으로 나누어지는데, 통상 송품장이라 하면 상업송장을 의미한다.

(1) 상업송장(commercial invoice)

(가) 선적송장

선적송장(shipping invoice) 은 실제로 선적된 화물의 내용과 가격이 기재된 것으로 화물 수취인에게 제공하는 서류이다. 즉 무역계약을 이행하고 거래조건에 따라 작성된 송장을 말한다.

선적송장은 수출자가 자기의 위험과 비용으로 해외의 수입상에게 상품을 송부하여 판매할 때 사용하는 수출송장(export invoice), 수출상이 자신의 위험과 비용으로 해외의 수입상에게 상품을 송부하여 판매할 대 사용하는 위탁판매송장(consignment invoice), 수입상이 수출자에게 상품매입을 위탁할 때 수출자가 수입자의 매입대리인으로서 당해 상품을 선적할 때 작성하는 위탁매입송장(indent invoice), 그리고 수출상이 수입상에게 견본을 송부할 때 그 견본의 품질, 규격 및 가격을 표시해서 작성하는 견본송장(sample invoice)이 있다.

(나) 견적송장

견적송장(pro-forma invoice, 가송장)이란 수출상이 거래를 유발・촉진하기 위한 수단으로 수입상이 장차 그가 매입할 화물에 대한 대금을 시산(試算)하여 제시하거나, 수입허가 또는 외환은행의 지급인증 등을 받기 위한 수입상의 요청에 따라 작성・발송하는 송품장을 말한다.

특히 외환사정이 좋지 않은 일부 동남아시아나 아프리카 국가의 수입상이 견적송장을 근거로 정부로부터 외화배정을 받아 그 범위 내에서 수입하고자 할 때 요구하기도 한다. 일종의 Free offer로 송장에 표시된 물품가격 등에 대한 법적 구속력이 없으며, 선적물품에 대한 증거자료로 사용될 수도 없다.

(다) 상업송장 작성시 유의사항

① 상업송장은 원칙적으로 신용장상의 수익자인 수출상이 발행해야 하며 신용장상

의 발행의뢰인(수입상) 앞으로 발행되어야 한다. 수출상이 아닌 자가 발행한 송품장이 제시되면 은행이 화환어음의 매입을 거절하거나 또는 지급지에서 어음의 인수·지급이 거절될 수 있다. 다만 양도가능신용장이나 신용장에서 별도로 규정하고 있다면 다른 당사자가 앞으로 작성할 수도 있다.

② 송품장 금액은 신용장 금액의 범위 내에서 발행되어야 한다. 다만 신용장 금액을 초과하여 송품장을 발행할 때에는 은행은 수리 또는 거절 여부의 선택권을 행사할 수 있다. 만약에 은행이 수리하기로 결정하였더라도 신용장 금액의 한도 내에서만 수리하고, 초과된 금액은 서류송부장(covering letter)에 그 내용을 명시하여 추심처리한 후 발행은행으로부터 입금이 되면 매입의뢰인에게 지급해준다. 초과금액이 발생하는 이유는 매매계약에 약정되어 있지 않은 수입자가 부담해야 할 성격의 초과비용을 수출상이 대신하여 지급하였을 때이다.

③ 상업송장상의 물품명세, 용역 또는 이행은 신용장상의 기재와 문면상 반드시 엄밀하게 일치하여야 한다. 그러나 송장 이외의 서류상의 상품명세는 신용장과 상호모순이 되지 않는 한 "엄밀일치의 원칙"이 적용되지 않는다.

④ 환어음의 금액과 상업송장의 금액은 반드시 일치하여야 한다.

⑤ 상업송장에는 반드시 신용장번호와 발행은행명을 기재하여야 한다. 왜냐하면 경우에 따라서는 상업송장이 신용장상의 발행의뢰인 앞으로 발행되지 않을 수도 있기 때문이다.

⑥ 신용장에서 원본과 사본을 구분하지 않고 복수의 상업송장을 요구한 때에는 원본 1매에 나머지 통수를 사본으로 충당하여도 된다. 신용장에 "Signed Commercial Invoice in triplicate"과 같은 문구를 삽입하여 서명된 송품장을 요구한 때에는 반드시 서명된 송품장을 제시하여야 한다. 그러나 이러한 표시가 없을 때는 서명하지 않아도 된다.

(2) 공용송장(official invoice)

(가) 영사송장

영사송장(consular invoice)이란 수출 내에 주재하는 수입국 영사관에서 발급하는 송품장을 말한다. 관세를 포탈하거나 경감받기 위해 또는 외화도피나 덤핑을 위해 부정한 송품장을 작성하는 것을 방지하기 위해 수입국 세관이 제출을 요구하기도 한다. 신용장에 "사증된(visaed, 배서된)" 즉, 영사의 서명이 필요하다는 문구가 기재된다.

만일 "공인된(legalized)"라는 문구가 있으면 송품장은 물론이고 선화증권에도 영사의 서명을 받아야 하며, "인증된(notarized)"라고 기재되어 있으면 송품장에 영사의 서명은 물론 상공회의소의 인증도 있어야 한다. 주로 몇몇 후진국에서 이용되고 있으나 점차 폐지되어 가는 추세이다.

(나) 세관송장

세관송장(customs invoice)이란 수입화물에 대한 ① 과세가격 기준 결정, ② 덤핑 유무 확인, ③ 쿼터품목의 기준량 계산, ④ 수입통계 등의 목적으로 사용하기 위해 수입지세관이 수입상에게 제출하도록 요구하는 송장을 말한다. 미국, 캐나다, 남아프리카, 호주, 뉴질랜드 등의 국가에서 요구하는 경우가 있다. 수출상이 수입국 세관의 소정 양식에 따라 작성하고 서명해야 하는데 국가별로 세관에서 요구하는 양식이 다르므로 정해진 양식에 따라 발급해야 한다. 영사송장과 다른 점은 영사의 서명을 받을 필요가 없고 양식 뒷면에 있는 원산지란에 수출국의 국명이 기재되어 있어야 한다는 점이다.

[예시 6-7] 상업송품장

COMMERCIAL INVOICE

① Shipper/Export KRBCKTRA1117SEO Gil Dong Trading Co., Ltd. 159 Samsung- Dong, Kangnam-Ku	⑧ No. & date of invoice 9905 BK 1007 MAY 20, 2012
② For account & risk of Messrs. Monarch Products Co., Ltd. 5200 Anthony Wavne Dr. Detroit Micigan 48203 U. S. A.	⑨ No. & date of L/C Mounch Prodicts Co., Ltd. 5200 Anthony Wavne Dr. Detroit Michigan 48203 U. S. A.
③ Notify party SAME AS ABOVE	⑩ L/C issuing bank CITYBANK, NEWYORK
④ Port of loading: Busan KOREA ⑤ Final Destination: DETROIT U. S. A.	⑪ Remarks :
⑥ Carrier ⑦ Sailing on or about	

⑫ Marks and numbers of Pkgs.	⑬ Description of goods	⑭ Quantity/unit	⑮ Unit price	⑯ Amount

⑰ P. O. Box :

Cable address :

Telex code L:

Telephone No. :

⑱ Signed by ________________

[예시 6-8] 세관송장

Attach Additional Sheets Here

SPECIAL CUSTOMS INVOICE

BUREAU OF CUSTOMS

(Original only required for customs purpose)

Ⅰ. THE SECTION TO BE FILLED IN FOR EVERY SHIPMENT

1. How were goods obtained by importer ? By purchase or agreement to purchase ▫ By some mean other than a purchase ▫

DO NOT INCLUDE PURCHASE AND NONPURCHASE GOODS IN SOME INVOICE USE SEPARATE INVOICE FOR EACH

2. Place (city and country) and date obtained by import	3. Name of exporting	4. Date of shipment

Ⅱ. TO BE FILLED IN IF GOODS WERE PURCHASED OR AGREED TO BE PURCHASED	Ⅲ. TO BE FILLED IN IF GOODS WERE NOT PURCHASED
1. Name and address of seller	1. Name and address of person from whom goods were obtained
2. Name and address of purchaser	2. Name and address of consignee
3. Date order accepted	3. Name and address of person for whose account goods are sniped

Ⅳ. THIS SECTION TO BE FILLED IN FOR EVERY SHIPMENT

(1) MARKS AND NUMBERS ON SHIPPING PACKAGES	(2) MANUFACTURE'S OR SELLER'S NUMBERS OR SYMBOLS	(3) QUANTITY AND FULL DESCRIPTION OF GOODS (State contents and importer's numbers or symbols, if any)	(4) INVOICE UNIT PRICE OR VALUE	(5)INVOICE TOTALS AND SHOW SEPARATELY PACKING COSTS: ALL OTHER COSTS CHARGES AND EXPENSES	(6) CURRENT UNIT PRICE FOR HOME CONSUMPTION IN HOME CURRENCY	(7) CURRENT UNIT PRICE FOR EXPORT TO UNITED STATES

(8) Country of origin	(9) If rate of exchange is fixed or agreed, give rate	(10) IF discount is freely offered, give terms, amount, and whether trade or cash

Ⅴ. THIS SECTION TO BE FILLED IN FOR EVERY SHIPMENT

1. IF GOODS WERE PURCHASED, have you stated in section Ⅳ, column 4, the purchase price of each item in the currency in which the goods were bought? ▫ Yes ▫ No

2. IF THE GOODS WERE NOT PURCHASED, have you stated in section Ⅳ. column 4, the price that you would have received or would be willing to receive now if the goods were sold in the ordinary course of trade for exportation to the United States? ▫ Yes ▫ No.

3. What currency was used in this invoice transaction ? . . . .

4. Whether the goods were purchased or obtained by the United States importer in some other manner, have you stated in section Ⅳ, column 6;

(A)(1) The price at which you are now selling the goods or offering them for sale for home consumption, including all applicable taxes? ▫ Yes ▫ No

(2) Is this price freely offered to anyone who wishes to buy the goods for home consumption? ▫ Yes ▫ No.

(B)(1) Have you stated in section Ⅳ, column 7, the price at which you are now selling the goods or offering them for sale for export to the United states and whether this price is FOB, CIF, C&F., or whatever the fact may be? ▫ Yes ▫ No.

(2) Is this price freely offered to anyone who wishes to buy the goods for export to the United States? ▫ Yes ▫ No

5. Have you listed all charges and stated whether each amount has been included in or excluded from the invoice amount. ▫ Yes ▫ No Is the inland freight included in the invoice price or value? ▫ Yes ▫ No. Is the price or value of the goods the same at the factory as at the point of delivery? ▫ Yes ▫ No. If the answer is No, have any sakes been made at an ex-factory price? ▫ Yes ▫ No

6. Are you rebates, drawbacks, bounties, or other grants allowed upon the exportation of the goods? ▫ Yes ▫No. If so, have all been separately itemized? ▫ Yes ▫ No.

7. It such or similar goods are being sold or offered for sale in the home market for home consumption, what taxes are applicable and are they included in the price shown in section Ⅳ, column 6?

Rate . . . . Kind. . . . .

CUSTOMS FORM Jul54 **5515(※ to be continued)**

SECTION V (Continued)

8.(A) Did production of goods invoice costs for "assists"(i. e- dies, models, tooling, printing plates, patterns, drawings, blueprints, artworks, engineering

Work, design and development, financial assistance) *not included* in the invoice prices? □ Yes □ no. If yes, identify nature of assist invoiced .. . . , and complete, Part B.

(B) (1) Assists valued at . . . . were supplied by:

("Unknown", if applicable)

□ Manufacturer □ Importer □ Other (Identify) . .. .

(2) Assist were: □ (a) Supplied without cost. □ (b) Supplied on rental basis.

□ (c) Invoiced separately. If (c), attach copy of invoice.

9. If the price(s) shown in column 6 is (are) higher than those shown in column 7, three is an indication of possible sales at less than fair value within the meaning of the United States Antidumping statutes. If this differential exists, please select one of the follow alternatives:

(A) □ To the best of my knowledge and belief the differential between the column 6 and column 7 prices is the result of condition of sale which would not result in sales at less than fair value within the meaning of the U. S. Antidumping law.

(B) □ There is attached hereto an explanation of the differences between the column 6 and column 7 prices.

NOTE. - In his description the appraiser may nonetheless require submission of the information called for under item 9. (B)

10 PURCHASE DECLARATION		11 NONPURCHASE DECREATION	
I declare that the merchandise described in this invoice is SOLD OR AGREED TO BE SOLD; that all the information contained herein is true and correct; and that there is no other invoice(s) except		I declare that the merchandise described in this invoice is shipped OTHERWISE THAN BY PURCHASE OR AGREEMENT TO PURCHASE; that all the information contained herein is true and correct; and there is no other invoice(s) except	
Explanation of Exceptions		Explanation of Exceptions	
Date	Signature of Seller, Shipper, or Agent of Either	Date	Signature of Shipper or Agent

This form of invoice required generally if rate of duty based upon or regulated by value of goods and purchase Price or value or Value of shipment exceeds $500, Otherwise, use commercial invoice. False statements or willful omission in any invoice or other documents executed and forwarded for United States Customs

entry purposes will subject the goods to seizure and forfeiture or any person involved will be subject to a Penalty equal to the value of the goods. Publicity will be given to all seizures and penalties, including the disclosure of the identity of the offenders involved (19 U. S.C.1592).

Vague or misleading information may result in expensive trouble to importer and delays in customs clearance.

Suppliers of this form may be secured from consular offices of the United States and from The Director, Customs Information Exchange, 201 Varick Street, New York, N. Y., 10014. Privately printed forms must conform in all respects to the official form.

[예시 6-9] 견적송장

HANIL TRADING CO., LTD.

C.P.O BOX 2035 SEOUL, KOREA

TEL : (063) 850-6278 FAX : (063) 850-6234

PROFORMA INVOICE

MESSRS : BOSSI AND C.
VIA d. FIASELLAA, 1, 16121,
GENOA, ITALY

OUR REF : HI-13052021
ISSUED DATE : 23, OCT., 20--

WE ARE PLEASED TO OFFER THE UNDER-MENTIONED ARTICLES AS PER CONDITIONS AND DETAILS DESCRIBED AS FOLLOWS :

MODEL NO.	COMMODITY & DESCRIPTION	UNIT	QTY	U/P	AMOUNT
SPEAKERS	5" DUAL CONE SPEAKER	PAIR	1,010	5.40	5,454.00
CSP 5050	6.5" DUAL CONE/SLIM TYPE	PAIR	1,010	7.20	7,272.00
CSP 5060	4' DUAL CONE SPEAKER	PAIR	1,010	5.10	5,151.00
SSP 6080	6.5" DUAL CONE SPEAKER	PAIR	505	8.45	4,267.25
SP-100	6.5" 2-WAY PEAKER	PAIR	505	12.70	6,413.50
SP-105	6.5 3-WAY SPEAKER	PAIR	505	15.20	7,676.00
SP-110	6×9" 4-WAY SPEAKER P/P CONE	PAIR	505	22.60	11,413.00
SP-115					
	TOTAL 5,50 PAIRS		USD FOB		47,646.75

ORIGIN
PACKING : EXPORT STANDARD PACKING
SHIPMENT : WITHIN 30DAYS NOV. 20--
SHIPMENT PORT : BUSAN, KOREA
INSPECTION : OUR'S TO BE FINAL
DESTINATION : GENOA, ITALY
PAYMENT : L/C AMOUNT USD 18,296.15
: T/T AMOUNT USD 19,350.60
VALIDITY : 30 NOV., 20--
REMARK :
ADVISING BANK : INDUSTRIAL BANK OF KOREA/ HEAD OFFICE
ACCOUNT NO : 100-02-0531-002

LOOKING FORWARD TO YOUR VALUED ORDER FOR THE ABOVE OFFER WE ARE YOUR FAITHFULLY

BOSSI AND C.
VIA d. FIASELLAA, 1, 16121,
GENOA, ITALY

HANIL TRADING CO., LTD.
C.P.O BOX 2035 SEOUL, KOREA
TEL : (063) 850-6278 FAX : (063) 850-6234

3. 기타의 증명서류

가. 포장명세서 및 원산지증명

(1) 포장명세서

포장명세서(packing list)란 포장 안에 들어있는 상품의 명세를 기록한 서류를 말하며, 송품장의 기재내용을 보완하기 위해 수출자가 수입자 앞으로 작성한다. 포장명세서는 선적화물의 포장 단위별 순중량, 총중량, 하인 및 포장의 일련번호 등을 기재함으로써 물품의 운송, 통관, 보관 및 관리에 편의를 제공하기 위해 작성된다. 포장면세서의 기능과 용도는 다음과 같다.

① 수출입 통관절차에서의 심사자료로서 활용되며 양륙지에서 화물의 처리에서 이용된다.

② 검수 또는 검량업자가 실제화물과 대조하는 참조자료로 이용된다.

③ 개별화물의 사고발생에 대한 확인자료로 사용된다.

④ 중량 외에 각각의 용량이 표시되어 있으므로 선박회사가 운송계약을 체결할 때 1차적인 기준자료로 사용된다.

(2) 원산지증명서

(가) 일반 원산지증명서

원산지증명서(certificate of origin)는 수출화물의 생산 또는 제조지역을 증명하는 공문서이다. 원산지증명서는 비특혜원산지증명서와 특혜원산지증명서로 구분할 수 있다.

비특혜원산지증명서란 관세특혜 이외의 목적으로 발행되는 서류로 주로 소비자 보호, 불공정행위(덤핑 등) 방지, 외환관리 그리고 통계작성 등의 목적으로 요구된다. 특혜원산지증명서란 관세특혜를 수혜하기 위해 발행되는 서류로 여기에는 관세특혜가 부여되는 근거에 따라 FTA원산지증명서, GSP원산지증명서, GSTP원산지증명서 등이 있다.

일반적으로 비특혜원산지증명서는 수출국의 상(공)업회의소에서 발행되며, 특혜원산지증명서는 협정의 규정에 따라 상(공)회의소, 세관, 자유무역관리원에서 발급되거나 수출자가 자율적으로 발급한다.

수출입양국간에 상호통상협정이 체결된 경우 수입업자가 일반세율보다 낮은 협정

세율의 적용을 받으려면 해당국가에서 생산 · 제조되었음을 증명하여야 하며, 이를 위하여 원산지증명서를 필요로 한다.

(2) GSP원산지증명서

(가) GSP의 개요

일반특혜관세제도(Generalized System of Preference, GSP)는 개발도상국가의 수출 확대 및 공업화 촉진을 위하여 선진국들이 개도국으로부터 수입하는 농수산품 및 공산품에 대해서 아무런 조건 없이 무관세 또는 저율의 관세를 부과하는 관세상의 특혜대우를 말한다.[8] 이와 같은 GSP혜택을 받기 위해서는 수출상품이 특혜공여국이 요구하는 GSP원산지 기준, 직접 운송요건 등에 해당하는지를 입증하는 서류를 제출해야 한다.

UNCTAD에서는 일반특혜관세 원산지증명서(GSP C/O Form A)라는 양식을 제정하여 사용하도록 하고 있다. 따라서 수혜국의 수출업자는 Form A 양식대로 모든 사항을 기재하고 발급기관의 확인을 받아 운송서류와 함께 수입업자에게 송부하여야 한다.

GSP 수혜국으로부터 수입되는 상품이 제3국을 경유하는 동안 추가적인 가공이나 변형이 이루어지지 않도록 다음과 같은 직접 운송요건을 충족해야 한다.

① 제3국의 영토를 경유함이 없을 것

② 제3국의 영토를 경유하게 되는 경우(환적 등)에는 경유국 세관의 감독하에 있어야 하며, 이때의 운송물품이 제3국의 상업적 목적에 제공되지 아니하고 경유가 지리적 경유나 운송상의 요건으로 정당화되어야 할 것

③ 하역이나 재선적의 경우 상품의 상태를 보존하기 위하여 요구되는 작업 이외의 어떠한 작업도 가하지 말 것.

GSTP(Global System of Trade Preference among Developing Country)는 개발도상국가들간의 특혜무역제도이다. 제2차 세계대전 이후 GATT체제가 선진국 위주로 운영되어와 그 동안 추진되어 온 다자간무역협상이 결과적으로 개도국의 무역증진 효과보다는 선진국간의 국제무역질서를 재편했다는 지각에 따라 개도국간의 실효성 있

---

8) 이 제도는 1968년 뉴델리에서 개최된 제2차 UNCTAD총회에서 개발도상국들을 위해 "일반적이고도 비상호주의적 무차별 특혜제도를 조기 실시한다"는 결의가 있은 후 1971년부터 실시되었다.

는 무역체제의 확립을 모색하기 시작하였다.

이에 따라 1988년 베오그라드에서 개최된 각료회의에서 48개 개도국이 개도국간 경제협력 및 향후 GSTP 확대방안을 천명한 베오그라드선언을 채택함으로써 GSTP 협정이 출범하였다. 이 협정은 1989년 정식 발효되었으며 우리나라도 비준서를 기탁함으로써 1989년 6월 11일자로 우리나라에 대하여 GSTP가 발효되었다.

(나) 북한산 물품의 원산지증명

북한과의 교역은 내국간의 거래로 간주되어 비과세처리하고 있다. 북한으로부터 반입된 물품이 관세 비과세 처리되기 위해서는 남북교역대상물품으로 반입승인을 득해야 하며, 원산지가 북한이어야 한다. 원산지 확인 방법으로는 ① 북한에서 발행된 원산지증명서, ② 상품에 표시된 원산지표시, ③ 선하증권 등 운송서류 등을 종합적으로 고려하여 판단한다.

나. 기타의 증명서

(1) 검사증명서

검사증명서(certificate of inspection)란 수출화물이 수출국 또는 수입국의 법규 등에 적합한지를 증명하고, 또는 선적품이 계약으로 정해진 품질이나 규격에 일치하는 것인지의 여부를 증명하는 서류이다. 검사의 공정성을 기하기 위해 검사인(inspector)을 수입자가 지정하거나 전문검사기관으로 하는 경우가 많다. 특히 선적전검사(Pre-Shipment Inspection, PSI)란 수입국의 필요에 따라 자국에 수입되는 물품에 대한 품질, 수량 및 거래가격의 적정성 여부 등을 전문회사에 의뢰하여 수출선적 전에 수출국 현지에서 검사하게 하고 그 결과에 따라 수dlq국 도착후에 통관처분하거나 일정한 관세를 부과하는 제도를 말한다. 자주 이용되는 국제적인 검사기관으로는 SGS(Societe General Surveillance), BV(Bureau Veritas), Dekra, TUV(Technischer Uberwachungsverein Verine), Intertek, DNV(Det Norske Veritas), Applus, GESCO (The Greate Eastern Shipping Co., Ltd.) 등이 있다.

(2) 품질증명서

품질증명서(certificate of quality)란 농수산물 등의 수출시 발급되는 것으로 농수산물은 같은 종류라도 그 규격이나 무게, 즉 품질이 각각 다르므로 이들을 등급을 정하

여 거래할 경우 그 계통의 공인검사관(official grader)에 의하여 판정되고, 판정결과에 따라 품질증명서가 발급된다. 그리고 광산물이나 의약품 등에는 분석증명서(certificate of analysis)가 사용된다.

(3) 중량(용적)증명서

중량(용량)증명서(certificate of weight and measurement)란 수출화물을 선적하기에 앞서 공인검량인(public weighter)에 의해 발급되는 서류이다. 상업송장에는 화물의 수량이 기재되지만 화물의 중량이나 용적은 지면 관계상 생략되는 경우가 있으며, 기재되어도 총괄적인 기재에 그친다. 따라서 수출화물의 각 단위별 총중량, 총용적, 순중량의 명세에 관한 증명이 필요하기 때문에 이에 이용되는 서류가 중량(용적)증명서이다. 본 증명서는 상업송장의 보조서류로서 이용되고 있으며 운송화물에 대한 해상운임(freight) 등을 산출하는 기초가 되기 때문에 정확히 작성되어야 한다.

(4) 위생증명서

위생증명서(certificate of health)는 식료품, 화장품, 육류, 약품 등을 수출하는 경우에 수입국에서 지정한 기준에 합치된다는 것과 무균, 무해임을 증명하는 서류이다.

(5) 검역증명서

위생증명서의 일종으로 특히 식물이나 동물 또는 동물의 부산물 등을 수출하는 경우 전염병 등 세균의 침입을 예방하기 위하여 수출국에서 소독 등 방역・검역을 실시하고 발급하여 주는 서류를 검역증명서(quarantine certificate)라고 한다.

(6) 대변표와 치변표

차변표(debit note)는 전표의 발행자가 그 상대방에 대하여 선표에 기재된 금액을 청구할 권리가 있음을 표시한 전표이다. 예를 들어 매수인이 부담해야 할 영사송장의 사증료를 매도인이 부담할 경우에는 수출업자가 매수인 앞으로 차변표를 발행한다.

한편 대변표(credit note)는 차변표와는 반대로 전표의 발행자가 그 상대방에 대하여 지급계정에 있는 경우에 그 내용과 금액을 상대방에게 통지하는 전표이다. 수출업자가 매수인에게 지불해야 하는 대리점 수수료를 이 대변표에 기재하여 통지하기도 하고 혹은 매수인이 수입지에서 수출업자를 위해 대신 지불한 비용을 수출업자가 나

중에 지급하기로 약속한 경우 등에 발행한다.

(7) VISA

수출물품에는 수출국과 수입국 사이의 쿼터협정에 의하여 쿼터를 확보하고 있는 자만이 수출할 수 있는 품목(쿼터품목)이 있다. VISA 서류는 쿼터품목을 수출하는 경우 수출자가 쿼터를 보유하고 있다는 사실을 입증하기 위해 관련 협회가 발급하는 서류이다.

[예시 6-10] 포장명세서

PACKING LIST

<table>
<tr><td colspan="2">① Shipper/Export</td><td colspan="3">⑧ No. & date of invoice</td></tr>
<tr><td colspan="2">② For account & risk of Messrs.</td><td colspan="3">⑨ No. & date of L/C</td></tr>
<tr><td colspan="2" rowspan="2">③ Notify parry</td><td colspan="3">⑩ L/C issuing bank</td></tr>
<tr><td colspan="3" rowspan="3">⑪ Remarks :</td></tr>
<tr><td>④ Port of loading</td><td>⑤ Final
Destination</td></tr>
<tr><td>⑥ Carrier</td><td>⑥ Sailing on or about</td></tr>
</table>

⑫ Marks and numbers of Pkgs.	⑬ Description of goods	⑭ Quantity/unit	⑮ Unit price	⑯ Amount

⑰ P. O. Box :

⑱ Signed by ________________

Cable address :

Telex code L:

Telephone No. :

[예시 6-11] 원산지증명(상공회의소)

<table>
<tr><td colspan="2">1. Goods consigned from(Exporter's name, address, country)</td><td colspan="3" rowspan="2">CERTIFICATE OF ORIGIN
(Combined declaration and certificate)
issued by
KOREA CHAMBER OF COMMERCE AND INDUSTRY
Seoul, Republic of Korea</td></tr>
<tr><td colspan="2">2. Goods consigned to(Consignee's name, address, country)</td></tr>
<tr><td colspan="2">3. Notify parties</td><td colspan="3" rowspan="3">8. For official use</td></tr>
<tr><td>4. Port of loading</td><td>5. Port of discharge</td></tr>
<tr><td>6. Carrier</td><td>7. Date of shipment</td></tr>
<tr><td>9. Marks & number of package</td><td colspan="2">10. Numbers and kind of packages; description of goods</td><td>11. Gross weight or other quantity</td><td>12. Number and date of invoice</td></tr>
<tr><td colspan="2">13. Invoice price:</td><td colspan="3">14. No & date of Export License:</td></tr>
<tr><td colspan="2" rowspan="2">15. Declaration by the exporter
The undersigned hereby declares that the above details and statements are correct; that all the goods were produced in the Republic of Korea
Place and Date
Signature:
. . . .
Signature of authorized signatory</td><td colspan="3">16. Certification
We hereby certify that the goods specified above have been duly attested as being of Korean origin.
Signature:
Managing Director
korea Chamber of Commerce and Industry</td></tr>
<tr><td colspan="2">7. Date of issue</td><td>8. Reference Np.</td></tr>
</table>

[예시 6-12] 원산지증명서(GSP)

<table>
<tr><td colspan="3">1. Goods consigned from (Exporter's Business Name, Address Country)</td><td colspan="3" rowspan="2">Reference No.

GENERALIZED SYSTEM OF PREFERENCES
CERTIFICATE OF ORIGIN
(Kombined declaration and certifidate)
FORM A
Issued in . .REPUBLIC OF KOREA . . . .
(country)
See Notes overleap</td></tr>
<tr><td colspan="3">2. Goods consigned to(Consignee's Name, Address, Country)</td></tr>
<tr><td colspan="3">3. Means of transport and route (as far as Known)</td><td colspan="3">4. For official use</td></tr>
<tr><td>5. Item number</td><td>6. Marks and Number of Packages</td><td>7. Number and kind of packages; description of goods

SPECIMEN</td><td>8. Origin criterion (see Notes overleap)</td><td>9. Gross weight or other quantity</td><td>10. Number and date of invoices</td></tr>
<tr><td colspan="3">11. Certification
It is hereby certified, on the basis of control carried out, that the declaration by the exporter is correct.

. . . .
Place and date, signature and stamp of certifying authority</td><td colspan="3">12. Declaration by the exporter
The undersigned hereby declares that the above details and statements are correct; that all the goods were produce in . . . . . REPUBLIC OF KOREA. . . . .
(country)
and that they comply with the origin requirements specified for those goods in the Generalized System of Preferences for goods exported to
. . . .
(importing country)
. . . .
Place and date, signature of authorized signatory</td></tr>
</table>

[예시 6-13] 북한원산지증명서

조선대외상품검사위원회

KOREA FOREIGN COMMODITY INSPECTION COMMITTEE

Sungri Street, Central District, Pyongyang, DPR of Korea

검 사 증 No. : 1-130

INSPECTION CERTIFICATE Date. : 20 th Mar. 2002

판매자 Seller: Korea Forestry Trading Corporation

구매자 Buyer: Sapful Co.,Ltd.

품명 Commodity: Pine Needle Oil for Food

수량 Quantity: 22drums

무게 Weight: 3,960kgs

포장/표식 Packing/Marking: drums

차호/배이름 Waggon No./Vessel Name:

검사결과 Inspection result

PASSED

KCIC

대외상품검사소
Foreign Commodity Inspection Office

검사원
Inspector

[예시 6-14] 검사증명서

PACIFIC BUYING AND MARKETING SERVICE LTD.

22nd Floor, Kukje Center, 191 Hankang-Ro 2-ka,
Yongsan-ku, Seoul 140. Korea Tel : 797-8721
Tlx : PBMSKBS K 23136/k25975
Fax : 798-0532 Mail Yongsan P.O. Box 68

INSPECTION CERTIFICATE

DATE NOV. 20, 2012

Account	:	JUNIOR PORTRAIT LTD.
Vendor	:	DONG SIN ENTERPRISE CO., LTD
Order	:	2056
Item	:	LADIES P.U. JACKET
Style No	:	6070
Quantity	:	235 PCS
Total F.O.B.	:	US2,867
Ship Date	:	NOV. 30, 2012
Carrier	:	KE 098
B/L No./AWB No.	:	WAC-935 129/180-8449 3242

This is to certify that the merchandise pertaining to the above order has been inspected by Pacific Buying and Marketing Service Ltd. and is approved for shipment. This inspection, however, is primarily a service rendered to both the buyer and the seller and does not relive the seller of his responsibility to fully comply with the terms and conditions of this order. And to certify that all above merchandise is in good order and that sufficient quota available for import and export purposes. This shipment contains a proper and useable size and color assortment.

Pacific Buying and Marketing Service Ltd.

LON G. GARWOOD

(GENERAL MANAGER)

[예시 6-15] 수량/중량증명서

HEAD OFFICE
KAJI BLDG., NO. 5, 1CNOME,
NISHI-HATYOBORI, CNUO-KU,
TOKYO, JAPAN
PHONES, TOKYO, (03)552-0141
CABLE ADDRESS, KAJIKENTEI
CODE : BENYREY'S 2ND USED
BRANCHES :
ALL PRINCIPAL PORTS IN JAPAN

JAPAN MARINE SURVEYORS & SWORN MEASURES' ASSOCIATION
LICENSED BY JAPANESE GOVERNMENT

TOKYO NIPPON KAIJI KENTEI KYOKAI
POUNDED IN 1913

KOBE BRANCH
NO. 22, 3-CNOME.
KAIGAN-DORI, IKATA-KU
KOBE, JAPAN
PHONES, KOBE(078:)331-6001
CABLE ADDRESS: KAIJIKENITEI KOBE

2Ist August, 2012

CERTIFICATE AND LIST OF MEASUREMENT AND/OR WEIGHT

S.O. NO. ______________ *NO.* EA - 779

Shippers : Messrs, Nippon Trading Co., Ltd., Osaka, Japan
Name of Vessel : KUROI MARU *Date of Sailing* : On or about : 27th August, 2012
Ports of Shipment and Discharge : Kobe / Newtork
Date and Place of Measure and/or Weight : 25th August, 2012 / Pier No.24 "A", Kobe

We hereby certify that the measurements and/or weights of the goods were taken by our measurers as follows : The undermentioned goods for exportation were measured and/or weight in accordance with the provision of recognized measuring rules for shipping cargo, solely for the freight purpose of the carrying vessel

Marks	Number	Number of Pakage	Ft.	In.	Ft.	In.	Ft.	In.	Cft. Per P'kg. Ft.	In.	Total Ft.	In.	Weight per Pakage	Total Weight
	1-20	1-20	1	4	2	0	4	9	10	0	200	0	130	2,600 LBS.
	Total package	20							Total Cft.	200			Total Weight	2,600Lbs.

ABC
NEW YORK
CT NO. 1-20 carton box
MADE IN JAPAN

Textile Piece Goods
(Printed Synthetic Fabric)

Grand Total should never be amended. The same which has been tampered with shall be null and void

NIPPON KAIJI KENTEI KYOKAI

KOBE BRANCH

(Signed) Manager

[예시 6-16] 검역증명서

National Fishery Products Inspection Station
National Fisheries Adminstration
Republic of Korea
Busan, Korea

HEALTH CERTIFICATE

Serial No. : ______________________ *Date* : AUG. 25, 2012

Applicant : LUCKY-GOLDSTAR INTERNATIONAL CORP.

Address : #69-6GA JUNGANG-DONG JUNG-KU BUSAN, KOREA

This is hereby to certify that the undermentioned fishery products have been inspected in accordance with the Inspection Law and Regulation of fishery Products :

Commodity : FROZEN CONGER EEL (ANANGO)

Packing : CARTON BOX

Grade : PASSED

Quantity : 1,511 C/T (30,220KGS)

Produced District : BUSAN, KOREA

Date of Inspection : JUL. 30, 2012

Contents of Certificate : THERE IS NO PROBLEM IN SANITATION ON PROCESS.

. . . . BLANK. . . . .

SIGNATURE : ______________

KISUNG YANG

CHEF OF BUSAN BRANCH

Chapter 7

대금결제

Chapter 7

대금결제

제 1 절 외국환 기초

1. 외국환의 이해

가. 외국환의 의의

(1) 외국환의 개념

환(exchange)이란 공간적으로 떨어져 있는 당사자들의 채권과 채무관계를 청산함에 있어 현금을 보내는 비용과 위험 또는 불편을 피할 목적으로 신용이 있는 금융기관을 중개자로 하는 자금 이동수단을 말한다. 국내 당사자 간의 거래에 사용되는 환을 내국환(domestic exchange)이라하며, 서로 다른 국가에 있는 당사자들 사이에 거래되는 환을 외국환(foreign exchange, FX)[1] 또는 외환이라고 한다.

내국환과 외국환은 그 거래의 형태에 있어 본질적인 차이는 없으나, 외국환거래는 다음과 같은 몇 가지 특징이 있다.

첫째, 내국환은 중앙은행인 한국은행을 통해 각 지역 간의 결제차액, 즉 현금의 과부족이 최종적으로 결제되지만 외국환은 국제금융시장 또는 외환시장이 그 역할을 대신하므로 최종결제의 형태가 복잡하다.

1) 외환거래법에 의하면 외국환은 대외지급수단, 외화증권 및 외화채권으로 규정하고 있다 ① 대외지급수단이란 외국통화, 외국통화로 표시된 지급 수단, 그리고 표시통화에 관계없이 외국에서 사용할 수 있는 지급수단. ② 외화증권이란 외국 통화로 표시되거나 또는 외국에서 지급받을 수 있는 증권 ③ 외화채권은 외국통화로 표시되거나 외국에서 지급받을 수 있는 채권으로 정의하고 있다.

둘째, 외환거래에는 환율(exchange rate)의 개념이 개입되어 계약 시점과 결제 시점의 차이에 따른 환위험(exchange risk)의 문제가 발생한다.

셋째, 외환거래는 국가에 따라 다른 법규와 상관습이 적용되므로 환거래 과정이 복잡하여 분쟁의 여지가 많으며, 채무 불이행의 위험도 높다.

넷째, 외환거래는 국민 경제 전체에 영향을 미친다. 따라서 국가마다 국제 수지의 균형과 환율의 안정을 위해 외환을 관리[2]하고 있기 때문에 정부의 외환 정책에 영향을 받게 되어 자금이동이 상대적으로 자유롭지 못하다.

외국환은행은 외국환거래를 취급하는 은행을 말하며, 외환은행이 외국환 거래를 하기 위해서는 외국에 있는 다른 은행의 서비스를 받지 않으면 안 된다. 이를 위해 외국에 있는 은행과 거래통화의 종류, 대상점포, 취급업무의 종류, 대금결제방법, 제수수료 등 외환 거래조건에 관한 환거래계약(correspondent arrangement)을 체결하고 서로의 서명부, 전신암호키(test key) 등을 교환하게 된다. 환거래계약을 체결한 두 은행의 관계를 환거래 거래관계라고 하며, 환거래계약관계에 있는 상대 은행을 코레스은행(correspondent bank)이라고 부른다.

코레스은행은 자행 명의의 예치금 계정 설치여부에 따라 예치환은행과 무예치환은행으로 나누어진다. 예치환은행(depository correspondent bank)이란 외국의 코레스은행에 자행 명의의 당좌계정(current a/c)을 개설하여 자금의 지급이나 수취 서비스를 제공하는 은행을 말하며, 무예치환은행(non-depository correspondent bank)이란 당좌계정이 없이 자금수수 이외의 단순한 서비스만을 제공하는 은행을 말한다.

대부분의 경우 외환은행은 코레스은행에 당좌계정을 개설하여 외화자금을 예치하여 운용하고 있는데 이를 당방계정(nostro account, our account)[3]이라고 한다. 즉 해외의 코레스은행에 개설되어 당방의 지시에 따라 입출금이 행해지는 외화표시타점계정(외화타점예치금계정)을 말한다. 반면에 자행에 개설되어 있는 해외 환거래은행의 당좌예치금계정을 선방계정 또는 타방계정(vostro a/c, your account)이라고 한다.

한편, 당방계정은 실제계정이 아니라 해외은행에 개설되어 있는 자행의 실제계정인 본 계정(actual account) 또는 자행에 개설되어 있는 상대 은행의 실제계정인 Vostro account에 대응되는 계정이므로 투영계정 또는 그림자계정(shadow account)이

2) 외환 관리는 국내 자본의 해외 도피나 환투기의 금지, 대외 지급의 전면 중지 및 허가제 도입 그리고 국민이 보유한 외환을 외국환 은행에 강제로 매도하게 하는 외환 집중제의 실시 등의 방법으로 시행되며, 국가의 외환 보유고를 조절하는 행위를 통해서 외환 시장의 환율에 영향을 미치기도 한다.

3) nostro란 이태리어의 ours, vostro는 yours란 말에 해당한다.

라고도 한다.

자행의 당방계정은 해외 환거래은행의 선방계정이며, 자행의 선방계정은 해외 환거래은행의 당방계정이므로 서로 대응관계에 있다, 그러므로 이론상으로 양계정의 잔액은 항상 일치해야한다. 그러나 우편일수의 게재나 업무착오 등에 따른 시차로 인하여 양계정의 잔액은 일치하지 않게 된다. 따라서 거래가 발생하는 일자를 추정하여 동일한 일자로 Nostro(shadow) account 계정에 계상함으로써 환거래은행에 개설되어 있는 당해은행의 실제예치금계정(actual account)의 자금 입출금 상황을 개략적으로 파악하게 되며, 일정기간마다 외환대사(外換對査, reconcilement)[4]를 통해 투영계정과 실제계정 사이의 차이를 규명한다.

국가간 외환결제는 대부분 현금이나 수표의 이동이 없이 국제은행간통신기관인 SWIFT을 이용하여 전신이체(wire transfer) 등의 전신문을 교환하는 방법으로 수행되는 것이 보통이다. 거래형태로는 vostro a/c to vostro a/c, vostro a/c to nostro a/c 및 nostro a/c to nostro a/c가 있다.[5]

한편, 로로계정(loro account)이란 두 은행간의 거래에 제3의 은행이 개입될 경우, 두 은행 중의 한 은행이 제3의 은행에 개설되어 있는 거래상대방 은행의 계정을 가리킬 때 사용하는 말이다. 예컨대 A은행과 B은행이 모두 C은행에 당좌계정을 갖고 있을 경우, A은행은 C은행에 Nostro account에서 일정금액을 B은행의 Loro account로 이체하라고 지시할 수 있다.

(2) 외환의 분류

(가) 순환과 역환

외국환에 의한 결제방법은 크게 두 가지로 구분할 수 있다. 하나는 송금(remittance)에 의한 방법이고, 다른 하나는 추심(collection)에 의한 방법이다. 전자를 순환 또는 송금환이라 하며, 후자를 역환 또는 추심환이라고 한다. 송금환(remittance)은 채무자가 은행에 의뢰하여 자금을 보내주는 방법으로 보통환 또는 순환이라고도 한다. 추심환(collection)은 송금환과는 반대로 채권자가 외국환은행에 의뢰하여 채무자로부터

---

4) 본 계정과 투영계정은 차기지시나 대금영수에 우편기일이 게재될 뿐만 아니라 업무상의 착오로 양 계정의 잔액이 일치하지 않는 경우가 대부분이다. 따라서 양 은행의 기표의 정확성과 그 차이의 원인을 규정하기 위해 외환대사를 실시한다. 외환대사란 외국환은행이 기표한 외화타점예치계정이 상대예치환거래은행의 당좌예금계정에 정확히 입·출금되었는가를 확인하는 것을 말한다.

5) Loro란 "their"에 해당하는 이태리어이다.

자금을 청구하여 추심하는 방법으로 역환(逆換)이라고도 하는데 수출대금을 수입업자에게 청구할 때 많이 사용한다.

① **순환**(順換; remittance by draft)

순환(송금환)이란 채무자가 은행에게 자신을 대신하여 외국의 채권자에게 지급하도록 위탁하는 방식을 말한다. 채무자가 자신의 자금을 은행에 납부하고 은행으로부터 환(수표 등)을 교부받아 채권자에게 송부하는 형태의 거래를 순환거래라고 하는데 주로 운수·보험 등의 무역외거래(貿易外去來)의 대금결제 또는 이전수지(移轉收支) 관계의 송금 등에 자주 이용된다.

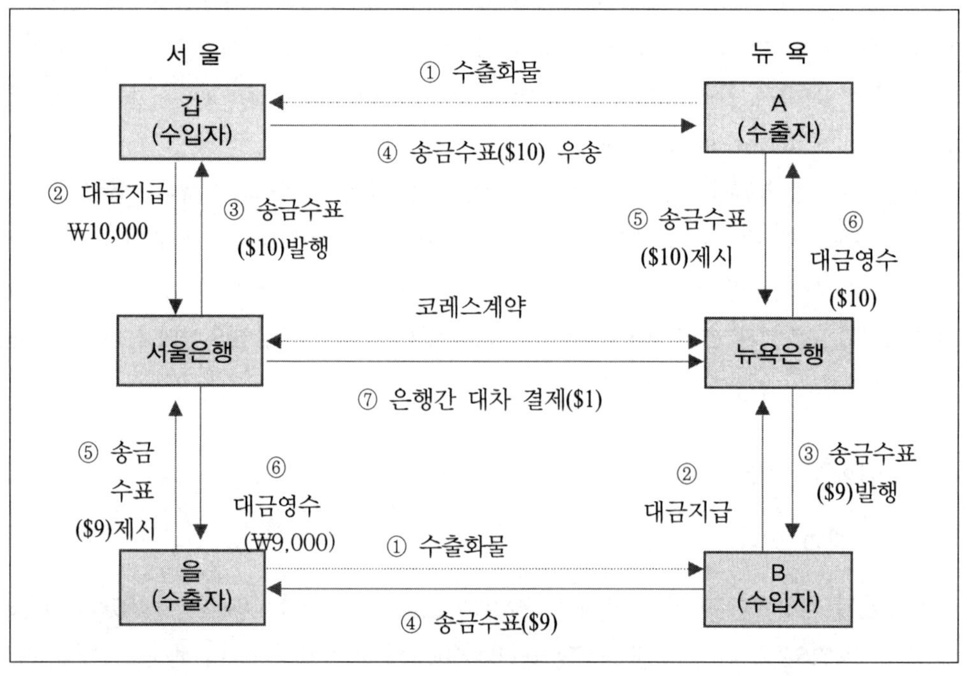

[그림 7-1] 순환의 대금결제 흐름도

② **역환**(逆換; negotiation by draft)

역환(추심환)이란 채권자가 은행에게 자신을 대신하여 외국의 채무자에게 채권을 지급받도록 자신의 채권을 양도 또는 위탁하는 방식을 말한다. 국제무역에서는 주로 이 방식으로 결제가 수행되고 있다.

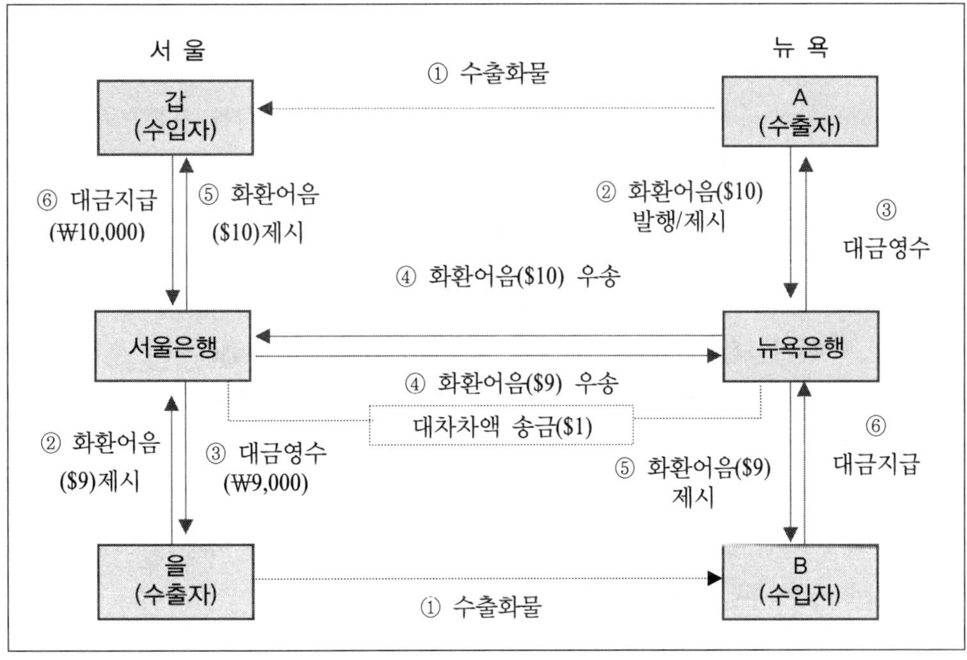

[그림 7-2] 역환의 대금결제 흐름도

(나) 발행 기관에 따른 분류

외환거래의 시발점이 되는 은행을 당발은행(outward bank) 또는 당방은행(our bank)이라고 하며, 외국환 거래가 끝나는 은행을 타발은행(inward bank) 또는 타방은행(your bank)이라고 한다.

당발환(outward exchange)은 채무자의 위탁에 따라 자금을 보내거나, 채권자의 위탁에 따라 지급받기 위해 외국에 있는 당방은행이 다른 은행에게 발행하는 외환을 말하며 지급의 위탁방식에 따라 당발송금환(outward remittance)과 당발추심환(outward collection)으로 구분된다. 타발환(inward exchange)은 외국의 은행이 국내에 있는 채권자에게 자금을 보내거나 채무자에게 지급을 받기 위해 당방은행에 보내온 외환을 말하며, 지급의 위탁방식에 따라 타발송금환(inward remittance)과 타발추심환(outward collection)으로 구분된다.

(다) 외환은행의 업무 방향에 따른 분류

외국환은행의 입장에서 고객에게 매각하는 외국환을 매도환(selling exchange)이라 하며, 수입어음의 결제가 대표적인 예이다. 반대로 외국환은행이 고객으로부터 매입하는 외국환을 매입환(buying exchange)이라 하며, 선적서류의 매입, 차관도입, 송금의 지급 등이 대표적인 예이다. 매도환과 매입환의 개념은 외국환은행을 중심으로 본 개념이다. 따라서 은행의 입장에서의 매도는 수요자의 입장에서는 매입이 되는 것이며, 이러한 매도와 매입거래는 동시에 발생하게 된다.

(라) 지시 내용의 전달 방법에 따른 분류

예치환거래은행에 자행의 예금을 인출(debit)하도록 지급지시서(payment order)[6]를 우편으로 보내 지급을 지시하는 외국환을 보통환(ordinary exchange) 또는 우편환(mail transfer, M/T)이 라고 하며, 지급지시를 전신으로 하는 방법을 전신환(telegraphic transfer, T/T)이라고 한다.

그리고 동일한 환어음을 수출자 측에서는 수출환이라고 하고 수입자의 측에서는 수입환이라고 한다. 또한 금액이 자국화로 표시되어 있는 것을 자국환, 외화로 표시되어 있는 것을 외국환이라고 한다.

제 2 절 수출입대금의 결제

1. 환어음의 이해

가. 환어음의 의의

(1) 환어음의 정의

어음(bill, draft)이란 발행자가 일정한 장소에서 일정한 금액을 지급을 약속하거나 또는 제3자에게 그 지급을 위탁하는 유가증권을 말한다. 이중에서 어음발행인 자신이 지급을 약속하는 증권을 약속어음(promissory note)이라고 하며, 제3자에게 지급을 위탁하는 증권을 환어음이라고 한다.

무역대차를 결제하는 방법으로 환어음, 전신환, 우편환 및 수표 등이 많이 이용된

6) 지급지시서(payment order)란 송금인의 거래은행이 해외의 은행에게 특정금액을 특징시기에 특정인에게 지급하여 줄 것을 지시하는 문서를 말한다.

다. 이중 환어음(draft, bill of exchange)은 무역거래에 사용되는 어음으로 채권자인 어음발행인이 채무자인 지급인에 대하여 그 어음 면에 기재된 채권금액을 환어음의 수취인, 지명인 또는 소지인에게 일정한 시일 및 장소에서 무조건적으로 지급할 것을 위탁하는 지급지시서로 요식유가증권(formal instrument)이며 유통증권(negotiable instrument)이다.

환어음 거래의 주요 당사자로는 발행인, 수취인, 지급인, 인수인 배서인 및 피배서인 등이 있다. 발행인(drawer)이란 환어음을 발행하는 자를 말한다. 발행인은 지급인의 지급을 담보할 책임을 지며, 어음이 부도가 나면 수취인이나 소지인에 대하여 어음금액을 지급할 의무를 진다. 수취인(payee)은 일정금액을 지급 받도록 환어음상에 지정되어 있는 자를 말하며, 어음발행인 또는 그가 지정하는 제3자(예컨대 환어음 매입은행 등의 지정은행) 또는 환어음의 소지인이 될 수도 있다. 소지인(holder)이란 환어음을 점유하고 있는 자를 말하며, 특히 문면상 완전하고 정상적인 거래를 통해 환어음을 소지하고 있는 소지인을 "선의의 소지인(bona fide holder)"이라고 한다. 배서인(endorser)이란 환어음의 권리를 양도하기 위해 배서하는 자를 말한다. 수취인(지정은행)이 배서에 의하여 어음채권을 양도할 때는 지정은행이 배서인이 되며, 배서에 의해 어음을 양도받은 자를 피배서인(endorsee)이라고 한다. 인수인(acceptor)이란 기한부 환어음의 금액을 만기일에 지급하겠다는 의사표시를 한 자를 말한다.

(2) 환어음의 종류

(가) 첨부서류에 따른 분류

화환어음(documentary bill of exchange)이란 선적서류를 담보로 하여 수입상(추심거래) 또는 발행은행(신용장거래) 앞으로 발행한 환어음을 말한다. 선적서류(shipping documents)란 운송증권(선화증권, 화물상환증[7], 창고증권[8] 등) 등과 같이 선적한 수출물품을 증권화한 서류에 부대서류(송품장 등)를 추가한 서류를 통틀어 일컫는 말이다. 일반적으로 수출자는 화환어음을 매매의 형태로 외국환은행에 양도하고 그 대금을 수취하는 것이 보통이다. 화환어음은 선적서류를 담보로 한다는 점에서 담보어음

7) 화물상환증(carriage note)는 육상운송에서 운송인이 운송물의 수령을 증명하고 증권소지인에게 운송물을 반환할 것을 약정하는 증권을 말한다. 예컨대 복합운송중개인이 발행한 FIATA FCT 등이 이에 해당한다.

8) 창고증권(warehouse certificate)이란 창고업자가 화물기탁자에게 보관, 인수의 증거로 발행하는 증서이며, 그 소지인에게 상환으로 임차물을 인도할 것을 표시한 유가증권이다.

이라고도 한다.

무담보어음(clean bill)이란 물품의 거래가 아닌 보증신용장 거래나 수수료, 보험료 및 운임 등의 지급과 같이 운송증권의 발행이 원천적으로 불가능하여 선적서류가 첨부되지 않는 환어음을 말하며, 무화환어음이라고도 한다. 화환무담보어음(documentary clean bill)이란 물품을 거래대상으로 하나 BWT거래와 같이 선적서류를 필요로 하지 않거나 선적서류가 매수인에게 직송됨에 따라 선적서류가 첨부되지 않은 환어음을 말하며, 무담보어음과 구분된다.

(나) 환어음의 분류

① 지급기일(만기일)에 따른 분류

일람출급어음(sight bill)[9]이란 어음이 제시되는 즉시 지급되는 조건의 어음을 말하며 요구불어음(demand bill)이라고도 한다. 환어음상에 기한부의 표시가 없으며 어음면의 "at"과 "sight" 사이에 "××××"를 삽입하여 "at ×××× sight" 와 같이 표시된다.

기한부어음(usance bill, time bill, term bill)이란 발행 또는 제시된 후 일정기간이 후에 지급되는 어음을 말한다. 기한부어음은 일람후정기출급어음과 일부후정기출급 및 확정일출급환어음어음으로 구별할 수 있다.

일람후정기출급(after sight bill)어음이란 환어음이 수입자에게 제시되고 난 후 일정기간 후, 즉 30일이나 60일 후에 지급되는 것으로 "30 days after sight (30d/s)", "60 days after sight (60d/s)"와 같이 표시된다.

일부후정기출급어음(after date bill)이란 환어음이 발행된 날로부터 일정기일이 경과 후에 지급되는 어음을 말한다. "30 days after date[10] (30d/d)", "60 days after date (60d/d)"로 표시된다.

확정일자후정기출급어음(after fixed date bill)이란 선하증권 발행일자 등과 같이 확정된 날로부터 일정기일 경과 후에 지급되는 것을 말한다. "at 30days after B/L date", "60days after 10 August 20××" 등과 같이 표시된다.

확정일출급어음(fixed date bill)이란 환어음상에 확정적으로 기재된 날에 지급되는 것을 말한다. "On 13, July 20××"과 같이 표시된다.

9) 일람(一覽)이란 "한 번 본다." 는 즉 "sight"의 의미이다. 따라서 일람출급이란 환어음이 제시되면 (즉 제시된 어음을 보면) 즉시 대금을 지급한다는 뜻이다.

10) 여기에서 "date"는 어음 발행일을 말한다.

② 지급인에 따른 분류

은행어음(bank bill)이란 은행이 은행 앞으로 발행하는 어음으로 발행인, 인수인[11] 또는 지급인이 모두 은행으로 되어 있어 가장 신용도가 높은 어음이다. 은행인수어음은 수출자가 발행하고 은행이 지급하는 어음으로 은행이 어음상의 지급업무를 부담한 것이므로 은행어음과 마찬가지로 신용도가 높다. 개인어음(private bill)은 수출상이 발행하고 수입상이 지급하는 어음으로, 수출상과 수입상이 본·지점간인 경우에 많이 사용되며 House bill이라고도 한다.

③ 수취인에 따른 분류

기명식환어음이란 환어음상에 "Pay to ABC Bank"과 같이 수취인이 명시되어 발행된 어음을 말한다. 지시식환어음이란 환어음상의 수취인이 "Pat to the order of ABC Bank" 또는 "Pay to ABC Bank or order"와 같이 기재되어 발행된 어음을 말한다. 지시식환어음은 기명된 자의 지시에 따라 환어음의 수취인이 결정되며, 또한 배서나 인도에 의해 양도될 수 있는 유통 가능한 것으로 신용장거래는 대부분 이에 해당한다.

소지식어음(지참인식어음)이란 환어음의 수취인이 "Pay to bearer"와 같이 명시되어 발행된 것으로서 이를 소지한 자가 환어음의 수취인이 된다. 이 어음의 소지인은 단순한 인도만으로 이를 양도할 수 있다.

선택소지인식어음(기명소지인식, 선택무기명식 어음)이란 환어음상의 수취인이 "Pay to ABC Bank or bearer"와 같이 명시된 것을 말한다.

④ 상환청구가능어음과 상환청구불능어음

상환청구가능어음(with recourse bill)이란 환어음에 대한 지급거절이 있을 경우 환어음을 매입한 선의의 수지인(bona fide holder)이 어음발행인에게 어음대금의 상환을 청구할 수 있는 어음을 말한다. 상환청구불능어음(without recourse bill)이란 상환청구를 할 수 없는 어음을 말한다. 우리나라의 환어음법은 모든 환어음은 상환청구가 가능하도록 규정하고 있어 외국에서 상환청구불능어음으로 발행된 것이더라도 우리나라에서는 상환청구가 가능하다.

11) 인수(accept)란 환어음의 지급인이 어음금액의 지급의무를 진다는 뜻을 어음에 기재하고 서명하는 행위를 말함

나. 환어음의 기재사항

환어음은 요식증권이므로 필수 기재사항은 한 가지라도 그 기재가 누락되면 환어음으로서의 법적효력이나 구속력을 갖지 못하게 되므로 주의하여 작성하여야 한다.

(1) 필수기재사항

환어음은 요식증권인 동시에 유통증권이므로 반드시 기재사항과 발행방식에 있어 법률이 정하는 요건을 갖추어야 한다. 우리나라 어음법 제1조(어음요건)에서는 다음의 여덟 가지 법정기재사항을 규정하고 있는데, 어느 하나만 잘못되어도 환어음으로서의 법적 효력이나 구속력을 갖지 못하므로 주의해야 한다.[12)]

(가) 환어음의 표시 : ②

증권의 본문 중에 환어음임을 표시하는 문언이 어음본문에서 사용하고 있는 문자로 기재되어야 한다. 다시 말해 예시 ②의 Bill of Exchange라는 표제만으로는 부족하며, 본문 중에 환어음이라는 문언이 사용되어져야 한다. 환어음상의 ⑦에 'the first bill of exchange', 'the second bill of exchange' 라고 표시된다. 환어음이 복본어음(set bill)이 아니라 단본어음(sole bill)으로 발행될 때에는 'the sola bill of exchange[13)]'와 같은 표현이 사용된다.

(나) 무조건 위탁문언(委託文言) : ⑧

조건 없이 일정한 금액을 지급할 것을 위탁한다는 뜻의 문언을 말하며 "pay to … (or order) the sum of …"가 이에 해당한다. "pay to" 다음에는 수취인, "the sum of" 다음에는 지급통화와 금액을 기재한다. 여기에 무슨 조건을 붙이거나 지급자금이나 지급방법을 한정시키는 문언이 부기 되지 않아야 무조건 지급지시가 될 수 있다. 즉, 단순히 pay to라고만 표기하지 않고 "please pay to … the sum of …"와 같이 'please'를 삽입한다든지 또는 "(please) pay to … the sum of … on arrival of s.s … (선박의 도착과 동시에)"나 "(please) pay to … the sum of … after clearance(통관 후)" 등과 같은 조건을 붙여서는 안 된다는 것이다.

---

12) 이하에서 표제 옆에 부기된 원번호 표시는 예시된 환어음상에 표기된 번호를 나타낸 것이므로 참조하기 바란다.

13) 조(組; set)로 구성된 어음(set bill)이 아닌 단독환어음을 말한다.

(다) 어음금액의 표시 : ⑤ 및 ⑨

환어음상의 어음금액은 아라비아 숫자(⑤)와 문자숫자(⑨)를 병기하는 것이 보통이다. 이때 양 숫자는 반드시 일치하여야 하며, 신용장에 명시된 통화로 표시하여야 한다. 또한 원칙적으로 환어음의 금액은 상업송장의 금액과 일치해야 한다. 그런데 UCP에 따라 초과선적을 하였더라도 어음은 신용장 금액까지만 발행해야 하므로 상업송장의 금액과 환어음 금액이 달라지는 경우도 발생하게 된다.[14]

어음에는 확정금액과 결제통화가 표시되어야 한다. ⑨와 같이 "the sum of" 뒤에는 특정 금액(예컨대, US$10,000)을 표시하는 것만으로 충분하다. 따라서 "US＄10,000 or US＄20,000"과 같이 선택적인 문언으로 표시된다든지 "만기일의 환율에 의하여 US＄10,000에 해당하는 방화(邦貨)"와 같이 불확정적인 금액을 표시된 어음은 무효가 된다.

(라) 지급인(支給人)의 표시 : ⑮

환어음의 지급인(drawee)은 어음의 좌측 하단의 "to" 이하에 기재된다. 지급인은 개인이든지 법인이든지 관계가 없으며 법인은 대표자명 없이 회사 명칭만 기재하면 된다. 지급지가 동일할 경우 중첩적으로 둘 이상의 지급인이 기재되어도 유효하지만 선택적 또는 순차적 기재되면 무효가 된다. 중첩적으로 기재된 지급인들은 각자 독립적인 지급의무를 부담하게 되므로 지급인 모두가 지급거절을 하지 않는 한 지급거절로 인한 소구는 할 수 없다.

지급인은 신용장의 '환어음 사항' 란에 기재되어 있는 "(draft) drawn on" 다음에 명시된 것과 일치해야 한다. 신용장통일규칙에 따르면 환어음은 수익자에 의하여 발행되어야 하며, 신용장에서 지정된 당사자 앞으로 발행되어야 한다.[15] 다만 수입상을 지급인으로 할 수는 없다.[16] 물론 신용장이 발행의뢰인 앞으로 발행되는 환어음을 요구 서류의 하나로 요구할 수도 있지만, 발행의뢰인 앞으로 발행된 환어음을 이용할 수 있도록 발행되어서는 안 된다. 다시 말해 신용장이 첨부 서류의 하나로 발행의뢰인 앞으로 발행된 환어음을 요구할 수는 있지만, 발행의뢰인 앞으로 발행된 환어음은 은행에서는 이용할 수 없다[17].

---

14) ISBP 50-51

15) ISBP 5-532

16) UCP 제9조 a(iv)항 참조.

17) ISBP 54

(마) 지급만기일(滿期日, tenor)의 표시 : ⑥

환어음에서 "at …" 다음에 기재된다. 만기일은 지급되어야할 날을 의미하며 현실적으로 지급이 이루어진 날을 의미하지는 않는다. 왜냐하면 만기일이 법정공휴일 등일 때에는 다음 최조 영업일에 지급하게 되기 때문이다.[18]

환어음의 어음지급기일(tenor)은 신용장조건과 일치하여야 한다. 만약에 환어음이 일람출급 또는 일람 후 정기출급이 아닌 기한부로 발행된다면, 환어음 자체의 자료로부터 만기일을 산정할 수 있어야 한다.

만기일을 결정하기 위해 사용된 from, after는 그 언급된 일자를 제외한 그 다음날부터 기산한다. 만약에 지급만기일을 표현함에 있어 언급된 날이 포함된다면, "at 1 day from 10 May"인 때에는 만기일이 5월 10일이 되어, 대출 당일에 만기일이 되어버린다는 모순에 빠지기 때문이다. 예를 들어 환어음기간이 "at 30 days from B/L date (1 July 20××)"이라면 7월 2일부터 기산하여 만기일은 7얼 31일(당일이 은행휴업일이 아니라면)이 된다.

(바) 지급지(place of payment)의 표시 : ③

어음금액이 지급되어야 하는 지역을 말한다. 따라서 실제로 존재하지 않는 지명이 기재된 어음은 무효가 된다. 신용장에 별도의 명시가 없는 한 지급지는 도시명의 표시만으로도 충분하다. 별도의 지급지 기재가 없더라도 "To" 다음에 표시된 지급인 주소의 지명을 지급지로 보아 어음의 효력을 구제하는 것을 인정하고 있다.

(사) 수취인의 표시 : ⑧

수취인(payee)이란 어음금액을 지급 받을 자를 말한다. 수취인의 표시방법으로는 "pay to ×× bank"과 같이 특정인의 명칭을 기재하는 기명식, "pay to bearer"와 같이 특정인을 명시하지 않고 어음의 소지인을 수취인으로 하는 무기명식(또는 지참인식) 그리고 "pay to ××bank or order"나 "pay to the order of ×× bank"와 같이 특정인, 예컨대 은행의 지시로 수취인이 결정되도록 하는 지시식이 있다.

(아) 발행일과 발행지의 표시 : ④

어음의 발행 일자(date of bill)와 발행 장소(place of issue)를 말하며 도시명의 표시만으로 충분하다. 어음지급기한의 산정 또는 당해 어음의 준거법을 정하는 기초가 된

18) 어음법 제33조 참조.

다. 그러나 이들은 반드시 실제로 발행한 일자나 장소를 의미하는 것이 아니며 단순히 어음면에 기재된 날과 장소로서만 판단된다. 어음은 행위지법(行爲地法)에 따르게 되어 있으므로 어음에 명시된 발행지의 어음법이 적용되는데, 만약에 발행지의 기재가 없을 때에는 발행인의 명칭에 부기된 장소를 발행지로 본다.[19)]

(자) 발행인의 서명날인 : ⑯

발행인(drawer)이란 환어음을 발행하는 자를 말한다. 발행인은 신용장의 수익자가 되며, 양도가 행해진 신용장의 경우에는 제2수익자(양수자)이다. 발행인은 발행된 어음이 지급 거절되면 그 어음 소지자나 배서인에게 보상해 주어야 한다. 발행인의 서명은 거래은행에 비치된 인감필적신고서의 서명날인과 일치해야 하며, 원칙적으로 친필자서(manual signature)이어야 하는데[20)] 외국환의 경우 서명날인 대신에 영문으로 서명하는 것이 보통이다. 법인은 서명자의 대표자격 또는 대리자격 등을 부기하여야 한다.

(2) 임의기재사항

임의기재사항이란 어음자체의 효력에는 영향을 미치지 않으나 필요에 따라 환어음에 기재되고 있는 사항을 말한다. 그러나 임의기재사항이라 할지라도 만약에 신용장에서 기재를 요구하고 있을 때는 필수사항과 마찬가지로 반드시 기재되어야 한다.

(가) 어음 자체에 관한 내용

어음번호 "①"는 특별한 의미는 없지만 후일 참조에 편리하기 위해 기재한다. 신용장에 의하여 발행되는 환어음의 경우에는 좌측 하단에 "Drawn under ×××"표시 뒤에 이 환어음의 발행 근거인 신용장의 번호 "⑫", 발행 은행 및 발행 일자 ⑬"를 기재한다.

(나) 어음발행 통수와 파훼문언(破毁文言) : ⑦

환어음은 동일한 효력을 가진 2통의 환어음을 한 조로하는 조어음(set bill)으로 발행되는 것이 일반적이다. 파훼문언이란 2통이 각각 독립적으로 유통되어 이중지급이 되는 것을 방지하기 위해 어느 1통에 의해 지급되면 다른 1통은 자동으로 무효가 된

19) 어음법 제2조
20) 구미지역에서는 명판에 의한 서명날인에 대해서 결제를 보류한 사례가 있음.

다는 것을 나타내는 문언을 말한다. 원본과 복본에 각각 "THIS FIRST BILL OF EXCHANGE(SECOND OF THE SAME TENOR AND DATE BEING UNPAID" 또는 "THIS SECOND BILL OF EXCHANGE(FIRST OF THE SAME TENOR AND DATE BEING UNPAID"와 같이 표기되며, 어음 앞면에 음영(陰影)의 큰 글씨로 "1", "2"로 표시되는 것이 보통이다.

(다) 배서의 방법

일반적으로 배서(背書, endorsement) 또는 이서(裏書)란 양도를 목적으로 하는 양도배서를 말하며 보통 증권의 뒷면에 기재하기 때문에 배서라는 이름이 붙었으나 법률상으로는 반드시 뒷면에 해야 한다는 규정은 없다. 다만 배서인의 서명만을 하는 때는 뒷면에 해야 한다. 신용장거래에서 배서란 어음의 뒷면에 그 어음의 채권을 양도한다는 뜻을 기재하여 행해지는 권리이전의 어음행위를 말한다. 환어음은 필요한 경우 반드시 배서되어야 한다.[21]

(라) 대가문언 및 수취문언 : ⑩, ⑪

대가문언(代價文言)이란 발행인이 어음을 발행할 때에 이미 어떤 대가를 취득하였으므로, 단지 융통을 위하여 발행된 융통어음(accommodation bill)[22]이 아니라 대가의 취득을 원인으로 하여 발행한 상업어음(trade bill, 진성어음, 실어음)이라는 것을 나타내는 문언으로 "value received"와 같이 표기된다. 대가(代價)란 자기의 재산이나 노무 따위를 남에게 이용하게 하거나 제공하여 그에 대한 보수로서 얻는 재산상의 이익이나 물건의 매도, 대금, 가옥의 임대, 노임 따위로 얻는 이익을 이른다. 매매계약에서 대가는 법률상 가치 있는 약인(consideration)을 말한다.

수취문언(受取文言)이란 대가문언에 이어지는 "charge the same to account of"를 말하며, 차기문언(借記文言)이라고도 한다. 차기문언은 환어음이 지급되어 채권이 발생하였으므로 발행은행은 발행은행에 개설되어 있는 발행의뢰인의 예치계정 차변에 이 금액을 기재하라는 문언이다. 신용장의 "available by your drafts at sight on ××"

---

21) ISBP 51

22) 융통어음이란 현실적 거래가 없이 타인에게 신용을 줄 목적으로 발행, 배서, 인수 등이 행해진 어음을 말한다. 호의어음, 빈어음, 대어음 또는 차어음이라고도 한다. 융통어음은 부도되는 사례가 많기 때문에 신용질서의 건전한 발전을 위해 융통어음의 할인을 금지하고 있다. 그러나 융통어음 발행인(어음채무자)은 제3자가 융통어음임을 알고 취득한 때에도 어음상의 책임을 지도록 되어 있으며, 실제로 단기금융시장을 통한 어음할인은 대부분 융통어음을 매개로 하여 이루지고 있다.

또는 "authorize you to value on ××"에서 'on' 다음에 "은행명"이 기재되면 어음은 은행 앞으로 발행하되, 어음의 "charge the same to account of" 다음에는 "수입상명"이 기재되는데, 이는 환어음의 발행인이 지급인(발행은행)에 대하여 자신이 수령한 환어음 대금을 최종적인 지급인인 개설의뢰인의 계정에 차기하여 징수하라는 지시이다. 그러나 신용장의 'on' 다음에 수입상의 이름이 기재되면 "charge the same to account of" 나음은 공백이 된다.

(마) 신용장 번호, 발행은행 및 일자

환어음이 발행된 근거가 되는 신용장의 종류, 번호, 발행일자 및 발행은행을 기재한다. "Drawn under ××× L/C NO ××× dated ×××"와 같이 표기된다.

(3) 기타 기재사항

(가) 지급무담보 문언

어음은 어음금액이 만기에 지급인에 의하여 지급된다면 그 목적을 달성하고 원만히 종료된다. 그러나 만기에 지급되지 아니하거나 인수가 거절될 때는 어음소지인은 배서인 또는 발행인에게 어음금액 및 비용의 배상을 청구할 수 있다. 이를 소구(遡求) 또는 상환청구(recourse)라고 한다.

미국이나 영국에서는 환어음상에 "without recourse to drawer"라는 지급무담보(without recourse) 문언을 기재하면, 발행인은 그 어음이 지급되지 않았더라도 상환의무를 지지 않도록 하고 있다. 그러나 이러한 문언은 우리나라의 어음법상에서는 하등의 효력이 없으므로 발행인은 언제든지 상환요구를 받을 수 있다. 이와 같은 지급무담보문언은 신용장 본문에서는 "pay to (payee) or order without recourse to me", 환어음 여백에는 "without recourse to drawer" 등으로 표기된다.

(나) 이자문언

확정일 출급 또는 일부 후 정기출급에는 사전에 이자를 계산하여 어음금액을 정하기 때문에 이자 문언이 필요 없으며, 기재하더라도 인정되지 않는다. 그러나 일람출급이나 일람후 정기출급일 때는 이자가 발생하게 되므로 신용장에 이러한 이자에 관한 문언의 기재를 요구하고 있는 경우 반드시 이를 기재하여야 한다. 이처럼 이자문언이 기재된 환어음을 Interest Bill이라고 한다. 이자 문언(interest clause)[23]이 기재되었다 하더라도 이자율이 기재되지 않으면 인정되지 아니하므로 유의해야 한다.

• Payable with interest at ××% per annum from the date hereof until the approximate date of arrival of remittance in London.

(다) D/A 또는 D/P의 표시

어음상의 D/P · D/A 표시는 어음 자체의 효력에는 하등의 영향이 없으나, 이를 기재함으로써 부속서류의 인도조건이 달라지므로 거래당사자에게는 매우 중요한 사항이다. 만약 D/P인지 D/A인지가 명시되어 있지 않으면 D/P로 간주한다. D/A는 기한부어음과 같이 어음상에 기재하면 되고, D/P는 어음상에 D/P라는 문구를 기재하는데 통상 지급만기일을 표시하는 난에 D/P라고 기재한다. D/P 결제조건은 "D/P at sight"와 "D/P at ××× days after sight (usance)"로 구분된다.

D/P usance의 경우에는 어음결제란에 "D/P at 30 days after sight"로 표기되는데, 이때는 추심은행이 수입상에게 30일 후에 서류를 제시하고 동시에 추심대금을 지급받는다.

(라) 환율문언

발행인이 특정 환율로 지급금액을 계산하고자 할 때는 어음에 그 취지를 기재할 수 있다.

• Payable at The Bank of Seoul's selling rate for demand drafts on London.
• Payable at the negotiating bank's selling rate for sight draft on London at the date of maturity.

(마) 수입인지

개별국의 인지법상에 따라 발행어음에 수입인지를 첨부하도록 하고 있는 경우가 있다. 그러나 수입인지는 어음법상의 어음요건은 아니므로 어음의 효력과는 관계가 없다.

(바) 거절증서 작성면제 문언

상환청구권자가 소구(遡求; recourse)를 하기 위해서는 어음상의 권리를 행사하거나 또는 보전하는데 필요한 행위를 하였다는 것과 그 결과, 즉 지급 또는 인수의 거절이 있었음을 증명하는 거절증서를 작성하여야 한다. 그러나 상환의무자인 발행

---

23) 영국에서는 이를 Eastern clause라고도 한다. 특히 인도 및 파키스탄과의 거래에 많이 사용된다.

인 · 배서인 및 보증인은 이러한 의무를 면제할 수 있으며, 면제의 방법은 어음상에 “I waiver protest”라는 문구를 기재하면 된다.

[예시 7-1] 환어음

① No. 123456 ② **BILL OF EXCHANGE** ③ *Seoul, Korea,* ④ *December 20, 20XX*

For ⑤ *US$53,200.-*

AT ⑥*90 DAYS* SIGHT OF ⑦THIS FIRST BILL OF EXCHANGE(SECOND OF THE SAME TENOR AND DATE. BEING UNPAID) ⑧PAY TO *THE COMMERCIAL BANK OF KOREA, LTD.,*OR ORDER THE SUM OF

SAY ⑨ US DOLLARS FIFTY THREE THOUSAND TWO HUNDRED ONLY;

⑩VALUE RECEIVED AND ⑪CHARGE THE SAME TO ACCOUNT OF *AMERICAN DREAMS CO., LTD.*

⑫DRAWN UNDER *THE MITUBISH BANK, LTD HEADOFFICE TOKYO, JAPAN*

⑬L/C NO. *UI-205215* ⑭ DATED *MAY 20, 20XX*

⑮TO *THE MITUBISH BANK, LTD*
HEADOFFICE TOKYO, JAPAN

⑯*KOREAN EXPORT CO., LTD*
(Signed)
Presidents

2. 수입화물선취보증과 대도

가. 수입화물의 선취보증

수입화물선취보증제도란 원래 수입화물은 이미 도착하였으나 선하증권 등의 운송서류가 도착하지 않아서 화물의 인수가 불가능할 때 수입상과 발행은행이 연대보증한 보증서를 선박회사에 제출하고 수입화물을 인도 받는 제도를 말한다.

수출지로부터 수입지까지의 운송거리가 거리가 가까운 경우나 우편이 지연이나 수익자의 운송서류제출의 지연 또는 지급, 인수, 매입수속의 지연 등으로 운송서류가 물품보다 늦게 도착하는 때도 있다. 이러한 이유로 수입자가 화물을 적시에 인도 받지 못한다면 판매적기를 상실하거나 품질 저하로 인한 손실을 입을 수 있으며, 금융기관이나 선박회사의 입장에서도 바람직하지 못하다.

이러한 불편을 해결하기 위하여 수입상과 발행은행이 연대보증하여 수입화물선취보증서(Letter of Guarantee, L/G)를 제출하고 수입화물을 인도 받을 수 있도록 하는 편법적인 관행이 국제관습화 되어 가고 있다.

수입자는 운송서류 원본을 제시하지 않고서도 선박회사가 화물을 인도하는 것과 관련하여 발행하는 모든 문제는 보증은행 및 수입자가 책임질 것을 서약하는 내용의 수입화물선취보증서를 작성하여 은행에 제출한다. 선취보증서의 주요내용은 다음과 같다.

① 선화증권이 도착하면 즉시 선박회사에 제출할 것임
② 이 선취보증서에 의해 인도된 화물에 대해 발생되는 모든 손해는 화주 및 보증은행이 책임을 질 것임
③ 양육지에서 지급되는 추가운임 및 기타 비용과 선적지에서의 미납선임 및 비용 일체를 부담할 것임 등이다.

L/G를 제출받은 은행은 수입자의 신용 여하에 따라 담보를 제출받고 "상기 계약의 이행을 보증하고 이것에 관한 모든 책임을 인수한다."는 내용의 보증문언을 기재하고 서명함으로써 선취보증을 승낙하게 된다. 수입자는 은행의 승낙을 얻은 L/G를 선박회사에 제출하고 화물을 인수하게 된다. 그리고 후일 선화증권이 도착되면 수입자는 선화증권에 "For Cancellation of L/G Only Authorized Signature(of Bank)"와 같이 배서하여 선박회사에 제출하고 L/G를 회수하여 보증은행에 반납함으로써 종결된다.

L/G의 발급은 운송서류의 원본을 인도하는 것과 동일한 효과가 있다. 따라서 후일 신용장조건과 일치하지 않는 서류가 내도하더라도 화물이 이미 수입업자에가 인도된 후이므로 수입업자는 매입은행에 대하여 수입어음의 인수나 지급을 거절할 수 없다.

한편, 항공화물인 경우에는 대부분 운송서류보다 수입화물이 먼저 도착하게 된다. 그러나 항공화물운송장은 유통증권이 아니므로 수입화물선취보증서의 발급이 되지 않는 것이 원칙이다. 그 대신 수입자는 발행은행으로부터 「항공화물운송장에 의한 수입물품 인도승낙서」를 발급 받아 화물을 입수하게 되는데, 그 효력은 L/G와 동일하다.

[예시 7-2] 수입화물선취보증서

수 입 화 물 선 취 보 증 신 청 서

(Application For Letter of Guarantee)

계 장	대 리

① 선박회사명 (Shipping Co.)	⑥ 신용장(계약서)번호(Number of Credit)	⑦ L/G번호(LGNumber)
	⑧ 선하증권번호 (Number of B/L)	
② 송하인(Shipper)	⑨ 선박명 (Vessel Name)	
	⑩ 도착(예정)일 (Arrival Date)	
	⑪ 항해번호 (Voyage No.)	
③ 상업송장금액(Invoice Value)	⑫ 선적항 (Port of Loading)	
	⑬ 도착항 (Port of Discharge)	

④ 화물표시 및 번호 (Nos. & Mrks)	⑤ 포장수(Pakages)	⑭ 상품명서 (Description of Goods)

⑮ 본인은 위 신용장 등에 의한 관계 선적서류가 귀행에 도착하기 전에 수입화물을 인도 받기 위해서 수입화물 선취보증을 신청하며 본인이 따로 제출한 수입화물 선취보증서(LETTER OF GUARANTEE)에 귀행이 서명함에 있어 다음 사항에 따를 것을 확약합니다.

1. 귀행이 수입화물 선취보증서에 서명함으로써 발생하는 위험과 책임 및 비용은 모두 본인이 부담하겠습니다.
2. 본인은 귀행의 요청이 있으면 언제든지 위 수입화물을 인도하겠습니다.
3. 본인은 위 수입화물에 관한 관계서류를 제3자에게 담보로 제공하지 않았음을 확인하며, 또한 귀행의 서명 동의 없이 이를 담보로 제공하지 않겠습니다.
4. 본인은 위 수입화물에 관한 관계 선적서류가 도착할 때에는 신용장 조건과의 불일치 등 어떠한 흠에도 불구하고 이들 서류를 반드시 인수하겠습니다.

20__년 월 일

신청인 인

주 소

T E L

인감대조

주식회사 한국상업은행 앞

나. 수입화물의 대도

수입화물대도(trust receipt, T/R)란 발행은행이 수입화물에 대한 담보권과 소유권을 유지하면서 수입자 또는 제3자가 수입대금의 결제 이전에 수입화물을 처분할 수 있도록 하는 편의를 제공하는 제도를 말한다. 주로 다음과 같은 경우에 이용된다.

① 일람지급신용장에 의한 수출용원자재 수입대금의 무역금융 결제시

무역금융을 이용하여 수입대금을 결제하는 경우에는 비록 신용장에 의한 채무가 종결되더라도 무역어음대출로 인한 또 다른 신용공여가 지속되게 된다. 따라서 융자금을 상환할 때까지 수입자의 무역금융 채무의 담보조로 T/R 약정을 체결하게 된다.

② 일람지급신용장에 의한 내수용 일반재 수입대금의 T/R loan 결제시

내수용 일반재 수입의 경우에는 무역금융의 혜택을 받을 수는 없다. 다만 발행은행이 수입자에게 수입결제자금을 대출해 줌으로써 기간의 혜택을 제공함으로써 기한부 신용장과 동일한 효과를 주고자 할 때 이용된다.

③ 기한부신용장에 의한 수입화물 인도시

기한부신용장의 경우 발행은행은 수입환어음을 인수함으로써 어음발행인(수출자)에 대하여 만기에 대금을 지급할 의무를 부담하게 된다. 따라서 발행은행은 발행의뢰인에게 선적서류를 인도할 때 인수보증 채무에 대한 담보조로 T/R을 활용하게 된다.

④ L/G에 의한 수입화물 인도시

L/G에 의해 수입대금 결제 이전에 먼저 화물을 인도하고자 할 때 그에 대한 담보조로 T/R을 활용한다.

⑤ 수입화물 처분시

수입자가 자금부족(또는 부도)으로 서류를 수령해가지 못한다면 은행의 입장에서는 창고료나 보험료 등의 추가비용 발생, 판매시기 상실에 따른 손실, 품질저하에 따른 손실로 인해 수입화물의 담보가치가 저하될 우려가 있다. 이때에는 차라리 T/R을 이용하여 수입화물에 대한 소유권을 유보한 상태에서 이를 수입자(또는 제3자)가 처분하도록 하여 수입대금을 상환하도록 하는 것이 보다 채권확보에 유리할 것이다.

Chapter 8

신 용 장

제1절 신용장거래의 기초

제2절 신용장 실무

Chapter 8

신 용 장

제 1 절 신용장거래의 기초

1. 신용장의 이해

가. 신용장의 의의

(1) 신용장의 정의

신용장(letter of credit, L/C)이란 수출상이 수입상의 거래은행(신용장 발행은행) 앞으로 발행한 환어음과 서류가 발행은행에 제시되고, 그 환어금과 서류가 신용장에서 요구하는 조건과 일치하면 발행은행이 틀림없이 그 환어음을 지급 · 인수 · 매입하겠다고 확약하여 발행한 증서를 말한다.

거래당사자 사이에 공신력이 있는 은행을 개입시킴으로써 무역위험을 최대한 회피할 수 있도록 하는 결제방식으로 신용장거래가 탄생하게 되었다. 그런데 상관례상 무역위험 중에서 수입자의 계약상품 적시입수 불능위험보다는 수출사의 내금회수불능위험이 더 큰 위험으로 간주되고 있으므로 신용장은 수입자측이 자신의 거래은행을 통하여 개설하는 것으로 하고 있다.

(2) 신용장의 기능

(가) 신용 위험의 제거

무역거래에서 수출상이 갖는 가장 큰 부담은 대금회수 불능에 대한 위험이다. 수입상이 수입주문을 해놓고 보다 나은 조건으로 다른 거래처와 이중계약을 체결한다든가, 혹은 지급자금의 부족, 불황 또는 물가 하락 등을 이유로 주문취소 · 도착화물 수령거절 · 가격인하를 요구하는 사례가 종종 있기 때문이다. 신용장은 이러한 수입상의 지급불능 또는 지급거절의 위험에 대하여 안전하고 확실하게 대금회수를 할 수 있도록 해주는 대금결제의 수단이 된다.

(나) 금융기능의 제공

수출상이 수출품을 선적하고 은행을 통하여 대금을 회수하고자 할 때, 무신용장 방식인 때에는 은행은 보통 추심(collection)[1]에만 응하게 되어 대금회수에 상당한 기간이 소요된다. 만약 추심 전에 대금을 지급 받고자 할 때, 은행은 수출상이 확실한 담보를 제공하지 않는 한 환어음의 매입을 거절하게 된다.

신용장 방식인 때에는 발행은행이 대금의 지급 등을 보증한 것이므로 환어음이 신용장조건에 일치하는 한 안심하고 매입해 주기 때문에 신용장은 수출상에게 유리한 금융수단이 되고 있다. 또한 수출상은 신용장을 근거로 하여 내국신용장을 개설할 수도 있고, 수출물품 조달에 필요한 무역금융을 제공받을 수 있다.

한편, 수입상의 입장에서는 대금지급이 계약체결시점이 아니라 선적서류가 수입상에게 도착되는 시점이 되므로 그 기간만큼 자금 부담이 경감되며, 수입화물대도(trust receipt, TR)을 이용하여 발행은행으로부터 신용을 공여 받으면 수입대금의 결제 없이 물품을 인수할 수도 있다.

(다) 계약상품 적시입수 불능 위험의 제거

무역거래에서 수입상은 매매계약과 일치한 상품을 자신이 원하는 시기에 입수하지 못할 위험을 갖게 된다. 신용장에 의한 거래에서는 수입대금을 선급하지 않고 신용장조건과 일치하는 서류와의 상환(償還, redemption)[2]으로 수입대금을 결제하게 된다. 따라서 신용장조건을 이용하여 계약상품 적시입수 불능 위험을 제거할 수 있다. 예컨대 일정한 검사증 등의 첨부를 요구하여 계약과 일치하는 상품임을 입증하도록 하거나 적시 입수를 보장받기 위해 선적기간이나 신용장 유효기간을 신용장에 명시하는

---

1) 추심이란 지급지가 외국으로 되어 있는 수표 또는 어음을 고객으로부터 매입하거나 의뢰받아 외국의 지급은행 또는 거래은행을 통하여 대금을 청구하는 과정을 말한다.

2) 무역실무에서 자주 사용되는 "상환"이라는 용어는 다른 의미를 갖고 있다. 예컨대 "상환청구권"에서의 "상환"은 한자어로 "채무를 갚다." 또는 "남이 대신하여 갚아준 것을 되돌려 갚다."을 의미하는 "償還(repayment)"을 말하며, "변제하다" 또는 "변상하다"와의 유의어이다. 이와는 달리 운송회사가 "운송서류와의 상환으로 운송물을 수하인에게 인도하다."에서의 "상환"은 한자어로 "相換(exchange)"를 말하며, 이는 "서로 맞바꾼다."는 의미를 갖고 있다.

방법을 들 수 있다.

(2) 신용장의 특성

(가) 신용장의 독립추상성(independence and abstraction of L/C)

신용장은 분명히 매매계약 등에 근거하여 발행되는 것이지만 일단 개설되면 매매계약으로부터 독립하여 별도의 독립된 거래가 된다. 따라서 신용장 개설 이후에 매매계약 조건이 변경되거나 수입상과 수출상의 관계가 변화되더라도 신용장 거래는 하등의 영향을 받지 않는다. 따라서 수입상은 신용장 조건이 매매계약 내용과 다르다는 이유로 대금지급을 회피할 수 없으며, 수출상은 수입상과의 매매계약상 조건을 개설은행과 수입상과의 신용장계약에 결부시켜 원용할 수도 없다. 이를 신용장거래의 독립성이라고 한다. 신용장거래는 상품, 용역 또는 의무이행 등의 거래가 아니라 서류를 거래하는 것이다. 따라서 은행은 제시된 서류만을 기초로 하여 대금지급 여부를 판단하는 것이다. 이를 신용장의 추상성이라고 한다.

(나) 독립추상화의 필요성

신용장거래는 그 유용성에도 불구하고 고유한 독립추상성을 가지고 있으므로 그 효용에 한계가 있다. 예컨대 매매당사자 일방이 고의로 실제로 선적한 상품과 다르게 선적서류를 작성하여 은행에 제시한다고 하여도 그것이 신용장과 문면상 일치하기만 하면 개설은행은 대금지급의무가 발생하며, 매수자는 이로 인한 손해에 대한 책임을 개설은행에 물을 수 없다. 이러한 한계성을 감수하면서도 신용장의 독립추상성이 부여되고 있는 것은 순전히 은행을 보호하기 위해서이다.

매매계약의 과정에서 떨어져 있는 은행으로서는 그 계약의 이행 · 변경 또는 취소의 사실을 적시에 파악할 수가 없으며, 또한 상품거래에 대한 지식과 경험도 부족하다. 그럼에도 은행에게 과도한 책임을 전가한다면 은행은 신용장거래 자체를 기피하게 될 것이며, 그로 인해 신용장거래는 위축될 것이다. 따라서 이러한 은행을 매매계약의 제약으로부터 자유롭게 해줌으로써 신용장거래를 원활하게 하기 위하여 신용장의 독립추상성이 존중되고 있는 것이다.

매매거래처에서 발생하는 손익에 대한 책임은 전적으로 매매당사자에게 귀속된다. 예컨대 어떤 당사자의 계약위반으로 발생하는 손실에 대한 책임은 그러한 불성실한 거래처를 선택한 당사자에게 있는 것이지 제3자인 은행에 있는 것이 아니다. 이런 점에서도 신용장 거래에 따른 책임을 은행에게 떠넘기는 것이 오히려 불합리한 것이다.

(다) 엄밀일치 및 상당일치의 원칙

신용장통일규칙(UCP)에 의하면 “서류를 접수한 은행은 그 서류가 문면상 신용장의 제조건과 일치하는지의 여부를 그 서류만을 근거로 하여 결정하여야 하며, 일치하지 않을 때에는 서류의 수리를 거절할 수 있다”고 하고 있다.

만약에 여기서 말하는 “일치”란 문언상의 일치를 의미하는데, 이에 대해서는 엄밀일치의 원칙과 상당일치의 원칙이 서로 대립하고 있다. 엄밀일치의 원칙이란 서류의 문면과 신용장의 문면이 마치 거울에 비치는 것처럼 완전히 일치해야 한다는 것을 뜻하며, 이를 경상의 법칙(mirror image rule)이라고도 한다. 엄밀일치의 원칙만을 너무 과도하게 고수한다면, 거래가 완결된 후 수입상이 경미한 불일치를 이유로 대금지급을 거절하거나 가격인하를 요구하는 등으로 인하여 선의의 매도인이 불이익을 받을 우려가 높아진다. 그리하여 엄밀일치의 원칙을 다소 완화하여 서류상의 오자, 탈자 등 계약의 본질적인 조건에 큰 영향을 미치지 않는 사소한 불일치를 인정하는 상당일치 원칙이 인정되고 있다. UCP는 서류심사의 부작용을 완화하려는 입장을 취하고 있다. 즉, “상업송장에 기재되는 상품 명세는 신용장의 상품 명세와 일치하여야 한다. 기타 모든 서류에는 신용장의 상품 명세와 모순되지 않는 일반적인 용어로 기재할 수 있다”고 규정함으로써 신용장과 상업송장상의 품명에 대해서는 엄밀일치 원칙이 적용되지만 다른 서류에는 상당일치 원칙이 적용될 수 있음을 규정하고 있다. 그러나 기존의 판례에서는 엄밀일치를 존중하는 사례가 많이 있었으므로 가급적이면 신용장 조건과 일치하는 서류를 제시하도록 하여야 한다.

(3) 신용장 결제의 절차

(가) 신용장의 추심절차

일람불 화환신용장에 의한 추심방식은 수입자가 자신의 거래은행을 통하여 신용장을 개설하고, 수출자는 신용장조건에 일치하는 선적을 이행한 후 선적서류와 환어음을 수출국의 매입은행(통지은행)에 매입의뢰하는 방식으로 이루어진다. 화환어음의 매입(추심)을 의뢰받은 은행은 자신의 자본으로 수출대금을 지급해주고 사후에 신용장개설은행을 통하여 수입자에게 추심하게 된다.

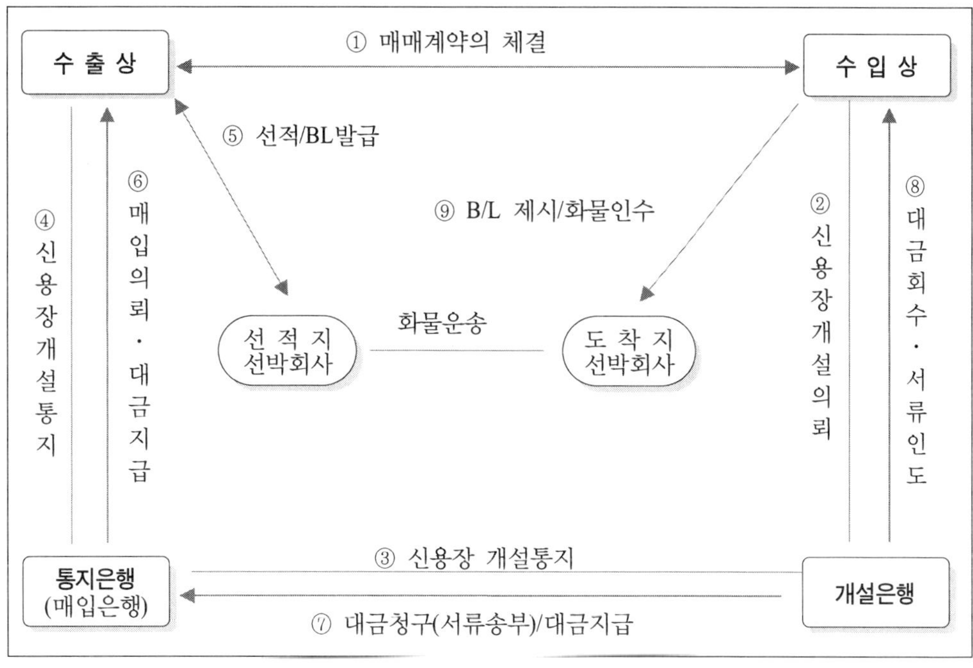

[그림 8-1] 화환신용장에 의한 수출입거래과정

① 매도인(수출업자)과 매수인(수입업자) 간에 매매계약이 체결된다.

② 매매계약에서 신용장 방식으로 결제하기로 합의하였을 경우 매수인은 거래은행에 신용장 발행을 의뢰한다.

③ 의뢰를 받은 매수인의 거래은행으로서 발행은행은 신용장을 발행한다.

④ 신용장 발행은행은 매도인의 국가에 있는 자신의 환거래은행을 경유하여 매도인에게 신용장의 발행을 통지하고 송부한다.

⑤ 매도인은 신용장에 의해 이익을 얻는 자이므로 수익자라고 부른다. 매도인은 상품의 순비가 끝나면 운송인(선사)에게 선적요청서(S/R)를 송부하여 운송을 의뢰한다.

⑥ 운송인(선사)은 운송물품을 수취하고 수취증으로서 선적서류의 일종인 선화증권(B/L)을 발행한다.

⑦ 매매계약에 따라 수출업자가 물품의 운송보험에 부보하여야 하는 경우에는 보험회사에 보험계약을 신청한다.

⑧ 보험회사는 보험계약의 증거로서 보험증권(I/P)을 발행한다. 보험증권도 선적서류의 한 종류이다.

⑨ 수출업자는 신용장의 규정대로 환어음을 발행하고 신용장에 지정되어 있는 선적서류를 구비하여 화환어음의 형태로 거래은행에 제출하고 매입을 의뢰한다. 이때, 선적서류를 첨부한 환어음을 화환어음이라 하며, 개설은행이 화환어음의 어음금액을 아직 회수하지 않았음에도 불구하고 개설은행을 대신하여 한 은행(매입은행)이 지급하는 것을 매입이라 한다.

⑩ 은행은 화환어음의 매입대금을 수출자에게 지급한다.

⑪ 화환어음을 매입한 은행은 신용장의 규정에 따라 화환어음을 신용장 발행은행에 송부하고 어음금액의 지급을 요청한다.

⑫ 신용장 발행은행은 매입은행에 화환어음의 어음금액을 지급한다.

⑬+⑭ 신용장 발행은행은 수입업자에게 환어음을 제시하고 어음금액의 지급을 요청한다.

⑮ 수입업자는 어음금액을 지급하고 선적서류를 수취한다.

⑯ 물품의 수입업자는 선적서류 중에서 선화증권을 선사에 제시하고 물품의 인도를 요청한다.

⑰ 선사는 선화증권과 상환(相換)으로 물품을 인도한다.

일반적인 경우, 도착한 물품에 사고가 없었을 경우에는 신용장에 의한 거래는 이상으로 종료되며, 물품이 분실되었거나 손상된 상태로 도착하였을 경우에는 운송 중에 발생한 사고이므로 선박회사의 책임이 된다.

그러나 선박회사에게는 운송중인 사고이더라도 사고의 책임을 지지 않는 면책사유가 여러 가지 있는데, 이에 해당하는 경우에는 손해를 보험으로 커버할 수 있다.

⑱ 물품 운송중의 사고에 대하여 선박회사가 손해배상을 하지 않을 경우에는 보험회사(또는 보험회사의 클레임 에이전트)에 보험금을 청구하는데 이 때 보험증권 등의 구비서류가 필요하다.

⑲ 보험회사(또는 클레임 에이전트)는 물품의 상태를 조사하여 손해가 부보된 위험에 의해 발생한 경우에는 보험금을 지급한다.

무역거래에 있어서 대금회수(대금지급)의 기본적인 방법은 신용장에 의한 방법이지만, 실무에서는 송금 등 신용장 이외의 방법도 많이 사용되고 있다. 신용장 거래 이외의 경우에도 대금결제에 따른 사무처리 절차는 신용장의 경우에 준하여 이루어지고 있다.

예전부터 매매는 대금을 회수함으로써 완료되는 것으로 이해되어 왔는데 무역거래의 경우에도 마찬가지로, 매매계약이 성립되었다고 모든 거래가 끝난 것이 아니다. 매도인이 상품을 선적하고, 매수인이 그 상품을 인수하고 상품대금을 지급하고, 매도인이 그 대금을 수취했을 때 비로소 무역거래가 종료된다.

(나) 환어음의 기한(tenor, usance)

무신용장추심방식이나 신용장부추심방식은 모두 환어음에 의하여 결제가 이루어진다. 이 때 수출상이 발행하는 환어음은 지급기간에 따라 다음과 같이 일람출급화환어음과 정기출급화환어음으로 구분된다.

① 일람출급어음(sight bill, demand bill)

수출자가 발행한 환어음이 수입지에 도착하여 수입자에게 제시하면 수입자는 즉시 어음면에 기재된 금액을 지급하여야 하는 어음을 의미한다. 다시 말해 수입자는 대금을 지급하고 운송서류를 인수한 후 이것으로 화물을 운송회사로부터 인취하게 되는 것이다. 그러므로 D/P조건이나 신용장부 지급방식에서 일람출급이 사용된다.

② 정기출급화환어음(usance documentary bill, tenor bill, term bill of exchange)

매수인에게 제시하여 인수하게 한 후 일정기간 이후 지급만기일에 지급이 이루어지는 환어음을 의미한다. 이 방식은 수입상으로서는 수입상품을 먼저 인취하여 판매한 후에 그 매출대금으로 어음금액을 결제할 수 있어 유리하지만 수출자로서는 수금기간이 지연되므로서 불리하다. 이 방식에는 무신용장방식으로는 D/A조건 그리고 신용장방식으로는 Usance L/C가 있다. 구체적으로 환어음의 만기는 다음과 같이 표기된다.

① 일람출급(at sight)
② 일람후정기출급(at ×× days or ×× months after sight)
③ 일자후정기출급(at ×× days or ×× months after date)
④ 확정일출급(on a fixed date)이 있다.

나. 신용장의 당사자

(1) 기본당사자

(가) 신용장 발행은행

신용장발행계약(commercial letter of credit agreement)에 근거하여 발행의뢰인의 신청과 지시에 따라 신용장을 발행하고 수출자가 발행한 환어음에 대하여 대금지급을 확약하는 은행을 개설은행 또는 발행은행이라고 하며 신용장거래에 있어 가장 중요한 당사자이다. 발행은행은 주로 수입업자의 거래은행(dealing bank)으로서 외국환업무를 취급하는 외국환은행이 되는 것이 일반적이다. 그러나 때에 따라서는 매도인(수출업자)이 발행은행을 선정하는 경우도 있다.[3)]

(나) 수익자

수익자(beneficiary)란 개설은행으로부터 신용장을 수령하여 신용장 조건에 따른 권한과 이익을 받는 자를 말한다. 수익자는 그 기능과 역할에 따라 수출업자(exporter), 매도인(seller), 선적인(shipper), 송화인(consingnor), 또한 신용장의 사용자로서 user (사용자), 어음의 취결인으로써 drawer(어음발행인)라고 불리며, accreditee(신용수령인), addressee(지명인), 환어음수취인(payee)이라고도 한다.

신용장에는 그 신용장의 이익을 타인에게 양도할 수 있도록 허용하고 있는 양도가능신용장이 있는데, 이 신용장에 의거하여 신용장을 양도받은 양수인을 제2의 수익자(second beneficiary)라고 한다.

(다) 확인은행

확인(confirm)이란 신용장에 의해 발행되는 환어음에 대하여 신용장 발행은행에 추가하여 제3의 은행이 어음의 인수 · 지급을 틀림없이 이행 할 것이라는 약속을 추가하는 행위를 말한다. 확인은행(confirming bank)이란 개설은행의 요청과 수권에 의해 개설은행의 대금지급 확약에 추가하여 신용장 조건과 일치하는 서류 제시 시 대금지급의 확약을 추가하는 은행을 말하며, 이러한 신용장을 확인신용장(confirmed credit)이라 한다.

---

3) 그러나 수출자가 발행은행의 신용 등에 관하여 의문을 가질 경우에는 신용도가 높은 제3의 은행으로 하여금 발행은행이 발행한 신용장을 확인하도록 요청하는 수도 있으며, 당초부터 매매계약에 발행은행을 지정하는 경우도 있다.

(2) 기타당사자

(가) 신용장 발행의뢰인

매매계약의 당사자인 매수인(buyer)은 매매계약상 대금지급조건이 신용장 결제조건인 경우 수입상(importer)으로서 자기의 거래은행에 신용장의 발행을 의뢰하게 되는데, 신용장의 발행을 의뢰하는 수입업자를 보통 신용장발행의뢰인(applicant for the credit)이라 한다.

발행의뢰인은 기능과 보는 각도에 따라서 여러 가지로 불린다. 즉 은행으로부터 신용을 부여받는다는 점에서 Accredited buyer(수신매수인), 신용장의개설자라는 점에서 Opener(개설자), 화물의 하수인이라는 점에서 Consignee(하수인), 어음의 결제인이라는 점에서 Accountee(어음결제인) 그리고 환어음의 지급인이라는 점에서 Drawee (환어음지급인) 등과 같이 불리고 있다.

(나) 신용장 통지은행

발행은행이 신용장 발행사실과 그 내용을 수출업자에게 통지하는 방법에는 ① 수익자(수출자)에게 직접 통지하는 방법과 ② 수익자의 소재지에 있는 환거래은행(correspondent bank)을 통하여 통지하는 간접통지 방법이 있다. 일반적으로 후자의 방법이 많이 이용되며, 이 때 통지를 담당한 은행을 신용장 통지은행(advising bank)라고 한다. 개설은행의 환거래은행이 통지은행으로 지정되는 것이 보통이다.

(다) 매입(할인)은행

수익자가 선적을 완료하고 신용장의 조건에 따라 발행한 환어음을 매입(purchase)하는 은행을 매입은행 또는 할인은행(negotiating bank)이라 한다. 신용장에서 매입은행을 지정하고[4] 있지 않는 한 어느 은행이라도 매입할 수 있으므로 반드시 통지은행과 일치하지는 않지만 실무상으로는 통지은행이 매입은행의 업무를 겸하고 있는 경우가 많다.

(라) 지급은행

발행은행이 직접 대금지급을 행하지 않고 예치환거래계약관계(depository correspondent

4) 매입은행이 지정되어 있는 신용장을 특정신용장(Special credit) 또는 제한신용장(restricted credit)라고 하며, 매입은행이 지정되어 있지 않은 신용장을 일반신용장(General credit) 또는 개방신용장(open credit)라고 한다.

relationship)에 있는 은행 또는 대금결제를 위하여 미리 전액을 위탁시켜둔 은행에 환어음의 제시가 있으면 자행을 대리하여 대금을 지급하도록 지시[5]할 때가 있다. 지급은행(Paying bank)이란 신용장에 의해 발행된 환어음에 대하여 발행은행을 대신하여 대금지급을 행하는 은행을 말한다. 지급은행은 발행은행의 업무를 대리하는 당사자이므로 지급은행이 행한 행위는 발행은행의 행위와 동일한 효력을 가진다.

(마) 인수은행

신용장에 의한 기한부어음(time bill, usance bill)의 경우에는 은행을 어음은 인수하되 대금지급은 일정기일(어음만기일)이 경과된 다음에야 이루어진다. 이 경우 기한부어음을 인수한 은행을 인수은행(acceptance bank)라고 하며 어음 대금을 지급한 은행을 지급은행(paying bank)이라 하는데, 지급은행은 발행은행 자신이나 발행은행의 예치환거래은행 또는 발행은행이 대금결제를 위하여 미리 전액을 위탁시켜둔 은행만이 될 수가 있다.

(바) 결제은행

신용장의 결제통화가 수입국이나 수출국의 통화가 아닌 제 3 국의 통화일 때에는 발행은행의 지시에 따라 제3국의 은행을 통하여 대금을 결제하는 경우가 있는데, 이 은행을 결제은행(settling bank)이라고 하며, 어음을 매입한 은행에 대금을 상환해 주는 은행이라고 하여 상환은행(reimbursing bank)이라고도 한다.

2. 신용장의 종류

가. 신용장분류의 의의

신용장의 분류방법은 국제적으로 통일된 기준은 없다. 하나의 신용장이라도 관점에 따라서 여러 가지로 불릴 수 있기 때문이다. 예컨대 같은 신용장도 수입상은 수입신용장(import credit), 수출상은 수출신용장(export credit)라고 부르며, 같은 신용장이라도 발행방법에 따라 은행신용장(bank credit), 전신신용장(cable credit)로 분류되기도 한다. 아래의 표는 다양한 신용장의 종류를 일반적인 신용장, 특수목적을 위한 신

5) 이러한 신용장을 지급신용장(Straight credit)라고 한다.

용장 그리고 유사신용장으로 크게 나눈 것이다.

나. 신용장의 종류

(1) 일반신용장

(가) 상업신용장과 여행자 신용장

신용장은 크게 나누어 상업신용장과 여행자신용장으로 대별할 수 있는데,이중 국제무역거래의 대금결제 수단으로 제공되는 신용장을 통틀어 상업신용장(commercial credit)라고 하며, 상업신용장은 다시 다음의 표와 같이 분류된다.

여행자신용장(traveller's credit)은 외국여행시에 현금 휴대의 불편과 위험을 회피할 목적으로 미리 자국의 외환은행에 일정한 금액을 예치하고 발행 받는 신용장을 말한다. 여행자는 여행지에서 이 신용장을 근거로 하여 필요한 금액의 환어음을 발행하여 여행지 소재의 신용장발행은행 본・지점 또는 환거래은행에서 매입 받아 사용한다. 오늘날은 여행자수표(traveller's check, T/C)나 신용카드의 발달로 여행자신용장은 거의 이용되지 않고 있다.

[표 8-1] 신용장의 종류

구 분	관 점	신용장의 종류
Ⅰ. 일반 신용장	1. 신용장의 용도	• 상업신용장(commercial credit) • 여행자신용장(traveller's credit)
	2. 요구서류 유무	• 화환신용장(documentary credit) • 무(담보)화환신용장(clean credit)
	3. 취소가능여부	• 취소가능신용장(revocable credit) • 취소불능신용장(irrevocable credit)
	4. 확인은행의 유무	• 확인신용장(confirmation credit) • 무확인신용장(unconfirmation credit)
	5. 상환청구권 유무	• 상환청구가능신용장(with recourse credit) • 상환청구불능신용장(without recourse credit)
	6. 매입,지급 허용 여부	• 매입신용장(negotiation credit) • 지급신용장(straight or payment credit)

	7. 대금지급 기간	• 일람불신용장(sight credit) • 기한부신용장(usance credit)
	8. 양도허용여부	• 양도가능신용장(transferable credit) • 양도불능신용장(non-transferable credit)
	9. 매입은행 지정유무	• 보통신용장(general credit) • 특정신용장(special credit)
	10. 국내외 거래용도	• 내국신용장(local credit) • 원신용장(master credit)
Ⅱ. 특수 신용장	특수목적과 용도	• 보증신용장(stand-by credit) • 전대신용장(red clause credit) • 회전신용장(revolving credit) • 연장신용장(extended credit) • 현금신용장(cash credit) • 구상무역신용장(back to back credit)
Ⅲ.유사 신용장	어음매입, 지급수권 여부	• 어음매입수권서(authority to purchase) • 어음지급수권서(authority to pay) • 어음매입지시서(letter of instruction)

(나) 화환신용장과 무화환신용장

신용장에 의하여 발행되는 환어음의 지급 또는 인수에 운송(선적)서류의 첨부를 요구하느냐, 하지 않느냐에 따라 화환신용장과 무담보신용장으로 구분된다.

화환신용장(documentary credit)이란 신용장발행은행이 수익자가 발행한 환어음에 유가증권인 선화증권 등의 운송(선적)서류를 첨부할 것을 조건으로 하여 인수・지급 또는 매입할 것을 확약하는 신용장을 말하며, 일반적으로 신용장이라 하면 이러한 화환신용장을 지칭한다.

무화환(무담보)신용장(clean credit)이란 신용장에 의하여 발행되는 환어음에 선화증권 등의 운송서류가 첨부되어 있지 않는 무화환(담보)어음(clean bill)의 경우에도 어음을 인수・지급 또는 매입할 것을 확약하고 있는 신용장을 말한다.

무담보신용장은 일반신용장거래의 담보가 되는 선적서류가 어음에 첨부되지 않으므로 매입은행의 입장에서는 위험부담이 크기 때문에 일반적인 무역거래에서는 본・지사간 거래나 상호 신용이 확실한 경우 외에는 잘 이용되지 않고 있으며, 무역거래

와 직접적인 관계가 없는 자금의 이동, 즉 운임, 보험료 및 수수료의 지급 또는 차입금의 변제수단으로 이용되고 있으며, 보증신용장(standby L/C), 여행자신용장 등이 그 전형적인 예이다.

무화환신용장(clean credit)와 구별하여 화환무담보신용장(documentary clean credit)라는 것이 있다. 이는 BWT(bonded warehouse transaction)거래[6] 또는 해외 본지점간이나 서로 신용이 있는 거래선과의 거래 시에 수출자가 물품을 선적하고 선적서류를 먼저 수입자에게 직접 송부하고 그 발송증빙과 무화환으로 발행된 어음만을 가지고 결제가 이루어지도록 확약한 신용장을 말하는 것이다.

(다) 취소불능신용장과 취소가능신용장

취소불능신용장(irrevocable credit)이란 신용장이 일단 개설되어 수익자에게 통지된 이상 신용장 관계당사자를 구속하여 신용장상의 유효기간 내에는 신용장 관계당사자 전원의 합의 없이는 신용장을 취소하거나 신용장의 조건변경이 불가능한 것을 말한다. 따라서 발행의뢰인이 신용장의 변경이나 취소를 요구하거나 또는 발행은행이 변경・취소를 하고자 하더라도 수익자의 동의가 없이는 신용장은 독립추상성의 원칙에 따라 그 유효성이 유지되는 것이며 반대의 경우에도 마찬가지이다.

취소가능신용장(revocable credit)이란 신용장을 개설한 은행이 수익자에게 사전 통지 없이 일방적으로 신용장 자체를 취소하거나 신용장의 내용을 변경할 수 있는 것으로서 신용장상에 반드시 "Revocable"이란 표시가 있어야 한다. 이것은 은행이 수익자에게 법률적으로 구속되는 것이 아니므로 발행은행의 권한으로 언제든지 그 내용을 변경하거나 취소할 수 있기 때문에 신용장으로서의 가치는 작다고 할 수 있다. 그러나 취소가능신용장도 개설되어 통지은행을 통해서 일단 수익자에게 통지된 후 당해 신용장의 취소나 조건변경의 통지가 은행에 접수되기 전에 원신용장 조건대로 지급・인수・매입이 이루어진 경우에, 또는 연지급(deferred payment)을 목적으로 서류를 인수한 은행에 대하여는 개설은행이 상환의무를 진다.

(라) 확인신용장과 불확인신용장

확인신용장(confirmed credit)이란 신용장에 발행은행 이외의 제 3 은행이 확인, 즉 수익자가 발행하는 어음의 인수・지급 또는 매입에 대한 제 3 은행의 추가적 확약이

---

6) BWT거래는 매수인이 상품을 먼저 인수하고 그 대금을 무화환신용장으로 결제하는 것이 일반적이다.

있는 신용장을 말한다. 이는 수익자가 이중의 지급확약을 받게 되므로 신용도가 높아지고, 만약의 경우 개설은행이 지급불능상태에 빠지면 확인은행이 개설은행을 대신하여 지급하여야 한다.

확인은행은 수출지에 위치하는 개설은행의 환거래은행이 되는 것이 일반적이며, 개설은행이 통지은행에 신용장의 발행을 통지하면서 통지은행이 신용장을 확인할 것을 요청하게 된다. 수출지 또는 제3국의 유력한 은행이 확인은행이 되기도 한다. 그리고 불확인신용장(unconfirmed credit)이란 제3의 은행에 의한 추가확인이 없는 신용장을 말한다.

글 8-1 **취소불능신용장과 상환청구불능신용장**

일반적으로 취소불능신용장이면 그에 의하여 발행된 어음은 반드시 without recourse라고 오해하기가 쉽다. 물론 어음이 신용장조건과 일치하여 발행된 이상 어음 발행인이 신용장발행은행으로부터 소구를 받는 경우는 실제상 있을 수 없다. 그러나 실제상 소구를 받지 않는 일이 없다는 것과, 어음에 without recourse라고 기재하여 상환청구를 거절한다고 하는 것과는 전혀 별개의 개념이다.

만약에 어음이 신용장 조건과 불일치하게 발행된 경우에는 신용장개설은행은 당연히 그 어음의 지급·인수를 거절할 것이며, 이 경우 Without recourse 어음이 아닌 이상 매입은행은 어음발행인에 대하여 어음상의 상환청구를 하게 된다. 또한 발행은행이 파산한 경우에도 매입은행은 발행인에 대하여 상환을 청구하게 된다. 따라서 어음발행인은 어음면에 without recourse라는 문언을 기재함으로써 자신의 상환의무를 면하고자 하는 것이다.

그러나 우리나라 어음법 제9조에서는 지급무담보(without recourse)를 인정하고 있지 않고 있어 우리나라에서는 without recourse credit도 실효성이 없으며 국제상업회의소(ICC)에서도 이러한 문언이 삽입된 어음은 매입하지 말 것을 권고하고 있다. 영·미법에서는 이러한 문언을 어음면에 기재하는 것을 법적으로 유효한 것으로 규정하고 있으나, 미국에서는 이러한 어음은 연방준비은행에서 할인적격으로 인정하고 있지 않아 사실상 이러한 종류의 어음이 발행되는 일은 거의 없다.

(마) 상환청구가능신용장과 상환청구불능신용장

화환어음이 신용장조건에 합치되어 발행된 이상 신용장개설의뢰자(수입업자)가 파산되었을 경우에도 은행이 화환어음의 발행인인 수익자에게 상환청구권[7](right of recourse)이 없다는 것을 미리 밝힌 신용장을 상환청구불능신용장(without recourse

credit)라고 한다.

이에 반하여 신용장에 의하여 발행된 어음이 부도되었을 때 상환할 수 있는 어음을 발행하게 하는 것을 상환청구가능신용장(with recourse credit)이라고 하며 신용장상 "without recourse"라는 문언이 없는 신용장은 상환청구가능신용장으로 간주하고 있다.

(바) 매입신용장, 지급신용장 및 인수신용장

매입신용장(negotiation credit)이란 신용장에 의해서 발행되는 어음이 매입될 것을 전제로 하여 어음발행인은 물론이고 어음의 배서인(endorser)이나 선의의 어음소지인(bona fide holder)에게도 지급을 확약하고 있는 신용장이다. 일반적으로 매입신용장에는 지급확약문언과 신용장유효기간에 대한 표시가 있다[8].

지급신용장(straight credit)은 신용장에 의한 환어음의 매입여부에 대하여는 아무런 명시가 없이 신용장개설은행 또는 그가 지정하는 은행에 환어음을 제시하면 지급하겠다고 확약하고 있는 신용장을 의미하며 매입신용장과는 다른 문언[9]이 표시된다.

환어음의 지급(payment)이란 발행은행 또는 발행은행의 지정에 따라 수권된 지정은행(지급은행)이 발행은행을 대신하여 자행에 예치된 발행은행의 계좌에서 차기하여 환어음 금액을 지불하는 것을 말한다. 지급은행이 발행은행을 대신하여 발행은행의 예치금에서 지급하는 것이므로 무소구조건으로 지급해야 한다. 또한 신용장에서 특별히 어음발행을 요구하고 있지 않으면, 어음을 제시하지 않는 것이 원칙이며, 무어음 상태에서는 신용장의 이중매입의 가능성이 없음으로 신용장 이면에 배서할 필요성이 없어진다.

인수신용장(acceptance L/C)이란 개설의뢰인이 선적서류 인수 후 일정기간 뒤에 수입대금을 지급하겠다는 확약 즉, 인수[10]의 뜻[11]을 명시한 신용장을 말하며, 대부분

---

7) 이를 소구권이라고 한다. 소구권이란 어음이 부도가 되었을 때, 그 유통의 자취를 더듬어서 뒤사람으로 부터 앞사람에게 순차적으로 대상의 반환을 청구하는 권리를 말한다.

8) We hereby agree with the drawers, endorsers and bona-fkde holders of drafts drawn under and in compliance with the terms of this credit, that such drafts will be duly honored on due presentation and on delivery of documents as specified to the drawee bank. Drafts must be negotiated not later than May 10, 20xx.

9) We hereby engage that payment will be duly made against documents presented in conformity with terms of this credit" "Documents must be presented to the advising bank not later than May 10, 20xx.

10) 환어음의 인수란 발행은행 또는 발행은행의 지정에 따라 수권한 지급은행이 제시한 기한부 환어

의 기한부신용장(usance L/C)이 이에 속한다. 다른 신용장과는 달리 반드시 어음을 제시하여야 하는 어음부신용장이다. 인수은행은 수출자가 제시한 인수용 어음에 인수 표시를 한 후 어음기간이 만료되어 그 어음이 인수은행에 돌아왔을 때 지급신용장과 마찬가지로 무소구 조건으로 대금을 지급한다.

(사) 일람출급신용장과 기한부신용장

일람출급신용장(sight credit)이란 수출지의 매입은행으로부터 선적서류가 내도하면 개설의뢰인이 개설은행으로부터 수입대금과 상환으로 선적서류를 인도받는 현금거래형태의 신용장을 말한다.[12)]

기한부신용장(usance credit)이란 환어음 제시 후 일정기간 후 대금지급을 확약한 신용장을 말한다. 개설의뢰인은 수출지의 매입은행으로부터 내도한 선적서류를 일정기일이 경과한 후에 수입대금을 지급할 것을 약속(인수)하고 개설은행으로부터 인도받을 수 있다. 개설은행이나 수출자가 수입자의 대금결제를 일정기간 유예해 주는 외상거래 신용장으로 이 신용장에 의해 발행된 어음을 기한부환어음 또는 유전스 빌(usance bill)이라고 한다. 예를 들어 60 days after sight이면 개설의뢰인은 환어음 인수일로부터 60일 되는 날에 대금을 지급하면 된다[13)]. 따라서 수입상은 수입물품을 판매하여 그 대금으로 수입대금으로 상환할 수 있는 시간적 여유를 가지게 된다.

기한부신용장은 신용공여자에 따라 수출자 인수신용장(shipper's usance credit)와 은행 인수신용장(banker's usance credit)으로 나누어진다. 수출자인수신용장에서는 발행은행에 도착된 발행은행을 지급인으로 한 기한부어음과 선적서류를 수입자가 인수하게 되고, 그 인수사실을 매입은행에게 통지한 후에 만기일에 수입대금을 결제한다.

은행인수신용장에서 수출자로서는 At sight basis와 마찬가지로 자신이 발행한 기한부어음을 만기일 이전에 인수은행이 인수 및 할인 매입하게 되며, 수입자의 입장에서는 Usance interest(인수수수료 및 할인료)만 선지급하고 원금은 만기일에 발행은행을 통재 지급하거나, 원금과 이자를 만기일에 결제하게 된다.

음에 대한 지불을 최종적 지급인인 수입자가 기한부환어음의 만기일에 어음금액을 지급할 것을 약속하는 서명행위를 말한다.

11) We hereby engage that drafts drawn in conformity with the terms of this credit will be duly accepted on presentation and duly honoured at maturity.

12) We hereby issue in your favor this documentary credit which is available by negotiation of your drafts at sight for 100% invoice cost drawn on the Bank of DAHAN, Seoul Agency.

13) "We hereby issue in your favor irrevocable documentary credit which is available by your draft at 60 days sight drawn on the Bank of DAEHAN for 100% of invoice value …"

(아) 양도가능신용장과 양도불능신용장

양도가능신용장(transferable credit)이란 수익자가 신용장금액의 전부 또는 일부를 제3자(제2의 수익자)에게 양도할 수 있는 권한을 부여한 신용장을 말하고, 수익자가 신용장을 제3자에게 양도할 수 없는 신용장을 양도불능신용장(nontransferable credit)이라고 한다.

양도가능신용장에는 반드시 "transferable"이라고 특별히 명시한 경우에 한하여 양도할 수 있으며 신용장에 별도의 명시가 없는 한 동일국내 또는 타국의 제 2 수익자에게 1회에 한하여 양도가 가능하다[14]. 또한 분할선적(partial shipment)이 금지되어 있지 않는 한 분할 양도도 가능하다.

신용장의 양도가 필요한 이유는 여러 가지가 있으나 대개는 최초의 신용장 수익자가 ① 생산시설이 없는 순수한 무역업자인 경우 ② 거래은행에 무역금융수혜를 위한 거래한도가 부족한 경우 ③ 쿼타(quota)가 부족한 경우이며, 이 때 원수익자는 제2의 수익자에 신용장을 양도해주고 그 대신에 수수료를 영수하게 된다.

(자) 보통신용장과 특정신용장

보통신용장(open/general credit)이란 신용장에서 어음매입을 특정은행으로 제한하지 않는 신용장을 말하며, 아무 은행에서나 자유롭게 매입할 수 있다는 점에서 자유매입은행(freely negotiable credit)이라고도 한다. 이는 수익자가 그 지역에서 가장 좋은 환시세를 정해 주는 은행에 어음을 매입할 수 있도록 하기 위한 것이다[15].

특정신용장(special credit)이란 환어음의 매입을 특정은행에 한정하고 있는 것을 말하며, 매입제한신용장(restricted credit)[16]과 Straight (domicile) credit[17]로 구분되는데, 전자는 수입상이 수출상으로부터 받을 채권이 지정은행에 있거나 지정은행, 수입상, 발행은행 사이에 Escrow계정[18]을 결제할 필요가 있는 특수한 거래에 이용된다.

---

14) 신용장통일규칙에 의하면 신용장에 별도의 표시가 없는 한 1회에 한하여 양도가 가능하도록 되어 있다.

15) 신용장 문면상에 매입은행을 특정은행으로 한정하지 않고 "We agree with the drawers, endorsers and bona-fide holders of drafts …"고 같이 표시하여 어음 관계인에 대하여 수익자 발행의 어음의 인수・지급을 약속하는 신용장을 말한다.

16) 이를 확약하는 문언의 예로서 "We agree with you(수익자) that drafts drawn in compliance with the conditions of this credit will be duly honored on due presentation of documents as specified to the drawee bank."를 들 수가 있다.

17) 이를 확약하는 문언의 예로서 "Negotiation under this credit are restricted to xxx bank, Seoul."을 들 수가 있다.

후자는 수출자 소재국에 환거래은행이 하나뿐이거나 본지점간의 수익을 올려주기 위하여 신용장발행은행이 매입(negotiation)을 그 본지점에 제한하는 경우에 이용된다.

(차) 원신용장과 내국신용장

내국신용장(local credit)이란 외국의 수입상으로부터 수출신용장을 받는 국내의 수출상이, 즉 원수출신용장(master L/C)의 수익자가 그에 따른 수출품 또는 원자재 등을 국내에서 조달할 경우 동 수출품 또는 원자재 등의 국내공급자에 대한 대금지급을 보증하기 위하여 수출신용장에 의한 청구권을 담보로 해서 원수출신용장의 통지은행 또는 자기의 거래은행에 의뢰하여 수출품 또는 원자재 등의 국내공급자를 수익자로 하는 제2의 신용장을 개설하는데 이를 내국신용장이라고 한다. 이 경우 견질담보로 제공된 당초 내도된 신용장을 원신용장(original credit, master credit)이라 한다.

(2) 특수신용장

(가) 보증신용장

보증신용장(stand-by credit)이란 수입물품대금의 결제를 목적으로 개설되는 신용장이 아니고 금융을 위한 담보 또는 보증의 수단으로 발행되는 일종의 무담보신용장(clean credit)을 말한다. 예를 들면, 국내상사의 해외지점이 본사물품을 수입하기 위하여 신용장을 개설한다든가 또는 현지, 즉 해외지사 소재지의 외국은행으로부터 금융의 편의를 받고자 하는데 담보가 부족한 경우에 국내 본사가 국내거래은행에 의뢰하여 해외지사의 거래은행을 수익자로 하는 보증신용장을 개설해 주면, 해외지사는 이것을 담보로 하여 수입신용장을 개설한다든지 금융의 혜택을 받을 수 있게 된다.

이 밖에도 ①건설・용역 및 플랜트수출과 관련된 입찰보증(bid bond), 계약이행보증금(performance bond), 하자보증(maintenance bond)을 걸 때, ②전대신용장을 통해 선수금을 받은 수출자가 당해 신용장개설은행 앞으로 선수금환급에 대한 보증(advance payment bond)을 하는 경우에 이용되고 있다.

---

18) 원래 Escrow란 은행 등의 제3자에게 어떤 물건을 위탁하고 일정한 조건이 충족되었을 때에, 이것을 특정인에게 교부할 것을 의뢰하는 것을 말하는데, 구상무역에 있어 예컨대 외국의 수출자 A가 한국의 수입자 B로부터 회수할 수출대금을 수입자의 소재지의 은행에 예치하여 두었다가, 반대로 B로부터 물품을 수입할 때 동 예치금에서 수입대금을 지급할 수 있도록 하는 계정을 말한다.

(나) 전대신용장

전대신용장(red clause credit)이란 수출자가 수출물품의 확보에 필요한 자금을 수입상이 미리 융통해주기 위하여 매입은행으로 하여금 일정한 조건하에 신용장금액의 일부를 수익자 앞으로 전대하여 줄 것을 허용하고 그 원리금지급을 보증하는 신용장을 말하며, 이는 수입상의 입장에서 보아 전대 또는 선대신용장이라 하고 수출상의 입장에서는 선수금신용장(advance payment credit)이라고도 한다. 이는 일반적으로 기계류와 같이 제조기간이 긴 경우에 많이 이용되고 있다.

이 신용장은 수출전대를 허용하는 문언[19]이 일반적으로 적색으로 인쇄되어 있기 때문에 Red clause credit라고도 하며, 수출상은 전대받은 대금으로 수출상품을 제조 또는 구매하여 포장한다는 뜻에서 Packing credit라고도 한다.

(다) 회전신용장

동일한 거래처가 동일상품을 일정기간에 걸쳐 계속적으로 거래를 하는 경우 거래할 때마다 신용장을 개설하려면 개설의뢰인측의 많은 시간・노력 및 비용이 들게 되며, 또 거래예상액 전액을 한꺼번에 개설한다면 너무 과중한 자금부담이 생긴다. 이런 경우 일정한 기간 동안 일정한 범위 내에서 신용장금액이 자동적으로 갱신될 수 있도록 되어 있는 신용장을 회전신용장(revolving credit, self-continuing credit)이라고 한다.[20]

이 신용장의 자동갱신방법에는 세 가지 방법이 있는데, ①이 신용장에 의해 발행된 어음의 지급통지가 있으면 그 금액만큼 자동으로 보충되는 방법, ②이 신용장에 의하여 발행된 어음이 매입되어 발행은행에 송부된 후 지급통지를 기다리지 않고 어음이 결제될 일정한 일수를 고려하여 그 기간에 지급거절이나 부도의 통지가 없으면 자동적으로 보충되는 방법, ③일정기간이 경과된 후에는 소정일에 자동적으로 갱생되는 방법이 있다.

이에 비하여 신용장금액이 매입과 동시에 자동적으로 갱신되지 않는 신용장 즉,

---

19) 예를 들면 "We authorize the negotiating bank to pay US$500,000 to the beneficiary against presentation of the following document. 1. Beneficiary's clean draft drawn at sight on accountee. 2. Beneficiary's receipt stating that the beneficiary have duly received US$500,000 for the delivery of spinning machine system from Seoul, Korea to New York, U.S.A."와 같다.

20) 이를 확약하는 문언의 예를 보면, "The amount of drawing made under this credit become automatically reinstated on payment by us. Draft drawn under this credit must not be exceeded to US$200,000 in any calendar month."와 같은 것이 있다.

아무런 자동갱신문구가 없는 신용장을 비회전신용장(non-revolving credit)이라고 하는데 대부분의 신용장은 비회전신용장이다.

(라) 연장신용장

연장신용장(extended credit)이란 수입업자가 수출업자에게 물품의 수집 또는 제조에 필요한 자금상의 편의를 도모하여 주기 위하여 개설의뢰인의 요청에 따라 약정물품의 선적전에 수익자가 발행은행 앞으로 무담보환어음(clean draft)을 발행하는 경우에, 이것을 매입할 것을 허용하고 무담보어음이 발행된 후 일정기간 이내에 약정물품에 관한 일체의 운송서류를 어음매입은행에 제공할 것을 조건으로 하는 신용장을 말한다.

이는 운송서류의 인도와 동시에 신용장금액이 갱신되는 점에 있어서는 회전신용장과 유사하고 또 선적 전에 수출대금이 지급되는 점에 있어서는 전대신용장과 유사하다.

(마) 현금신용장

현금신용장(cash credit)이란 수입업자의 의뢰에 의하여 수입업자 거래은행이 수출지의 자기의 지점 또는 환거래은행(correspondent bank)에 사전에 결제자금을 송금하여 예치해 두고 수익자가 일정한 운송서류의 첨부하여 그 은행 앞으로 어음을 발행하였을 때에 당해 예치금으로 그 어음의 지급할 것을 확약하는 것이다. 이 경우 지급은행이 되는 수출지은행은 이미 송금된 자금으로 선적서류와의 상환으로 수출대금을 지급하는 것이므로 선적서류매입에 대한 risk를 방지하는 이익이 있다.

(바) 구상무역신용장(credit of compensation trade)

구상무역은 교역당사국간에 수출입의 균형을 유지하도록 하기 위한 거래형태로서 수출입물품에 대한 대금의 결제를 외환의 수급이 없이 상호간의 수출입금액으로 상계하는 무환 구상무역형태와 화환신용장에 의해 수출입대금을 외국환의 수급에 의해 결제 하는 유환구상무역형태로 나누어지며, 유환구상무역은 다시 기탁신용장에 의한 방식, 동시개설신용장에 의한 방식 그리고 토마스신용장에 의한 방식으로 나눌 수가 있다.

① 기탁신용장

기탁신용장(escrow credit)이란 상호간의 약정에 따라, 신용장에 의하여 발행되는

어음의 매입대금을 수익자에게 직접 지급하지 않고 수익자명의로 매입은행・발행은행 또는 제3국의 환거래은행 등의 기탁계정(escrow account)에 기탁하여 두었다가 그 수익자가 원신용장 개설국으로부터 수입하는 상품의 대금결제에만 사용하는 조건의 신용장을 말한다.

② **동시개설신용장**

동시개설신용장(back-to-back credit)이란 무역협정이나 지급협정이 체결되어 있지 않은 국가사이에서 수출입의 균형을 유지하기 위하여 사용되는 신용장으로서 수출입당사자의 일방이 수입신용장을 개설할 경우 그 신용장은 이에 대하여 상대방이 동액의 신용장을 개설하여 오는 경우에만 유효하도록 하는 조건을 붙인 신용장을 말한다.21)

③ **토마스신용장**

토마스신용장(tomas credit)은 구상무역에 있어 일국의 수출물품은 확정되었으나 그 대상으로 수입할 상품이 확정되지 못하였을 경우에 이용되는 신용장이다. 즉 일국이 수입품을 확정하고 수입신용장을 개설할 때 상대국의 수입업자가 일정기한 내에 수출에 상응하는 수입신용장을 개설하겠다는 보고서를 발행하여 수출자에게 제출해야만 신용장이 유효하게 되는 조건의 신용장을 말한다. 이 신용장은 일본과 중국 간의 무역거래에서 처음 사용한 것으로 일본 무역상사의 전신약호(cable address)인 'TOMAS'를 따서 생긴 명칭이다.

(3) 유사신용장

(가) 어음매입수권서(authority to purchase, A/P)

이는 수입지의 은행이 수입상의 요청에 따라 수출지에 있는 자기의 본점이나 지점 또는 환거래은행에 대하여 수출상이 일정한 조건에 해당하는 운송서류를 구비하여 수입상 앞으로 어음을 발행하면 동 어음을 매입할 것을 지시하는 통지서를 말한다. 이 경우 수출상은 자기가 발행한 어음을 쉽게 할인・매도할 수 있는 장점이 있으나,

21) 이 신용장의 문언의 예를 보면 다음과 같다. "This L/C shall not be available unless and until standard prime banker's irrevocable letter of credit in favor of Korean Trading Co., Ltd., Seoul for account of America Trading Inc., New York for an aggregate amount of US$200,000 have been established pursuant to contracts for the export of color T.V. sets from Busan, Korea to New York."

A/P는 신용장과는 달리 발행은행이 발행된 어음의 인수나 지급을 보증하는 것이 아니고 어음 또한 수입상을 지급인으로 하여 발행되므로 만일 수입상이 어음의 지급을 거부하면 수출상은 매입은행의 상환청구에 응하여야 한다.

또한, 이와 유사한 것으로서 어음매입지시서(letter of instruction)가 있는데, 이는 기능면에서는 어음매입수권서와 동일하다. 다만, 동일은행의 본점과 지점 사이에서만 사용되는 점이 어음매입수권서와 다르다.

(나) 어음지급수권서(authority to pay)

이는 수입지의 은행이 수입상의 요청에 따라 수출지에 있는 자기의 본・지점 또는 환거래은행에 대하여 수출상이 일정한 조건하에 발행하는 어음에 대하여 지급할 것을 지시하는 통지서이다. 이 역시 원칙적으로 취소가능이다.

이 수권서에서는 어음이 통지은행 앞으로 발행되고, 또한 형식이 일람출급이기 때문에 이에 따라 은행이 일단 지급을 하면 수출상의 상환청구를 받지 않지만, 전술한 어음매입수권서는 어음이 수입상 앞으로 발행되고, 수입상이 그 어음에 대한 지급을 할 때까지 그 발행한 어음에 대하여 상환의무를 진다.

(다) 지급보증서(letter of guarantee)

이는 수입상의 요청에 따라 수입상의 거래은행이 수출상에게 수입대금의 지급보증서를 발행함으로써 수출상이 이를 믿고 수출하는 제도이다. 그러나 이 지급보증서는 은행이 어디까지나 지급을 보증하는 것이지 지급을 확약하는 것이 아니기 때문에 수입상의 지급능력이 없다는 사실이 입증되는 경우에만 실제로 수출상은 은행으로부터 지급을 받을 수 있으므로 이에 따라 발행된 어음은 수출지의 은행이 잘 매입해 주지 않는다.

제 2 절 신용장의 접수 및 개설

1. 수출신용장의 접수

가. 신용장의 수령 및 검토사항

(1) 신용장의 수령

수출상품에 대한 매매계약이 체결되면 수입상은 자기의 거래은행에 신용장개설을 의뢰하게 되며, 개설은행은 신용장을 개설한 후 통상 통지은행을 통하여 수출자에게 개설사실을 통지하게 되는데 신청의뢰에서 수출자에게 신용장이 전달되는 기간은 대략 10일 정도가 소요된다. 따라서 긴급을 요할 경우에는 전신으로 신용장을 개설하거나 신용장의 번호와 금액만 먼저 타전하고 추후에 신용장원본을 송부하는 경우도 있다.

신용장을 수령한 수익자는 다음 절차에 들어가기에 앞서 반드시 신용장상 조건들이 계약내용과 일치하는지의 여부를 엄격하게 검토하여야 한다. 실제로 이를 태만히 하였다가 추후에 불이익을 받는 경우가 많이 있다.

(2) 신용장 수령 후 검토사항

(가) 매매계약내용과의 대조

수출자는 우선 신용장의 기재내용이 매매계약과 일치하는지의 여부를 확인하여야 한다. 구체적으로는 상품명, 규격, 수량, 단가, 선적일자 ,유효기일, 선적서류제출기한, 포장조건, 보험조건, 대금결제조건, 분할선적허용여부, 환어음에 첨부할 선적서류, 신용장의 종류를 표시하는 문언 등 신용장에 기재된 모든 사항이 매매계약과 일치하는지의 여부를 대조하여야 한다.

(나) 신용장의 진위여부

신용장의 진위여부는 통상 통지은행에서 행하게 되며, 통지은행은 자신이 비치하고 있는 서명감 등을 통해 확인하고 있다. 그러나 허위신용장으로 인한 피해를 입는 사례가 종종 발생하고 있으므로 유의해야 한다. 특히 신용조사를 하지 않은 수입자가 개설한 신용장이 다음과 같은 경우에는 일단 의구심을 가지고 정밀한 검토를 해야 할 필요가 있다.

① 운송서류상 하수인(consignee)이 개설은행이나 개설은행의 지시식으로 되어 있지 않고, 수입자 또는 제3자로 되어 있을 경우

② 운송서류의 원본 중 1통 이상을 수입상 또는 제3자에게 직송하게 되어 있는 경우

이 모두 수입자가 개설은행에 수입대금을 지급하지 않고 수입상품을 수취할 가능성이 높으므로 수출자는 이러한 조건이 있는 신용장에 대하여는 주의를 기울여야 한다.

(다) 신용장의 형식요건 구비여부

신용장에는 유효기간과 함께 유효장소가 명기되어 있어야 하며 지급확약문언 및 신용장통일규칙의 준거문언 등이 명시되어 있어야 한다. 이 밖에도 신용장의 기본당사자, 신용장금액, 선적조건, 환어음에 관한 사항 및 요구되는 서류 등의 요건이 타당한지의 여부도 검토해야 한다.

(라) 개설은행의 신용도

진정한 신용장이더라도 ① 수입국 정부의 조치에 따른 대외지급의 제한, ② 개설은행의 파산 또는 지급불능, ③ 수입자로부터의 추심이 곤란함을 기화로 개설은행의 사소한 하자를 이유로 하는 지급거절, ④ 개설은행과 수입자와의 공모 등으로 인하여 수출자가 어려움에 빠지는 경우도 많이 있으므로 개설은행의 신용도는 수출자에게는 중요하다. 개설은행의 신용도에 관한 조회는 주로 통지은행을 통하여 이루어지며, 개설은행의 신뢰도에 의구심이 있을 때에는 제3의 은행으로 하여금 신용장을 확인하도록 하는 것이 안전할 것이다.

(마) 특수조건의 확인

신용장의 효력에 대한 특별한 유보조건을 기재하였는지의 여부와 신용장의 조건이 행이 불가능한 문언의 유무를 확인해야 한다. 왜냐하면 신용장에 명기된 조건을 수익자가 충실히 이행하지 못하면 수익자는 이 신용장에 의한 수출대금을 정상적으로 회수할 수 없게 되기 때문이다.

실제로 수입자가 고의로 실행이 불가능한 조건을 요구하여 두고 수익자가 이를 간과하였다가 추후에 이를 발견하고 정정을 요구하면 자신에게 유리한 조건의 수락을

강요하는 사례도 많이 있다.

예를 들면 국내에 수입국의 영사가 주재하고 있지 않은데도 불구하고 신용장상에 "Certificate of origin must be legalized by (수입국) consulate in Korea."이란 문구를 삽입하였다고 하면, 당연히 수출자는 이 조항에 의한 원산지증명을 수입국 영사로부터 입수할 수가 없게 되므로 선적 후 수출대금을 회수할 수가 없게 되는 것이다.

또는 개설은행의 실수로 신용장상의 기재사항이 상호 모순되는 경우로서는, ① 상품의 수량과 단가의 합계가 신용장 총액과 불일치한 경우 ② 신용장의 가격조건이 FOB인데 보험서류를 요구하고 있거나, Freight Prepaid라고 표시된 B/L을 요구하고 있는 경우 등이 있다.

그리고 신용장의 개설이나 수령시점에서는 별다른 문제가 없지만 매수인측에 악용의 여지를 가지고 있는 조건들이 있다. 그 예를 들면 다음과 같다.

① Sample must be approval by the buyer prior to shipment.

② The name of the ship will be notified.

③ The invoice must be counter - signed by the buyer's agent.
Inspection certificate approved and signed by buyer's agent required.

④ Shipment is subject to further instructions.

⑤ Shipment must be effected by a vessel which be advised from buyer by cable before shipment.

⑥ Shipment should be approved by buyer before shipment and the certificate issued by buyer required.

⑦ Sample shipment must be sent to buyer for approval and such approval must be confirmed and endorsed by … Bank in writing prior to each shipment. Negotiation under Letter of Guarantee is not acceptable.

나. 신용장의 조건변경 및 양도

(1) 신용장이 조건변경

(가) 신용상소선 변경의 의의

신용장의 검토결과 신용장의 기재조건이 계약조건과 상이하거나 수출업자의 사정에 의하여 신용장의 조건을 변경해야 할 필요가 있을 경우에는 신용장개설의뢰인(수입자)에게 이를 통지하여 변경하는 것을 말한다.

수입업자가 조건의 변경 에 동의하고 발행은행에 신용장조건의 변경을 요청하게 되면 발행은행은 통지은행을 통해 수익자에게 조건변경통지서를 통지하게 된다. 통지된 조건변경통지서는 새로운 신용장조건이 되므로 수출업자는 이 조건대로 이행하여야 하며, 어음취결시에 이 조건변경통지서를 신용에 첨부하여 매입은행에 제출하여야 한다.

한편, 매수인으로부터 아무런 사전 연락 없이 일방적으로 신용장조건을 변경해 오는 경우가 있는데, 변경된 조건이 선적에 차질을 가져오지 않고 어음취결에 지장을 가져오지 않은 요건일 것 같으면 그대로 수락하고, 만일 계약조건과 위배되어 대금회수 등에 지장을 줄 가능성이 있을 경우에는 수락할 수 없다는 의사를 통지은행에 통고하고 변경되기 이전의 신용장조건대로 선적하여 어음의 취결을 하면 된다.

(나) 신용장조건 변경시 유의사항

신용장조건의 변경 요구하여 수입자로부터 동의를 구할 경우에는 반드시 서면확인을 받아 둠으로써 후일의 분쟁에 대비하여야 한다. 또한 아무리 수입자로부터 동의를 얻었다고 하더라도 개설은행으로부터 변경통지를 받기 전에 선적하는 것은 위험성이 높으므로 유의해야 한다. 왜냐하면 신용장거래는 서류상의 거래로서(신용장거래의 추상성) 개설의뢰인의 요청에 의한 개설은행의 신용장이 변경조치가 없는 한 매매계약당사자간의 변경합의에 관계하지 않기 때문이다.

또한 수출실무에 있어 자주 요구되고 있는 것이 신용장상의 선적기일의 연장이다. 실무자들이 수출계약의 체결시 자사의 생산능력과 기존 수주된 주문량 등을 감안하여 신중히 선적일자를 약정하여야 할 것이지만 만약에 부득이 선적일자를 변경해야 할 필요가 있을 경우에 주의해야한다는 점은 이미 여러 차례 지적한 바가 있다. 이를 사례를 통하여 다시 자세히 살펴보기로 한다.

(2) 신용장의 양도

신용장거래는 매도인이 신용장조건만 충족하면 매도인이 발행한 어음에 대한 지급을 확약하는 것임에도 불구하고 신용장거래는 서류에 의한 추상적인 거래로서 서류의 외형적 심사에 그치므로 그 결국 매도인의 신용에 의존하지 않을 수 없다는 한계성을 가지고 있다. 따라서 개설의뢰인이 잘 알지 못하는 제3자에게 신용장이 양도되는 것은 개설인이나 개설의뢰인에게는 바람직하지 못하므로 원칙적으로 타인에게 양도되는 것을 금지하고 있다.

그러나 절대적으로 신용장의 양도를 인정하지 않는 것은 거래의 원활을 저해하는 경우가 있으므로 부득이한 사정이나 수출의 편의를 위해서 신용장의 양도가 허용되기도 한다. 다만 사정에 의하여 양도해야 할 필요성이 있을 경우에는 신용장상에 반드시 "transferable"라는 문언을 삽입해야 한다.

신용장에 별도의 명시가 없는 한 양도는 1회에 한하나, 분할선적이 허용되어 있을 때에는 다수인에게 분할양도도 가능하다. 전부양도의 경우에는 당연히 원수익자는 당해 신용장에 의한 청구권을 상실하게 되나, 일부양도일 경우에는 잔여분에 한하여 사용할 수 있다. 또한 양도는 동일국내에 한해서만 가능하고 제 3 국인에게 양도하려면 신용장상에 특히 명시되어 있어야 한다. 그리고 원신용장과 동일한 조건으로 양도하여야 하나, 금액과 수량 및 단가를 감액하거나 선적기일 또는 유효기일은 단축하는 것은 가능하다.

2. 수입신용장의 발행

수입자가 수출자와 체결한 매매계약에서 신용장방식에 의한 대금결제를 약정하였을 경우에는 수입자는 수출자를 수익자로 하는 신용장을 발행해줄 것을 자기거래은행에 요청하게 되며 신용장개설을 요청받은 은행은 수출자에 대한 신용조사를 한 후 소정의 담보를 제공 받고 신용장 발행계약을 체결하게 된다.

가. 신용장의 발행신청

(1) 신용조사 및 담보제공

은행이 일단 신용장을 발행하면 당해 신용장조건에 일치하여 발행된 어음의 인수·지급 또는 매입을 거절할 수 없게 되는 것이므로 은행이 수출자에게 자금을 대출하는 하는 것과 동일한 성질의 것이다. 따라서 은행은 의뢰인의 신용에 대하여 충분히 조사를 필한 후에 담보를 요구하며, 필요시에는 보증도 요구하여 신용장발행약정서에 연시하도록 하고 있다.

일반적으로 발행은행은 신용장상에 표시된 물품을 그 신용장에 이해 발행된 어음이 완전히 결제되기까지 담보로 취득하게 되는데 이는 발행신청인이 수입대금을 상환하지 않을 경우 동 물품에 대한 소유권을 발행은행이 행사하기 위한 것이다. 그러나 수입물품은 정규담보로 볼 수 없으며 담보력도 부족하므로 개설의뢰인으로부터 예금, 유가증권, 부동산 등의 담보를 추가로 요구하고 있다.

은행은 이상의 담보제공 능력과 개설의뢰인의 신용상태에 따라 신용장개설한도를 설정하고 이 범위 내에서 신용장의 개설을 하게 된다.

(2) 외환거래약정

외환거래약정서(FX transaction agreement)란 무역거래자가 은행과 외국환거래를 함에 있어 "은행여신거래 기본약관"이 적용됨을 승인하고 기타 여러 조건을 따를 것임을 확약하는 약정서를 말한다. 무역거래자가 은행을 이용하여 무역대금을 결제하기 위해서는 먼저 거래 외국환은행과 외환거래약정(최초 거래시)을 체결하여야 한다. 약정은 은행이 작성하여 인쇄되어 있는 서식에 무역거래자가 서명날인 함으로써 체결된다. 외환거래약정서는 대체로 은행에 유리하게 작성되어 있는데 그 주요내용은 다음과 같다.

① 신용장은 신용장발행신청서 등에 기재된 대로 발행・통지된다.

② 신용장 발행과 관련된 비용과 위험은 발행의뢰인이 부담한다.

③ 은행은 신용장 조건과 불일치하는 화환어음에 대하여 수입자의 동의 없이 지급 또는 인수를 거절할 수 없다.

④ 수입자가 대금결제 기일 내에 결제하지 못한 경우 익영업일에 외화지급보증대지급금계정으로 처리하며 수입자는 원화금액을 상환한다.

⑤ 신용장에 의하여 발행되는 환어음이 결제될 때까지 관련물품은 발행은행의 담보로서 소유권인 발행은행에게 있다.

⑥ 수입자가 L/G(수입화물선취보증서)의 발급을 원할 경우에는 사전에 승낙을 받아야 하며, 이때 은행은 수입결제대금의 적립을 요청할 수 있다.

⑦ 은행은 수입상이 신청한 경우에 한하여 신용장을 취소 또는 조건변경을 할 수 있다. 그 효력은 발행은행, 수익자, 확인은행(있는 경우) 전원의 동의가 있어야 한다.

⑧ T/R(대도) 물품은 입고, 운반, 출고, 가공 매도 이외의 목적으로 사용하거나 은행의 권리를 해하는 행위를 할 수 없다.

⑨ 운송서류 상의 부정확 또는 불명확 그리고 우편 또는 전송 상의 사고에 대한 은행의 면책

⑩ 수출자가 발행한 환어음 매입과 관련하여 환어음의 발행인인 수익자로부터 환

어음 매입에 따르는 담보문제, 사고에 따른 책임소재, 부도 또는 인수 거절되었을 때의 처리문제,

⑪ 기타 제비용의 부담에 대한 약정,

⑫ 약정되지 아니한 사항은 신용장통일규칙, 추심에 관한 통일규칙, 은행간 신용장대금 상환에 관한 통일규칙, 국제표준은행관습, 기타 국제규약, 전자무역업무표준약관, 은행의 관련기준에 따른다는 준거문언 등이다.

(3) 신용장발행신청

수입자가 신용장을 개설하려면 다음의 서류를 은행에 제출하여 신용장발행을 신청하여야 한다. 이중 담보차입증과 신용장거래약정서는 개설신청서 이면에 인쇄되어 있다.

① 수입신용장 개설신청서(application for issuance of document letter of credit)

② 담보차입증

③ 신용장거래 약정서

④ 수입승인서(import license)

⑤ 물품매도확약서(offer sheet) 또는 구매주문서(purchase order sheet)

(4) 신용장의 기재사항

신용장의 형식은 국제상업회의소가 권고한 「화환신용장발행을 위한 표준양식(Standard Forms for Issuing of Documentary Credit)」[22]에 기본을 두어 각 은행의 사정에 따라 다소 변형하여 사용되고 있다.

① 신용장개설은행(issuing bank, opening bank, establishing bank)

이 신용장을 개설한 은행을 말한다. 여기에는 은행명, 주소, TLX번호, 전신약호 등이 인쇄로 되어있는 것이 통례이다.

② 개설일자(issuing date) 및 장소(place)

개설일자와 장소를 기재한다. 여기에 "Confirmation of …"의 문언은 당해 신용장이 이미 전신으로 개설되었다는 것을 주지시키는 것이며, 그 내용을 다시 이 서류로서 확인한다는 뜻이다.

22) Brochure No. 268, 1970

③ **신용장의 종류(type of credit)**

주로 상단에 인쇄되어 있으며, 문언으로는 irrevocable(취소불능) 또는 revocable(취소가능) letter of credit으로 표기되나 이러한 표기가 없을 경우에는 취소불능으로 간주된다.

④ **신용장번호(credit No.)**

발행은행이 부여하는 신용장 번호를 기재한다.

⑤ **유효기간(expiry date)**

모든 신용장에는 최종선적일자를 명시하는 외에도 지급・인수・매입을 위하여 서류를 제시 하여야할 최종기일이 명시되어 있다. 예에서와 같이 서류제시 기일(presentation date)을 별도로 명시하고 있지 않은 경우에는 신용장유효기일이 서류제시기한으로 간주된다.

⑥ **개설의뢰인(applicant)**

신용장 개설의뢰인은 통상 수입자가 된다.

⑦ **수익자(beneficiary)**

수익자란 이 신용장에 의해 가장 많은 혜택을 향유하는 자가 누구인가를 나타낸다고 할 수가 있다. 신용장으로서 무역위험을 완화시킨다면 그로부터 가장 큰 수익을 얻는 당사자는 수출자이다.

⑧ **통지은행(advising Bank)**

⑨ **신용장금액(credit amount)**

신용장상의 금액은 아라비아 숫자와 문자를 병기하는 것이 일반적이다. 이는 타자수의 오타와 위조를 방지하기 위해서이다.

⑩ **신용장의 사용방법(method of availability)**

"This credit available by" 다음에 "Sight payment" 나 "Deffered payment" 또는 "Acceptance", "Negotiation" 중 하나가 표시된다.

⑪ **환어음에 관한사항**

환어음은 요식증권이므로 일정한 형식을 요구하고 있다. 따라서 필수 기재사항을 빠트리면 법적 구속력이나 효력을 상실하게 되니 주의 하여야 한다.

⑫ 분할선적(parcial shipment)

분할선적을 허용할 경우에는 allowed, permitted 또는 authorized로 표시하며, 불허할 경우에는 prohibited, not allowed 또는 not permitted로 표시한다.

⑬ 환적(transshipment)

환적이란 의해 수출국으로부터 수입국으로 직접 화물이 운송되지 않고, 다른 항구에 화물을 일차 하역한 후 다른 선박에 의해 수입국으로 운송되는 경우를 말한다. 신용장에서환적을 금지하는 문언이 없으면 환적을 허용하는 것으로 간주하고 있다.

⑭ 선적항 등

선적항(shipping port, port of loading)은 “shipment from”이라는 문언 다음에 항구의 명칭이 표시된다. 그런데 내륙운송을 포괄하고 있는 복합운송증권(combined transport cocument) 등의 경우에는 수출국 내륙에서의 발송지(place of dispatch), 수입국 내륙에서의 수탁지(place of taking in charge)가 표시된다. 최종목적지(place of final destination)는 “shipment to” 다음에 표시되는데, 복합운송에서는 양육항(port of discharge)과 구별되어 표시된다.

⑮ 서류에 관한 사항

수출자가 은행에 제시하여야 하는 서류 다시 말해서 개설의뢰인이 요구하는 서류를 말한다.

⑯ 상품에 관한 사항

상품에 관하여는 “covering shipment” 또는 “Evidencing shipment of” 다음에 표시되며, 대개는 상품명, 수량, 단가, 상품명세, 가격조건 등으로 구성된다.

⑰ 환어음의 작성에 관한 사항

대부분의 환어음에 “Draft …… drawn under documentary credit no. xxx issued by xxx bank”의 문언을 삽입하도록 요구하고 있는데 이는 개설은행의 업무편의를 위하여 당해 어음이 어떤 신용장에 근거하여 발행된 것인지를 확인하고자 하는 것이다.

⑱ 서류제시기간(time limit of presentation)

선적서류의 제시기간을 나타낸다.

⑲ **특수조건에 관한 사항**

이 난은 신용장상 조건이외의 것을 기록한다. 미국 이외의 곳에서 발생하는 비용은 수익자가 부담한다는 내용이 표시되어 있다.

⑳ **신용장통일규칙 준거문언**

모든 신용장에는 이와 같이 발행은행이 당해 신용장 거래에서 야기되는 모든 문제는 1993년에 개정된 신용장통일규칙에 준한다는 것이 인쇄되어 있다.

㉑ **지급확약문언**

개설은행이 신용장조건에 충족되는 서류를 자신에게 제시하면 반드시 수리하겠다고 확약하는 문언이다. 취소불능신용장인 경우에는 이러한 확약문언이 없다고 개설은행의 수리의무가 면제되는 것은 아니지만, 관행상 모든 신용장에 이러한 확약문언을 삽입해두고 있다.

㉒ **수익자가 주의해야 할 사항**

㉓ **통지은행 확인란**

㉔ **매입은행에 대한 지시**

신용장에 의하여 어음을 매입하였을 때는 사무착오의 방지와 선의의 제3자를 보호하기 위하여 그 사실을 신용장의 뒷면에 기재하도록 하고 있는데 다음과 같은 문언이 기재되고 있다.

"The amount and date of negotiation of each draft(s) must be endorsed on the reverse hereof by the negotiating bank"

이 밖에도 이 난에 환어음과 선적서류의 발송방법을 기재하는 경우도 있다.

나. 신용장개설 방법 및 유의사항

(1) 신용장개설 방법

신용장을 개설하는 방법에는 우편과 전신에 의한 두 가지 방법이 있으며 선적기일, 시황 자금사정 등을 고려하여 결정한다.

(가) 우편에 의한 개설(mail credit)

우편에 의한 신용장 발행은 신용장양식 1set를 작성하여 1차적으로 원본과 통지은

행용 사본 1매를 통지요청서와 함께 우편으로 먼저 발송하고, 우편사고로 인한 분실 등을 대비하기 위하여 2차로 신용장 사본을 수입대전결제요청서(reimbursement request)와 함께 우송하는 방법으로 개설하는 것을 말하며, 이 방법은 신용장 내용의 정확한 전달과 우송요금이 저렴하다는 장점이 있는 반면 전달시간이 장시간 소요된다는 단점이 있다.

(나) 전신에 의한 개설(cable credit)

신용장을 전신으로 발행하는 경우에 전신료는 수입자의 부담이나 그리 큰 것은 아니며 통신수단의 발달로 정확한 내용을 신속히 전달할 수가 있으므로 오늘날에는 전신에 의한 개설이 신속한 업무의 수행을 위하여 많이 이용되고 있다. 전신에 의한 개설방법으로는 다음과 같은 것이 있다.

① Short cable에 의한 방법

이 방법은 엄밀히 말하자면 신용장의 발행이 아니라 신용장의 발행사실을 수익자에게 통지하여 주는 것에 지나지 않는 것이므로 신용장으로서의 효력은 없다. 다만 신용장 개설사실을 미리 수익자에게 통지함으로써 수출준비를 하게 하고자 하는 것이며, 내용에 "Details to follow"라는 문언을 삽입하고 추후 우편확인장(mail confirmation; 신용장원본이 됨)을 우편으로 송부하여 모든 조건은 이에 의하도록 하는 방법이다.

② Full cable에 의한 방법

신용장상의 모든 내용을 전송함으로써 통지은행의 오역이나 신용장 당사자간에 문구해석의 차이로 인한 마찰을 줄이기 위한 방법이다. 이렇게 발행된 신용장은 그 자체가 유효한 원본으로서 효력이 있으므로 별도의 우편확인장(Mail confirmation)은 송부하지 않는다. 다만 오류전송에 대비하여 Cable 사본을 통지은행에게 송부하고 있다.

③ Cypher에 의한 방법

전신료를 절약하기 위하여 은행간에 환거래계약을 체결할 때 신용장의 전신약어(cypher/private code words)를 약정하고, 이에 따라 신용장을 송수신하는 방법을 말한다. 이러한 방식으로 도달한 신용장이 전신상의 오류 등에 대비하기 위하여 개설은행은 우편확인장을 송부하게 되는데, 우편확인장을 신용장원본으로 하기 위해서는 cypher 전문의 내용에 "mail confirmation will follow" 또는 "details to follow"와 같은 문언을 기재하여야 한다.

(다) 기발행신용장을 원용하는 방법

이미 발행한 바가 있는 신용장을 원용하여 전신으로 신용장을 발행하는 방법으로서 수익자와 발행신청인이 같거나 거래상품이 같을 때 자주 이용된다. 그러나 유의해야할 것은 기존의 신용장에 조건변경을 한 사실이 있을 경우이다. 이 경우에는 별도의 명시가 없으면, 조건변경사항을 제외한 원신용장의 조건들만 수익자에게 통지된다.

(2) 신용장의 개설시 유의사항

(가) 지시의 완전명확성

신용장통일규칙은 다음과 같이 지시의 완전명확성과 과도세밀규정의 금지를 규정하고 있다.

"신용장 개설의 지시, 신용장 그 자체, 신용장의 조건변경을 위한 지시 및 조건변경 그 자체는 완전하고 명확해야 한다. 은행들은 혼돈과 오해를 방지하기 위하여 다음과 같은 여하한 시도도 제지시켜야 한다.

① 신용장이나 조건변경서에 지나치게 상세한 사항을 포함시키는 것

② 이전에 개설된 신용장에 수락된 조건변경 또는 수락되지 아니한 조건변경이 있었을 경우, 이전의 신용장을 참조하여 신용장을 개설, 통지 또는 확인하도록 지시하는 것"

여기에서 완전성이란 신용장에 기재되어야 하는 모든 필요적 기재사항은 하나도 빠짐없이 개설신청서에 기재되어야 한다는 것을 말하며, 그 내용이 불명확하거나 애매하여 의문을 갖게 하는 것이어서는 안된다는 것을 말한다.

(나) 과도세밀규정의 방지

신용장발행의뢰인은 신용장거래의 독립추상성에 따라 신용장거래의 당사자중 가장 불리한 입장에 처하게 된다. 따라서 신용장에 여러 가지 조건을 붙임으로써 자기방어책을 강구하고자 신용장에 과도한 세밀규정을 하려는 경향이 있다.

그러나 신용장에 과도하게 세밀규정을 하는 것은 혼란과 오해를 야기할 우려가 있으며, 신용장 당사자들이 서류를 점검함에 있어 시간과 수고를 많이 낭비하게 한다. 따라서 신용장 통일규칙에서는 의뢰인의 그러한 시도에 대하여 개설은행이 이를 저

지할 수 있도록 하고 있는 것이다.

다. 신용장의 확인 및 통지

(1) 신용장의 확인

신용장의 확인(confirmation)이란 개설은행이 발급한 신용장을 제3의 은행이 다시 확인하는 것을 말한다. 일반적으로 취소불능신용장의 경우 이 신용장에 의해 발행된 어음의 인수 및 지급이 개설은행의 책임 하에서 이루어진다. 그러나 수익자가 개설은행의 신용에 의문을 가지거나, 개설은행의 국가가 전쟁위험 또는 정치적으로 불안정하여 수출대금의 안전한 영수가 불분명할 경우에는 제3은행 또는 제3국의 유수한 은행으로 하여금 개설은행을 보증하도록 하는 것을 말한다.

확인은행(confirming bank)은 만약에 개설은행이 당해 신용장에 의한 지급을 하지 못할 경우에는 개설은행을 대신하여 지급을 확약하게 되므로 수익자는 2중으로 보호를 받게 되어 안심하고 수출계약을 이행할 수 있게 되는 것이다.

신용장개설은행이 확인을 요청할 때에는 보통 다음과 같은 문언을 신용장상에 명시하게 된다.

"Please advise this credit to the beneficiary adding your confirmation."

(2) 신용장의 통지

신용장 개설은행이 발행한 신용장은 수익자에게 직접 우송될 수도 있으나 통지은행을 통하여 통지하는 것이 일반적이다.

통지은행은 단순히 개설은행의 신용장 개설사실을 통지하는 은행이지만 통지은행에도 최소한의 의무는 있다.

[예시 8-1] 신용장변경통지서

KOREA EXCHANGE BANK

Date:

<table>
<tr><td rowspan="2">IRREVOCABLE DOCUMENTARY CREDIT</td><td colspan="2">Credit No.</td></tr>
<tr><td>Issuing bank</td><td>Advising bank</td></tr>
<tr><td>Opening bank</td><td colspan="2">Accounted</td></tr>
<tr><td>Beneficiary</td><td colspan="2">Amount</td></tr>
<tr><td colspan="3">Dear Sir(s)
Our correspondent indicated above has requested us to notify you of the following amendment to this credit;

All other terms and conditions remain unchanged.</td></tr>
<tr><td>This letter constitutes an integral part of and must be attached to the original advice of irrevocable credit.
We reserve the right to make such amendments to this advice as may be necessary upon receipt of cable confirmation and assume no responsibility for any errors and/or omissions in the transmission and/or translation of the cable.</td><td colspan="2">Yours faithfully

Authorized Signature</td></tr>
</table>

B- 102(21 x 29.7)

N. B. If the abovementioned amendments is not acceptable to you, please inform us immediately. Except so far as otherwise expressly stated this documentary credit is subject to the "Uniform Customs and Practice for Documentary credits" (2007 Revision) International Chamber of Commerce(Publication No. 600)

[예시 8-2] UCP600에 의한 신용장

LETTER OF CREDIT

<table>
<tr><td colspan="2">1) THE FIRST PACIFIC BANK OF CHICAGO
(Mid-Continental Plaza Wabash at Adams Chicago, ILL., 60603
Cable address : Hongkong lbank
Telex No.: PO box :</td><td>3) <u>IRREVOCABLE LETTER OF CREDIT</u></td><td><u>4) Credit No.</u>
(Issuing Bank's No.)

FPB96904892</td></tr>
<tr><td colspan="2"><u>2) Place and date of issue</u>

Cicago, USA 30 Aug 2012
□ Confirmation of our brief teletransmission of</td><td colspan="2"><u>5) Date or place of expiry</u>

10. SEP 2012
at counter of Bank in Seoul</td></tr>
<tr><td colspan="2"><u>6) Applicant</u>

WAIKKI CO., LTD.
5002 North Clark Street Chicago, ILL., 60603, USA</td><td colspan="2"><u>7) Beneficiary</u>

KOREA TRADING CO., LTD.
Jungkok-dong Sungdong-ku, Seoul, KOREA</td></tr>
<tr><td colspan="2"><u>8) Advising Bank</u>

Korea Exchange Bank
Seoul, Korea
Advising Bank's No.</td><td colspan="2"><u>9) Amount</u>

USD20,000.00(USDollars Twenty Thousand only)</td></tr>
<tr><td>12)

<u>Partiial Shipment</u>

□ allowed

□ not allowed</td><td><u>13) Transshipment</u>

□ allowed

□ not allowed</td><td colspan="2" rowspan="2"><u>10) Credit available with</u>

THE FIRST PACIFIC BANK OF CHICAGO
(Mid-Continental Plaza Wabash at Adams
Chicago, ILL., 60603
by

11) □ sight payment/
□ deferred payment/
□ acceptance/
□ negotiation against the documents detailed herein.
□ and your <u>drafts</u> (□ at sight/ □ at days) drawn on us for full invoice value of goods.</td></tr>
<tr><td colspan="2"><u>14) Loading on board</u>

from/ Busan, Korea
<u>not later than</u> 10 SEP 2012
for transportation to Hong Kong</td></tr>
<tr><td colspan="4"><u>15) Documents</u> required

. Invoice(s) in quadruplicate
·□ <u>Full set original clean "On Board" bill of lading</u> made out to the order of shipper endorsed in blank
□ Original air waybill marked "for the consignor" signed by the carrier or his agent. marked "Freight □ Prepaid / □ Collect" and "Notify KOREA TRADING Co., Ltd, Seoul, Korea.
□ mentioning this DC number evidencing despatch to
·□ Marine / □ Air <u>Insurance Policy or Certificate</u> for full CIF value plus 10% covering □

□ to be continued on next page</td></tr>
</table>

<table>
<tr><td colspan="2">Institute Cargo Clauses(A) / □ Institute Cargo Clauses(Air), □ Institute War Clauses (□ Cargo / □ Air Cargo) and Institute Strikes Clauses (□ Cargo / □ Air Cargo). ·
Packing List in quadruplicate
·□ Insurance covered by □ Aplicant / □ ultimate buyer,
16) 1,000pcs LEATHER GARMENTS at USD20.00 per pc CIF
17) Each □ claim for payment/ □ draft accompanying documents must state: "Drawn under credit N0. FPB96904892 The First Pacific Bank Of Chicago, Chicago"</td></tr>
<tr><td colspan="2">18) Documents to be presented for negotiation within 10 days after the date of issuance of the transport document(s) but within the validity of the credit</td></tr>
<tr><td colspan="2">19) Special conditions(These shall prevail over all printed terms in case of any apparent conflict)
All banking charges outside U.S.A are for account of beneficiary</td></tr>
<tr><td rowspan="3">20)We hereby issue this irrevocable documentary credit in your favour which, except so far as otherwise expressly stated herein, is subject to "Uniform Customs and Practice for Documentary Credit (2007 Revision), International Chamber of Commerce Publication No. 600"

21) □ We hereby engage that payment will be duly made against presentation of documents which conform with the terms of this credit.
□ We hereby engage that drafts drawn in conformity with the terms of this credit will be duly accepted on presentation and duly honored at maturity.
□ We hereby agree with the drawers, endorsers, and/or bona-fide holders that drafts drawn and negotiated in conformity with the terms of this credit will be duly honored on presentation so long as there has been strict compliance with the terms and conditions (including special conditions) of this credit save to the extent that the same have been amended in writing and signed on our behalf.
Documentary evidence will be required of compliance with all conditions of this credit. This document consists of one signed pages. Your faithfully

THE FIRST PACIFIC BANK OF CHICAGO</td><td>22) We cannot make any alterations to this credit without the opner's authority. Should any of its terms or conditions be unclear or unacceptable, the beneficiary of this credit must contact the opner directly. We shall insist on strict compliance with all the terms and conditions of this credit unless and until they have been formally amended in writing signed on our behalf or by tested telex or by such other method as shall have been agreed from time to time. The beneficiary of this credit is not entitled to rely on communications or discussions with us, the advising bank or the opener as in any way amending this credit. The attention of the beneficiary is also drawn to Articles 3 and 4 or UCP600.</td></tr>
<tr><td>23) Advising Bank's notification</td></tr>
<tr><td>24) Place, date, name and consignee of the Advising bank</td></tr>
</table>

[예시 8-3] UCP600에 의한 신용장

THE NATIONAL BANK OF NEW YORK
120 Broad Street New York

IRREVOCABLE CREDIT No.1001

November 30, 2012

Haekwang Trading Co., Ltd.

The credit airmailed through
Hana Bank. Seoul, Korea

Gentlemen :

We hereby authorize you to draw on The National Bank of New York, New York, for account of American Silk Store, Inc., New York up to the amount of Five Thousand Dollars($5,000) available by your drafts at sight for 100% invoice value of silk goods, CIF accompanied by :

Commercial Invoice in triplicate

Customs Invoice in duplicate

Marine Insurance Policy or Certificate in duplicate covered with the American Insurance Underwriters for 110% of invoice value including ICC(A) and War Clauses.

Packing List in triplicate

Full set of on board clean Bill of Lading drawn to the order of The National Bank of New York, New York, marked "Notify American Silk Store, Inc., New York", evidencing shipment from a Korean port to New York during the month of January 200-.

All drafts must be marked "Drawn under Credit of The National Bank of New York, No. 1001 dated November 30, 200-."

The amount of any draft drawn under this credit must be endorsed on the reverse hereof and the presentation of draft, if negotiated, shall be a warranty by the negotiating bank that such endorsement has been made. If the draft is not negotiated, this credit and all relative documents must accompany the draft.

We hereby agree with the drawers, endorsers and bona fide holders of drafts drawn under and in compliance with the terms of this credit, that such drafts will be honored on presentation to the drawees if negotiated or presented at this office on or before February 15, 200-

This credit is subject to the Uniform Customs and Practice for Documentary Credits(2007 revision), ICC Brochure No. 600.

Yours very truly,

[예시 8-4] 취소불능신용장 : by Full Cable

TLX TO KOREA EXCHANGE BANK SEOUL, KOREA
FROM AMERICA BANK NEW YORK, U. S. A.

WE HAVE OPENED OUR IRREVOCABLE LETTER OF CREDIT NO, 98322 DATED AUG. 30, 2012
BENEFICIARY KOREA TRADING IND. CO. CPO BOX 8000 SEOUL, KOREA
APPLICANT JACK & SMITH CORPORATION. 17 BATTERY PLACE NORTH, NEW YORK , N. Y. 1004, U. S. A. FOR USD 20,000 CIF NEW YORK EXPIRY DATE MARCH 30, 2012.
AVAILABLE BY BENEFICIARY'S DRAFTS AT SIGHT DRAWN ON AMERICA BANK, NEW YORK BRANCH, FOR 100% OF INVOICE VALUE.
ACCOMPANIED BY THE FOLLOWING DOCUMENTS:

1. COMMERCIAL INVOICE IN TRIPLICATE COVERING 100PCS OF LADIES LEATHER GARMENT USD100.00 PER PC
   DETAILS AS PER FIRM OFFER NO. 5974 DATED FEB. 20, 2012
2. SIGNED SPECIAL CUSTOMS INVOICE FORM 5515 IN TRIPLICATE
3. PACKING LIST IN TRIPLICATE
4. CERTIFICATE OF ORIGIN/OR FORM "A" IN TRIPLICATE.
5. FULL SET CLEAN ON BOARD OCEAN BILL OF LADING MADE OUT TO ORDER OF AMERICA BANK, MARKED FREIGHT PREPAIDNOTIFY ACCOUNT
6. MARINE INSURANCE POLICY OR CERTIFICATE, ENDORSED IN BLANK, FOR 110% OF THE INVOICE VALUE: THE INSTITUTE CARGO CLAUSES(C), THE INSTITUTE WAR CLAUSES AND THE INSTITUTE STRIKES RIOTS AND CIVIL COMMOTIONS CLAUSES.

DOCUMENTS TO BE PRESENTED WITHIN 10 DAYS AFTER THE DATE OF INSURANCE OF THE TRANSPORT DOCUMENTS BUT WITH IN THE VALIDITY OF THE CREDIT.

PARTIAL SHIPMENT : PERMITTED
TRANSSHIPMENT : PROHIBITED
SHIPMENTS FROM : KOREA TO : NEW YORK
SHIPMENTS MUST BE EFFECTED NOT LATER THAN MAR. 15, 2012

ALL FOREIGN BANKING CHARGES OUTSIDE USA ARE FOR THE ACCOUNT OF THE BENEFICIARY DOCUMENTS ARE TO BE FOR WARDED TO US BY THE NEGOTIATING BANK IN ONE REGISTERED AIRMAIL.

THIS CREDIT IS SUBJECT TO UNIFORM CUSTOMS AND PRACTICE FOR DOCUMENTARY CREDIT(2007 REVISION) INTERNATIONAL CHAMBER OF COMMERCE PUBLICATION NO. 600.

THIS CABLE IS OPERATIVE
RGDS
INT' L LETTER OF CREDIT
AMERICA BANK
NEW YORK, USA

[예시 8-5] 회전신용장

THE NORTHER TRUST COMPANY
INTERNATIONAL DEPARTMENT
P.O. BOX 92921 50 SOUTH LA
SALLE STREET CHICAGO ILLINOIS 60675

IRREVOCALE COMMERCIAL LETTER OF CREDIT

DATE : May 29, 2012

Gentlemen :

We hereby issue in your favor this Documentary Letter of Credit in the sum of US$1,000,000.00. (One Million USD) revolving monthly non-cumulative for account of Sears, Roebuck Overseas, Inc., Chicago, Illinois, available by negotiation of your draft(s) at sight on The Northern Trust Company, Chicago, Illinois, accompanied by the following documents:

Commercial invoices for full value of cost of shipment when duly approved by any of the following authorized signers : J.F. Kennedy or K.S. Yang

If required Original Special Certificate of Origin issued by indicated authority of the Export Country

Accompanied by Original (Duplicate of Air Express Receipt and Parcel Post Receipt acceptable) of one or more of the following documents:

Original On Board Ocean Clean Bill of Lading

Railroad Company Receipt

Freight Forwarding Company Receipt

Cargo Receipt

The amount of any draft drawn under this credit must be endorsed by the negotiating bank of the reverse hereof. We hereby agree with the drawers, endorsers and bona-fide folders of drafts drawn under and in compliance with the terms of this credit that the same shall be honored on due presentation to drawee.

Unless othwise expressly stated, This Credit is subject to "Uniform Customs and Practice for Documentary Credits(2007 Revision) International Chamber of Commerce, Publication No. 600".

Very Truly Yours,

The Northern Trust Company
Po Box 92921 Chicago, IL.
Asst. Manage Foreign Dep.

[예시 8-6] 보증신용장[Stand-by credit]

KOREA EXCHANGE BANK

To Bank of America, New York March 20, 2012
Stand-by Letter of Credit

Dear Sirs,

We hereby issue our irrevocable stand-by letter of credit No. K123 up to an aggregate amount of US$10,000(US DOLLARS ONE MILLION ONLY) in your favor account of ABC Co., Ltd., Seoul, Korea as security for your loan plus its interest extend to XYZ Inc., 310 Fifth Ave. New York, N. Y. 10001, U. S. A. for purchasing of General Items as per Sales Contract No. 345

The interest rate of the loan extended under this credit shall not exceed the rate of zero point seventy five percent per annum over six month LIBO rate.

This credit is available against your sight draft drawn on us accompanied by your signed statement certifying that the borrower have defaulted in the repayment of your loan plus its interest and that in consequence the amount drawn hereunder represents their unpaid indebtedness due to you. Your loan statement as of end every month should be presented to us.

We hereby agree with you that drafts drawn by virtue of this credit and in accordance with its stipulated terms will be duly honored provided they are presented to us on or before December 31, 2012.

This credit shall expire on December 31, 2012, after which date shall be null and void.

Except as otherwise expressly stated herein, this credit is subject to the "Uniform Customs and Practice for Documentary Credit(2007 Revision) International Chamber of Commerce, Publication No. 600."

Very truly yours,

Korea Exchange Bank
Authorized Signature

Chapter 9

국제물품운송

Chapter 9

국제물품운송

제 1 절 해상운송

1. 해상운송의 기초

가. 해상운송의 의의

(1) 해상운송의 이해

(가) 해상운송의 정의

국제무역에서 물품을 운송하는 방법에는 항공운송, 해상운송 및 육상운송이 있지만, 우리나라의 경우 지리적 특성상 육상운송은 불가능하다. 따라서 해상운송이 주로 이용되고 있으며, 인도시기가 급한 물품, 견본품, 고가이면서 부피가 작은 물품은 항공운송이 이용된다. 물품을 운송하는 절차는 운송방법과 운송지역에 따라 달라지지만 대체로 다음과 같은 절차에 따라 수행된다.

수출상이 수행해야 할 업무를 중심으로 해상운송 절차를 정리하면 ①수입상과 운송방법 결정, ②선적일자 확정, ③중량 및 부피 추정, ④포워더와 예약(내륙운송 예약), ⑤상업송장 및 포장명세서 작성, ⑥수출신고필증 취득, ⑦내륙운송, ⑧공항 또는 항구에 도착, ⑨선적, ⑩B/L 발급의 순서가 된다.

해상운송(carriage by sea)이란 해상에서 선박을 수단으로 하여 상업적 목적 하에 화물 및 여객을 운송하는 것을 말한다. 해상운송은 다른 운송방법에 비해 운송위험이 높고, 운송기간이 많이 소요된다는 단점을 가지고 있지만, 대량 또는 중량의 물품을 적재할 수 있고, 운임이 저렴하기 때문에 세계 전체 운송물량의 90%가 이에 의존하고 있다.

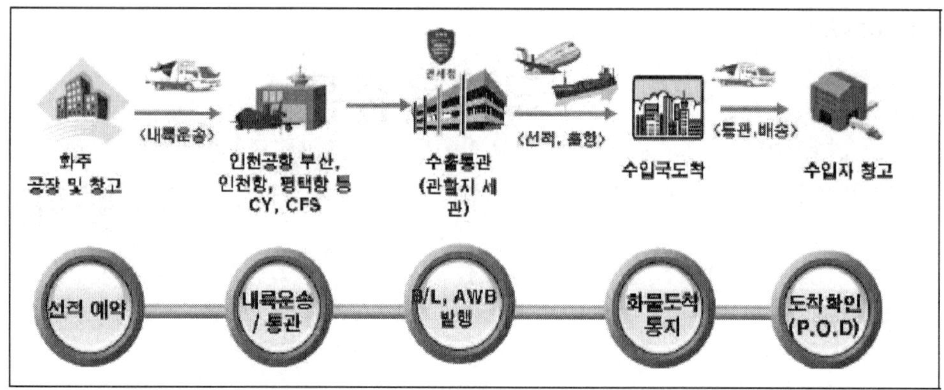

[그림 9-1] 해상운송의 절차도

〈표 9-1〉 운송수단별 장단점 비교

종류	장 점	단 점
운송공로	• Door to door의 편리한 운송 • 근거리운송에 경제적, 탄력적운임 • 간단한 포장상태로 운송 가능 • 필요한 때 즉시 이용가능 • 다양한 통로 가능 • 신속한 운송가능 • 화물의 특성에 맞는 차량 이용가능 • 장비조작이 비교적 용이	• 대량수송에 적합지 못함. • 장거리운송에 부적합(고비용) • 운행의 안전성 저하 • 환경오염 유발(대기, 소음, 교통체 등) • 교통상황에 취약 • 적재중량 제한
철도	• 대량운송 및 중량물 운송에 적합 • 중장거리운송에 적합(경제적) • 비교적 안전한 운행 • 전천후 운송수단임 • 정시성 우수	• 근거리운송에 비용이 높다. • 연계운송이 필요(소운송 필요) • 화물파손율 증가 • 화차확보에 시간소요(예약) • 역구내 체류시간 발생 • 운임탄력성이 낮음
해상	• 대량화물의 장거리운송에 적합 • 단위당 운송료가 저렴하고 탄력적 • 용적 및 중량화물운송에 제한 받지 않음 • 컨테이너운송체계에 의한 일관운송시스 • 템 확립 • 대륙간 운송에 효율적 • 자유로운 운송경로	• 운행속도가 늦다. • 기후에 영향을 많이 받음 • 근거리운송에 부적합 • 육로운송과 연계운송 필요 • 항만내 화물처리기간 소요 • 항만설비 투자 및 하역비 고가 • 운송의 안전성 낮음

항공	• 신속한 운송 • 운행의 정시성이 높음 • 안전성이 높음 • 포장비 절감(선박대비) • 상품의 특성에 따른 취급 • 신속 · 정확한 화물취급 정보 제공 • 저렴한 운송보험료 • 운임외 부대비용 적음	• 운송단가가 높음 • 이동통로의 경직성(공항확보) • 중량과 용적제한을 많이 받음 • 기후영향을 많이 받음 • 공항내 화물처리기간 소요 • 육상운송과 연계운송 필요

(나) 해상운송의 형태

해상운송은 이용하는 통로의 형태에 따라 내항(연안)운송과 외항(원양)운송으로 나뉘며, 내항운송을 내수로운송(inland waterway transport)이라고도 한다. 또한 운송형태에 따라 정기선운송, 부정기선운송 및 특수전용선운송 등으로 구별된다.

① 징기선운송

정기선(liner)은 정해진 항로를 정기적으로 운항하는 선박을 말한다. 정기선은 운송물량의 다소에 불구하고 운항하므로 고정비용이 많이 소요되어 부정기선보다 운임이 높은 반면 물품의 운송계획을 명확하게 수립할 수 있어 해상운송의 주류를 이루고 있다. 정기선운송은 주로 불특정다수 화주의 화물을 컨테이너에 내장하여 운송하는 개품운송계약에 의존하고 있으며 해운동맹이 결성되어 있는 것이 일반적이다. 건테이너화물 전용화물선을 컨테이너선이라고 한다. 정기선의 특징은 다음과 같다.

첫째, 반복 운항하는 전문운송인이다. 선복의 공간이 있는 한 운송계약을 거절하지 않으며, 일반대중을 상대로 운송계약을 체결한다.

둘째, 선박이 부정기선보다 고가이며, 화물도 부정기선 화물에 비해 고가이기 때문에 고가의 서비스를 한다.

셋째, 표준계약서(Standard Contract)와 운임표(Freight Tariff)에 따라 운송서비스를 제공한다.

② 부정기선운송

부정기선(tramper)이란 운송 수요자의 요청에 따라 수시로 운항하는 선박을 말한다. 따라서 미리 정해진 항로나 화물 또는 운항계획이 없으므로 화물이 있는 곳에는 어느 곳이든 항해할 수 있으며, 회항도 자유롭다. 부정기선은 주로 원유, 철강석, 석탄, 곡물, 시멘트 등 저가의 대량산화물(bulky cargo) 등의 운송에 이용되며, 특수전용선으로는 냉동선(refrigerated ship), 유조선(oil tanker), 목재전용선(lumber carrier), 자동차전용선(car carrier), 광석전용선 등이 있다. 운임은 용선계약(charter party)에 의하여 그 당시의 수요와 공급에 의하여 결정되는 것이 보통이다. 부정기선은 다음과 같은 특징이 있다.

첫째, 화물의 운송은 지역별 · 시기별로 불규칙적이고, 수요에 따라 항로가 결정되므로 범세계적 시장을 형성한다.

둘째, 단일기업의 시장점유율이 높지 않으므로 독점기업이 성립되기 어렵다.

셋째, 부정기선 시장은 자유경쟁이 적용되며, 가격(운임, 용선료)은 타율적으로 결정되고, 운임수준도 화물의 수요에 따라 변동된다.

용선계약의 체결은 화주가 선박을 수배하기 위하여 용선중개인(charter broker)를 이용하여 선복의 확보를 위한 조회(inquiry for ship's space)를 한다. 선박회사는 조회를 받고 화주가 요구하는 제조건을 검토하여 화주에게 확정청약(firm offer)을 신청한다. 화주는 선박회사가 제시한 청약에 대하여 승낙을 하게 되면 용선계약이 성립되어 선박회사는 그 증빙서류로 선복확정서(fixture note)를 작성하여 화주, 선주 및 중개인이 각각 서명하여 한 통식 보관하고, 그 후 정식 용선계약서(charter party)를 작성한다.

〈표 9-2〉 정기선운송과 부정기선운송의 비교

구분	정기선운송	부정기선운송
선박	정기선(주로 컨테이너선)	부정기선(주로 전용선, 겸용선)
조직	대형조직	소형조직
운항형태	규칙적, 반복적(고정항로, 일정)	불규칙적(화주 요청에 따라 결정)
화물	불특정 다수의 소화물 중심(일반 제품, 포장화물, 컨테이너화물 등)	단일화주의 대량벌크화물(원유, 광물, 천연가스 등)
운송계약	선하증권에 기재	용선계약을 체결
운임	사전에 공정운임(tariff) 공표, 일정기간 고정	계약시마다 변동(수요와 공급에 따라 운임률 결정)
운임률	용선운송에 비해 상대적으로 고가	정기선운송에 비해 상대적 저렴
선박종류	컨테이너선과 일부의 재래화물선	주로 벌크선/탱커선 등 특수목적선

③ 특수전용선운송

특수전용선운송은 특정화물의 운송에 전용할 수 있도록 건조된 선박을 말한다. 특수전용선에는 냉동선(refrigerated ship), 유조선(tanker), 곡물전용선(grain carrier), 목재전용선(log carrier, lumber carrier), 광석전용선(ore carrier), 자동차운송전용선(car carrier), 가스전용선(LNG or LPG tanker carrier) 등이 있다. 특수전용선은 특정화물을 편리하고 안전하게 운송할 수 있는 장점을 가지고 있다.

(2) 선박의 종류

선박에 대한 일반적 정의는 사람이나 물건을 싣고 물위를 항해하는 구조물을 말하며, 해상법상으로는 상행위를 비롯한 기타 영리를 목적으로 항행에 사용되는 것, 선박법에서는 부양력을 가지는 구조물로서 인명과 재화의 적재능력 및 해상을 스스로 항행할 수 있는 것 등으로 정의되고 있다.

선박은 분류기준에 따라 다양하게 구분할 수 있지만, 용도에 따라 구분하면 크게 상선, 특수선, 군함으로 나눌 수 있다. 상선(merchant ship)은 여객과 화물을 운송하는 선박을 말하며 여객선(passenger ship)과 화물선(cargo ship, freighter) 및 화객선(semi-cargo ship)으로 나눌 수 있다. 그리고 화물선은 일반화물선(general cargo ship), 살물선(bulk carrier), 전용선(specialized ship)으로 나눌 수 있다. 특수선박에는 다음과 같은 유형이 있다.

LASH선(Light aboard ship)은 컨테이너를 적재한 다수의 바지선을 적재하여 운항한 후 부두에 직접 접안하지 않고 바지선을 선박의 자체 크레인으로 하역하여 바지선 자체가 부두에 접안하도록 하는 형태의 선박을 말한다. LASH선은 하천이나 운하를 이용하여 최종목적지까지 운송하고자 할 때나, 수심이 낮은 항구나 부두개발이 안된 지역 또는 부두가 혼잡한 항구에서 대량운송과 효율적인 하역작업을 하기 위한 목적으로 이용된다.

바지선(barge 선)이란 항만내부나 하구 등 비교적 짧은 거리에서 화물을 수송하는 동력장치가 없는 거룻배를 말한다. 부두에서 본선까지 화물을 나르거나 반대로 본선에서 부두까지 화물을 나르는 역할을 한다. 자항장치가 있는 것도 있으나 보통은 끌배(예인선)으로 끌게 되어 있다. 벌크선(bulk carrier)이란 곡물, 석탄, 광석 능과 같이 포장하지 않고 가루 또는 낱알 상태의 화물을 전문적으로 운송하는 선박을 말한다. 석탄전용선(coal carrier), 광석전용선(ore carrier) 시멘트전용성(cement carrier) 곡물전용선(grain carrier) 등이 있다. 화물의 성격상 복원성(stability)이 약하기 때문에 선박

구조의 구획설계가 의무화되어 있다.(SOLAS협약)

피더선(feeder ship, feeder container ship)이란 대형 컨테이너 선박(mother vessel, 모션)이 기항하는 중추 항만(hub-port)과 인근 중소형 항만간에 컨테이너를 수송하는 피더서비스에 사용되는 중소형 컨테이너선박을 말한다. 예인선(曳引船, tog boat, tug)이란 항만에서 대형선박의 입출항 및 접안, 이안을 돕거나 고장선박 또는 바지선을 예인하는 선박을 말한다. 선박의 규모는 작아도 강력한 추진력을 갖고 있다. 끌배라고도 한다.

〈표 9-3〉 선박크기에 따른 분류

구분	내용
1. 살물선	
Handy size	2만~4만톤급 규모의 배로 일정한 항로 없이 운항하는 것이 특징이며, 크기가 작기 때문에 접안시설의 규모에 구애받지 않고 시설이 빈약한 항구로도 자유로운 왕래가 가능함
Handymax	핸디사이즈보다 조금 큰 5만톤급 선박을 지칭합니다.
Panamax	파나마 운하를 통과할 수 있는 최대선형으로 6만~7만톤급 선박이 여기에 해당하며, 선박의 밑바닥을 운하의 밑바닥 처럼 평평하게 건조됨
Cape size	남아프리카공화국 동쪽 해안 석탄 적출항이 리차드 항에 입항 가능한 최대 선형으로 10~15만톤급의 선박
VLBC(very large bulk carrier)	18만에서 20만톤의 화물을 실을 수 있는 초대형 살물선으로, 20만톤 이상은 ULBC로 칭함
2. 유조선	
Panamax	파나마 운하를 통과할 수 있는 6만~7만톤급의 선박.
Aframax	아프라(Afra)는 운임, 선가 등을 고려했을 때 최대의 이윤을 창출할 수 있는 이상적이고 경제적인 사이즈란 뜻으로 통상 9만 5천톤급 선박을 지칭하며 8만~11만톤까지 포함
Suezmax	Suez Canal Maximum의 준말로 수에즈 운하를 만재(滿載)한 상태로 통과할 수 있는 최대 선형. 13만~15만톤급의 선박으로 배 밑바닥을 수에즈운하의 밑바닥처럼 뾰족하게 건조
VLCC	Very Large Crude oil Carrier의 약자로 초대형유조선을 이르며 20~30만톤까지의 선형이 여기에 해당
ULCC	Ultra Large Crude oil Carrier의 약자로 30만톤급 이상의 초대형 유조선

자료 : 삼성중공업, http://www.shi.samsung.co.kr/Kor/pr/know_kind02.aspx

(3) 선박의 톤수

선박의 톤수란 선박의 화물 적재능력을 말하며 중량이나 용적으로 표현된다.

(가) 용적톤수

용적톤수는 총톤수와 순톤수로 구분되며 이는 선박의 공식톤수로 정부에 선박을 등록하거나 세금 및 각종 요금 징수의 기준이 되는 톤수로 법정톤수라고도 한다.

총톤수(tross tonnage)란 선박의 총용적을 말한다. 선박의 밀폐된 모든 공간의 용적에서 상갑판 위에 있는 추진, 항해, 안전 및 위생에 관련된 공간을 차감한 용적톤을 말하며, 1GT는 2.83m^3(100feet^3)이다. 군함을 제외한 모든 선박(상선, 어선 등)의 크기나 선복량을 비교할 때 사용되는 톤수이며, 각국의 선박 통계, 등록세, 선박검사료, 임거료, 도선료 계산의 기준이 된다.

순톤수(net tonnage)란 선박의 용적 중에서 직접 상행위에 사용되는 용적을 톤수로 나타낸 것을 말한다. 선박의 전체 용적에서 선박 운항에 이용되는 기관실, 선원실, 밸러스트 탱크 등의 용적을 공제한 용적을 말하며, 1NT는 2.83m^3(100feet^3)이다. 항세, 톤세, 운하통과료, 등대사용료, 항만시설사용료 계산의 기준이 되는데 통상 총톤수의 65% 정도가 되는 것이 보통이다.

총톤수와 순톤수가 용적단위로 표시되는 이유는 톤수의 개념이 도입될 당시, 해상운송 대상화물 중 가장 중요했던 화물이 포도주였는데, 포도주는 참나무통에 담아 운송됨에 따라 선박이 포도주통을 몇 개나 적재할 수 있는가에 따라 선박의 크기를 책정하여 세금을 부과했기 때문이다.

운하톤수(canal tonnage)란 수에즈운하나 파나마운하에서 운하 통과료 산정을 위한 측정방법을 말한다. Suez Canal Tonnage와 Panama Canal Tonnage이 있다.

(나) 중량 톤수

중량톤수에는 배수톤수(displacement tonnage)와 만재중량톤수(dead weight tonnage, DWT)가 있다. 선박의 중량은 선체 수면 아래 부분의 용적에 상당하는 물의 중량과 같다. 이 물의 중량을 배수수량 또는 배수톤수(displacement tonnage)라고 한다. 배수톤수는 화물의 적재상태에 따라 다르다. 화물이 적재되어 있는 선박과 화물의 중량을 만선(만재)배수톤수(full load displacement)라고 하며, 화물이 적재되지 않은 선박만의 중량을 공선(경하)배수톤수(light load displacement) 라고 한다.

재화중량톤수(dead weight tonnage, DWT)란 선박이 적재할 수 있는 화물의 중량으로 최대적재량을 의미한다. 화물, 여객, 선원, 연료, 밸러스트, 식량, 선용품 등 일체가 포함된 무게로 실제 수송할 수 있는 화물의 톤수는 재화중량 톤수에서 이들 각 중량을 차감한 수치가 된다.

〈표 9-4〉 용적톤수

산정기준	톤 수	내 용
배의 용적톤	총톤수	선박의 밀폐된 용적에서 제외적량을 제외한 총용적을 단위가 meter이면 2.832m^{3}을 ft이면 100ft^{3}를 1톤으로 산출한 톤수(총적량=밀폐된 총용적-제외적량)
	순톤수	총적량에서 공제적량을 공제한 순적량, 즉 화물 및 여객운송에만 사용되는 공간의 용적을 단위가 meter이면 2.832m^{3}을 ft이면 100ft^{3}를 1톤으로 산출한 톤수(순적량=총적량-공제적량)
	운하톤수	수에즈 및 파나마 운하에서 독자적인 측정방법에 따라 적량을 측정하여 운하 통과료의 기준으로 삼는 톤수
	갑판하 톤수	갑판 아래의 전용적을 2.832m^3(100ft^3)를 1톤으로 하여 산출한 톤수
화물의 용적톤	재하용적 톤수	선박에 적재되는 화물의 용적으로 각 선창의 용적과 특수화물창의 용적을 1.133m^3(40ft^3)를 1톤으로하여 산출한 톤수

주: 용적톤 산출 공식 : 배(화물) 용적 ÷2.832m3(100ft3)

〈표 9-5〉 중량톤수

산정기준	톤 수	내 용	비 고
선박의 중량	만재배수 톤수	선체 침수부의 용적(배수용적)에 상당하는 물의 중량, 즉 배가 배제한 물의 중량을 말한다. 이 물의 중량을 배수량 또는 배수톤수라 한다.	배수톤수라 할 때는 만재배수톤수를 말함
	경하배수 톤수	화물, 여객, 연료, 음료수, 식료품 등을 전혀 적재하지 않은 공선 상태의 배수량을 말함	공선 배수톤수라고도 함
	기준배수 톤수	군함이 완성되어 병기, 탄약, 승조원 식량 등을 일체 탑재하고 연료와 청수만을 적재하지 않은 상태의 배수톤수	군함의 크기를 표시
화물의 중량	재화중량 톤수	만재상태의 배수량과 경하상태의 배수량과의 차를 말하며, 선박이 적재할 수 있는 화물의 최대중량	선박의 매매, 용선료의 기준

(4) 선박의 국적

선박은 속성상 공해를 항해하거나 여러 국가가 관할하는 수역을 항해하기 때문에 동 선박의 관할국가를 확정하여 책임의 소재와 한계를 정할 필요가 있다. 선박의 국적은 공해에서 교전, 위법 혹은 경제문제 등으로 선박을 포획하거나 나포할 것인지 아니면 해적으로 취급할 것인가에 대한 결정의 표준이 되기도 한다.

그러나 선박의 국적에 대한 통일된 국제규칙은 없으며 각국의 국내법에 따라 결정되고 있다. 일반적으로 선박국적을 증명하는 방법으로는 국기(flag), 등록(registration) 및 증명서(documentation) 등이 사용되는데, 외관상 선박국적의 명백한 증거로는 국가의 게양이다. 특정국가의 국기를 게양한 선박을 공해상에서 그 게양된 국기 국가의 영토의 연장선으로 보는 개념은 오래된 국제관습법의 하나이다. 각국은 자국기를 게양한 선박에 대하여 자국의 국내법에 따라 관할권을 행사하고 통제할 수 있는데 이를 기국주의(旗國主義, principle of the exclusivity of the flag state)라고 한다. 만약 2개국 이상의 국기를 게양하고 항해하는 선박은 어느 국적도 주장할 수 없는 무국적선으로 취급된다. 국제법상으로 국적이 없거나 이중국적을 가지고 있는 선박은 해적으로 간주되어 무경고 공격과 즉결처분이 가능하도록 되어 있다.

편의치적선(flags of convenience, FOC)이란 선박소유, 운항 등의 편의(낮은 세율, 외국인 선원 승무의 자유, 낮은 선박구조기준 등)를 수혜하기 위해서 선박소유자의 소재국이 아닌 외국에 등록된 선박을 말한다. 선주는 라이베이라, 파나마, 바누아투, 나우루, 온두라스, 홍콩 등 이른바 조세피난처(tax heaven)에 현지법인을 설립하고 이 법인을 선주로 하여 선박국적을 그 나라로 옮김으로서 각종 경비를 줄이고자 하는데 이러한 수법을 차터백(charter back)이라고 한다.

(5) 선원

선박내외 조직은 선박이 종류와 선형에 따라 다르지만 대체로 선장 아래에 갑판부, 기관부, 통신 및 사무부로 편성되어 있다. 갑판부는 선장 지휘아래 선박의 운항, 화물하역 및 항해, 정박 당직의 담당, 선박의 대외적 대표기능을 하며, 기관부는 기관장의 지휘 아래 선내 기관의 운전, 연료 및 윤활유 수급 및 관리, 기관부의 선용품 관리를 담당하다. 통신 및 사무부는 무선통신 및 전화에 의한 문서의 송수신, 선내 급식관리 등을 담당한다.

선원은 고급선원과 보통선원으로 구분된다. 고급선원은 전문적인 교육을 받고 해기면허를 소지한 자를 말하며 해기사라고도 한다. 보통선원은 해기사 이외의 선원을 말하며 부원이라고도 한다.

해기사는 크게 항해사, 기관사, 소형선박조종사, 통신사로 구분된다. 대형선박의 경우에는 3등항해사(3항사)로부터 시작하여 2등항해사(2항사), 1등항해사(1항사)를 거쳐 선장이 되며, 소형선박의 경우 선장 1명이 선박 운항에 관한 모든 역할을 수행하기도 한다. 기관사는 기관장, 1등기관사(1기사), 2등기관사(2기사), 3등기관사(3기사)로 나누어진다.

〈표 9-6〉 해기사의 유형

직급	역할
선장	선박의 최고 책임자, 선박 및 인명의 안정에 대한 책임과 지휘, 출항전에 항해 목적지, 기후, 거리 등을 확인하여 출항여부를 결정, 항해시에는 해도, 나침판, 레이더, 선박자동식별장치(AIS) 및 기타 항해기기를 사용하여 선박의 속도와 항로를 지시
1항사	갑판부 책임자, 선장을 보좌하여 선내 규율확립, 하급 항해사 및 선박 부원의 교육훈련, 선박의 안전관리, 갑판부의 보수정비, 화물의 적하계획 수립 감동, 입출항시에는 선수에 위치하며, 항해시에는 해도상에서 선박의 위치를 호가인하여 항로를 유지, 최근 위성항법장치(GPS)가 많이 활용됨
2항사	항해에 필요한 선박내 각족 계기 관리, 해도 및 항해관련도서 관리, 선박입출항시 선미에 위치하여 선장에게 상황을 보고하고 명령에 따라 임무를 수행
3항사	주로 구급, 위생 및 의료 업무 수행, 소화설비 관리, 선박입출항시 선교에 위치하여 선장을 보좌, 엔진계기에 나타난 수치를 파악하는 업무 담당, 선수 및 선미나 기관부서로 선장의 명령 전달 및 보고사항 전달
기관장	기관부의 책임자로서 선장을 보좌하며 기관부를 통제함
1기사	기관장 보좌, 주기관과 이와 관련된 기기 담당, 기관부 인사관리
2기사	연료나 윤활유 관리, 각종 보조기관 담당, 기관장치가 24시간 안전하게 가동되도록 함. 최근 무인화선박(UMA)을 지향하고 있어 반드시 기관실에 근무하지 않아도 된다.
3기사	

나. 항만

(1) 항만의 의의

종래에는 항만을 단순히 선박이 화물을 선적 또는 양하하기 위해 필요한 시설을 갖춘 곳으로 인식되어 왔으나 최근에는 항만이 수출입활동의 전진기지이자 물류기지로 부각되면서 그 중요성이 재인식되고 있다.

항만은 국제무역의 측면으로 볼 때 컨테이너 전용부두(터미널)와 기타 일반화물을 취급하는 재래부두로 나눌 수 있다. 컨테이너 터미널은 해상과 육상의 접점인 항만에 위치하여 컨테이너의 선적 및 양륙은 물론 트럭이나 철도와의 컨테이너 인수도, 컨테이너 장치, 공컨테이너의 집화, 컨테이너의 수리 등의 기능을 수행한다. 컨테이너 터미널은 선석(berth), Apron, Marshalling yard, CY, CFS, Control tower 및 Gate 등으로 구성된다.

선석(船席, berth)이란 선박이 접안하여 승선, 하역 및 선적을 할 수 있는 선박계류시설[1])을 말한다. 선박을 접안[2])시킬 수 있는 부두 수에 따라 "제 몇 버스"라 부르기도 한다.

Apron이란 부두에 길게 구축되어 있는 안벽에 접한 육지공간의 일부분으로 부두에서 바다와 가장 가까이 접한 곳이며, 폭은 30-50m 정도이다. 이곳에는 Gantry cane이 설치되어 있어 화물을 적재・양하 작업을 한다.

Marshalling yard는 방금 선박에서 하역하였거나 선박에 적재할 컨테이너를 정렬해 두는 넓은 장소로 조작장이라고도 한다. 선적예정인 컨테이너를 하역순서에 따라 정렬시키고 동시에 컨테이너선으로부터 양륙된 컨테이너를 놓아 둘 장소를 준비하는 곳이다. 보통 컨테이너 사이즈에 맞추어 바둑판 모양의 황색 구획선이 그어져 있는데 이 구획선으로 막혀진 각 간을 슬로트(slot)라고 한다. Apron과 인접하여 배치되어 있으며 CY의 상당부분을 차지한다.

CY(container yard)란 컨테이너를 보관, 집적(集積)하고 수도(受渡)를 행하는 장소를 말한다. 광의로는 CFS, Marshalling yard, Apron을 포함한 컨테이너 터미널(container terminal)의 의미도 갖고 있다. 그러나 컨테이너 전용 터미널의 경우에는 마샬링 야드 외의 구별이 어렵기 때문에 본선과의 사이에 적・양하를 행하는 곳을 에이프런이라

1) 계류란 선박 등이 표류하지 않도록 안벽이나 부표 또는 해저에 붙잡아 매어 놓는 것을 말하며, 계선이란 선박이 화물을 적하하고 여객이 승강하기 위해 접한하는 것을 말한다.

2) 접안(接岸)이란 배를 안벽이나 육지에 접근시켜 대는 것을 말한다.

하고 그 밖의 컨테이너의 장치, 수도 장소를 CY로 부르기도 한다.

[그림 9-2] Container Terminal의 구조

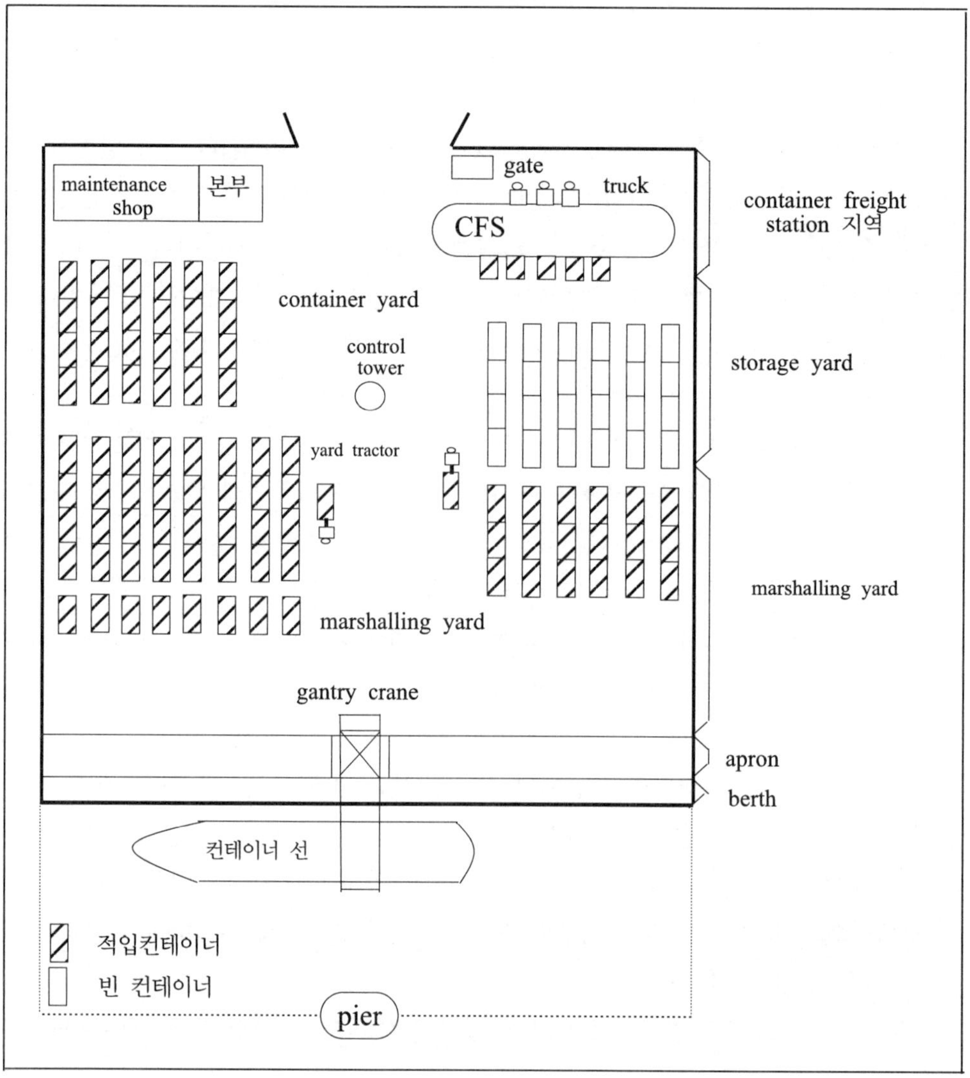

maintenance shop
본부
gate
truck
CFS
container freight station 지역
container yard
control tower
storage yard
yard tractor
marshalling yard
marshalling yard
gantry crane
apron
berth
컨테이너 선
적입컨테이너
빈 컨테이너
pier

CFS(container freight station)란 1개의 컨테이너를 완전히 채울 수 없는 소량의 화물, 즉 LCL화물(less than container load)을 다수의 화주로부터 화물을 인수하여 보관・분류하거나. 컨테이너에 적입(stuffing) 또는 해체(unstuffing, devanning) 작업을 하는 장소를 말한다. 여러 화주의 화물을 1개의 컨테이너에 적입하는 것을 혼재작업

이라고 하는데, 혼재작업은 CFS에서 뿐만 아니라 내륙지방의 집하중심지에 설치된 지정구역에서도 행해지며, 이 지역을 Inland Container Depot(ICD)라고 한다.

Control tower는 CY 전체를 내려다 볼 수 있는 위치에 설치되어 선적, 하역작업, 컨테이너의 배치작업 등을 감독·지휘하는 장소이다.

Maintenance shop은 하역기기나 운송관련 기기의 검사, 수리, 청소 및 기기의 보수 등을 하는 장소이다.

Gate는 컨테이너나 컽네이너 화물의 인수와 인도를 위해 Terminal을 출입할 때에 필요서류의 접수, 컨테이너의 점검, 중량의 확인 등이 행해지는 장소를 말한다.

Terminal office(administration office)는 Terminal의 경영을 위한 행정사무를 수행하는 관리부서이다.

(2) 항만의 고정구축물

(가) 안벽

안벽(岸壁, quay wall)이란 선박을 접안시켜 화물의 하역과 여객의 승하선을 위해 해안에 평행하여 해저로부터 수직으로 쌓아 올린 구축물을 말하며, 계선안벽이라고도 한다. 안벽은 육상의 옹벽(擁壁)과 마찬가지로 배후가 토사로 채워져 있고 따라서 그 토압(土壓)을 지탱하는 구조로 되어 있다. 또한 선박이 도착할 때의 충격이나 선박을 계류하기 위한 견인력에 견디고 지면 위에 놓인 기계류·화물 등의 하중도 지탱하지 않으면 안 된다. 구조형식에 따라 중력식, 잔교식, 선박식, 강널말뚝식, 부잔교식 돌핀 등이 있다.

잔교(棧橋, pier)란 선박을 접안, 계류하여 화물의 하역과 승하선을 할 수 있도록 목재, 철재 또는 철근콘크리트로 만들어진 교량형 구조물을 말한다. 잔교는 보통 해안선이 접한 육지에서 직각으로 뻗어 나오고 그 양측에 배를 접안하도록 되어 있지만, 바다 위에 말뚝을 박고 그 위에 콘크리트나 철판 등으로 상부시설을 설치한 교량 모양의 접안시설도 있으며, 말뚝 대신에 우물통(井筒), 공기케이슨, 보통의 케이슨, 각주구(角柱構) 등을 설치하여 직립부를 만들고 이것을 수평방향으로 연결하여 사용하기도 한다. 케이슨(caisson)이란 철근 콘크리트제의 상자 모양의 것으로 안벽 등을 만들 때 사용된다.

부잔교(浮棧橋, floating landing stage)란 선박의 계류를 위해 물 위에 띄워 만든 구조물을 말한다. 부두에서 어느 정도의 거리를 두고 폰툰(pontoon, 물에 뜨도록 만든

상자형의 부체)을 물에 띄우고 그 위에 철근콘크리트 · 강판 · 목재로 바닥을 얹어 여객의 승하선 · 화물의 적양(積揚)에 편하도록 만든 구조물이다. 폰툰을 해저에 체인 · 와이어로프로 고정시키고 그 위에 설치한 간이부두로서, 조석 간만의 차이가 큰 곳에서 많이 이용된다.

돌핀(dolphin)이란 물 속에 발뚝을 박거나 주상체(기둥모양의 구조물, 柱狀體)를 설치하여 선박을 매어두는 계류시설을 말한다. 육안(陸岸)에서 10-20m 떨어진 위치에 돌핀을 1버스당 2-3기를 설치하며 육상과는 간단한 도교(渡橋, 건널다리)로 연락한다. 또한 탱커용 돌핀은 육지로부터 상당히 떨어진 곳에 설치하고 파이프라인(pipeline)으로 연결하기도도 있다.

(나) 부두

부두(wharf, quay)란 육안(陸岸)에서 수면의 밑바닥으로부터 직각으로 쌓아올려 육지와 평행하게 수면에 돌출한 평행식 구축물인 계선안벽(繫船岸壁)을 갖고 있으며, 화물의 적재와 하역 처리시설, 야적장, 임항철도, 창고 등 각종 하역설비가 상설되는 장소와 안벽에 이어진 콘크리트 광장인 Apron 그리고 선박이 계류하는 안벽의 일정 수역인 Berth로 구성되어 있다.

부두는 해상운송과 육상운송의 중계지로서 중요한 역할을 한다. 육상측으로는 도로나 철도와 이어지고, 화물의 하치장과 창고를 갖추고 있으며, 크레인 등의 하역기계가 설비되기도 한다. 해상측으로는 선박이 계류하기에 충분한 수심과 부두의 길이가 요구된다. 용도에 따라 잡화선부두, 컨테이너선부두, 전용선부두, 여객선 부두 등으로 불리고, 모양에 따라 Dock식, 연안식, 빗모양식 등이 있다

특히 전면 수심이 보통 4-5 m 이내인 1천톤급 미만의 소형선박이 접안하는 간이부두를 물양장(物揚場, lighter's wharf)이라고 하며, 주로 어선, 부선 등이 접안하여 하역한다.

(다) 기타의 고정구축물

① 도류제(jetty)

도류제(導流堤, training dike)란 토사의 퇴적 등으로 인하여 유로(流路, 물이 흐르는 길)가 교란되는 것을 방지하기 위하여 하천이 합류하는 곳이나 하구부분에 물을 원하는 방향으로 흐르게 하기 위해 설치하는 제방형 구축물을 말하며, 도수제(導水堤)라고도 한다. 하천이 하류로 내려갈수록 강폭이 커지고 하상 구배(slop)도 완만해

질 뿐 아니라 하구 부근에 이르러서는 바닷물의 영향도 받게 되므로 유속이 더욱 느려져서 흘러나온 토사를 침전시켜 얕은 여울이 되기 쉽다. 따라서 도류제를 설치하여 유수폭을 제한하고 유속을 일정하게 유지시켜서 침전을 막아 해안이나 하안을 보호하고 수심을 유지하는 기능을 한다.

돌제(突堤, groin)란 해안의 표사 이동을 방지할 목적으로 해안에서 물로 직각방향으로 뻗어 나가게 설치한 구조물 또는 조석류나 하구류 등 주로 유수(流水, 흐르는 물)를 규제하여 수심을 유지하도록 설치된 구조물을 말한다. 소형선의 접안기능을 겸하는 것을 돌제식 부두(pier, jetty)라고 한다.

② 방파제, 방조제, 호안

방파제(防波堤, break waters)란 외해(外海)로부터 파랑(波浪)을 막아서 내항을 보호하는 구조물을 말한다. 대부분의 인공항에서 필요로 한다.

방조제(防潮堤, tide embankment)란 높이 밀려드는 조수의 피해를 막기 위하여 바닷가에 쌓은 둑을 말한다. 해면간척지에서는 바다로부터 농경지를 보호하기 위해 방조제를 쌓는다.

호안(護岸, revetment)이란 하안(河岸)이나 해안의 둑을 보호해서 유수에 의한 물가선의 침식을 방지하기 위해 그 비탈면에 시설하는 공작물을 말한다.

③ 묘박지, 계선부표, 갑문 및 램프

해상에 닻을 내리고 운항을 정지하는 것을 묘박(anchoring)이라고 하며, 선석이나 양육부두가 마련될 때까지 선박이 기다리거나 연료 보급선으로부터 연료를 공급받기 위해 마련된 해상의 특정 장소를 묘박지(錨泊地, anchorage basin)라고 한다.

계선부표(繫船浮標, mooring buoy)란 강판제의 원통형・원뿔형의 속이 빈 부체(浮體). 부체를 고정시키기 위하여 쇠사슬에 매달아 바다 밑에 가라앉힌 콘크리트로 만든 추나 2~3개의 닻에 연결시킨다. 부표의 상부에는 닻술을 매기 위한 고리가 달려 있다

갑문(閘門, lock)이란 수면의 높이 즉 수위가 다른 두 수역 사이에 선박을 통과시키기 위해 만든 시설을 말한다. 하천, 수로, 운하를 가로질러 보(洑)를 쌓은 경우 보의 상하류 사이에 수위차가 생겨 선박을 통과시키기 위해서 수위를 조절하는 장치가 필요하게 되는데 이를 위한 구조물을 갑문이라 한다.

램프(ramp)란 선박과 육지를 연결하는 다리를 말한다. 예컨대 병원에서 동(棟)과 동을 잇는 다리도 램프라고 한다.

(3) 항만의 부대설비

(가) 하역설비

① 컨테이너 크레인(container crane, C/C)

부두의 안벽에 설치되어 컨테이너선으로부터 컨테이너를 부두로 하역하거나 부두에 있는 컨테이너를 배에 선적하는 컨테이너 전용 기중기를 말한다. Gantry crane(G/C), Rail mounted quay crane(RMQC), Quay Crane(QC) 또는 키사이드 컨테이너크레인(Quay-side container crane) 등으로도 불린다.

갠트리 크레인은 받침장치가 달린 대형 크레인으로 문 또는 다리 모양의 항만용 크레인이다. 집(jib), 트롤리(trolley), 호이스트(hoist)로 이루어져 있으며, Apron에 부설된 레일(rail)을[3] 따라 평행으로 이동하면서 하역작업을 수행한다. 받침장치의 양끝에는 다리가 달려있으며 트롤리 또는 집 크레인이 가로로 움직인다.

② Transtainer(Transfer crane, T/C)

컨테이너를 야드에 장치하거나 장치된 컨테이너를 샤시에 실어주는 작업을 하는 컨테이너 이동장비이다. 레일 또는 바퀴를 이용하여 이동한다. 방식에 따라서 RMGC(rail mounted gantry crane)과 RTGC(rubber tired gantry crane)이 있다. 우리나라에서는 주로 RTGC가 많이 사용된다.

RTGC는 고무바퀴가 장착되어 있기 때문에 기동성이 뛰어나 적재 장소가 산재해 있을 경우 이용하기 적당하며, 물동량 증가에 따라 추가 투입이 가능하다. 최근 RTGC의 자동주행 및 컨테이너 위치 확인 시스템이 개발됨에 따라 자동화가 가능해졌다. RMGC는 레일위에 고정되어 있어 컨테이너의 적재 블록(block)을 자유롭게 이동할 수 없다. 그러나 주행 및 정치를 정확하게 할 수 있고 고속이므로 생산성이 높다.

③ 언로다(unloader)

석탄, 광석, 곡물 등 벌크화물을 선박으로부터 내려 부두에 있는 다른 운반시설(벨트, 컨베이어, 호퍼, 트럭 등)로 공급하는 기능을 수행하기 위해 특별히 제작된 장비를 말한다. 일반적으로 안벽에 설치되며, 언로다(U/L) 또는 쉽언로다(ship unloader)라고 부른다.

3) jib(기중기의 앞으로 내뻗친 팔뚝 모양의 회전부), trolly(궤도 차량 장치), hoist(감아올리는 장치)

(나) 이동설비

① Straddle carrier

컨테이너를 양각(兩脚, 양다리) 사이에 끼워 운반하는 차량을 말하며, 기동성이 좋은 대형 하역기계이다. 컨테이너를 Marshalling yard로부터 Apron 또는 CY로 운반 및 적재하는데 사용되며 Chassis 위에 이적하는 데도 사용된다. 컨테이너의 취출성(selectivity)[4]은 뛰어나지만 이송속도가 느려서 적재(lift & stacking)작업에 적합하다

② Top handler 및 Fork lifter

Top handler란 Yard 내의 Empty container를 적치 또는 하역작업을 하는 장비를 말하며, Fork lifter는 터미널내 구내 이적작업용 특수차량을 말한다. 차체의 끝이 화물을 떠서 올리는 Folk 또는 화물취급 부착장치와 승강 마스트(mast)를 설치하여 화물을 운반하거나 적재하는 장비이다.

③ Chassis

동력없이 견인차에 연결하여 화물을 실어 나르는 차량 즉, 컨테이너를 탑재하는 차대(車坮)를 말한다. Tractor에 연결되어 이동한다. Container Chassis, Yard Chassis 또는 피견인트레일러라고 부르며 이 Chassis를 끄는 트럭을 Tractor라고 한다.

④ Yard tractor

트렉터(tractor)fks 트레일러를 전문적으로 연결하여 운송할 수 있도록 제작된 차량을 말한다. 야드 내에서 Yard chassis를 연결하여 에이프런과 Staking Area1) 사이에서 컨테이너를 이동·운송하는데 사용되는 야드용 트랙터를 말한다. 도로 주행용 트랙터와 다른 점은 새시와 연결시 브레이크 및 정지장치 등이 없어 도로 주행이 불가능하게 되어 있다는 점이다. 도로주행용은 Road tractor라고 한다.

⑤ 리치스테커(reach stacker)

항만이나 물류터미널 등지에서 대형컨테이너의 적재 및 위치이동, 교체작업에 사용되는 장비로서 잦은 주행이 가능한 오버헤드 크레인구조의 스트레들캐리어가 장착되어 있으며, 긴 붐(boom)을 이용하여 컨테이너를 야드에 적치 또는 하역작업을 하는데 주로 사용하고 Full Container를 취급할 수 있는 장비이다

4) 작업하고자 하는 컨테이너를 찾아서 꺼내는 것을 말함.

⑥ **더블스택트레인(double stack train)**

컨테이너를 2단 적재할 수 있는 화차를 말한다. piggy back 방식에 비하여 2배의 운송효율을 발휘할 수 있다.

⑦ **파렛트(pallet)**

화물을 인정수량 단위로 모아 하역, 보관, 수송하기 위해 사용되는 하역받침을 말한다. 지게차의 지겟날이 들어갈 입구가 있다. 파렛트의 품질을 유지하기 위해 표준화가 되어 있다.

2. 해상운송계약

가. 해상운송계약의 이해

(1) 해상운송계약의 의의

해상운송계약이란 선박운항업자와 화물을 운송하고자 하는 화주 사이에 체결되는 화물운송계약을 말하며, 개품운송계약과 용선계약으로 나누어진다. 용선계약은 용선자와 용선주 사이에 용선계약서가 작성되어 발행되지만 개품운송계약은 따라 운송계약서가 작성되지 않고 선하증권이 운송계약의 증빙서류로 이용된다.

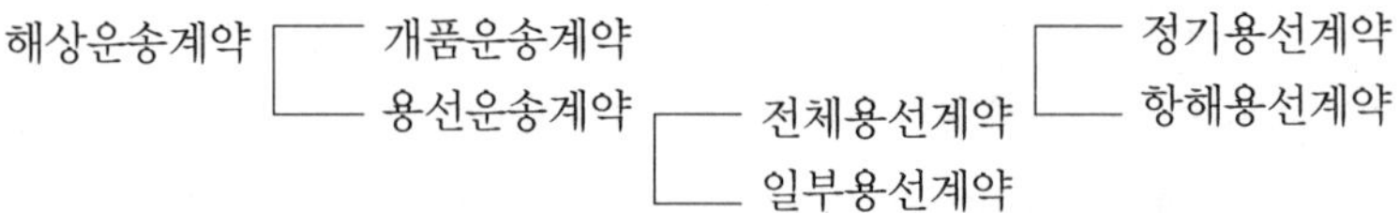

[그림 9-3] 해상운송계약의 분류

해상운송계약은 다음과 같은 법적성격을 갖는다.

첫째, 낙성계약이다. 화주에 의한 선박요청이라는 운송계약의 청약과 선복확약이라는 운송인의 승낙에 의해 운송계약이 체결된다.

둘째, 쌍무계약이다. 운송인은 운송계약상의 물품의 운송 채무를 부담하며, 화주는 운임지급이라는 대가성 채무를 부담하는 계약이다.

셋째, 도급계약[5]이다. 운송계약은 화물의 장소적 이동의 완성을 목적으로 하고, 이

러한 목적의 완성에 대하여 보수(운임)가 지급된다. 그러므로 원칙적으로 착지급이 논리에 맞지만 운송인들은 선화증권상의 약관에 의해 운임의 선지급을 요구한다.

넷째, 부합계약이다. 화주는 운송인이 제시하는 운송조건에 따르거나 운송계약의 체결을 거절할 수밖에 없다. 운송조건의 협상이 있을 수 없다. 그러므로 진정한 의미에서 계약자유의 원칙이 적용되지 않는다.

다섯째, 불요식계약이다. 운송계약의 청약서나 승낙서에 일정의 법정약식이 요구되는 것은 아니며, 구두에 의해서도 선복요청이 가능하다.

(가) 개품운송계약

개품운송계약(contract of affreightment in general ship)은 선박회사가 다수의 화주와 개별적으로 운송계약을 체결하는 것을 말한다. 이 운송계약에 의한 운송형태는 통상 선박회사가 불특정 다수의 송하인들로부터 화물을 개별적으로 집하・인수하여 이들 화물을 혼재하여 운송하게 되며 정기선이 이용되므로 정기선운송계약이라고도 한다. 즉 개품운송은 정기선사들이 배선표를 공표해두고 있으며, 화주는 각각 사정에 맞는 선사에 S/R(shipping request, 선복요청)을 하게 된다.

개품운송계약은 불요식계약이므로 계약서를 반드시 작성할 필요는 없다. 일반적으로 간단한 선복신청서(shipping request)를 작성하여 선박회사에 제출하고 선박회사가 선복예약서(booking note)를 발행하면 운송계약이 체결된 것으로 보며, 계약의 증빙서류로는 선하증권과 해상화물운송장이 사용된다.

(나) 용선운송계약

용선운송계약(contract of carriage by charter party)은 송하인이 선박회사로부터 선박의 전부 또는 일부를 빌려 화물을 운송하는 경우에 체결하는 계약을 말하며, 주로 부정기선이 이용되므로 부정기선운송계약이라고도 한다. 용선운송에서는 용선계약서(charter party, C/P)가 운송서류로 사용되며, 용선자가 제3자의 화물을 운송하는 경우에 화주에게 용선자의 선화증권을 발급해 줄 수 있는데, 이러한 선화증권은 용선계약부 선화증권(charterparty B/L)이라고 한다. 용선계약의 체결은 먼저 화주가 운송인(선박회사)과 직접 교섭하는 경우도 있으나 보통은 용선중개인(chartering broker)을 통하여 교섭한다. 용선계약은 크게 나누어 선복전부를 빌리는 전부용선계약(whole charter)

5) 도급계약이란 청부계약을 말하며, 어떤 공사에 들 비용을 미리 정하고 도맡아 하게 하는 계약을 말함.

과 선복의 일부만을 빌리는 일부용선계약(partial charter)으로 나눌 수 있으며, 다음과 같이 나눌 수 있다.

① 항해용선계약(voyage Charter, trip Charter)

어느 항구에서 어느 항구까지의 일항차 또는 수개항차에 걸쳐 용선자인 화주와 선박회사 사이에 체결되는 운송계약을 항해용선계약이라 한다. 여기서는 일정한 항해를 기초로 한다는 점에서 기간용선계약이나 나용선계약과 차이가 있다. 하주가 선주에게 지급하는 용선료는 화물의 톤당 금액을 기준으로 한다.

② 기간(정기)용선계약(time charter)

용선기간에 따라 용선료를 지급하는 운송계약형태이다. 선주는 선박에 설비 및 선구를 갖추고 선원을 승선시킨 상태에서 일정기간을 용선자에게 빌려준다. 계약기간 중 선주는 선원비 및 보험료와 같은 통상적 선비를 부담하고, 용선자는 연료비, 항세 및 용선료를 부담한다. 용선기간중 선박자체의 하자로 운송책임을 다하지 못한 경우 그 기간의 용선료는 지급되지 않으며, 좌초나 천재지변 등의 불가항력 등의 사유로 운항하지 못한 경우에는 용선자는 용선료를 지급한다.

〈표 9-7〉 항해, 기간 및 나용선계약의 비교

항해용선계약	기간용선계약	나용선계약
• 선주가 선장을 임명하고 지휘·감독한다.	좌와 동일	• 임대인이 선장을 임명하고 지휘·감독한다.
• 용선자는 선복을 이용하고 선주는 운송행위	좌와 동일	• 임차인이 선박을 일정기간 사용, 운송행위 함
• 운임을 화물의 수량 또는 선복으로 결정	용선료는 용선기간에 의해 결정	• 임차료는 일정기간을 기초하여 결정
• 용선자는 화주에 대한 내항성 담보책임 無	좌와 동일	• 임차인은 화주에 대한 내항성 담보책임
• 선주부담 : 선원급료, 식료, 음료수, 윤할유, 유지비 및 수선비, 보험료, 상각, 원료, 항비, 하역비, 제수수료, 예선료, 도선료	선주부담 : 선원급료, 식료, 음료수, 윤활유, 유지비 및 수선비, 보험료, 상각	• 선주부담 : 상각, 보험료
• 용선자부담 : 용선료 이외에 별도 비용 없음	용선자부담 : 연료, 항비, 하역비, 제수수료, 예선료, 도선료	• 임차인부담 : 항해용선 중 상각 이외의 모든 비용

③ 나용선계약(bareboat charter, demise charter)

용선자가 선박 이외의 선장, 선원, 장비 및 소모품에 대하여 모든 책임을부담한다. 항해용선계약과 기간용선계약은 용선자에게 물품의 운송권만 부여하지만, 나용선계약에 있어서는 용선자에게 선박의 점유와 통제권을 부여하므로 선장은 법적으로 용선자의 대리인이 된다.

〈표 9-8〉 개품운송계약과 용선계약의 비교

	개품운송계약	용선계약
계약의 목적	개개의 운송물품	선박의 일부 또는 전부
운송방법	정기선(liner)	부정기선(tramper)
적용법규	성문법(statute law)	보통법(common law)
책임관계	운송인 면책확대 불인정	운송인 책임 수정가능
당사자	선주와 송화인	선주와 용선자
화주	불특정 다수 화주	특정 화주
화물	잡화와 같은 소량화물	대량살화물(원유, 철강, 석탄, 곡물 등)
계약	선화증권(B/L)	용선계약서(C/P)
운임율	공표운임율(tariff rate)	수급에의한시세(open rate)
운임조건	Berth(Liner) Term	FI, FO, FIO

(2) 해상운임의 산정기준

(가) 해상운임의 기본구성

해상운임은 운송계약의 형태, 화물의 종류, 운송수단의 형태, 거리, 항만사정, 보험조건 등에 의하여 결정되며, 기본운임, 할증료 및 부대수수료로 구성되어 있다. 정기선은 각 선박회사가 모든 화주에게 일률적으로 적용하는 운임체제를 가지고 있는데 이를 운임율(tariff)이라고 한다. 운임율은 기본운임율(base rate)과 할증운임(surcharge)으로 구성되는데, 기본운임은 일정기간 변경되지 않으며, 변경될 때에는 공고를 통해 일정시점을 기준일로 정하여 그 이후부터 적용한다는 것을 고시하는 것이 보통이다. 이에 비해 할증운임은 운항비용에 영향을 주는 상황의 발생 여하에 따라 수시로 변경된다.

① **기본운임(basic freight)**

기본운임은 화물의 중량(weight), 용적(measurement) 및 가격(price) 등을 기준으로 산정되며, 이는 다시 품목별 운임의 차등 여부에 따라 품목별무차별운임(freight all kinds, FAK rate)과 품목별 운임(commodity freight)으로 구분되며, 최소단위 화물에 부과하는 최저운임(minimum freight), 소화물운임(parcel freight)이 있다.

② **할증료(surcharge)**

이는 공표된 운임을 긴급히 인상해야 할 사정이 있을 때 이를 일시적으로 즉시 운임에 반영하기 위하여 부과하는 추가운임을 말한다.

할증료에는 통화할증료(currency adjustment factor, CAF), 중량할증료(heavy lift surcharge), 용적할증료(bulk surcharge), 장척할증료(bulky or lengthy cargo surcharge), 유류할증료(bunker adjustment factor, BAF), 체선할증료(congestion surcharge), 외항할증료(output surcharge), 운하할증료(canal surcharge), 정부할증료(government surcharge), 전쟁위험할증료(war risk surcharge)

③ **수수료**

수수료에는 양륙항선택료(optional charge), 양륙지변경수수료(diversion charge), 선내인부임(stevedorage), 환적료(transshipment charge), 컨테이너화물적입료(container stuffing charge), 부두사용료(wharfage), 반송운임(back freight), 체선료(demurrage) 등이 있다.

(나) 정기선운임의 산정기준

① **중량기준(weight basis)**

중량톤을 기준을 운임을 계산하는 방법으로 영국식의 Long ton 또는 Gross ton(2,240Lbs = 1,016.05kg), 미국식의 Short ton 또는 Net ton (2,000 Lbs=907.18kg), 프랑스의 Metric ton 또는 Kilo ton(2,205 Lbs=1,000kg)이 있다. 시멘트, 철강과 같은 부피에 비해 무거운 화물, 즉 중량화물(Weight cargo)에 적용된다.

② **용적기준(measurement basis)**

일반화물은 1입방미터(cubic meter, CBM, m^3)를 1톤으로 하는 용적톤을 기준으로 운임률이 정해진다. 이 용적에 의하여 계산되는 운임을 용적운임이라고 하고. 그러한 화물을 용적화물(measurement cargo)이라 한다.

③ **가격기준(ad valorem basis)**

귀금속이나 견직물 같은 고가품은 보관방법, 적재장소 등에 특별한 주의를 필요로 하며 손해에 대한 보상액도 고액이기 때문에 그 가격에 대하여 일정률, 즉 종가율(ad valorem rate)의 운임이 적용된다. 이것을 종가운임(ad alorem freight)이라고 한다. 이 경우 기준이 되는 가격은 통상 송장상의 FOB 가격이다.

④ **컨테이너 단위기준**

컨테이너 단위당 운임이 결정된다. 컨테이너의 단위는 보통 20 feet를 기준으로 한 TEU(twenty feet equivalent unit)와 40 feet를 기준으로 한 FEU(forty feet equivalent unit)가 있다.

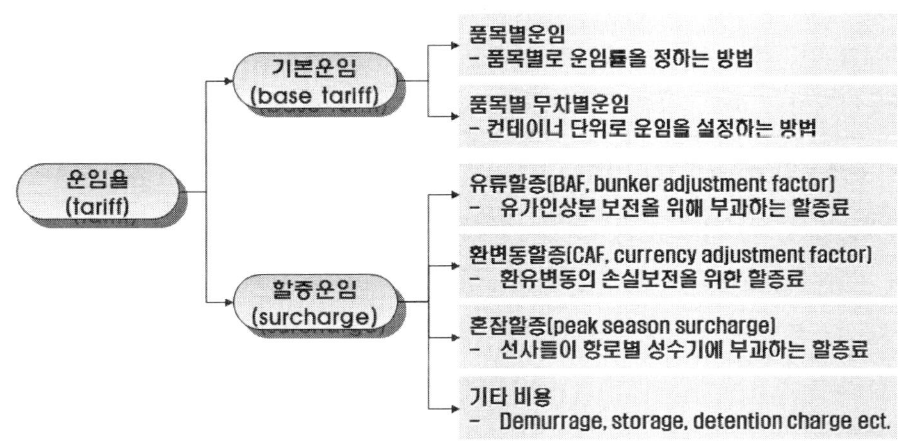

[그림 9-4] 정기선 운임의 구성

(다) 부정기선 운임의 유형 및 종류

부정기선의 운임은 일반시장의 부정기선 운임에 따른 일반시장운임, 정기항로운임을 기초로 한 정기선의 공표운임률 및 장기간의 운임률을 계약시에 체결되는 되는 장기계약운임율 형태로 나눌 수 있다. 가장 기본적인 것은 일반시장의 부정기운임이다. 이 부정기운임은 무역량의 증감, 기상이변, 농업국의 풍작 또는 흉작, 전쟁 또는 내란에 따른 물자수송의 불기결성 등에 따라 변동한다.

① **선지급운임(advance freight, prepaid freight)**

운임은 운송행위에 대한 보수이므로 행위가 끝난 뒤에 지급되어야 하나 관습상 또는 계약상 선지급되기도 한다. 운임이 선지급인 경우 선박의 항해중 파손 또는 침몰로 화물이 멸실되어 목적항까지 이를 수송하지 못한 경우 화주가 운임을 반환받을 수 있는가 하는 것이다. 영법과 판례에서는 반환의무를 면제하고 있으나, 대륙법계는 반환청구를 할 수 있도록 하고 있다. 우리나라의 상법(제134조)은 "운송인이 운임의 전부 또는 일부를 받은 때에는 이를 반환하여야 한다."고 규정하고 있다.

② 총괄운임(lump sum freight)

이는 화물의 개수나 중량 또는 용적에 관계없이 항해단위나 선복의 크기를 단위로 하여 운임을 계산하는 방법.

③ 비율(비례)운임(pro-rate freight)

선박이 항해중 불가항력 등의 이유로 항해를 계속할 수 없을 때 중도에서 화물을 화주에게 인도하고 선주는 자신이 운송한 거리의 비율에 따라 운임을 받을 때 이를 비율운임이라고 하고, 항해상당운임(distance freight)이라고도 한다.

④ 공적운임(dead freight)

공적운임은 용선자가 실적재량을 계약물량만큼 채우지 못한 경우 그 부족분에 대하여 지급하는 운임으로 부적운임이라고도 한다.

(3) 용선계약의 주요조건

항해용선계약서 서식의 대표적인 것으로 GENCON(uniform general Ccharter)이 있다. 이는 1922년에 발틱국제해운동맹(The Baltic and International Maritime Conference)의 전신인 발틱백해동맹(The Baltic and White Sea Conference)이 제정하여 영국해운회의소에 의하여 채택되었다. 이는 1966년에 개정되어 일반용의 용선계약서식으로 널리 이용되고 있다. GENCON 등 공인된 표준서식에 포함된 중요조건을 중심으로 하여 설명하면 다음과 같다.

(가) 하역비의 부담

일반적으로 적하비는 화주가 선측까지의 비용을 부담하고, 양화시에는 선박회사가 부담하는 것이 원칙이지만, 산물(bulk cargo)인 때에는 하역비를 선주와 화주 가운데 누가 부담할 것인지를 명확히 해 두어야 한다.

Berth terms(liner terms)조건은 선적시와 양륙시의 하역비 모두를 선주가 부담하는

조건으로 정기선박에 의한 개품운송에서 많이 이용된다.

F.I.O.(free in and out)은 선적시와 양륙시의 모든 하역비를 화주가 부담하는 조건으로 용선운송에서 많이 이용된다.

F.I.(free in) 조건은 선적시의 하역비는 화주가 부담하고 양륙시의 하역비는 선주가 부담하는 조건이다.

F.O.(free out) 조건은 선적시의 하역비는 선주가 부담하고 양륙시의 하역비는 화주가 부담하는 조건이다. 화물의 종류에 따라, 예컨대 시멘트, 광석 및 소금 등과 같이 화주측이 숙련인부를 이용하여 하역을 해야 할 필요가 있을 때에는 화주가 지정한 선내하역인부를 사용하는 데 이를 Charterer's stevedore라고 부른다.

(나) 정박기간의 표시

계약상품을 용선계약에 따라 선적할 때에는 선박의 정박기간과 관련된 표시를 명확하게 할 필요가 있다. 정박기간(laydays, laytime)이란 화주가 계약화물을 용선한 선박에 선적 또는 양륙하기 위하여 본선을 선적항 또는 양륙항에 정박시킬 수 있는 기간을 말한다. 만일 화주가 약정한 기일 내에 하역을 끝내지 못하면 초과된 정박기간에 대하여 과태료 성격의 체선료(demurrage)를 지급하여야 하며, 정박기간 내에 하역이 완료되어 단축된 정박기간에 대해서는 환급금 성격의 조출료(dispatch money)를 지급받게 된다. 정박기간을 약정하는 방법에는 다음 세 가지 종류가 일반적으로 이용되고 있다.

① 관습적 조속하역조건(customary quick dispatch, C.Q.D.)

정박기간을 확정하지 않고 항구의 관습적 하역방법 및 하역능력에 따라 가능한 한 조속히 하역할 것을 약정하는 조건을 말한다. 불가항력에 의한 하역이 불가능한 기간은 정박기간에서 공제된다. 원칙적으로는 일요일과 공휴일은 제외되지 않으나, 특약이 없는 한 항구의 관습에 따른다.

② 경과일수조건(running laydays)

하역의 개시일로부터 종료일까지의 모든 기간을 정박기간으로 계산하는 조건을 말한다. 우천, 파업, 기타 불가항력 등에 의하여 하역을 못할 때에도 모두 정박기간에 포함하여 계산하며, 일요일과 공휴일도 특약이 없는 한 정박기간에 산입한다. 야간작업은 화주를 위하여 행하는 것으로 간주하여 그 비용일체를 화주가 부담한다.

③ **하역가능일(weather working days, W.W.D.)**

하역이 가능한 날만을 정박기간에 산입하는 조건이다. 「하역기간 몇 일간」 또는 「1일의 하역수량 얼마」로 표시하며, 특별한 규정이 없는 한 일요일과 공휴일은 정박기간에 포함시키지 않는 것이 보통이다.

이 조건에서 「Sundays and Holidays Excepted, SHEX」라고 부기할 때는 일요일과 공휴일에 하역작업을 하였더라도 정박기간에 포함되지 않으며, 「SHEX unless used」라는 특약조항을 삽입하면 일요일과 공휴일에도 하역작업을 실시하면 정박기간에 포함된다.

④ **정박기간의 계산**

GENCON form의 용선계약서에서는 하역준비완료통지서(notice of readiness, N/R)가 통지된 후 일정기간이 경과되면 정박기간이 개시된다. 즉 오전에 통지되었다면 오후 1시부터, 오후의 화주 영업시간내에 통지되면 다음날 오전 6시부터 기산한다.

하역이 완료되면 실제로 사용된 정박일수를 기재한 정박기간계산서(laydays statement)를 작성하여 선장과 화주가 서명하고 계약상의 정박일수와 실제사용일수와의 차이를 계산하여 체선일수 또는 조출일수를 산출한다.

나. 해운동맹

(1) 해운동맹의 의의

해운동맹(shipping conference)이란 특정한 항로에 정기선박을 취항시키는 해운업자들이 독립성을 유지하면서 대내적으로는 운임률, 적취량 및 배선 등 운송조건에 대하여 상호간에 협정하여 상호간에 과당경쟁을 방지하고, 대외적으로는 독점력을 강화하여 회원사 상호간의 경제적 지위를 향상 · 유지시킬 것을 목적으로 운임, 적취량, 배선, 기타 운송조건에 관해 협정 또는 계약을 체결한 국제적인 선사카르텔(cartel)을 말한다.

이 카르텔에 가맹을 희망하는 선박회사는 무조건 가맹시키는 미국식의 개방식 동맹(open conference)과 일정한 조건을 갖추지 않거나 회원의 이익을 해한다고 생각되는 경우에 가입을 인정하지 않는 영국식의 폐쇄식 동맹(closed conference)이 있다. 현재 전세계적으로 조직화된 단체는 없지만 각국에서 조직적으로 활동하고 있다. 우리나라는 1972년에 하주협회가 발족, 1996년에 한국하주협회가 법정단체로 지정되었다.

(2) 해운동맹의 구속수단

(가) 동맹 내부(회원사)의 구속수단

① 운임협정(rate agreement)

해운동맹은 대부분 운임률을 협정하여 공표하고 이를 일정기간 고수한다. 이를 공표운임률(tariff rate)이라고 하는데 운임율의 변경은 동맹의 총회에서 결정한다. 동맹에 가입한 선주는 협정된 공표운임율을 지켜야 하고 이를 위반하면 위약금(penalty)을 지급하여야 한다. 운임협정에는 운임수준을 확정하는 방식의 확정운임율협정(fixed rate agreement)과 운임의 최저수준만을 정하는 방식의 최저운임율협정(minimum rate agreement) 그리고 운임을 정하지 않은 자유품목(open rate)도 있다.

② 적화 및 항해제한협정(sailing Agreement)

배선협정이란 해운동맹이 일정한 항로에 배선하는 선복량 및 항해 빈도수 등 운항의 제 조건을 할당, 제한, 협정하는 것을 말한다. 일종의 공급할당 카르텔에 해당하며, 항해협정이라고도 한다. 동맹에 가입한 선주별로 적하 및 그 수량을 할당하고 초과분에 대해서는 위약금을 부과한다. 항해협정 외에도 발항지와 기항지를 제한하는 지역협정과 항해수를 제한하는 배선협정이 있으며, 각선의 최고적취량을 협정하기도 한다.

③ 공동계산협정(pooling agreement)

동맹에 가입한 각 동맹선사들이 특정항로에서의 일정기간 동안의 운임수입의 전부 또는 일부를 갹출하여 기금형성 후 미리 정한 비율로 배분하는 것을 말한다. 즉, 이것은 순운임수입에 대하여 공동계산하는 방법으로 각 동맹선사들의 과거 실적에 따라 정해진 배분율(pooling point)에 따라 수입운임을 조정, 배분하는 방법을 말하며, Pooling point는 통상 6개월 내지 1년을 기준으로 정산한다.

④ 공동경영(joint service)

당해 동맹에 관한 한 각 동맹선사가 공동경영을 하는 것으로 불필요한 경쟁을 배제하기 위한 가장 강력한 규제수단이다. 동시에 경비절감 및 합리적 경영을 달성할 수도 있다. 경영은 구성회사 중 한 회사가 전담하여 맡거나 다른 기업에 위탁하거나 아니면 공동경영의 각 부분을 구성회사들이 분담하여 운영하는 방법이 있다. 동맹의 손익은 결산기에 미리 정한 비율에 따라 배분한다.

⑤ **대항선(fighting ship)**

동맹에 가입하지 않은 맹외선(outsider)·비동맹선(non-conference liner)의 영업행위를 방해할 목적으로 채산성을 고려하지 않고 파격적으로 저렴한 운임으로 비동맹선의 운항일정에 맞추어 운항하도록 해운동맹에서 배선한 동맹선(member liner, conference member liner)을 대항선(fighting ship)이라 한다. 대항선의 운항으로 입은 손실은 동맹선사가 공동으로 분담한다.

(나) 동맹 외부(하주)의 구속수단

그 밖에 비동맹선에 의한 해운시장의 교란을 막고 영업의 안정을 도모하기 위하여 계약운임제도, 운임연환제도, 충실보상제도 등의 수단으로 화주를 구속하고 있다.

① **계약운임제도**

계약운임제도(contract rate system)란 이중운임제도(dual rate system)로서 동맹의 운임률을 낮은 운임율의 계약운임률(contract rate)과 높은 운임율의 비계약운임률(non-contract rate)의 이중으로 설정하여 놓고, 화주가 동맹선에만 선적할 것을 계약하면 낮은 운임률을 적용하는 특혜를 주어 화주를 유인하는 제도를 말한다. 비계약운임율이 적용되는 화물을 비동맹화물(non-conference cargo, exception cargo) 또는 Cargo open이라고 하며, 계약한 화주가 동맹의 양해없이 비동맹선에 선적하면 계약에 따라 위약금을 부과하거나 선적거부 등의 보복조치를 취할 수 있다. 그런데 FOB 조건에서는 매수인이 선박을 지정하게 되므로 비동맹선에 선적하게 될 수도 있다. 이 때에는 그 사실을 증명하는 신용장이나 전보의 사본를 첨부하여 동맹으로부터 비동맹선에 선적한다는 특인(dispensation)을 받아야 위약금이나 제재를 받지 않게 된다.

② **운임연환제도**

운임연환제도(deferred rebate system)란 화주가 일정한 기간(보통 6개월) 동맹선에만 선적하게 되면 그동안 지급한 운임의 일정부분(통상 10%)을 환급받을 자격을 얻게 되고, 이후 계속해서 다음 일정기간에도 동맹선에만 선적하게 되면 그 금액을 환급해주는 제도이다.

③ **충실보상제도**

충실보상제도(fidelity rebate system)란 비계약운임률의 적용을 받는 화주가 일정한 기간(3~6개월)에 동맹선박만을 이용해 왔음이 인정되는 때, 화주로부터 받은 전체 운

임의 일정금액을 사례금조로 환급해 주는 제도이다.

다. 일반화물의 선적절차

(1) 선복의 수배

정기선으로 수출물품을 운송하기 위해서는 물품을 적재할 선복(船腹, ship's space)을 확보하여야 한다. 화주는 여러 선박회사의 배선표(shipping schedule)[6]를 보고 적당한 선박을 선정하여 선박회사에 선복신청서(shipping request)를 제출하고, 선박회사가 이를 접수하여 장부에 기록(booking)한 후 서명하면 양자간에 운송계약이 성립된다.

(2) 선적지시

해상운송계약이 체결되면 선박회사는 본선의 선장에게 계약된 화물을 선박에 적재하여 목적지까지 운송할 것을 지시하는 선적지시서(shipping ordcr, S/O)를 발급한다. 화주가 직접 선적할 때에는 화주에게 그리고 물품을 화물집하장에 인도할 때에는 화주 또는 선박대리업자에게 교부되는데 이것을 본선에 제출하여 본선의 일등항해사의 서명을 받은 후 선적을 실행하게 된다.

(3) 내륙운송

화물의 출고 준비가 끝나면 화주는 선박회사가 지정한 창고(CFS 등)로 화물을 운송한다. 컨테이너 화물인 때에는 화주의 요청에 따라 선박회사가 내륙운송 구간을 담당해 주기도 한다.

(4) 화물입고 및 인도

선박회사가 화주의 창고에서 직접 화물을 인수해가는 경우도 있지만, 컨테이너 화물의 인수도 장소는 부두에 접안하고 있는 컨테이너야적장(CY)이 된다. 컨테이너 화물이 CY에 입고되면 부두운영자(dock operator)는 부두수취증(dock receipt, D/R)을 발급해주는데, D/R은 화주가 선박회사 측에 화물을 인도하였음을 증명하는 서류이다. 컨테이너에 내장하지 않은 일반화물은 선박회사에서 지정한 창고(CFS)에 입고시

6) 해운전문잡지인 코리아 Shipping Gazett는 각 선박회사의 배선표를 모아서 발표하고 있는 자료가 많이 활용되고 있다.

킨 다음 입고확인서(warehousing confirmation)를 발급받는다.

(5) 본선적재

선적지시서에 기재된 조건대로 화물이 적재되고 있는가를 확인하기 위하여 본선측과 화주측 각각의 검수인(tally man)이 입회하여 적재수량과 화물의 포장상태 등을 조사하고 그 결과를 검수표(tally sheet)로 작성하여 일등항해사에게 보고한다. 본선의 선장 또는 일등항해사는 선박회사에서 발행한 선적지시서(S/O)와 대조하면서 화물을 선창(船艙, hold)에 적부(積付, stowage)시키고 화물수령에 대한 증거로서 본선수취증(mate's receipt, M/R)을 발급한다.

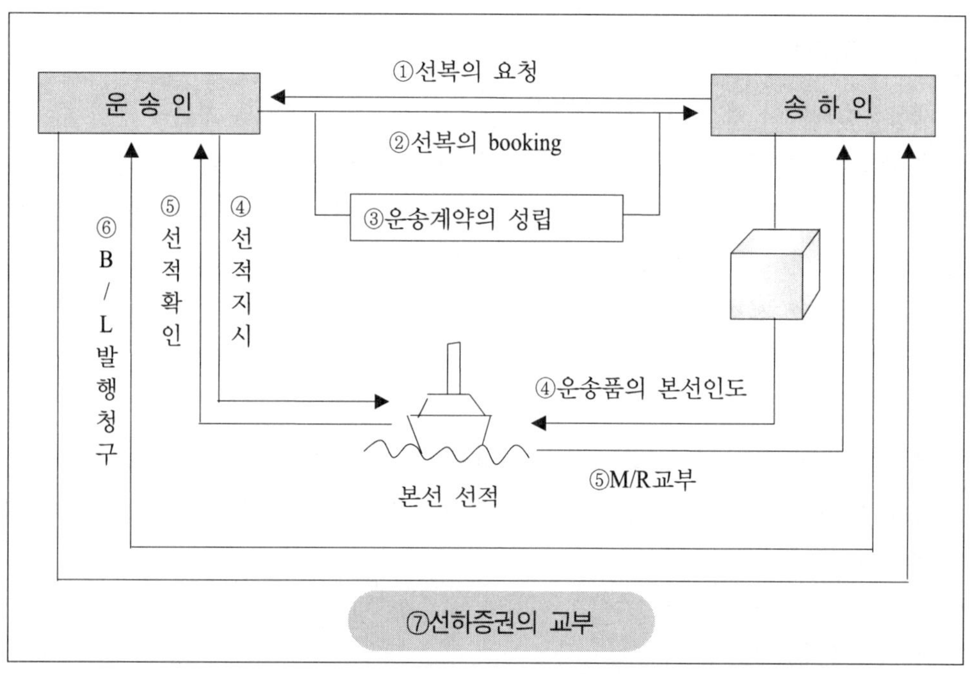

[그림 9-5] 선하증권 발급과정

이때 선적지시서 기재 사항과 실제로 적부된 화물이 불일치하거나 선적수량 및 포장상태에 하자가 있을 때는 M/R의 Remarks 난에 그러한 사실이 기재되는데, 그러한 기재가 있는 M/R을 고장수취증(foul receipt)이라고 하며, 없는 것을 무고장수취증(clean receipt)이라고 한다. 고장수취증의 Remarks 난의 내용은 그대로 선하증권에 반영되어 고장부선하증권(foul B/L or dirty B/L)이 된다. 고장부선하증권을 담보로

하여 화환어음을 발행하는 경우에는 은행에서 각종의 불리한 조건을 제시한다. 이를 회피하고자 화주는 선박회사와 교섭하여 파손화물보상장(Letter of Indemnity, L/I)을 제공하고 무고장선하증권(clean B/L)을 발급받기도 한다.

(6) 선하증권의 발행

화물선적이 완료되어 본선수취증을 교부받은 화주는 이것을 선박회사에 제출하여 선하증권의 발급을 신청하게 되는데 운임선지급인 경우에는 운임을 지급하고 운임후지급인 경우에는 일정한 보증서와 교환으로 선하증권을 발행하게 된다. 이때 화물을 화주가 직접 선적하지 않고 CFS나 CY에 인도한 때에는 각각 입고확인서나 부두추취증(D/O)을 선박회사에 제출하고 선하증권을 발급받는다.

(7) 선적통지

수출업자는 선적이 완료되는 즉시 상대방 수입업자에게 무사히 선적이 이루어졌다는 선적통지를 하여야 한다. 선적이 완료되었음을 통지함으로써 수출업자의 책임은 끝나게 된다.

3. 컨테이너운송

가. 컨테이너 운송의 이해

(1) 컨테이너운송의 개념

(가) 컨테이너 운송의 의의

컨테이너(container)란 화물의 포장, 수송, 하역 및 보관 등에서 능률적이고 경제적으로 수송하기 위해 고안된 거대한 용기로서 반복적으로 사용할 수 있도록 규격화한 운송용구를 말한다. 컨테이너는 하역비, 보관비, 포장비 절감과 자금의 신속환 회전, 보험료, 인건비, 사무비 절감 등의 경제성과 하역시간 단축에 따른 신속성, 화물손상의 감소에 따른 안정성 확보와 수송구간의 확대라는 장점이 있어 널리 사용되고 있다. 컨테이너의 등장은 Door to Door Service라는 획기적인 운송혁명을 가능하게 하였다.

국제표준화기구(International Standardization Organization, ISO)가 제시한 컨테이너

가 갖추어야 할 구비조건으로는, ① 일정기간 재사용이 가능한 충분한 내구력을 가질 것, ② 운송도중 수송경로 또는 수송수단이 바뀌는 경우, 화물의 이적 없이 일관수송을 할 수 있도록 설계될 것, ③ 수송경로를 변경할 때 조작이 용이할 것, ④ 화물의 저장이 편리하게 설계될 것, ⑤ 내부용적이 $1m^3(35.3ft^3)$ 이상일 것 등이다. 컨테이너 운송은 복합운송을 전제로 한 것이므로 운송수단도 해운만이 아니라, 트럭이나 철도 등의 육상운송, 항공기에 의한 항공운송도 당연히 그 일익을 담당한다. 컨테이너는 그 크기에 따라 다음과 같이 분류된다.

- 20피트 컨테이너 : TEU(Twenty-foot equivalent unit), 20′× 8′× 8.6′
- 40피트 컨테이너 : FEU(Forty-foot equivalent unit), 40′× 8′× 8.6′
- High cubic 컨테이너 : 20′× 8′× 9.6′
- Jumbo 컨테이너 : 45′× 8′× 9.6′

(나) 컨테이너 운송의 장단점

컨테이너운송은 다른 운송방법에 비해 신속성 · 경제성 및 안정성을 도모할 수 있는데, 선주의 입장에서는 체선시간을 단축할 수 있으며 선박의 가동율(working ratio of ship)이 높아 선복의 생산성을 개선시킬 수 있다는 장점이 있다.

화주의 입장에서는 포장비, 내국운송비, 재고비용을 절감할 수 있으며, 재고관리가 용이하고 수출환 매입을 신속하게 할 수 있다는 장점이 있다.

컨테이너의 출현을 수송의 혁명이라고 할 만큼 컨테이너 운송은 많은 이점이 있는 반면 몇 가지 단점이 있다. 즉, 컨테이너의 용기가 비싸고 컨테이너의 수송에 수송기구가 필요하다. 또한 목재와 같은 컨테이너에 적입할 수 없는 화물이 있다. 대부분의 컨테이너는 선창 내에 보다 갑판에 적재하기 때문에 이를 보험에서 담보하기 위하여 On deck clause를 삽입하고 추가보험료를 지급해야 한다. 그러나 이러한 단점들은 컨테이너운송의 엄청난 이점에 비하면 거의 무시될 수 있다.

(2) 컨테이너선과 컨테이너의 종류

(가) 컨테이너선의 종류

① 선형에 의한 분류

혼재선(conventional ship)은 보통의 화물선에 컨테이너를 적재하는 것으로서 일반잡화와 컨테이너를 혼재하도록 되어 있다.

분재선(semi-container ship)이란 화물선의 특정 선창을 컨테이너 전용선창으로 설계한 선형으로서 일반적으로 선체 중앙부에 컨테이너 전용선창이 있다.

전용선(full-container ship)은 모든 선창이 컨테이너만 적재하도록 설계되어 있다.

② 하역방식에 의한 분류

㉮ LO/LO선

본선 또는 육상에 설치되어 있는 Gantry crane으로 컨테이너를 수직으로 적·양화를 하는 LO/LO(lift on/lift off) 방식의 풀컨테이너선(full container ship)을 말하며, 컨테이너 전용선은 대개 이 방식에 의한다. 이 선박의 일반적인 선창 내 구조를 셀 스트럭처(cell structure)라고 하는데, 컨테이너를 적재하기 위한 특수한 창 내 구조로 되어 있어 적하나 양하 시에 기중기나 데릭(derrick)만으로 수직하역방법을 사용하여 최근에 발달한 컨테이너 전용선은 대부분 이 방식으로 하역작업을 수행한다.

㉯ RO/RO선

선미 및 선측에 램프(ramp)가 설치되어 있는 입구를 통하여 트랙터 또는 포크리프트(fork lift) 등에 의해서 화물을 선적 또는 양륙하는 Roll on/Roll off 방식의 선박을 말한다. 자동차는 자력으로 램프를 통해 바로 선적할 수 있다.

㉰ Float on/Float off(LASH)

화물을 적재한 거룻배(lighter)를 그대로 선창에 싣고 운반하는 선박을 말한다. LASH선은 항내의 혼잡에 관련 없이 하역작업을 할 수 있으며, 하역시간이 줄이고, 하천이나 운하 등을 이용하여 내륙지까지 라이터를 이동시켜 직접 화물을 운송할 수 있다는 장점이 있다.

(2) 컨테이너의 종류

① 건화물 컨테이너(dry container)

일반잡화와 같이 온도조절이 필요하지 않은 건화물을 운송하기 위한 것으로서 가장 널리 이용되고 있는 컨테이너이다.

② 냉동 컨테이너(reefer container)

육류, 어류, 과일 등 냉동이나 냉장이 필요한 화물을 수송하기 위하여 만들어진 컨테이너이다.

③ **탱크 컨테이너(tank container)**

화공약품, 유류 등의 액체화물의 운송을 위해 제작된 컨테이너를 말한다.

④ **무개 컨테이너(open top container)**

일반컨테이너의 상부를 개방하여 크레인을 사용하여 상방을 이용하여 하역을 할 수 있도록 설계되어 있는 컨테이너를 말한다. 파이프, 철근과 같은 장척화물이나 기계류 등의 중량물 운송에 편리하며, 개구부는 방수가 될 수 있도록 Canvas(텐트용천) 등으로 덮는다.

⑤ **플레이트 랙 컨테이너(flat rack container)**

승용차, 기계류, 플랜트, 합판 등 중량·장척물의 운송 시에 이용되는 것으로서 지붕과 벽면이 없어 전후, 좌우 및 상방에서 하역작업이 가능하도록 되어 있다.

⑥ **팬 컨테이너(livestock container(pen container))**

살아 있는 가축 등의 동물을 운송하는 데 이용하기 위하여 통풍과 먹이를 주기에 편리하게 만들어진 컨테이너이다. Live stock container라고도 한다.

⑦ **행거 컨테이너(garment container/hanger container)**

양복 등의 피복류를 옷걸이에 걸린 상태로 적입하도록 만들어져 화물이 최종목적지에서 도착된 후 피복을 다림질하지 않고 그대로 사용 또는 판매할 수 있게 함으로써 시간 및 경제적인 절약을 할 수 있으므로 대량판매를 하는 백화점 등에서 수입 시에 많이 이용된다.

⑧ **분체용 벌크 컨테이너(solid bulk container)**

콩, 쌀, 보리 등 곡물류나 가루로 된 화물을 운송하기 위해 제작된 컨테이너로서 지붕에 설치된 직경 50cm 정도의 3개의 맨홀을 이용하여 적재하며, 밑부분에 있는 적출하는 도어를 통해 하역한다. 내부가 FRP로 되어 있어 다른 컨테이너보다 청소가 용이하고 외부기온에 견디도록 되어 있다.

나. 컨테이너 화물의 선적

(1) 컨테이너 화물의 구분

컨테이너 화물은 컨테이너 적입 상태에 따라 FCL cargo와 LCL cargo로 나누어진

다. FCL 화물(full container load cargo)이란 1개의 컨테이너에 1 화주의 화물로 완전히 채워져 있는 만재컨테이너화물을 말하며, CFS를 거치지 않고 CY에 직접 입고된다는 의미에서 CY cargo라고도 한다. 컨테이너 야적장(container yard, CY)이란 컨테이너의 선적 또는 양하 전후에 컨테이너의 인도나 인수 및 보관을 위해 컨테이너를 일시적으로 쌓아두는 장소를 말한다. 주로 마샬링야드의 배후에 배치되어 있으며, 때로는 마샬링 야드를 포함하여 부르기도 한다. CY는 부두와의 위치관계에 따라 부두에서 떨어진 곳에 위치한 ODCY(off-dock container yard)와 부두와 붙어 있는 ODCY(on-dock container yard)로 구분할 수 있다.

FCL cargo인 때에는 화주의 요청에 따라 선박회사가 화주가 지정한 장소로 빈 컨테이너(empty container)를 보내주는데 이를 Spotting 또는 Positioning이라고 한다. 화주는 선박회사가 보내준 빈 컨테이너에 직접 적재작업(vanning, stuffing)하여 봉인(sealing)하여 선박회사가 지정한 CY에서 선박회사에 인도한다.

LCL 화물(less than container load cargo)이란 한 화주의 화물이 컨테이너 1개를 완전히 채울 수 없는 소량컨테이너화물을 말하며, CFS cargo라고도 한다. CFS(컨테이너 조작장)란 여러 화주의 LCL cargo를 취급하는 곳을 말한다. 선적지의 CFS에서는 여러 화주의 LCL cargo를 1개의 컨테이너에 혼재하는 적입작업(vanning or stuffing)을 하며, 작업을 마친 컨테이너는 CY로 옮겨져 선적할 때까지 대기하게 된다. 도착지의 CFS에서는 도착된 LCL cargo를 컨테이너로부터 꺼내는 적출작업(devanning, destuffing, stripping)하며, 적출된 화물을 화주별로 분류되어 보관하고 있다가 각 화주에게 인도한다.

혼재작업은 CFS에서 뿐만 아니라 내륙지방의 집하중심지에 설치된 지정구역에서도 행해지는데 이러한 장소를 Inland container depot(ICD)[7]라고 하며, 우리나라에는 의왕에 있는 ICD가 대표적이다.

(2) 컨테이너 하물의 유통기지

(가) 컨테이너 터미널

컨테이너 터미널은 컨테이너 전용부두에 설치되어 있는 컨테이너 전용 대합실을 말한다. 여기에는 컨테이너 선박이 자유로이 입・출항할 수 있도록 하기 위한 여러

7) ICD(내륙통관기지, inland container depot)란 부두에서 통관 수속하는 시간을 절약하기 위해 내륙에 설치해 둔 기지를 말한다.

가지 기기 및 시설이 설치되어 있다.

다목적부두(multi-purpose terminal)란 팔래트화물, 철재, 목재, 자동차, 중기계 등 여러 종류의 화물들의 수량이 많지 않아 전용부두 건설에는 경제성이 없을 때, 이러한 여러 종류의 화물을 한 장소에서 처리할 수 있도록 시설을 갖춘 부두를 말한다. 다목적부두는 일반화물 부두보다 다양하고 많은 하역장비가 설치되어 있으며, 통상 일반화물 부두보다 부두폭이 넓고 필요시에는 컨테이너 피더부두 등 전용부도로 쉽게 개조되어 사용될 수 있다는 장점을 갖고 있다.

(나) 내륙컨테이너 기지(ICD)

컨테이너 터미널은 임해식과 내륙식으로 나누어지는데, 임해식에는 CY와 CFS가 있으며, 내륙컨테이너 터미널을 내륙컨테이너기지(inland container depot, ICD)라고 한다. 송하인의 창고가 내륙에 위치할 경우 편의상 ICD에 가치(假置)한다. 이는 컨테이너 화물을 능률적으로 수송하기 위하여 내륙오지의 공업도시 주변에 설치한 컨테이너 집적장소이다. 임해식은 CFS의 기능만을 하지만 내륙식은 통관의 기능까지를 겸하고 있다.

ICD(inland container depot)란 컨테이너선이 기항하는 항만터미널을 떠나 내륙에 설치된 컨테이너 기지를 말한다. 이곳에서는 주로 컨테이너 화물의 통관, 배송, 보관, 집하 등이 이루어지며 화물 집배송의 대단위화에 의한 수송효율의 향상, 항만지역 인근의 교통혼잡 완하 등의 효과가 있다. 컨테이너 항만시설은 항만의 지리적 조건 및 배후시설 등 막대한 시설비가 소요되므로 입출항 하역은 기존 항만을 이용하고, 화물의 분류, 통관, 배송 등과 관련된 항만의 역학을 내륙에서 대신하도록 함으로써 기존 항만의 보조역할을 수행한다.

(다) 복합물류터미널(integrated freight terminal, IFT)

도로, 철도 등 두 종류 이상의 운송수단 간에 연계수송을 할 수 있는 규모 및 시설을 갖춘 물류터미널로서 트럭 및 철도 화물취급장, 집배송센터, 화물운송시설 등을 구비하여 종합적 물류기능을 수행하는 곳이다.

(라) 부두운영회사(terminal operating company, TOC)

항만시설운영자와 임대계약을 체결한 자로서 선석, 보관시설, 하역시설 등 부두시설에 대한 전용운영권을 갖고서 그 시설에 대한 운영을 담당하는 회사를 말한다.

(3) 컨테이너 운송의 형태

(가) CFS/CFS(LCL/LCL, pier to pier) 운송

선적항의 CFS에서 다수 송화인의 LCL화물을 집화하여 1대의 컨테이너에 혼재(consolidation)하고, 목적항의 CFS에서 컨테이너를 해체하여 다수의 수하인에게 인도하는 형태를 말하며 운송인의 책임한계는 CFS에서 CFS까지이다.

실무적으로 포워더가 여러 LCL 화물을 혼재하여 FCL화물로 만들어 선사에 인도하면, 선사는 Master B/L인 Groupage B/L을 포워더에게 발급해주며, 포워더는 이를 근거로 하여 LCL 화주에게 House B/L을 발행해준다.

(나) CFS/CY(LCL/FCL, Pier to door) 운송

다수의 송하인이 단일의 수하인에게 물품을 운송하는 형태이다. 운송인이 여러 화주들의 LCL화물을 CFS에서 혼재하여 선적항의 CY까지 운송하게 되며, 운송인의 책임한계는 CFS에서 CY까지이다.

실무에서 포워더를 통해 운송할 때 포워더가 화물수령증(forwarder's cargo receipt or forwarder's certificate of receipt, FCR)을 발행할 때가 있다. 이때 FCR은 House B/L과는 달리 은행에서 수리되지 않으므로 유의해야 한다. 이 형태는 주로 대형 백화점 또는 종합상가가 다수의 수출상으로부터 물품을 수입할 때 이용하며, 수입지의 포워더에게 운송을 의회하는 Buyer's consolidation의 형태를 취한다.

(다) CY/CFS(FCL/LCL, Door to pier) 운송

단일의 송하인이 다수의 수하인에게 운송하는 형태이다. 이 형태는 송하인이 FCL 화물을 CY에 반입하면, 운송인은 이를 목적항의 CFS까지 운송하여 이곳에서 화물을 해체(devanning)하여 여러 사람의 수화인에게 인도하게 된다. 송화인이 채임한계는 CY에서 CFS까지이다. 이 방법은 1인의 수출상이 동일 수입국내의 여러 수입상에게 수출할 소량화물을 1개의 컨테이너에 적입하여 운송하고자 할 때 사용될 수 있다. 화주는 선석시의 장고로부터 수입항의 CFS까지 운임은 지불하게 되며 운송인의 책임도 동 구간에 한한다.

(라) CY/CY(FCL/FCL; Door to door) 운송

단일의 송하인이 단일의 수하인에게 보내는 것으로서 Door to Door 서비스가 가능한 운송형태이다. 송하인이 FCL 화물이 적입된 컨테이너를 선적항의 CY에 반입하면 운송인은 목적항의 CY에 반입하였다가 이를 다시 수하인이 지정한 장소까지 수송하여 인도하는 형태이다. 이것은 컨테이너의 장점을 최대로 이용한 수송방식으로 운송인의 책임한계 또한 CY에서 CY까지이다.

(4) 컨테이너화물의 내륙운송절차

(가) FCL 화물의 이동경로

FCL 화물에 대한 운송계약을 체결한 운송인은 선적기일(화주의 지시가 있다면 그 지시한 날)에 맞추어 수출자의 공장 또는 창고에 공컨테이너를 배송한다. 이때 운송인이 보유하고 있는 컨테이너가 없다면 임대회사로부터 임대하여 의왕ICD, 양산ICD, 부산ODCY, 기타 영업용 장치장 등에 비치되어 있는 공컨테이너를 이용하기도 한다. 공컨테이너를 반출하는 CY operator(선사 또는 선서와 계약한 내륙운송회사)는 공컨테이너와 함께 기기수도증(equipment interchange receipt, EIR)과 선사봉인(shipper's seal)을 트랙터 기사를 통해 화주에게 전달한다. 기사는 화주에게 공컨테이너를 인도하고 돌아와 화주가 인수서명을 한 EIR을 CY operator에게 인계한다.

화주는 수출물품을 자신의 책임하에 공컨테이너에 적입작업[8]을 한다. 한편, 컨테이너 내에 적치된 화물의 명세를 나타내는 서류를 적치표(container load plan, CLP)라고 하는데, 화주가 직접 작성하여 기사를 통해 CY operator에게 전달하기도 하지만, 대개는 CY operator와 계약된 검수회사에서 화주가 선복예약시 제출한 제반서류를 참조하여 작성하는 것이 보통이다.

또한 만약에 수출신고가 수리된 물품을 컨테이너에 적입한 때에는 화주가 직접 컨테이너에 봉인(sealing)을 하여 트랙터 기사에게 컨테이너를 인계한다. 컨테이너 봉인은 대개 화주가 직접 봉인한 선사봉인(carrier's seal)이 된 채로 최종 목적지까지 운송되는 것이 보통이지만, 만약에 중간에 세관이 검사를 위해 컨테이너를 개봉한 때에는 세관봉인(customs's seal)로 다시 봉인되기도 한다.

봉인을 마친 컨테이너는 내륙컨테이너 기지(예컨대 의왕ICD)를 거쳐 철송으로 선적항의 ODCY(on-dock CY, off-dock CY)로 이송되거나 트랙터가 직접 선적항의 ODCY로 운송하기도 한다.

---

8) 도어(door)작업의 의미에는 수출화물이 위치해 있는 장소의 출입문에 도착한 컨테이너를 화주가 인수한다는 것과 컨테이너 적입작업을 위해 컨테이너 문을 개방한다는 두 가지 의미가 있다. 통상 도어작업은 적입작업과 같은 의미로 사용된다. 도어작업은 화주의 지정장소에서 이루어지기도 하며, CFS에서 수행되기도 한다.

(나) LCL 화물의 이동경로

LCL 화물인 경우에는 트럭 등을 이용하여 ODCY 내에 있는 CFS로 이송하여 타화주와의 화물과 혼재하여 운송되는 것이 보통이다. CFS까지의 이송은 화주가 직접 수행할 수도 있고, 운임상의 혜택과 혼재 작업을 용이하기 위해 포워더를 이용하기도 한다. 화물이 CFS에 입고되면 CFS 담당자 또는 포워더의 파견직원은 화주에게 화물 수령을 증명하는 화물인수도증(forwarder's cargo receipt, FCR)을 발행한다.

(다) 컨테이너화물의 수출운송

서울·경인지역에서 수출통관 후 적입된 FCL화물의 경우 트랙터나 일반트럭에 의한 고속도로 또는 국도를 이용한 도로수송과 의왕 ICD를 이용한 철도수송으로 대별될 수 있다.

화주문전 통관 후 공로수송의 경우 화주의 Door에서 컨테이너의 적입작업이 완료된 컨테이너화물은 고속도로를 이용하여 일단 부산지역에 있는 CY나 드물게는 컨테이너부두의 CY(On-dock CY) 까지 운송된다. 화주문전 통관 후 철도수송의 경우 의왕역을 출발, 운송되어 부산진역에 도착한 컨테이너는 그 중 컨테이너부두로 직반입될 컨테이너만으로 열차를 다시 조차 작업하여 부산진역과 컨테이너부두 간 지선을 통하여 컨테이너부두로 직반입 되고 그렇지 않은 대부분의 컨테이너는 부산진역에 소재한 대한통운, 고려종합운수, 세방기업 또는 국보의 철도 CY에 하차되어 일시 장치되거나 하차 즉시 부산시내 셔틀운송으로 계약관계에 있는 부두 내(OD, On-dock) CY에 반입된다.

그러나 LCL화물은 20′ 또는 40′컨테이너 1대에 채울만한 물량이 되지 못하기 때문에 컨테이너 Door 운송과정이 필요 없이 Loose cargo[9]상태로 트럭에 실려 운송인이 지정한 부산 혹은 광양시역의 CFS로 운송된다.

(라) 컨테이너화물의 수입운송

BCTOC(자성대부두운영공사) 또는 PECT((주)동부산컨테이너터미날)에 하역된 FCL화물은 터미널에서 보세운송으로 부두 직반출 수송(컨테이너 내장물품의 부두보세운송)되거나 터미널 통관 후 부두 직반출 수송(컨테이너 내장물품의 부두통관)된다.

LCL화물은 일반적으로 수출국 CFS에서 복수화주의 LCL화물이 혼재되어 FCL컨테이너 화물로 집하된다. 양하지의 터미널 또는 부두 밖 CY화물의 인·수도 조건은

9) 컨테이너에 적입되지 않거나 팔레트화 되어 있지 않는 화물을 말한다.

CFS to CFS조건으로 B/L의 인도장소가 도착항의 CFS로 명시되어 있어 거의 모든 LCL화물은 양하지의 CFS에서 인출 및 통관되고 있다.

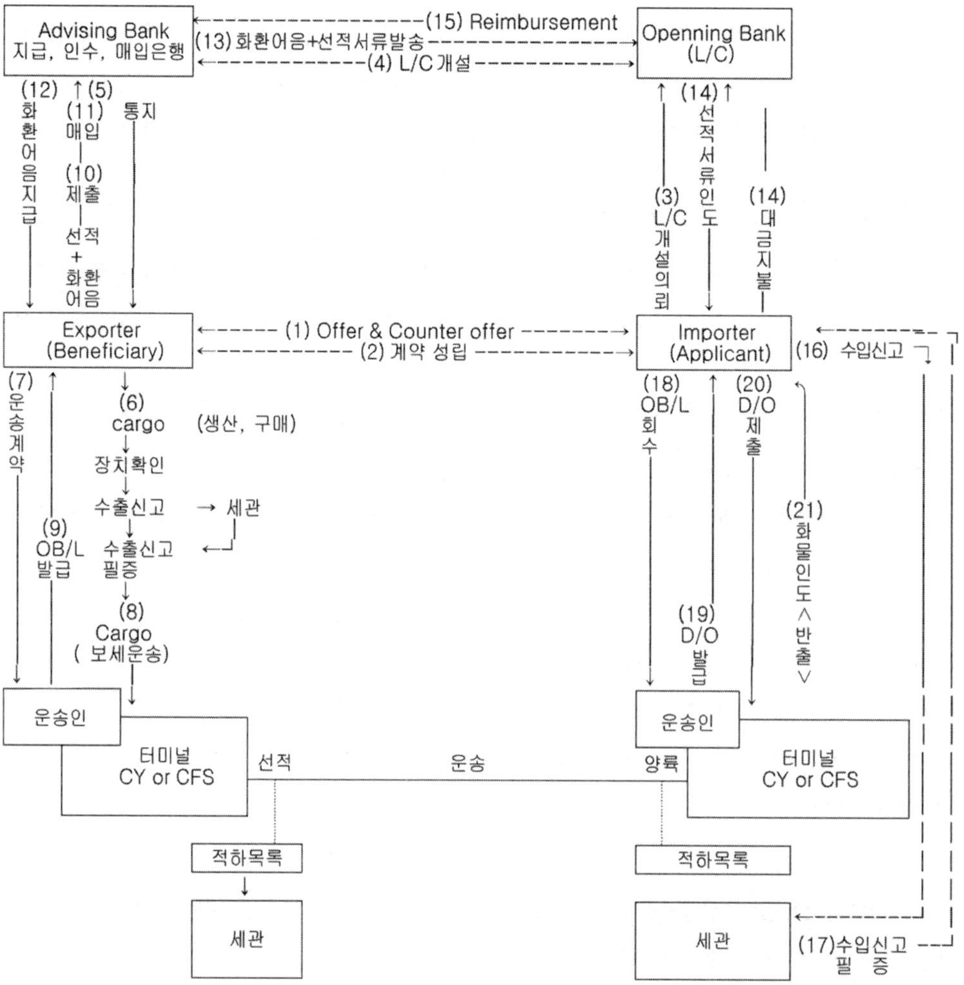

[그림 9-6] 무역거래와 수출입화물(컨테이너)운송의 관계

(5) 컨테이너화물의 적재 및 양륙절차

(가) 컨테이너화물의 적재절차

① 화주가 선사 및 그 대리점에 선적예약(booking)을 한다.

② 선사 및 대리점은 화물선적예약서(booking note)를 작성하여 컴퓨터에 입력한다.

③ 집계된 화물인수예약명세서(booking list)를 관계 대리점에 송부한다.

④ 화물인수예약명세서를 기초로 선사의 지시에 따라 CY Operator는 필요한 빈 컨테이너를 화주에게 대출하고 기기수도증(equipment interchange receipt)을 접수한다.

⑤ FCL화물의 화주는 빌린 빈 컨테이너에 화물을 적입하고 CY에 입고한다.

⑥ CY 및 CFS Operator는 컨테이너화물을 인수할 때 부두수취증(D/R, dock receipt)에 서명한 후 화주에게 반환한다.

⑦ 본선이 입항하면 CY Operator는 컨테이너를 갠트리 크레인을 사용하여 본선에 적재한다.

⑧ 부두수취증을 수취한 화주는 이를 선사에서 선하증권(B/L)과 교환하고 운임선불인 경우에는 운임을 지급한다.

⑨ 선적완료 후 CY Operator는 적부도(stowage plan)과 특수화물 목록을 작성하고 선사나 관계부처에 배포한다.

(나) 컨테이너화물의 양륙절차

① 선적항에서 선적이 완료되면 본선은 출항하며 이때 부두수취증의 사본이나 컨테이너내 적치표(CLP, container load plan) 사본 등 적하관계서류를 선사로 송부한다.

② 적하목록(cargo manifest), 도착예정통지서(arrival notice), 화물인도지 시서(D/O, delivery order), 운임청구서(freight bill) 등의 서류를 관계 부처에 송부한다.

③ 선사의 대리점은 도착예정통지서, 운임청구서를 수하인 혹은 착하 통지처(notify party)에 송부한다.

④ 수하인은 은행 등에서 선하증권을 찾아 선사에 제시하고 운임 및 비용을 지불하고 선사의 대리점은 화물인도지시서를 발행하여 수하인에 게 교부한다.

⑤ 본선이 입항하면 컨테이너는 CY에 반입되고 LCL화물은 CFS로 이송되어 컨테이너에서 적출(devanning)한다.

⑥ 수하인은 화물인도지시서와 교환으로 FCL 화물은 CY에서 LCL화물은 CFS에서 인수한다.

4. 수출화물의 선적

가. 개품운송계약의 신청

개품운송(affreightment in a general ship)이란 운송인(carrier)이 불특정 다수의 화주로부터 개별적으로 소량화물의 운송을 위탁받아 이들 화물을 하나의 선박에 혼재하여 운송하는 방식으로 정기항로에 취항하는 정기선(liner)에 의해 운송되는 것이 보통이다. 계약절차를 간소화하기 위해서 운송계약서를 따로 작성하기 보다는 간단한 선복신청서(shipping request, S/R)를 작성하여 선박회사에 제출하고 선박해서가 선복예약서(booking note)를 발행함으로써 운송계약이 성립되는 것이 보통이다.

나. 재래선 선적절차

(1) 선박회사의 화물인수

재래선에 화물을 선적하는 방법으로는 화주가 화물을 본선까지 반입하여 직접 적재하는 방법과 선박회사(선적대리점)의 지정 수화장소에 화물을 인도하는 방법이 있다. 직접 선적하는 방법에는 부두에 계류되어 있는 본선에 직접 적재하거나 부선을 이용하여 항내의 해상 위에 정박해 있는 본선에 적재하는 방법이 있다. 후자는 본선에 적재하기 전에 화물을 정리하기 위해 부두에 있는 창고에 인도하거나 본선이 입항할 때까지 대기하기 위해 선박회사나 화물취급업자의 지정창고에 인도하는 방법이 있다.

① 선박회사의 화물 인수

개품운송계약에 따른 일반화물의 선적은 화물을 선적항까지 운송하여 본선에 적재하게 된다. 만약에 본선이 부두에 접안되어 있는 상태일 때에는 부두에 설치되어 있는 크레인 등의 장비를 이용하여 본선에 직접 인도하게 되고, 부두로부터 떨어진 해상에 정박하고 있을 때에는 부선을 이용하여 본선에 인도하게 된다. 그러나 본선보다 화물이 먼저 부두에 도착하였을 때에는 우선 부두에 있는 창고에 보관하였다가 본선이 입항하면 본선에 적재하게 된다.

(2) 수출화물의 검량

보세구역인 부두 장치장에 반입된 화물은 여기에서 검척인(measurer), 검량인(weighter)

은 화물에 대한 검척 · 검량을 수행한 후에 용적 · 중량표(measurement & weight list)를 작성한다. 중량이나 용적은 운임산정에 가장 중요한 기준이 되므로 선박회사가 가장 중요시하는 절차로 선박회사가 검량기관에 검척검량을 의뢰함으로써 수행된다. 화물이 선측에 선적대기 중인 상태에 있을 때에는 선측에서 행해지기도 한다.

(3) 수출화물의 검수 및 본선적재

검수(tally)란 화물을 선적하거나 양륙할 때 본선의 창구(艙口, hatch)나 선문(船門, ship's door)에서 실시되는 화물의 수량 및 손상 여부를 점검하는 것을 말한다. 검수인(tally man)은 해상운송법에 따라 일정한 등록을 필한 자로서 화물의 정확한 인수인계 및 책임한계를 위해 화물의 인도자(화주) 측과 인수자 측(선박회사)의 쌍방에서 동시에 입회하여 수행되는 것이 원칙이며, 검사결과를 기록한 서류를 검수표(tally sheet)라고 한다, 본선적재는 송화인이 직접 본선에 적재하거나 운송주선인(freight forwarder)이 대행하여 적재함으로써 수행된다.

부두장치장에 반입된 화물은 검척인(measurer)이나 검량인(weighter)의 검척 또는 검량을 받게 되며, 이때 개개 화물의 용적 및 중량을 계량하여 용적중량표(measurement & weight list)가 작성되어 운임산정 등에 중요한 자료로 활용된다.

또한 화물은 선박회사의 지정장소에서 화물의 개수와 포장의 손상유무에 대해 점검(검수)을 받게 되는데, 공인검량인(tally-man)의 검수에는 화주를 대리하여 관세사나 운송업자가 입회하게 된다. 그 후 검수인은 선측 또는 본선상에서 선박회사 소속의 검수인과 함께 입회하여 화물의 개수와 포장상태의 유무를 점검하면서 본선에 화물을 인도한다.

(4) 본선수취증

화물이 본선에 반입되면 선박운행 책임사인 일등항해서(chief mate)가 선장을 대리하여 선박회사에서 발급한 선적지시서(shipping order, S/O)와 대조하면서 수취하고 그 증거로서 본선수취증(mate's receipt, M/R)을 발급한다. 화주가 M/R을 교부받아 선박회사에 제출하면 선박회사는 이와의 상환으로 선하증권을 발행한다. 선적시 입회한 검수인은 화물의 개수나 포장 등에 고장이 있으면 Tally sheet에 고장문언이 기재되며, 그 고장문언은 M/R의 비고란(remarks)란에도 기재된다. 이러한 M/R을 고장본선수취증(foul/dirty M/R)이라고 한다. 반면에 화물에 이상에 없어 고장문언을 기재하지 않는 것을 무고장본선수취증(clean M/R)이라고 한다.

(5) 부두수취증

선적 화물을 화주가 직접 본선에 인도하지 않고 선박회사가 지정하는 장소(dock)에 인도했을 때에는 선박회사가 화물을 수취하였음을 증명하여 부두수취증(door receipt, D/R)이 발급된다. M/R과 마찬가지로 선적화물에 이상이 있을 때에는 비고란에 고장문언이 기재된다. 한편 컨테이너 화물은 선적화물을 CY나 CFS에 인도하게 되는데 이때에도 선박회사는 재래선의 M/R을 대신하여 D/R을 발급해 준다.

(6) 선화증권의 발행

화주가 입수한 M/R이나 D/R을 선박회사에 제출하게 되면 선박회사는 이와의 상환으로 선화증권을 발행한다. 이때 만약에 M/R이나 D/R에 고장문언이 있을 때에는 선화증권의 비고란에도 그 고장문언이 기재되는데 이러한 선화증권을 고장선하증권(foul/dirty B/L)이라고 하며, 고장문언이 없는 선화증권을 무고장선화증권(clean B/L)이라고 한다.

신용장 거래에서 은행은 고장부선화증권은 수리되지 않는다. 이때에는 화주가 이상이 있는 화물에 대한 전적인 책임을 부담할 것을 약속하는 고장화물보상장(letter of indemnity, L/I)를 선박회사에 제출하고 Foul B/L 대신에 Clean B/L을 발급받아 은행에 제출할 수도 있다.

다. 컨테이너화물의 선적절차

(1) FCL 화물의 운송

FCL 화물인 경우에는 수출상이 선박회사에 빈 컨테이너(empty container)의 배정을 요청하면, 선박회사의 CY 또는 ICD의 Operator는 선적기일에 맞추어 선박회사 또는 선박회사와 계약관계에 있는 컨테이너 회사의 한 빈 컨테이너를 수출자가 지정한 장소로 배송한다. 이때 해당 선사의 Operator는 빈 컨테이너를 반출할 때 기기수도증(equipment interchange receipt, EIR)을 트랙터 기사 편으로 송부한다. 화주는 빈 컨테이너를 수령하면서 이상 유무를 확인한 후 서명하여 기사에게 넘겨준다. 기사는 서명된 EIR을 해당 CY operator에게 넘겨줌으로써 인도의무를 다한 것이 된다.

수출자는 화물을 컨테이너에 적입하기 전에 수출신고를 필하고 수출신고필증을 교부받아야 한다. 수출신고는 화주가 직접 또는 관세사를 통하여 할 수 있으나 대부분 관세사를 이용하고 있으며, 관세사 사무실에서 수출신고필증을 발급할 수 있다.

수출자는 수출통관된 화물에 대한 컨테이너에 적입작업(도어작업, stuffing, vanning)이 완료되면 빈 컨테이너 반입시 트랙터 기사로부터 EIR과 함께 전달받은 선사봉인(carrier's seal)을 부착한다. 특별한 경우를 제외하고 대개의 경우는 화주의 책임하에 선사의 봉인(sealing)이 이루어진다.

컨테이너의 봉인작업이 끝난 컨테이너는 트럭이나 철도로 선사가 지정한 CY에 이송한다. CY에서는 선사의 책임 하에 컨테이너가 보관되며, 구체적인 선적일정에 의해 본선이 입항하면 Marshalling yard로 이송되어 본선적재가 이루어진다. 따라서 선박회사와 화주의 화물에 대한 책임의 분기점은 CY라고 할 수 있다 화주는 CY에 FCL 컨테이너를 넘겨주고 CY operator로부터 부두수취증 (dock's receipt, D/R)을 받는다. 이 D/R과 교환으로 수취선화증권인 컨테이너선하증권(container B/L)을 발급받는다. 그러나 실무적으로 D/R을 화주에게 교부하는 일은 거의 없으며, 선사의 내부정보전달체계에 따라서 확인한 후 B/L이 발급되는 것이 보통이다.

(2) LCL 화물의 운송

LCL 화물인 경우에는 일반화물 상태로 화주가 직접 수배한 트럭운송에 의해 부두 또는 ODCY(off-deck CY) 내의 CFS로 이동되어진다. LCL 화물은 동일한 지역 또는 수입상별로 화물의 혼재작업(consolidation, CONSOL작업)을 용이하게 하기 위해 운송주선인(forwarder)을 이용하는 것이 일반적이다. 부두 내의 CFS에서 혼재작업을 마친 컨테이너는 부두 내의 ODCY(on-deck CY)로 이송・보관되며, ODCY(off-deck CY)에서 혼재작업을 마친 컨테이너는 그곳에서 보관되었다가 각각 본선의 입항일정에 맞추어 에이프런(apron)으로 이송되어 하역기기에 의해 본선에 적재된다.

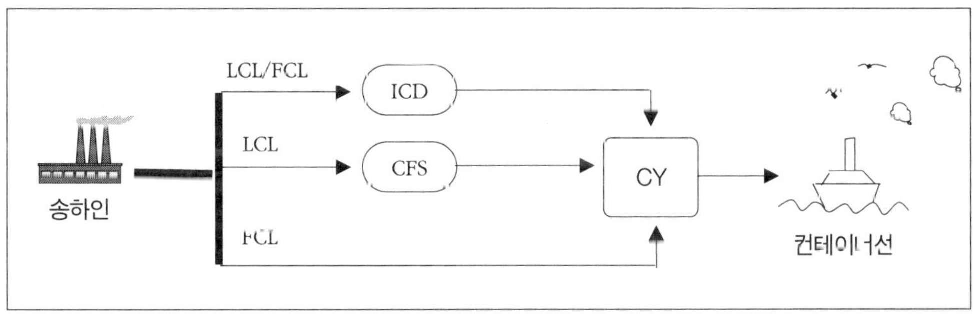

[그림 9-7] 컨테이너 화물의 유통경로

한편, CFS에서 화물을 인수한 CFS operator는 화주에게 화물인수도증(forwarder's cargo receipt, FCR)을 교부한다. 화물인수도증을 근거로 운송주선인은 개별화주에게 선화증권을 발급해 줄 수 있다. 이러한 선하증권을 House B/L이라고 한다. 이와 같이 운송주선인이 발행한 운송서류도 신용장조건에서 요구하는 경우에는 일정한 요건을 갖추면 은행은 수리해야 한다.

제 2 절 복합운송 및 항공운송

1. 복합운송

가. 복합운송의 개념

(1) 복합운송의 의의

UNCTAD의 유엔 국제물품복합운송규칙(UN Convention on International Multimodal Transport of Goods, 1980)[10] 제1조(정의)에 따르면 국제복합운송(combined transport)[11]이란 복합운송계약에 기초하여 복합운송인(multimodal transport operator, MTO)이 수취한 화물을 자신의 책임 하에 한 국가의 어떤 지점으로부터 화물을 인도하도록 명시된 다른 국가 내의 어떤 지점까지 육상 · 해상 · 항공 운송방식 중에 적어도 두 가지 이상의 다른 운송방식(modes of transport)을 이용하여 운송하는 것을 말한다. 따라 비복합운송계약의 이행을 위해 부수적으로 행해지는 집화(pick-up)나 인도는 복합운송으로 간주되지 않는다.

복합운송은 반드시 이종(異種) 운송방식의 결합으로 구성되어야 하고, 복합운송인 1인이 전운송구간의 단일책임을 부담하며, 운송과정에서 이적(移積)이 없이 일관수

10) UNCTAD, United Nations Convention on International Multimodal Transport of Goods, 1980, Article 1.

11) 미국에서는 Intermodal Transport, 유럽지역에서는 Multimodal Transport라고 표기하고 있다. UCP 600 제19조에서는 복합운송서류를 두 가지 아상의 운송방식을 망라하는 운송서류로 규정하면서 multimodal or combined transport documents로 정의하고 있다.

송(through transportation)되며, 복합운송증권(Combined Transport Document, CTD)이 발행된다.

복합운송서류(multimodal transport document)란 복합운송계약을 증빙하는 서류이며, 복합운송인이 화물을 수취하였다는 증빙서류이며 그리고 계약에 따라 물품의 인도를 수행하겠다는 것을 증명하는 서류를 말한다. MTD는 통운송(through transport)과는 구별된다. 통운송이란 하나의 운속제약하에 복수의 운송인에 의해 행해지는 일관운송을 말한다. 동종의 운송수단이나 이종의 운송수단을 연결해도 상관없으며, 단일의 통선하증권(through B/L)이 발행되어 운송구간마다 별개의 운송증권이 필요 없으며, 통운임율(through rate0이 부과된다. 통운송은 운송방식의 결합형태가 동종이거나 다른 운송수단이든지 관계가 없으며 각 운송구간별로 다른 운송인이 분할책임을 진다. 그러나 복합운송은 반드시 다른 운송수단과의 결합에 의하여 이루어져야 하고 복합운송인 1인이 전 운송구간에 대하여 전체적인 책임을 진다는 점에 차이가 있다.

(가) 주요 랜드브리지 경로

랜드브리지(land bridge)란 대륙과 해상을 연결하는 복합운송 수송방식을 말한다. 대륙을 횡단하는 철도나 도라고 해상과 해상을 연결하는 교량처럼 활용된다는 의미에서 Land bridge라고 부른다. 주요한 랜드브리지 루트(route)는 다음과 같다.

① 시베리안 랜드브리지(Siberian land bridge, SLB) : 동아시아에서 러시아의 나호트카나 보스토치니까지 선박으로 운송한 후, 시베리아 철도로 유럽 또는 서아시아의 목적지로 운송하는 방식으로 1971년부터 개시되었다.

② 아메리칸 랜드브리지(American land bridge, ALB) : 동아시아에서 미국 서해안까지 해상운송한 후 미국의 대륙횡단철도를 이용하여 미국 동부로 운송하고, 이를 다시 해상을 통해 유럽의 목적지까지 운송하는 경로로 1972년 개시되었다.

③ 미니 랜드브리지(Mini land bridge, MLB) : 동아시아에서 태평양 연안까지 해상운송 한 후 철도를 통하여 미국 대서양 연안 및 멕시코만의 항구까지 운송한 뒤, 다시 해상으로 목적지까지 운송하는 경로를 말한다. 보통의 랜드브리지가 수 개국을 거치는데 비해 1개국만 거친다는 의미에서 미니(mini)라는 용어를 사용하고 있다.

④ 마이크로 랜드브리지(Micro land bridge/MLB, Interior Point Intermodal/IPI) : 동아시아에서 미국 태평양 연안까지는 선박으로 운송하고 그곳에서 철도나 트럭으로 미국 내륙지역으로 육상 운송하는 루트를 말한다. Mini 랜드브리지가

항구 대 항구(port to port)로 운송되는데 비해 항구 대 내륙지점(port to point)로 운송된다는 점에 차이가 있다.

⑤ 캐나디안 랜드브리지(Canadian land bridge, CLB) : 동아시아에서 캐나다의 밴쿠버나 시애틀까지는 해상으로 운송하고, 그곳에서 캐나다 내륙횡단철도로 몬트리올 또는 세인트 존까지 운송한 뒤, 이를 다시 해상으로 유럽의 목적지까지 운송하는 복합일관운송방식을 말한다.

⑥ Trans china railway(TCR) : 중국 연해항에서 시작하여 구소련 접경지역인 아라산쿠를 경유하여 소련을 통과한 후 로테르담까지 연결하는 철도를 말하며, CLB(china land bridge)라고 한다.

(2) 복합운송증권

복합운송증권(combined transport document, CTD)이란 선박, 철도, 항공기, 자동차에 의한 운송방식 중 적어도 두 가지 이상의 다른 운송방식에 의하여 운송물품의 수탁지와 인도지가 상이한 국가의 영역 간에 이루어지는 복합운송계약을 증명하기 위해서 복합운송인이 발행한 증권이다. 복합운송증권은 복합운송인이 물품을 수령하였음을 증명하는 공식적 수취증(formal receipt)이며 그 증권의 발행 이전에 체결한 계약의 내용과 조건을 구체적으로 입증하는 운송계약증서이므로 유통성 복합운송증권은 수화인(consignee)의 배서(endorsement) 또는 인도(delivery)에 의하여 물품의 처분권이 주어지는 물권증권(document of title)으로서 유가증권의 성격을 띠고 있다.

나. 복합운송인

(1) 복합운송인의 의의

복합운송인(multimodal transport operator, MTO)이란 스스로 또는 자신을 대신한 타인을 통하여 복합운송계약을 체결하고 송하인이나 복합운송에 관여하는 운송인의 대리인으로서가 아닌 운송의 주체자로서 행위하고 계약의 이행에 관한 채무를 부담하는 운송인을 말한다. 그러나 복합운송인은 반드시 실제운송인이어야 하는 것은 아니며 오히려 프레이트 포워더와 같이 화물 및 운송수단에 대한 수배자적인 성격을 다 많이 갖고 있다.

국제복합운송인은 이종(異種) 또는 동종(同種) 운송수단을 조합하여 2국 이상을 수송하는 자를 말하는 것으로 TCM 조약안에서는 CTO(Combined Transport Operator),

UN 조약 및 UNCTAD/ICC 규칙에서는 MTO(Multimodal Transport Operator)라고 규정하고 있으며, 미국에서는 주로 ITO(Intermodal Transport Operator, 협동일관운송인)라고 부른다. 복합운송인은 다음과 같은 유형으로 나누어진다.

(가) 실제운송인형과 계약운송인형

실제운송인형(actual carrier) 복합운송인이란 자신이 직접 운송수단(선박, 트럭, 항공기 등)을 보유하면서 복합운송인의 역할을 수행하는 운송인을 말한다. 계약운송인은 선박, 트럭, 항공기 등의 운송수단을 직접 보유하지 않으면서도 실제운송인처럼 운송주체자로서의 기능과 책임을 다하는 운송인을 말한다. 즉, 계약운송인은 실제운송인에게는 화주의 입장에서, 화주에게는 운송인의 입장에서 책임과 의무 등을 수행한다.

프레이트 포워더형 복합운송인을 법적으로 실체화시킨 것이 무선박운송인형 복합운송인(non-vessel operating common carrier, NVOCC)이다. 1984년 미국 해운법에 의하면 NVOCC란 해상운송에 있어서 자기 스스로 선박을 직접 운항하지 않으면서 해상운송인(Ocean common carrier)에 대해서는 화주의 입장이 되는 것이라고 정의하고 있다. 여기에서 Common carrier란 보수를 받고 미국과 타국간에서 해상화물운송업무를 수행할 것을 일반에게 공시하는 자를 뜻한다. 이러한 Common carrier에는 NVOCC 외에 VOCC(vessel operating common carrier)가 있는데, NVOCC는 VOCC에 대하여 화주의 입장이 되며 화주에게는 Common carrier의 입장이 된다.

(나) 프레이트 포워더의 의의

Forwarder 또는 Freight forwarder에 대한 사전적 해석은 운송을 위탁한 고객을 대리하여 화주의 화물을 통관, 입출고, 집화, 환적 또는 배달 등의 서비스를 제공하여 화주가 요구하는 목적지까지 안전하고 신속하게 운송하는 자를 말한다.

프레이트 포워더란 Forwarding agent, Shipping agent, Shipping & Forwarding agent 등을 총칭하는 개념인데, 이는 운송을 위탁한 고객의 대리인으로서 송하인의 화물을 인수하여 수하인에게 인도할 때까지의 집화, 입출고, 선적, 운송, 보험, 보관, 배달 등 일체의 업무를 주선해 줄 뿐만 아니라 복합운송체제하에서 스스로 운송계약의 주체자가 되어 복합운송인으로서 복합운송증권을 발행하여 전구간의 운송책임을 부담하는 자를 말한다.

한편 우리나라의 상법에는 '운송주선인이란 자기 명의로 물건운송의 주선을 영업으로 하는 자'라고 규정(제114조)한 것과 같이 자기명의로 물건운송의 주선을 영업으로 함으로써 상인이 되며(제4조, 제46조 12호), 물건운송인인 이상 육상 · 해상 · 항공운송 또는 3종류의 통운송의 어느 것이든 불문한다. 이에 따라 복합운송주선업자는 육상 · 해상 · 항공에 의한 운송 중 적어도 두가지 이상의 운송이 개입된 해상-육상, 육상-항공, 해상-항공, 해상-육상-항공 등의 운송을 주선 또는 수행하며, 때로는 해상운송과 항공운송 중에서 한 가지 운송만 주선하거나 이행하기도 한다.

이와 같이 프레이트 포워더는 전통적인 대리인으로서의 운송주선인 역할과 복합운송체제 하의 운송주체자로서의 역할을 동시에 수행하고 있다. 즉, 복합운송주선인은 송하인의 요청에 따라 그의 대리인으로서 송하인으로부터 물품에 관한 적재, 운송, 보험, 보관 등의 일체의 업무를 주선해줄 뿐만 아니라 복합운송체제 하에서 스스로 운송계약의 주체자가 되어 복합운송인으로서 복합운송증권을 발행하여 전 구간의 운송책임를 부담하는 사람이라고 정의할 수 있다.

(2) 복합운송인의 책임형태

(가) 전 운송구간 단일책임체계(uniform liability system)

운송물의 멸실, 손상 및 지연 손해가 발생하면 운송구간이나 운송수단에 불문하고 복합운송인이 모든 책임을 지는 체계이다. 복합운송인의 면책사유에 기인하여 손해가 발행하였다는 사실을 입증한 경우에만 면책된다. 이 체계는 기존의 각 운송법제의 원칙과 한도가 서로 다른데 이중 어느 것을 선택할 것인가에 대한 타협점을 마련하기 어렵다는 단점이 있다. 또한 복합운송인에게 충분한 배상능력과 업무능력이 요구되며, 또한 책임한도가 기존 운송법체계에 따른 최저책임한도 수준으로 설정되지 않으면 보험료율이 높아질 수 있다는 문제가 있다.

(나) 운송구간별 이종(異種)책임체계(network liability system)

손해발생구간이 확인된 경우에는 그 구간의 기존 국내법이나 국제조약[12)]을 적용하고, 그렇지 않은 경우, 즉 Concealed damage는 가장 긴 해상구간에서 발생된 것으로 간주하여 헤이그규칙 또는 헤이그-비스비규칙을 적용하는 체계를 말한다. 1975년의 ICC복합운송증권통일규칙과 FIATA CT B/L의 이면약관에서 채택하고 있다. 이

12) 즉, 해상운송구간에서는 헤이그규칙, 헤이그-비스비규칙, 항공운송구간에는 바르샤바조약, 도로운송구간에서는 도로화물운송조약(CMR) 또는 각국의 일반화물자동차 운송약관, 철도운송구간에는 철도화물운송조약(CIM)에 의해 책임한도가 결정된다.

체계는 손해발생 구간이 확인되지 않아 기존 조약이 적용될 수 없는 경우 문제가 야기될 수 있으므로, 국지적 손해에 대해 당해 구간에 적용되는 국제조약을 적용할 것인지 아니면 국내법을 적용할 것인지, 아니면 책임한도액을 비교하여 고액을 선택할지의 문제가 선결되어야 한다.

(다) 변형 단일책임체계(modified uniform liability system)

단일책임체계와 이종책임체계의 절충방식으로 1978년 함부르크규칙(UN국제복합운송조약), UNCTAD/ICC복합운송증권규칙 및 FIATA MT B/L과 KIFFA MT B/L에서 에서 채택하고 있다. 이 체계는 손해발생구간의 확인 여부에 관계없이 동일한 책임규정(단일책임체계)을 적용하는 것을 원칙으로 하지만, 손해발생 구간이 확인되고 그 구간에 적용될 법규의 책임한도액이 유엔 조약의 책임한도금액보다 높을 경우에는 그 구간에 적용되는 법의 책임한도액을 적용(이종책임체제)한다.

〈표 9-9〉 각 조약(규칙)별 책임한도액이 비교

(운송물 1kg당)

조약(규칙)명	적용(운송)구간	책 임 한 도 액
Hague-Visby Rules(1968)	해 상	30 포앙카레프랑 (약 US$ 2.00)
Hamburg Rules(1978)	해 상	2.5 SDR (약 US$ 3.50)
CIM(1970)	철 도	50 제미날프랑 (약 US$ 16.00)
CMR(1956)	도 로	25 제미날프랑 (약 US$ 8.00)
Warsaw Convention(1933)	항 공	250 포앙카레프랑 (약 US$ 20.00)
ICC 규칙(1975)	복합운송	30 포앙카레프랑 (약 2SDR)
UN 복합운송조약(1980)	복합운송	2.75 SDR (약 US$ 3.80)
UNCTAD/ICC 규칙(1992)	복합운송	2 SDR (약 US$ 2.80)

〈표 9-10〉 복합운송증권규칙의 주요내용

구분 \ 규칙	ICC 복합운송증권 통일규칙(1975)	UN 국제복합운송조약 (1980)	UNCTAD/ICC 복합 운송증권규칙(1992)
적용범위	이 규칙에 따른 복합운송증권에 의해 체결된 복합운송계약에 적용됨.	복합운송인이 화물을수취 또는 인도하는 지역 또는 "or"에 의해 연결되어 있는 경우 자국이 이 조약의 체약국이 아니더라도 상대국이 체약국이면(반대의 경우도 포함)이 조약 적용됨.	이 규칙을 복합운송계약에 삽입시키는 경우 이 규칙이 적용되며, 이 경우 단일운송계약 또는 복합운송계약이냐에 관계없이 적용됨.
책임체계	이종책임체계	변형 단일책임체계	변형 단일책임체계
책임원칙	과실추정책임원칙 (단, 운송인의 거증책임 있음)	좌 동	좌 동
배상금액 및 책임한도	손해발생구간이 불명확한 경우에는 중량주의에 따라 1kg당 30 포앙카레프랑(Poincaré Franc, 약 2SDR)을 한도로하며, 손해발생구간이 판명된 경우는 각 구간에 적용되어야 하는 국제조약(규칙) 또는 국내법에 따름.주1)	매 포장(package or unit)당 920SDR 또는 1kg당 2.75SDR 중 높은 금액. 컨테이너, 팔레트 등을 세는 방법은 Hague-Visby Rules, Hamburg Rules과 동일함. 복합운송에 해상운송구간이 포함되지 않은 경우 1kg당 8.33SDR을 적용함.	복합운송인이 물품을인수하기 전에 송하인이 물품의 종류와 가액을 통보하고 또한 이를 복합운송증권에 기재한 경우를 제외하고 매 포장당 또는 매 단위당 666.67SDR 또는 매 kg당 2SDR중에서 높은 쪽의 금액. 복합운송에 해상운송구간이 포함되지 않은 경우 1kg당 8.33SDR을 적용함.
지연손실 배상금액	지연구간에 대해 해당 운송수단의 운임액 범위내	지연된 화물에 한해 운임의 2.5배 범위내. 단, 총 배상금액이 운송계상의 총운임을 초과하지 않는 금액.	인도지연에 따른 간접손해에 대하여 책임이 있는 경우 총운임을 초과하지 않는 금액
책임한도 총 액	해당조항 없음.	전손(全損)에 대한 책임한도액. 단, 간접손실은 불포함.	전손에 대한 책임한도액.
책임제한권 상실	복합운송인의 고의 또는 무모하게 또는 알면서 행한 작위 또는 부작위에 대해서는 책임제한(한도)의 이익을 주장하지 못함.	좌 동	좌 동

주) 포앙카레 프랑이란 순도 1000분의 999의 금 65.5mg을 말한다.

2. 항공운송

가. 항공운송의 개념

(1) 항공운송의 의의

항공운송(carriage by air, air transportation)이란 항공기의 항복(航腹, plane's space)에 여객 또는 화물을 탑재하고 국내외의 공항(air port)와 다른 공항 사이를 공로(air rout)를 이용하여 운항하는 운송시스템을 말한다. 신속한 운송을 필요로 하는 화물과 반도체, 귀금속, 우편물과 같은 고가물품의 소형경량화물의 운송에 많이 이용되고 있으며, 최근 들어 항공기술의 발달, 항공화물의 컨테이너화 그리고 전자무역의 확대 및 화물의 경소단박(輕小短薄化) 추세에 따라 그 이용률이 증가하고 있다. 항공운송의 특징을 정리하면 다음 표와 같다.

〈표 9-11〉 항공운송의 특징

구분	내용
신속성 정시성	운송기간이 짧아 신속하며, 발착시간, 정시운항(on-time operation), 운항횟수(frequency)에 의한 정시성
안정성	운송기간 단축으로 운송과정에서의 손실 및 멸실 발생 위험성이 낮음
경제성	포장비, 보험료, 중량계산방법, 기타 부대비용 등을 고려한 총비용 개념에서 보면 오히려 해상운임보다 저렴할 수도 있음
야행성	당일 화물을 오후에 집하하여 기적한 후 다음날 아침까지 운송하는 형식이 관례화 되어 있어 운송화물의 대부분이 야간에 집중되는 경향이 있음
비계절성	고정 화주로부터 반복 이용되는 경향이 높아 해상운송에 비해 계절에 대한 수요탄력성이 적은 운송방식임
편도성	운송화물의 대부분이 목적지에서 소비되므로 발송지로 되돌아오지 않는 특성을 갖고 있음

(2) 항공운송사업지

항공법에 따른 항공운송사업은 국내항공운송사업과 국제항공운송사업으로 구분되며, 국제항공운송은 국내공항과 외국공항 사이 또는 외국공항과 외국공항 사이에 일정한 노선을 정하고 정기적인 운항계획에 따라 운항하는 항공기를 운항하는 국제정기편 운송과 국제 부정기편 항공운송으로 나누어진다. 이밖에도 항공법에서 정하는 항공운송과 관련된 사업은 매우 다양하지만 여기에서는 항공운송총대리점업과 상업서류송달업에 대해서만 살펴보기로 한다.[13)]

항공운송총대리점(general sales agent)이란 항공운송사업자를 위하여 유상으로 항공기를 이용하는 여객 또는 화물의 국제운송계약 체결을 대리하는 사업을 말한다. 항공운송총대리점업은 다시 운송대리점(air cargo agent), 항공화물운송주선업(air freight forward, consolidator) 및 국제특송서비스(international courier service)로 나눌 수 있다.

항공운송대리점은 항공사 또는 항공운송총대리점을 대리하여 항공사의 운송약관, 규칙, 운임표(tariff) 및 일정에 따라 항공화물의 판매 및 운송계약을 체결하고, 항공화물운송장(air way bill, AWB)을 발행하며 이에 부수되는 업무를 수행하고 항공회사로부터 소정의 수수료(commission, 통상 운임의 5%)를 받는 사업자를 말한다. 국제항공운송협회(International Air Transport Association, IATA)는 항공서비스 질의 향상을 위해 우수한 능력을 가진 대리점을 선정하고 있는데. IATA의 가입여부에 따라 IATA 대리점과 Non-IATA 대리점으로 구분된다. IATA 대리점은 어떤 항공회사와도 대리점계약을 체결할 수 있다.

항공화물운송주선업은 타인의 수요에 응하여 자신의 명의로 항공운송사업자의 항공기를 이용하여 타인의 화물을 유상으로 혼재(consolidate)하여 운송하여 주는 사업자를 말하며, 혼재업자(consolidator)라고도 한다. 혼재업자는 운송인인 동시에 화주이면서 동시에 혼재업자이기도 하다. 항공화물운송주선인은 사업영역에 따라 단순히 계약운송인으로서 운송만 책임을 지는 사업자와 운송 외에 항공사와 화주의 대리업무, 통관, 육상집배, 보관 등의 부수업무까지도 수행하는 사업자로 나누어진다.

한편 혼재화물인수대리점(break bulk agent)은 출항지의 혼재업자로부터 목적지에서 혼재화물을 분류, 처리를 위탁받은 혼재업자의 현지법인이나 대리점을 말한다. 혼재화물인수대리점은 혼재항공화물운송장(house AWB) 별로 혼재화물을 분류하여 각 수하인에게 항공화물 도착통지를 하고, 통관절차를 대행한 후 각 수화인에게 화물을 인도하는 업무를 수행한다. 이때 항공운임이 후불인 때에는 운임을 징수하여 혼재업자에게 송금하는 일도 하며, 최종목적지까지 화물운송을 주선하는 업무를 담당하기도 한다.

---

13) 항공법 제2조 제33호, 제38호 및 제39호

〈표 9-12〉 대리점과 혼재업자의 비교

구분	대리점	혼재업자
자체 Tariff	없음(항공사의 Tariff 사용)	있음(자체 Tariff 사용)
자체 운송약관	없음(항공사의 약관 적용)	있음(자체 약관 적용)
수화인	매 건당 consignee가 됨	Break bulk agent가 consignee가 됨
수익원	IATA 5% 또는 기타 수수료	항공운임 중량할인에 의한 화주로부터의 수령금과 항공기급운임과의 차액을 수익으로 하거나 IATA 5%의 수수료
AWB 발행	항공사 Master AWB 사용	자체 House AWB 사용

상업서류송달업이란 타인의 수요에 맞추어 유상으로 우편법 제2조 제2항 단서에 해낭하는 수출입 등에 관한 서류(상업서류)와 그에 딸린 견본품(소형화문)을 항공기를 이용하여 송달하는 사업을 말한다. 이 분야 사업에 대해 국제적으로 통일된 용어가 없어 특송업체, 국제택배업, 국제항공택배업, 상업서류송달업, Courier express, Air express 등 다양하게 표현되고 있다.

상업서류송달업의 대표적인 기업으로는 DHL Corporation, Federal Express Corporation, United Parcel Service(UPS), Emery Worldwide, Air Express International, Burlington Air Express, World Courier 등이 있으며, 항공회사인 NWA, PWA, UAL 등도 상업서류송달 및 소량화물송달서비스를 행하고 있다.

(3) 항공운송계약

항공운송에 있어서도 해상운송과 마찬가지로 개품운송계약 및 항공기전세계약(charter)이 있다. 개품운송계약의 경우 통상 국제항공운송협회(IATA)의 국제통일운임에 따르는데, Charter운송에서는 협정운임이 없고 각 항공회사가 정부의 승인을 얻어 운임을 설정하고 있다.

항공운임에는 ① 최저요금(minimum charge) ② 일반화물 운임률(general cargo rates) ③ 컨테이너 단위요금(bulk utilization charge) ④ 특성품목 운임률(specific commodity rates) ⑤ 품목분류 운임률(commodity classification rates) 등이 있다.

최저운임은 일정 중량에 미달되는 화물에 적용되는 것으로서, 소정의 최저중량에 적용되는 정액운임이다. 일반화물운임은 일정한 특별품목 이외의 보통화물로서 컨테이너에 적입이 안 된 화물에 적용된다. 컨테이너 단위요금은 컨테이너에 적입된 화물에 적용된다. 특정품목 운임률은 특정구간운송의 특정품목에 적용되는 할인운임이다. 품목분류 운임률은 일정한 지역간 또는 지역 내를 통과하는 일정품목에 적용되는 할증 또는 할인 운임률로서 귀중품, 신문 등에 적용된다.

(4) 항공운송관련 국제조약

국제항공관계를 규정한 조약은 국제간의 여객 , 수화물 및 화물의 운송에 있어서의 사법관계를 규정한 것이다. 바르샤바 조약, 헤이그 의정서, 몬트리올 협정, 과다라하라 조약, 과테말라 의정서, 몬트리올 제1,2,3,4의정서 등이 있다.

(가) 바르샤바 조약과 헤이그 의정서

바르샤바 조약(Warsaw convention)의 정식 명칭은 The Convention for the Unification of Certain Rules Relationg to International Carriage by Air(국제상공운송에 관한 통일 규칙)으로 1929년에 성립되었다. 이 조약은 국제항공운송인의 민사책임에 대한 통일법을 제정하여 동일 사건에 대한 각국법의 충돌을 발지하고 국제항공인의 책임을 일정한도로 제한하여 국제민간항공운송업의 발전에 그 목적을 두고 있다.

이 조약은 1995년 개정되어 The Warsaw Convention as amended as the Rules 1955(1955년 헤이그에서 개정된 바르샤바 조약, 약칭 헤이그 의정서)가 되었다. 우리나라는 바르샤바 조약에는 가입하지 않았으나 1955년의 헤이그 의정서에는 가입하였다.

(나) 몬트리올 협정

IATA(International Air Transport Association, 국제항공운송협회)가 미국을 출발, 도착, 경유하는 항공회사들의 회의에서 합의에 따라 제정한 협정을 Montreal Agreement (몬트리올 의정서)라고 한다. 헤이그 의정서는 여객 1인당 항공회사의 책임한도는 US$20,000인데 반해 몬트리올 협정은 US$75,000(소송비용 포함)이다.

나. 항공운임 및 탑재절차

(1) 운임결정의 일반원칙

항공화물의 운임, 운송조건 및 기타 항공운송업무의 운영에 관한 제반 규정은 국

제 항공회사의 단체인 국제항공운송협회(IATA)에 의해 정해지고 있으며, 대부분의 항공사는 IATA가 정한 운임표와 규정인 「The Air Cargo Tariff Ⅰ & Ⅱ」 및 「Tariff Coordinating Conference Regulation」에 따라 항공화물의 운임을 산출하는데 기초가 되는 일반규칙은 다음과 같다.

① 요율, 요금 및 그와 관련된 규정의 적용은 운송장의 발행 당일에 유효한 것을 적용한다.

② 항공화물의 요율은 출발지국의 현지통화로 설정하며, 출발지로부터 목적지까지의 한 방향으로만 적용한다.

③ 항공화물의 요율은 공항에서 공항까지의 운송만을 위하여 설정된 것이며, 부수적으로 발생되는 이적, 통관, 집화, 인도, 창고, 보관 혹은 그와 유사한 서비스에 대한 요금은 별도로 계산한다.

④ 별도로 규정이 있는 경우를 제외하고는 요율과 요금은 낮은 것으로 적용한다.

⑤ 운임은 출발지에서의 중량(chargeable weight)에 kg/lb당 적용요율을 곱하여 산출한다.

⑥ 모든 화물요율은 kg당 요율로 설정하고 있으나 미국 출발화물의 요율은 lb당 및 kg당 요율로 설정하고 있다. 단 단위탑재용기요금(BUC)의 경우 미국 출발화물도 kg당 요율로 설정하고 있다.

⑦ 운임 및 종가요금(valuation charge)은 두 가지가 함께 선불이거나 도착지지불이어야 한다.

⑧ 화물의 실제 운송경로는 운임산출시 근거로 한 경로와 반드시 일치할 필요는 없다.

⑨ IATA Tariff Coordinating Conference에서 결의하는 각 구간별 요율은 해당 정부의 승인을 얻은 후에야 유효한 것으로 이용할 수 있다.

(2) 항공운임요율의 종류

항공화물 운송 요금은 크게 요율(rate)및 부대요금(charge), 기타 수수료 등으로 구성된다. 요율이란 항공운송 기업이 화물운송의 대가로서 징수하는 운임을 중량 단위당 또는 단위용기당 금액으로 나타내는 것인데, 대개 노선별로 요율표(tariff)에 정해져 있다. 부대요금(charge)은 운송에 관련한 부수적인 업무나 설비의 사용에 대한 대가를 의미하며. 수출항공화물 취급수수료(handling charge), 수입화물 AWB Fee, Pick up service charge, 위험품 취급수수료, 결제수수료 등이 이에 해당된다.

항공운임율은 크게 중량단위당 부과되는 중량요율과 화물의 가격을 기준으로 하여 부과되는 종가운임으로 구분되며, 중량요율은 다시 일반화물요율, 품목분류요율, 특정품목요율 그리고 단위탑재용기운임으로 나누어진다.

〈표 9-13〉 운임체계

<table>
<tr><td rowspan="6">Transportation Charge</td><td rowspan="4">Weight charge</td><td>GCR (General Cargo Rate)</td></tr>
<tr><td>SCR (Specific Commodity Rate)</td></tr>
<tr><td>CCR (Class Rate)</td></tr>
<tr><td>BUC (Bulk Unitization Charge)</td></tr>
<tr><td colspan="2">Unpublished Rate - Construction, Combination</td></tr>
<tr><td colspan="2">Valuation Charge</td></tr>
<tr><td>Other Charges</td><td colspan="2">위험물 취급 수수료, 운송장 작성 수수료, 입체지불금 수수료, 착지불 수수료 보험료, Trucking Charge 등</td></tr>
</table>

(가) 운임부과중량

중량요율이 적용되는 항공화물의 운임은 운임부과중량(chargeable weight, C/W)에 중량단계(weight break)별로 설정된 Rate를 곱하여 계산되므로, 중량요율의 적용요율을 결정하기 위해서는 먼저 운임부과중량을 결정해야 한다. C/W는 실제중량에 의한 방법, 용적중량에 의한 방법 그리고 저운임의 적용에 의한 방법에 따라 결정된다.

① 실제중량에 의한 방법

실제화물의 중량(by actual weight)을 기준으로 운임을 산출하는 방법으로 kg, lb 모두 0.1단위까지 측정한다. 소수점 이하는 0.5kg 미만이면 0.5kg으로 하고, 0.6kg 이상이면 1kg으로 계산하며, Lb는 소수점 이하를 절상하여 운임을 산출한다.

② 용적중량에 의한 방법(by volume weight)

용적중량의 산출은 계산 전에 단위치수를 반올림하여 정수로 만든 후 가로×세로×높이의 방식으로 계산하지만, 직육면체나 정육면체가 아닌 경우에는 최대 가로×최대 세로×최대 높이로 계산한다. 길이단위에서의 소수점은 곱셈을 하기 전에 미리 처리되며 Cm, Inch 모두 사사오입한다. 계산된 부피를 운임부과중량으로 환산하는 기준

은 1kg=6,000m^3=166inch^{3}와 1Lb=166inch^{3}로 한다.

③ **높은 중량단계에서의 낮은 운임적용 방법(lower charge in higher weight category)**

높은 중량단계에서의 낮은 요율을 적용할 때 운임이 낮아지면 이를 적용한다. 예를 들어 45kg 미만의 기본요율이 U$15.0이고, 45kg 이상 요율이 U$10.0인데, 35kg의 화물을 운송하기 위한 운임은 35kg×U$15=U$525와 같이 산출하는 방법과 운임산출중량을 35kg가 아니라 45kg으로 하여 산출한 45kg×U$10=U$450 중에서 낮은 요금이 산출된 U$450이 적용된다.

(나) 일반화물 요율

일반화물 요율(general commodity rate, GCR)은 요율은 품목분류요율(CCR)이나 특정품목 할인요율(SCR)의 적용을 받지 않는 모든 화물의 운송에 적용되는 요율을 말한다. 일반화물 요율은 최저운임(M), 기본 요율(N), 중량단계별 할인요율(Q)로 구성되어 있다.

① **최저운임(minimum charge)**

한 건의 화물운송에 적용할 수 있는 가장 적은 운임을 뜻한다. 즉, 화물의 중량운임이나 부피운임이 최저운임보다 낮을 경우에는 최저운임이 적용되며 요율표에 "M"이라 표시된다.

② **기본요율(normal rate)**

45kg 미만의 화물에 적용되는 요율로서 모든 화물요율의 기준이 된다. 요율표상에 "N"으로 표시한다.

③ **중량단계별 할인요율(quantity rate, 정량요율)**

일정 중량단계(weight break)에 따라 요율이 차등적으로 설정된 요율을 말하며, 요율표상에 "Q"로 표시된다. 즉 중량이 높아짐에 따라 kg당 요율은 더 낮게 설정된다. 즉, GCR은 45kg 미만 요율, 45kg 이상 요율, 100kg이상 요율, 300kg 이상요율 및 500kg 이상 요율과 같이 중량단계별로 운임을 설정하고 있으며, 중량단계가 높아질수록 운임요율이 낮아지는 것이 보통이다.

(다) 품목별 분류요율

품목분류요율(commodity classification rates, class rate, CCR)은 특정구간의 특정품목에 대하여 적용하는 요율을 말하며, 보통 할인 또는 할증율로 적용된다. CCR은 GCRrhk 비교하여 크거나 작거나에 관계없이 우선하여 적용된다. CCR이 적용되는 화물은 다음과 같다.

〈표 9-14〉 CCR 적용대상 화물

가. 신문,잡지,정기간행물,책,카타로그,점자책 및 그 용구 (R)
상기 품목에 대한 요율은 해당구간 일반화물요율(GCR)중 Normal Rate의 50%에 해당하는 요율이 적용되며 최저요금은 해당구간 일반화물 최저요금과 할인율에 5kg을 적용한 금액 중 큰 금액을 최저요금으로 합니다.

나. 비동반 수하물(Baggage Shipped as Cargo) (R)
비동반 수하물(단, 기계류, 보석, 카메라, 상품, 세일즈 샘플 등은 제외)을 항공화물로 운송할 경우에는 해당구간 일반화물요율(GCR) 중 Normal Rate50%에 해당하는 할인요율이 적용되며 최저요금은 10kg에 해당하는 금액입니다. 이 요율은 여객이 한국을 출발하여 IATA 제2지역과 제3지역으로 여행할 경우에만 적용됩니다. 수하물은 여객의 출발 이전에 운송인에게 인도되어야 하고 모든 통관절차를 끝내야 합니다.

다. 생동물 요율 (S)
» 모든 생동물에 대해 Normal GCR (N rate)의 200% 적용 » 최저운임 (Minimum Charge)은 Applicable Minimum Charge의 200% 적용

라. 기타 품목분류요율 (S)
» 화폐, 여행자수표, 주권, 채권, 금, 백금, 다이아몬드(공업용 다이아몬드 포함), 기타보석류 등 귀중화물과 시체 및 유골 등에 대한 별도의 할증요율이 있습니다. » Class Rate 적용 불가 품목 » Calendar, Price Tag, Posters 등은 Class Rate 적용 불가

① 신문, 잡지, 정기간행물, 서류, 카탈로그, 점자책 및 그 용구 등에 대한 요율은 해당구간 일반화물요율 중 "N"으로 표시된 요율의 50%에 해당되는 할인요율이 적용된다. 최저요금은 해당구간 일반화물 최저요금과 할인요율에 5kg을 적

용한 금액 중 큰 금액을 최저요금으로 한다. 단, 한국발 미국행 화물에 대해서는 해당 중량의 일반화물 요율이 적용되며, 최저요금은 일반 최저 요금이 적용된다.

② 비 동반 수하물(단, 기계류, 보석, 카메라, 상품, 세일즈맨 샘플 등은 제외)은 해당구간 일반화물 요율 중 "N"로 표시된 요율의 50%에 해당하는 할인요율이 적용되며, 최저요금은 10kg에 해당되는 금액이다. 이 요율은 여객이 한국을 출발하여 IATA 제2지구와 제3지구[14]로 여행할 경우에만 적용된다. 수화물은 여객의 출발이전에 운송인에게 인도되어야 하고 모든 통관절차를 끝내야 한다.

③ 생동물에 대한 요율은 표와 같다.

〈표 9-15〉 생동물

구분	한국/IATA 제3지구	한국/IATA 제2지구	한국발 IATA 제1지구도착		
			미국간	캐나다간	기타 구간
① 아래 ②③④ 제외, 모든 생동물	45kg 미만 요율	45kg 미만 요율	일반화물 요율의 110%	일반화물요율의 150%	45kg 미만 요율
② 생후 72시간 이내의 병아리	상동	상동	상동	상동	45kg 미만 요율
③ 원숭이, 영장류	상동	상동	상동	상동	일반화물요율
④ 냉혈동물	상동	상동	일반화물요율	일반화물요율의 125%	45kg 미만 요율

④ 기타 품목분류 요율은 화물, 여행자수표, 주권, 채권, 금, 백금, 다이어몬드(공업용 포함), 기타 보석류 등 귀중품과 시체 및 유골 등에 대한 별도의 할증요율을 말한다.

(라) 특정품목 할인요율

특정품목 할인요율(special commodity rate, SCR)은 특정구간의 특정화물에 대해

14) IATA는 세계를 3개의 지구로 나누고 있는데, 제1지구는 남북미대륙 및 그에 인접하는 섬과 중앙아메리카, 제2지구는 유럽전지역 및 그에 인접한 섬 및 아프리카와 그에 인접한 섬, 제3지구는 아세아지역과 인접함섬, 남아시아, 동남아시시아 제도, 오스트레일리아, 뉴질랜드 및 인접한 섬이 포함된다.

적용되는 할인요율을 말한다. 화물운송의 유형상 특정구간에서 동종품목의 반복적 운송에 대하여 항공수요 제고 및 촉진을 목적으로 특정품목에 GCR보다 낮은 요율을 설정한 요율로 CORATE라고도 부른다. 또한 주로 선박으로 수송되는 특정품목에 대해 항공운임을 할인해 줌으로써 항공수요를 개발하기 위핸 목적으로 설정되기도 한다.

SCR은 통상 특정구간에 특정품목에 대해 GCR보다 낮은 수준으로 설정되어 있으며 반드시 최저중량을 제한하고 있다. 이는 다량의 상품수송에 적용코자 하는 목적에 의한 것이다. 예를 들면 서울행, 동경행, SEAFOOD, FISH에 적용되는 SCR 0300은 최저중량이 100kg로 설정되어 있어, 100kg이상의 상기품목에 한해서만 SCR 0300이 적용될 수 있도록 되어 있다.

SCR은 CCR이나 GCR을 적용하여 더 낮은 요율이 산출될 때는 그 낮은 요율을 적용할 수 있지만, CCR이 GCR보다 높을 때에는 CCR이 우선적으로 적용된다.

(마) 단위탑재용기운임

단위탑재용기운임(bulk unitization charges, BUC)은 출발지 공항에서 탑재되어 운송인에게 인도되고 도착지 공항에서 하역 및 배달되는 단위탑재용기(unit load device, ULD) 화물에 대해 부과되는 요금을 말한다. BUC는 해당 운송구간의 각 용기 형태별로 설정된 최저요금(pivot charge)과 최저중량을 초과하는 경우 그 초과된 중량에 부과하는 최저중량초과요금(over pivot charge)을 가산한 금액을 산출된다.

또한 운송인 소유 단위탑재용기인 때에는 당해 용기의 중량을 공제하며, 송화인 소유의 단위탑재용기인 때에는 당해 용기에 설정된 허용공제 중량과 실제용기 중량 중 더 적은 중량을 공제한 중량을 요금부과중량으로 한다.

ULD 적재작업(build-up)은 송하인 또는 대리점의 책임으로 이루어지며 항공사는 송수하인에게 각각 만 48시간 동안 해당 ULD를 무료로 제공할 수 있으며, 이 시한이 경과하면 연체료를 징수한다. ULD에는 위험품규정집에 수록된 제한품목, 생동물, 귀중화물, 시체 등은 적재되지 못한다.

(바) 종가운임

종가요금(valuation charge)은 화물의 가격을 기준으로 일정률을 운임으로 부과하는 방식을 말한다. 항공운송장에 화물의 실제가격을 신고하면 화물운송시 사고가 발생하였을 때 손해배상을 받을 수 있는데 이때 화물가액의 일정비율로부터 종가요금이

가산되어 결국 종가운임은 손해배상과 직접적인 관련을 가진 요금방식이다.

일반적으로 화물의 운송에 있어서 사고발생시 항공사의 최대배상한도액(maximum liability)은 kg당 $20이다. 그러나 송하인이 상기 최대배상한도액을 초과하는 금액을 항공사로부터 배상받고자 할 때는 운송장상에 그 화물의 가격을 신고하고 그 가격에 해당하는 종가운임을 지급하여야 실손해액을 배상받을 수 있다. 즉, 신고가격이 kg당 $20 미만인 경우에는 N.V.D.(no value declared)로 표시되며, kg당 $20을 초과 시는 그 금액을 표기하면 된다.

종가운임의 신고는 1건을 구성하는 화물의 일부만을 가격신고하고 나머지를 제외하거나 일부분에 대하여는 높은 가격을 신고하고 나머지 부분을 낮은 가격으로 신고할 수 없으며, 또한 선불 또는 후불에 관한 조건은 중량운임 지급조건과 동일하여야 한다.

종가운임 = 운송가격 - (총중량 × U$20/kg 또는 U$9.07/Lb) × 0.5%

(바) 기타요금

① 입체지불수수료

송화인의 요구에 따라 항공사, 송화인 또는 그 대리인이 선불한 비용을 수화인으로부터 징수하는 금액을 입체지불금이라 하며, 여기에는 Trucking service charge, Pick-up charge, 화물취급수수료(handling charge), 항공운송장 작성수수료(AWB fee) 및 기타 송하인이 요청한 금액 등이 포함된다.

항공사는 이러한 서비스에 대한 대가로서 입체지불금에 일정한 요율(통상 10%)을 곱하여 산출된 금액을 입체지불수수료(disbursement fee)로 징수한다. 이는 운임과 종가요금 이외에 기타 요금에 대하여도 착지불로 운송되는 것을 억제하기 위한 것이다. 최저요금은 25,800원이며 운송장에 명시된 운임을 초과할 수는 없다.

② 착지불수수료

항공운송장에 운임과 종가요금을 수하인이 납부하도록 기재된 화물을 착지불화물이라고 하며, 항공사는 이러한 화물에 대하여 운임과 종가요금을 합한 금액에 일정율(통상 5%)에 해당하는 금액을 착지불수수료(charges collect fee)로 징수한다. 최저요금은 12,900원이다.

③ **기타 부대비용**

㉮ 화물취급수수료(handling charge) : 항공운송대리점 또는 혼재업자가 수출화물의 취급에 따른 서류발급비용이나 화물도착통지(arrival notice), 항공회사로부터 AWB의 인수, 해외의 거래선과의 교신 등에 소요되는 통신비용 등의 서비스 제공에 대한 대가로 화주에게 청구하는 수수료를 말한다.

㉯ 항공화물 THC(terminal handling charge) : 항공화물이 수출통관 또는 수입통관되기 위해 항공사가 직영하는 보세장치장에 반입되었을 때 창고가 화주들에게 부담시키는 화물조작료를 말한다.

㉰ EDI사용료(D/O 전송료) : 수입화물의 효율적인 반출을 위해 도입된 D/O 전산화 이후 항공운송 대리점이 화주를 대리하여 보세장치장에 D/O를 전송할 때 발생하는 EDI 사용료(D/O 전송료)로 항공운송대리점이 화주들에게 건당 8,000원을 징구하고 있다.

㉱ CCF(collect charge fee) : 항공화물 운심을 Collect(후불)로 항공운송대리점에 지불할 경우 항공운송 대리점이 환전 및 송금에 필요한 경비를 보전하기 위해 징구하는 요금이다. 보통 송장금액의 2%를 징구하며 최소 10달러를 징구한다.

㉲ L/G 발급수수료 : AWB상의 Consignee가 은행일 경우 수입화주가 수입대금을 은행에 결제하기 전에 화물을 반출하고자 할 경우 은행이 동 화물에 대한 수입대금 결제를 보증하는 서류인 L/G를 발행할 때 징구하는 수수료이다.

㉳ Documentary fee : 수출의 경우 Airway bill fee라고도 부르며, 건당 12,000원에서 15,000 정도 부과된다. 수입 시에는 보통 D/O charge라 부른다.

㉴ 위험품 취급수수료(dangerous goods handling fee) : 대한민국 출발의 경우에는 위험물 1개당 11,500원을 위험물 취급 수수료로 하며, 최저 위험품 취급수수료는 포장단위당 51,800원이며, 어떠한 경우에도 258,000원을 초과할 수는 없다.

㉵ Pick-up service charge : 항공화물대리점 또는 혼재업자가 화주가 지정한 장소에서 화물을 집화(pick up)하는 경우에 발생하는 차량운송비용을 말한다.

㉶ 조정수수료(recontouring charge) : 팔레트에 적재된 화물이 항공기의 내부구조에 맞지 않아 항공회사가 적화를 조정해야 되는 경우에 부과하는 수수료를 말한다.

㉷ 화물보험(shipper's interest insurance, SII) : 운송인의 규정에 따라 송화인, 화주, 수화인은 항공화물 화주 보험의 부보가 가능하다. 항공사별로 보험과 보험가액에 차이가 있다.

㉮ 운송장 작성 수수료(AWB preparation fee) : AWB는 화주가 작성하는 것이 원칙이지만 통상 항공사 또는 포워더가 화주를 대신하여 작성하는 것이 보통이다. 이 때 징수하는 수수료를 말하며, 통상 USD15.00이 원칙이며 최저비용은 3,100원이다.

(3) 항공화물의 탑재절차

(가) 화물터미널 및 보세장치장으로 이동

수출화주는 화물의 출고시간에 맞추어 항공회사와 운송계약을 체결(booking)하게 되는데, 항공운송주선업자가 업무를 대행하는 것이 보통이다. 항공화물은 화주가 화물터미널에 화물을 반입한다. 화물은 이곳에서 지상조업사(ground handling company)[15]의 직원으로부터 화물의 척량검사를 받게 되며. 화주는 그로부터 수출화물반출입계를 발급받는다.

(나) 수출신고

화물터미널에서 검척, 검량을 받은 화물은 보세장치장으로 이동되며, 화주는 세관에 수출신고를 하여 수리를 받게 된다.

(다) Cargo delivery receipt(화물인도증)와 항공기 탑재

항공회사는 지상조업사의 검수인으로부터 Cargo delivery receipt를 접수하여 확인한 후, 당해 검수인에게 화물의 적재를 지시한다. 서류와 화물에 이상이 없으면 항공기에 화물을 탑재한다.

(라) 출항

탑재가 결정된 화물에 대한 적하목록(manifest)가 작성되며, 작성된 Manifest 1부를 세관에 제출하여 반출허가를 받아 출항하게 된다.

(마) 수출항공화물 취급절차

① 수출물품은 항공화물대리점을 통하여 육로운송으로 화물터미널에 도착 및 장치

15) 지상조업이란 항공기가 도착하여 출발할 때까지 지상에서 수행되는 없는 업무를 말한다. 여기에는 화물조업, 여객조업, RAMP 조업, 운항조업, 기내식조업, 장비조업, 보안조업, 급유조업 등이 있다. 국내항공사들은 자체적인 지상조업사를 운영하고 있다. 여기서 말하는 지상조업사는 화물조업으로 항공화물이나 수화물의 탑재 및 하역작업과 관련된 업무를 담당하는 업자를 말한다.

장에 반입

② 화물의 척량검사 실시 및 수출화물반입계 발급

③ 세관에 수출화물 반입계 제출 후 보세구역 장치지정 및 승인

④ 수출신고

⑤ 수출신고 서류의 심사 및 화물검사

⑥ 수출신고수리

⑦ 항공사에 운송장 및 화물의 인계

⑧ 항공기 특성을 고려하여 단위적재용기에 적재

⑨ 항공기에 탑재

⑩ 적하목록(manifest) 및 환적적하목록(transfer manifest) 작성

⑪ 항공기출발 및 도착지, 중간 기착지에 탑재내용, 특수화물의 명세, 수하인, 탑재 위치 등 통보

[예시 9-1] 선복요청서

SHIPPING REQUEST

①Shipper GILDONG TRADING CO., LED. 159 SUMSUNG-DONG, KANGNAM-KU SEOUL, KOREA			
②Consignee TO ORDER OF BANK OF AMERICA NEW YORK			
③Notify Party MONARCH PRODUCTS CO., LTD. 5200 ANTHONY WAVNE DR. DETROIT MICHIGAN 48203 U. S. A.		⑩S/O NO.	⑪B/L NO.
④Vessel KOREAN DREAMS	⑦Voyage No. 345E	⑫Shipment expiring date on L/C DEC. 15, 2012	
⑤Port of loading BUSAN, KOREA	⑧Port of Discharge NEW YORK, USA	⑬Final destination NEW YORK, USA	
⑥B/L to be issued at	⑨Bill of Lading required : ordinal 3 Copy : 2		

⑭Marks and Numbers	⑮No. & Kind of Pkgs.	⑯Description of Goods	⑰Gross weight	⑱Measurement
AA C/T NO. 1-2 MADE IN KOREA L/ NO. 99989	20CTS	LADIES LEATHER GARMENTS MODEL : SIMON 500 : 200PCS "L/C No. 99989" "FREIGHT COLLECT"	600KGS	20CBM

⑲Freight & Charges	⑳Revenue tons	㉑Rate	㉒Per	㉓Prepaid	㉔Collect

㉕Accepted ______ KOREA SHIPPING CORPORATION ㉖By : ______ Shipping Division Seoul : 397- 8900 557-0046 ~ 8 Busan: 245-4956 ~ 7 CY: 245- 9909	Please arrange to ship cargoes as described above ㉗Applicant add. . C. P. O. Box 8888, Seoul, Korea Name : Gildong Trading Co. Ltd. ㉘Forwarder at the port of loading Add. : (Tel) Name :

[예시 9-2] 선적지시서

SHIPPING ORDERS

①Shipper GILDONG TRADING CO., LED. 159 SUMSUNG-DONG, KANGNAM-KU SEOUL, KOREA	Date of Issue DEC. 10, 2010	
②Consignee TO ORDER OF BANK OF AMERICA NEW YORK		
③Notify Party MONARCH PRODUCTS CO., LTD. 5200 ANTHONY WAVNE DR. DETROIT MICHIGAN 48203 U. S. A.	⑩S/O NO.	⑪B/L NO.
④Vessel KOREAN DREAMS	⑦Voyage No. 345E	⑫Shipment expiring date on L/C DEC. 15, 2012
⑤Port of loading Busan, KOREA	⑧Port of Discharge NEW YORK, USA	⑬Final destination NEW YORK, USA

The undermentioned cargo in apparent good order and condition unless otherwise noted below.

⑭Marks and Numbers	⑮No. & Kind of Pkgs.	⑯Description of Goods	⑰Gross weight	⑱Measurement
AA C/T NO. 1-2 MADE IN KOREA L/ NO. 99989	20CTS	LADIES LEATHER GARMENTS MODEL : SIMON 500 : 200PCS "L/C No. 99989" "FREIGHT COLLECT"	600KGS	20CBM

Remarks :

This receipt is given subject to all dictions of our principal's Bill of Lading RECEIVED ON BOARD By : ____________ No. of Pakgs. ____________ Stowed in Hatch No. ____________ Data : ____________	Please received on board the above mentioned goods. (회사명) By ____________

[예시 9-3] 본선수취증

MATE'S RECEIPT

①Shipper GILDONG TRADING CO., LED. 159 SUMSUNG-DONG, KANGNAM-KU SEOUL, KOREA	Date of Issue DEC. 10, 1999	
②Consignee TO ORDER OF BANK OF AMERICA NEW YORK		
③Notify Party MONARCH PRODUCTS CO., LTD. 5200 ANTHONY WAVNE DR. DETROIT MICHIGAN 48203 U. S. A.	⑩S/O NO.	⑪B/L NO.

④Vessel KOREAN DREAMS	⑦Voyage No. 345E	⑫Shipment expiring date on L/C DEC. 15, 2012
⑤Port of loading Busan, KOREA	⑧Port of Discharge NEW YORK, USA	⑬Final destination NEW YORK, USA

The undermentioned cargo in apparent good order and condition unless otherwise noted below.

⑭Marks and Numbers	⑮No. & Kind of Pkgs.	⑯Description of Goods	⑰Gross weight	⑱Measurement
AA C/T NO. 1-2 MADE IN KOREA L/ NO. 99989	20CTS	LADIES LEATHER GARMENTS MODEL : SIMON 500 : 200PCS "L/C No. 99989" "FREIGHT COLLECT"	600KGS	20CBM

Remarks :

This receipt is given subject to all dictions of our principal's Bill of Lading
RECEIVED ON BOARD

By : ____________________ (회사명)

No. of Pakgs. ____________________
Stowed in Hatch No. ____________________
Data : ____________________ By ____________________

[예시 9-4] 고장화물 보상장

LETTER OF INDEMNITY

DEC. 20, 2012

S. S. / M. V. " " Voy. No. Sailed

Dear Sirs,

In consideration of your handling us clean Bill of Lading for our shipment by the above vessel as
descried below, the mate's receipt at which bears the following clause :
We hereby undertake and agree to pay on demand any claim that may thus arise on the said
on the said shipment and/or the cost of any consequent reconditioning and generally to indemn
ify yourselves and/or agents and/or the owners of the said vessel against all consequences that
may arise from your action.

Further, should any claim arise in respect of this goods, we hereby authorize you and/or owners
of the vessel to disclose this Letter of Indemnity to the underwriters concerned.

Yours faithfully,

Bs/L. No.

Marks & Nos.	No. of Pkgs.	Description	Destination

Chapter 10

해 상 보 험

Chapter 10

해 상 보 험

제 1 절 해상보험의 기초

1. 해상보험의 기초

가. 해상보험의 이해

(1) 해상보험 및 법규

(가) 해상보험의 의의

보험(insurance)이란 같은 종류의 사고를 당할 위험성이 있는 많은 사람들이 우발적인 사고로 인한 손실에 대비하거나 경제적 필요를 충족하기 위하여 미리 금전을 갹출하여 공동준비재산을 형성하였다가 사고를 당한 사람에게 이것으로부터 재산적 급여를 해줌으로써 개개 피해자의 부담을 덜어주는 경제제도를 말한다. 해상보험(marine insurance)이란 우연한 해상사고로 생기는 경제적 손실을 대비하여 많은 경제주체들이 합리적으로 산출한 자금을 갹출하여 발생한 해상손해를 보상해주는 경제적 제도를 말한다.

해상보험은 보험의 목적물에 따라 적화보험(cargo insurance), 선박보험(hull insurance), 운임보험(freight insurance), 희망이익보험(profit insurance), 배상책임보험(liability insurance) 등이 있다. 적하보험은 주로 무역업자(화주)들이 이용하며, 선박보험은 해운업자(선주), 운임보험은 운송업자(선주, 용선업자)들이 이용한다. 선하증권상에 포함된 선박충돌 배상보험 조항은 다른 선박과의 충돌로 인한 손해만을 보상하는 조항이다.1)

(나) 해상보험법규

① 영국해상보험법

영국해상보험법(Marine Insurance Act, 1906, MIA)은 1906년 12월 21일에 제정되어 그 다음해인 1907년 1월 1일부터 실시되었다. 이 법은 비록 영국의 국내법이긴 하지만 오늘날 모든 나라들이 실제 상거래에 있어서는 영국해상보험증권에 준거법 약관을 삽입하여 사용하고 있는 경우가 많으므로 영국해상보험법(MIA, 1906)이 국제무역거래와 해운운송의 준거법으로 채택되고 있다. 이 법은 총 94개조로 구성되어 있다.

② York-Antwerp Rules

해상보험에 있어 공동해손에 관한 세계 각국의 관습과 법이 모두 상이한 경우가 많았으며 또한 공동해손의 발생시 각 국가별로 이해관계가 배치되는 경우가 많았기 때문에 공동해손에 관한 규칙을 세계적으로 통일하자는 운동이 개시되어 마침내 1864년 York에서 York규칙 11개 조항이 채택되었고, 1877년 Antwerp회의에서 12개조의 공동해손규칙을 제정하였는데, 이것은 York규칙에 기초를 둔 것이므로 York-Antwerp Rules(YAR)라고 부른다. 현재 사용되고 있는 규칙은 1974년에 개정된 것이다.

③ 우리나라의 해상보험법

우리나라의 경우 해상보험에 관한 법은 상법에 규정되어 있다. 그러나 우리나라 및 대부분의 국가에서의 해상보험증권에는 영국의 법과 관습을 따른다는 조항이 삽입되어 있다. 그러므로 사실상 해상보험에 관한 한 우리나라 해상보험법은 사문화된 것과 다를 바 없으며, 공동해손 역시 마찬가지다

(다) 해상보험의 특성

해상보험의 원리는 일반보험의 원리와 유사하지만 해상보험에서 특히 강조되는 몇 가지 특성을 살펴보면 다음과 같다.

① 담보의 이행

담보(cover)[2]란 보험자가 피보험자의 피보험목적물에 발생한 손해를 보상(pay,

---

1) 따라서 부두와 선거에 대한 손상 또는 선원이나 타인의 신체상해와 사망에 따른 배상책김은 보상되지 않는다. 이는 선주상호책임보험(P&I에서 부담함)

indemnity)하기로 하는 약속을 말하며, 이 약속이 현실적으로 이루어진 것을 보상 또는 전보(pay)[3]라고 한다. 담보는 그 보험에서 인수한 위험의 발생과 관련하여 중요한 것이든 아니든 불문하고 명확히 충족되고 지켜져야 하며, 위반 시에 보험자는 담보위반일로부터 보상책임을 면하게 된다

영국해상보험법(MIA) 제33조에 따르면 담보란 피보험자가 어떤 특정한 일을 하거나 또는 하지 않을 것을 약속하거나, 특정조건을 구비할 것을 약속하거나, 특정한 사실의 존재를 긍정 또는 부정하는 약속사항을 말한다고 규정하고 있다. 예건대 피보험자가 일정구역으로의 항해를 하지 않는다든가, 선급(ship's class)을 유지하기로 한다든가, 어느 날짜까지는 반드시 출항하기로 하겠다든가 하는 등이 약속이 담보에 해당한다.

담보에는 명시담보와 묵시담보가 있다. 명시적 담보(express warranties)란 담보의 내용이 보험증권에 명시되거나 또는 별도로 인쇄된 시류를 증권에 첨부된 약속을 말한다. 여기에는 안전담보(warranty of safety)[4], 중립담보(warranty of neutrality), 선비담보(disbursement warranty), 운행제한에 관한 담보 등이 있다. 예를 들어 피보험자가 보험계약을 체결할 때 "선적전 검사를 조건으로 함(warranted surveyed before shipment)" 또는 "전문적으로 포장되는 것을 조건으로 함(warranted professionally packed)"와 같이 명시한 약속을 말한다.

묵시담보(implied warranties)란 그 내용이 보험증권에는 명시되어 있지 않으나 피보험자가 묵시적으로 제약을 받아야 하는 담보를 말한다. 여기에는 내항성담보 및 적법담보(warranty of legality)[5]가 있다. 내항성담보(warranty of seaworthiness)란 선박

2) 해상보험에서 부보(cover)와 담보(warranty)란 용어가 혼용되고 있다. 그러나 MIA에 따르면 "Cover"는 피보험자에 대한 보험자의 약속을 의미한다. 따라서 "cover"는 부담한다, 보험 보장한다, 보험에 가입하다로 해석해야 하며, "insurance cover"는 보험보호, 보험보장으로 해석되어야 한다. 이에 대해 "warranty"는 "피보험자가 지켜야할 약속"을 의미한다. 담보에는 보험증권에 명시적으로 삽입되어 있는 명시적 담보(express warranty)와 해상증권에 명시되어 있지 않지만 피보험자가 충족시켜야 할 담보인 묵시적담보(implied warranty)가 있다.

3) 부보(insure, effect, cover)란 용어는 어떤 피보험목적물에 대해 "보험에 가입하다", "보험에 들다" 또는 "보험에 붙이다"는 뜻으로 일반적으로는 보험계약을 체결한다는 의미로 사용된다.

4) 안전담보는 피보험목적물이 특정한 날짜 또는 기간 동안 안전한 상태에 있을 것을 담보하는 것으로 선박의 경우 출항지에서 인진하게 실존해 있으면 충분한 것으로 간주된다. 중립담보는 선박이나 적하 등의 피보험 재산이 중립재산이라고 명시되는 담보이다. 그 재산이 위험기간의 개시시점에 중립적 성질을 가져야 하고, 또 피보험자의 능력이 미치는 한 그 중립적 성질이 보험기간 중에 계속되어야 한다는 묵시조건이다. 운항제한담보란 전보험기간 또는 일정기간 동안에는 일정한 지리적 범위 내로 선박의 운항을 제한하거나 일정한 항해 또는 해역을 제외시키는 담보가 명시적으로 설정되는 것이 일반적이다.

은 반드시 항해를 감당할 수 있는 능력을 갖추고 있어야 한다는 담보를 말하며 이를 위해서는 자격을 갖춘 선장, 충분한 선원과 선용품, 연료 등을 비축해야 하며, 필요시에는 의사와 도선사 등 특정항해에 필요한 모든 것을 구비해야 한다. 적법담보에는 밀수무역이나 적대국가와의 통상이 아닐 것, 항해금지구역을 항해하지 말것, 출항 전에 반드시 출항허가를 받을 것 등이 포함된다.

② 소급보상의 원칙

해상보험계약은 소급보상의 원칙이 적용된다. 즉, 해상보험계약은 장래에 발생할 우연한 사고에 의한 손해의 보상을 목적으로 하므로 보험계약이 유효하기 위해서는 위험이 존재하여야 한다. 소급보상의 원칙이란 이처럼 해상보험계약이 체결되기 전에 발생한 손해라도 계약 당사자가 계약체결 시 그 발생여부에 대해 알지 못하였다면 유효한 것으로 해석하는 원칙을 말한다. 그러나 이 원칙은 악용되는 것을 방지하기 위해 보험계약 당사자 모두가 보험사고의 발생사실을 모르고 있는 경우에만 적용된다.

그러나 국제해상운송의 경우에는 피보험선박이 외국에 있기 때문에 보험계약 체결 당시 당해 선박이 무사한지의 여부가 분명하지 않은 경우가 있다. 계약체결 당시에 이미 선박이 해난을 입은 상태였거나 또는 무사히 목적항에 도착하여 더 이상 위험이 존재하지 않았다고 하더라도 계약 당사자가 이러한 사실을 모르고 있다면, 당사자로서는 주관적인 위험이 존재하는 것으로 간주될 수 있으며, 이를 추정위험이라고 한다. 이러한 추정위험에 대한 보험적 보호의 필요성은 통신기관이 발달하지 못하였던 시대에 특히 컸지만, 관행적으로 보험증권상에 "멸실 여부를 불문하고(loss or not lost)"라는 조항을 두어 손해가 계약 체결 이전에 발생하였더라도 당사자가 그 사실을 모르고 보험계약을 체결하였다면 보험자가 위험을 부담하도록 하고 있다.

③ 국제성

해상보험은 일반보험과는 달리 국제성이 강하므로 영문 보험증권, 보험약관 등의 이용되고 있으며, 그 문언의 해석도 영국의 해상보험법과 관습에 따를 것을 규정하고 있고, 대체로 런던보험자협회(Institute of London Underwriters)의 협회적하보험약관에 따르고 있다

5) 적법담보란 모든 피보험항해가 합법적이어야 하며, 또 피보험자가 사정을 지배할 수 있는 한 그 해상사업을 합법적으로 수행해야 한다는 담보를 말한다. 위법한 항해는 당연히 법에 의해 보호되지 않는다.

나. 보험계약의 이해

(1) 보험계약의 의의 및 종료

(가) 해상보험계약의 의의

해상보험계약이란 보험자가 그 계약에 의하여 합의한 방법과 범위 내에서 보험목적물에 대해 해상손해, 즉 해상사업에 수반되는 해상위험으로 인하여 야기된 손해를 손해보상의 원칙(principle of indemnity)[6)]에 따라 실손보상할 것을 약속하고 보험계약자는 이에 대한 반대급부로 보험료를 지급하겠다는 약속을 함으로써 성립하는 보상계약(contract of indemnity)을 말하며, 계약내용을 명확하기 위해 보험증권이 교부되는 것이 보통이다.

영국해상보험법(MIA) 제1조에 의하면 해상보험계약이란 보험자가 그 계약에 따라 합의된 방법과 범위 내에서 해상사업에 수반하는 손해(losses incident to marine adventure)를 피보험자에게 보상할 것을 약속하는 계약이라고 정의하고 있으며, 우리나라 상법 693조에서는 "해상보험계약은 항해에 관한 사고로 인하여 생기는 손해를 보상할 것을 목적으로 하는 손해보험이다"라고 규정하고 있다.

해상보험계약은 손해보상계약으로 해상위험 뿐 아니라 해륙혼합위험으로 인한 손해까지 보상하는 계약이다. 다시 말해 해상에서의 손해에 추가하여 강, 호수 등의 내수 또는 육상위험의 손해까지 확장하여 보상할 수 있으며, 건조 중의 선박, 선박의 진수 또는 해상사업과 관련이 있는 유사한 사업의 손해까지도 해상보험증권에 의해 보상할 수 있다.

해상보험 구증권(SG Policy)의 약관에는 화물이 실제로 선적되는 시점부터 화물이 도착항에서 양하되는 시점까지를 보험기간으로 하고 있다. 그러나 현실적으로 적하보험의 보험기간은 특별약관인 협회적하약관(Institute Cargo Clause, ICC)의 운송약관(transit clause)에 포함된 창고간약관(Warehouse to warehouse clause)에 의해서 송화인의 창고에서부터 수하인의 창고까지 확장 담보되고 있다. 협회의 운송약관에서는 "화물이 운송개시를 위해 보험증권에 기재된 지역의 창고 또는 보관 장소를 떠날 때에 적하보험계약의 담보효력이 개시하는 것으로 규정되어 있다. 그런데 Incoterms 조건하에서는 무역거래조건에 따라 위험부담의 분기점이 결정되고 있으므로 실질적으로 적하보험의 위험의 개시시기는 운송약관의 내용과는 달리 무역거래 조건에 따

6) 보험계약은 사행계약의 일종이지만 보험에 의해 이득을 얻지 못하므로 손해금액을 한도로 지급되어야 하는 원칙을 말한다. 보험계약은 피보험이익을 회복하는데 그 목적이 있다.

라 달라진다.

〈표 10-1〉 Incoterms 조건별 담보효력 개시시점

거래조건	담보효력 개시시점
EXW	매수인이 화물을 인도받는 시점
FAS	본선 선측에 화물을 인도한 시점
FOB/CFR/CIF	본선적재시점

한편, ICC 운송약관 제1조는 위험의 종료시점 중에서 가장 먼저 도래하는 때에 종료하는 것으로 하고 있다.

첫째, 피보험화물이 보험증권에 기재된 목적지의 수하인 창고 또는 보관장소 등에 인도된 때

둘째, 보험증권에 기재된 목적지에 도착하기 이전이나 또는 목적지를 불문하고 피보험자가 운송의 통상과정이 아닌 보관 또는 할당이나 분배를 위하여 사용하기로 한 창고 또는 보관장소에 인도될 때

셋째, 최종양하항에서 외항선으로부터 피보험화물의 양하가 완료된 후 60일(우리나라의 경우에는 30일)이 경과될 때

(나) 보험계약의 종료

보험계약은 쌍방의 합의, 해제조건부 계약에서 그 조건의 성취, 미성년자가 행한 보험계약, 보험계약의 목적의 소멸, 보험사고 발생가능성의 소멸 및 보험기간의 종료 또는 보험계약 소멸사유의 발생시 종료된다.

보험계약의 소멸이란 이미 유효하게 성립된 보험계약이 당사자간의 합의에 의해 보험계약이 해지되거나 무효가 됨에 따라 보험계약 자체가 소멸되어 효력을 상실하는 것을 말한다.

보험계약의 해지란 보험계약 당사자가 보험계약 효력을 장래에 향하여 소멸시키는 것을 말한다. 그 사유에는 보험계약자의 고의 또는 중과실로 인한 중대한 고지의무의 태만, 보험료 미납, 피보험자 등의 위험변동 및 증가 통지 위반, 보험계약자의 고의 또는 중과실로 인한 현저한 위험의 증가 등이 있다.

보험계약의 무효란 보험계약이 성립한 때까지 소급하여 그 효력이 법률적으로 발

생하지 않게 되는 것을 말한다. 보험계약이 공서양속을 해치거나 다음과 같은 경우에는 무효가 된다. 초과보험에서의 초과분에 대한 보험계약, 보험계약자의 사기로 인한 보험계약, 보험계약시점에 이미 보험사고가 발생하였거나, 발생할 수 없는 보험사고에 대한 보험계약 등이 이에 속한다.

(다) 중복보험 · 공동보험 및 재보험

중복보험(double insurance)이란 동일한 피보험이익에 대해 여러 보험자와의 보험계약이 존재하고 그 보험금액의 합계액이 보험가액을 초과하는 경우를 말한다. 따라서 보험가액의 개념이 존재하지 않는 인보험(人保險)에서는 중복보험의 문제가 생기지 않지만[7], 손해보험에서는 각각의 보험자가 부담하고 피보험이익에 대한 담보 비율에 따라 보험가액의 한도까지만 보상해준다.

〈표 10-2〉 보험의 부보형태별 보상내용 비교

구분	부보금액	보험자	전손시 보상
전부보험	보험가액=보험금액	1인의 보험자	피보험자의 손해액 전액 보상
일부보험	보험가액>보험금액	1인의 보험자	부보비율에 따라 비례보상
초과보험	보험가액<보험금액	1인의 보험자	실손범위내 비례보상
중복보험	보험가액<보험금액	2인의 보험자	실손범위내 비례보상
공동보험	보험가액=보험금액	2인의 보험자	보험자 책임비율로 손해전액보상

중복보험의 경우에도 실손해 이상으로 보상되지 않도록 손해보상의 원칙이 적용되며, 이를 위한 손해보상방법은 우선책임주의, 비례보상주의 그리고 연대책임주의가 있다. 우선책임주의란 중복보험을 동시중복보험과 이시중복보험으로 구분하여 동시중복보험은 비례보상주의에 따라 각 보험자의 보상액을 각 보험금의 총보험금액에 대한 비율에 의해 결정하고, 이시중복보험은 보험계약체결의 순서에 따라 보상하는

7) 일반적으로 보험가액은 피보험목적물에 대한 시세의 변동에 따라 변동된다. 즉 보험계약시점과 사고발생시점의 보험가액이 달라진다. 따라서 보험계약 체결시 일정금액으로 정하고 이를 변하지 않는 것으로 확정하는데 이를 보험가액불변의 원칙이라고 한다. 그러나 사람에 대한 인보험에는 보험가액이 존재하지 않는다. 사람의 존재에 대한 가치가 계속 변동될 수는 없는 것이기 때문이다.

방법이다. 즉, 선순위의 보험자가 우선으로 보상하고, 그 보상액이 손해액에 미달되는 경우에만 그 부족액의 범위 내에서 후순위계약에 대한 보험금액의 효력을 인정하는 방법이다.

비례보상주의는 동시 또는 이시의 중복보험에 불문하고, 중복보험을 구성하는 모든 보험계약을 유효한 것으로 인정하고, 각 보험자가 인수한 보험금액에 비례해서 배분시키는 방법이다. 비례보상주의가 연대책임주의와 다른 점은 연대책임주의에서와 같이 피보험자가 선택적으로 손해액에 도달할 때까지 보험자에게 손해보상을 청구할 수 있는 것이 아니고 각 보험자의 분담책임액을 미리 산정해서 그 분담책임액에 대한 청구권만을 인정하는 데 있다.

연대책임주의는 보험가액을 초과하는 보험계약을 무효로 하지 않고 각 보험계약을 각각 유효한 것으로 하되 사고 발생시에 손해액의 범위 내에서만 보상함으로써 피보험자의 부당한 이익을 방지하는 방법이다. 이시중복보험이나 동시중복보험을 불문하고 보험사고에 의해 손해가 발생한 경우 보험자는 각 보험자는 보험금액을 한도로 연대책임을 진다. 따라서 어떤 보험자가 그 책임액을 지급할 수 없는 경우에는 나머지 보험자가 연대하여 책임을 지며, 자기의 부담액을 초과하여 보험금을 지급할 보험자는 다른 보험자에 대하여 각자가 보상해야할 금액에 비례하여 분담액을 청구할 수 있다.

공동보험(coinsurance)복수의 보험자가 보험계약자의 위험에 대하여 공동으로 전보책임을 지는 보험계약을 말한다. 이 경우 개개의 공동보험자는 자기가 부담해야 할 책임의 비율을 정하고 발생한 손해에 대해서는 그 비율의 한도에서만 전보책임을 지는 것이 보통이다. 공동보험은 재보험과 같이 다수 보험자 사이에 위험을 분산시키는 방법이다. 다만 재보험이 종적인 분산인데 대하여 공동보험은 횡적인 분산이라고 할 수 있다.

재보험(reinsurance)이란 보험계약상의 책임의 전부 또는 일부를 다른 보험자에게 인수시키는 보험을 말한다. 이때 젭의 보험자를 원보험자라 하며 다음 보험자를 재보험자라고 한다. 재보험은 혼자서 부담하기 어려운 다액의 보험계약에 대해 보험자가 부담하는 위험을 분산시키기 위해 이용된다.

(2) 해상보험의 당사자

(가) 보험자

보험자(insurer, assurer, underwriter)는 보험계약자로부터 보험료(insurance premium)를 받는 대신에 보험기간 중 보험사고가 발생하면 보험금을 지급하며, 또한 보험계약자를 대신하여 제3자에 대한 배상책임을 맡는 등의 보상책임을 지는 것을 업으로 하는 개인 혹은 회사를 말한다. 일반적으로 보험회사를 뜻하지만 외국에는 개인보험업자도 있다. 보험계약자는 다음과 같은 의무를 부담한다.

① 보험계약자의 청구에 따라 보험증권을 교부해야 한다.

② 담보위험으로 발생한 손해를 보상해야 한다.

③ 보험계약의 전부 또는 일부가 무효인 때에는 보험료의 전부나 일부를 반환해야 한다.

(나) 보험계약자와 피보험자

보험계약자(insurance policy holder, party insuring)는 보험자와 보험계약을 체결하고 보험료를 지급하기로 약속한 자를 말한다. 피보험자(insured, assured)는 피보험이익(interest insured)이 귀속되는 주체 즉. 보험사고가 발생한 경우에 보험자로부터 손해의 보상을 청구할 수 있는 자, 즉 보험금을 받을 수 있는 자를 말한다.

보험계약자와 피보험자는 계약조건에 따라 동일인이 될 때도 있으며, 다른 사람이 될 때도 있다. 예컨대 FOB 계약에서는 매수인이 자신을 위해 보험계약을 체결하고 손해 발생시 보험금을 본인이 수취하므로 매수인은 보험계약자인 동시에 피보험자가 되지만, CIF계약에서는 매도인이 보험계약을 체결하는 보험계약자가 되지만 손해 발생시 보험금을 취득하는 피보험자는 매수인이 된다.

해상적하보험 계약을 누가 체결할 것인지는 무역계약상의 정형거래조건에 따라 결정된다. 무역조건별로 보험계약 체결의무의 당사자는 다음과 같다.

〈표 10-3〉 무역조건별 보험계약 체결의무자

구분	의무자
CIF, CIP	수출자
EXW, FCA, FAS, FOB, CFR, CPT	없음, 필요시 수입자가 체결
DAT, DAP, DDP	없음, 필요시 수출자가 체결

(다) 보험대리점 및 보험중개인

보험대리점(insurance agent)란 일정한 보험자만을 위해서 보험계약자와의 계속적인 보험계약체결의 대리 또는 중계를 업으로 하는 독립된 상인을 말한다. 보험대리점은 보험자로부터 보험계약체결의 대리권을 부여받은 계약체결대리점과 단순히 계약의 성립을 주선하고 매매하는 권한을 부여받은 중개대리점으로 구분된다.

계약체결보험대리점은 보험자의 대리인으로서 보험계약 체결권한을 갖고 있으므로 고지수령권은 물론 보험료의 수령, 보험계약의 변경, 연기, 해제 등에 관한 권한을 갖고 있다.

중개보험대리점은 보험계약의 체결을 중재하는 권한만 가질뿐 보험계약 체결에 관한 대리권은 없으므로 고지수령권 등의 권한은 없다.

보험중개인(insurance broker)이란 불특정한 보험자를 위해 보험자와의 보험계약체결을 중개하는 것을 업으로 하는 자를 말한다. 중개보험대리점과 다른 점은 특정한 보험자에 종속되어 있지 않다는 점이다. 우리나라에는 보험중개인은 거의 존재하지 않는다.

(라) 보험계약자와 피보험자의 의무

① 보험료 지급의무

보험계약자는 계약에서 정한 보험료를 지급하여야 하며, 보험료 지급을 근거로 보험자의 책임이 개시된다.

② 고지 및 통지의무

보험계약자는 보험계약 청약시에 보험자에게 위험에 관한 중요한 모든 사항들에 대하여 최대선의의 원칙(principle of utmost good faith)[8)]에 따라 고지(disclosure)하여야 한다. 그 이유는 화물의 상태나 성질을 잘 모르고 있는 보험자가 보험계약의 인수여부나 보험료 산정결정 기준의 결정에 필요한 사항들을 일일이 점검하는 부담을 덜어주기 위한 것이다. 고지방법은 법규상 제한이 없기 때문에 문서나 구두 어느 것이든 가능하다. 다음과 같은 사항은 고지할 필요가 없다.

① 보험자의 위험이 경감될 사항

② 보험자가 마땅히 알아야하거나 알고 있는 사항 또는 상식화된 사실

---

8) 일반적인 신의성실 보다 높은 정도의 성실의무를 말한다. 보험계약은 사행계약성과 정보비대칭성이 존재하므로 기본적으로 최대선의의 의무가 요구되어진다.

③ 보험자에 의해 면제된 사항, 즉 보험자가 통지권리를 포기한 사항

④ 피보험자가 당연히 보험자에게 지켜야 할 약속(warranty, 담보)이므로 고지가 불필요한 사항

또한 보험계약자는 계약체결 이후에 사고발생의 위험이 증가하였거나 변경된 때에도 이 사실을 보험자에게 통지해 주어야 한다. 그리고 만약에 보험사고가 발생하였다면 그 사실을 지체 없이 보험자에게 통지하여야 할 의무도 부여하고 있는데, 그 이유는 사고사실에 대한 통지 없이는 보험사고의 발생 여부를 보험자는 알 수 없으며 따라서 손해의 방지 및 경감조치를 강구할 기회를 부여받을 수 없기 때문이다. 이러한 고지 및 통지의무를 위반할 때에는 이를 근거로 보험자는 보험금의 지급을 거절할 수 있다.

③ 손해방지 및 경감의무

보험계약자 또는 피보험자는 피보험이익의 보호에 상당한 주의와 신의성실 원칙 및 공익적 차원에 입각하여 손해를 방지하거나 경감하기 위한 합리적인 노력을 하여야 한다.

(라) 보험계약자와 피보험자의 의무

① 보험료 지급의무

보험계약자는 계약에서 정한 보험료를 지급하여야 하며, 보험료 지급을 근거로 보험자의 책임이 개시된다.

② 고지 및 통지의무

고지(disclosure)의무란 보험계약자가 보험계약 체결시에 보험자에게 위험에 관한 중요한 모든 사항들을 알려야하는 의무를 말한다. 보험계약자는 보험자에게 보험청약을 할 경우에는 자기가 신고하는 모든 사항에 대하여 최대선의에 의거하여 고지하여야 하며, 이를 최대선의의 원칙이라고 한다. 당시에 중요한 사실을 고지하지 아니하면 계약이 해지되고, 통지의무 즉 계약체결 후 보험목적물의 위험이 변경 또는 증가되면 보험자에게 통지하여야 하며 통지하지 아니하면 보험자는 계약을 해지할 수 있다고 규정하고 있다.

영국해상보험법(MIA)에서도 "해상보험계약을 최대선의에 의한 계약이며 당사자의 일방이 최대선의를 준수하지 않을 경우에는 타방은 그 계약을 취소할 수 있다"고 규정하고 있다. 따라서 당사자는 상대방이 보험계약에 대하여 올바른 결론을 내릴 수 있도록 도와줄 의무를 부담하고 있다고 할 수 있다.

보험계약자에게 고지의무를 부과하는 이유는 화물의 성태나 성질을 잘 모르고 있는 보험자가 보험계약의 인수 여부나 보험료 산정결정 기준의 결정에 필요한 사항들을 일일이 점검하는 부담을 덜어주기 위한 것이다. 고지방법은 법규상 제한이 없기 때문에 문서나 구두 어느 것이든 가능하다. 다음과 같은 사항은 고지할 필요가 없다.

① 보험자의 위험이 경감될 사항
② 보험자가 마땅히 알아야하거나 알고 있는 사항 또는 상식화된 사실
③ 보험자에 의해 면제된 사항, 즉 보험자가 통지권리를 포기한 사항
④ 피보험자가 당연히 보험자에게 지켜야 할 약속(warranty, 담보)이므로 고지가 불필요한 사항

또한 보험계약자는 계약체결 이후에 사고발생의 위험이 증가하였거나 변경된 때에도 이 사실을 보험자에게 통지해 주어야 한다. 그리고 만약에 보험사고가 발생하였다면 그 사실을 지체 없이 보험자에게 통지하여야 할 의무도 부여하고 있는데, 그 이유는 사고사실에 대한 통지 없이는 보험사고의 발생 여부를 보험자는 알 수 없으며 따라서 손해의 방지 및 경감조치를 강구할 기회를 부여받을 수 없기 때문이다. 이러한 고지 및 통지의무를 위반할 때에는 이를 근거로 보험자는 보험금의 지급을 거절할 수 있다.

③ 손해방지 및 경감의무

보험계약자 또는 피보험자는 피보험이익의 보호에 상당한 주의와 신의성실 원칙 및 공익적 차원에 입각하여 손해를 방지하거나 경감하기 위한 합리적인 노력을 하여야 한다.

(3) 해상보험계약의 주요 용어 및 원칙

(가) 근인주의

근인주의(proximate cause, principle of causa proxima)란 담보위험(insured perils)에 근인하여 발생한 손해에 대해서만 보험자가 보상할 책임이 있다는 원칙을 말한다. 근인이란 당해 사고를 야기시킨 가장 직접적이고 지배적인 원인을 말한다. 복수의 원인에 의한 손해의 경우 결과적으로 가장 가까운 원인(causa poxima)이 담보위험에 속하는 경우에만 보험자가 보상한다는 원칙이다. 가장 가깝다는 것은 시간적, 장소적으로

가깝다는 의미가 아니고 발생의 효과와 가장 관계가 있는 원인을 말한다. 이것은 "「근인(近因)을 보고 원인(遠因)을 본다」(causa proxima non remota spectatur)"는 유명한 격언에 따른 것이다.

(나) 손해보상의 원칙

보험계약은 보험자가 우연한 사고의 발생에 따른 손해를 보상하는 점에서 사행계약(aleatory contract)이지만 보험에 의하여 이득을 얻지 못한다는 원칙이 적용된다. 해상보험계약은 보험자가 피보험자에 대한 해상손해 즉 항해사업에 부수하는 손해만을 보상하는 것을 약속하는 계약으로 해상손해 이외의 손해는 보상하지 않는다. 이처럼 보상은 해상보험계약에서의 손해발생시 손해금액을 한도로 지급되어야 하는 원칙을 손해보상의 원칙(principle of indemnity)이라고 한다. 이러한 원칙하에서 해상보험계약은 기평가보험증권(valued ploicy)으로 발행되지만 손해보상계약으로 손해금액을 한도로 보상받게 되며, 손해보상계약인 해상보험은 피보험이익(insurable interest)을 회복하는 데 그 목적이 있다.

2. 피보험이익과 해상위험

가. 피보험이익

(1) 피보험이익의 개념

(가) 피보험이익의 의의

보험목적물(subject matter of insurance, subject matter insured)이란 화물이나 선박과 같이 해상위험에 노출되어 해상보험의 보호대상이 되는 객체를 말한다. 선박과 그 속구, 화물(cargo), 선박(hull), 운임(freight), 희망이익(profit and commission), 선임(qage), 선주의 화주에 대한 책임(P&I 보험) 그리고 시세 변동에 따른 증액 등이 있다.

피보험이익(insurable interest)이란 보험의 목적이 멸실 또는 손상됨으로서 경제적 손실을 입는 특정인(피보험자)과 보험의 목적사이에 존재하는 이해관계를 말한다. "「이익이 없는 곳에 보험은 없다(no interest, no insurance)」"라는 격언과 같이 이러한 피보험이익이 없으면 보험계약은 성립하지 않는다.

해상보험계약에서 보호되는 것은 피보험목적물 그 자체가 아니라 피보험이익이 된

다. 보험금은 바로 피보험이익을 금액으로 환산한 것이다. 보험계약이 유효하기 위해 피보험이익이 갖추어야 할 요건은 다음과 같다.

첫째, 피보험이익의 적법성이다. 피보험이익은 적법한 것이어야 한다는 것으로 법규에 위반한 피보험이익은 보호를 받지 못하므로 보험계약은 무효가 된다.

둘째, 피보험이익의 경제성이다. 피보험이익은 경제적 이익 즉, 금전으로 환산할 수 있어야 한다. 손해보험의 목적은 피보험목적물에 대한 경제적 손해를 금전으로 보상하는 것이 목적이므로 손해발생시 손해액을 금전으로 산출될 수 없다면 보험계약은 무효가 된다.

셋째, 피보험이익의 확정성이다. 피보험이익은 확정되어 있거나 확정될 수 있어야 한다. 피보험이익이 누구에게 있는지, 누구에게 귀속될 것인지 확정되거나 확정될 수 있어야 한다. 왜냐 하면 피보험이익이 확정되어야 손해가 산출되어 보험금의 지급대상을 결정할 수 있기 때문이다.

(나) 피보험이익의 종류

적하보험에서 피보험이익은 그 이해관계에 따라 소유자이익, 비용이익 및 수익이익으로 나눌 수 있다. 소유자 이익이란 물건 소유자가 갖는 이익으로 일반적으로 화물의 소유자가 당해 화물의 손상에 의해 입게 되는 경제적 손실을 말한다. 비용이익은 매입수수료, 포장비, 창고료, 검사료, 하역비, 부선임, 운임, 해상보험료, 조세, 증명료 등 해상운송에 수반되는 여러 비용에 관한 이익을 말한다. 수익이익(희망이익)이란 화물의 매매에 의해 기대되는 수익을 말한다. 통상 CIF 가격의 110%로 부보하는 것이 보통이다.

① 소유이익

피보험이익은 특정의 선박 또는 적하를 소유한 자의 소유권 자체가 아니며, 그 소유권으로 나타나는 소유이익이 된다. 형식상의 소유권자라도 소유이익을 갖지 않을 수도 있으며, 반대로 타인소유의 물건에 대하여 경제적 지배력을 가짐으로서 소유권자와 동일한 지위에 있어 그 물품에 대한 소유이익을 가질 수도 있다. 다만 소유권의 귀속이 불확정한 경우에는 소멸이익이나 미필이익도 부보할 수 있다. 소멸이익(defeasible interest)이란 아직 확정되지 않았지만 상황이 발생하면 소멸하는 이익을 말하며, 미필이익(contingent interest)이란 희망이익, 운임, 기대이윤 및 수수료와 같이 사전에 존재하지 않았지만 어떤 일이 확정되면 그 이익이 확정되는 것을 말한다.

② **담보이익**

선박 또는 적하가 채권에 대한 담보로 제공되는 경우에 채권자는 자신에게 부여된 청구권의 한도 내에서 선박 또는 적하에 대하여 피보험이익을 갖는다.

③ **수익이익**

특정인이 선박 또는 적하로부터 수익을 취득할 수 있는 경우, 사고가 발생되어 그 기대한 수익이 상실됨으로써 손해를 입을 수가 있다. 해상보험에 있어서의 주요한 수익이익은 다음과 같다.

첫째, 희망이익(expected profit)이다. 적하가 목적항에 도달하는 경우 적하의 매각에 의해 기대 가능한 이윤획득에 대한 이익을 희망이익이라고 한다.

둘째, 운임이익이다. 선박에 의해 적하를 운송함에 따라 선주가 취득할 수 있는 이익을 운임이익이라 하며 이에는 해상운송법상의 협의의 운임은 물론 용선비 등이 포함된다.

④ **선비**

선박운항에 있어서는 항해에 필요한 연료, 식료, 음료수 및 기타의 소모품, 선원의 급료, 선박 및 선비에 대한 보험료 등의 비용을 지출해야 되는데 이를 선비(disbursement)라고 한다. 선비는 운임의 취득에 의해서 회수되는데 해상사고에 의해서 운임을 취득하지 못할 경우 회수할 수 없게 된다. 피보험이익은 운임을 보험료에 붙이는 경우에는 총운임 속에 포함되지만 이것을 별개로 하여 선비로서 보험에 붙일 수도 있다.

(2) 보험가액, 보험금액, 보험금 및 보험료

보험가액(insurable value)이란 일정한 피보험이익에 대하여 발생할 수 있는 경제적 손실의 최고한도액 또는 그 평가액을 말한다. 즉, 보험사고가 발생한 경우 피보험자가 피보험이익에 대해 입을 수 있는 손해의 최고한도로 보험에 가입할 수 있는 최고액이 된다. 보험가액은 통상적으로 CIF가격에 10%를 가산한 금액으로 하고 있다.

보험금액(insured amount, sum insured)이란 전손사고가 발생하였을 때, 보험자가 피보험자에게 지급하여야할 금액의 최고한도로 실제로 부보된 금액으로 보험증권상에 나타나 있는 금액을 말하며, 보험가입금액이라고도 한다.

보험금액이 보험가액과 동액인 경우를 전부보험(full insurance)이라 하며, 보험금액이 적은 경우를 일부보험(partial insurance) 또는 미달보험(under insurance)이라 하고, 보험금액이 큰 경우를 초과보험(over insurance)이라고 한다. 일부보험은 가능하나 초과보험의 초과된 금액은 효력이 없다.

보험금(claim amount)이란 보험사고가 발행하여 실제로 지급되는 보상금액을 말한다. 즉 보험증권에 의해 담보되는 위험으로 인하여 경제적 손실이 발생하였을 때 손해보상을 목적으로 지급되는 금액을 말한다.

보험료(insurance premium)란 보험계약의 체결시 보험자가 위험을 담보하는 대가로 보험계약자가 보험자에게 지급하는 금전적 대가를 말한다. 보험계약자의 보험료 납부와 보험자의 보험증권 발행의무는 동시이행조건이므로 보험자는 보험료가 납부될 때까지는 보험증권을 발행할 의무가 없다. 보험료율(premium rate)은 보험(가입)금액에 대한 백분율(%)로 표시되며 보험료의 산출은 "(CIF value×110%)×보험요율"과 같은 공식으로 산출된다.

나. 해상위험

(1) 해상위험의 의의

(가) 해상위험의 개념

위험(peril, risk, hazards)이란 손해를 초래할 사고발생의 가능성을 말하며, 해상에서 발생하는 위험을 해상위험(marine risks, marine perils)이라 하고, 보험자가 보상하는 위험을 담보위험(risk covered, perils insured against) 그리고 보험자가 담보하지 않는 위험을 부(비)담보위험 또는 면책위험(exclusions)이라고 한다.

무역거래에서 보험계약을 체결하는 것은 일정한 위험, 즉 어떤 우연한 사고의 발생으로 손해를 입을 가능성이 있기 때문이다. 이 손해를 초래할 사고발생의 가능성이 곧 위험(risk)이며, 위험이 존재하지 않으면 보험도 존재하지 않는다.

우리나라 상법 제693조에서는 "해상보험계약자의 보험자는 항해에 관한 사고로 인하여 생길 손해를 보상할 책임이 있다"라고 해상위험을 포괄적으로 규정하고 있으며, MIA 3조에서는 해상위험(maritime peril)은 항해에 기인 또는 부수되는 위험, 즉 해상고유의 위험(perils of the sea)과 화재, 전쟁위험, 해적, 표도, 도적, 강도, 포획, 나포, 악천후 및 인민의 억지 및 억류, 투하, 선원의 악행 및 보험증권에 기재된 그 밖의 위험을 말한다고 정의하고 있다.[9)]

---

9) Maritime peril's means the perils consequent on, or incidental to, the navigation of the sea, that is to say, perils of the seas, fire, war perils, pirates, rovers, thieves, captures, seizures, restraints

따라서 해상위험은 항해에 관한 사고인데 그 발생장소가 반드시 해상에 국한되는 것은 아니며 또한 반드시 해상에서만 발생하는 사고 즉 해상고유의 사고에 한정되는 것도 아니다. 예를 들면 화재나 도난과 같이 육상에서도 발생하는 해상사고도 있다. 그러므로 손해보상에 있어 해상위험의 범위를 정하는 것은 매우 어려운 일이다.

보험자는 담보위험에 대한 손해만을 보상하기 때문에 위험은 손해의 원인이어야 한다. 여기에서 위험이 존재한다고 하는 것은 사고의 발생이 불확실한 것, 다시 말해 우연한 것이어야 함을 의미한다. 사고가 발생하지 않을 것이 확실하다거나 또는 사고의 발생이 확정적이라면 이미 위험은 존재하지 않는 것으로 간주되며 따라서 보험계약은 당연히 무효이다. 한편, 위험은 장래의 사고뿐만 아니라 과거의 사고라 하더라도 보험계약 체결시 보험계약자가 사고의 발생사실을 모르고 있었을 경우에는 보상되며, 불가항력도 위험의 일종에 불과하므로 위험이 반드시 불가항력적인 사고일 필요는 없다.

(나) 해상위험 부담의 원칙

해상보험에 있어서 보험자가 위험을 부담하는 원칙은 일체의 해상위험을 포괄적으로 부담하는 포괄책임주의와 해상위험 중에서 특별히 열거한 위험만을 부담하는 열거책임주의로 구분된다.

① 포괄책임주의

포괄책임주의 또는 포괄담보주의란 보험자가 부담하는 담보위험을 구체적으로 일일이 열거하지 않고 면책위험에 해당하지 않는 한, 일체의 위험으로부터 발생한 손해를 담보한다는 위험부담원칙을 말하며, 일반책임주이라고도 한다. 예를 들어 보험증권상의 제 몇 조 몇 조의 위험을 제외하고는 모든 위험을 보험자가 담보한다는 식으로 보험자의 면책위험을 제외한 모든 위험을 보험자의 책임범위를 규정하는 것으로 ICC(A)가 이를 채택하고 있다. 포괄책임주의 하에서 피험자는 손해를 입었다는 것만 입증하면 족하며, 특정의 담보위험이 발생하였다는 것에 대한 입증책임은 보험자에게 있으므로 보험자가 면책임을 입증하여야 면책될 수 있다.

해상보험이 14세기 이탈리아서 생성될 당시에는 보험자가 일체의 해상위험을 부담하도록 되어 있었다. 그러나 상업사회의 발전과 위험이 대형화되어 보험자의 위험부

---

and detainments of princes and peoples, jettisons, barratry, and any other perils, either of the like kind or which may be designated by the policy.

담이 과중하게 되자 보험자는 면책약관(exclusion)을 사용함으로써 위험부담책임이나 손해보상책임을 제한하게 되었다.

② **열거책임주의**

열거책임주의 또는 열거담보주의란 보험자가 담보하는 위험을 보험증권상에 구체적으로 하나하나 열거해 두고, 보험회사는 열거된 위험만을 담보하는 위험부담 원칙을 말한다. 신약관의 ICC(B), ICC(C) 조건에서 이를 채택하고 있다.

열거책임주의 하에서는 보험증권에 열거된 위험만이 담보되고 열거되지 않은 위험은 담보되지 않으므로, 열거되지 않은 위험에 대하여 보험의 보호를 받기 위해서는 특약이 필요하다. 또 열거책임주의 하에서는 피보험자 측이 사전에 예상하지 않은 위험으로서, 보험증권에 열거되지 않은 위험이 발생하면 그 위험은 당연히 피보험자가 부담하게 된다. 그런데 보험증권에 열거되지 않은 각종 위험에 대하여 하나하나 특약하는 것은 번거롭기 때문에 오늘날에는 보험증권의 열거책임주의를 포괄책임주의로 변경시키는 특약이 생겨나게 되었다. 이것이 ICC(A) 약관(종래의 All Risks 약관)이다.

열거책임주의 하에서 피보험자가 보험금을 청구하기 위해서는 두 가지 사실을 입증하여야 한다. 하나는 부보된 피보험이익에 손해가 발생하였다는 것이고, 또 하나는 손해가 열거위험으로 인하여 발생하였다고 하는 것이다.

(2) 위험부담에 따른 분류

(가) 담보위험

담보위험(perils covered, perils insured against) 이란 보험가가 그 위험에 의하여 발생한 손해를 보상할 것을 약속한 위험을 말한다. 따라서 보험자가 보상책임을 부담하기 위해서는 손해가 담보위험에 의하여 발생될 것이 필요하다. 그리고 손해가 그 담보위험에 기인하여 발생하고, 담보위험과 일정한 인과관계를 가지는 한 보험자의 보상책임은 일단 성립한다. 그 담보위험이 어떠한 사정하에서 어떤 원인으로 발생되었는지의 여부 등은 별개의 문제로 된다.

예를 들어 화재가 담보위험으로 정해졌다면 화재가 발생하였고 그것에 기인하여 손해가 발생하였다면 보상책임의 부담요건이 되는 것이다. 따라서 그 화자개 폭발, 지진, 낙뢰, 누전, 전쟁, 폭동, 방화, 과실 등 어떤 요인에 의하더라도 화재발생의 사실이 존재하고 그로 인해 손해가 발생하였다는 사실만으로 보험자의 보상책임이 성

립된다.

그런데 실제로는 특정의 위험을 면책사유로 정하고 그 위험에 기인하여 발생한 손해에 대해서는 보상하지 않는다는 제한을 첨부하는 것이 보통이므로 화재발생의 원인에 따라 보상되지 않는 손해가 있게 되는 것이다. 따라서 단순히 화재에 의해 손해가 발생되었다는 사실만으로는 보험자의 보상책임이 결정되지 않으며, 부수적으로 그 화재가 특정의 면책사유에 기인하여 발생한 것이 아니라는 점이 입증되는 경우에만 보험자의 보상책임이 결정되는 것이다.

(나) 면책위험

면책위험(excepted or excluded perils)이란 그 위험에 의하여 발생된 손해에 대하여 보험자의 보상책임을 면해주는 위험을 말한다. 예를 들어 선원의 악행은 담보위험으로 보험증권에 열거되어 있으므로 이로 인해 발생된 손해는 보험자가 담보책임을 부담하지만, 보험증권에 수뢰에 의한 위험이 면책조항으로 특정되어 있다면, 면책조항이 담보조항에 우선하여 적용되므로 수뢰에 기인한 손해에 대해서는 보험자는 담보책임을 부담하지 않게 된다. 물론 그러한 특정이 없다면 수뢰에 의한 손해도 보험자가 담보해야 하는 것은 당연하다.

(다) 비담보위험

비담보위험(perils not covered)이란 담보위험 및 면책위험 이외의 모든 위험을 말한다. 즉, 면책위험이라는 말이 아니라 애초부터 보험의 대상에서 제외되는 위험이라는 뜻이며, 이러한 의미에서 중성위험(neutral risks)이라고 한다. 비담보위험은 담보위험도 면책위험도 아니기 때문에 보험자의 보상책임에 대해서 적극적인 효과를 갖지 못한다. 어떤 손해에 대하여 보험자가 보상택임을 부담하기 위해서는 반드시 담보위험이 원인으로 되어야 한다. 따라서 비담보위험이 단독으로 발생한 경우에는 그것을 원인으로 해서 발생한 담보위험을 적극적으로 면책하는 정도의 효과를 갖지 않고 또 그것을 원인으로 하여 발생된 면책위험의 효과에 영향을 미치지 못한다.

예를 들어, 화재보험은 화재만을 담보위험으로 하고 있으므로, 트럭의 돌진에 의한 재산상의 손해는 보험자의 보상책임과는 전해 관계가 없다. 그러나 트럭이 충돌하여 화재를 일으킨 경우에는 트럭의 충돌 그 자체는 비담보위험에 해당하지만 그로 인해 발생한 화재는 담보위험이기 때문에 화재로 인해 발생한 손해는 당연히 보상된다. 다시 말해 화재가 비담보위험에 기인하였다고 하여 보상책임이 면책되지 않는 것이다.

(3) 사고발생 형태에 따른 분류

위험은 사고발생형태에 따라 해상고유의 위험, 해상위험, 전쟁위험 및 기타의 위험으로 구분할 수 있지만 보험자가 이들 모든 위험을 담보하는 것은 아니다. 보험자가 담보하는 것은 이들 위험 중에서 보험증권에 열거된 특정의 위험뿐이며, 이를 담보위험이라고 한다.

(가) 해상고유의 위험

해상고유의 위험(perils of the seas)이란 해상에서의 우발적인 사고 또는 재난, 다시 말해 항해에 관한 사고이기 때문에 그 발생장소가 해상이 되는 것이 보통이지만 반드시 그러하지는 않다. 예컨대 항해 중에 식품 등이 부패하는 것과 같이 피보험목적물 고유의 성질로 인하여 발생하는 위험은 제외되기 때문이다. 반대로 항만 등에서의 항해나 정박 또는 화물의 환적 중의 위험도 그것이 항해에 부수되는 위험이면 해상고유의 위험에 포함된다. 해상고유의 위험 중에서 침몰, 좌초, 충돌에 화재를 포함하여 SSBC(sinking, stranding, burning and collision)라고 한다.

① 침몰

침몰(sinking)이란 선박이 부력을 상실하고 상갑판이 수면 아래로 가라앉은 상태를 말한다. 침몰은 인양이 불가능한 심몰(foundering)과 천해에서 인양이 가능한 천몰(submersion)로 구분된다. 천몰은 분손이 되며, 심몰은 전손이 된다. 이에 대해 전복(overturning)이란 선박이 큰 횡력(橫力, lateral force)을 받아 뒤집어지는 것을 말하며, 파선 또는 난파(shipwreck)란 풍파, 좌초, 충돌 등에 의하여 선체가 파쇄되거나 대파된 상태를 말한다.

② 좌초와 교사

좌초(stranding)란 선박이 수저(水底, underwater)의 장애물(암초나 견고한 물체)에 얹혀 진퇴의 자유를 상실한 상태를 말한다. 이에 대해 교사(grounding)란 선박이 모래나 진흙과 같이 견고하지 않은 장소에 올라앉아 일정기간 진퇴가 불가능한 상태를 말한다. 촉초(touch and go)란 선박이 암초 등에 얹혔다가 항진하는 힘에 의 저절로 이초(refloating)하는 것을 말하며 이는 좌초가 아닌 충돌로 인정된다. 영미법에서는 좌초와 교사를 구분하지 않고 혼용하고 있다.

③ 충돌

충돌(collision, running down)은 선박과 선박과의 충돌뿐만 아니라 선박과 물 이외의 타물(얼음도 포함), 즉 잔교, 방파제, 항공기, 수뢰 등과 충돌까지를 포함한다.

④ 악천후

악천후(heavy weather) 또는 황천(荒天, storm whether, rough weather)이란 날씨가 거칠어져 있는 상태를 말하며, 거친 날씨로 바다가 사나워져 있는 상태를 Rough sea 또는 High sea라고 한다. 황천상태에서 거친 파도를 해치며 운항하는 것을 황천항해라고 하는데, 황천항해로 인한 화물의 해수유손(sea water damage), 곰팡이 손해 또는 갑판적화물의 유실(washing overboard) 등은 보험자가 담보하는 해상고유의 위험에 속한다.

황천은 해상고유의 위험이므로 당연히 보험증권상의 담보위험이다. 그러나 실제 적용시에는 협회적하약관(ICC)에 의해 보험자의 담보범위를 추가 또는 제한하고 있다. 예컨대 구약관에서 FPA는 담보되지 않는데 반해 WA에서는 담보된다. 또한 피보험목적물 고유의 하자 또는 성질을 근인으로 하여 발생된 손실도 보상되지 않는다. 예를 들면 야채나 과실의 부패, 곡물의 곰팡이(mildew)나 금속의 녹(rust), 동물의 자연사, 자연발화 및 자연폭발, 쥐 및 벌레에 의한 손해 등이 있다.

(나) 해상위험

① 화재

화재위험에 의한 직접적인 손해는 보험자가 보상하지만 화재의 원인에 따라 제한되는 경우가 많이 있고 또한 특별약관에 따라 달라질 수도 있으므로 주의하여야 한다.

순수한 화재의 경우는 작용하여 발생한 손해뿐만 아니라 선박 내에서 발화하여 적화를 선상 외에 반출할 때 발생한 손상과 우수손 등의 위험을 의미하나, 이 위험은 보험자가 담보하며, 낙뢰에 대한 화재도 담보된다.

그러나 보험목적물의 하자나 성질(inherent vice)로 인한 화재자연발화(spontaneous)는 면책되며, 이에 대한 입증책임(거증책임, burden of proof)은 보험자에게 있다. 다만 경우에 따라서는 특별약관에 의해 담보될 수도 있다.

② 투하

투하(jettison)란 선박이 폭풍우 등의 비상사태가 발생하였을 때, 선박을 가볍게 하여 속도를 빠르게 할 목적으로 선장이 고의로 적하의 일부를 해중에 버리거나, 선구

의 일부를 절단하여 바다에 버리는 행위를 말한다. 이때 선박, 적하, 운임의 공동안전을 위한 투하인 경우에는 공동해손으로 처리된다.

③ 선원의 악행

선장 또는 선원의 악행(barratry of master and mariners)이란 선장 또는 선원이 고의적 또는 의도적으로 선주와 경우에 따라서는 용선자에게 손해를 끼치는 모든 비행(卑行을 말한다. 예를 들면 선원이 선박에 방화하거나, 적화를 임의로 매각하거나, 또는 선장을 위협하여 항로를 이탈케 하는 등의 비행이 이에 해당된다. 예를 들어 선박을 밀수에 사용하거나 방화, 고의적인 좌초, 침몰, 천공, 고의적인 이로, 선박을 갖갖고 도망하는 행위, 사기의 목적으로 화물을 매각처분하는 행위 등이 이에 속한다.

④ 해적, 표도, 강도(pirates, rovers & thieves)

해적행위(pirates)란 법률상의 권한 없이 자기 이익을 위해 해상에서 타인의 선박이나 적하물을 탈취하는 것을 말한다. 표도(rovers)란 해상을 표박(漂迫), 배회하면서 상선을 습격하여 적하물품을 약탈하는 행위를 말한다. 강도(thieves)란 화물 감독자가 습격을 받아 화물을 강탈당하는 것으로 폭력을 동반한 습격적 도적(assailing theives)만을 의미한다. 따라서 은밀한 절도(clandestine theft)나 승선자의 절도는 이에 해당하지 않는다.

(3) 전쟁위험

전쟁위험(war perils)이란 전쟁에 원인하여 발생하는 각종 위험을 말한다. 해상보험에서 말하는 전쟁이란 국제법에 있어서보다 더 광의로 해석된다. 즉 단순히 국가 또는 교전단체간의 전쟁상태만이 아니라 이에 유사한 일정 권력단체간의 전쟁상태도 포함한다. 예컨대 내란, 소요, 폭동 등도 정치적, 사회적 이유 때문에 무력을 가지고 조직적으로 정부에 대항하는 경우에는 여기에서 말하는 전쟁에 포함된다. 뿐만 아니라 등대의 소화, 항로표지의 철거, 전쟁예비행위 등도 전쟁위험에 속하며, 노동쟁의로 인한 파업행위 등도 전쟁위험과 동일하게 취급되고 있다. 주된 전쟁위험은 다음과 같다. ICC(A), ICC(B) 및 ICC(C)의 모든 조건에서 전쟁위험과 동맹파업 위험은 보험자가 면책되므로 이러한 위험을 담보받기 위해서는 추가보험을 부보하여야 한다.

① 나포, 포획 또는 습격

나포란 포획의 목적을 가지고 행하는 선박 또는 적하의 압수를 말하며, 포획이란

포획검정소의 검정결과에 따라 선박이나 적하를 몰수하는 것을 말한다.

② 강류, 억지 또는 억류

강류, 억지, 억류(arrests, restraints and detainments)의 개념에는 상호간에 아무런 구별이 없다. 나포나 포획과 같이 몰수의 목적을 없이 피보험선박이나 피보험적하의 항해를 구속하는 각종의 정치적, 행정적 조치를 말한다. 전쟁과 관련 없는 검역, 관세법위반, 영해침입 때문에 행하여진 압수, 차압과 같은 행위가 포함되며, 전시 및 평시에 행해지는 봉쇄, 양륙금지, 출항금지, 통상금지 등도 포함된다.

③ 봉쇄

봉쇄란 교전국의 일방이 상대의 항만, 하구, 해안에서의 교통을 차단하는 것을 말한다. 봉쇄는 선박 또는 적하에 직접손해를 주는 것도 있지만 대부분은 항해지연을 유발하여 발생시키는 비용손해(예컨대, 선원의 급식료 등)나 선박운영상의 수입손해를 가져온다.

④ 적대행위

적대행위(act of hostilities)란 전쟁행위로서의 공격적, 방어적 또는 보호적 성질의 국가적 행위를 의미한다. 따라서 단순히 사업상 행해진 행위는 아무리 그것이 적의에 가득찬 것이라 할지라도 여기에서 의미하는 적대행위에 속하지 않는다.

(다) 그 밖의 모든 위험

그 밖의 모든 위험이란 해상운송에 존재하는 모든 위함을 의미하는 것은 아니다. 영국해상보험법 부칙에서 그 밖의 모든 위험이란 보험증권에 열거된 위험과 같은 종류의 위험만을 포함한다고 규정하고 있다. 이를 동종제한의 원칙이라고 한다. 예를 들면 해상고유의 위험과 동종의 위험에 따른 손해는 아천후 때문에 선창을 닫아서 발생한 적하의 습기손해 등을 들 수 있다.

(4) 부가위험

보험계약조건 중 W.A, FPA 및 ICC(B), ICC(C)는 열거책임주의를 채택하고 있으므로 보험증권에 규정된 담보위험으로 인해 발생한 손해에 대해서만 보험자가 책임을 진다. 따라서 규정된 담보위험 이외의 위험에 대하여 부보하기 위해서는 특약을 필요로 한다. 특약에 의해 추가 보험료를 지급하고 부보하는 위험을 부가위험이라 한다. A/R 및 ICC(A) 조건하에서는 원칙적으로 각종의 부가위험이 포괄적으로 담보된다. 그러나 실무에서는 이들 전위험담보조건이라 하더라도 화물의 특성에 따라 특정위험을 제외시키고 있어 추가보험료를 납부함으로써 담보해야 하는 경우도 있음에 유의해야 한다. 부가위험에는 다음과 같은 것이 있다.

(가) 특수화물에 대한 특별약관

① 우담수손(RFWD, rain and/or fresh water damage)

빗물, 또는 담수에 의한 손해를 보상하는 조건이다. WA 조건하에서 해수손(sea water damage)는 보상되지만 우담수손은 보장되지 않기 때문에 부보하는 특약조건이다.

② 도난 · 발하 · 불착(TPND, theft, pilferage and non-delivery)

화물이 운송되는 과정에서 좀도둑에 의해 포장 내용물의 일부나 포장단위의 물품이 없어지거나 불도착으로 인한 손해를 부보하기 위한 조건으로 ICC(A) 또는 A/R 조건 이외의 약관에서는 부보되지 않는다.

③ 투하 ,갑판유실(JWOB, jettison & washing over-board)

해난사고시 갑판상에 적재된 보험가입 화물을 투하하거나 풍랑으로 유실된 손해를 담보하는 약관이다.

④ 파손 · 곡선 및 녹손(Breaking, denting & bending and rust)

모든 조건에서 해상위험으로 인한 파손(breakage)은 담보되지만, 해상위험 이외의 위험으로 인한 파손으로 발생한 손해는 보상하지 않는다. 이를 대비하여 담보하는 특별약관이다. 외부적, 우발적 원인으로 화물이 발생한 구손 및 곡손(denting & bending, DB)을 담보하는 조건이다.

녹손(rust)이란 포장재료의 건조불충분으로 내부가 습해져서 Cargo sweat의 상태가 되어 녹이 스는 위험을 담보하는 조건이다. 화물자체의 포장상태가 녹에 대한 적합한 방지책을 가진 것이라야면 보험의 혜택을 받을 수 있다.

⑤ 누손, 부족손(leakage and/or shortage, LS)

부족손(shortage)은 중량의 감소나 수량부족을 의미한다. 중량이나 개수로 표시될 수 없는 가루, 기체 또는 액체화물은 A/R 및 ICC(A)에서도 제외되는 위험이다. 곡물류나 사료 등의 부족손은 운송 중 수분의 증발로 인하여 중량이 감소되는 경우가 많

으며, 통상적인 감령(ordinary shortage in weight)은 보험자가 담보하지 않으므로 실무에서는 곡물류 및 액체화물의 통상적인 감량을 0.5% 내지 5%로 보고 이 비율을 초과하는 손해에 대해 보상하고 있다.

⑥ 갈고리손(hook & hole)

하역작업 중 갈고리를 사용함으로써 발생되는 손해로소 원피나 직물 등의 화물을 보험에 가입할 때 추가보험료로써 첨부되는 부가위험이다.

⑦ 유류 및 타물건과의 접촉손(contract with oil and/or other cargo, COOC)

유류, 윤활유 등의 선내 청소 불량으로 인한 오손, 적치(stowage)의 불량 및 선박의 심한 요동으로 인한 다른 화물과의 접촉으로 인하여 발생된 손해를 담보하는 조건이다. 다만 선박의 기름이나 타화물의 냄새가 흡수됨으로써 입는 손해는 이 범위에서 제외된다.

⑧ 습기와 열에 의한 손해(sweat & heating, SH)

Sweat damage는 선창이나 컨테이너 내벽의 습기의 응축으로 인해 화물이 입는 손해(ship's sweat)와 화물 자체의 표면에 응결한 수분에 의한 손해(cargo sweat)를 말하며, Heating damage는 곡물, 사료류가 내포하고 있는 습기가 통풍불량 등으로 자체적으로 발영하여 발생하는 손해이다. 이 두 가지 손해는 서로 연관되어 발생하므로 구별이 곤란할 때가 많다. Sweat & heating 손해가 A/R조건에서 담보되는 손해이지만 화물고유의 하자나 성질에 의한 손해와 구분이 어려울 때의 거증책임은 보험자에게 있으므로 보험자들은 곡류, 사료, 연초 등의 화물에 대해서는 ICC(B) 및 WA 이하의 제한조건으로 위험을 인수하고 있다.

⑨ 기타의 부가위험

- 곰팡이로 인한 손해(mould & mildew) : 식료품, 섬유품, 잡화 등의 화물이 자체에 함유한 수분 또는 습도의 증가로 곰팡이 또는 기다의 미생물이 증가하여 발생하는 손해를 담보하는 조건이다.
- 쥐 및 벌레에 의한 손해(rats & vermin) : 곡물, 소맥분 등의 화물이 운송도중에 쥐나 곤충에 의해서 입는 손해를 담보하는 조건이다.
- 혼합위험(contamination) : 오염위험이라고도 하며 이는 타 화물 및 잡물과의 혼입이나 타 화물과의 접촉으로 발생하는 외견상의 더러움, 흠 및 악취의 흡착으로 인한 손해를 담보하는 조건이다.

• 자연발화(spontaneous)란 석탄, 어분, 양모, 비철금속의 분말 등이 산화로 화재가 발생할 위험을 말한다.
• 부패(decay)란 냉동식품 등이 냉동기기의 작동불량 등으로 부패될 위험을 말한다.

(나) 특별약관

① 갑판적 약관(on-deck clause)

화물이 선창 내에 적재될 것을 전제로 적하보험계약을 WA 또는 ICC(B) 이상의 조건으로 체결한 경우 화물이 갑판적으로 변경된 때에는 증권에서 정한 보험조건에 관계없이 위험이 개시된 시점부터 보험조건이 분손부담보 및 투하, 갑판유실 담보조건(FPA 또는 ICC(B) + JWOB)으로 변경됨을 규정하고 있는 약관이다. 실무에서는 화물 적재시 갑판적임을 알고 있을 경우에 FPA 조건 이상으로 보험에 가입하고자 한다면 Under-deck 화물의 50%에 해당하는 추가 보험료를 납입하는 조건으로 하고 있다. 그러나 갑판적 화물의 ROD(rust, oxidation, discoloration) 위험은 SSBC(sinking, stranding, burning, collision)에 직접 기인한 경우가 아니면 어떠한 경우에도 담보되지 않는다.

② 원산지손해담보약관(country damage clause)

원산지 손해란 일반적으로 벽지(up country)에서의 풍우에의 노출(exposure to weather)로 인해 손해로 정의되지만, 이러한 손해는 발생시점과 장소가 불분명하기 때문에 사용되는 약관이다.

③ 양하후위험담보약관(risk after discharge clause)

현행 적하보험 실무에서 수입화물에는 30일 약관, 수출화물에는 60일 약관을 첨부하고 있다. 이는 불가피한 사정에 의해 보세창고 입고까지 장기간이 소요되거나 통관기간이 길어짐에 따른 손실에 대비한 것이다.

④ 기계수선 특별약관(replacement clause)

기계를 보험의 목적으로 하는 계약에 준용되는 것으로서, 기계의 일부에 손해를 입는 경우 그 부분의 재수선비용 또는 수리비에 관한 운임 및 재립비용이 필요하면 이들 비용을 가산한 금액을 한도로서 보상한다. 이 경우 기계의 경우 일부 또는 수개의 부분품에 대한 대체비용, 수리비용, 운반비용 및 재조립 비용 등 전체기계의 보험가약을 한도로 보상해주고 있다.

⑤ **관세담보약관(custom duty clause)**

해상운송도중 사고로 인하여 화물에 손상이 있음에도 불구하고 정상품과 마찬가지로 동일한 관세율로 손상화물에 관세가 부과됨에 따라 피보험자가 입는 경제적 손실을 보상한다는 약관이다. 전부 손해사고는 그것이 세관통관 이후 발생됨을 조건으로 보상하고 있다.

⑥ **수입거부위험담보약관(rejection clause)**

식품류 등에 첨부되어 사용되고 있으며, 수입국 정부 또는 FDA(food and duty association)와 같은 기관의 품질 및 위생검사에서 수입 불합격 판정을 받음에 따라 피보험자가 입는 경제적 손실을 보상해 주는 특별한 약관이다. 무사고 통관시에는 납입한 보험료의 일부를 환급해 주고 있다.

⑦ **송유관 약관(pipeline clause)**

유류 또는 액체화공품은 주로 탱커에 의해 운송되는데, 본선 적재후 정확한 검량이 어려우므로 선적항 연안탱크에서의 출고수량을 기준으로 선하증권이 발행되는 것이 관례이다. 이와 같은 액체화물의 무역관습에 따른 부족손 위험에 대비해서 송유관약관을 첨부하고 있다. Pipeline clause(A)조건하에서는 선적항에서 본선에 적재되는 시점부터 도착항의 연안탱크 입고 시까지 발생한 부족손 위험만을 담보하는데 비하여, pipeline clause(B) 조건하에서는 협회적하약관의 규정에도 불구하고 선적항의 연안탱크 파이프 연결점을 통과한 시점부터 증권상에 명기된 도착항의 연안탱크에 입고될 때까지의 부족손 위험을 담보하고 있다.

⑧ **냉동화물약관(refrigeratered cargo clause)**

냉동 또는 냉장화물에 적용하는 약관으로 냉동기계 및 냉동장치의 24시간 이상 연속된 고장으로 인한 냉동화물의 멸실, 냉동, 손상, 질 저하 등을 담보하고 있다.

⑨ **냉동기관약관(refrigeratered machinery clause)**

냉동 또는 냉장화물에 적용하는 약관으로 냉동기계 및 냉동장치의 고장으로 인한 냉동 또는 냉장화물의 멸실, 손상, 질 저하 등을 담보하고 있다. 상기 RC clause보다는 담보범위가 넓다.

⑩ **WAR/SRCC(전쟁/동맹 · 파업 · 폭동 · 소요)**

전쟁 및 동맹파업 위험은 포획, 나포 부담보 약관(F.C & S. clause) 및 동맹파업,

폭동, 소요 부담보 약관(F.S.R & C.C. clause)에 의하여 보험자 면책으로 되어 있다. 따라서 전쟁 및 동맹파업 위험을 담보 받고자 하는 경우에는 추가보험료를 납부하고 협회 전쟁약관(institute war clause) 및 협회동맹파업폭동소요약관(institute strike, riots and civil commotions)을 첨부함으로써 담보를 받게 된다.

SRCC는 동맹파업자, 직장폐쇄, 노동자, 노동분쟁, 소요 또는 폭동에 가담한 자, 테러리스트 또는 정치적 동기로 행동하는 자 등으로 인하여 발생된 화물의 멸실 또는 손상을 보상하는 약관이다.

⑪ ISE와 ITE

ISE(내륙보관확장담보, inland storage extension)란 항구의 사정 또는 세관통관 지연 등을 사유로 보험증권에 명지된 보험자의 책임기간(수출은 모선으로부터 하역하여 60일, 수입은 최종 도착항 하역 후 30일)이 경과된 후에도 계속 담보 받고자 하는 경우에는 추가로 부보하는 약관이다.

ITE(내륙운송확장담보, inland transit extension)란 육상운송 중의 위험까지 담보를 확장하기 위해 추가로 부보하는 약관이다. ICC의 운송조항상 보험기간은 창고간(warehouse to warehouse) 담보가 원칙이며, 우리나라 적하보험율은 항구간(port to port) 담보조건의 요율이므로 육상운송을 담보하려면 추가 보험료를 지불하고 ITE를 추가로 부보하여야 한다.

⑫ **특별검정약관(special survey clause)**

보험사고 발생시 사고의 입증책임은 포괄책임주의(A/R 조건)하에서는 보험자에게, 열거책임주의(WA 이하)하에서는 피보험자에게 있으나 검정의 정확도와 신뢰도를 요하는 원면, 곡물류, 사료 등의 화물에 대해서는 보험자가 지정하는 검정인의 검정보고서에 따라 보상한다는 약관이다.

제 2 절 해상손해와 협회적하약관

1. 해상손해

가. 해상손해의 의의

손해(loss, damages)란 위험의 발생으로 피보험목적물의 전부 또는 일부가 멸실되거나 손상을 입는 것을 말한다. 여기에는 전부 손실되는 전손(total loss)과 일부 손상되는 분손(partial loss)이 있다. 또한 손해에는 보험자가 보상하게 되는 보상손해와 보상하지 않는 면책손해가 있으며, 담보위험과 인과관계에 따라 직접손해와 간접손해로 구분된다. 간접손해에는 손해방지비용, 공동해손분담금, 손해조사비용 등이 있다.

해상손해란 해상위험으로 인하여 피보험목적물의 전부 또는 일부가 멸실 또는 손상됨으로써 발생하는 피보험자의 경제상의 부담 또는 재산상의 불이익을 말한다. 해상보험자는 모든 종류의 해상손해를 무조건 보상하는 것이 아니고 해상손해의 종류에 따라 다르다. 해상손해는 물적손해, 비용손해, 배상책임손해로 구분할 수 있으며, 보험자가 보상을 해주는 경우 아래의 사유 중 가장 가까운 원인을 기초로 피보험자에게 보상해 준다.

나. 해상손해의 종류

(1) 손해의 대상에 따른 분류

(가) 물적 손해

물적 손해(physical damage)는 해상사고로 인한 보험의 목적인 선박 또는 화물의 멸실 또는 훼손 그 자체에 의한 재산상 및 금전상의 손해를 말하며 실체적 손해라고도 한다. 예를 들어 선박이 좌초 또는 포획된 경우나 적하의 감실로 인한 피보험자의 손해가 이에 해당하며 보통 해상보험에서 손해라고 하면 이 물적 손해를 의미한다.

물적 손해는 그것이 피보험이익의 전부에 발생하였는가, 일부에 발생하였는가에 따라, 즉 보험가액의 전부의 손해인가, 일부의 손해인가에 따라 전손과 분손으로 나누어지며, 손해를 단독으로 부담하느냐, 이해관계자가 공동으로 부담하느냐에 따라 공동해손과 단독해손으로 구분된다.

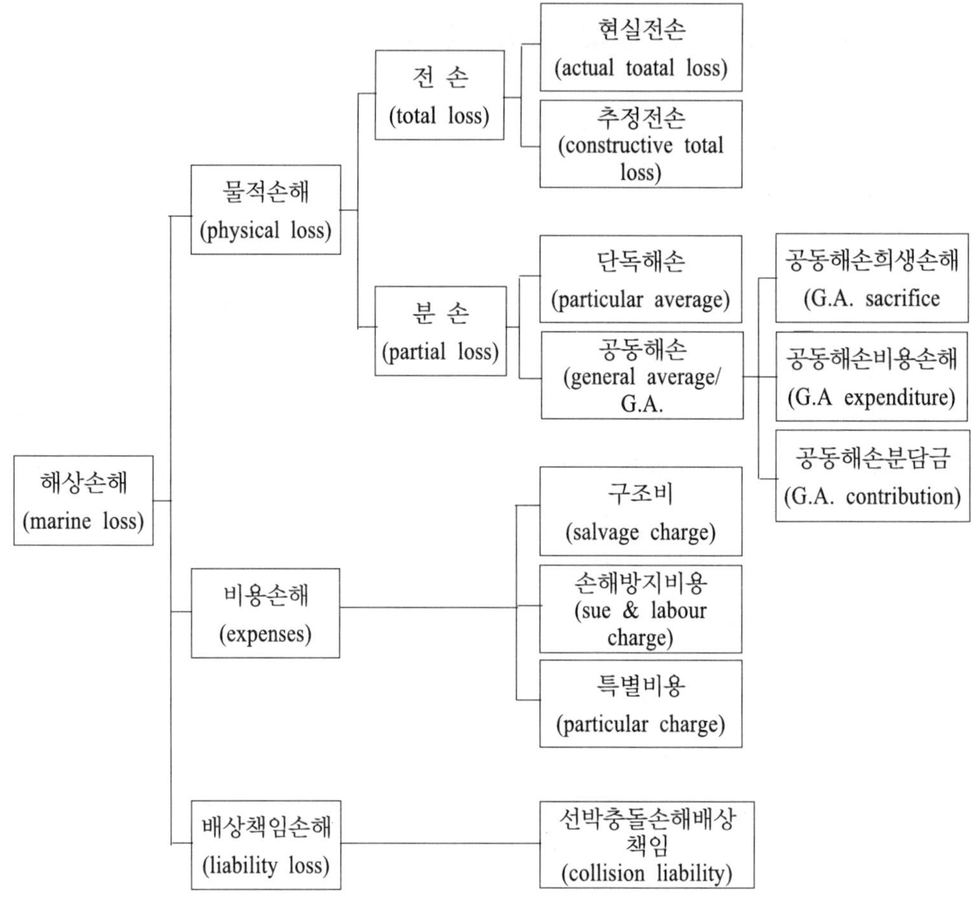

[그림 10-1] 해상손해의 분류

해상보험에서 보통 부보되는 것은 물적 손해이다. 그런데 비용・책임손해는 보험의 목적인 선박 또는 화물 자체에 생긴 손해는 아니므로 보험자는 원칙적으로 물적 손해만을 보상하고 비용이나 책임손해를 보상할 책임은 없다. 그러나 일반적으로 법률이나 보험약관에는 일정한 비용・책임손해에 대해서 특약이 없어도 보험자가 보상하도록 규정하고 있다.

〈표 10-4〉 해상보험 손해의 유형

구분			내용
물적손해	전손	현실 전손	전체 파손(선박의 침몰/ 화재로 화물이 소실)
		추정 전손	전손은 아니나 파손의 수리비용이 화물의 가격을 상회하는 경우 전손으로 간주하는 것
	분손	공동 해손	선박이나 적화가 공동의 위험에 직면할 때 그 위험에서 벗어나기 위한 비용 등을 손실을 받지 않은 화주나 선주가 공동으로 손해비용을 부담하는 것
		단독 해손	공동해손 이외의 분손을 단독해손이라 하며, 화물의 손해비용을 단독으로 부담하는 것
비용손해	구조료		해난발생시 손해를 방지하기 이해 이를 구조한 자에게 지불하는 보수
	손해방지 비용		위험이 발생했을 때 손헤를 방지하거나 경감시키기 위해 피보험자 또는 대리인이 지출한 비용, 보험가액을 초과해 지급될 수 있음
	특별비용		보험목적물의 안전을 위해 피보험자가 지출한 비용
배상책임 손해	선박충돌손해배상책임		일방의 과실로 인해 선박충돌시 상대방에게 배상해주어야 하는 비용

(나) 비용손해

비용손해(expenses loss)란 물체의 파손이나 멸실과는 관계없이 보험목적물이 해상보험 증권상이 담보위험에 처했을 때 손해를 방지하기 위해 지출된 경비 또는 보수 등 부득이하게 지출된 비용을 말한다. 비용손해는 구조비, 손해방지비용, 특별비용 등으로 구성된다.

① 손해방지비용

손해방지비용(sue & labour charges)은 보험목적의 손해를 방지 또는 경감하기 위해 피보험자 또는 그 대리인이 적절하고 합리적으로 지출한 비용을 말한다. 이는 보험사고로 인한 직접손해의 유무에도 불구하고 그 원인아 피보험위험에 직면하여 당해 피보험이익의 손해를 방지 또는 경감하였음이 입증되면, 보험가액을 초과하더라도 보험자가 부담한다. 또한 보험증건상 별도의 특약이 없는 경우에도 보험자를 이를 보상한다.

② **구조비**

구조비(salvage charges)란 구조계약에 의거하는 일이 없이 제3자의 구조자가 임의로 피보험목적물을 구조하기 위해 지출한 경비를 말하며 구조가 성공하여 경제적 가치를 회복한 경우에만 보상이 가능하다. 구조계약은 구조비로 보상되지 않으며 그 구조행위가 공동해손행위로 인정되면 공동해손 비용으로 처리되고, 손해의 방지를 목적으로 한 것이라면 손해방지비용으로 보상한다. 구조비는 피보험목적물에 발생한 손해액과의 합계가 보험금액을 초과하지 않는 범위 내에서 보상된다.

③ **특별비용**

특별비용(special charges)라 함은 목적물의 안전 또는 보존을 위하여 피보험자가 또는 피보험자를 위해 지출한 비용으로서 공동해손비용 및 구조비용 이외의 비용을 말한다. 중간항 또는 피난항에 있어서 지출된 양륙비, 창고료, 손해를 사정하기 위한 검사비용, 화물판매비용과 같이 손해방지비용에 포함될 수 없는 순수한 특별비용이 포함된다. 특별비용은 피보험목적물에 발생한 손해액과의 합계가 보험금액을 초과하지 않는 범위 내에서 보상된다.

④ **손해조사비용**

손해조사비용(loss survey charges)은 보험자가 부담할 보험손해를 조사하고, 그 정도를 확정하거나 또는 증거보존을 위한 비용이므로 원래는 피보험자가 부담할 성질의 것이지만, 그 보험손해가 보험자에 의해서 보상될 경우에 한해서 이를 보험자가 함께 부담한다.

그리고 손해조사비용에 속하는 것으로는 여비, 통신비, 입회비용, 검정료, 공매비용, 서류발취비용, 해난보고서작성비용, 사진비용 등이 있다.

(다) 배상책임손해

배상책임손해는 보험의 목적의 물적 손해와 비용손해 이외에 항해 과실 등으로 인해 피보험 선박이 타선박과 충돌하여 발생된 여러 손해에 대해 상대선박의 선주 및 화주에 대해 피보험자가 책임져야 할 손해를 말한다. 이 경우 보험자는 피보험자를 대신해 상대방에게 배상을 해준다.

(2) 손해의 정도에 따른 분류

전손(total loss)이란 피보험이익이 전부 멸실된 경우를 말하며 전손은 다시 현실전손(actual total loss)과 추정전손(constructive total loss)으로 구분된다.

(가) 전손

① 현실전손

현실전손 또는 절대전손(actual or absolute total loss, ATL)은 보험의 목적물이 현실적으로 완전히 파괴되거나 전멸(annihilation)된 경우 또는 보험목적물이 물적으로는 존재하지만 보험에 부보된 종류의 물품으로 존재할 수 없을 정도로 심한 손상을 받은 경우를 말한다. MIA는 다음과 같은 손해를 현실전손이라 하고 있다.

첫째, 보험의 목적물이 완전히 멸실(파괴)된 경우

둘째, 보험의 목적물이 물적으로 존재하고는 있지만 원래의 성질을 상실하여 부보된 종류의 상품으로서 존재할 수 없을 정도로 심한 손상을 입은 경우(예컨대 식용의 현미가 변질되어 사료용으로서의 가치밖에 없게 될 때나 선박이나 적하 등의 충돌 등으로 완전히 파괴되어 복구가능성이 전혀 없는 경우)

셋째, 선박이 상당한 기간 행방불명된 때는 현실전손으로 간주하고 있다. 우리나라 상법상으로는 행방불명일자로부터 3개월이 경과하면 위부할 수 있도록 하여 추정전손으로 보고 있으나, 영법은 이를 현실적 전손으로 취급하고 있다.

② 추정전손

추정전손(해석전손, constructive total loss, CTL)은 현실적으로 전멸한 것은 아니지만 현실전손이라고 보는 것이 불가피하다고 인정되는 경우나, 혹은 손해의 정도가 너무 심하여 피보험이익의 가액을 초과하는 비용을 지출하지 않으면 보험의 목적의 현실전손을 면할 수 없는 경우를 말한다. MIA에서는 다음의 경우를 추정전손으로 규정하고 있다.

첫째, 피보험자가 보험의 목적물을 탈취당해 회복의 가망이 없거나 회복하는 비용이 회복 후의 가액을 초과할 것이 예상되는 경우(예를 들어 화물이 포획 또는 몰수된 경우)

둘째, 선박의 수리비가 수리 후의 선박가액을 초과할 것이 예상되는 경우

셋째, 화물의 수리비와 목적지까지의 운송비가 도착 후의 화물가액을 초과할

것이 예상되는 경우이다.

추정전손의 경우 피보험자는 그 피보험물에 대하여 갖는 일체의 권리를 보험자에게 이전하고 현실전손과 마찬가지로 보험금액 전액을 청구할 수 있다. 이것을 위부(abandonment)라고 한다.

③ **위부와 대위**

추정전손의 경우 피보험자는 보험의 목적물인 화물에 대해 갖고 있는 일체의 권리를 보험자(보험회사)에게 이전하여 보험금 전액을 청구할 수 있다. 이러한 권리의 이전을 위부(abandonment)라고 한다. 즉, 위부란 보험의 목적이 전부 멸실한 것이 확실하지만 이를 입증하기가 곤란하거나 또는 선박의 행방불명 등과 같이 전부 멸실한 것과 동등시되는 경우에 피보험자가 보험목적에 대하여 갖는 일체의 권리(all rights and remedies)를 보험자에게 이전해주고 보험금 전액을 청구하는 것을 말한다. 따라서 위부는 추정전손인 경우에만 발생한다.

대위(subrogation)란 보험자가 피보험자에게 보험금을 지급한 경우에 보험자가 피보험자의 지위에 대신하여 손해가 발생한 피보험이익에 관하여 제3자에 대하여 소유하고 있던 피보험자의 권리를 당연 취득하게 되는 것을 라고 한다.

위부는 해상보험에만 있는 특수한 제도임에 비해 대위는 보험전반의 기본적인 원칙 중 하나이다. 위부는 전손의 경우에만 성립되지만 대위는 전손과 분손 모두에 적용된다. 전손이라 할지라도 대위는 지급한 손해액에 해당하는 이익만큼을 자동적으로 수취할 수 있으나, 보험자의 재량에 따라 모든 이익과 채무에 대한 위부를 인수 혹은 거부할 수 있다.[10)]

(나) 분손

전손이 아닌 손해 즉 피보험이익의 일부분에 생긴 손해를 분손(partial loss)이라고 한다. 예를 들면 부보된 100상자의 화물 중 5상자가 담보위험으로 인하여 파손된 경우나 선박에 화재가 발생하여 적하의 일부가 소실된 경우가 그것이다.

(다) 공동해손과 단독해손

선박 및 화물이 공동의 위험에 놓여 있을 경우에 그 위험을 면하기 위하여 선박 또는 화물에 대하여 선장이 고의적으로 비상조치를 취하거나 또는 비용을 지출하는

---

10) Dover, Victor, A Hand Book To Marine Insurance, 7th ed. London : H. F. & G witherby Ltd, 1970, p.466.

것을 공동해손행위(general average act, G.A)라 하고, 공동해손행위에 의해 생긴 손해 또는 공동해손행위의 직접적인 결과로서 발생하는 손해를 공동해손 또는 공동해손손해(general average loss)라 한다.

예를 들어 본선이 폭풍우를 만나 침몰될 위험에 놓였을 경우 그 위험을 피하기 위해 화물, 선체 및 장비의 일부를 선외로 버리는 투하(jettison)와 같은 실체적 손해(물적손해)인 공동해손희생손해(general average sacrifice)와 선박이 위험한 장소에 좌초한 경우 선박을 구하기 위해 사용한 예선(曳船) 사용비용, 구조비용(salvage), 피난항비용(express at post of refuse), 대체비용(substituted expense), 자금조달비용, 정산비용과 같은 비용손해인 공동해손비용손해(general average expenditure)가 있다. 이러한 비상조치로 인하여 발생한 손해는 그로 인하여 위험을 면하게 된 자들이 받은 혜택의 정도에 따라 분담하게 되는데, 이 분담액을 공동해손분담금(general average contribution)이라 한다. 공동해손의 정산은 보통 York-Antwerp규칙에 의해 행해진다.

단독해손(particular average, P.A.)이란 분손 중 공동해손이 아닌 손해를 말하며, 이것은 그 손해를 입은 자가 단독으로 부담하는 손해를 말한다. 단독해손에는 ① 악천후에 의해 선박에 해수의 유입, ② 선박의 장애물과의 접촉, ③ 화재에 의한 화물의 분손, ④ 누손에 의한 손해 등이다.

(라) 공동해손분담금

공동해손분담금(general average contribution)이란 피보험자가 제 3 자의 공동해손희생(G. A. sacrifice) 또는 공동해손비용(G. A. expenditure)의 지급으로 인하여 이익을 보존할 수가 있었던 경우에 그 희생 또는 비용을 제공한 제 3 자에 대하여 공동해손정산에 따라 분담하는 금액을 말한다.

공동해손분담금은 그 성질상 책임이익에서 발생한 손해이기 때문에 간접손해에 속하는 것이지만, 이러한 책임손해는 해상위험에 있어서 가장 일반적이며, 기초적인 손해이므로 이를 보험자가 분담하도록 하고 있다.

(마) 충돌손해보상금(선박)

피보험선박이 그의 과실로 타선박과 충돌하고, 상대방의 선박에 손해를 입혔을 경우에, 이 손해는 소유사 이익과는 무관한 손해이므로 간접손해에 속한다. 그러나 오늘날 보험자는 이 경우에 피보험자의 배상책임까지도 부담하는 충돌약관(running down clause)을 사용하고 있다.

(3) 보험자가 부담하지 않는 직접손해

직접손해는 원칙적으로 보험자가 부담하는 보험손해이다. 그러나 ① 선박 또는 적화의 불내항성(unseaworthiness)에 의한 손해, ② 화물 자체의 성질손해, ③ 소손해 등은 비록 직접손해이기는 하지만 예외적으로 보험자가 이를 부담하지 않는다. 이들 손해가 보험자에게 면책이 되는 이유는 손해발생에 우연성이 없거나 또는 희박하여 위험담보의 원리에서 벗어나기 때문이다.

(가) 선박의 불내항성

감항능력 또는 내항능력(seaworthiness)이란 선박이 안전하게 항해할 수 있는 능력을 말한다. MIA 제39조에 의하면 선박이 내항성을 갖추기 위한 요건으로 ① 선박의 구조가 동질의 선박과 동일한 정도로 견고할 것, ② 선박의 속구가 품질 및 수량면에서 완전히 갖추어져 있을 것, ③ 적격의 선장 및 승무원을 충분히 승선시킬 것, ④ 충분한 식량을 구비할 것, ⑤ 화물을 과적하지 않을 것, ⑥ 충분한 연료를 갖출 것 등을 들고 있다.

만약에 선박의 불내항성이 입증될 경우에 보험자는 이로 인하여 발생한 손해에 대하여는 책임지지 않는다.

(나) 성질손해

화물의 성질손해, 즉 자연부패(생선 · 과일 등), 감량(곡류 · 비료 등), 장미(녹 · 곰팡이 스는 것), 통상의 파손(유리제품 등), 자연발화, 쥐나 곤충 등에 의한 손해는 특약하지 않는 한 보험자는 이를 부담하지 않는다.

(다) 소손해

직접손해라 하더라도 소손해이면 보험자는 면책되며, 면책되는 일정한 비율을 소손해면책비율(franchise)이라고 한다. 일정한 비율 이하의 소손해는 담보하지 않는다는 조건을 기재한 약관을 소손해면책비율약관(franchise clause또는 memorandum clause)이라고 한다. 소손해면책비율의 표시는 WA 3% 등과 같이 한다. 따라서 아무리 작은 소손해라도 면책비율 없이(without Franchise) 보상을 받으려면 WAIOP(WA Inspective of percentage) 약관으로 부보해야 한다.

2. 협회적하약관

가. 협회적하약관의 개념

(1) 보험약관의 의의

보험약관(insurance policy clause, insurance conditions)이란 보험자와 피보험자의 권리와 의무와 관련된 보험계약의 내용을 규정하고 있는 보험계약 조항을 말하며, 일반적으로 보험증권면에 기재되거나 별지로 첨부된다.

보험계약의 내용은 보험자와 보험계약자의 합의에 따라 규정하는 것이 원칙이지만, 그 내용이 복잡하고 어렵기 때문에 보험자가 미리 작성하여 정형화하여 두었다가 계약자가 이에 동의할 때 서명함으로써 보험계약이 성립되도록 하는 방법이 사용되고 있다. 따라서 피보험자의 입장에서는 이를 보험상품의 종류로 이해하면 된다.

약관에는 보통약관(common, general clause)과 특별약관(special, additional clause)이 있나. 보통약관은 일빈적이고 표준적인 것으로 예컨대 ICC(A), (B) 및 (C)를 말하며, 특별약관이란 별도로 특별한 사항을 약정한 것으로 예컨대 갑판적 약관(on deck clause), 도난 · 발하 · 불착 약관(TPND clause) 등을 말한다.

정형화된 보험약관으로는 런던보험자협회가 제정한 협회약관이 가장 대표적이다. 협회약관은 운송화물과 관련된 협회적하약관(ICC, Institute Cargo Clauses), 선박보험과 관련된 협회기간약관(ITC, Institute Time Clauses), 전쟁위험과 관련된 협회전쟁약관(IWC, Institute War Clauses) 그리고 폭동이나 동맹파업과 관련된 협회동맹파업약관(ISC, Institute Strike Clauses) 등으로 구성되어 있다. 협회적하약관은 구협회적하약관과 신협회적하약관으로 나누어진다.

(나) 협회적하약관의 발전과정

17세기 중반까지는 회사소식의 보험회사는 존재하지 않았으며, 금융업자나 무역업자같은 개인들이 부업으로 보험업무를 부업으로 하고 있었다. 그러나 이들 개인보험업자들은 자금력에 한계가 있었으므로 10명 내외의 개인보험업자이 인수위험이 기재된 한 장으로 된 보험증권의 하부에 자기가 인수한 금액을 적고 서명함으로써 보험을 분담하여 인수하였다. 여기에 서명한 사람들을 Underwriter라고 불렀는데 오늘날에도 보험을 인수하는 행위를 언더라이팅(underwriting)이라고 부르고 있다.

이들은 Edward Lloyd라는 사람이 1652년 런던 Thames 강변에서 개업한 다방(coffee

house)에 모여 사업에 관련된 대화를 나누곤 하였다.

이후 1720년 Royal Exchange Assurance Co. Ltd.와 London Assurance Co. 가 최초의 회사형태의 보험회사로 설립되었다. 이에 따라 개인보험업자들의 활동도 로이즈를 중심으로 발전하게 되었고, 1769년 뜻있는 전문 보험업자들에 의해 신로이즈커피하우스(New Lloyd's Coffer House)가 설립되면서 로이즈는 단순한 만남의 장소 이상의 전문 보험업자들의 조직으로 발전하였다. 1871년 로이드법이 제정됨에 따라 법인으로서의 로이드조합(Corporation of Lloyd's)으로 거듭나게 되었다.

보험증권양식은 Coffee house 시대부터 이미 확립되어 있었다. Lloyd's의 개입보험업자들이 개별적으로 사용함에 따라 상이한 문언의 해석에 관련된 소송이 빈번해지고 또한 해상보험의 이용이 증가함에 따라 보험증권약식의 통일이 필요하였기 때문이다. 이 Lloyd's S.G. Policy(1776)는 양식은 1982년 신해상보험증권양식(New Marine Policy Form, MAR Form)이 도입될 때까지 200년 이상 동안 근본적인 수정 없이 사용되어 오다가 1906년 영국의 해상보험법에서 표준해상보험증권 양식으로 채택되었고 이를 로이즈보험증권 또는 S.G보험증권이라고 부른다.

런던보험자협회(Institute of London Underwriters, ILU)는 1884년 영국정부로부터 법인설립 허가를 받은 런던의 해상보험회사의 단체이며, 1909년에 결성된 로이즈보험자협회(Lloyd's Underwriters Association)는 보험회사와 개인보험자들의 이해관계 문제를 처리하기 위한 단체로서 여러 위원회를 두었다. 런던보협협회를 중심으로 약관의 통일화작업이 추진되었고 그 결과 1912년에 도입된 표준약관이 이른바 구협회적하보험약관이라 불리는 ICC(WA), ICC(FPA) 및 ICC(A/R)이다.

오랜 기간 사용해오던 SG 보험증권은 새로운 무역환경과 보험수요에 대처하기 위한 개정이 필요하게 되었고, 이에 1980년 UNCTAD 사무국은 국제표준해상보험약관을 제정하기로 하자, 런던보험자협회는 주도권을 잡기 위해 1982년 새로운 해상보험증권 서식과 5개의 기본적인 협회적하약관 및 1개의 특별약관을 전면적으로 개정하여 발표하였다. 이에 따라 SG. Polish Form의 폐지에 따라 SG 본문약관은 폐지되고 이 약관은 1982년의 신협회적하약관인 ICC(A, ICC(B) 및 ICC(C)에 흡수되었다. 신협회적하약관의 초안은 영국과 기타 국가의 보험회사에 공람시켜 검토하도록 한 후 같은 해에 확정되었다.

나. 구협회적하약관

(1) 구협회약관의 의의

협회적하약관은 런던 보험업자협회(Institute of London Underwriters)가 제정한 적하보험약관을 말하며, 로이즈 SG 보험증권에는 1912년부터 이용되어온 A/R(All Risk), W/A(With Average), FPA(Free from Particular Average)의 구협회적하약관이 상세하게 기재되어 있으며, 이를 3개 보험조건이라고 한다.

(2) 구협회적하약관의 종류

(가) 구협회적하약관 분손부담보(Institute cargo clauses, FPA)

단독해손부담보(free from particular average, FTA) 조건은 분손부담보라고도 하며, 보통 담보되는 위험에 의해 발생한 전손과 공동해손은 보상되지만 단독해손인 분손은 원칙적으로 보상되지 않는 조건이다. 담보범위가 가장 좁고 보험료도 가장 저렴하다.

SG 보험증권에서 FPA조건은 다음과 같이 기재되어 있다. "선박 또는 부선이 좌초하여 침몰 또는 대화재가 발생하였을 경우를 제외하고, 단독해손은 담보하지 않는다. 이 면책조항에 관계없이 선적, 환적 또는 양륙 중에 발생한 포장 1개당 전손을 전보한다. 또 화재, 폭발, 선박 및 기타 운송용구와 물 이외의 기타 물체(얼음 포함)과의 충돌 또는 접촉 및 피난항에서의 화물의 양륙에 기인하는 것으로 생각되는 보험의 목적물의 멸실, 손상도 전보한다. 또한 중간기항지나 피난항에서 양륙, 보관 및 운송을 위한 특별비용이 소요된 경우에, 이들 비용이 협회적하약관(분손담보)이 첨부된 계약에 의해 보험자에게 책임이 있다면 이 비용도 지급한다. 이 조항은 전보험기간에 걸쳐 적용된다"

분손부담보조건에서는 단독해손(분손)은 원칙적으로 전보되지 않는다. 선박의 좌초, 침몰, 대화재, 충돌 등과 같은 특별한 사고에 의한 분손(특정분선)만 예외적으로 전보된다. 전손과 공동해손은 전보된다. 이 조건에서 담보되는 해손의 범위는 다음과 같다.

- 전손(total loss)
- 공동해손(general loss, GA)
- 정당한 손해방지비용(sue & labour expense)

• 단독해손 중 특정분손(special particular average, SPA)

(나) 구협회적하약관 분손담보(Institute cargo clauses, WA)

분손담보(With average(WA) 조건은 With particular average(WPA)라고도 한다. SG 보험증권에서 분손담보는 다음과 같이 기재되어 있다. "선박 또는 부선이 좌초하여 침몰 또는 대화자개 발생하였을 경우를 제외하고, 증권에 기재된 면책비율에 미치지 못한 단독해손은 담보하지 않는다. 이 면책조항에 관계없이 선적, 환적 또는 양륙 중에 발생한 포장 1개당 전손을 전보한다. 또 화재, 폭발, 선박 및 기타 운송용구와 물 이외의 기타 물체(얼음 포함)과의 충돌 또는 접촉 및 피난항에서의 화물의 양륙에 기인하는 것으로 생각되는 보험의 목적물의 멸실, 손상도 전보한다. 이 조항은 전 보험기간에 걸쳐 적용한다."

분손담보조건(WA)와 분손부담보조건(FPA)와의 차이점은 FTA가 좌초, 침몰 등 특정 사고에 의한 손해(특정분손)의 경우에만 단독해손(분손)이 전보되지만, WA에서는 증권 본문의 담보위험에 cmlgks 손해는 면책비율을 충족할 경우 모두 전보된다는 점이다.

구체적으로 해상고유의 위험에 포함되어 있는 황천에 의한 해수손은 특정분손에 포함되지 않으므로 FPA에서는 담보되지 않지만, WA에서는 담보되게 된다. 이점이 FPA와 WA의 이점이 발생하는 이유이다.

WA의 변책비율은 증권상에는 화물에 따라 3%, 5% 등으로 되어 있지만, 실제로는 아무리 작은 손해라도 전보하기 위해 면책비율이 0(zero)인 특약도 일반적으로 이루어지고 있다. FPA나 WA 조건에서는 담보되는 위험은 기존적으로 증권 본문에 열거되어 있는 위험 중에서 해상위험(marine risk)로 한정된다. 이를 해상위험만으로는 불충분할 경우 추가로 부보하는 위험을 부가위험(extraneous risks)이라고 한다.

(다) 구협회적하약관 전위험담보(Institute cargo clause, A/R)

전위험담보(all risk, R/R)란 법률 또는 약관에 의해 면책되는 것 이외의 모든 멸실・손상이 보상되는 조건이다. 즉 보통 담보하는 위험 이외에 보험증권에 열거되어 있지 않은 이른바 특약에 의해 담보하는 위험을 제외하고는 원칙적으로 모든 위험이 담보된다. 따라서 전손, 공동해손 및 단독해손 모두를 담보해주는 가장 넓은 범위의 약관이며, 면책비율을 적용하지 않더라도 소손해까지 보상해 준다. 그러나 여기에서의 모든 위험은 해상위험만을 의미하며 전쟁위험이나 동맹파업 위험은 포함되지 않는다.

FPA나 WA 조건에서는 담보되는 위험을 하나씩 열거하고 있으므로 부가위험도 개별적으로 열거하여 부보해야 한다. 그러나 미래의 위험을 사전에 예측한다는 것은 매우 어려운 일이므로 전위험담보조건(All risk, A/R)을 사용하게 된 것이다.

보험증권에는 대체로 다음과 같은 내용이 기재되어 있다. "보험의 목적물의 멸실 또는 손상의 일체 위험을 담보한다. 단, 지연 또는 보험의 목적물의 고유하자 또는 성질에 기인하여 발생하는 멸실, 손상 또는 비용을 담보하도록 확장되는 것은 아니다. 이 보험에서는 면책비율을 적용하지 않는다."

A/R조건에서는 화물이 외래적인 원인에 의한 우연한 사고에 의해 손해를 입었을 경우, 일체의 손해가 전보되며 손해액의 크기는 상관하지 않는다. 즉 담보위험은 포괄적이며 매우 광범위하다. 단 화물의 고유하자 또는 성질 등에 기인하는 손해는 전보되지 않는다. 이중에는 운송의 지연에 의한 손해, 화물의 고유하자 또는 성질에 의한 손해, 피보험자의 고의에 의한 손해, 선박의 불내항, FW/SRCC(전쟁, 동맹파업, 폭동 및 소요) 및 FC & S(포획 및 나포) 등을 원인으로 발생한 손해에 대해서는 특약이 없는 한 보상하지 않는다.

(라) 기타약관

① 구협회전쟁위험 담보약관(화물)

운송중인 화물에 대한 전쟁 등의 위험은 마린 리스크와는 전혀 성질이 다르다. 전쟁위험에 대한 보험요율도 마린 리스크의 경우와는 전혀 다른 기준으로 책정된다.

협회 전쟁위험 담보약관 (화물) 〔Institute Cargo Clause (Cargo)〕에 의해 담보되는 것으로 기재되어 있는 위험은 대략 다음과 같다.

㉮ "하기의 약관에 따라 표준서식인 영국 해상보험증권에서 제외되어 있는 위험이 담보된다. 즉, 포획, 나포, 억지 또는 억류 및 이들의 결과 또는 이들 행위를 기획한 결과를 담보하지 않는다.

또, 선전포고의 유무에 관계없이 적대행위 또는 군사적 행동의 결과를 담보하지 않는다. 그러나 본 면책약관은 교선국에 의해서, 또는 교전국에 대해 이루어진 적대행위에 의해 직접적으로 (또한 낭해선박, 또는 충돌의 경우에 있어서는 충돌에 관련이 있는 다른 선박이 수행하고 있던 항해 또는 임무의 성질과는 관계없이) 발생한 것이 아닌 한, 충돌, 고성 또는 부유하고 있는 물체(기뢰 또는 어뢰를 제외)와의 접촉, 좌초, 황천 또는 화재를 면책하지 않는다. 이 면책약관의 적용에 있어서 "국가"란 어느 국가와 제휴하여 해군, 육군, 또는 공군을 유지하는 모든 정권을 포함한다. 또한 내란, 혁명, 모반, 반란 또는 이로 인해 발생하는 국내투쟁의 결과, 또는 해적행위를 담보하지 않는다.

㈏ 하기의 위험으로 인해 발생한 보험의 목적물의 멸실 또는 손상이 담보된다. 즉, "적대행위, 군사적 행동, 내란, 혁명, 반역, 반란, 또는 이로 인해 발생하는 국내투쟁", "기뢰, 어뢰, 폭탄 또는 기타 병기"

㈐ 또한, 하기의 사항이 담보된다.

"본 약관에서 담보되는 피보험 위험에 의한 손해를 회피하기 위해, 또는 회피와 관련하여 지출된 공동해손 및 구조료. 공동해손 및 구조료는 외국에서 작성된 청산서에 의거하거나, 또는 해상운임 계약서에 요크앤트워프 규칙에 따른다는 취지의 규정이 있으면, 동 규칙에 의거하여 전보된다."

로이즈 S.G. 보험증권 서식에는 해적행위에 의한 위험은 전쟁위험의 범위에 포함되고 있지만, 1982년 신보험증권 서식에서는 마린 리스크에 포함되어 있다. 참고로 전쟁보험을 부보했더라도 원자핵분열, 원자핵융합, 방사성 물질을 사용한 병기의 적대적 사용에 의한 손해는 면책되고 있다.

② 구협회 동맹파업 담보약관

동맹파업이나 내란은 전쟁과는 다르기 때문에 전쟁위험의 보험을 부보했더라도 담보되지 않는다. 협회 동맹파업 · 폭동 · 소요 담보약관(Institute Strikes, Riots and Civil Commotions Clauses)에 의해 담보되는 손해에 대해서는 대략 다음과 같은 내용이 기재되어 있다.

"이 보험은 동맹파업 참가자, 직장폐쇄를 당한 노동자, 노동분쟁, 폭동 또는 소요에 가담한 자, 악의를 가지고 행동하는 자에 의해 피보험재산에 발생한 멸실 또는 손상을 담보한다."

해상화물보험에서는 전쟁위험과 동맹파업 위험을 묶어 항상 전쟁보험으로 부보하는 것이 관습이 되어 있다. 동맹파업 위험의 보험요율은 전쟁위험에 대한 요율에 포함되어 있다.

다. 신협회적하보험약관

(1) 신협회적하보험약관의 의의

1982년 1월 1일 영국에서 새로운 보험증권 서식이 제정된 후, 종전까지 발행되어 왔던 로이즈 S.G. 보험증권이 전환되기 시작하였으며, 영국에서는 1983년 4월부터

새로운 서식으로 완전히 이행하였다. 신(新)서식은 협회적하약관〔ICC(A), ICC(B), ICC(C)〕, 협회전쟁약관(Institute War Clauses), 협회 동맹파업 약관(Institute Strikes Clauses)으로 크게 나눌 수 있다. 이중 ICC(A)는 구서식의 위험 담보와 거의 유사하며, ICC(B)는 분손담보 WA와 거의 유사하며 그리고 ICC(C)는 분손부담보 FPA와 거의 유사하다. 오늘날 대부분이 신약관을 사용하고 있지만 구약관의 약관이 보험료가 약간 저렴하기 때문에 아직도 일부 사용되고 있다.

신보험약관은 종래의 A/R, WA, FPA 조건과 대응되는 것으로 ICC(A), ICC(B), ICC(C) 조건을 두고 있는데, ICC(A)는 구약관 A/R 조건과 동일하면서 명칭만 변경된 것이지만, ICC(B), ICC(C)는 구약관 WA나 FPA 조건에 비해서 그 내용이 변경되었다.

특히 구약관의 WA나 FPA조건에서는 단독해손에 대해 상당한 제한을 가하고 있었지만 신약관에서는 담보위험에 의한 손해에 대해서는 전손・분손에 관계없이 보상된다. 한편 소손해에 대해서는 ICC(B)와 ICC(C) 조건 모두 동일하게 보험자가 면책되지 않도록 바뀌었지만 담보위험의 범위가 서로 나르나는 점에 두 조건의 차이점이 있다. ICC(A)의 경우는 손해가 약관에 의해 면책되지 않는 담보위험이 구체적으로 약관상에 명시되어 있다. 이러한 위험은 그 약관에 규정되어 있는 면책위험이 아닌 한 보험자가 담보한다.

(2) 신협회적하보험약관의 종류

(가) 협회적하약관 (A)

협회적하약관 (A)〔Institute Cargo Clause (A) : ICC (A)〕에는 대략 다음과 같은 내용이 기재되어 있다.

"이 보험은 보험의 목적물의 멸실 또는 손상의 모든 위험을 담보한다."

참고로 위험의 성질이 다른 전쟁위험과 동맹파업 위험은 면책되기 때문에 각각의 특별약관에 의해 담보되고 있다. 또한 모든 위험이 담보되고 있다고는 하나, 외래적인 원인에 의한 우연적인 위험으로 한정하고 있으며 다음의 사유 등이 면책대상에서 제외되고 있다.

- 피보험자의 고의적인 위법행위에 의한 것
- 화물의 중량, 용적의 일반적인 감소 또는 자연소모에 의한 것
- 포장의 불충분 또는 부적절에 의한 것

• 화물 고유의 성질, 결함에 의한 것
• 운송의 지연에 의한 것
• 화주 등의 지급불능 또는 경제적인 곤궁에 의한 것
• 원자핵분열, 원자핵융합 또는 방사능을 이용한 병기의 사용에 의한 것

(나) 협회적하약관 (B)

협회적하약관 (B) 〔Institute Cargo Clause (B) : ICC (B)〕에는 대략 다음과 같은 내용이 기재되어 있다. "이 보험은 물품이 다음의 원인에 의해 멸실 또는 손상되었을 경우에 그러한 멸실 또는 손상을 전보한다."

• 화재 · 폭발
• 선박 · 부선의 좌초, 교사, 침몰, 전복
• 선박 · 부선 · 운송용구의 타물과의 충돌, 접촉
• 조난항에서의 화물의 양화
• 지진, 화산 분화, 낙뢰
• 공동해손 희생
• 투하, 갑판유실
• 해수 · 조수 · 하천수의 운송용구 · 컨테이너 · 지게자동차 · 보관장소에의 침수
• 적재 · 양화 중의 수몰 · 낙하에 의한 포장당 전손

(다) 협회물품약관 (C)

협회적하약관 (C) 〔Institute Cargo Clause (C) : ICC (C)〕는 ICC(B)의 담보조건의 일부를 제외한 것이다. 내용은 대략 다음과 같다. 이 보험은 적하가 다음의 원인에 의해 멸실 또는 손상되었을 경우에 그러한 멸실 또는 손상을 전보한다. ICC(C)에서의 면책사유는 ICC(B)와 동일하다.

• 화재 또는 폭발
• 좌초, 교사, 침몰, 전복, 탈선
• 선박 등 운송용구의 물 이외의 타 물체와의 충돌, 접촉
• 조난항에서의 화물의 양륙
• 공동해손 희생
• 투하

(3) 운송인의 귀책사유와 면책사유

해상보험은 운송계약서(선하증권)의 내용, 특히 운송인의 책임과 밀접한 관계를 갖고 있다. 운송인이 운송 중의 모든 손해를 화주에게 배상해 준다면 해상보험은 필요없게 된다. 그러나 운송계약서에 따라 운송인의 책임이 제한되고, 운송 중의 모든 책임을 부담하지 않기 때문에 해상보험이 필요하게 되는 것이다. 왜냐하면 운송인의 면책위험은 결국 화주의 부담이 되는데, 이를 해상보험에서 부담하는 것이다.

(가) 운송인의 귀책사유

운송인의 귀책사유[11]는 상업과실과 불감항을 들 수 있다. 상업과실이란 화물의 선적(loading), 취급(handling), 적부(stowing), 보관(custody), 관리(care) 양하(discharge) 등 화물의 취급에 관한 과실을 말하며, 상업과실로 인해 발생한 손해는 운송인에게 책임이 있다.

내항성(seaworthiness, seakeeping, 耐航性) 또는 감항능력이란 선박이 파랑 속에서도 안전하게 항행할 수 있는 성질을 말하며 감항성(堪航性,)이라고도 한다. 내항성을 갖추려면 능파성(凌波性)과 조종성(操縱性)이 좋아야 하며, 충분한 강도를 가져야 하며, 이와 관련된 특정기준에 적합할 때 감항능력 또는 내항능력을 갖추었다고 한다. 즉 통상의 해상위험을 극복하고 안전하게 항해를 수행할 수 있는 상태를 감항능력 또는 감항성을 구비하였다고 하며, 감항증명서에 의해서 공식적으로 인정된다. 불감항이란 감항능력을 갖추지 못한 상태를 말한다. 불감항에 기인하여 발생한 손실에 대해서는 운송인이 책임을 진다. 운송인은 다음과 같은 주의의무를 부담한다. 주의의무란 ① 선박이 안전하게 항해할 수 있게 할 것, ② 필요한 선원의 승선과 선박의장 그리고 ③ 필요품의 보급, 선장, 냉장실 기타 운송물을 적재할 선박의 부분을 운송물의 수령, 운송 및 보관을 위해 적절한 상태에 둘 것 등이 이에 해당한다.

(나) 운송인의 면책사유

운송인의 면책사유란 해상사고가 발생하였더라도 운송인이 책임을 면하게 되는 사유를 말한다. 운송인의 면책사유에는 다음과 같은 것들이 있다.

① 항해과실, 항해과실이란 항해 또는 선박의 관리에 관한 선장, 선원, 도선사 또

11) 귀책사유란 책임져야 하는 사유라는 의미로 즉, 어떤 결과를 발생하게 한 데 대하여 법률상 책임의 원인이 되는 행위를 말한다. 보통 고의, 과실을 필요로 하지만 자기의 지배하에 있는 자의 과실 및 신의칙(信義則)상 고의나 과실로 볼 수 있는 원인행위도 포함될 때도 있다.

는 선박사용인의 행위, 태만 또는 과실을 말한다.

② 선박의 화재로 인한 손실

③ 바다 또는 항해가 가능한 수면에서의 위험 또는 사고(perils, dangers, and accidents of the sea or other navigable waters) 즉 바다의 위험(perlis of the sea)

④ 불가항력(Act of God), 불가항력이란 천재지변, 즉 낙뢰와 같은 자연력에 의한 항거할 수 없는 위험을 말한다.

⑤ 전쟁, 폭동 또는 내란, 협회전쟁약관(Institute War Clause, IWC)에 의해 부보(cover)[12]된다.

⑥ 해적행위 기타 이에 준하는 행위, ICC(A)에서는 자동으로 담보되지만, (B)나 (C)에서는 특약에 의해서 부보된다.

⑦ 재판상의 압류, 검역상의 제한, 기타 공권력에 의한 제한, 협회전쟁약관(Institute War clause, IWC)에 의해 부보된다.

⑧ 송하인, 운송물의 소유자 또는 그 사용인의 행위

⑨ 동맹파업 기타의 쟁의행위 또는 선박폐쇄, 협회동맹파업약관(Institute Strikes Clause, ISC)에 의해 부보된다.

⑩ 해상에서 인명이나 재산의 구조행위 또는 이로 인한 이로(deviation, 離路), 또는 기타의 정당한 이유로 인한 이로, 이로란 선박이 원래 정해진 항로를 이탈하는 것을 말한다.

⑪ 운송물 포장의 불완전 또는 기호표시의 불완전(insufficiency of packing)

⑫ 화물 고유의 결함, 성질, 하자(inherent vice or nature)로 인한 중량의 소모 또는 기타의 멸실이나 손상

12) 해상보험에서 부보(cover)와 담보(warranty)란 용어가 혼용되고 있다. 그러나 MIA에 따르면 "Cover"는 피보험자에 대한 보험자의 약속을 의미한다. 따라서 "cover"는 부담한다, 보험 보장한다, 보험에 가입하다로 해석해야 하며, "insurance cover"는 보험보호, 보험보장으로 해석되어야 한다. 이에 대해 "warranty"는 "피보험자가 지켜야할 약속"을 의미한다. 담보에는 보험증권에 명시적으로 삽입되어 있는 명시적 담보(express warranty)와 해상증권에 명시되어 있지 않지만 피보험자가 충족시켜야 할 담보인 묵시적담보(implied warranty)가 있다.

[표 10-5] 신약관의 담보위험과 면책위험의 일람표

[담보위험]	A	B	C
◎ 아래의 사유에 상당인과관계가 있는 보험목적목적의 멸실・손상			
① 화재 또는 폭발	○	○	○
② 본선 또는 부선의 좌초・교사・침목・전복	○	○	○
③ 육상운송용구의 전복・탈선	○	○	○
④ 본선・부선・운송용구의 타물과의 충돌・접촉	○	○	○
⑤ 피난항에서의 화물의 하역	○	○	○×
⑥ 지진・화산의 분화・낙뢰	○	○	
◎ 아래의 사유로 생긴 보험의 목적의 상실・손상			
⑦ 공동해손희생손해	○	○	○
⑧ 투하	○	○	○×
⑨ 갑판유실	○	○	×
⑩ 본선・부선・선창・운송용구・컨테이너・지게차나 보관장소에 해수・호수・강물의 유입	○	○	
⑪ 본선・부선으로의 선적 또는 하역작업 중 바다에 빠지거나 갑판에 추락한 포장당 1개의 전손	○	○	×
⑫ 위의 사유 이외에 보험의 목적에 발생한 모든 멸실・손상위험	○	×	×
⑬ 공동해손・구조료(면책위험과 관련된 것은 제외됨)	○	○	○
⑭ 쌍방과실충돌	○	○	○
[면책위험]	**A**	**B**	**C**
① 피보험자의 고의의 위법행위	×	×	×
② 통상의 누손, 통상의 중량과 용량의 부족 또는 자연 손모	×	×	×
③ 포장 또는 준비의 불충분	×	×	×
④ 피보험목적의 고유의 하자 또는 성질	×	×	×
⑤ 지연이 담보위험에 의하여 생긴 경우라도 해당 지연을 구인으로 하여 생긴 멸실・손상・비용	×	×	×
⑥ 선수・관리자・용선자・운항자의 파산 또는 재정상의 채무 불이행	×	×	×
⑦ 피보험목적이나 그 일부에 대한 어떤 자의 불법행위에 의한 의도적인 손상이나 파괴	○	×	×
⑧ 원자핵무기에 의한 손해	×	×	×
⑨ 피보험자 또는 그 사용인이 인지하는 선박의 내항성 결여, 부적합	×	×	×
⑩ 전쟁위험	×	×	×
⑪ 동맹파업	×	×	×

※ 주 : ○표(보자가 담보), ×(보험자 면책)

(4) 신협회적하약관상 면책위험

신협회적하보험약관은 제4조에 일반면책약관을 규정하고 있으며, 제5조에는 불내항 및 부적합 면책약관(unseaworthiness and unfitness exclusion clause), 제6조에서 전쟁위험면책약관(war exclusion clause) 그리고 제7조에는 동맹파업위험면책약관(strikes exclusion clause)을 규정하여, 이로 인해 발생한 손해에 대해서는 보험자가 책임을 지지 않도록 하고 있다. 각 조건별 면책약관의 적용범위는 <표 10-6>과 같다.

〈표 10-6〉 협회적하약관산의 면책위험

조항	면책위험	A	B	C
제4조	피보험자의 고의적인 불법행위	×	×	×
	통상적인 누손, 중량 또는 용적의 멸실 또는 소모 또는 마모	×	×	×
	포장 또는 포장준비의 불완전. 부적합	×	×	×
	물품고유의 하자 및 성질	×	×	×
	지연에 근인하여 발생한 멸실이나 손상 또는 비용(공동해손조항에 의해 지급되는 비용은 제외함)	×	×	×
	선박소유자, 관리자, 용선자, 운항자의 지급불능 또는 채무불이행	×	×	×
	어떤자 또는 어떤 자의 불법행위에 의한 의도적인 손상 또는 파괴	○	×	×
	원자핵무기에 의한 손해	×	×	×
제5조	피보험자 또는 그 사용인이 인지하는 선박의 내항성 결여, 부적합	×	×	×
제6조	전쟁위험(War exclusion)	×	×	×
제7조	동맹파업(SRCC)	×	×	×

그 내용을 보다 구체적으로 살펴보면 제4조 제2항에서 통상적이란 말은 물품의 성질 또는 물품의 적재와 같은 다양한 원인으로 발생할 수 있는 통상적인 운송상의 손해를 의미한다. 제3항의 불완전 및 부적합 여부의 판단은 특정거래에 있어서의 관습에 따라 결정된다. 제5항에 따라 제8조 운송조항에 의해 비록 보험의 효력이 지속되더라도, 지연이 피보험자의 통제를 벗어나는 것이라면 피보험자는 그 지연에 근인해서 발생한 어떠한 손해도 보상받을 수 없다. 제7항은 ICC(A)에서는 적용되지 않으므로 보험자는 면책되지 않는다.

제5조는 보험은 계약당사자의 신의성실에 기초를 두고 있기 때문에 선박과 적하가

내항성을 갖추어야 한다는 것은 피보험자의 묵시적 담보에 해당한다. 따라서 보험자가 사전에 선박 및 적하의 불내항성을 모르고 있었을 경우에는 면책된다는 것을 규정하고 있다.

제6조의 전쟁위험면책약관은 ① 전쟁, 내란, 혁명, 반역, 반란 또는 이로 인해 발생하는 국내투쟁 등의 직접적인 전쟁행위, ② 포획, 나포, 강류 또는 억류 등의 간접적인 전쟁위험 및 그 행위의 결과 또는 그러한 행위의 기도, ③ 유기된 기뢰, 어뢰, 폭탄 또는 기타의 유기된 전쟁무기 등에 의해 발생한 멸실 또는 손상 및 비용을 보험자가 부담하지 않는다는 것을 규정하고 있다.

만약에 보험계약에서 제6조를 삭제한다면 포괄책임주의를 채택하고 있는 ICC(A)에서는 보험자가 전쟁위험을 부담한다는 것을 의미하지만, 열거책임주의를 채택하고 있는 ICC(B)와 (C)에서는 보험자의 면책을 의미하는 것이다. 따라서 피보험자가 전쟁위험을 담보하려면 추가로 협회전쟁위험약관(war clause)에 부보하여야 하며, 이는 제7조 동맹파업면책약관의 경우도 마찬가지이다.

(5) 보험금의 청구

적하보험에 부보된 화물에 손해가 발생하면 피보험자는 그 손해가 담보위험에 의한 손해인지와 보상될 수 있는지의 여부를 판별하여 보험자에게 구상(claim)하여야 한다. 보험구상의 청구자는 보험증권의 정당한 소지자가 되며 대체로 매수인 즉, 수입자가 된다. 해상적하보험의 구상절차는 다음과 같다.

첫째, 피보험자는 보험자에게 클레임 통지(claim notice)를 하고 손해방지 및 손해경감조치를 취해야 하며, 이때 피보험자는 운송인에게도 서면으로 서면통지를 해야 한다.

둘째, 보험자는 손해사정인(surveyor)을 지정하여 손해조사를 실시한다. 손해사정인은 피보험자로부터 손해사정에 필요한 서류를 제출받아서 어떤 종류의 사고가 어떻게 발생하였는지와 사고의 정도, 그리고 손해가 발행한 화물의 현재 위치, 화물을 적재한 선박의 선박명과 운송업자의 상호, 선하증권 및 보험증권의 번호 등을 파악한다.

셋째, 피보험자는 보험금 청구서한(letter of claim)에 손해사정인의 Surveyor report와 기타 서류를 첨부하여 보험자에게 정식으로 클레임을 신청하여 보험금을 수령한다. 만약 추정전손일 때에는 이때 보험목적물을 위부(abandonment)하여야 한다.

넷째, 보험자는 클레임신청서류를 검토한수 보험금을 지급한다. 이후 보험자는 피보험자를 위위(subrogation)하여 운송인 등으로부터 회수가 가능한 지급보험금을 회수(recovery)하는 절차를 수행한다.

라. 항공운송보험

항공운송보험 계약은 해상보험회사를 통해 ICC(항공)에 따라 부보하는 방법과 항공운송인이 발행하는 항공화물운송장(AEB)을 이용하는 화주이익보험에 부보하는 방법이 있다.

항공화물은 사고가 발생하면 기체와 화물 모두가 전손되는 것이 대부분이며, 그밖에도 손해발생이 순간적이며 손해와 배상액이 크다는 성격을 갖고 있다. 따라서 항공화물은 대체로 전위험담보조건으로 부보되는 것이 보통이며, 이를 담보하기 위해 런던 보험엄자협회(ILU)는 Institute Cargo Clauses(air)를 마련해두고 있다.

항공화물은 대부분 ICC(air)로 부보되고 있지만 스스로 보험을 수배할 능력이 없는 일반 화주를 위해 항공화물운송장을 이용한 화주이익보험제도를 두고 있다. 이 보험은 항공회사와 보험회사가 미리 포괄적인 보험계약을 체결하여, 송화인이 화물은 항공회사에 인도할 때, 보험료를 지급하면 자동으로 부보된다. 주로 소규모의 화물에 적합하다. 보험조건의 개략적인 내용은 항공화물운송장의 이면약관에 규정되어 있으며 상세한 내용은 항공운송보험의 화주이익약관(shippers' interest form)에 명시되어 있다.

제1조 위험약관(Risks Clause)
제2조 공동해손약관(General Average Clause)
공동해손과 구조비 산정의 준거법을 명시
제3조 쌍방과실충돌약관(Both to Blame Collision Clause)
선박충돌의 경우에 쌍방과실이 있을 때의 하주의 권리문제에 관한 규정 (담보위험)
제4조 일반면책약관(General Exclusion Clause)
담보하지 아니하는 일반적인 면책사항 열거
제5조 불내항 및 부적합면책약관(Unseaworthiness and Unfitness Exclusion Clause) 피보험자가 알고 있지 않는 한 선박의 불내항은 보험자의 면책 사항이 아님을 규정
제6조 전쟁면책약관(War Exclusion Clause)
전쟁위험의 구체적인 경우를 열거하여 면책임을 규정

제7조 동맹파업면책약관(Strikes Exclusion Clause)
동맹파업의 구체적인 경우를 열거하여 면책임을 규정

제8조 운송약관(Transit Clause)
보험계약의 효력의 시기와 종기를 규정

제9조 운송계약종료약관(Termination of Contract of Carriage Clause)
피보험자가 좌우할 수 없는 사정으로 인해 해상화물 운송계약이 운송도 중에서 종료되었을 경우의 피보험자 보호방법을 규정

제10조 항해변경약관(Change of Voyage)
위험 개시 후 목적지가 변경된 경우에 추후 협정될 조건과 추가 보험료에 의해 계속 담보됨

제11조 피보험이익약관(Insurable Interest Clause)
피보험자는 손해발생시에 피보험 목적물에 관해 피보험이익을 가지고 있어야 함

제12조 계반비용약관(Forwarding Charges Clause)
실무상 담보되던 계반비용을 담보함을 명분화함

제13조 추정전손약관(Constructive Total Loss Clause)
추정전손으로 인정되는 경우를 규정

제14조 증액약관(Increased Value Clause)
증액보험이 체결된 경우의 보험금액과 비례보상에 관해 규정

제15조 보험이익 불공여약관(Not to Insure Clause)
손해를 보상받은 피보험자가 대위에 의해 취득한 제 3 자에 대한 구상권의 보존을 목적으로 한 규정

제16조 피보험자의무약관(Duty of Assured Clause)
피보험자 및 그 대리인의 손해방지의무 규정

제17조 포기약관(Waiver Clause)
피보험 목적물의 구조, 보호는 위부의 포기 또는 수락이 아님

제18조 신속조치약관(Reasonable Despatch Clause)
피보험자에게 가능한 한 신속한 행동을 요구하는 규정

제19조 영국법 및 관례약관(English Law and Practice Clause) 준거법을 명기
[유의사항(Note)] "계속 담보를 받는 사유의 발생을 알았을 때에는 지체없이 통보를 해야 하는 피보험자의 의무 규정"

Chapter 11

수출지원제도

Chapter 11

수출지원제도

제 1 절 관세환급제도

1. 관세환급의 이해

가. 관세환급제도와 일괄납부정산제도

(1) 관세환급제도의 의의

관세환급 제도는 관세법에 의한 환급과 수출용원재료에 대한 관세 등 환급에 관한 특례법(약칭하여 환급특례법이라고 한다)에 의한 환급으로 구분된다. 전자는 과세형평을 위하여 과오납되거나 위약물품을 반송한 경우에 해당 관세를 환급하여 주는 것인데 반해 후자는 수출용 원자재를 수입하는 때에 부과된 관세 등을 수출자 또는 수출물품의 생산자에게 되돌려 주는 것을 말한다. 일반적으로 관세환급이라 하면 후자의 환급을 의미하며, 이하에서는 관세환급 특례법에 따른 관세환급에 대해서만 설명하기로 한다.

관세환급의 이론적 배경은 관세의 소비세적인 성격으로부터 유래한다. 즉 당해 물품이 수입되었지만 다시 수출됨으로써 국내에서 소비되지 않기 때문에 그러한 목적으로 수입되는 물품에 부과한 관세를 환급해 줌으로써 수출업체의 관세부담을 경감시켜 가공무역을 촉진하고자 하는데 그 목적이 있다. 관세환급특례법은 수출용원재료의 수입시 납부한 관세, 임시수입부가세, 개별소비세, 주세, 교통・에너지・환경세, 농어촌특별세 및 교육세를 환급하기 위해 제정된 것인데, 부가가치세는 부가가치세법에 의해 처리되므로 환급의 대상에서 제외하고 있다.

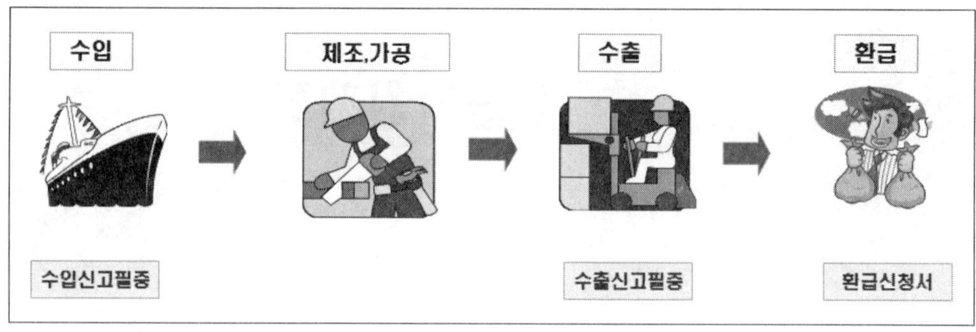

[그림 11-1] 관세 환급의 개념

(2) 수출용원재료에 대한 관세 등 일괄납부 및 정산제도

(가) 수출용원재료에 대한 관세 등의 징수

물품을 수입하고자 하는 경우에는 세관장에게 수입신고를 하고 관세 등을 납부한 후 통관하는 것이 원칙이다. 다만 수출업체의 금융비용 절감을 위하여 수출용 원재료에 대한 관세 등의 일괄납부제도를 도입하여 시행하고 있는데, 이는 수입하는 자가 신청하는 경우에는 수출용원재료에 대한 관세 등을 매 수입 건별로 징수하지 않고 6월의 범위 내에서 대통령령이 정하는 일정기간(일괄납부기간) 중에 수입된 여러 건의 세액을 일괄하여 1건으로 납부하게 하는 제도를 말한다. 이 경우 관세 등의 납부기한은 당해 일괄납부기간이 종료되는 날이 속하는 달의 다음 달 15일까지가 된다.

예를 들면, 1월~3월 기간 중에 100건의 수출용원재료를 수입하더라도 매 건별로 관세 등을 납부하지 않고, 일괄하여 4월 15일까지 납부하면 된다. 따라서 수출입업체는 관세 등을 납부하지 않고 수입통관한 수출용원재료로 수출물품을 생산하여 수출할 수 있게 되므로 관세납부에 따른 자금 부담과 금융비용을 절감할 수가 있게 된다.

(나) 일괄납부할 관세 등에 대한 담보의 제공

① 의의

관세환급 제도가 도입되기 전에는 수출용원재료에 대하여 수입 시에 관세 등을 면제하고 사후에 세관에서 수출용으로 사용하였는지의 여부를 사후관리하는 사전면세제도를 시행하고 있었다. 이러한 사전면세제도는 사후관리에 너무 많은 행정력이 필요하였으며, 수출용원재료의 불법적인 사용이 증가함에 따라 수입 시에는 관세를 징수하였다가 수출 시에 관세를 환급해주는 환급제도로 전환한 것이다.

이에 따라 세관은 조세권을 확보하고 사후관리에 소요된 행정력을 절감하게 되었으며, 수출업체는 수출 후 환급을 받게 함으로써 형평성을 유지하게 되었다. 그러나 수입된 수출용원재료가 수출될 것이 확실함에도 불구하고 수입시 관세 등을 징수하였다가 나중에 그 금액을 환급해 주는 환급제도는 수출업체에 자금부담을 가중시키며, 환급기관의 업무를 복잡하게 할 수도 있다. 이러한 모순점을 완화하기 위하여 도입된 것이 일괄납부제도이다. 그런데 일괄납부제도는 관세 등을 납부하지 않고 수입물품을 먼저 인취하고 사후에 납부하는 제도이기 때문에 당해 수입물품을 담보로 하고 있는 세관의 조세권 확보가 침해된다. 따라서 세관은 일괄납부를 하고자 하는 업체에 대하여 금전, 채권・증권, 은행지급보증, 납세보증보험증권, 신용보증 등의 담보를 제공하게 하고 있는 것이다.

② **신용담보**

담보의 제공은 국가조세권의 확보를 위해서는 유효한 것이지만 업체로서는 담보의 제공 역시 하나의 부담으로 작용할 우려가 있다. 이 점이 이 제도의 실시초기부터 문제점으로 지적되어 왔으며, 이에 신용담보제도를 도입하게 되었다. 신용담보란 세관장이 관세권 확보에 지장이 없다고 인정하여 지정한 자(신용담보업체)에 대하여 제공담보 없이 일괄납부할 수 있는 세액에 대한 한도액을 설정하여 담보의 제공을 생략하게 하는 것을 말한다. 신용담보업체의 지정을 받고자 하는 자는 관할지세관장으로부터 신용담보업체로 지정을 받아야 한다.

(다) 수출용원재료에 대한 관세등과 환급액의 정산

① **의의**

관세정산제도란 일정기간을 정하여 그 기간 동안에 수입한 수출용원재료에 대해 관세 등의 일괄납부할 금액과 당해 업체가 그 기간 동안에 환급 받게 되는 환급금 총액을 서로 정산한 후 차액만을 징수하는 제도를 말한다.

② **정산통지**

세관장은 일괄납부해야 할 관세 등과 지급이 보류된 환급금을 정산하고 그 결과를 관세 증의 일괄납부업체에 통지하여야 한다. 이때 징수하여야 할 관세 등이 있는 경우에는 납세고지를 해야 하며, 고지를 받은 일괄납부업체는 일괄납부기간이 끝나는 날이 속하는 달의 다음 달 15일까지 관세 등을 납부하여야 한다.

예를 들어 2014년 3/4분기 중에 일괄납부하여야 할 세액이 10억 원이고 동 분기

중에 환급 신청하여 결정된 환급금의 총액이 9억 원인 경우에는 2014년 10월 15일까지 1억 원을 납부하면 되는 것이다.

세관장은 정산통지를 한 후 정산금액에 과부족이 있는 것을 알았을 때에는 이를 경정할 수 있다.

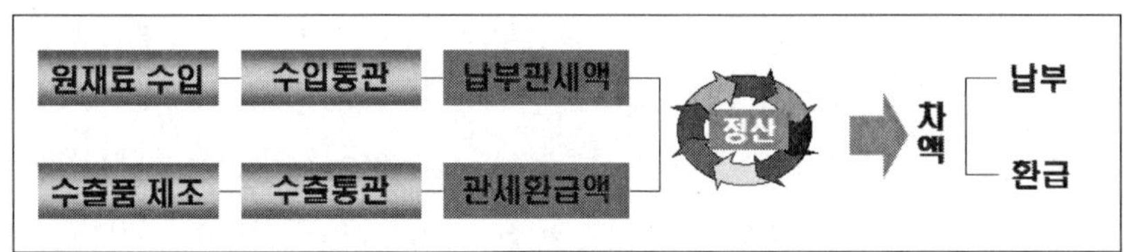

[그림 11-2] 일괄납부 사후정산제도

③ **직권정산**

세관장은 일괄업체가 관세법 또는 관세환급특례법 위반으로 처벌을 받은 경우, 관세 등의 체납이 발생한 경우 또는 파산선고, 어음부도 등으로 인하여 관세채권확보가 필요한 경우에는 납부기한이 도래 하지 않는 관세 등과 지급이 보류된 환급금을 직권으로 정산할 수 있다.

나. 관세환급의 요건

(1) 환급대상 수출 · 수입

(가) 환급대상 수출

환급특례법상 환급대상 수출은 관세법에 의한 유상수출과 총리령으로 정하는 무상수출, 국내에서의 외화판매 · 외화공사 중 총리령으로 정하는 경우 및 보세공장이나 수출자유지역 입주업체에 대한 물품공급 까지를 포함하고 있다. 관세 등의 환급을 받으려면 물품이 수출 등에 제공된 날로부터 2년 이내에 환급신청을 하여야 한다.

한편, 북한으로 반출한 물품은 관세법상의 수출은 아니지만 남북교류협력에 관한 법령에 의거하여 환급대상 거래로 인정되고 있는데 이는 남북교류를 촉진하기 위해서이다. 다만 북한에서 임가공을 거친 후 다시 남한으로 반입되는 물품을 제외된다.

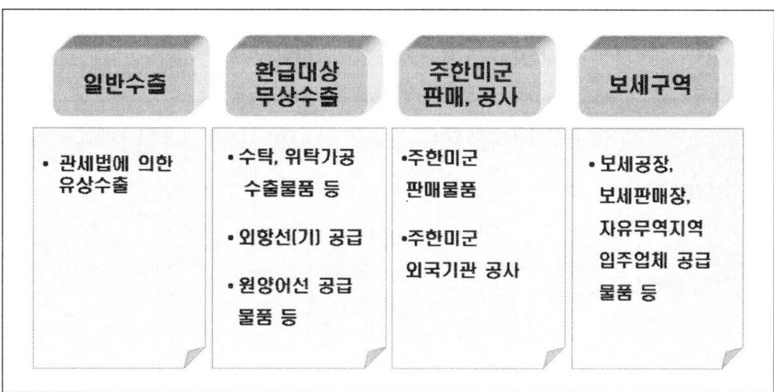

[그림 11-3] 환급대상 수출

(나) 환급대상 수입

환급특례법에서 정의하고 있는 환급의 정의는 다음과 같다. "환급이라 함은 제3조의 규정에 의한 수출용원재료를 수입하는 때에 납부하였거나 납부할 관세 등을 관세법 등의 규정에 불구하고 이 법에 의하여 수출자 또는 수출물품의 생산자에게 되돌려 주는 것을 말한다." 이에 따라 환급의 대상이 되는 수입을 다음과 같이 세 가지로 구분할 수가 있다.

첫째, 관세 등을 환급 받을 수 있는 원재료는 다음과 같이 수출물품에 직접 결합되거나 수출물품의 생산에 반드시 필요한 직접적인 소모성 원재료를 말하며, 수출물품의 생산 시에 사용되는 기계 및 설비, 공구·금형 등은 수출용원재료의 범위에서 제외된다.

둘째, 환급대상이 되는 수출용원재료는 수입하는 때에 관세 등을 납부한 물품이라면 유환수입물품은 물론 무환수입물품까지도 환급대상이 될 수 있다.

셋째, 환급을 받을 수 있는 원재료는 수출신고 수리일 또는 수출·판매·공사 또는 공급을 완료한 날이 속하는 달의 말일부터 소급하여 2년 이내에 수입[1]된 경우에 한하여 가능하다. 예를 들어 2014년 7월 5일 수출신고가 수리된 물품의 경우에는 7월 31일부터 기산하여 2년 전인 2012년 7월 31일부터 2014년 7월 31일 사이에 수입된 원재료에 한하여 환급이 가능하다.

1) 여기에서 수입이란 수출용원재료의 수입신고가 수리된 것 또는 수출용원재료가 내국신용장 등에 의하여 거래된 경우에는 최후의 거래가 있은 것을 말한다.

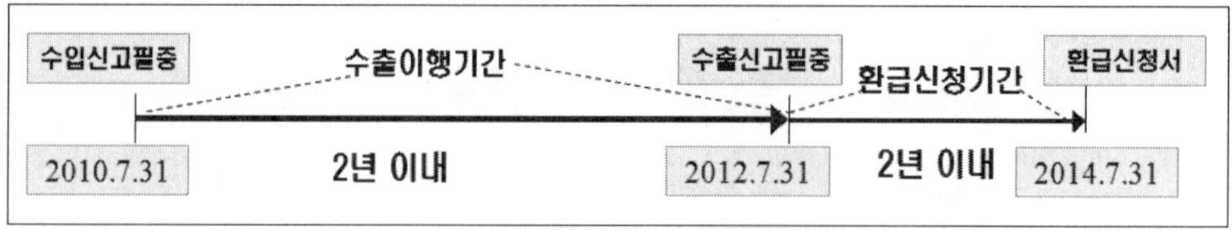

[그림 11-4] 수출이행기간과 환급신청기간

한편, 수출용원재료가 내국신용장 등에 의하여 거래되고, 그 거래가 직전의 내국신용장 등에 의한 거래가 있은 날부터 1년내 에 이루어진 때에는, 수출용원재료가 수입된 상태 그대로 거래된 경우를 제외하고는 당해 수출용원재료가 수입된 날부터 내국신용장 등의 의한 최후의 거래가 있은 날까지의 기간은 산입하지 않는다.

예를 들어 2014년 5월 10일 수출용원재료를 수입하여 이를 중간원재료로 제조가공하여 2014년 8월 30일 이를 다시 내국신용장에 의한 수출용원재료로 공급한 경우에는 5월 10일 부터 8월 30일까지의 기간은 계산되지 아니하므로 2014년 8월 30일부터 이 내국신용장의 유효기간이 다시 기산된다는 것을 의미한다.

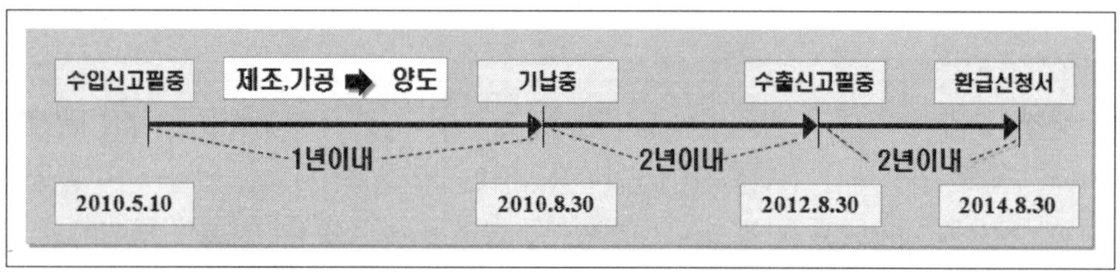

[그림 11-5] 내국신용장 거래시 수출이행기간 및 환급신청기간

다만 수출용원재료를 수입하여 제조나 가공을 하지 않고 원상태로 제3자에게 양도하여 수출하는 경우에는 수출이행기간 및 환급신청기간이 연장되지 않는다.

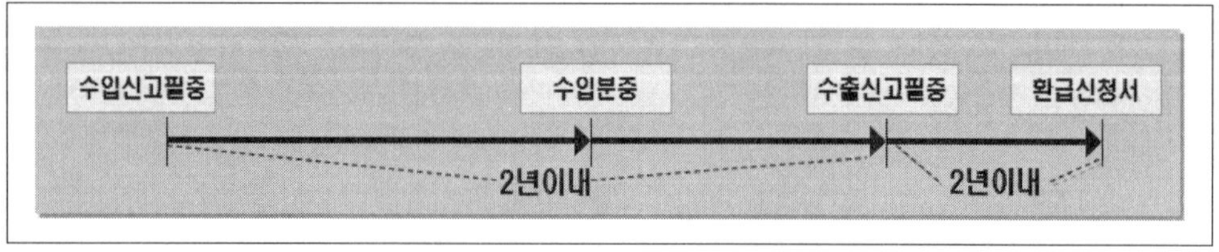

[그림 11-6] 원상태 수출시 수출이행기간 및 환급신청기간

수출용원재료를 수입하여 제조·가공한 후 제3자에게 양도하고 제3자가 다시 제조·가공 없이 수출자에게 양도하여 수출한 경우에는 [그림 11-7]과 같이 산정된다.

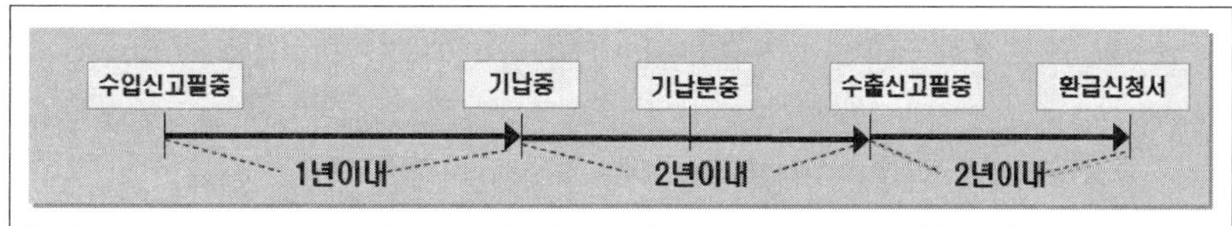

[그림 11-7] 제3자에게 양도하여 수출한 경우

(다) 환급대상이 되지 않는 수입

① 선수출 후수입

환급대상이 되는 수출용원재료는 당해 수출물품을 제조하는데 소요된 원재료이므로 환급대상 물품의 수출신고수리일자보다 원재료의 수입신고수리일이 늦은 경우에는 환급대상에서 제외된다. 마찬가지로 내국신용장 등에 의하여 국내에서 구매하는 경우에도 선매입·후수출된 경우에만 환급이 가능하다. 특히 국내거래에 있어서의 국내공급일은 물품수령증명서상의 인수일이나 세금계산서상의 물품거래일(매입일)로 확인하고 있는데 실제로는 상관행상 원재료를 먼저 공급하고 이들 증빙을 사후에 받는 사례가 많아 환급을 받지 못하는 경우도 자주 발생하므로 유의해야 한다.

② 특정수입

분할납부 승인을 받은 물품은 환급의 대상이 아니다. 또한 수입 시 징수한 관세 등을 수출 후 환급해 주는 번거로움을 제거하기 위하여, 특정원재료에 대하여 수입수량, 국내에서 조달되는 수량 그리고 우리나라에서 소비되는 수량 및 수출량 등을 감안하여 수입 시에 저율의 관세율을 적용하고 그 대신에 환급하지 않는 "환급에 갈음하는 세율"을 두고 있다. 따라서 이 세율이 적용된 물품은 환급의 대상이 아니다. 종전에는 원면 등에 이 세율을 적용하였으나 폐지되어 현재는 이 세율을 적용하고 있는 품목은 없다.

③ 상계원재료수입물품

상계업체로 지정 받은 자가 수입한 원재료는 이 원재료로 제조된 물품을 수입면허일로부터 1년 6월 이내에 수출 등에 제공한 후 상계할 것을 조건으로 납세고지를 유예하는 것이므로 환급대상이 아니다.

④ **간이세율 적용 수입물품**

무환수입물품은 수입통관 시에 세관장이 그 사유를 개별적으로 심사하여 타당하다고 인정되는 경우에 한하여 수입이 허용되고 있으며, 수출용원재료로 수입되는 무환수입물품에 대하여는 간이세율을 적용할 수 없도록 관세법령에서 규정하고 있다. 따라서 간이세율을 적용한 수입물품은 수출용원재료로 인정되지 않는다.

⑤ **할당관세율을 적용 수입물품**

할당관세율은 물자수급을 원활하게 하기 위하여 관세율을 인하하거나 특정물품의 수입을 억제하기 위하여 관세율을 인상하는 탄력관세율이다. 탄력관세의 적용요건이 "사료용에 한 한다." 또는 "주물용의 것에 한 한다"는 식으로 그 용도에 사용할 것을 조건으로 할당관세율을 적용 받은 물품은 동 조건을 해제하지 않는 한 환급대상이 되지 않는 다. 동 조건의 해제를 위해서는 세관장에게 승인을 받고 차액관세를 납부하여야 한다.

2. 정액환급제도 및 개별환급제도

가. 정액환급제도

(1) 정액환급제도

(가) 정액환급제도의 의의

환급금의 산출방법에는 개별환급 방법과 정액환급 방법이 있다. 정액환급은 정부가 고시하여 결정하는 정액환급율표에 게기되어 있는 품목에 대하여 동 환급율표에 정하여진 바에 따라 환급하는 것을 말한다.

이 방법은 물품이 수출되었을 때 수출면장을 제시받아 소요원자재별 납부세액을 일일이 계산하지 않고 환급율표에 기재된 대로 환급하기 때문에 매우 간단하다. 또한 당해 수출물품의 제조・가공에 소요된 수출용원재료의 가공단계나 국내생산가능여부 등을 고려하지 않고 전체적인 평균개념에 의하여 환급금액을 산출하므로 가능한 한 관세부담이 적은 저가공의 기초 원재료를 수입하여 물품을 수출하는 것이 유리하며 국산원자재를 사용하였을 때에는 실제로 납부한 세금이 없는 데도 환급을 받게

되는 경우가 있어 국산원자재의 사용을 촉진시킬 수 있는 것이다.

(나) 정액환급의 종류

① 적용범위에 따른 분류

적용범위를 기준으로 보면 간이정액과 특수공정물품의 정액으로 나누어진다. 간이정액은 중소기업의 수출을 지원하기 위하여 최근 2년간 매년도 총환급액(기초원재료 납세증명서 발급실적 포함) 1억 원 이하의 중소기업에서 제조한 수출물품에만 적용되는 정액환급제도이며, 특수공정물품의 정액은 단일 수출용원재료에 의하여 2이상의 제품이 동시에 생산되는 등 생산 공정이 특수한 수출물품에 한하여 적용되는 환급제도(연산품의 환급제도)를 말한다.

② 정액환급율의 책정방법에 따른 분류

종가환급과 종량환급으로 구분할 수 있다. 종가환급은 수출물품의 가격에 따라 정액환급율이 책정되는 제도이다. 환급액의 계산이 신속하고 간편한 반면 동일한 수출물품이라도 수출가격의 변동에 따라 환급액이 다르게 책정되는 단점이 있다. 종량환급은 수출물품의 수량에 따라 환급액이 결정되는 제도로서 품질에 따른 환급액의 차이가 없으므로 저가품일수록 환급이 유리하다는 특징을 가지고 있다.

③ 업체구분 여부에 따른 분류

물품별정액과 업체별 정액으로 구분되는데 현행 간이정액환급율표는 물품별 정액으로 동일한 수출물품에 대하여는 수출업체의 구분이 없이 동일한 환급액을 지급하는 것이며, 연산품 정액환급율표는 업체별 정액으로 동일한 수출물품이라 하더라도 수출업체에 따라 환급액을 달리하고 있다.

(다) 정액환급의 효과

① 환급절차의 간소화

정액환급은 복잡한 소요량계산에 따른 환급액을 산출하지 않으므로 환급에 시간 및 비용이 절감된다.

② 수출용원재료의 국산화 촉진

개별환급을 위해서는 반드시 외국에서 수입할 때 관세 등을 납부한 원자를 사용한 물품을 수출할 경우에만 환급이 가능하지만, 정액환급에서는 정액환급율표상에 게기된 물품을 수출하기만 하면 원재료가 국산원자재인지 수입원자재인지를 불문하고 환급해 주고 있다. 따라서 국산원자재를 사용하여 수출물품을 제조하여 수출한 경우에는 납부하지도 않은 관세마저 환급 받게 됨으로써 국산원자재의 사용이 촉진된다.

(2) 간이정액환급제도

(가) 간이정액환급제도의 의의

간이정액환급제도는 개별환급을 받을 능력이 부족한 중소기업의 수출을 지원하고 환급절차를 간소화하기 위하여 도입된 제도이다. 최근 2년간 매년도 환급액이 1억원 이하인 중소기업에서 제조한 수출물품에 대한 환급액 산출 시에 정부가 정하는 일정금액을 수출물품 제조에 소요된 원재료의 수입 시 납부세액으로 보고 환급액 등을 산출하도록 한 제도이다.

간이환급율은 수출물품의 세번별로 전년도 평균환급액을 기준으로 수출업체의 구분 없이 책정·적용하는 것이어서 개별 수출업체의 입장에서 보면 과다 또는 과소 환급이 발생할 수가 있다.

예컨대 국산원재료를 상대적으로 많이 사용하는 업체는 과다환급으로 수출을 확대함으로써 수출용원재료의 국산화를 촉진할 수 있으나, 지나치게 과소환급되는 업체로서는 수출 자체를 불능하게 할 우려도 있다. 따라서 이 경우에는 수출업체의 신청에 의하여 간이정액환급율표를 적용하지 아니할 수도 있도록 허용하고 있다.

〈표 11-1〉 간이정액환급율표의 예시

수 출 물 품				미화 10불당 간이정액
H . S			품 명	환 급 액
4202	19	9000	트렁크(기타)	50
4202	21	1010	핸드백(뱀의 것)	163
4202	21	1040	핸드백(장어류의 것)	146
4202	21	2000	핸드백(콤포지션레더제의 것)	81
4202	21	3000	핸드백(페이턴트레더제의 것)	130

(나) 적용대상업체 및 물품

① 간이환급대상업체

간이정액환급율표를 적용할 수 있는 수출업체는 중소기업기본법의 규정에 의한 중소기업체로서 최근 2년간 매년도 총환급실적이 1억원 이하인 수출업체로 한정된다. 여기에서 총환급실적이라 함은 기초원재료납세증명서 발급실적을 포함한 금액이다.

② 적용대상물품

수출신고수리일에 시행되는 간이정액환급율표 및 정액환급율표에 게기된 HS 10단위와 동일한 수출물품으로서, HS번호만 동일하면 품명・규격이 달라도 적용할 수가 있다. 기초원재료납세증명서 발급의 경우도 마찬가지이다.

③ 환급액의 산출방법

환급신청이나 기초원재료납세증명서 발급신청의 경우 모두 아래와 같은 산식에 의하여 산출한다.

수출신고필증상의 FOB$/10 × 간이정액환급율

나. 개별환급제도

(1) 개별환급제도의 이해

(가) 개별환급제도의 의의

개별환급은 수출제품의 제조에 소요된 원재료의 종류와 수량을 소요량증명서에 의하여 확인하고, 그 원재료를 수입할 때에 납부한 세액을 수입면장에 의거 산출하여 그 세액을 환급하는 방법이다.

수출입업자가 수입시 납부한 세액을 수출이행 후에 그대로 환부한다는 것은 합리적이라 할 수 있으나, 그 세액을 산출하고 확인하는 절차가 까다롭다. 개별환급은 원칙적으로 "납부액=환급액"이다. 그러나 관세청장이 고시하는 특정물품, 즉 국산이 가능한 품목에 대하여는 전액을 환급하지 않고 각 품목별로 정하여진 일정률에 따라 환급하도록 하고 있다.

개별환급방법은 정액환급율표를 적용할 수 없는 수출물품에 적용되는데 구비서류가 복잡하고 시일이 많이 소요된다는 단점을 가지고 있으나, 정액환급에 비하여 정확하게 환급할 수 있다는 장점이 있어 전체환급 실적의 대부분을 차지하고 있다.

개별환급 방법에 의하여 환급금을 산출하기 위해서는 수출물품제조에 소요된 원재료의 품명 · 수량을 확인하여야 하며, 이는 환급특례법에 의하여 업체에서 소요량을 자율산정하여 소요량계산서를 작성하거나 표준소요량 및 기준소요량에 의하여 소요량계산서를 작성하여 환급금 산출에 이용하고 있다.

(나) 개별환급금 지급제한제도

수출물품의 생산에 국산원재료의 사용을 촉진하기 위하여 산업통상자원부장관이 정하는 물품에 대하여는 산업통상자원부장관이 정하는 비율만큼을 공제한 후 환급액을 지급하고 있다. 다만 이러한 지급제한제도는 개별환급의 경우에 한하며 정액환급에는 적용하지 않고 있다. 현재 지급이 제한되는 물품은 다음과 같다.[2)]

〈표 11-2〉 환급을 제한하는 물품과 제한비율

물 품 명	제 한 비 율
1. 덤핑방지관세의 적용을 받는 물품	덤핑관세 적용 세액 - 덤핑관세를 적용하지 아니할 경우 해당 물품의 세액 ÷ 덤핑관세 적용세액
2. 보복관세의 적용을 받는 물품	보복관세 적용 세액 - 보복관세를 적용하지 아니할 경우 해당 물품의 세액 ÷ 보복관세 적용 세액
3. 상계관세의 적용을 받는 물품	상계관세 적용 세액 - 상계관세를 적용하지 아니할 경우 해당 물품의 세액 ÷ 상계관세 적용 세액

(2) 개별환급제도의 운용

(가) 소요량증명서 발급제도

외화획득용(수출용) 원료에 대해서는 대외무역법상 수입제한품목일지라도 수입을 허용하고 있으며, 수입시 납부한 관세의 환급 및 원자재 금융 지원 그리고 세제상의 혜택을 제공하고 있다. 이와 같은 수출지원이 수출량에 따라 적정하게 이루어지도록 하려면 수출물품 생산이 필요한 양만큼의 원자재에 대해서만 혜택이 주어져야 하는데 이러한 필요 원자재량의 계산과 관리를 하기 위한 것이 소요량증명제도이다.

2) 환급특례법 제14조

"소요량"이란 외화획득용 물품 등의 전량을 생산하는 데에 소요된 원자재의 실량과 손모량을 합한 양을 말한다. "손모율"이란 평균 손모량을 백분율로 표시한 값을 말한다. "평균 손모량"이란 외화획득용 물품 등을 생산하는 과정에서 생기는 원자재의 손모량(손실량 및 불량품 생산에 소요된 원자재의 양을 포함한다)의 평균량을 말한다. "단위실량"이란 외화획득용 물품 등 1단위를 형성하고 있는 원자재의 양을 말하며, 외화획득용 물품 등의 전량을 생산하는데 소요된 원자재 실량을 외화획득용 물품 수량으로 나눈 량이다.

"기준 소요량"이란 외화획득용 물품등의 1단위를 생산하는 데에 소요되는 원자재의 양을 고시하기 위한 것으로서 단위실량과 평균 손모량을 합한 양을 말한다. "단위자율소요량"이란 기준 소요량이 고시되지 아니한 품목에 대하여 외화획득용 물품등 1단위를 생산하는 데에 소요된 원자재의 양을 해당 기업이 자율적으로 산출한 것으로서 단위실량과 평균 손모량을 합한 양을 말한다. "자율소요량계산서"란 외화획득을 이행하는 데에 소요된 원자재의 양을 해당 기업이 자체 계산한 서류를 말한다.

(나) 평균세액증명서

① 평균세액증명서의 의의

평균세액증명제도는 복잡하거나 다양한 규격의 수출용원재료를 HS 10단위만으로 구분하여 HS 10단위 이내에 포함되는 원재료는 동일한 것으로 간주하고, 규결별로 각각 다르게 납부한 세액의 평균치를 산정하여 그 평균치를 환급함으로써 환급절차를 간소화하고자 하는 제도이다.

평균세액증명서 발급대상은 당해 월에 수출용으로 수입하거나 내국신용장 등에 의해 국내에서 매입한 전량이 되며, HS 10단위별로 발급한다.

개별환급금산출에 있어 규격 확인 때문에 구비서류와 환급절차가 복잡해짐을 개선하기 위하여 고안된 제도이다. 평균세액 산출의 예를 들면 다음과 같다.

[예: 단추 HS960629-9000]

월일	규격	수량	세액
98. 1. 10	1cm	10	100원
1. 15	2cm	20	150원
1. 21	3cm	50	800원
1. 23	5cm	20	550원
계		100	1,600원

⇒

규격	수량	세액
X	100개	1,600원

⇒

평균세액
1개당 16원 환급

[그림 11-8] 평균세액 계산 절차도

② **평균세액증명서의 발급**

평균세액증명서 발급대상물품은 수출용원재료로 수입한 물품 또는 국내에서 매입한 물품이면 원칙적으로 제한이 없다. 평균세액증명서를 발급 받기 위해서는 먼저 세관장으로부터 평균세액증명서 발급대상물품으로 지정을 받은 후에 평균세액증명서를 매월별로 지난달의 수입 또는 국내에서 매입한 수출용원재료를 HS 10단위 별로 발급 신청하여야 한다. 대상물품의 지정신청은 언제든지 가능하다.

(다) 기초원재료납세증명서

외국으로부터 수입한 원재료(기초원재료)를 사용하여 제조・가공한 1차 중간원재료를 수출물품을 제조할 자 또는 다음 단계의 2차 중간원재료를 제조할 자에게 공급하는 경우에 그 중간원재료에 포함된 기초원재료의 납부세액을 세관장이 증명해 주는 서류를 말한다. 최종 수출 후에 수입신고필증 대신에 제출하여 환급받을 수 있다.

기초원재료납세증명서를 발급할 때에 증명하는 세액은 환급금의 산출방법에 의하며, 세관장은 증명세액의 정확 여부의 심사에 대하여는 환급 후에 심사할 수 있다.

(라) 수입신고필증분할증명서

① **수입신고필증분할증명서의 의의**

외국으로부터 수입한 원재료를 제조・가공하지 않고 수입한 상태대로 수출용원재료로 국내 공급하는 경우 또는 환급신청기관이 여러 곳이어서 수입신고필증의 제출이 곤란하여 수입신고필증을 분할하고자 할 때 발급하는 서류이다. 원상태 국내거래는 수출물품의 외화가득에 전혀 기여하지 아니하므로 수출이행기간의 연장 등 각종 지원조치의 대상이 되지 아니함이 원칙이지만, 수입시 납부한 세액은 환급해주고 있다.

② **양도세액 산출방법**

수입분할증명(수입분증)은 수입한 원재료를 원상태로 공급하는 것이므로 소요량증명서류나 정액환급율표에 의하지 아니하며, 수입면장상의 단위당 납부세액(납부세액 ÷ 수입수량) × 공급수량의 산식에 의하여 산출한다.

(마) 기초원자재 납세증명서 분할증명제도

원자자내국신용장 등으로 구매하여 기납증이 발급된 물품을 제조, 가공하지 않고 매입한 상태대로 수출용원재료로 공급하는 경우에 공급자의 신청에 의거 세관장이

증명하는 제도이다. 기초원재료납세증명(기납증분증)은 국내에서 제조한 물품(기납증)을 수출용원재료로 공급한다는 점에서 수입분증과 구분된다.

그러나 제조·가공하지 않고 매입한 상태대로 공급한다는 점에서는 수입분증과 같으며, 따라서 기납분증도 수입분증과 마찬가지로 소요량증명이나 정액환급율표에 의하지 아니하고 다음의 산식에 의거하여 발급한다.

기납증상의(양도세액 ÷ 양도물량) × 공급물량

제 2 절 외화획득용 원료

1. 외화획득용 원료의 의의

무역계약을 체결한 수출상이 수출물품을 확보 방법은 원자재를 조달받아 제조·가공하는 방법과 완제품을 구매하는 방법으로 나눌 수 있으며, 이들 원자재나 완제품을 국내에서 조달하는 방법과 외국에서 수입하는 방법으로 나눌 수 있다.

〈표 11-3〉 수출물품 확보방법

수출물품의 확보	확보방법
수출상이 직접제조, 생산하는 경우(원자재 구매)	• 국내에서 현금이나 어음 등으로 구매 • 국내에서 Local L/C에 의한 구매 • 국내에서 구매확인서에 의한 구매 해외에서 외화획득용 원재료 수입
수출상이 제조(임가공)에 관여하지 않는 경우(완제품구매	• 국내에서 현금이나 어음 등으로 구매 • 국내에서 Local L/C에 의한 구매 • 국내에서 구매확인서에 의한 구매 • 해외에서 외화획득용 완제품 수입

일반적으로 수출물품을 확보는 물품대금을 회수하기 이전에 수행되는 절차이므로 수출상은 수출물품의 확보를 위한 추가적인 자금이 필요하게 된다. 우리나라는 수출 지원 수단의 하나로 무역금융 제도를 두고 있다. 무역금융(trade finance)이란 정부가 무역업자들의 수출 촉진 및 증대를 위해 수출을 위한 자금을 저리의 이자로 대출해 주는 제도를 말한다.

무역금융에는 수출물품의 생산에서 선적에 이르는 과정에 수출상이 필요로 하는 원화 자금을 지원해 주는 협의의 무역금융과 선적 후 수출대금 회수시점까지의 자금 융통을 위한 무역어음제도, 외화대출, 연불수출금융 등이 있다. 일반적으로 무역금융이라 하면 협의의 무역금융을 의미하며 활용방법에 따라서 신용장 기준 금융, 실적기준 금융 및 포괄금융제도로 그리고 융자금의 종류에 따라서 생산자금금융, 원자재구매자금금융, 완제품구매금융 및 포괄금융으로 나누어진다.

무역금융의 수혜방법을 살펴보면 다음과 같다.

첫째, 신용장 기준 금융은 당해 업체가 보유한 수출신용장, 수출계약서, 내국신용장 등을 기준으로 융자해 주는 방법이다.

둘째, 실적 기준 금융은 과거 1년간 수출실적이 있는 업체를 향후 일정기간 동안 동일 금액만큼 수출할 것으로 간주해 신용장 없이도 융자를 취급해 주는 방법이다.

셋째, 신용장 기준 포괄금융은 과거 1년간 수출실적이 5천만달러 미만인 업체에 대하여 수출신용장 등의 금액 내에서 자금 용도의 구분 없이 업체별로 한도를 산정해 융자해주는 방법이다.

넷째, 실적기준 포괄금융은 융자대상 증빙과 관계없이 과거 일정 기간의 수출실적에 근거하여 산정된 융자 한도 및 융자 기간 범위 내에서 융자를 실시한다.

수출계약을 근거로 수출물품 조달자금을 거래은행으로부터 저리의 이자로 수출상에게 대출해주는 제도를 말한다. 무역금융은 다시 수출상이 국내에서 수출물품 확보에 필요한 자금을 대출해주는 수출금융과 외국에서 수입하는 물품의 결제를 위한 자금을 대출해주는 수입금융이 있는데 무역금융이라 하면 주로 수출금융을 의미한다.[3)]

3) 무역금융과 관련된 법령으로는 「한국은행 총액한도대출관련 무역금융 취급세칙」과 「한국은행 총액한도대출관련 무역금융 취급절차」가 있다.

〈표 11-4〉 신용장기준금융과 실적기준금융의 비교

구 분	신용장 기준	실 적 기 준
수혜자격	수출신용장 보유업체	과거수출실적 보유업체
융자한도 사 정	수출업체 보유 수출신용장	과거일정기간 수출실적에 평균원자재 의존율(원자재금융) 또는 평균가득률 (생산자금)을 감안하여 사정
융자기간	업체의 자금소요기간을 판단하여 외국환은행에서 자율적으로 결정	좌동
융자금상환	당해 융자대상 수출대금 입금시	융자기간 만료시
편의성	수출신용장 건별로 금융관리를 하게 되므로 수출신용장이 없는 경우에는 취급할 수 없음	수출신용장 보유없이 금융 취급할 수 있어 편리
특 징	신규업체 및 사전 원자재 확보가 필요없는 업종에 편리	원자재금융은 대부분 실적기준을 이용

국내에서 수출물품을 확보하는 방법은 자금조달 방법에 따라 내국신용장을 이용한 구매방법과 구매확인서를 이용한 구매방법으로 나눌 수 있다. 내국신용장(local L/C)이란 수출상이 수취한 수출신용장이나 수출계약서 등을 근거로 수출이행에 필요한 물품을 국내에서서 원활하게 조달하기 위해 국내 공급자(제조, 생산자)를 수혜자로 하여 개설된 국내신용장을 말한다. 즉 수출상이 수출물품을 국내에서 조달할 때 외국환은행이 물품대금 지급을 보장하는 지급보증서를 말한다. 구매확인서란 내국신용장에 의하지 않고 국내에서 외화획득용 물품을 조달할 때에 외국환은행장이 내국신용장에 준하여 발급하는 것을 말한다.

구매확인서에 의한 공급실적은 내국신용장에 의하여 공급한 것과 동일한 것으로 보아 수출상에 대한 수출실적으로 인정되며, 부가가치세에 있어서도 영세율의 적용대상이 된다는 점은 동일하지만 다음과 같은 차이가 있다.

〈표 11-5〉 내국신용장과 구매확인서의 차이점

구분	내국신용장	구매확인서
발급목적	국산 수출용 물품 구매	외화획득용 물품 구매
관련법규	무역금융 취급세칙/취급절차	대외무역법, 전자무역촉진에 관한 법률
발급대상	수출용 원자재나 완제품의 국내구매	외화획득용 원자재나 완제품의 국내구매
발급기관	외환은행	외환은행 또는 전자무역기반사업자
금융혜택 지급보증	수출금융 융자대상임 지정외환은행이 대금지급보증	융자혜택 없음 지급보증 없음
결제방법	물품공급자가 환어음을 발행하여 외환은행에 매입	은행의 지급보증이 없으므로 당사자간 결제
발급조건	보유한 신용장 또는 무역금융 융자한도 내에서 발급	업체의 거래증빙서류 보유 범위 내에서는 제한 없이 발급
사전구매 가능여부	실적기준으로 개설시 사전에 원자재 비축 가능	반드시 수출신용장 등의 발급근거를 제출해야 되므로 사전구매 및 비축 불가능
공통점	부가가치세에 대해 영세율 적용, 관세 환급 가능 차수 제한 없이 발급	

2. 내국신용장과 구매확인서

가. 내국신용장

(1) 내국신용장의 의의

내국신용장(local L/C)이란 수출용원재료란 수출용완제품의 국내거래와 관련하여 동 물품의 구매자를 발행의뢰인으로 하고 동 제품의 생산자를 수익자로하여 국내은행이 발행한 신용장을 말한다.

내국신용장은 당해업체가 보유하고 있는 무역금융의 융자대상 증빙 즉 수출신용장 및 각종 계약서 또는 내국신용장을 근거로 하거나 당해업체의 과거수출실적을 근거로 하여 발급된다. 내국신용장은 물품대금 지급보증기능 이외에도 금융・세제 및 상역행정상 수출지원수단으로서의 기능도 가지고 있다. 즉, 내국신용장 수혜자는 거래

외국환은행에 내국신용장어음을 매각하거나 외국환은행을 통하여 추심하는 방식에 의해 물품대금을 신속・확실하게 회수할 수 있도록 하고 있으며, 수출신용장등과 마찬가지로 융자대상증빙으로 인정하여 이를 수취한 물품공급업자에게도 무역금융을 융자함으로써 수출물품의 국내공급과정에서 발생되는 다양한 자금수요를 충족시켜 주는 수단이 되고 있다. 또한 상역행정면에서도 내국신용장에 의한 물품공급실적을 수출실적으로 인정하여 세제상 부가가치세영세율 적용대상이 되는 등 국산원자재 사용촉진을 통한 외화가득율 제고시책으로서의 중요한 역할을 담당하고 있다.

〈표 11-6〉 내국신용장의 주요기능

개 설 의 뢰 인	수 혜 자
• 수출용원자재 또는 수출용완제품을 간편하게 조달할 수 있는 수단 • 내국신용장어음 결제자금으로 원자재구매자금(수입원자재의 경우에는 원자재 수입자금) 차입 또는 은행의 지급보증 가능	• 대외무역법상 수출실적으로 인정 • 부가가치세 영세율 적용 • 은행의 지급보증으로 물품공급 대금회수 보장 • 일반수출입금융의 융자대상으로 인정

한편, 내국신용장에 의하여 물품을 인수하고 물품수령증명서를 정당한 사유 없이 10일을 초과하여 지연 발급하는 경우에는 일정한 제재를 가함으로써 물품수령증명서의 부당지연발급방지를 통해 중소공급업자의 물품대금의 적시회수를 보장하고 있다.

(2) 내국신용장 개설대상

내국신용장의 개설의뢰인은 국내에서 생산된 수출용원자재(수출용 수입원자재 포함) 또는 수출용완제품을 구매(임가공위탁 포함)하고자 하는 업체로 한정된다. 내국신용장 수혜자(유통업자 제외)는 당해 내국신용장(1차 내국신용장)을 근거로 하여 소요원자재의 조달을 위한 2차 내국신용장의 개설을 의뢰할 수 있으며, 2차 내국신용장 수혜자는 동 내국신용장을 근거로 하여 소요원자재의 확보를 위한 3차 내국신용장의 개설을 의뢰할 수가 있다. 다만 3차 내국신용장의 개설은2차 내국신용장의 개설의 근거가 된 1차 내국신용장이 완제품의 구매를 위하여 개설된 내국신용장(완제품내국신용장)인 경우에 한한다.

그러나 만약에 내국신용장개설이전에 이미 물품공급이 완료되었다면 동 공급된 분에 대하여는 당해물품의 대금 결제를 위한 내국신용장을 개설할 수 없다.

(3) 내국신용장의 어음의 매입절차

(가) 내국신용장어음 매입(추심)시의 구비서류

내국신용장의 조건에 따라 물품을 공급한 내국신용장 수혜자는 개설의뢰인으로부터 물품수령증명서를 발급 받아 내국신용장과 내국신용장에 의해 발행한 환어음(내국신용장어음)에 다음의 서류를 첨부하여 거래외국환은행에 당해어음의 매입 또는 추심을 의뢰 하거나 개설은행에 직접 지급제시 또는 매입을 의뢰할 수 있다.

(나) 내국신용장어음의 매입

내국신용장어음을 매입한 외국환은행 또는 추심의뢰은행은 당해 내국신용장의 뒷면에 매입 또는 대금입금절차와 금액을 기재하여야 하며, 내국신용장개설은행은 내국신용장어음 결제시마다 당해 내국신용장의 개설근거가 된 원수출신용장등의 뒷면에 그 내용을 기재하여야 한다.

한편, 내국신용장을 개설한 외국환은행은 당해 내국신용장어음이 지급제시되기 전에 개설근거가 되는 원수출신용장 등의 수출대금이 입금된 경우 내국신용장어음금액 해당액을 수입보증금계정에 예치하여 이를 당해 내국신용장어음의 결제자금에 충당하여야 한다.

(다) 개설은행의 어음결제

내국신용장개설은행은 내국신용장어음이 내도하거나 내국신용장수혜자로부터 직접 내국신용장어음의 지급제시를 받은 경우에는 지급거절사유가 있는 경우를 제외하고는 지급제시를 받은 날로부터 3영업일 이내에 당해 어음을 결제하여야 한다.

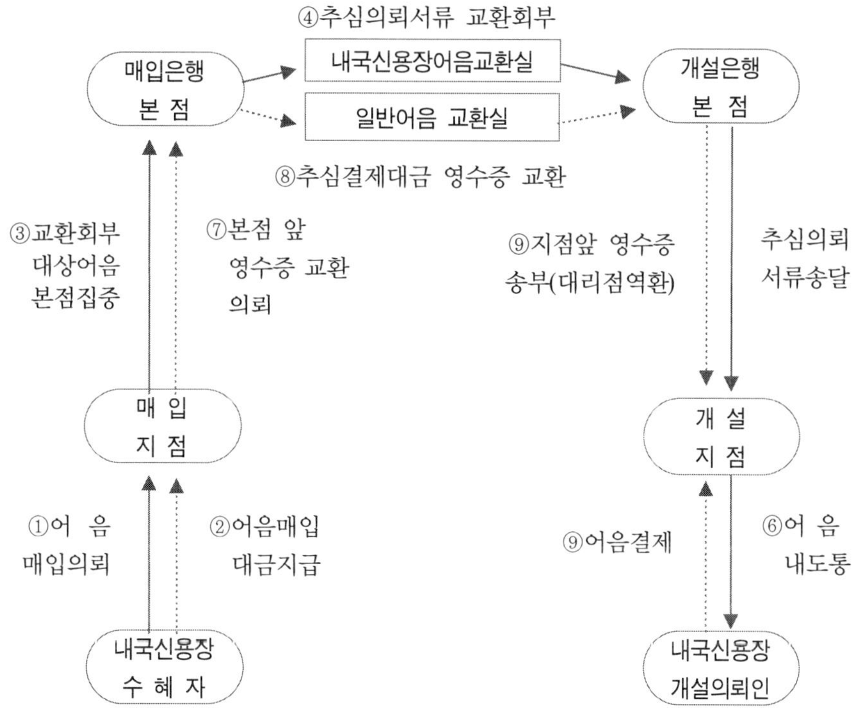

[그림 11-9] 내국신용장어음 교환결제 절차

[예시 11-1] 내국신용장 환어음

환 어 음

No. ______________________ (내국신용장용)

______________________ 귀하 내국신용장 번호

______________________ 내국신용장 개설일자

금₩ (US$ ______________________)

위의 금액을 이 환어음과 상환하여 또는 그 지시인에게 지급하여 주십시오,

거절증서 작성불요

발행일 년 월 일

발행지

주 소

지급지

지급장소 은행 지(부)점 발행인 (인)

[예시 11-2] 내국신용장물품 수령증

[별지 제8-3호 서식]

(업 체 명)

내국신용장 물품수령 증명서

(발급번호 :)

물 품 공 급 자				
물 품 인 수 일 자			물 품 인 수 금 액	
인 수 물 품 명 세	(품 명)	(수 량)	(단 가)	(금 액)
관 련 내 국 신 용 장 내 용				
개 설 은 행	신 용 장 번 호	금 액	인 도 기 일	유 효 기 일
기 타				

위 물품을 틀림없이 수령하였음을 증명함

발급일자 : 20 년 월 일

물품수령인 : 인

※ 유의사항

1. 물품수령증명서는 관련세금계산서 건별로 대응하여 발급하여야 함
다만, 내국신용장 조건에 따라 수출용원자재를 분할공급 받는 경우에는 매반월 또는 동일 역월을 단위로하는 경우에 한하여 동 기간중 분할공급시마다 교부된 세금계산서상의 공급가액을 일괄하여 물품수령증명서를 발급할 수 있음.

2. 물품수령증명서는 공급자발행 세금계산서상의 발급일로부터 10일 이내에 발급하여야 함
다만, 중소기업이 대기업으로부터 물품을 인수하는 경우에는 예외로 함

3. 물품수령증명서의 물품명세는 관련내국신용장상의 물품명세와 일치하여야 함

4. 물품수령증명서상의 물품수령인의 서명 또는 인감은 관련내국신용장의 개설의뢰시에 신고한 서명 또는 인감(물품매도확약서상의 서명 또는 인감을 기준으로 함)과 일치하여야 함

5. 물품수령증명서상의 물품인수일자는 관련세금계산서상의 공급일자를 모두 기재하여야 함

[예시 11-3] 내국신용장

[별지 제8-4호 서식]

<table>
<tr><td colspan="6">주식회사 **한 국 상 업 은 행** ⑲ No. 000074
발행일자 : 2012 . .</td></tr>
<tr><td colspan="2">취소불능내국신용장</td><td colspan="4">신용장번호</td></tr>
<tr><td colspan="2">개설신청인(상호, 주소, 대표자, 전화)

수혜자(상호, 주소, 대표자, 전화)</td><td colspan="4">결제통화 및 금액
□ 원화 ₩
(외화금액@)
다만, 환어음매입시 대고객전신환매입률이 개설시와 다른 경우 원화금액은 동 매입률로 환산한 금액으로 함
□ 외화
다만, 개설의뢰인의 거주자계정으로부터 수혜자명의 거주자계정에 이체 지급할 것을 조건으로 함</td></tr>
<tr><td colspan="2"></td><td colspan="4">물품인도기일 유효기일</td></tr>
<tr><td colspan="6">당행은 귀하(사)가 위 금액의 범위 내에서 다음의 서류를 첨부하여 당행을 지급장소로 하고 신청인을 지급인으로 한 물품대금전액의 일람출급환어음을 발행할 수 있는 취소불능 내국신용장을 개설합니다. 이 신용장에 의하여 발행된 환어음은 "2012년 월 일 은행 내국신용장 번호 에 의함"이라고 표시하여야 합니다.
제출서류 :
□ 물품수령증명서 통
□ 공급자발행 세금계산서 사본 통
□ 기타</td></tr>
<tr><td colspan="6">공 급 물 품 명 세</td></tr>
<tr><td>HS 부호</td><td>품명 및 규격</td><td colspan="2">단위 및 수량</td><td>단 가</td><td>금 액</td></tr>
<tr><td></td><td></td><td colspan="2"></td><td></td><td></td></tr>
<tr><td colspan="2">분할인도 □ 허용함
□ 불허함</td><td colspan="4">서류제시기간
물품수령증명서발급일로부터 영업일 이내</td></tr>
<tr><td colspan="2">기 타</td><td colspan="4">용 도</td></tr>
<tr><td colspan="2">개 설 근 거</td><td colspan="4">□ 수출L/C, □ D/A, □ D/P, □ 외화표시물품공급계약서
□ 기타 수출관련계약서, □ 내국신용장
□ 외화표시건설·용역공급계약서</td></tr>
<tr><td colspan="2">신용장(계약서)번호</td><td colspan="4"></td></tr>
<tr><td colspan="3">1. 이 신용장에 의하여 발행된 환어음을 매입한 은행은 반드시 매입일자와 동 금액을 이 신용장 뒷면에 기재하여야 합니다.
2. 물품수령증명서상의 수령인의 서명 또는 인감은 물품매도확약서상의 서명 또는 인감과 일치하여야 합니다.
3. 이 신용장에 관한 사항은 다른 특별한 규정이 없는 한국제상공회의소 제정 화환신용장통일규칙 및 관례에 따릅니다.</td><td colspan="3">당행은 이 신용장에 의하여 발행되고 또한 이 신용장조건에 일치하는 환어음이 당행에 제시된 때에는 이를 이의 없이 지급할 것을 환어음의 발해인, 배서인, 기타 정당한 소지인에게 확약합니다.
은행 부(지점)
책임자 서명날일 :</td></tr>
</table>

나. 구매승인서에 의한 외화획득용 물품의 확보

(1) 구매승인서의 의의

구매승인서라 함은 국내에서 생산된 물품이나 수입된 물품을 외화획득용원료 또는 물품으로 구매하고자 하는 경우에 외국환은행의 장이 내국신용장에 준하여 발급하는 증서를 말한다. 구매승인서제도는 수출금융의 융자대상에서 제외되는 거래에 소요되는 원자재를 국내에서 구매하거나 금융수혜의 대상이지만 수혜한도가 초과되어 내국신용장을 개설하지 못할 경우 또는 국내상거래상 현금에 의하지 않고는 거래가 곤란할 경우에 해당하여 부득이 자기자본으로 물품을 구매하지만 동 물품을 외화획득용원자재로 인정받고자 하는 경우에 이용되는 제도이다.

(2) 구매승인서의 발급신청

구매승인서를 발급 받고자 하는 자는 대외무역관리규정에 의한 서류를 첨부하여 외국환은행장에게 신청하여야 한다.

외국환은행장은 이에 의하여 발급한 구매승인서에 의하여 2차 구매승인서를 발급할 수 있으며 외화획득용 원료 또는 물품의 제조·가공과정이 여러 단계인 경우에는 각 단계별로 순차로 발급할 수 있다. 다만 1차 구매승인서의 수혜자가 유통업자인 경우에는 이미 발급한 구매승인서를 회수하고 새로운 구매승인서를 발급하여야 한다. 그러나 변경내용이 경미한 경우에는 변경사항만을 정정하여 발급할 수도 있다.

(3) 구매승인서의 성격 및 대금의 결제

구매승인서는 내국신용장과 같이 수출용원자재 또는 수출물품을 국내에서 조달하는 제도라는 점은 같으나 은행에서 대금지급을 보증하는 것이 아니며 대금의 결제는 전적으로 거래당사자간에 이루어진다는 점에서 차이가 있다. 아래의 표는 양 제도의 차이점을 비교한 것이다.

〈표 11-7〉 내국신용장과 구매승인서의 비교

구 분	내국신용장제도	구매승인서제도
1. 관련법규	• 무역금융취급세칙	• 대외무역법
2. 발급기관	• 외국환은행	• 같음
3. 거래대상물품	• 수출용원자재 및 수출용완제품	• 같음
4. 발급조건	• 당해업체의 무역금융 융자한도 내에서만 발급	• 증빙서류만 구비하면 제한 없이 발급
5. 발급비용	• 일정 발급수수료 징구	• 없음
6. 공급실적의 수출실적인정	• 무역금융한도 사정 및 수출실적으로 인정	• 수출실적으로만 인정
7. 무역금융의 융자여부	• 무역금융 융자대상	• 무역금융 비융자대상
8. 부가가치세 적용여부	• 부가가치세영세율 적용	• 같음
9. 사후관리	• 사후관리시 수출실적으로 인정	• 같음
10. 대금지급보증 및 결제	• 은행이 대금지급을 보증하며 물품공급업자가 환어음을 발행하여 외국환은행에서 어음을 매도	• 거래 당사자간에 이루어지며, 은행은 대금지급을 보증하지 않음

[예시 11-4] 외화획득용원료 구매승인신청서

외화획득용원료(물품) 구매승인(신청)서

[별지 제4-2호 서식](용) 처리기간 : 3일

① 신청인(상호, 주소, 성명)	② 공급자(상호, 주소, 성명)
서울 강남구 신사동 25번지 (주) 데코상사 대표이사 정 규 학 (서명 또는 인)	서울 성동구 중곡동 356번지 (주) 신원상사 대표이사 양 기 성 (서명 또는 인)

공급물품명세(국산원자재, 기초원자재, 수출물품 중 해당사항에 ㅇ표 할 것

③HS부호	④품명 및 규격	⑤단위 및 수량	⑥단가(외화단가부기)	⑦금액(US$화부기)
4102-0201	Cow Split Leather	3,15SF	@U$ 10	₩50,900,000 US$39,154

수출 또는 구매승인서상의 내용

⑧근거서류명 및 부호	⑨HS부호	⑩품명	⑪금액	⑫유효기일	⑬선적기일
98031	4203	Men's Split Leather Jacket	US$60,000	Aug. 10, 1999	July 31. 1999

⑭승인조건

⑮승인번호 KEB 12345

⑯ 위 신청사항을 대외무역관리규정 제4-2-7조 규정에 의하여 승인합니다.

2012년 6월 10일

한국외환은행장 인

Chapter 12

무역클레임과 상사중재

Chapter 12

무역클레임과 상사중재

제 1 절 무역클레임의 이해

1. 무역클레임의 본질

가. 무역클레임의 이해

(1) 무역클레임의 의의

무역거래는 언어 · 관습 · 법률 · 경제 등을 달리하는 당사자간에서 이루어지는 거래라는 점에서 국내의 상거래에 비해서 상대적으로 분쟁이 발생할 가능성이 높다. 또한 무역클레임은 매매당사자 사이에서는 물론이고 선박회사, 보험회사, 대금결제 외국환은행, 창고회사 등 무역거래를 수행하는데 관련된 모든 당사자간에 발생할 수 있다는 특성을 가지고 있다.

클레임(claim)이란 일반적으로 구상(求償) 또는 손해보상청구라는 의미로 계약당사자 일방의 계약 불이행으로 인해 손해를 입었을 때, 상대 당사자에게 손해배상을 청구하는 것을 의미한다. 무역실무상 클레임의 문제는 손해화물에 관한 클레임(claim on damaged cargo)과 무역거래상의 클레임(business claim)으로 분류된다. 전자는 운송중의 사고에 의하여 화물에 손해가 생겼을 때 선박회사나 보험회사를 상대로 손해배상을 청구하는 것을 의미하고, 후자는 매매계약상의 위반행위에 의한 손해에 관하여 당사자간에 일어나는 상사분쟁의 구상을 의미한다. 그러나 일반적으로 클레임이라 할 때에는 후자를 가리키며, 양자를 구별하기 위하여 이를 무역클레임이라 한다.

(2) 무역클레임 발생의 원인

(가) 직접적인 원인

① 청약과 승낙의 유효성

일반적으로 매매에 관한 당사자의 의사표시는 청약(offer)과 승낙(acceptance)에 의하여 이루어진다. 특히 이러한 의사가 확정적으로 표시된 오퍼를 확정오퍼(firm offer)라고 하는데, 확정오퍼는 일단 발행되기만 하면 발행자를 구속하여 유효기간 동안에는 발행자가 일방적으로 취소할 수 없으며, 유효기간 내에 피청약자의 수락이 있을 경우에는 계약이 성립된다. 따라서 오퍼에는 후일 계약의 내용이 될 중요한 조건을 전부 포함시켜야 함에도 그렇게 하지 않음으로써 클레임이 야기되는 경우가 많다.

한편 승낙(acceptance)도 확정적인 의사표시이므로 청약(offer)의 조건을 일부 변경하여 수락하는 조건부승낙(conditional acceptance)은 엄밀한 의미에서는 승낙이 아닌 반대청약(counter offer)이 된다. 이를 혼동하여 분쟁이 생기는 경우도 있다.

이밖에도 offer에 관한 문언해석상의 차이, 승낙기한에 관한 착오, 상담에 있어서의 과실(fault), 오해(misunderstand), 착오(default), 부주의(carelessness) 등에 의해 클레임이 발생하는 경우도 많다.

② 애매한 계약조건

Offer와 Acceptance 상의 계약조건이 애매모호할 경우에 분쟁을 야기하기 쉽다. 계약조건에는 품명(article), 품종(description), 포장(packing), 수량(quantity), 가격(price), 선적시기(shipping date), 보험조건(insurance), 결제조건(payment), 신용장의 조건(terms of L/C), 검품 · 검량의 방법(inspection of quality and quantity), 불가항력(force majeure), 중재조항(arbitration) 등이 있다.

예를 들어 포장에 대하여 단순히 "보통의 수출용 포장(usual exportable packing)으로 계약을 체결하고 수출자는 자국의 관행에 따라 종이포대에 포장하여 선적하였다고 하자. 그런데 상대국에서는 나무상자에 넣는 것이 보통의 포장으로 인정된다고 하면 이는 클레임의 제기 대상이 될 것이다. 따라서 처음부터 "보통의(usual)"과 같은 애매한 표현을 사용하지 말고 "종이포대"로 명시하여 offer하고 계약을 체결하였다면 분쟁이 야기되지 않았을 것이다.

③ 계약의 이행

계약의 이행과정에 대한 클레임도 발생할 수가 있는데, 이에는 다음과 같은 것이

있다. 즉, 선적지연(delay shipment), 품질클레임(claim on quality), 수량클레임(claim on quantity), 검량 및 검품클레임(claim on inspection), 포장클레임(claim on packing), 적재클레임(claim on ship's stowage), 보험 불완전 클레임(claim on insurance), 대금 미지급클레임(claim on non-payment), 신용장 불개설 클레임(claim on L/C being not opened), 신용장의 개설지연 또는 부당한 신용장에 관한 클레임(claim on L/C being delayed or on inappropriate) 및 수수료불지급 클레임(claim on commission) 등이 있다.

(나) 간접적인 원인

① 언어 · 상관습 및 법제도의 차이

무역거래는 이국간의 거래이므로 상담과 통신문은 주로 외국어를 사용하고 있기 때문에 용어의 사용이나 표현상의 해석을 둘러싸고 의견차이가 생기기 쉽다. 또한 국가에 따라 상거래의 발달 역사가 각기 다르기 때문에 상관습이나 법률상에 다른 점이 많이 있어 상대방의 입장을 충분히 이해 못하여 클레임의 원인이 되기도 한다. 이를 해소하기 위해서 INCOTERMS나 UCP과 같은 많은 국제적인 무역규칙이 제정되어 있지만, 각국의 상관습 및 법률의 차이를 모두 해소하기에는 한계가 있다.

② 신용조사의 불비

국제무역에 있어 상대방의 신용을 조사하는 것은 그렇게 용이한 일은 아니다. 따라서 신용조사가 불충분한 상태에서 상대방과 거래를 개시하는 경우가 많은데 이에 따라 불성실한 거래처와 거래하게 되어 클레임이 발생하는 경우가 많이 있다.

③ 지리적 격차

국제거래는 원거리일 뿐만 아니라 위험의 요소가 많은 해상운송을 통해 이루어지므로 운송 중에 사고가 발생할 가능성이 높다. 물론 이러한 위험의 대부분은 해상보험이 커버하지만 보험조건에 따라서는 커버되지 않은 위험도 있다. 예를 들면 포장의 불완전성 등은 클레임의 대상이 된다. 또한 매매계약상의 보험조건과 실제로 부보된 보험조건 사이에 차이가 있을 경우에도 클레임이 발생될 가능성이 있다.

④ 과열경쟁

흔히 실무에서 바이어를 유치하기 위하여 동업자끼리 과도한 저가격 경쟁을 벌이는 경우가 있다. 이는 품질저하를 유발함으로써 클레임을 유발하는 원인이 되고 있는

데, 통계상 품질저하에 의한 클레임이 많은 것은 대부분 격심한 경쟁의 결과이다.

⑤ 도량형의 상위

나라에 따라서 도량형이 다른 것도 클레임의 원인이 된다. 예를 들어 중량을 나타내는 톤(ton)도 영국톤(english ton, long ton), 미국톤(american ton, short ton), 킬로톤(kilo ton)이 있는데, 이를 혼동함으로써 클레임이 야기되는 경우도 많다. 또한 전기기기 등을 거래할 때에는 전압이나 주파수 등도 사전에 확인해 둘 필요가 있다.

⑥ 무역실무자의 무지

무역업무는 복잡할 뿐만 아니라 그 절차도 번잡하다. 그러므로 자칫하면 제조업자, 상사, 은행, 보험회사, 선박회사, 무역관계기관 등의 사무연락의 불충분으로 계약의 이행이 저해되는 경우가 있다. 또한 무역실무자들이 상대국의 식품위생법 및 검역법, 독점금지법, 덤핑방지법, 공업소유권법 등을 알지 못하여 이들 법규에 저촉됨에 따라 클레임이 생기는 경우도 적지 않다. 또한 국가간 상관습의 격차를 완화하기 위해 성립된 각종 국제협약을 완전히 이해하지 못함으로써 클레임을 야기하는 경우도 많이 있다.

⑦ 시세의 변동

무역계약의 성립시부터 매수인이 약정품을 입수하기까지에 시세의 변동으로 거래당사자의 어느 한 편이 손해를 보게 되는 경우에는 클레임이 제기될 수 있다.

아. 불가항력

일반적으로 불가항력(force majeure)에 의한 손해는 면책되나 손해를 입은 측에서 여러 가지 명목으로 클레임이 제기될 가능성이 있다. 또한 국가에 의해서 외환의 평가절상(revaluation) 또는 평가절하(devaluation)가 단행된 경우, 환차손의 부담을 놓고 클레임이 발생하는 수도 있다.

⑧ 마켓 클레임

계약의 일방당사자가 고의 또는 악의를 가지고 위장적 또한 작위적으로 타방당사자에게 손해 보상을 청구하는 부당한 클레임을 마켓 클레임(market claim)이라 하며 실무에서 종종 발생하고 있으니 유의해야 한다.

나. 무역클레임의 분류

(1) 클레임의 대상에 따른 분류

(가) 계약자체에 관한 클레임

계약당사자의 일방이 계약을 일방적으로 파기하는 일이 있다. 예를 들면 매수인이 물가하락을 이유로 계약의 취소를 통고하거나 신용장을 개설하지 않은 경우, 반대로 물가가 급등한 경우에는 매도인이 계약을 취소하고자 하거나, 또한 도착항에 도착한 상품의 인수를 거절하는 경우 등이다.

(나) 상품에 관한 클레임

① 품질불량 : 클레임의 대부분은 이에 속한다. 견본에 의한 매매의 경우 발생할 가능성이 많다.

② 품질상위, 불량품 혼입, 변질 및 변색, 규격상위 등의 품질에 대한 클레임 등이 있다.

③ 수량상이, 중량상이 등 수량과 관련된 클레임 등이 있다.

(다) 선적에 관한 클레임

선적지연, 선적불이행, 환적 등의 선적에 대한 클레임 등이 있다.

(라) 포장 및 하인에 관한 클레임

불량포장, 부정포장, 포장결함, 불완전포장 등의 포장에 관한 것과 하인누락, 하인의 혼합 등이 있다.

(2) 기타의 분류

자사의 수출에 대하여 상대방인 수입자가 클레임을 제기한 경우 이 클레임을 자사의 입장에서 보면 수출클레임이 되며, 자사의 수입에 대하여 상대방인 수출자에게 클레임을 제기하는 경우를 수입클레임이라고 한다.

당사자의 선의(good-will) 또는 상당한 정도의 주의에 의하여 충분히 사전에 예방할 수 있었던 클레임을 피할 수 있는 클레임(avoidable claim)이라 한다. 실제로 발생한 클레임 중 상당부분은 이러한 상당한 주의를 다하지 못하였기 때문에 발생하는 경우가 많다. 예를 들어보면, 첫째로는 거래처의 선정과 신용조사에 신중을 기하지 못하는 경우, 둘째로 상담과 계약절차에 있어서 주의를 다하지 못하는 경우, 셋째로는 계약 이행에 있어서 주의를 다하지 못하는 경우에 클레임이 발생하는 것이다.

피할 수 없는 클레임(unavoidable claim)이란 당사자가 선의 또는 상당한 정도의 주의를 다한다고 하더라도 사전에 용이하게 예방할 수 없는 클레임을 말한다. 예를 들어 자신이 선의와 주의를 다하였다고 하더라도 거래상대방에게 이것이 결여되어 있다면 클레임을 피할 수 없을 것이며, 또한 선의의 주의를 다했음에도 불구하고 착오와 부득이한 실수로 말미암아 클레임이 발생하는 경우도 있다.

어떠한 경우이든 거래처의 선정에 주의를 기울여서 좋은 거래처를 선정할 수 있다면, 클레임이란 진정한 의미에서의 불가피한 클레임을 제외하고는 대부분의 클레임은 예방할 수 있을 것이며, 또한 부득이하게 클레임이 발생한다고 하더라도 그 해결이 용이할 것이다. 따라서 결국은 자기 자신의 선의와 상당한 주의 그리고 선량한 거래처의 선정만이 클레임 예방의 관건이 되는 것이다.

2. 무역클레임의 발생형태

가. 상품자체와 관련된 클레임

(1) 품질에 관련하여 발생하는 클레임

(가) 품질에 관한 클레임

품질에 관한 클레임도 다음과 같이 여러 가지 형태로 나타난다.

첫째로는 품질의 불량, 조악한 품질(inferior quality, bad quality)의 상품을 선적한 경우에 발생하는 클레임이다.

둘째로는 품질상위, 품질부정, 형이 다른 품질(different quality, wrong quality, mistype quality)로 야기되는 클레임으로 이는 견본거래와 규격품거래 등에서 많이 볼 수 있는 클레임인데 특히 섬유제품과 규격이 엄격한 기계부품 등의 거래에서 자주 발생한다.

셋째로는 불량품의 혼입, 품질상위품의 혼입(inferior quality mixed in, different quality mixed in)되는 경우이다. 예를 들어 망간광석에 철광석이 들어 있거나, 소금 속에 모래가 들어 있는 경우와 같으며, 매도인의 고의나 생산공정과 하역시의 부주의에 의해 발생하게 된다.

넷째로는 사용할 수 없는 품질, 품질의 결함(useless quality, defective quality)이다. 이는 그 품질로 보아 전혀 사용할 수 없는 경우와 품질상의 결함으로 인하여 그 부분을 가려내어 제거하지 않으면 사용에 적합하지 않은 경우이다.

다섯째로는 인도불능품, 불완전물품(unacceptable goods, imperfect goods)이다. 소비자가 도저히 인수할 수 없는 물품과 불완전한 물품을 말한다.

그밖에도 열등급품(inferior grade), 전매불능품(unsellable quality), 내용의 부정(wrong content), 변질(deterioration on quality) 등에 의해서도 클레임이 발생된다.

(나) 색 및 색조에 관한 클레임

색의 상위, 색의 부정(different color, wrong color), 예를 들어 초록색(green)의 것을 주문했는데 푸른색(blue)의 것을 공급하는 경우와 색조(색감의 조화, 강약 또는 농담)의 상위(different shade)에 의해 클레임이 발생하는 경우가 있다.

(다) 치수에 관한 클레임

이에는 첫째로 치수의 부족(shortage of size)으로 이는 넓이, 길이 및 부피가 계약의 내용보다 부족한 경우이다. 둘째로는 치수의 상위, 치수의 불량(different size, wrong size)으로 이는 치수가 계약과 다른 경우이다. 셋째로 치수의 초과(over measurement)는 주문품보다 공급품이 큰 치수일 경우를 말한다.

(2) 수량에 관한 클레임

수량과 관련된 클레임에는 첫째로는 착하부족, 인도량의 부족(shortage), shortage delivery) 주문수량보다 적게 공급되는 경우이다. 둘째로는 중량부족, 양육량부족(short weight, short landing)은 주문중량보다 적게 공급되는 경우이다. 셋째는 절도와 발하(theft and pilferage)는 하역이나 항해도중 또는 중간항에서이 한적도중에 화물의 전부 또는 일부가 도난당하는 경우를 말한다. 넷째로는 분실, 미착(missing, non-delivery)은 수하인이 도착항에서 선박회사로부터 화물을 인도 받지 못하는 경우를 말한다. 다섯째로는 수량증감허용의 위반(breach of allowance)이다. 이는 증감허용(more or less clause)의 범위를 초과하여 부족인도 되거나 초과하여 인도되는 경우를 말한다.

나. 기타의 원인에 의한 클레임

(1) 운송과정에서 발생되는 클레임

(가) 포장에 관한 클레임

첫째로는 포장불량, 불완전한 포장, 불만스러운 포장, 결합이 있는 포장(wrong or bad packing, incomplete packing, unsatisfactory packing, defective packing)에 의해 클레임이 발생하는 경우가 있다. 이는 다소 막연한 표현이므로 이러한 클레임을 제기받은 때에는 어떠한 점에서 불량, 불완전, 또는 불만스럽거나 결함이 있는지를 정확히 문의하여 처리하여야 할 것이다. 둘째로는 부정한 포장(false packing)장이다. 이는 비용을 절약하기 위하여 당연히 하여야 할 포장을 하지 않는 경우에 자주 발생한다.

(나) 하인에 관한 클레임

첫째로는 하인누락(no mark or no shipping mark)이다. 송하주가 하인을 누락시킨 경우이다. 둘째로는 하인의 혼합(mark mixed)이다. 포장에 하인을 하였으나 품질이나 내용물에 대한 표시가 잘못되어 혼합됨으로써 수입업자가 전매상으로 입은 손해에 대한 구상이다.

(다) 선적에 관한 클레임

첫째로는 선적지연(delay shipment, delayed shipment, delay delivery)에 의한 클레임이다. 둘째로는 불량적재(bad shipment, bad stowage), 즉 선내에서의 적재(stowage)에 대한 부주의로 인하여 손해를 입은 경우를 말한다. 셋째로는 선적부족(short shipment)으로 송장상의 수량보다 실제의 선적수량이 적은 경우를 말하며, 수량부족에 관한 클레임과 같은 개념이다. 넷째로는 부적(non-shipment or non-delivery)은 계약상품을 전혀 선적하지 않아서 발생하는 클레임을 말한다.

(라) 운송에 관한 클레임

첫째로는 적재불량(bad stowage)에 의해 야기되는 클레임이다. 예를 들어 선창(hatch) 속에 인광석과 시멘트를 혼적하였기 때문에 인광석에 시멘트가 혼입되어 가치가 손상되는 경우가 이에 해당한다. 둘째로는 불량한 화물취급(bad handing)에 의한 경우이다. 이는 선적이나 하역을 할 때에 화물을 난폭하게 다루었기 때문에 화물이 손상된 경우이다. 셋째로는 초과운임(sur charge or extra freight)과 관련되어 클레

임이 발생하는 경우이다. 매매계약시에 누가 초과운임의 부담할 것인지를 합의해두지 않아서 발생하는 클레임이다.

(2) 기타의 클레임

(가) 보험에 관한 클레임

여기에서 보험과 관련된 클레임이란 보험에 관한 매매당사자간의 클레임에 한정되며, 화주와 보험회사간의 보험클레임과는 구별된다. 보험과 관련된 클레임은 부보태만(negligence in effecting insurance)에 의한 클레임이 대부분이다. 이는 매매계약상의 부보범위에 관한 합의가 불충분하거나 매도인이 계상의 부보조건을 이행하지 않았을 경우에 발생한다.

(나) 신용장에 관한 클레임

매수인의 신용장불개설(non-opening of L/C or non establishment of L/C), 신용장의 개설지연(delay in opening of L/C) 또는 계약조건과 일치하지 않은 부당한 신용장(opening of wrong L/C)으로 인하여 매도인이 입은 손실에 대한 클레임을 말하며, 이에는 부당한 신용장에 대한 매도인의 정정 요구에 응하지 않아서 입은 손실도 포함된다.

(다) 대금결제에 관한 클레임

매도인이 상품대금이나 수수료를 지급하지 않거나(non-payment), 지연되어 지급함에 따른 클레임을 말한다. 한편, 송장상의 오류 또는 불량품의 발생에 따라 실제로 선적된 수량이 부족함에 따라 수입업자가 초과지급하게 된 대금을 매도인이 정산하지 않을 경우도 이에 포함된다.

(라) 계약 불이행에 관한 클레임

매매당사자간에 Offer나 Acceptance 등을 통해 계약이 성립되었음에도 불구하고 당사자의 일방이 계약의 성립을 부인하는 이른바 계약의 거절(rejection of contract)이 있는 경우, 매매계약의 불이행(non-performance of contract), 그리고 성낭한 이유없이 당사자의 일방이 계약의 전부 또는 일부를 해제하는 부당한 계약해제(undue cancellation of contract)를 하는 경우에 야기되는 클레임을 말한다.

제 2 절 무역클레임의 예방과 해결

1. 무역클레임의 예방

가. 무역클레임 예방방법

(1) 일반적 유의사항

무역클레임은 일단 클레임이 발생하게 되면 처리결과에 관계없이 매매당사자 모두에게 경제적 손실을 입게 될 뿐만 아니라 그 처리에 많은 시간을 허비하게 되어 정상적인 상거래에 지장을 가져오게 한다. 따라서 이와 같은 손실을 없애기 위해서도 클레임의 발생을 사전에 방지하기 위한 예방책이 마련되어야 한다. 무역클레임을 예방하기 위해 필요한 일반적 유의사항은 다음과 같이 정리할 수 있다.

(가) 신의성실원칙과 권리남용금지의 원칙

상거래는 근본적으로 매매당사자간의 신뢰관계에 그 기초를 두고 있기 때문에 매매거래에 따른 이해관계는 종국적으로는 매매당사자에게 귀속되는 것이다. 이러한 신뢰관계를 상업용어로는 신용(credit)라고 부르며 이는 상호 상대방을 신의와 성실을 가지고 대함으로써 유지되는 것이다. 따라서 클레임의 예방은 신용이 있는 거래처를 선정하는 것과 또한 자신도 거래 상대방에게 신용 있는 거래처가 될 수 있도록 하는 것으로부터 출발된다고 할 수 있다.

신의성실원칙과 관련하여 권리남용금지의 원칙도 준수되어야 한다. 권리남용원칙이란 외형상으로는 자신의 권리행사와 같이 보이지만 실제로는 권리의 사회성에 반하고 권리의 행사로서 시인할 수 없는 행위를 말한다. 예를 들어 상대에게 손해를 줄 목적으로 권리를 행사한다든지 부당한 이익을 취득할 목적으로 권리를 행사는 경우가 이에 속한다. 무역클레임 가운데 마켓클레임(market claim)이 이에 해당한다. 권리남용의 여부는 그 권리의 행사로 인하여 얻고자 하는 이익의 크기와 그로 인해 상대방이 부담하는 손해의 크기를 비교하여 판단될 수 있을 것이며, 권리의 남용이 있는 경우에는 이는 권리의 행사로 시인되지 못할 뿐만 아니라 오히려 위법한 행위로서 손해배상책임을 발생시킬 수도 있다는 점을 유의하여야 한다.

(나) 거래처의 엄선과 신용조사

외국무역은 이국에 있는 거래처와의 거래이므로 상대방의 신뢰도가 중요한 비중을 차지한다. 따라서 상대방에 대한 재정상태, 거래능력, 도덕심 그리고 국가위험(country risk)의 여부 등에 관해 사전에 철저한 조사가 필요하다 할 수 있다. 신용조사의 방법으로 가장 많이 이용되는 것은 상대방의 거래은행이나 거래처를 이용하는 방법이며, 중요한 거래에는 상업흥신소(commercial or mercantile agency) 전문신용조사기관에 의뢰하는 경우도 있다. 우리나라의 경우 무역진흥공사, 수출보험공사, 무역협회 등을 활용하는 것도 바람직한 방법이 될 것이다.

또한 주문물품을 자신이 직접 제조하지 않고 임가공 등에 의존할 경우 신뢰가 있고 능력이 있는 Maker를 선정하는 것도 대단히 중요하다.

클레임의 방지를 위해 상대방의 신용을 보완하는 방법으로는 보증금(guarantee bond or money)을 받아 두는 방법과 신용장을 이용하는 결제방법을 선택하는 등의 방법이 있다.

(2) 무역계약시 유의사항

(가) 견적에 관한 유의사항

견적에는 카탈로그(catalogue)나 가격표(price list)가 포함된다. 특히 재고가 한정되어 있거나 가격의 변동이 심한 물품에 대한 견적을 해야하는 경우에는 잔품조건부나 자사 확인조건부의 문구를 반드시 삽입함으로써 거래상대방으로 하여금 오해가 없도록 하여야 한다. 이를 태만히 함으로써 분쟁을 야기하여 거래처를 상실해버리거나 클레임을 제기 받는 경우도 발생하기 때문이다.

(나) Firm offer에 관한 유의사항

오퍼를 발행하고자 할 경우에는 확정오퍼(firm offer) 또는 조건부오퍼(conditional offer)인지를 명확하게 구분하여 사용하여야 한다. 그런데 간혹 매도인의 Firm offer에 대해 매수인이 가격인하를 요구하고 매도인이 이를 수락하지 않았음에도 불구하고 신용장을 개설하고 물품의 인도를 요구하는 경우가 있다. 이 경우에 매도인은 가격인하를 수락할 의사가 없으면 그 뜻을 매수인에게 통지하여야 한다.

다음으로 Firm offer에는 계약상 중요한 조건을 빠짐없이 기재하여야 한다. 왜냐하면 Firm offer는 자기의 확정적인 의사표시이므로 상대방의 승낙(acceptance)만 있으면 즉시 계약이 성립되어 버리기 때문이다. 예를 들어 정부의 수출허가를 요하는 물품을 매도하고자 할 경우에는 Firm offer 중에 "수출허가조건부(subject to export licence)"라는 문구를 넣는 것이 중요하다. 왜냐하면 계약성립 후 정부의 수출허가를 얻지 못하여 수출할 수 없게 되는 경우에는 상대방으로부터 계약위반에 대한 클레임을 제기 당할 가능성이 높기 때문이다.

그리고 Firm offer에는 반드시 유효기간을 명시하여야 한다. 특히 가격변동이 심한 물품의 경우에는 유효기간을 정하지 않으면 발행자가 시세변동에 따른 손해를 감수하게 되거나 상대방으로부터 클레임을 제기 당할 우려가 있기 때문이다.

(다) Counter offer에 관한 유의사항

반대오퍼(counter offer)란 상대방의 Firm offer에서 제시된 조건 중의 일부를 변경하거나 삭제 또는 추가를 요구[1]하고 이를 Firm offer의 발행자가 수락하면 계약을 체결하겠다는 확정적인 의사표시이다. 따라서 이러한 Counter offer는 Firm offer에 대한 승낙(acceptance)이 아니며 거절행위인 동시에 새로운 청약(offer)으로서의 성질을 가지고 있다는 점을 유의해야 한다. 따라서 추후에 다시 최초의 Offer를 승낙한다고 하더라도 계약이 성립되지 않는다. 예를 들어

- 원청약자(10월 1일): Offering until 10th here U.S. Dollar 150M/T FOB Busan…
- 피청약자(10월 3일): Your Price too high our best D130/MT.
- 원청약자(10월 5일): Now price here suddenly increased to D170 due manufacture's accidents therefore regret have to give up this time being.
- 피청약자(10월 6일): Accepted your original price D150 please airmail contract sheet immediately.와 같이 교신하였다고 하자.

위에서 원청약자의 Offer(10월 1일자)에 대해 피청약자는 처음 답신(10월 3일)에서 가격인하를 요구함으로써 최초 Offer의 효력은 이미 상실되었다. 따라서 다음 서신(10월 6일)에서 결국 원청약을 수락하였으며, 유효기간(10월 10일) 이내에 이루어진 것이라 할지라도 계약은 성립되지 않는다. 다만 Counter offer는 새로운 Offer로서의 효력이 있는 것이므로 원청약자가 피청약자의 10월 3일자 Offer나 10월 6일자의 Offer를 수락하였다면 계약이 성립될 것이다.

---

1) Counter offer에 해당하는 문언으로 We accept but shipment Dec., We accept however partial shipment unallowed. 등을 예로 들 수 있다.

한편 반대오퍼에도 조건이 붙어있는 경우가 있다 예를 들면 "We counter offer (you) subject to our confirmation.", "We counter off (you) subject to prior sale."와 같은 문언이 추가된 경우이다. 이러한 Counter offer는 상대방의 수락만으로는 약이 성립되지 않으며, Counter offer 발행자의 재확인이 있을 때에 비로소 계약이 성립된다.

(라) Acceptance에 관한 유의사항

Acceptance가 유효하려면 첫째 Firm offer의 유효기간 내에 승낙이 행해져야 하며, 둘째로는 완전한 승낙이어야 한다. 유효기간이 경과하여 도달한 승낙은 Counter offer로 간주되어 이를 승낙할 것인가의 여부는 전적으로 원청약자의 임의에 속한다. 또한 피청약자가 비록 "Accept"라는 단어를 사용하여 승낙의 의사표시를 하였다고 하더라도 Firm offer 상의 모든 조건에 대한 무조건승낙이 아니며 그 조건의 일부를 변경・취소・추가삽입을 조건으로 승낙하는 경우에도 계약은 성립되지 아니하며 그러한 승낙서는 Counter offer로 간주된다. 여기에 피청약자가 무조건적 승인을 하는 방법은 원청약자가 송부한 Offer의 서식 하단에 "We agree", "We accept" 또는 "Accepted", "Approved", "Booked", "Engaged"라는 문언의 추가만으로 가능한 것이며, "accepting"이나 "acceptable"과 같은 문언은 수락으로 간주되지 않는다는 점을 유의해야 한다.

나. 신용장 및 기타 유의사항

(1) 신용장 관련 유의사항

신용장이 접수되면 매도인은 신용장이 화환신용장인지의 여부, 취소불능인지의 여부 등을 확인하여야 하며, 계약서의 내용과의 일치여부도 철저히 검토하여야 한다. 또한 신용장상에 기재된 선적기한, 신용장유효기한 및 서류제출기한 등을 준수하지 않을 경우 매도자는 은행이나 매수자로부터의 내금 회수에 곤란한 일이 야기될 수 있으므로 유의하지 않으면 안 된다.

(2) 기타 유이사항

(가) 품질조건 결정시 유의사항

무역클레임 가운데 가장 자주 발생하는 것은 품질에 관한 것이다. 품질조건을 약정함에 있어서는 어떤 수준의 품질로 거래를 할 것인가와 그리고 그러한 품질수준에 적합한가의 여부를 검사하는 기준시점을 어느 때로 할 것인가의 두 가지를 명확히 해두어야 한다.

품질수준을 약정하는 방법으로는 견본판매(sales by sample), 상표판매(sales by brand or trade mark), 명세서판매(sales by specification), 표준품판매(sales by standard or type) 등을 들 수 있으며, 특수한 경우로서 평균중등품질조건(fair average quality term, FAQ)과 판매적격품질조건(good merchantable quality term) 등이 있다.

한편 품질결정시기는 다시 선적품질조건과 양육품질조건으로 나누어진다. 특히 곡물에 있어서는 선적품질조건(tale quale, TQ), 양육품질조건(rye terms, RT), 선적품질조건(sea damaged, SD)이 있다.

(나) 수량조건 결정시 유의사항

수량조건을 약정할 때에는 ①수량표시의 단위, ②표시방법, ③계량방법, ④수량결정의 기준시점 등을 명확히 해두어야 한다.

상품의 수량은 중량(weight), 길이(length), 용적(measurement), 개수(piece), 면적(extent) 등으로 표시되며 컨테이너의 경우에는 TEU 또는 FEU 등의 단위가 사용된다. 특히 중량에 있어서 long ton(2,240lbs: English ton, gross ton), short ton (2,000lbs: American ton, net ton), metric ton(2,204lbs, 1000kg; kilo ton, middle ton, French ton)을 혼동해서는 안 될 것이며, 용적에 있어서도 목재에 사용되는 SF(super feet)와 용적톤(measurement ton)을 잘 알고 있어야 한다. 1SF는 1square foot×1inch의 용적을 말하며 1measurement ton은 40 cubic feet를 나타내는데 이는 48sf에 해당한다.

선적시의 중량을 정확히 표시하기 곤란한 물품의 경우에는 개산수량 및 과부족 용인조건을 사용하여 수량을 표시하여야 한다. 개산수량이란 About나 Cirica 또는 Approximately, Around, Some 등의 용어를 사용하는 것을 말하는데 이러한 경우는 대개 10%의 과부족차를 용인하는 것으로 본다는 것이 신용장통일규칙의 입장이다. 과부족 용인조건이란 "~ % more or less at seller's option" 등의 문귀를 삽입하여 일정율의 과부족이 있더라도 계약위반으로 보지 않기로 약정하는 것을 의미한다. 만약에 이러한 과부족 용인조항(more or less clause)이 없는 경우에는 신용장통일규칙에 의해 3%의 과부족이 용인된다.

계량의 방법에 있어서 포장재의 무게까지를 포함시키는지의 여부에 따라서 총량(gross weight), 순량(net weight) 중에서 어느 방법에 따를 것인지 그리고 수량의 결정시기에 따라서 Shipped quantity term과 Landed quantity term 중 어느 방법을 택할

것인지를 계약시에 명시하여야 한다.

(다) 가격조건 결정시 유의사항

가격조건에 대해서는 화물에 대한 위험분기점과 비용분기점을 어떤 시점으로 하느냐에 따라 달라진다. 이에 대하여는 Incoterms에 잘 정리가 되어 있으니 이를 잘 참조하여 가격조건을 결정하여야 할 것이다.

(라) 선적조건 결정시 유의사항

선적조건에 있어 가장 중요한 점은 선적시점의 결정이다. 선적시기의 결정방법에는 첫째, 선적시기를 특정한 날짜나 달로 명시하지 않고 조속히(imediately) 또는 지체없이(without delay) 선적하기로 약정하는 방법이 있으며 이를 General term이라고 한다. 그러나 이러한 문구에 대한 해석이 학자에 따라서 국가에 따라서 다양하므로 이 방법이 반드시 바람직하다고는 할 수 없다. 둘째로는 특정일자로 명시하는 방법(specific terms)이 있으며, 당사자간에 선적시기에 관한 오해를 야기할 우려가 없이 명확하다는 점에 있어서 장점이 있다.

다음으로는 화물의 할부선적(shipment by instalment) 또는 분할선적(partial shipment) 그리고 환적(transshipment)의 허용여부에 대하여도 계약시에 분명히 해두어야 한다.

(마) 결제조건 결정시 유의사항

대금결제조건을 결정시에는 대금결제시기(선불, 동시불, 후불) 및 결제수단(무담보어음, 화환어음)을 어떻게 할 것인지를 명확하게 해두어야 한다.

2. 무역클레임의 제기와 상사중재

가. 무역클레임의 제기

(1) 무역클레임 제기의 형태

(가) 대금지급의 거절, 감액 및 손해배상의 청구

대금지급의 거절은 매수인이 매도인에 대하여 상품대금의 지급을 거절하는 것을 말하는데, 이러한 클레임의 제기는 선불조건이나 취소불능화환신용장 조건인 경우에

는 이용할 수 없다. 대금감액의 청구는 가장 일반적인 클레임의 제기형태로서 착화물의 품질, 포장, 수량부족 등으로 일부 손해가 발생한 경우에 송장대금에서 일부금액을 감액할 것으로 요구하는 클레임이다. 손해배상의 청구란 상품대금이 이미 지급된 경우 매수인은 자신의 손해에 대한 금액을 배상할 것을 매도인에게 청구하는 것을 말한다.

(나) 화물의 인수거절 및 대체품의 청구

화물의 인수거절이란 매수인이 도착된 화물의 인수를 거절하는 것을 말하며, 이에는 일부의 인수거절과 전부의 인수거절이 있다. 대체품의 청구란 매수인이 착화품의 인수를 거절하고 다시 계약상품을 재선적 하도록 요구하는 것을 말한다.

(다) 도덕적 제재의 요구

클레임 제기자가 클레임에 대하여 피신청인에게 만족할만한 보상과 해결을 할 때까지 일시적으로 거래를 중지하는 경우와 영구적으로 거래를 정지하는 조치를 취하는 경우가 있으며, 또한 상대방의 부당행위를 자국과 상대국의 관계자들에게 통지함으로써 부당행위자를 압박하는 것을 말한다.

(2) 클레임의 해결방법

(가) 무역클레임 해결의 형태

① 당사자간의 해결

무역클레임을 당사자간에 해결하는 방법으로는 클레임의 청구권자가 스스로 클레임을 철회 또는 취소(waiver of claim)하거나 피청구권자가 클레임을 수락(acceptance of claim)하는 방법 그리고 당사자간의 화해(amicable settlement)에 의해 해결하는 방법이 있다. 즉 제3자를 개입시키지 않고 해결하는 것으로써 다음과 같은 이유에서 클레임의 해결방법 중 가장 바람직한 방법이라 할 수 있다.

첫째, 제3자가 개입될 경우 필요이상의 분쟁으로 비화될 우려가 있다.

둘째, 제3자가 개입될 경우와 같이 증거서류의 제출, 판결장소까지의 출석 등의 번거로운 절차가 필요 없으며, 단시일 내에 해결될 수 있어 해결비용을 절약할 수 있다.

셋째, 장래의 거래관계를 원만히 유지할 수 있다.

② **제3자의 개입**

무역클레임이 당사자간에 해결되지 않을 경우에는 제3자를 개입시킴으로써 해결할 수 밖에 없다. 이에는 알선(intercession), 조정(conciliation or mediation), 중재(arbitration), 소송(litigation) 등이 있다.

알선이라 함은 당사자 일방의 의뢰에 의하여 상업회의소(chamber of commerce) 등의 제 3 기관이 사건에 개입하여 해결방안을 제시하거나 조언하는 것을 말한다. 이와 같은 알선은 강제성이 없기 때문에 쌍방 수락의 합의가 없으면 안된다.

조정이란 양당사자가 공정한 제 3 자를 조정인(conciliator, meditator)으로 선임하고 이러한 조정인이 제시하는 구체적인 해결안에 대하여 합의함으로써 클레임을 해결하는 것을 말한다. 따라서 당사자는 조정안을 수락할 의무는 없지만 일단 수락하면 강제력을 가지게 된다.

중재라 함은 조정의 경우와 같이 당사자가 공정한 제 3 자를 중재인(arbitrator)으로 선임하고 이 중재인의 판정에 복종함으로써 클레임을 해결하는 방법을 말한다. 이와 같은 중재가 조정과 다른 점은 조정은 조정안의 수락 여부가 당사자의 자유의사에 달렸으나 중재의 경우에는 당사자가 중재판정을 거부할 수 없고 강제집행력이 있다는 점이다.

그러므로 중재는 소송과 유사하나 중재판정에는 상소의 길이 없고 중재에 위탁된 사건은 소송에 의하여 다룰 수 없다는 점이 특징이라 할 수 있다.

소송이란 당사자의 일방이 상대방에게 강제를 기하기 위하여 국가 기관인 법원에 제소함으로써 국가공권력발동을 요청하는 것을 말한다. 그러나 무역과 같은 국제거래는 상대방과 법역을 달리하기 때문에 자국의 재판권이 상대국에 미치지 않게 된다. 그러므로 강제력을 보장받기 위해서는 반드시 상대국의 법원에 제소하여야만 실효를 거둘 수 있다 그러므로 오늘날 소송에 의한 해결은 거의 이용되고 있지 않다.

(나) 무역클레임 해결의 내용

무역클레임이 해결된 때에 당사자들은 첫째, 피청구권자가 청구권자에게 손해배상금을 지급하거나 상품대금을 감액하여 주는 조치, 둘째, 매수인이 화물의 인수를 거절하고 이를 다시 반송하거나 대체품을 재선적 해주는 조치, 셋째로는 불완전하게 이행된 계약상의 의무를 이행하는 조치 등을 취함으로써 무역클레임을 해결하게 된다.

나. 상사중재

(1) 상사중재의 의의

중재라 함은 당사자 간의 합의, 즉 중재합의에 의하여 사법상의 권리 기타 법률관계에 관한 분쟁을 법원의 소송절차에 의하지 않고 사인인 제3자를 중재인(arbitrator)으로 선정하여 그 분쟁의 해결을 중재인의 결정에 맡기는 동시에 최종적으로 그 결정에 복종함으로써 분쟁을 해결하는 제도를 말한다. 중재합의는 분쟁에 대한 법원의 재판권(jurisdiction)을 배제하는 약속이므로 중재제도는 국가의 법원이 아닌 민간인에 의한 자주적 분쟁해결방법이다. 따라서 중재는 소송제도와는 상당한 차이가 있다.

(2) 상사중재의 장단점

(가) 상사중재의 장점

① 중재는 재판보다 신속하게 끝난다. 재판은 3심이나 중재는 단심이므로 신속히 끝난다.

② 중재는 재판에 비하여 비용이 절약된다.
중재는 신속히 해결될 뿐 아니라 소송의 경우는 변호사 비용 등이 많이 드는데 비해 중재의 경우는 이러한 비용이 많이 절약된다.

③ 자유합의에 의해 분쟁이 해결된다. 중재는 본질상 특별한 제한이 없는 한 모든 절차를 당사자의 합의로 결정할 수 있다.

④ 중재심리가 비공개이다. 중재는 거래의 기밀보장을 생명으로 하기 때문에 비공개로 진행된다.

⑤ 중재는 효력의 범위가 국제적이다.
중재는 중요 국가간에 중재협약이 체결되어 있기 때문에 이에 의하여 타국 내에서도 강제집행이 가능하게 된다.

(나) 상사중재의 단점

① 3심제를 채용하고 있는 재판에 비해 중재는 단 한 번의 판정에 의하여 최종적으로 확정되므로 그것이 큰 불안이 된다.

② 재판관은 법과 선례에 구속되지만 중재인은 법률에 구속됨이 없이 판정하므로 판정기준이 애매하여 종종 주관이 개입될 위험이 있다.

③ 중재인은 대리인적 경향을 배제할 수 없다. 중재는 당사자가 각각 1명씩 중재

인을 선임하는 것이 보통이다. 이 경우 당사자에 의해 선임된 중재인은 자기를 선임해 준 당사자에 대한 일종의 의리 때문에 그의 이익을 대변할 가능성이 있다.

④ 중재는 절차상의 문제가 있다. 즉 중재에서는 신속한 처리를 위해 정당하게 중재 절차에 대한 통지가 되었으면 당사자가 결석하더라도 심리를 진행시킬 수 있다. 따라서 결석한 당사자의 입장이 완전히 무시될 위험성이 있다.

(3) 상사중재절차

우리나라에서는 상사중재를 전담하고 있는 기관으로 대한상사중재원이 있다. 대한상사중재원에 의한 중재절차는 다음과 같다.

(가) 중재의 신청

중재신청을 할 때에는 다음 서류를 제출해야 한다.

① 중재계약의 원본 또는 사본

② 중재신청서

③ 청구근거를 입증하는 서류

④ 대리인이 신청하는 경우에는 그 위임장의 원본

⑤ 중재요금, 비용 및 중재인 보수의 예납

(나) 중재의 수리 및 통지

중재신청인이 중재원의 사무국에 소정의 구비서류를 각 5통씩 제출하면 사무국은 이를 접수하여 신청요건의 적부여부를 심사, 확인 후 그 사실을 당사자 쌍방에게 서면 통지한다.

(다) 답변서의 제출

중재신청의 수리를 통지 받은 피신청인은 그 통지의 발송일로부터 30일 이내에 답변할 수 있다.

(라) 중재인의 선정

중재인의 선정은 보통 중재기관의 사무국에서 한다. 사무국은 중재인단 중에서 보통 10인을 선정하여 당사자에게 보내면 당사자는 각각 자기가 희망하는 중재인(보통

3인)을 표시하여 반송하고 사무국은 이를 근거로 중재인을 선임한다. 그러나 당사자의 일방이 외국인인 경우 이의 요구가 있으면 제 3 국인 중에서 중재인을 선정할 수 있다.

(마) 중재심판

중재판정부가 구성되면 당사자의 심문, 증거조사, 검증 등의 방법으로 심문절차를 진행하게 된다. 심문의 순서, 일시, 장소는 중재판정부가 결정한다. 그러나 사무국은 늦어도 5일 전에 이 결정을 통지하여야 한다.

한편 심문절차는 비공개이며 심문에 따른 모든 결정은 중재인 중 과반수의 찬성으로 하게 된다.

(바) 중재판정

중재판정은 중재인이 분쟁해결에 있어 내리는 최종결정이며 양 당사자를 구속하기 때문에 공평하고 정당한 판정이 되도록 제 요건을 갖추어야 한다.

중재판정은 서면으로 작성하여 중재인이 서명날인하고 중재자에 대한 주문 및 이유의 요지와 작성 년 월일을 기재해야 한다. 중재인은 판정의 정본을 당사자에게 송달하고 그 원본은 송달의 증서를 첨부하여 관할법원에 이송 보관하게 된다.

중재원에 의하여 판결이 나면 이 중재는 법원의 판결과 동일한 효력을 가진다. 이 판정에 따라서 피신청인은 손해배상을 하여야 하고 판정에 소요된 비용을 부담하여야 한다.

찾아보기

| 나 |

| 바 |

ㅣ사ㅣ

| 자 |

| C |

| D |

| G |

| H |

I

| P |

| S |

■ 저자약력

유 하 상

- 원광대학교 경영대학 무역학과(무역학 학사)
- 원광대학교 무역학과(무역학 석사)
- 원광대학교 대학원 무역학과(경영학 박사)
- 원광대학교 국제통상학부 조교수
- 관세청
- (주)데코 무역부
- 서울시교육청 교육과정심의위원
- 군산세관/익산세관 이의신청 심의위원
- 한국항만경제학회 사무국장, 상임이사
- 대한경영학회 평생회원

【주요 저서】
- 무역상무론, 양서각, 1999
- 무역학개론, 두남, 2003
- 무역실무, 양서각, 2005
- Foreign Trade Practice, Han-Mam Publishing, 2006
- 국제통상실무, 삼양미디어, 2007
- 무역실무, 삼양미디어, 2007
- 무역창업실무, 서울특별시교육청, 2008
- 무역법규, 서울특별시교육청, 2008
- 무역영어, 두남, 2009
- 무역실무, 비즈프레스, 2009
- International Trade Management, DUNAM, 2011
- 국제마케팅, 두남, 2011
- 국제결제론, 두남, 2013
- 국제통상영어, 두남, 2013

국제통상실무

초 판 1쇄 인쇄 —— 2014년 3월 1일
초 판 1쇄 발행 —— 2014년 3월 5일
지은이 —— 유 하 상
펴낸이 —— 전 두 표
펴낸곳 —— 도서출판 두남
서울시 강동구 성내로6길 34-16 두남빌딩
신 고 : 제25100-1988-9호
TEL : 02) 478-2065, 2066, 2067, 2311
FAX : 02) 478-2068
E-mail : dunam1@unitel.co.kr
http://www.dunam.co.kr

정가 34,000원

ISBN 978-89-6414-508-1 93320